工商管理经典译丛
市场营销系列
Business Administration
Classics·marketing

销售管理

—Sales Management—

Concepts and Cases

第 10 版

Tenth Edition

威廉·科恩（William L. Cron）
托马斯·德卡罗（Thomas E. DeCarlo）
— 著 —

刘宝成 李霄松
— 译 —

中国人民大学出版社
·北 京·

工商管理经典译丛·市场营销系列

出版说明

随着我国市场经济的不断深化，市场营销在企业中的地位日益突出，高素质的市场营销人才也成为企业的迫切需要。中国人民大学出版社早在1998年就开始组织策划“工商管理经典译丛·市场营销系列”丛书，这是国内第一套引进版市场营销类丛书，一经推出，便受到国内营销学界和企业界的普遍欢迎。

本丛书站在当代营销学教育的前沿，总结国际上营销学的最新理论和实践发展的成果，所选图书均为营销学界有影响的专家学者所著，被世界各国（地区）的高校师生和企业界人士所广泛使用。在内容上，涵盖了营销管理的各个重要领域，既注意与国内营销学相关课程配套，又兼顾企业营销的实际需要。

市场营销学是实践性很强的应用学科，随着我国企业营销实践的日渐深入和营销学教育的快速发展，本丛书也不断更新版本，增加新的内容，形成了今天呈现在读者面前的这一较为完善的体系。今后，随着营销学的发展和实践的积累，本丛书还将进行补充和更新。

在本丛书选择和论证过程中，我们得到了国内营销学界著名专家学者的大力支持和帮助，原我社策划编辑闻洁女士在早期的总体策划中付出了大量的心血，谨在此致以崇高的敬意和衷心的感谢。最后，还要特别感谢为本丛书提供版权的培生教育出版集团、约翰威立公司、麦格劳-希尔教育出版公司、圣智学习出版公司等国际著名出版公司。

希望本丛书对推动我国营销人才的培养和企业营销能力的提升持续发挥应有的作用。

中国人民大学出版社

前 言

在本书第10版中，我们延续传统，继续为读者提供销售管理的综合实用的方法。我们精心修订每一章，以期对每个主题的介绍都简洁明了，重点突出。与之前一样，我们力求使本书的内容简明扼要，以提高学生的学习效率，指导他们将营销管理的理论应用于实践。尽管大多数营销专业的学生都会以销售人员的身份开始他们的职业生涯，我们仍然认为有必要让学生清楚销售主管的角色，以便提高销售工作的效率，为职业发展做好准备。大量的产品和服务销售要依靠人际接触来完成，因此对销售人员的有效管理是营销战略的重要武器，直接关系到工作的成败。随着销售成本的激增，销售队伍必须做到高效运转，管理者必须知道如何有效地计划和指导销售人员的工作，唯其如此，才能在职业阶梯上节节攀升。

方法和目标

本书首先介绍了企业当前的经营环境以及销售队伍的竞争态势。这就像公司的销售方案一样，为我们探讨销售队伍在公司战略的制定和执行过程中可能扮演的角色做好了铺垫。不管是传统的公司还是新兴的企业，这些都是无法回避的问题。无论对于主要负责战略性客户的销售经理，还是对于普通的销售人员而言，销售方案的执行都是从与客户建立联系开始的。于是，本书在接下来的章节便展开了销售机遇、客户关系以及沟通管理等主题，其中重点讲述了不同销售方案在这些主题上的利弊得失。本书剩下的部分则阐述了管理者如何通过招聘、培训、引导、激励、薪酬、评估销售队伍等方式来促进销售方案的执行。

推出《销售管理》第10版的一个重要目的在于：将销售队伍管理研究中的最新成果与当下销售管理实践相结合，继续为大家提供全面的销售管理领域的实践经验。我们不仅呈现了理论原理，而且将这些原理如何在现实案例中运用以易于理解的方式进行了阐述。如在每个章节中都设有“团队练习”专栏，旨在围绕该章主题展开课堂讨论。在总结每一章时，我们设计了基于自我能力提升的问题和建立在第1章希尔德公司案例基础上的应用练习。在全书最后的案例研究部分有14个综合案例，帮助学生应用本书所学来解决实际商业问题。

第10版的特色

除了沿承之前版本的基本目标、方法和风格，第10版有几个值得注意的变化。

首先，作者以更容易理解的方式重新撰写了所有章节，并对案例做了更新，这些案例既反映了销售管理领域新的趋势，又囊括了新的研究成果。

其次，重新梳理了某些章节并扩展了一些章节的讨论，以涵盖新的发展。比如在第7章，我们使用一家公司的雇用过程作为一个连续的案例，贯穿所有对于招募与雇用的讨论，这样使讨论内容联系得更加紧密。有些章节新增或扩展了对某些话题的讨论，如：

- 销售网络；
- 客户终身价值；
- 解决方案销售；
- 营销—销售互动；
- 营销—销售共享职责；
- 领导力。

我们精减了冗余或过时的素材，以求聚焦于更直接相关的问题上。

再次，在第1章的最后，我们增加了一个全新的特色案例——希尔德保险公司的案例。我们延续了自第9版以来的案例讨论方法，学生在每一章末都要面对在希尔德公司里发生的新问题。这一独特的教学方法增加了案例的深度，为学生深入研究贯穿全书的案例提供了机会。

最后，我们增加了20多个新的“团队练习”来强化课堂讨论。每一章开始的引入案例的2/3都进行了修订。经过这样的修订，各章在保持内容全面的基础上，变得更加简明易懂。

学习目标 每章都以“学习目标”开篇，告诉学生将学习哪些内容。教师可以根据这些目标展开讨论，学生也能了解考试的重点。

团队练习 每章都设有“团队练习”专栏，用于展示与本章主题相关的实际商业问题。这些练习可以在课堂上作为小组作业来讨论，以加深对各章主题的理解，也可以作为课后作业。

希尔德案例练习 正如上文中提到的，本版的一个特点是设计了一个连续的案例。每章末的案例都是对第1章特色案例“希尔德保险公司”现实情况的延伸，并且与每章讨论的主题相关，要求学生针对新的问题作出管理决策。这样，学生就可以使用同一个熟悉的案例来学习每一章的内容。

自我能力提升 每章都有与每种销售管理能力相关的难题，覆盖面极其广泛。其中一些属于实际应用问题，为学生提供了解决销售管理难题的机会；另一些则是引人思考的问题，要求学生结合所提供的材料就提高能力问题展开思考；此外还有一些经验性的练习，旨在指导学生主动自学。

小结 针对每一章开始时列出的学习目标，在每章结束时都有一个小结，有助于学生确保理解了每一章的关键点。

案例研究 与之前的版本一样，本书的结尾部分是案例研究。这些真实的案例涉及众多的议题，可成为教师和学生的辅助工具。

关键术语 我们在书中突出了关键术语并在每章结尾列出，以便学生快速浏览每章的重要术语。

目　录

第1章 销售管理概论

如果你真的相信“客户就是上帝”，那么在这个世界上地位仅次于上帝的一定是那些天天和上帝直接打交道的人。

——迈克尔·邦（Michael Bon）
法国电信公司主席兼首席执行官

本章顾问

波莱特·特纳（Paulette Turner），IBM销售运营部主管

学习目标

- 描述销售中发生的主要变化及其原因；
- 定义销售管理；
- 描述销售管理过程；
- 讨论销售经理成功的要素。

销售总监论坛

最近在一个销售总监论坛上，来自各龙头公司的高管们回答了关于他们的销售队伍的一些根本问题。这些高管包括销售负责人、副总裁或者更高职位的人，他们来自霍尼韦尔公司（Honeywell）、西门子公司（Siemens AG）、通用电气公司（General Electric）、甲骨文公司（Oracle）和施乐公司（Xerox）。让我们来听听他们的一些回答。

“作为销售负责人，你们现在面临的最大挑战是什么？”

- 通用电气：毫无疑问，通用电气公司面临的最大挑战是让销售队伍意识到我们是一个全球公司，不能把所有的资源都投资在美国，在美国之外，我们有很多工作需要做，比如现在我们就把很多精力放在新兴市场中。
- 施乐：我们指派越来越多的经验丰富的销售负责人来负责全球大客户，以促进全球化，同时我们也进行资源的调配。我刚刚指派了一位员工到新加坡工作，去协调那个新兴市场的销售活动。我觉得全球化的力量非常强劲。

● 西门子：销售不再是产品组合和季度业绩，而是与客户持续发展的关系。我们的使命是成为我们大客户信赖的顾问。处在全球化的环境中，这变得越来越难。

● 甲骨文：在甲骨文，我们在努力解决一件事情，那就是我们应该提供什么程度的专项化服务，以满足客户的需要。我们在探索销售代表所有可以出售的产品组合，同时也在平衡不会有太多的销售代表与同一个客户接触。

"从销售的角度来讲，现在是一个好的时代吗？"

● 霍尼韦尔：除非有人告诉我们不要去负责，否则我们会一直掌管。公司其他部门想从销售部门拿走这个职责，相信我，他们办不到。

● 通用电气：在通用电气公司，现在是销售人员的大好时光。我们没有高层方面的障碍，我们的首席执行官杰弗里·伊梅尔特（Jeffrey Immelt）是从销售做起来的，相比之前，我们是一个更大程度上的客户驱动的公司。销售总监可以与产品设计部门直接对话："这对于我们的客户不合适"。这对销售是一个非常有力的支持。我们必须确保我们的销售队伍意识到：我们是在帮助我们的客户解决问题，而不只是销售产品。

"在你们公司，销售的职责有所扩展吗？"

● 西门子：正是如此。我们的客户经理会对每个客户制定业务战略，然后坐下来做一个四年期的业务发展计划。这非常有效，使客户经理可以站在不同客户的角度想问题。我们尽量避免"只有一种，但哪个客户都不适合"的销售模式。

● 施乐：我一直坚信，应该让那些直接与客户打交道的人来做更多如何管理客户的决策，我们应该给团队更多的授权。施乐的客户各有不同的组织结构，很多时候我们努力想出一种普遍适用的方法，但那没用。

● 施乐：让更多的人进行管理也带来一个更大的好处，这会促进销售精英的发展，使销售人员成长更快。我们倾向于让他们在一线职位待更长的时间。[1]

时下，从事销售和**销售管理**（sales management）工作是一件令人兴奋的事情。根据最近的一项研究，销售员的平均年收入为 94 872 美元，销售主管的平均年收入为 150 882 美元。[2]

除了薪酬之外，销售领域正处于一个令人激动的变革时期。在竞争日益激烈的市场中，很多企业意识到，为适应客户日益提高的需求，必须对销售队伍进行改革。零售业巨头沃尔玛（Wal-Mart）和塔吉特（Target）正在引进电子数据技术，同时要求制造商的销售队伍承担准时制库存控制、订单、发票、销售以及推广方面的责任。像其他公司一样，惠普（Hewlett-Packard）在它的一个大客户的总部大楼里租了一间办公室，派驻一名客户经理。

供应商和客户的互动方式发生了变化，销售队伍的组织、报酬、培养和评估方式也必须随之改变。

本书的目标就是要解释在当下的新环境中，销售队伍如何运作、如何对销售队伍实施监督，才能实现效率和效益的最大化。我们从界定人员推销及其在企业促销组合中的作用开始，然后研究一些对销售职能有重大影响的变化，通过描述销售活动、销售管理过程以及在成功组织销售活动和销售管理过程中所必需的能力来研究销售管理的职能。本章的最后一部分展示了从事第一份销售工作可能经历的职业道路。

人员推销

根据美国劳工部提供的最新数据，从事销售工作的人员已接近1 200万，大概相当于美国总劳动力的10%。对于很多商品和服务，尤其是大宗商业和工业产品以及耐用消费品来说，**人员推销**（personal selling）是至关重要的，我们可以如此定义：

> 企业聘用的销售代表与潜在客户的直接沟通，会形成交易、客户满意度、客户开发以及盈利性的关系。

图1-1清晰地显示了销售和营销组合中的各种要素之间的关系。

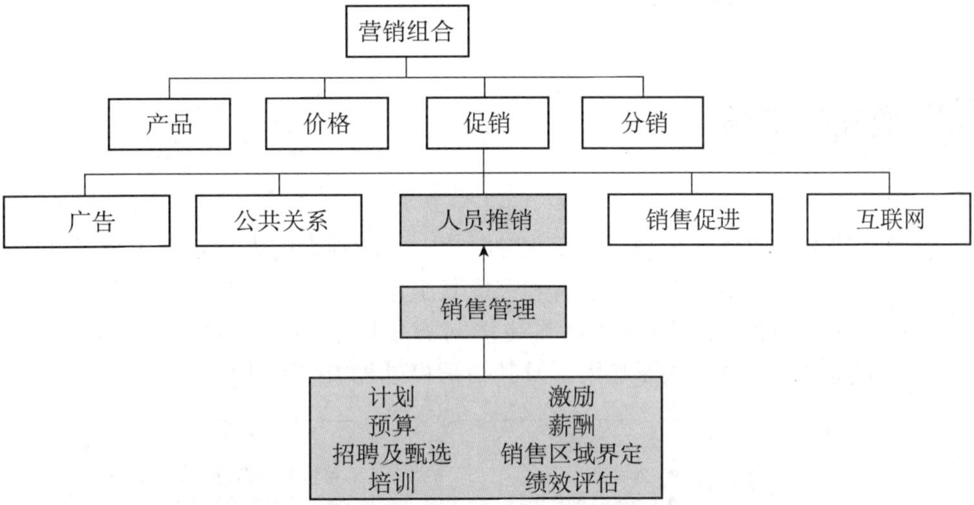

图1-1 人员推销和销售管理在营销组合中的地位

营销计划都是围绕营销组合的四个要素来设计的，即：待售产品、定价、促销和分销渠道。促销要素包括广告、公共关系、人员推销和销售促进（如售卖点展示、赠券和有奖销售）等。需要明确的是，广告和销售促进属于非人员销售，人员推销则需要销售人员直接与客户沟通。因此，广告和销售促进通过销售渠道把客户“拉向”商品，推销则是通过“推动”需求来获得订单。至于公共关系，信息通常被认为是来自媒体而不是直接来自企业本身。人员推销涉及销售人员和客户以及潜在客户的双向沟通，这一过程可以使销售人员更充分地满足客户的特殊需求。

发掘客户的特殊需求通常是销售人员的职责所在。当客户有问题或疑惑时，销售人员应该及时给出适当的解释。另外，人员推销可以更准确地捕捉预期的客户，相比之下，有相当部分的广告和销售促进因为缺乏对受众的针对性而造成浪费。因此，与广告、公共关系和销售促进相比，人员推销最大的优势在于它在识别为客户创造价值的机会以及赢得客户方面更有效率。

负责管理区域销售运作的是**销售经理**（sales manager），他可能是一位基层的管理者，直接负责销售人员的日常管理工作，也可能是一位高层的管理者，负责指挥其他管理人员的活动。不管是哪种情况，销售管理的重点都在于对营销组合中人员推销这一职能的管理。销售管理包括计划、管理和对销售计划的控制以及招聘、培训、薪酬、激励和对销售人员的评估等。故此，对销售管理可以这样定义：

> 为实现企业销售和盈利目标而对人员沟通活动设计的计划、组织、领导和控制。

无论销售经理是直接管理销售人员还是指挥其他的管理人员，他的职责可以分为两种类型：

- 实现或者超额实现当期制定的销售目标；
- 培养下级的人员。

每种类型的职责都包含很多具体的职能和活动，这是贯穿全书的主线。此外，理解销售经理执行这两类职责的环境是很重要的。在后面的章节中，我们将更深入地讨论发生在市场和销售运营中的一系列变化。

变化的市场

当今的时代无疑是一个变化的时代。一股强大的力量正在不可逆转地改变着销售人员和销售经理理解、准备和完成其工作的方式，这是任何一支销售队伍都不可能回避的问题。图 1－2 列示了更多与竞争以及客户相关的重大变化因素。在此，我们将简要了解这些影响因素及其在销售过程中引致的变化。[3]

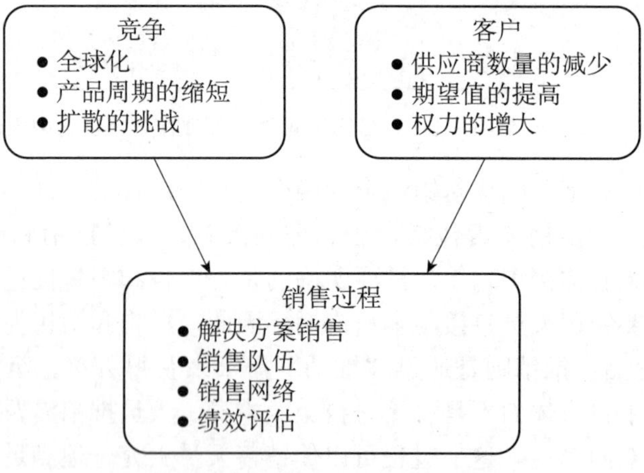

图 1－2　市场变化及其对销售的影响

竞争

20 世纪 80 年代至 90 年代初期基本处于卖方市场阶段，现今，绝大部分市场中竞争者的数量不断增加。在此，我们将探讨产生这一问题的三个主要原因，即市场**全球化**（globalization）、产品周期的缩短和市场边界的模糊化。

全球化 即使只在美国或美国某一区域经营的公司都能感受到全球化的竞争，与国外企业的竞争已经司空见惯，与世界其他地方的供应商合作或把产品卖给在国外销货的买家一点儿都不奇怪。所有这些都将导致更加激烈的竞争，因此也就要求销售人员转变视角，由本地视角转变为全球视角。

那些在其他国家开展商业竞争的企业最需要全球视角，这是不言自明的。国际贸易占了美国国内生产总值（GDP）的20%以上，这是因为全球大约有95%的人口和75%的购买力都在美国之外。像可口可乐、高露洁-棕榄和雅芳这样的知名企业，其大部分产品都销往美国以外。首席销售官知道，企业的成长很可能取决于其在国际市场上对客户关系的管理，这就意味着要有更多的差旅，雇用合适的员工，确定新的岗位和职责，为管理日趋多样化的销售队伍而培养销售人员的全球视角和世界水准的技能。

产品周期的缩短 技术转让的频率越来越高，那些一度为业主所垄断的工艺和产品很快就被竞争者获得。由于技术的渗透性和竞争者的日益增多，产品生命周期缩短了，仿制品的生产也加快了，结果就是产品的差异越来越小。这对销售管理产生了重要的影响。当产品处于生命周期的前期和后期时，销售和客户关系技巧尤为重要。新产品需要细致的介绍，因为客户在不了解产品的情况下作出购买决定显然要承担很高的风险。销售人员的任务就是让客户明白，购买产品获取的利益将高于商业变化所导致的风险和成本。在产品生命周期的后期，销售人员也非常重要，由于同类产品之间的差异太小，人际关系以及销售人员对于客户的了解成为供应商突出自身特色的重要手段。因此，销售队伍一直处在平衡竞争与改变销售重点的过程中。[4]

扩散的挑战 现代的技术、信息、沟通和分销的发展催生了新的销售和服务渠道、媒体、产品和品牌。以通信市场为例，有数百种产品或服务：预付话费和后付话费；家庭计划、夜间和周末计划；能提供文本、数据和信息传输的移动电话机；能播放视频和音乐的手机等。分销方式也从三个增长到十多个，包括自营零售店、联营零售店、电话销售代理、战略合作销售以及网上销售等。这也导致了价格点超过500 000个。其他大部分行业也处于同样的情况，如快消品、制药、小额银行业务等。在过去4年里，美国的巧克力品牌从407个增加到537个。[5]

这对销售和销售管理的影响是显著的。销售人员需要付出更多的努力来掌握产品和竞品知识。理解客户的需求变得更难，为客户提供解决方案也变得更加复杂。更重要的是，越来越需要销售队伍理解公司的营销规划，以便更好地执行营销计划。本书将讨论公司在面临这些挑战时所做出的努力。

客户

竞争的加剧显然要求销售和销售管理方法的革新，客户的行为方式也是不断变化的，比如，客户更加钟情于少数供应商，期望日趋提高，议价能力日益增强。于是，采取正确的销售和销售管理方法这项任务变得尤为艰巨。

供应商数量的减少 在过去，买家的传统做法是在多家供应商之间转换，现在这种情况在许多行业遭到了质疑，例如，摩托罗拉的个人通信事业部就把供应商从300家减少到了100家。[6]2005年9月29日，《华尔街日报》的头版新闻报道了福特汽车公司做出了将其供应商从 2 500 家减少到 1 000 家的决策。在福特全球采购每年 900 亿美元的盘子中，幸存下来的供应商将会获得长期合同，并得到更大的采购份额，其余的供应商都会被排除在采购之外。福特从 20 世纪 80 年代末就开始了这种整合过程，当时它的供应商超过 13 000 家。施乐、通用电气和通用汽车以及其他多数大公司都大幅削减了其供应商的数量，削减至少一半甚至更多。这些公司越来越认识到，维护大量供应商的成本远远超过在降低采购价格上的收益。一份国防部的研究结果发现，对于 1 美元的医疗用品的采购，医院的行政开支竟然高达 1.5 美元。

乍一看，客户在采购时减少供应商的数量对供应商是有利的，但如果你没有被选作供应商之一会怎样呢？例如，对于期刊和杂志行业来说，倘若大型的零售商转向了单一的批发商，这就意味着该行业的批发商必须进行紧密的整合。赢得订单的批发商会很快收购之前的竞争者，以便覆盖更大的区域，为更大的客户群服务。于是，美国的批发商的数量减少到 1990 年的 1/3。换句话说，由单一客户产生的收入流变得如此重要，以至于企业的生存更加依赖于供应商和客户关系的维持。

期望值的提高 J. D. Power 的研究结果表明，尽管企业已经十分重视产品的质量和服务，客户的满意度仍然不高。客户满意度是很难控制的，因为客户在得到良好的服务之后就会提出更高的要求，也就是说，客户满意度的标准会一路攀升。客户的期望值之所以提高，不仅源于企业竞争者的表现更好，而且源于其他行业设定了更高的标准。人们对麦当劳持续的标准化服务、迪士尼的干净整洁以及索尼的产品质量都耳熟能详，往往以他们从这类企业获得的产品和服务质量为标杆，期望所有的企业都能达到更高的标准。

好消息是那些期望值提高的方面是明显的。客户期望销售人员更加专业，擅长识别并且满足他们的购买需求。销售和销售管理咨询公司 H. R. Chally 集团在客户的购买行为方面组织了一个大范围的调研，表 1－1 列示了部分客户用自己的语言表达的对销售人员最重要的期望。

表 1－1　　客户对销售人员的期望

"对我们的期望，能切身负责。"
"真正懂得我们的业务。"
"和我们站在一起。"
"能正确地设计应用方式。"
"容易接近。"
"能解决我们的问题。"
"对我们的需求，有创造性的回应。"

资料来源：Adapted from *The Chally World Class Sales Excellence Research Report*：*The Route to the Summit*（HR Chally Group，2007），pp. 3－4.

权力的增大 举例来说，不到 10%的零售商承揽了全美近一半的零售业务。沃尔玛、塔吉特、西尔斯、好市多以及许多大型零售商的规模和实力已经超过了为其供应产品的制造商，不仅如此，它们如今已经主宰了全部供应商和客户的关系。

客户权力不断增大，这一转变已经对供应商产生了戏剧性的影响。例如，宝洁公司在阿肯色州的本顿维尔有超过 100 名员工负责对沃尔玛的销售和服务。面对巨型的客户，经营消费品的企业发现营销和销售必须对产品、价格、品牌以及各种支持保障作出联合决策。定价、产品、个性化服务以及供货规划也不能仅仅依靠营销或销售，这些大客户的经济影响要求采取综合性的方法。

销售过程

鉴于所论及的种种变化，“我可以把任何东西卖给任何人”的传统销售观念已经没有立足之地。将所有的业务都交给一位销售人员来处理会导致过高的财务风险和过于复杂的问题。这里我们将简要讨论在许多公司中销售发生的一些变化：解决方案销售模式、销售队伍、内部销售和效率。[7]

解决方案销售模式 传统的销售模式强调短期的销售业绩，销售人员的任务是向客户宣传产品或服务的优点，帮助客户作出购买决定，让客户感到整个购买过程简单方便。在许多情况下，尤其是在产品对客户不具有重大战略意义时，这种销售模式并无不当之处。然而，许多购买者和销售者发现，这种销售模式并不适合所有的客户，尤其是那些最重要的客户，于是，另一种销售模式应运而生，即**解决方案销售模式**（solutions selling model）。解决方案销售模式要求以比传统的**交易型销售模式**（transactional selling model）更加亲密的供应商和客户关系为基础，通过解决问题和提供选择来为重要的客户创造价值。在最近的一次调研中，64%的销售人员认为解决方案销售模式是他们面临的三大挑战之一。[8]表1-2针对解决方案销售模式和传统的交易型销售模式进行了对比。

表1-2　交易型销售模式和解决方案销售模式的对比

交易型销售模式		解决方案销售模式
强调销售技巧	→	强调一般管理技能
被动地响应客户需求	→	把客户作为合作伙伴
优质的产品、服务和合理的价格	→	以客户关系为基础，提供解决方案
通过产品实现差异化	→	通过人员实现差异化
以销售收入为核心	→	强调客户的终身价值
传统的买卖关系	→	诚挚的业务顾问及伙伴

资料来源：Ginger Canton，Lisa Napolitano，and Mike Pusateri，Unlocking Profits：The Strategic Advantage of Key Account Management（Chicago，IL：National Account Management Association，1997），p. 44.

要理解解决方案销售模式的内涵，最好的办法莫过于通过描述一家公司是如何从交易型销售模式转换到解决方案销售模式的。宝洁公司的销售模式是传统的交易型销售模式。宝洁的客户和销售人员的关系一直停留在买卖关系之中。销售人员只关心接受订单，努力争取货架空间，客户则为最低的价格和最高的货架费用与之展开激烈的讨价还价。解决方案销售模式则反其道而行之，强调通力合作，通过协同效应创造附加价值。于是，宝洁公司重新组建了客户业务发展小组，在小组中设置了多项服务于个体客户的职能和组织层级。这个系统使客户的产品周转率提高了20%～30%，零售商的销售速度大大提高了。[9]当然，为了使这个系统成功运转，客户不仅需要与宝洁公司分享关键的存货信息，而且要相信宝洁公司可以从客户的最大利益出发来进行运作。

随着交易型销售模式转换到解决方案销售模式，影响销售成功的因素也发生了改变。最近的一项覆盖多个行业超过 200 个销售人员的研究中发现，促进销售成功的最重要的 5 个因素依次为：

- 倾听技能；
- 工作跟进的技能；
- 适应不同情境的销售风格；
- 每一项任务都做到最终完成；
- 组织有序。[10]

这些因素与传统的交易型销售模式的成功因素非常不同，这也反映了销售人员需要具备更加复杂的知识和更加专业的管理能力，以便为客户提供适合的解决方案。那些销售精英的能力和高层领导的能力较为接近。

销售队伍 宝洁的经验告诉我们，倘若继续依靠销售人员"独狼"式的单兵作战，获取成功的概率会不断降低。在关系营销的过程中，没有人会为了抓住更好的机会、创造超出销售产品之外的价值而拥有必要的知识和资源。图 1-3 说明了宝洁公司推行的变革。在传统的买卖交易接触中，宝洁公司将与零售商的全部沟通最终集中到一个销售人员身上，由他与对方的采购主管进行接触。采用**销售队伍**（sales teams）的模式时，情况恰恰相反，公司与零售商进行沟通的接触点增加了，这种模式拓宽并增加了沟通的范围和容量。同时，也应该注意，买卖双方都要做出改变，才能使沟通的深度和广度有明显的扩展。显然，并不是所有的买方和卖方都为这种变化做好了准备。

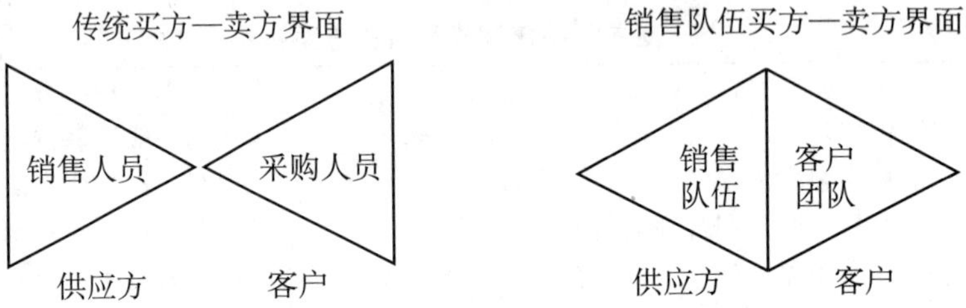

图 1-3 传统方式与销售队伍方式下的买方—卖方界面

资料来源：Thomas Muccio, "Procter & Gamble: Allocating Resources," in Unlocking Profits: The Strategic Advantage of Key Account Management, Ginger Canton, Lisa Napolitano, and Mike Pusateri (eds.) (Chicago, IL: National Account Management Association, 1997), p. 66.

转向以关系营销为导向的销售队伍给企业的销售计划和管理过程带来了诸多重大的变化。显然，销售队伍要求公司在对销售人员的组织、甄选、培训、薪酬、监督以及评估等方面作出改变。尽管宝洁公司拥有来自最高管理层的决心和支持，关系销售和销售队伍的转变还是花费了五年的时间，而且公司仍然在不断地跟进这个过程的进度，作出进一步调整。鉴于此问题的重要性，我们将在本章后半部分将团队建设作为关乎销售经理的核心能力来加以讨论。

销售网络 任何一个销售人员都会告诉你销售网络成功的关键：你拥有越多的人脉，你就有更多的方向，就有可能做更多的销售。这没有错，但现在更加复杂，源于之前我们谈到的与客户之间的关系和市场本身发生的变化。现在销售网络不仅有利于发掘新客户，而且有利于达成复杂的交易，为客户提供解决方案。[11]

具体来说，成功地发掘新客户有赖于销售人员获得采购方之外的关于机会的准确、及时的信息。我们会在第 5 章中对这种类型的销售网络进行详细的讨论。复杂销售的销售网络是非常不一样的。关于这一点，销售人员需要确保能与关键决策人员会面，这样建议才会被认真对待。销售人员需要知道客户方谁是决策者，谁是影响者，谁是方案的实施和执行人。这些问题的答案都来自客户内部，因此，销售人员必须在客户内部发展一个网络来协助完成销售目标。这种类型的销售网络将在第 4 章中详细讨论。还有 1/3 的销售网络需要提供客户解决方案。在一个复杂的环境中，销售人员很少一开始就拿着完整的解决方案到客户处，成功取决于销售人员知道在自己的公司内部如何形成解决方案。[12]下面请参考 3M 和 IBM 的案例。

● 服务 IBM 的 3M 公司客户经理发现 IBM 的主要生产问题中有一条为静电放电。考虑到 3M 的一项专项技术或许可以帮忙解决这个问题，客户经理带来了由 3M 公司技术部门的 4 位技术人员组成的核心团队来研究和解决这个问题。这个团队花了 2 年多的时间，明显改善了 IBM 的问题，为 IBM 节省了几百万美元，因此，IBM 全球范围内的运营均采用 3M 公司的生产系统组件。结果是，过去两年，3M 公司在 IBM 的销售增加了 300%，创造了超过 1 000 万美元的收入增长。这部分销售收入的增长，有赖于 3M 的客户经理说服公司指派技术人员到 IBM 圣何塞的工厂去解决他们的生产问题。

企业开始意识到，销售能否取得成功在许多情况下取决于企业的内部销售，内部销售的重要性并不亚于对于外部客户的销售。因此，销售人员需要与公司内部的职能部门通力合作，才能像 3M 与 IBM 那样建立长期稳固的关系。对于战略性客户和全球客户来说，内部销售尤为重要。[13]

业绩评估 从传统意义上说，衡量销售业绩的方法十分简单，就是看销售收入相对于往年的增量。销售经理一般都是通过考核销售人员在一段时间内的销售量来决定他们的薪酬和奖金的。尽管销售量现在仍然很重要，但公司发现并不是所有的销售都具有同样的盈利水平。销售的盈利水平基本取决于以下因素：

- 完成销售的必要时间。
- 销售的总利润。
- 价格折扣的程度。
- 促销的支持程度。
- 售后服务的成本。
- 对未来产品销售的影响。

销售队伍可以通过客户选择、客户渗透、客户保留、定价和服务决策等手段对以上因素产生重要的影响。所以说，销售人员实质上是资源分配者。首先，他们要决定在何种客户和潜在客户身上花费时间以及在每个客户身上花费多少时间。我们将在第 4 章讨论这些决策及其度量。其次，销售队伍在对每个客户分配市场资源方面扮演着重要的角色。

例如，大型食品生产商的销售队伍通过杂货店销售产品，销售人员有权决定营业推广费用的使用，如奖券、报纸广告、货架陈列以及价格折扣等。这些营业推广手段的成本大约占到了消费品制造商总营销预算的 50%。有效地使用这部分资金对这类公司的盈利至关重要，因此，评估销售人员业绩的指标更加多样化了，这就意味着需要更加密切地关注销售人员的表现，收集更详细的业绩数据。我们将在第13章继续讨论业绩评估标准的问题。

从事销售工作是一件令人振奋的事情，成功销售所需的技能和知识正在急剧增加。在许多公司，销售业绩变成了检验高层营销和运营负责人是否称职的试金石。下面我们将描述销售管理全过程的概况，首先界定销售管理的职能，然后讨论涉及的相关活动，最后说明成功的销售经理需要具备哪些能力。

销售管理过程

销售经理的两项主要任务是实现公司的当期目标和培养销售人员。一位一线的销售经理这样描述他的工作：

> 培养销售人员是我日常的主要工作：50%的时间用于培训，30%的时间用于指导销售和产品推广，10%的时间用于行政事务，还有10%的时间用于监督——如果不能成为挡在前面的警察，你就会被关进监狱。[14]

为了更好地理解销售经理是怎样履行这些职责的，我们将描述销售管理的基本过程，销售经理所从事的活动，以及成功的销售经理必须具备的能力。

销售管理过程可以理解为管理者在制定和管理一项销售活动时所遵循的步骤。本书就是围绕这样的过程展开的，我们将对每一步骤进行简要的介绍。

放眼全局

一支有效的销售队伍对任何公司来说都是一笔财富。医疗界一致公认辉瑞公司的销售队伍在整个制药行业里是最优秀的一个。因此，当隆重推出降胆固醇的药物立普妥（Lipitor）时，帕克-戴维斯公司（Parke-Davis）通过与辉瑞公司结盟，利用辉瑞公司的销售队伍在全美范围内迅速地让该药物进入了各大医院。

从本质上说，公司的管理过程受公司总体业务战略和进入目标市场战略的影响。我们将在第2章讨论公司业务战略、营销战略和销售队伍战略之间的关系，之后还将在该章的附录中讨论对销售队伍的投资和销售预计。对销售队伍投资的首要目的是建立适当规模的销售组织，以确保有足够的销售人员为当前和预期的客户服务，确保对公司的产品有足够的推广力度。管理者一方面要确保销售队伍的作用得到充分发挥；另一方面要注意避免将销售队伍的任务定得过高。对销售队伍投入的大小也取决于公司面对的机会及对销售量的预期。总的来说，第2章的内容和销售预测以及对销售队伍的投资构成了优秀销售队伍管理者的核心任务。

销售队伍的作用

企业的业务战略和市场进入战略只有经过销售队伍的实施才能成功地实现利润，也就是说，战略计划是通过销售队伍的活动和行为实现的。主要的销售队伍活动包括访问已有的和预期的客户，管理客户关系以及提供为客户创造价值的服务。

本书第二部分重点讨论销售人员在实施市场进入战略中的作用。这一部分包含以下几个层次：销售机会管理（第3章），客户关系管理（第4章），客户互动管理（第5章）。总体来说，这些章节旨在说明一支成功的销售队伍将从事哪些活动、采取哪些行为。

构建销售队伍

为了高效地满足客户需求并销售企业的产品和服务，一支组织完备的销售队伍是必不可少的。有关销售队伍结构的决策将影响客户对企业的看法，因为销售队伍的结构决定了销售人员必须具备的销售技能和知识，反过来这也会影响诸如薪酬、招募、培训和评估等管理工作。第6章会告诉我们有几种销售队伍的结构可供选择，各种结构又意味着什么。第7章为管理者提供启示，描绘了划分不同销售区域的过程，也就是如何把客户分配给不同的销售人员。

培养销售能力

销售经理负责招聘具备适当技能和背景的销售人员来实施销售战略。招聘活动需要物色优秀的候选人，并且将不符合要求的候选人拒之门外。第7章将讨论人力资源和其他一些与招聘相关的问题。

雇用合格的人员只是第一步，销售人员开始销售之前通常还必须接受必要的培训。销售经理要组织新入职人员完成所有培训，也会自己讲授部分课程。大部分入职培训是让销售人员熟悉公司的产品、服务和操作流程，也会留一部分时间培养销售技能。鉴于销售培训成本高昂，销售经理负责精心挑选那些最具成本效益的方式、地点和材料。第8章将进一步讨论销售培训的细节。

领导销售队伍

称职的销售经理知道该如何监管和领导销售队伍，他们的领导能力体现在实现企业销售目标的同时不断激励团队成员成长与发展（第9章）。

除了带领销售队伍争取完成业务目标外，销售经理还要身体力行以鼓励销售人员采取合规的行为。销售人员时常会陷入伦理困境，第10章将对这一问题进行分析，以便管理者作出明智的决策。

销售经理采取各种手段来激励销售人员努力工作，提高业绩。第11章描述了一个以目标为导向的实际管理过程，同时也讨论了销售会议、定额、销售竞赛以及表彰等其他行之有效的激励措施。

对销售人员来说，最有效的激励手段通常是设计完美的薪酬计划。金钱是吸引和激励销售人员的一个重要因素（第12章），销售经理的一项关键任务就是在确保公司利润的前提下，设计一套有效的薪资、奖金、佣金、费用和福利组合。

销售管理过程的最后一步是评估销售队伍的业绩和培养销售人员的技能，这需要根据客户、区域和产品线等销售数据进行分门别类的分析（第13章），这也意味着要核算销售成本和测算销售队伍活动对利润的影响。

基于以上关于销售经理的讨论，请阅读下面的团队练习专栏，并回答：你将提拔谁？

团队练习 1-1

提拔谁

你的公司在过去的一年中增长幅度很大，除了得益于公司的多种产品之外，还得益于新产品 StarDuster 的上市，使得销售额每月猛增 60%。推出这个新产品也让销售人员的工作时间翻了倍。

假如你是销售副总裁，最近大部分时间都忙于面试和招聘新的销售人员。在增加 10 名销售人员并重新调整了销售区域之后，你意识到应该从高级销售人员中选拔出一名区域销售经理。你心目中的人选不仅要能够保持销售快速增长、激励销售人员，而且能够维护良好的记录和预算控制，像对待自己的生意那样精打细算。你把范围缩小到以下的两个人。应该选择谁来担任区域销售经理？为什么？记得考虑销售经理的职责以及有效运行所需的技能。你也不想在提升一名销售人员的同时失去另一位得力干将，那么你将如何与没有得到晋升的员工谈呢？

莉萨·贝尔：莉萨是一个极其坚定、永远不会说“不”的人，她是你的亲信之一。自五年前加入公司以来，她每年都当选为“总统俱乐部”的会员（年销售业绩名列前十位）。她活泼的性格很容易感染其他的销售人员，而且她成功地指导了两名新销售人员。她肯负责的态度对你也有益处，你经常叫她帮忙筹划销售会议。

史蒂文·贝拉奇：史蒂文是就职六年的老员工了，平日老成持重，在很多年轻销售人员中树立了威信。他擅长建立客户关系，并且总能给身边的同事提供有益的建议和意见，帮助他们提高销售技能。作为销售人员，他特别关注细节，他的销售报告总能圆满地完成并如期上交。

销售管理能力

我们已经讨论了销售管理过程，你可能还想知道怎样才能成为一名出色的销售经理。现在，让我们进一步关注销售经理取得成功所需具备的能力。

销售管理能力（sales management competencies）需要一个人在很多行业和各种组织中具备一整套行之有效的知识、技巧、行为和态度。[15] 人们在日常生活中也离不开这些能力，这里重点介绍当今销售管理需要具备的六种能力（见图 1-4）。在实践中，我们很难划清一种能力和另一种能力之间的界限，区分不同能力只是为了便于识别和描述。牢记这六种能力能帮助你通过学习本书提高工作效率。为了便于记忆和理解，我们在后面的各章中根据具体的情形插入了相关的内容，通常以来自企业的实例来分别阐明这六种能力。另外，每一章的末尾都围绕这六种能力设计了练习。现在我们来进一步研究这六种能力的内涵。

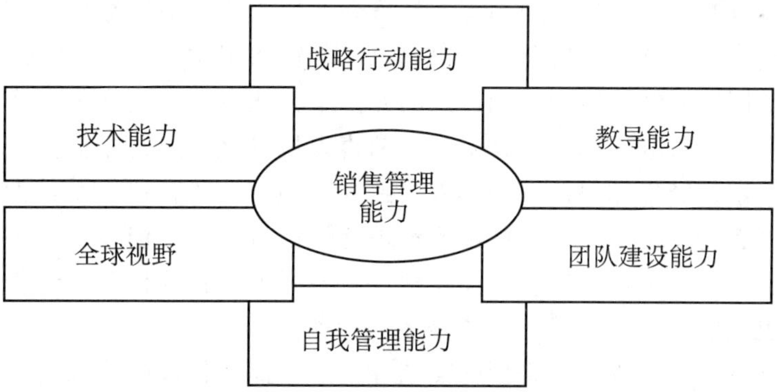

图 1-4 销售管理能力模型

战略行动能力

要理解公司的整体战略与目标，并确保上下同心，步调一致，共同为战略目标而努力，这就是战略行动能力。战略行动能力包括：

- 了解整个行业。
- 了解整个组织。
- 采取战略行动。

当今的销售经理面临诸多挑战，因此必须具备战略思维以改进业务绩效。战略思维的一个元素就是把握行业的战略趋势，做到因势利导，随时作出适当的调整，否则可能会付出惨重的代价。

不列颠百科全书公司就是一个因忽略行业发展的重大趋势而遭受惩罚的例子。225 年前，《不列颠百科全书》在苏格兰的爱丁堡首次面世，销售额在 1990 年达到顶峰，为 6.5 亿美元。然而，不列颠百科全书公司的管理层无视光盘的日益普及，依然采用大规模直销的方式，维持着 2 300 人的销售队伍。公司之所以难以作出改变，部分原因是传统的图书形式能够使销售人员得到 300 美元的佣金，光盘形式的《不列颠百科全书》整套价格只有 99～395 美元，这样佣金就会大大减少。此外，公司还必须另行开辟零售点、直邮、电话营销等新型的分销渠道，强大的销售队伍也会抵制这一转变。结果，销量锐减，公司也陷入了财务危机，如今销售队伍的规模还不到以前的一半。《不列颠百科全书》已经降低了价格和成本，而且开发出 CD、DVD 和网页版本。[16]

战略行动能力也涉及对整个组织的理解而不仅仅是销售经理工作的销售部门。目标和标准会沿着组织结构自上而下地下达，除非你能与公司高层保持紧密的联系并且能施加某种影响，否则你的意见将无法得到高层的重视。本书的前五章依次说明了目标、战略和战术的层级。在审视竞争环境（第 1 章）之后，就要制定实现某个特定目标的战略或计划（第 2 章），这就意味着针对各种市场机会来配置资源（第 3 章），确定要建立什么样的客户关系（第 4 章），以及如何与客户开展互动交流（第 5 章）。

教导能力

人们经常把商业销售比喻成体育比赛。运动员通过和对手较量来赢得比赛，销售人员也要与其他公司的销售人员争夺客户资源，销售经理的作用就像体育教练一样，负责培养整个销售队伍的技能。[17]一家大型分销公司的总裁养成了一种习惯，他经常把区域销售经理叫到自己的办公室，从电脑中调出某一客户的资料，然后询问这位经理采取了哪些措施来支持销售人员与该客户建立更加密切的关系。他不告诉区域销售经理如何帮助销售人员建立更为密切的客户关系，而是重点强调作为一名管理者的职责。这位区域销售经理起先没有准备，但在领悟了总裁的指导思想之后，帮助销售人员开展客户关系建设就成了他的首要任务，其他的区域销售经理不久后也按照总裁的思路采取了相应的行动。

教导工作体现为一系列的交谈和行动，需要持续的沟通与反馈，目的在于鼓励销售人员或销售队伍提高业务能力。以下的方式有助于提高业务能力：

- 口头交流；
- 角色示范；
- 建立信任。

教导工作通常是通过与销售人员进行一对一的交流和鼓励来进行的。优秀的教练不会直白地告诉销售人员要做什么而是与他们共同讨论，以达到相互认同的目标。销售经理的这一职责要求其与每一位销售人员交流，一起制定和实施培养方案，目的在于尽快提高销售人员的业务绩效。这个过程通常包括在销售技巧、销售战略、产品和市场知识方面持续不断地培训和指导。

销售教导工作十分复杂，决不仅限于与销售人员进行口头的工作交流。成功的销售经理要做到言传与身教并举，一边进行口头指导，一边通过自身或他人的行动来进行角色示范。一位成功的销售经理说：

> 我笃信榜样的力量。你可以怒吼、责骂甚至威胁，但是最有效的办法莫过于向他们展示你要他们怎么做。[18]

许多销售经理相信，身体力行、进行角色示范是赢得销售人员尊敬的最佳方法。

销售人员也必须接受教导，以积极的心态来领会销售经理的意见，并采取实际的行动来学习经理的示范。这就需要销售人员和销售经理建立充分的信任。[19]只有销售经理诚实可靠，切实关心销售人员的需求，信任的氛围才能得以建立。耐心的倾听、开放的胸怀、双向的沟通有助于建立这种信任。正如俗语所说：“他们不会关心你知道什么，直到他们知道你关心什么。”

团队建设能力

销售任务需要很多个团队完成，每个团队中的成员拥有共同的责任，他们的工作需要相互协作完成，因此，需要他们具有团队建设能力。销售经理如果能够使销售队伍的作用得以发挥，工作效率会大幅提高。销售经理必须做到以下几点：

- 合理构建团队；
- 营造相互支持的环境；
- 合理的团队管理机制。

过去十年当中，很多公司提高了团队的作用，主要是为了改进客户服务和提高效率。为了帮助客户聚焦于照料病人，忠诚保健公司（Allegiance Healthcare）在它的客户团队中增加了各种职能的专家，财务专家跟踪区域的经济状况，信息服务专家帮助客户建立和维护信息系统，营销专家帮助客户分析与特定产品相关的数据，如使用习惯趋势和定价选择，物流专家帮助客户疏通其供应环节。

一个设计精良的团队具备高效运作的能力，但是需要依托一个支持环境才能发挥出最大的潜能。在这个支持环境中，团队成员有权根据自己的最优判断采取行动，这就意味着雇用能够与团队成员和睦相处并能在团队环境中努力工作的人员是很重要的。这些销售人员与传统的单兵作战的人员大不相同。事实上，一些公司把具有团队精神作为选择员工的重要指标。最近的研究表明，大约25%的销售业绩来自团队作用的发挥，而且团队越多样化，员工的工作满意度就越高。[20]毫无疑问，成功的团队建设需要团队培训，其中一项必备的内容就是使团队成员能彼此转换角色，担当对方的职责，并能在工作中相互协调。

团队成员产生冲突和矛盾是很自然的，这就意味着有必要建立行之有效的团队管理机制，其根本目的是在追求同一目标时保持良好的合作关系。如果管理得当，冲突也可以转化成效率；如果管理不当，就会对团队产生破坏作用。通过团队练习“自命不凡的人”来考察一下你的团队建设能力如何。

团队练习 1-2

自命不凡的人

你管理着一个销售队伍，该团队负责中西部跨越12个州的区域。你通过定期的电话会议和周报告与每个人保持联系。其中，销售明星弗兰·洛（Fran Lowe）是个自命不凡的人，经常缺席会议，迟交周报告，原因是她的区域销售困难但她的销售业绩很好。你开始感觉到其他团队成员的不满，觉得洛因为销售业绩好就可以不履行她的行政职责。这种情况下你会做什么？

资料来源：Adapted from “Sales and Marketing Challenges,” *Sales & Marketing Magazine* (May 2007), p. 48.

自我管理能力

能够对自己在工作和其他场合的行为负责任，这需要自我管理能力。当出现问题时，人们经常抱怨遇到的困难或其他人，有效的管理者不该落入这样的陷阱。自我管理能力包括：

- 态度坦诚，行为道德；
- 管理个人动机；
- 自我意识和自我提高。

在态度坦诚和行为道德的层面上，销售经理所处的位置尤其敏感。一支销售队伍必须信任并尊重销售经理才能取得成功，如果销售经理不够坦诚或者行为不道德，怎么能得到别人的信任和尊重呢？销售经理影响或掌控着销售人员的报酬，销售经理的道德行为是人们时常关注的焦点。作为销售队伍的领导者，销售经理对待客户的行为具有示范作用。如果销售人员发现销售经理为一笔交易而违背了伦理道德，很可能会如法炮制。同时，职业道德日益受到社会的重视，针对不道德行为的惩罚措施也愈加严厉。

由于最近发生的几起商业道德丑闻，公众对商业道德有越来越负面的看法，面对这种情况，公司纷纷行动起来，制定和完善伦理道德规范，引进正规的伦理道德培训课程，聘用伦理道德顾问，并设立伦理道德委员会。管理者自身的行为对公司的道德文化建设具有至关重要的作用。[21]

销售经理的工作不仅仅是处理每天发生的很多问题，他们工作中最重要的部分是在个人、公司以及下属的目标之间求得平衡。在“是什么给自己带来满足感”这个问题上，一位晋升刚满一年的销售经理这样回答：

> 工作给我带来了什么样的满足？我得到了回馈。每个月我都能看到我的团队取得的销售业绩，知道哪些人在进步甚至得到提升。我知道我在做一些对公司很重要的事情，一些必须处理的事情，不仅是在挣钱，也是在帮助其他人成长，这两个方面都让我有满足感。

自我意识是一名优秀销售经理的重要素质，他首先必须有想做销售经理的愿望。人们进入管理层有很多原因，包括对现在的工作感到厌烦，希望获得更大的权力和更高的待遇，以及争取行使权力和影响力的机会，等等。新的管理者会很快发现，这些原因对他们的日常销售管理工作没有多大帮助，反而会导致自我怀疑以及关于“我能不能胜任”的疑虑。下面是三名新任销售经理的自我评价，这些评价是从其管理的销售人员身上得到的启发：

- 我发现自己过于激进，要求太高，好奇心太强，干涉太多，他们认为我是一个独裁的、颐指气使的暴君。
- 我一直我行我素，但是在上任三周之后，我得到的反馈是他们都说我太苛刻，我需要变得柔和一点。
- 真是不可思议！他们说我太优柔寡断了。他们说我看起来很怯懦，这让他们觉得紧张，以前可没有人这么说过我。[22]

后面的章节有很多练习来帮助你强化自我意识，最好的强化方式是去做点什么，采取一些行动。在每章的最后建议你做一些体验式的练习和随堂练习，这些练习可以让你从其他学生和教师那里得到一些反馈，以帮助你提高自我意识。本章最后的“自我能力提升”部分有一些具有挑战性的问题和自测练习。在每章的团队练习中，你会遇到现实生活中的一些真实挑战。你将如何处理下面的团队练习“如何应对流言”？

团队练习 1-3

如何应对流言

你手下的一名销售人员告诉你，今天早上他遇到了一位老客户，聊起因表现不佳而被解雇的一名员工，那个人现在就职于竞争对手的公司。那个人对公司和作为销售经理的你大加指责，他告诉这位客户，近年来，你们公司的产品质量急剧下降，销售人员很难完成销售任务，只能依靠过去的关系维持老客户。他还说，公司把能否完成销售定额与人员的去留挂钩，这种指导思想迫使销售人员向客户推销那些客户并不真正需要的产品，例如在老零件还没有损坏时就怂恿客户换新的。你的销售人员还说，这位老主顾并没有把那个人的诋毁放在心上，甚至觉得他的这种方式实在欠妥，但是当那个人说她属于被你公司蒙骗的客户时，这位老客户感到十分愤怒。

在向这位销售人员表示感谢后，你回到办公室考虑该如何处理这件事。其他客户将会作何反应？关于公司的前景他们将作何反应？其他客户听说这一传言了吗？他们告诉你的下属了吗？如果事情不是这样你将作何反应？此外，在下周一的销售例会上你会对你的员工说些什么？

全球视野

要调动来自不同国家的人力、财务、信息和物质资源，为多种文化背景的客户提供服务，就必须具备全球视野。并非所有的企业都在国际市场上开展竞争或者为拥有全球销售网络的客户服务，但是在你的职业生涯中，很可能会就职于一家拥有国际销售业务的企业，因此，你有必要注意培养自己的全球透视能力，准备抓住诸如此类的机遇。在销售过程中，这种能力体现在两个方面：

- 文化知识和敏感度。
- 全球销售计划。

你在本国担任销售经理时，可能不存在文化方面的问题，然而，除非你游历甚广或者专门学习过其他的文化，你很可能会缺乏对其他国家的认识和了解，即使那些与本国接壤的国家也不例外。商业往来已经日益国际化，许多管理者有必要对至少几个其他国家有一定的认识和了解，如购买本公司产品的国家或者客户销售产品的国家。举例来说，惠氏国际公司（Wyeth-Ayerst International）在100个国家出售药品，并且聘请了50名国际销售培训师，专门集中训练如何恰如其分地倾听和提问，并且探索有哪些需求在全球是一致的。公司也会采纳本地视角，即如何适应每个地区的文化差异。销售人员要学习该在什么时候喝茶，什么时候约人谈话，什么时候结束谈话。[23]

在全球范围内销售或者将产品出售给全球客户，会影响到销售经理方方面面的工作，例如，招聘选拔工作变得更加复杂了。一份研究报告表明，销售经理认为有接近50%的外派人员胜任所委派的工作。[24]当总部的销售工作与具体区域的销售工作发生矛盾时，协调也是一个令人头疼的问题。鉴于国际管理问题的复杂性，后面的每一章都会谈及这方面的内容。

技术能力

了解技术有助于提高销售队伍的效率和潜力，知道怎样将技术运用于销售中，我们将这种能力称为技术能力。下面的例子证明，技术能够大幅度提高销售队伍的绩效：

- 泰勒制造公司（TaylorMade）是一家经销高尔夫设备的企业，通过运用掌上无线活动库存系统对零售商店的库存实施自动监控，销售人员得以抽出更多的精力来帮助零售商扩大销售，由此使销售队伍的效率提高了25%。
- 先锋集团（Vanguard Group）设立了客户和销售队伍均可登录的网页，客户可以通过它开立新账户，从事基金交易，并查询账户运营情况；销售人员可以集中精力从事更有效的沟通活动。先锋线上客户的投资量比线下的客户高 150%，对他们的服务成本仅相当于线下服务的 5%。

技术能力具体包含如下几个方面：

- 了解新技术及其潜力。
- 实施销售队伍自动化（SFA）。
- 实施客户关系管理（CRM）。

许多专家认为，融合通信技术，也就是通常所说的**销售队伍自动化**（sales force automation，SFA），不仅是竞争优势的源泉，更是保持竞争力的必要条件。根据最近一项针对高层销售经理的调查，83%的公司计划更新现有的销售与营销服务以及客户关系管理的信息系统，公司对这项计划的预算平均为 150 万美元。[25]

到目前为止，销售和营销领域应用的技术一直在演变。在第一阶段，销售队伍自动化系统往往以效率为核心。由于在订单处理等销售环节上时常出现重复和错误，因此应用销售技术的初衷集中到了自动化的跟踪报告系统。在第二阶段，公司可能会采用电子区域管理系统，通过辅助市场定位和客户建档来提高销售队伍的效率。在第三阶段，公司可能会采用客户关系管理系统，因为公司意识到与客户的关系是一个多对多的关系。销售、服务、营销、财务和产品开发部门以及公司的合作伙伴都要通力合作，共享信息，只有这样才能满足客户的需求。客户关系管理系统的主要功能在于确保为各种销售渠道的客户提供始终如一的服务。无论客户是通过互联网查阅产品信息，通过电话询问，还是与产品设计人员面谈，乃至向销售人员当面询问价格信息，客户关系管理系统将保证所有这些人员得到的信息都是一致的，不至于因信息不对称而导致他们在合作中出现摩擦。由此，公司与客户沟通以及完成交易的效率得以大幅提高。

只要妥善实施，SFA 和 CRM 系统可以理顺公司的整个销售过程。尽管绝大多数公司都推行销售队伍自动化，但估计有 61%的自动化项目并没有收到预期的效果。[26]根据专家的意见，销售队伍自动化可能受制于以下三个因素之一，每一个因素都将导致销售人员的抵制。一是销售人员不知道 SFA 和 CRM 可以怎样促进他们的销售工作。研究表明，适当的技术培训和技术带来了效率的提高的案例会减轻他们对技术的抵制和不安全感。[27]也就是说，管理者没有清楚地告知和传达所要实现的目标。二是销售管理者可能期望通过这两个系统对远程销售人员实施更加严密的监控。经验证明，如果主要目的是推行管理控制和数据收集，而不是帮助销售人员提高工作效率，结果必然招致销售人员的抵制。三是如果高层管理人员自己没有采用自动化技术，也将导致销售人员的抵制。遗憾的是，不懂电脑操作至今依旧是很多高层管理人员引以为豪的标志。

对于数字信息的处理能力与汇报能力是很多公司在招聘时要求的能力之一。为了帮助你提高这项能力，本书在某些章节也附有相应问题以及 Excel 处理。我们采访的公司和担任章节顾问的销售经理表示，他们希望新员工能熟练掌握 Excel，这也是我们结合 Excel 来分析问题的原因。

职业生涯

销售是职业生涯的良好开端。我们认为有必要让同学们知道如何一步步走向销售经理的职位，以及要进一步发展的机会是什么。销售经理基本都是从销售人员开始**职业生涯**（career paths）的。新任命的一线销售经理年龄普遍在 30 岁左右，有 3～5 年在一线面向客户的销售经验。大量销售工作和众多销售管理专家证实，销售人员的成功和销售经理的素质有很大的相关性。[28]新上任的销售经理一般热情很高，有新的思路，能够大幅提高下属的销售业绩。原则是，以销售管理为职业你可以施展才华。销售经理平均高达 150 000 美元的薪酬也证实了这一职位的重要性。[29]我们不妨阅读下面这则关于职业生涯的故事。

通往首席执行官的道路

莉萨·卡什（Lisa Cash）自 20 世纪 80 年代早期开始在美国俱乐部公司（Club Corporation of America）从事销售工作，至 1991 年升任为区域销售和营销经理。1992 年，她加入了贝尔大西洋公司（Bell Atlantic），也就是现在的威瑞森公司（Verizon），独自管理两个价值 1 亿美元的子公司。飞速发展的高科技行业吸引了她的兴趣，她又到一家软件公司谋了一个职位。1997 年，她被普林斯顿软件科技公司（Princeton Softech）聘任为东海岸销售经理。不久之后，她运用自己的经验为公司开发了许多新的项目，其中的一个电话营销渠道项目最终在 1999 年为她赢得了销售副总裁的职位。当公司的首席执行官决定离任时，他建议让莉萨·卡什接替他的工作。莉萨·卡什说，我想我们已经看到，很多首席执行官是从销售人员和销售经理成长起来的，原因是他们锻炼出了超强的沟通和说服能力，并且拥有高度重视客户的意识。[30]

宝洁公司

在消费品公司从事销售工作，职业生涯普遍要从一线推销开始。在宝洁公司，销售的职责是以有竞争力的价格大量出售品牌产品，以获得市场份额，目的在于提高市场份额。销售队伍隶属于市场发展部，其组织结构见图 1-5。如图所示，在执行管理层下面有四个管理层级。客户经理要么领导一个销售队伍，要么领导一个按区域划分的部门，负责影响零售点的品牌决策。具体来说，他通常要制定和执行商品销售和推广计划，完成本公司和客户的销售和利润指标。客户管理层影响公司客户中心的品牌决策，同时负责协调客户经理在零售店的活动。销售副总监负责制定特定业务单位的所有品牌、客户和执行战略，特定业务单位如在某个地区的主要食品经销商、连锁店、批发店和折扣店等。销售总监领导多个部门的销售机构，负责制定品牌推广战略和客户战略，同时参与设计销售队伍的总体结构、制定销售技能培养计划，并且确定业绩考核的重点。

在宝洁公司的四个组织层级中都能找到个人成长和发展的机会。一位新员工可

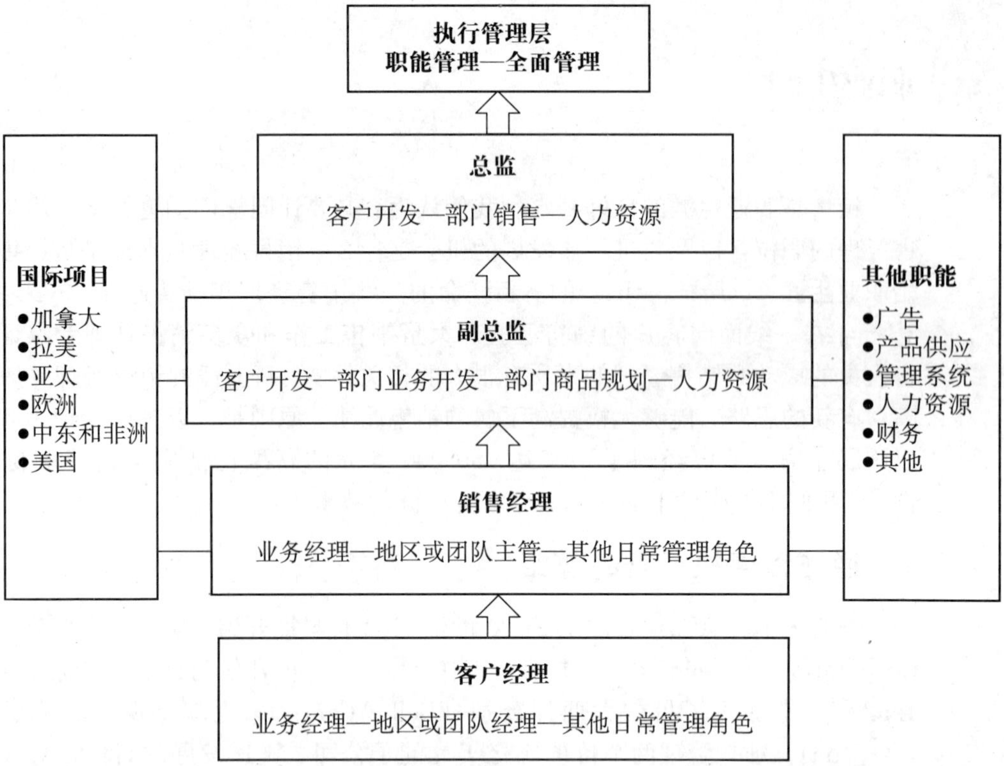

图 1-5　在宝洁公司的职业之路

资料来源：Adapted from "Sales Career Path Model" in recruiting material presented for Procter & Gamble, 2003.

能从担任中西部的克罗格公司（Kroger）客户小组的客户经理开始，几年后可能晋升为东南部西夫韦公司（Safeway）的销售经理，然后可能会被派往欧洲或者到人力资源部门担任培训师。有很多职位可供选择是在宝洁公司工作的主要优势，在这里积累的经验为员工职业生涯中的进步架好了阶梯。

成功销售管理的准备

为了帮助你顺利地踏上销售管理的道路，我们编写了本书。为了实现这一目标，本书的各章都以生动有趣的方式提供了大量的知识内容。此外，每章还针对销售和营销界取得突出成绩的成功人士的经验和建议进行了回顾和提炼，他们包括：IBM 的销售运营部主管波莱特·特纳（Paulette Turner），宝洁分销公司营销主任 B. J. 波尔克（B. J. Polk）等。他们将与你分享一些心得，帮助你走向成功。

商业上的成功与你的能力直接相关，后面的章节均基于本章介绍的各种能力展开，这六种能力被认为是在管理上取得成功的重要因素。特别地，为了展示销售管理各种能力间的相关性，本书每一章的总结部分都设有练习，以提高六种能力中的相关能力。每章后的练习都与该章的主题有关，用于帮助提高你的能力，使你在机会来临时，做好承担起销售管理责任的充分准备。

为了帮助你进一步提高，每章都有“团队练习”，其取材于销售经理的日常工作。每一个案例都需要你采取最合适的行动，通常包括考虑你和别人谈话时的措辞。“团队练习”涉及多人，通常以小组讨论或角色扮演来进行。

每一章都会以某家公司或某个案例开始，引出该章要讨论的主题。每一章的开始都会有该章的学习目标，每章结尾会有一个关于这些目标的总结以及相关概念的简述。关键术语也会列示在每章结尾。本书最后会有一些综合案例。

本章末是关于希尔德保险公司（Shield Financial）的案例，它描述了道格·布卢姆（Doug Bloom）在被提升为销售经理后的初始阶段。这个案例描述了这家公司、它的产品和组织，还有道格成为销售经理后最初几个月所作的努力。你将会和道格一同成长，一同面对每章末给出的挑战。你将基于每章末给出的背景资料做出决策。读到本书的最后，你会与道格共同成长起来，一起解决销售经理面对的常见问题。总之，通过回顾每章的内容以及解决每章之中和每章末尾的问题，你将在通往成功销售管理的道路上更进一步。

本章小结

本章介绍了人员推销和销售管理。人员推销聚焦于与潜在客户的直接联系；销售管理则主要涉及计划、组织、领导和控制人员沟通，以满足客户需求，完成公司的目标。你现在应该可以了解：

1. 在销售中发生的主要变化以及引起这些变化的原因。市场竞争越来越全球化，产品生命周期越来越短，竞争边界越来越模糊。与此同时，客户倾向于保留更少的供应商，并且期望更好的服务和质量，客户的权力在增大，他们不仅要求而且也需要得到更好的服务和更高质量的产品。受这些因素的影响，销售过程更加侧重于关系销售，销售队伍有必要满足客户的全部需求，供应商也花更多的时间做内部销售和配置更多的资源为客户提供解决方案。对销售队伍的评价更多看其效率和盈利能力而不是销售收入。

2. 定义销售管理。为实现企业销售和盈利目标而对人员沟通活动进行计划、组织、领导和控制。

3. 描述销售管理过程。为了教学目的和梳理销售管理过程涉及的活动，销售管理过程可以分为：放眼全局和制定战略销售计划，定义销售队伍在执行公司业务计划中的角色，高效率和高效能地组织销售队伍，培养必要的销售能力以执行公司业务战略，领导销售队伍实现目标。虽然这些步骤并不总是按照这个顺序依次来做，但对销售管理过程的这种描述提供了一个很好的角度来理解公司所有级别的销售经理所参与的决策。

4. 一个成功的销售经理必须具备的能力。在动态的环境中，高效的销售经理需要拥有六种能力：战略行动能力、教导能力、团队建设能力、自我管理能力、全球视野能力和技术能力。你可以通过学习、培训和积累经验提高这些能力。具备这些能力也是为胜任不同行业、不同国家的销售和销售管理职位做准备。你可以通过完成本章和后面各章结尾部分的练习来持续锻炼你的管理能力。

关键术语

职业生涯　career paths
全球化　globalization
人员推销　personal selling
销售队伍自动化　sales force automation (SFA)
销售管理　sales management
销售管理能力　sales management competencies
销售经理　sales manager
销售队伍　sales teams
解决方案销售模式　solution selling model
交易型销售模式　transactional selling model

自我能力提升

1. 技术能力。JVC 公司是美国的一家视听设备制造企业，它决定在 200 多名在家办公的销售代表当中试用销售队伍自动化系统。公司向销售代表提了两个问题，一个问题是："你希望在家里的桌子上摆放什么？"另一个问题是："客户经常向你提出哪些问题？"销售代表希望能够针对客户关于订单和库存的问题提供正确的答案，于是公司实施了一项软件计划，让销售代表能够每天从主机上下载这些信息，做到随时更新，不用等到第二天再浪费很多时间与总部和客户取得联系。JVC 公司在销售队伍自动化方面作出了哪些努力？为了确保自动化项目取得成功，它还需要在其他方面做些什么？你可以在公司网站上得到更多信息：www. JVC. com。

2. 团队建设能力。金矿软件公司（GoldMine Software Corporation）是一家在销售和营销团队软件开发方面领先的企业。像它这样出售复杂分析软件的公司，在处理客户事务时更加依赖销售队伍，因为单一的销售人员很难知道产品的全部信息。然而，公司发现要从传统模式向销售队伍模式转变十分艰难。在公司转为销售队伍运作时可能遇到什么问题？你可以在公司网站上得到更多信息：www. goldminesw. com。

3. 教导能力。销售主管更喜欢以下两种销售队伍情形中的哪一种？

- 普通的销售人员和一名优秀的销售经理。
- 优秀的销售人员和一名普通的销售经理。

咨询顾问向几百名销售副总裁、全国销售经理和地区销售经理提出了这样的问题。如果你是一家公司的最高销售主管，你更倾向于哪种情形？

4. 战略行动能力。卡特钻石工具公司（Carter Diamond Tool）从 1920 年开始就是一家设计加工优质天然钻石和人造钻石切割工具的领先企业。最近，公司聘用了 10 名销售人员对客户进行拜访。由于对效果很不满意，公司解雇了这 10 人，另外邀请了 8 名独立的制造商销售代表（制造商的销售代表并不受雇于某一家公司，而是为多家公司提供服务）。这些销售代表向同一客户同时出售卡特公司和其他公司的产品。效果立竿见影，销售量开始提升，老客户得到巩固，还争取到了一些新的客户。对这种情况应该作何解释？制造商销售代表相对于公司自己的销售队伍有什么优势和劣势？关于公司的更多信息，请登录网站：www. carterdiamond. com。

5. 自我管理能力。学习销售管理的最佳方法就是花时间和真正的销售经理待在一起。与销售经理约定观察他一天的活动，询问他担任销售经理的感觉如何，是怎么做到销售经理的职位的？如果可能，对销售经理的活动记个流水账。如果你找不到合适的销售经理，那就与销售与营销主管俱乐部（Sales and Marketing Executives Club）或者美国营销协会联系，还可以向老师求助。浏览美国营销协会的网站是很有帮助的：www. marketingpower. com。

6. 全球视野。所有的跨国公司都会有来自全球化的压力，但是每个行业的压力大小不一样。例如，很多像惠普和IBM这样的电脑供应商已经建成了最广泛、最成功的全球客户管理体系。在惠普和IBM，全球客户经理和国内客户经理一样拥有强大的决策权，也就是说，他们介入对当地销售队伍的评估、薪酬和管理工作。与此相反，花旗银行只赋予全球客户经理协调的权力，他们仅仅负责在总部和当地的员工之间上传下达。这三家公司有着同样多的全球客户，但是全球客户经理的职权却完全不同。为什么会有这么大的差别?

希尔德案例练习

希尔德保险公司

又是一个丰收年，这已经是我在希尔德保险公司跻身销售代表四强的第四个年头了。在过去的四年中，我平均每年挣到15万美元，看起来今年的收入起码不会少于往年。我做事的风格一直是特立独行而不是照本宣科，如此不俗的成绩着实令我感到骄傲。我非常喜欢销售工作中的竞争和刺激，但是最近也在考虑如何向更高的职位努力。毕竟，我的很多大学同学都在从事管理工作。为什么他们都可以做到，我却不能呢?另外，我希望有朝一日“道格·布卢姆——经理”的牌子也能挂在我办公室的门上。我想，担任销售经理的职位只需要比现在多做一点工作，但能拥有更大的权力和自主性。只需要花费一段时间，教会那些笨嘴拙舌的销售代表走上轨道就万事大吉了。我越想越觉得自己应该得到这个职位。

机会来了

如果能收到另一家保险经纪公司经理职位的聘书，我就在6个月之内离开希尔德公司。我其实并不想离开，因为我在希尔德公司干得不错。运气来了，第二周公司的简报上就公布了招聘中西部地区销售经理的消息。我对离开亚特兰大前往艾奥瓦州的得梅因并不觉得很兴奋，但是机会难得，最终决定还是进入管理层去尝试一番，于是递交了申请。

竞聘这个职位可谓一帆风顺，在所有申请这个职位的人当中我的业绩恐怕是最好的，而且公司一个不成文的政策就是优先提拔内部人员。我了解了一些有关这个职位的情况，根据公司的通告，前任销售经理离开的原因是“该分公司需要变革，朝新的方向发展”，但是我听说，这位销售经理是因为几年来业绩不断下滑而被解雇的。这也许是那些渴望进入管理岗位一展抱负的销售代表不愿意参加竞聘的原因。也许有些事情我不知道而他们很清楚，但是一切都太迟了，我已经收拾好行囊准备出发。

希尔德保险公司的历史

1919年，从第一次世界大战中归来的企业家霍华德·德赖弗（Howard Driver）和汤姆·马德（Tom Mader）共同创建了希尔德保险公司。霍华德对于保险公司的预见与汽车工业与汽车代理权的普及息息相关。

在随后的几年中，公司逐步发展成为保险集团，通过战略并购增加了分公司，扩展了地域范围，增强了营销能力，拓宽了产品供应。最近的并购是1998年买下美国保险集团（Great American Insurance Company）的全部商业业务。

希尔德公司提供定制化的保险及风险管

理产品，致力于满足各种规模企业的保险需求，特别是在财产、汽车、普通责任、劳工补偿等领域，有着各种各样的保险产品。表1-3给出了希尔德公司提供给企业的产品项目。

表1-3 产品项目列表

应收账款 为因呆坏账无法收回的未付账款提供保险	**品牌商标** 补偿股价下跌带来的品牌损失，从而挽回损失	**企业财产** 如果财产（例如存货、办公用品）遭受火灾或其他损失，进行赔付
营业收入 赔偿由于意外原因导致停业产生的收入损失	**销售代表保护** 为企业物品、样品和旅行时携带的笔记本电脑提供保险	**电脑欺诈** 防范通过电脑对财产进行电子偷窃
合同惩罚 当合同因不可抗力无法实现时偿付罚款	**防止服务攻击** 防止日常商务运营时电脑受到攻击	**从属财产** 当主要供应商遭受不明损失时赔付收入损失
电子破坏 为电脑受到黑客攻击提供保险	**员工背叛** 赔付由于员工背叛或欺骗造成的资金或财产损失	**设备故障** 维修或更换损坏的设备（例如电脑、电话等）
假冒伪劣 为假冒的收据、信用卡账单和银行汇票提供保险	**善意广告** 为意外危机事件后恢复声誉所需的广告提供保险	**现金和证券** 为丢失、偷窃或毁坏的现金和证券提供保险
新购的资产 为新购的建筑甚至在建的建筑提供保险	**重置成本** 为资产折旧减值提供保险	**网站收入** 为网站供应商导致的收入损失提供保险

公司的总部设在纽约，分为四个区域，各由一名副总裁领导。84个销售办公室分布在各个区域，由各个区域的销售经理负责监督8～12名销售人员。在人口较少的州，如蒙大拿州、爱达荷州、怀俄明州、犹他州、科罗拉多州等，公司通过独立的经纪人进行经营，由两名经纪人销售经理负责监管这些独立的经纪人。

销售经理培训

在2月1日签订了新的聘用合同后，公司派我和其他6位销售经理候选人一道飞往位于纽约的希尔德公司总部，参加了为期5天的管理培训。不客气地说，培训计划是很混乱的。我想他们更崇尚信息越多越好的观念，光是我酒店的房间里，培训资料摞起来都有近3英尺①高，即使每天马不停蹄地阅读，一周最多也只能看完一半。资料的内容包罗万象，战略分析、竞争分析、外部环境分析、产品定位、定价、促销、人力资源、教导、反馈、绩效评估技巧、招聘以及解雇，等等，一应俱全。除了作者本人之外，我怀疑公司里还没有一个人通读过这些资料。没关系，把这些资料摆在我办公室的书架上，起码可以装门面嘛！

公司对新任经理的培训大多围绕推出和促销希尔德公司的“贵宾客户计划”展开，这项计划的主旨就是鼓励销售代表更加重视大客户以增加公司的收益。AllSafe公司是我们在全方位服务市场上的主要竞争对手，它已经全面推出了“贵宾客户计划”，希尔德公司现在刚刚开始调整定位，决定进入同一细分市场。营销副总裁要求我一上任就尽快号召员工力推这一新的产品线。我暗自思忖：怎样才能调动手下25名销售人员的积极性，

① 1英尺=0.3048米。

全力推动这项新产品计划呢？我记得自己刚入行时，一度对大客户感到无所适从，于是在那段日子里小客户成了我的衣食父母。推己及人，我知道推动当前这项“贵宾客户计划”对很多人来说都是一次重大的转变。

最后一天，希尔德公司的首席执行官乔治·特雷德戈尔德（George Treadgold）出席结业仪式并讲了话，最后跟我们一一握手祝福。跟我握手时，他面带微笑地说了一句这一行里的至理名言：每个月都要用数字说话，其他一切都会水到渠成。他还提醒我，要学会运用公司的规定来避免一些人事纠纷。这样的临别赠言着实让我摸不着头脑。人力资源部的副总裁雷·科迪（Ray Cody）递给我一张名片，拍拍我的肩膀说，如果有任何问题就随时给他打电话。五年前我在面试时见过他，他也说了同样的话，但是他现在已经不记得我了。

赶赴得梅因

我回到亚特兰大，接下来的几天要为赶赴得梅因进行周密的准备工作。日程很紧，我必须向亚特兰大的分公司交接手头的工作，停租公寓，告知所有的人我的新地址，注销银行账户，结清水电费，在得梅因寻找新的住所。搬迁乍看起来是件不错的事情，但是经过所有的这些琐事，你就会明白为什么人们喜欢待在一个地方了。另外，我会十分想念亚特兰大的，因为在那里我有很多好朋友。

我差不多在2月底到了得梅因，感觉好像搬到了北极一样，那里的气温在$-10℃$。落地之后的第一件事就是去最近的商场买一件最保暖的大衣，然后把它穿上，赶到办公室。希尔德的分公司在一幢新建的摩天大厦的27层，可以俯瞰得梅因河。我的办公室位于楼层的一个角落，透过宽大的落地窗可以看到城市的全景。我想，这再好不过了。如今已经美梦成真，是大干一番的时候了。我打开行囊，整理办公室，这时我的区域经理丽兹·舒特（Liz Shute）走了进来，攀谈了几分钟后，她邀请我共进午餐，以彼此加深了解。

在吃饭的过程中，我试图向她展示我对销售管理的见解，想让她明白我是注重行动的管理者，我的大部分工作首先是销售和领导销售，其次是采取应急措施解决销售人员遇到的问题，再次可能是要花5%的时间处理人际关系，还有5%的时间用于招聘等其他的行政事务。她笑着点点头。我不知道为什么她没有我这么兴奋，这让我隐约感觉到她从别的销售经理那里也听过诸如此类的话。在我吃完最后一口巧克力蛋糕后，她对我的话做了个总结：“道格，我欣赏你所说的一切，但是请不要忘记，你的任务就是提高公司的销售业绩。我会支持你的工作。你只需要让销售人员实现公司的销售目标，其他一切都会水到渠成。”这句话怎么这么耳熟？首先出自公司的CEO之口，现在又出自区域经理之口，难道这是公司的口号吗？

第一次销售会议

午饭过后，我准备利用下午的时间召集销售代表开会，向他们讲述新推出的“贵宾客户计划”。在如何运营新战略模式的讲稿中，我还特意加入了自身经历中的一些趣事。我想他们没有理由不喜欢，这应该是一个完美的开端——新经理，新思路。根据安排，由丽兹首先对我进行介绍，然后我就算正式走马上任了。我开始觉得，做管理工作可能原本就是我的天赋。

丽兹对我的介绍绘声绘色，走上讲台时，我能感觉到所有的目光都聚焦在我一个人身上，但不知道他们是不是看出来我很紧张。我开始宣讲新的战略，用彩色的图片、表格和百分数来说明新的计划怎么运作，以及如果销售代表照着我设计的方案达到了最低要求，他们可以得到多少报酬。有些人在做笔记，有些人则面无表情地听讲。我想这是让他们参与的好时机，于是发问：“有没有什么问题？”事实证明，我大错特错了。连续8年销售业绩最佳的销售代表蒂法尼·威廉斯

(Tiffany Williams) 举手说："道格，我的收入水平是你刚才所说的10倍。我拥有很多花了多年时间培养出来的中小客户，我从他们那里赚取的佣金比大客户要多得多，我为什么要按照你说的那个模式行事呢?"整个房间鸦雀无声。我清了清嗓子说："这不是我的主意而是公司总部的指示。"蒂法尼回应说："我不明白为什么公司要我们彻底放弃小客户。"我告诉他们，公司不是要忽视小客户，而是要朝着一个新的方向发展。后排有些人在窃笑。更多的问题出来了，其中一些只有丽兹才能回答。整个局面完全出乎我的意料，我知道必须想办法压住这些如潮的问题。我建议，为了按时结束今天的会议，大家把其余的问题留待周四和周五的见面会时再行讨论，这样大家才陆陆续续把手放了下来。

与销售代表的见面会

这一周的其余时间我都在准备这次见面会。我一一浏览了每个销售代表的客户记录和过去几年的收入数据，力图找到说服他们响应新计划的突破口。我知道，如果能说服大多数人认同这个计划，剩下的人就好办了。我首先安排销售业绩较差的代表参加周四早上的见面会，也希望以此来热身，从中找到一些自信，为第二天与那些业绩突出的代表会面做准备。我有很大的把握让业绩较差的销售代表接受这项新计划，对那些业绩较好的代表则需要更多的说服工作。根据我的判断，如果将"贵宾客户计划"落实到销售战略之中，每个人都能得到某些好处，我只需要向他们说明该怎么做。

周四早上8点左右，我想象着作为一名销售经理第一次召开与销售代表一对一的见面会该多么令人兴奋和紧张。业绩最差的比尔·约翰逊（Bill Johnson）是我第一个会见的人。我已经成竹在胸，迫不及待地要在他身上打开突破口，使他成为执行这项新计划的第一人。但是还没等我开口阐述自己的想法，比尔就抢先告诉我这项"贵宾客户计划"为什么难以奏效。他说他即将取得突破，这个改变会让他的一切努力徒劳无功。我简直不能相信自己的耳朵，如果连最差的销售代表都不能说服，其他的人就更别指望了。等他说完后，我开始向他描绘我对前景的看法，告诉他如果将战略重心转移到大客户上来，他将如何受益。他表示会试一试，然后离开了。看着他走出房间的样子，我猜想他的一切都不会改变。我做了一个记号，提醒自己会另找时间向他详细地讲述如何实施这项计划。

让我惊讶的是，接下来的大部分会谈反而顺利了一些。有几个人对这一转变表示振奋，有的人只是想知道我将如何进行推广，其他的人则想知道我具体有什么样的期望。有一件事让我很震惊：我对各位销售代表的个性毫无思想准备。每一个人都个性鲜明，各有自己的动机和特点。我和每一位代表会谈的大部分时间都在设法找到他们各自的优点，这让我感觉好像是在和25位客户打交道。当最后一位销售代表在周五下午离开办公室时，我已经筋疲力尽了。会谈的效果有好有坏，但是总的来说还不错。

努力跟进

几个星期眨眼就过去了，我搭上了很多的加班时间。下午一般都要到5点过后才下班，而且每个周六基本都在加班。我总是觉得销售经理有义务以身作则，当我还是一名销售代表时，如果经理到5点钟就准时下班而其他人还在加班加点，我会对这样的经理失去尊重，而且这里的工作压力之大是我没想到的，所以加班不仅仅是为了摆样子。除了花时间接连不断地接待这25个销售代表，我还要处理系统故障，审批销售人员的支出报告，审核预算以及制定下个月末需要向总公司提交的三年战略规划。即使一天工作24小时也没办法完成所有这些工作。我感觉自己好像在夜间从一条弯曲的山路上由山顶向下疾驰，路上没有"慢行""弯道""窄桥""停止"之类的标志。如果我掉下了悬崖，整个分公司也会和我同归于尽。

第一个月的业绩不好，收入下滑15%，

我感觉车轮好像偏离了轨道。从数字上就可以看出，销售代表没有实施新的计划。我知道销售代表不喜欢公司强加在他们头上的“贵宾客户计划”，但我不希望下个月仍然没有任何起色。我必须采取行动，现在是让他们知道谁在执掌这家分公司大印的时候了。我发布了一项通知，要求所有的销售代表递交一份销售计划周报，其中包括如何推广“贵宾客户计划”。尽管我没有进一步督促，但我相信他们会认真领会这份通知的意图，把工作重点放到新计划上。第二天一早，蒂法尼·威廉斯在车上给我打来电话：“道格，我们昨天看到你的通知了。”我说：“很好，期待看到你的报告。”她却说：“是这样，道格，客户要找我面谈，我身不由己呀。实在太忙了，哪有时间写报告啊！”从她讥讽的语调中就能听出，她对那份通知感到不满。我向她解释说，有些员工已经完成了销售定额（包括她本人），但是都在实施新计划方面落后了，你们需要采取进一步行动来扭转这种局面。蒂法尼说她去年独自完成了分公司总销售额的20%，所以她可以不写报告。我告诉她：“我不这么认为。蒂法尼，周一早上把报告交到我的办公桌上！”挂上电话，我凝神盯着电话，不由地陷入了沉思：我为什么要用那种口吻讲话呢？我不该强迫她提交报告，但是后悔已经来不及了。

帮助销售代表重新安排日程

到了周一，除了蒂法尼，每个人都提交了周报。我利用午餐时间在他们的报告上圈圈点点，帮助他们确定一周工作的重点。他们在时间安排上效率这么低，简直令人难以置信。有些人在小客户身上花费了太多的时间，还有的人把很多时间耗费在行政事务上，难怪我们上个月没有完成指标。我感觉到这应该是我走马上任后的第一个突破口。那天下午比尔·约翰逊来到我的办公室，看起来很生气，因为我彻底改了他的工作日程表。他对我说：“你想做什么？”我说只是想帮点忙。他的嗓门更高了：“我可能不是全公司最优秀的销售代表，但我也不是百无一用的蠢材，我的业务马上就会有大的起色。”我告诉他我不是那个意思，我只是想帮忙，将“贵宾客户计划”的实施方针落实到他的工作日程当中。他咬牙切齿地说：“你什么时候想抢走我的客户就告诉我一声。”他把经过我调整的计划书扔在桌子上，气冲冲地跨出办公室。难以置信！我呆坐在椅子上，片刻间脑子里一片空白。我能感觉到心跳在加速，于是跟着冲出办公室想把他叫回来，但是我失败了。我叫喊着：“你已经够幸运了，我还在给你帮忙。”他看起来很惊讶。我接着喊：“公司想要解雇你，是我在力保你这头蠢驴。”剩下的话都记不清了，我觉得自己就像魔鬼附体一样，这不是我。

以前我认为，销售人员在处理客户问题时需要始终保持冷静，管理则大不相同。我从管理培训中学到的最基本的一课就是，管理者需要比所有其他人更加具有职业风范，必须在任何情况下保持泰然自若。但是一切都太晚了，没办法补救了。

比尔·约翰逊辞职了

第二个周一我接到丽兹的电话，说公司总部对我有意见，因为我没有按时上报费用表。我告诉她自己已经忙晕了，除了督促销售代表完成季度目标之外，我还得更仔细地斟酌一番才能上报给总部。她的回答干脆利落：“你的工作是完成公司的定额，同时要及时上交报告”。刚挂上电话，我的秘书就送来了比尔的辞职申请。真是一个解脱，我迟早要解雇他，只是早晚的问题。我立即给最大竞争对手AllSafe公司的一名顶级销售代表打电话，用优厚的工资待遇和优越的办公条件诱使他离开那里。我在几年前的一次会议上见过他，知道自己能够和他共事。他马上接受了。我想他认同我的观点，如果他能像在AllSafe一样干得出色，就能够在整个分公司拿到最高的报酬。第二天，也就是周二，公司里便谣言四起，说我用重金聘请了自己的亲信。不用说，公司上下的大多数销售代表都颇有微辞。威廉斯虽然没说什么，但是她应该是最不满意的人。

之后的几个月里，我一直苦苦挣扎，力图使工作步入理想的轨道。有的销售代表与客户争执不下，总是需要分公司出具书面文件来化解危机；有的电脑出现故障；有的账户和佣金发生了挪用；还有纯粹出于妒忌产生的人际矛盾。凡此种种，都是我日常要处理的问题。我想一位销售经理的首要任务应该是关注客户，但是没想到自己整天都在疲于救火。屈指一算，每两个小时会有 15 次谈话，只有在去洗手间的时候才能感觉到一丝轻松。我不仅在文案工作上越发落后，还要在每个周五的销售会议上向销售代表讲解新的政策和新的销售思路。我不时地感到自己既是掌管着 3 000 万美元资产的经理，又是照看着一群孩子的保姆。

第一季度销售报表出来的当天，我接到了丽兹的电话。“布卢姆，”她说，“你没有完成定额。你下个季度打算怎样扭转这一局面呢？”很正常的问题，但是我不喜欢她的语气。我说我会认真检查销售报表，不过有几位销售代表很快就能和大客户成交。如果有必要，我会亲自促成这些交易。我还说，销售代表不喜欢我把“贵宾客户计划”强加给他们。她说：“布卢姆，你要知道这是我们的新方向。你的任务就是要说服销售代表，调整分公司的战略重心，加大‘贵宾客户计划’的销量。如果你需要我这边帮什么忙的话，就给我打电话。”我说：“会的。”

促成前十大贵宾客户

我行动计划的第一步就是找出 10 个最具实力的贵宾客户，失去这些客户的代价是无法估量的。作为一名销售代表，与大客户打交道是我的强项，为什么不亲自出马联系这些客户呢？而且，由销售经理出面作为第一联系人，客户一定会喜欢。如果我被解雇了，那决不应该是因为我的分公司不能抓住大客户。我知道有的人会不高兴，但是我现在不在乎抢谁的饭碗了，他们必须理解我。接下来周一的早上，我起草了一份备忘录，向员工解释对待十大客户的新政策。当我在审阅某些员工迟交了一个月的费用报表时，威廉斯和另一位叫比尔·巴伦（Bill Barone）的销售代表走了进来，他们手里拿着备忘录，看起来很恼火，因为十大客户中有两家是他们开发的。威廉斯先开口了：“道格，这到底是怎么回事儿？”我说：“我一直让你们开发贵宾客户，到如今已经两个月了，没有任何起色。总公司要我来负责，所以我就这么做了。”比尔回应说：“分公司的每个人都在抱怨自己账户上的佣金在流失。”我说：“到目前为止，没有人有资格从这种客户的项目上拿到佣金，因为看来没有人有能力抓住这些客户。一旦与这些大客户达成交易，每个人都能拿到佣金。”威廉斯一边走向门口，一边说：“道格，这不是威胁，但是我敢保证，你要是再这样插手，你接管的客户将会让你应接不暇。”我觉得这很可笑，作为一名销售代表，我当然希望客户越多越好，即使有更多的麻烦也要撑下去。这些忘恩负义的销售代表，有人把大客户交到他们手上还不满意。

道格·布卢姆筹划未来

一个月结束了，我很高兴，不是因为我第一次完成了定额，而是因为我有了一次重新审视整个管理职位的机会。我不想放弃，但是与其以后被解雇，还不如现在辞职，因为我面前的局势愈发混乱，看不到转好的趋势。我每周要工作 80 个小时，但还是觉得一直在浑水里挣扎。另外，威廉斯可能不久也要离开了，要弥补因她的离去而丢失的销售额恐怕需要相当长的时间。我听说其他一些销售代表也在四处寻找新的出路。如果我要坚持下去，就必须设法挽留住威廉斯和其他打算另谋出路的销售代表。我必须做自己的主人，最重要的是找回工作中的乐趣。那可能吗？

第2章 战略和销售规划

群策群力。

一个大箱子卡在了门口，两人设法把它移开。无论他们怎么使劲，箱子就是纹丝不动。最终，一个人对另一个人说："看来我们根本没办法把它推进去了。"他的同伴却回答："我一直以为我们是要把它拉出去。"

本章顾问

斯科特·史密斯（Scott Smith），SABRE 集团公司（SABRE Group，Inc.）销售与营销部副总裁

约瑟夫·克莱顿（Joseph P. Clayton），Sirius 卫星广播公司（Sirius Satellite Radio）总裁兼首席执行官

学习目标

- 描述商业策略的主要元素；
- 阐述战略性市场规划的基本要素；
- 解释战略实施决策的含义；
- 描述销售队伍计划的目的并列出其主要元素；
- 讲述客户关系策略的含义并解释它的目的。

回报丰厚的客户

雷诺兹公司（Reynolds and Reynolds）是总部设在美国俄亥俄州代顿市的一家市值 10 亿美元的公司，主营业务是提供整合信息管理解决方案。企业解决方案小组负责公司的企业客户开发，每年创造的销售收入在 9 000 万美元以上。该小组由 15 名销售代表组成，穿梭于北美 20 家最大的汽车零售商和分销商之间，帮助其取得优异的经营效益。

战略客户管理协会最近向雷诺兹公司的东南丰田分销联盟（位于佛罗里达州的迪尔菲尔德比奇）颁发了最佳客户管理奖章。[1]东南丰田分销联盟在美国东南部设了 163 家分销网点，年销售额达 70 亿美元。雷诺兹公司从 9 个职能部门调派专职

人员组成业务团队，他们在销售和营销、网络服务、财务管理、客户管理方案以及软件服务等领域分别拥有独特的专长。除了建立这样一支专业团队之外，雷诺兹公司还为东南丰田分销联盟制作了一本客户服务手册，详细说明了公司在销售、送货和支持服务等方面的操作规范。东南丰田分销联盟购买了雷诺兹经销商管理系统，认为这是实施长期战略的关键一步，将有助于巩固合作伙伴关系，产生巨大的商业利润。合作伙伴关系的基础在于业务团队为东南丰田分销联盟开发新一代的经销商管理系统。

在过去两年中，雷诺兹公司在东南丰田分销联盟80%的分销网点安装了经销商管理系统。安装工作进行时，雷诺兹公司向东南丰田分销联盟的200多个会员进行访问，掌握他们的需求，以便开发新一代的解决方案和服务。系统经过一段时间的运行，东南丰田分销联盟和雷诺兹公司坐下来共同评估雷诺兹公司所提供服务的价值。评估采用的指标是互联网客户开发系统产生的年度净利润和新业务。结果显示，采用该系统的经销商每年实现的净利润比未采用该系统的经销商平均高出20万美元。

雷诺兹公司从合作伙伴关系中也获益匪浅。自双方合作伙伴关系建立之后，雷诺兹公司对东南丰田分销联盟的销售额从180万美元陡升至1 600万美元，5年合计的年销售增长率达到了53%。

雷诺兹公司的业务团队现在正在实施的一项计划是为所有采用丰田技术信息系统的丰田分销联盟会员提供资助和支持服务，这是雷诺兹公司首次为第三方系统提供资助和支持。雷诺兹公司的目标是继续帮助该分销联盟实现其商业目标，因为该分销联盟的成功也是雷诺兹公司招徕新客户的现成样板。

雷诺兹公司与东南丰田分销联盟合作的例子体现出销售队伍的角色发生了诸多变化。本章将深入探讨下列相关问题：销售队伍、向管理高层推销、互利合作、供应商与客户建立的亲密关系。在雷诺兹公司案例中，销售人员和客户经理角色的转变也是值得注意的。销售人员仍然需要与客户沟通并达成交易，但要注意到，销售人员必须花费更多的时间去了解客户，并且要深入到客户的许多不同的业务领域之中。客户经理也要花费更多时间在公司内部挖掘和协调资源及技术专长，以更准确地把握客户机会。向客户提供支持的承诺以及增加营业收入对于雷诺兹公司整体经营业绩具有重大的意义，因此，客户经理和业务团队必须与雷诺兹公司的总体业务和营销战略保持一致，如何确保步调一致以及对销售队伍的影响是本章的重点内容。

组建销售队伍和销售项目的决策要遵循一个循序渐进的过程，如图2－1所示。第一层面的决策，即企业战略和营销战略，由公司的最高管理层协同高层销售主管制定，后者有时称作首席销售官（CSO）。第二层面的决策关注企业战略和营销战略的执行。由于战略的执行很可能涉及多个部门，所以需要高层销售主管与其他职能部门的负责人共同参与制定这些决策。第三层面的决策大部分属于销售管理团队的职责，本书将在以后的章节中予以讲述。这种垂直型的决策模式也将贯穿本书。

本章显示，企业战略与营销战略以及战略实施决策影响销售队伍方案决策。换言之，企业战略和营销战略及战略实施决策是制定与实施销售策略的基础。我们不会展开论述企业战略或营销战略，这些属于其他课程的内容，但是我们要扼要介绍

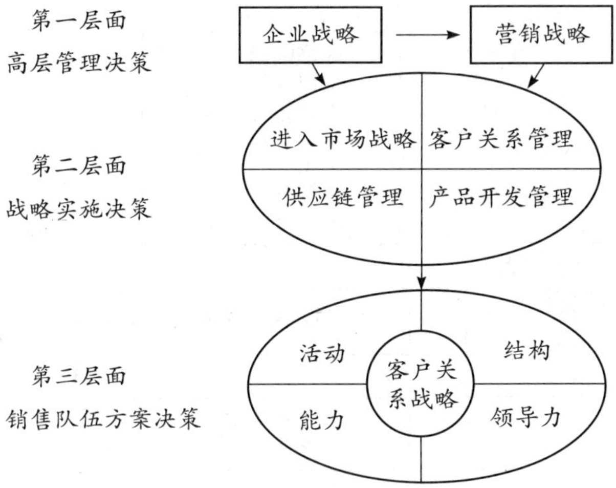

图 2－1　销售队伍决策顺序

资料来源：Adapted from Andris Zolgners，Prabhakant Sinha，and Greggor Zoltners，*The Complete Guide to Accelerating Sales Force Performance*（New York：AMACOM，2001），p. 67.

一下营销战略，主要是 4 项具体的战略实施决策，因为这些更为直接地影响销售队伍方案决策。

在本章的末尾，我们提供了两个管理指南："市场潜力估计与销售预测"和"销售队伍投资与预算"。这两个指南所涉及的主题很有意义，作为一名销售经理，无论是组建一支销售队伍还是制定年度计划，他必须知道如何开展这些活动。

企业战略

制定战略计划的目的在于更充分地利用公司资源，创造和维持竞争优势。企业战略的内容包括：提出和确定整体企业使命，确立具体业务目标，制定实现这些目标的战略。图 2－2 显示了影响战略管理计划过程的因素。从事营销和销售的人员应该密切地参与企业战略计划的全过程，不仅因为他们了解客户的需求，而且销售队伍通常对于企业战略计划的具体实施具有极为关键的作用，特别是在销售的商品价格昂贵而且带给客户的风险较高的情况下。[2]

企业使命

一个清晰明确的企业使命能为员工提供方向，有助于引导员工发挥潜力。企业的基本业务要素可以用三个 C 来确定，即客户（customers）、竞争者（competitors）以及公司（company）本身。公司的高层管理者应该注意的问题是："我们的业务是什么？""我们的业务应该是什么？"**企业使命**（business mission statement）应该包含以下信息：（1）企业希望服务的客户类型；（2）需要满足的具体需求；（3）满足这些需求所需的活动和技术。因此，公司不仅要知道业务核心，而且要能够识别战略机遇。

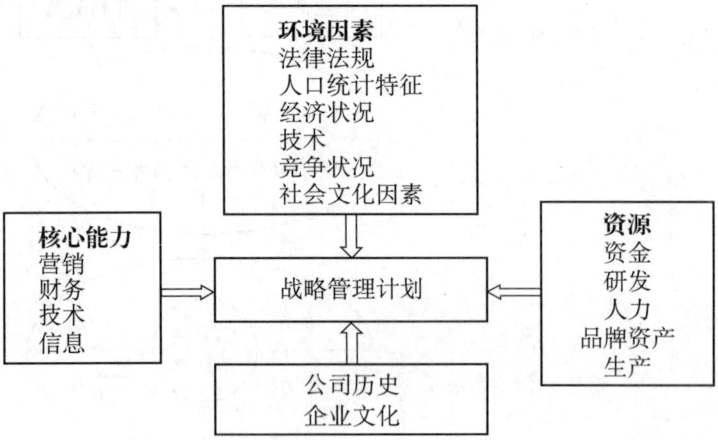

图 2-2 影响战略管理的因素

确立目标

企业的使命一旦确定，下一步就是要把使命分解成**组织目标**（organization's goals），即可以量化的具体业务指标，通常为利润、销售额、销售量、市场份额、维持生存以及社会责任等。企业一般同时追求多个目标。以宝洁公司为例，该公司一直在追求 10%的税后利润率且销售额每年增长 6%。根据最近的一项调查，200 家从事 B2B 业务的高层主管表示，他们当年最重要的目标就是增加销售量和销售收入。[3]

工作重心的转变通常会影响销售队伍。面对宝洁等主要竞争对手、要求更加苛刻的零售商以及更加成熟的市场，斯科特纸业公司（Scott Paper）将其使命由不惜代价增加销量改为提高利润，这就要求公司的 500 名销售人员必须彻底改变以往的做法。"我们的目标不再是销量，对待客户也不再是一味地推销，"公司的一名营销人员说，"如今又增加了更多的东西。我们必须懂得品牌，必须了解客户对我们采取的各种促销活动的反应，这样才能抓住时机，一方面避免浪费，另一方面提高利润。"

斯科特纸业公司的例子说明了企业目标的另一个重要特点，即目标的垂直性。量化的组织目标必须是自上而下传递的。为了说明这一点，图 2-3 显示了企业销售目标如何分解成主要的业务指标。

制定战略

在确定企业目标之后，接下来是制定相应的战略。**战略**（strategy）是用以实现目标的手段。企业的总体经营战略有多种类型，最为流行的要算波特的一般竞争战略。[4]根据波特的观点，所有成功的企业都致力于创造卓越的客户价值，为此所采用的市场定位战略包括：**低成本战略**（low cost）、**差异化战略**（differentiation）、**集中战略**（niche）。图 2-4 显示了每一种战略。

在市场上正确地实施企业的战略需要一个前提，那就是销售队伍必须能够密切配合。这一观点得到了最近一次抽样调查的验证，此次调查是针对从事 B2B 业务的公司进行的。调查结果显示，每一种战略的高效实施都需要不同的销售队伍管理模式。[5]高效销售队伍管理模式与战略之间的关联性详见图 2-4。

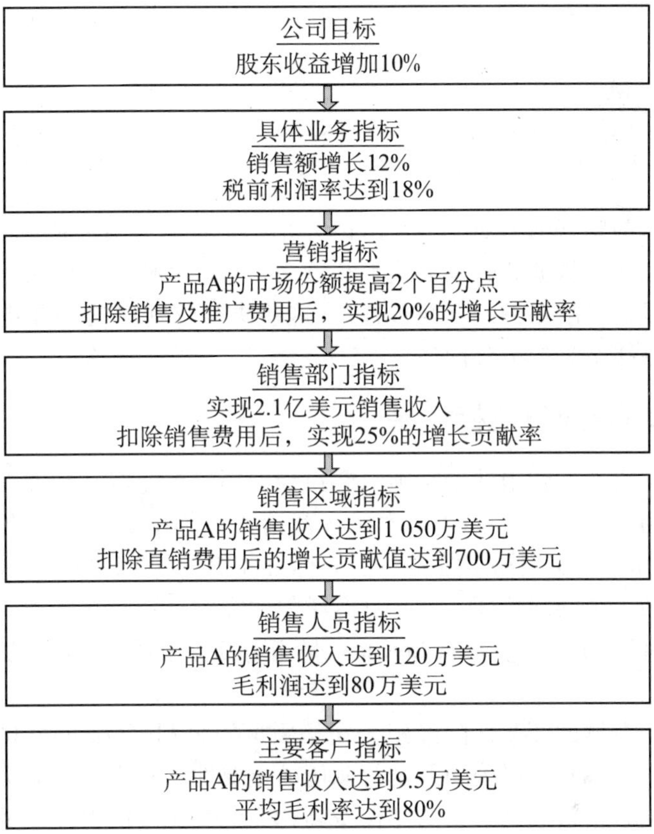

图 2-3　销售目标金字塔

资料来源：Adapted from William Cron and Michael Levy, "Sales Management Performance Evaluation: A Residual Income Perspective," *Journal of Personal Selling & Sales Management* (August 1987), p. 58.

低成本战略 通过经验积累和严格的成本控制积极追求成本的降低	**高效销售队伍管理模式** ● 广泛发展独立的销售代理商 ● 集中于交易型的客户关系 ● 巧妙设计管理结构，以使销售主管能监控大量的销售人员 ● 报酬多采取奖金的形式 ● 对销售人员的评价基本上以销售业绩为准
差异化战略 突出产品和服务的特色，提高品牌忠诚度，降低价格敏感度	**高效销售队伍管理模式** ● 精心筛选独立的销售代理商 ● 注重长期客户关系 ● 巧妙设计管理结构，以使销售主管能集中监控少量的销售人员 ● 报酬以固定工资为主 ● 对销售人员的评价兼顾日常表现与销售业绩
集中战略 抓住特定的市场需求，集中力量服务于该目标市场，争取特定细分市场的销售份额	**高效销售队伍管理模式** 谙熟目标市场的运作与机会，其他则视情况采用上述相应的价值创造战略

图 2-4　企业战略与高效销售队伍的管理模式

资料来源：Adapted from Stanley Slater and Eric Olson, "Strategy Type and Performance: The Influence of Sales Force Management," *Strategic Management Journal*, 21, 2000, pp. 813-829.

营销战略

营销战略（marketing strategy）是一个企业为实现其营销目标而围绕客户需求所采取的一整套彼此联系的决策和行动。营销战略涉及的决策包括市场细分、目标营销以及定位战略的制定与传播。[6]这些决策分别对销售和销售管理构成重大的影响，将在接下来的部分简述。

市场细分与目标营销

既然有效的营销计划必须以客户为中心，企业就必须在对市场进行细分的基础上选择目标市场，只有这样才能将营销资源集中到一起。**市场细分**（market segmentation）的实质在于按照一定的标准将客户分门别类。这些标准包括：（1）具有一个或多个共同特征；（2）具有类似的需求；（3）对某项营销活动具有类似的反应。**目标营销**（target marketing）是指对细分市场进行筛选并决定公司优先进入哪个市场。

位于费城的商业保险经纪公司格雷厄姆公司（Graham Company）的例子很好地说明了目标营销对公司及销售队伍的重要性。作为一家服务美国客户的商业保险经纪公司，格雷厄姆公司的年保费高达2亿美元。值得注意的是，格雷厄姆公司如此高额的保费集中来源于其200个客户。通常格雷厄姆公司每年仅接触350个潜在客户，并试图与其中的35个潜在客户建立业务联系，其中的28个最终会成为格雷厄姆公司的客户。在发展客户的过程中，格雷厄姆公司在分析客户需求及背景方面投入大量资源。格雷厄姆保险经纪公司会组建包括业务经理、律师、风险经理、技术人员、注册会计师及客户所在行业专家在内的专业团队，并考察潜在客户的保险因素及风险。这样的销售策略结果如何呢？格雷厄姆公司的潜在客户转化率高达75%，整个行业的转化率只有15%，同时，格雷厄姆公司的客户维系率也高达98%。[7]

定位战略

在确立了具体的营销目标并选定目标市场之后，计划过程的第三步就是根据产品、价格、分销渠道及促销决策制定和实施定位战略。定位是发生在客户心目中的，是指客户如何对照其他竞争对手看待某一企业的产品、品牌和公司形象。客户问及品牌的一些基本问题有：（1）你是谁？——**品牌形象**（brand identity）；（2）你是什么？——**品牌含义**（brand meaning）；（3）我对你感觉或印象如何？——**品牌反应**（brand responses）；（4）我希望和你建立哪种联系或关系？——**品牌关系**（brand relationships）。[8]

若要在客户心目中树立明确而牢固的定位，企业就必须正确地构建营销组合——产品、价格、促销和渠道。大幅度改变营销组合中的任何一个要素，通常都会影响销售队伍的管理。譬如，当企业决定推出新产品时，在销售管理方面最可能改变的是销售定额、报酬标准和供销售队伍支配的销售辅助材料。

在某些情况下，企业自身的重新定位也意味着需要帮助渠道伙伴重新定位。网络硬件产品日趋变成大宗商品，面对这样的情况，思科公司认为有必要将自己重新定位为集声音、图像和数据应用硬件于一体，销售网络解决方案的公司。为实现这一重新定位，思科公司不仅需要重新自我定义，而且需要帮助其 36 000 多家经销商重新界定经营范围，变成网络增值解决方案的提供商。思科公司正在逐一帮助分销伙伴认清自身的优势，以便选择适当的目标市场，然后为它们提供相应的培训、工具以及其他支持，以期它们能在各自的细分市场上获得成功。[9]

至此，我们探讨了第一层面的决策，即企业战略和营销战略，并且探讨了这些决策会对销售队伍产生怎样的影响。销售经理固然在第一层面的决策上拥有发言权，但他们真正的发言权更多地体现在第二层面的决策上，其核心在于企业战略的实施。战略实施决策或称第二层面的决策，需要多个部门协调合作。销售经理在制定这些决策时，很可能要与公司内部的财务、生产、物流、工程、客户服务等多个部门的主管打交道。现在，我们集中讨论关键的第二层面的决策问题。

战略实施决策

战略实施决策（strategic implementation decisions）是指一个企业为创造客户价值并取得竞争优势而制定一整套措施的过程。大多数企业在第二层面的基本决策包括：（1）如何接近客户（**进入市场战略**（go-to-market strategy））？（2）如何开发新产品和改进现有产品（**产品开发管理**（product development management，PDM））？（3）如何生产并将实体产品交到客户手上（**供应链管理**（supply chain management））？（4）如何增进及运用客户关系（**客户关系管理**（customer relationship management，CRM））？[10]这一节我们将讨论这些彼此联系的战略实施决策。对于这些决策的讨论将依次展开，有一点必须注意，即一个方面的决策很可能会对另一个方面的决策产生影响。

企业如何制定和实施这些决策也会影响销售队伍的活动内容以及对销售队伍的管理模式，我们在这一节要论及第二层面的决策对销售队伍的影响。销售队伍的传统角色是向客户阐明产品所能带来的裨益，现如今对销售队伍的要求已经不限于此，销售队伍还要向公司提供有关客户及市场的信息，以协助公司采取必要的措施和调配相应的资源增进客户价值。

进入市场战略

一支世界级的销售队伍是任何一个企业的宝贵财富，但销售队伍只是企业进入市场的手段之一。除了利用人员直接销售之外，广告和促销、增值经销商、互联网以及电话营销都能在供应商和客户之间发挥桥梁作用。为了吸引和留住客户，企业必须开展一系列重要的活动。进入市场战略需要确定由谁来开展这些活动以及为哪些客户开展这些活动。制定进入市场战略的步骤可以通过回答表 2－1 中的 4 个问题来确定。[11]

表 2-1 **制定进入市场战略的步骤**

1. 细分市场的最佳方式是什么？
2. 每个细分市场需要开展哪些基本活动？
3. 应该采用哪些非面对面的销售方法开展这些活动？
4. 应该利用哪些面对面的销售方式？

资料来源：Adapted from Zoltners et al.，2001，p. 8.

市场细分 第一步是确定细分市场。正如本章前面讨论营销战略时所讲述的，市场细分要求按照类似的特征、产品需求以及对营销手段的反应将客户划分成不同的群体。既然在制定整体营销战略的阶段就确定了细分市场，我们在此也可以看到企业的总体营销战略与其进入市场战略之间的基本关系。

企业经营的产品不同，客户群的细分与进入市场战略也就各异。成人用的纸尿裤和婴儿用的纸尿裤尽管生产方式十分相似，它们的进入市场战略却大相径庭。大部分成人用的纸尿裤通过批发商成批出售给养老院，很少需要做广告；大部分婴儿用的纸尿裤是在零售店里出售的，因此需要大量的广告支持。

为制定进入市场战略而对市场进行细分，通常采用的共同客户特征包括但不限于以下几个方面：

- 行业：客户所在的行业是什么？
- 规模：客户的收入有多少？员工有多少？销售潜力有多大？
- 区位：客户位于哪个区域？客户有全球业务吗？
- 行为：谁是关键的决策者？他们接受产品的倾向是什么？客户当前正在使用我们的产品吗？还是使用竞争对手的产品？客户是通过总部为所有的工厂进行集中采购吗？[12]

为了制定进入市场战略，最佳的市场细分方法就是将对产品和服务有着类似要求的客户进行归类，以便开展营销活动。例如，有些细分市场可能需要投入很大的力度开发，因为客户需要对产品和服务做进一步了解；有些细分市场则可能需要更多的服务，因为他们已经是现成的客户了。

销售基本活动 从初步选定客户到客户首次了解一件产品，到首次销售，直到最后的服务和系统升级访问，企业需要开展诸多的活动。**销售基本活动**（sales process activities）包括所有以适当方式服务客户的必要活动。

销售基本活动可以划分为4个阶段：兴趣激发、售前动员、售中交易和售后服务。这些活动基本上就是图2-5中显示的一个销售循环。请注意，这些活动可以周而复始，因为良好的售后服务有助于激发新的购买兴趣，与客户建立持久的关系。

兴趣激发活动包括所有可以让客户了解产品裨益和公司特点的手段。毕竟，只有具有购买意愿的客户才会最终购买。激发兴趣的具体活动包括：探寻潜在的客户、设置购买线索、创造认知和兴趣、提供有关公司产品和服务的信息。售前动员与兴趣激发的不同之处在于：客户正在积极考虑并且在权衡不同竞争性产品的利弊。这一阶段的基本活动包括：讲解产品的特点及其裨益、判别预期的购买者、评估客户的需求、配合客户解决商业问题、展示公司和产品的优势。售中交易阶段包括直至达成交易的全部活动，这一阶段最有可能需要销售人员直接出面，其具体活

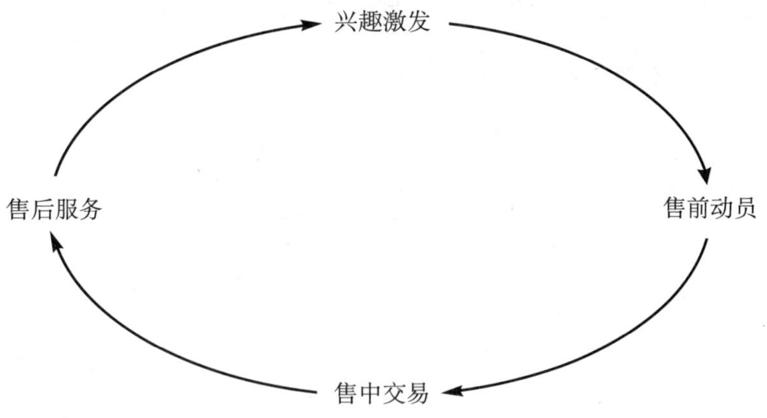

图 2－5　销售基本活动

资料来源：Adapted from Zoltners et al.，2001，p. 12.

动包括：谈判、报价、商定交易条件、签订交易合同。在交易完成之后，销售基本活动并没有就此结束，售后服务包括：送货、安装、产品服务、回答客户的问题、提供产品新信息、收回货款。有关这些活动的详细内容，我们将在第 3 章至第 5 章中进一步阐述。

入市参与者　销售基本活动一旦确定下来，下一个问题就是谁以及采用哪些方式来开展这些活动。图 2－6 列示了多种类型的参与者和参与方式，其中包括互联网、电话营销、广告、营业推广、直邮销售、面对面推销（包括起用直销队伍、第三方代理、经销商、批发商以及联盟伙伴）等。如今大多数大型企业都多管齐下进入市场。为了巩固客户基础、拓展市场覆盖面以及控制成本，企业往往针对不同的目标市场采取多种入市方式。以 IBM 为例，该公司一度完全依靠内部的 5 000 名销售队伍销售电脑。在低成本的电脑面市之后，IBM 随即做出反应，开辟了新的销售渠道。目前，该公司的销售渠道包括代理商、增值经销商、目录销售、直邮销售、电话营销以及互联网等多种形式。除了自有的销售队伍负责与客户沟通之外，公司总共增设了 18 条新的渠道。

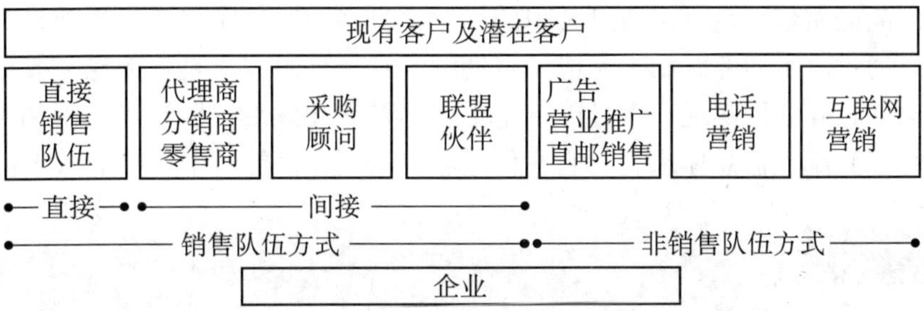

图 2－6　入市的基本方式

资料来源：Adapted from Zoltners et al.，2001，p. 18.

至于入市参与者和渠道将如何针对具体的客户群及基本活动的类型达到最佳配置，这要取决于成本、效率以及效果等多种因素。某一营销手段的效率是指一定的开支所能招徕客户的数目。客户实际购买的金额越高，营销手段的效果就越好。图 2－7 显示了主要入市方式与效率及效果之间的相互关系。下面我们来简要讨论主要的非销售队伍的入市方式：广告、营业推广、电话营销以及互联网营销。

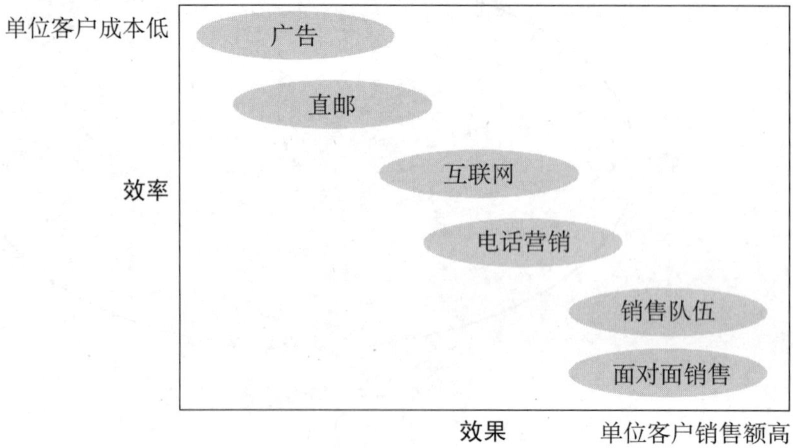

图 2-7 各种入市方式的对比

资料来源：Adapted from Zoltners et al.，2001，p. 21.

广告和直邮销售 广告和直邮销售包括广播媒体、杂志、行业刊物、报纸和直邮等形式。如图 2-7 所示，广告和直邮的效率很高，原因是单位客户的成本很低。通过专业性的商业出版物送达企业市场，单位客户成本大约只有 32 美分。[13] 直邮的单位客户成本也只有 1.68 美元。广告和直邮的效率很高，但效果不一定最佳，企业一般利用这两种方式提高认知度和兴趣，然后采用其他的方式来驱动购买行为。我们来看惠普公司最近围绕一种新款的打印机所采用的入市方式。公司首先将宣传材料寄送给客户和经销商，然后以信函和电话的形式进行跟踪。接下来，公司派销售代表访问经销商，对管理者进行讲解。这样的营销活动可谓集广告、营业推广、分销渠道以及销售队伍于一体。

互联网 广泛运用互联网来收集信息并达成交易是企业进入市场的一条重要途径。随着家庭电脑的普及以及互联网信息传递速度的提升，这一渠道的重要性变得愈加显著了。无论从事哪一阶段的销售基本活动，互联网都能发挥作用。广告和产品的质量特色可以通过公司的网站进行展示以激发兴趣，售前动员和售中交易可以通过电子商务网站来完成，自动续订、交易跟踪、收款信息和其他售后服务也可以通过互联网实现，而且能产生很好的效率和效果。尽管互联网的单位客户成本略高于直邮，但总体来看，它在促进客户购买方面能产生更好的效果。

团队练习 2-1

网上销售

创新通信（CCI）是一家位于亚特兰大的制造商，为客户提供电子设备，尤以数码音频播放器闻名。近几年，随着产品的存储能力不断提高和价格的大幅下降，这些设备很快普及起来。CCI 成功的一个重要因素就是像沃尔玛、塔吉特、百思买一类的零售商的增长，这些零售商销售的 CCI 产品占到 CCI 销售额的 60%。余下的销售量来自其他小型的销售商，CCI 以传统的方式与独立的销售人员交易，为此 CCI 付给他们销售额 4%的佣金。

在减少成本的努力中，去年创新通信成立了一个网站，为小型零售商提供了一个新渠道。网上的销售成本只占销售额的2%。去年网上的销售量占到CCI销售量的3%。据预测今年将上升到7%，明年为15%。

许多负责小客户的销售人员都对网上销售的发展感到不安，因为他们失去了佣金。即使并不是所有创新通信的产品都在网上销售，这也没有使销售人员得到安慰。许多优秀的销售人员威胁要到竞争对手的公司，因为它们在网上销售方面提供补偿。

作为创新通信的全国销售经理，你必须要将销售成本保持在销售额的5%。对于主要客户的销售队伍，销售队伍的成本突破7%，并有90%的销售成本与薪酬相关——工资加上奖金。你对创新通信网上销售作何评价？在保证预算的前提下，对减缓与个体销售人员的矛盾你有何建议？

即使100%依靠互联网销售的公司也意识到深入了解客户的重要性，正如英特尔公司的一名经理所说："现如今我们注意到，驱动客户通过网络购买并不奏效，但是我们的确知道，客户会因为互联网而做出购买决策。他们依然希望和我们的销售人员讨价还价。如果我们在网站上安装一个'讨价还价'的窗口，他们也许会用到它。"[14]

电话营销　**电话营销**（telemarketing）是一种人员推销的形式，但它无须直接面对面地接触客户而是依靠通信技术。企业间电话营销的单位客户成本估计为31.16美元，这种营销方式的年增长率在30%～40%之间，每年创造的销售收入超过千亿美元。[15]与广告和直邮相比，电话营销可以收到更好的效果，可以用千美元平均销售额来计算。IBM、宝洁、大通曼哈顿银行以及联合太平洋铁路等大公司均开发了电话营销系统。

面对面的销售方式　倘若决定采取面对面的形式来开展某些销售基本活动，企业还需斟酌另外一个问题：是由本公司的销售队伍直接出面，还是委托一个销售伙伴出面？抑或兼而有之？在与外部合作方面，大多数公司采用的形式包括代理商、经销商、采购顾问以及联盟伙伴。这些间接销售的方式简述如下：

（1）独立销售代理商。与其直接起用自己的销售队伍，企业可以选择雇用独立销售代理商（有时称作厂商代表、销售代表或者中间商）来完成销售的职能。**独立销售代理商**（independent sales agents）不属于企业自身的雇员而是独立的商业实体，企业只是通过契约的方式与之约定全权负责完成特定区域的销售任务。

（2）经销商。**经销商**（resellers）属于渠道成员，包括零售商及分销商，经销商从供应商那里取得产品的所有权，然后将产品出售给最终用户。经销商在渠道中的职能很多，包括仓储、分装、信贷、提供信息等，最主要的职能是将供应商的产品出售给自己的客户。

（3）采购顾问。在多个行业里出现了一种新的渠道成员，叫做**采购顾问**（integrator）。采购顾问是一种服务提供商，不经销具体的产品，而是就复杂的采购项目向最终用户提供咨询建议。在本章的前面部分我们曾经提及电脑行业的增值经销商，他们今天可能建议一个客户购买IBM的电脑，明天可能建议另一个客户购买戴尔的电脑。其他的像个人财务顾问公司、建筑承包商和系统集成公司都属于采购顾问。

（4）联盟伙伴。一种日趋流行的入市方式是与另一家企业建立**联盟伙伴**（alliance）关系，以合资的形式向特定的市场出售产品。这一战略经常用于拓展全球市场。例如，美国电报电话公司（AT&T）与法国、德国、意大利、比利时以及荷兰的多家企业建立了各种销售伙伴关系。通用食品公司与雀巢公司共同合资建立了一家公司，专门负责在全欧洲销售早餐麦片。联盟伙伴也适用于销售新产品，这日渐成为销售新药的常见方式。

当帕克-戴维斯公司推出降血脂的重磅产品立普妥时，就与辉瑞公司的销售队伍结成了联盟关系，由辉瑞公司的销售队伍负责开展大部分的基本销售活动。

进入市场的方式越来越多元化，对销售队伍和销售管理产生了巨大的影响。首先，许多大公司压缩了一线销售队伍的规模，将他们集中在某些核心的活动上，专门针对大中型客户。其次，对各类市场参与者的协调也影响了销售队伍。例如，IBM将销售人员所在区域的经销商创造的销售额算作销售人员年度销售定额的85%，以限制经销商与销售队伍的竞争。[16]再次，企业必须向各种渠道伙伴分配重要的资源。以商用航空业为例，一个巨大的挑战就是如何向互联网经销商、旅行社以及旅行团（如公司客户）分配客位库存。航空公司发现，由于市场的拉动潜力，他们“紧张的”库存是经销商心目中的一项重要商品。尽管人们的观点有所不同，但这毕竟是一项营销决策，渠道资源的分配会对销售队伍的结构产生重大的影响。[17]

在设计销售队伍的结构时，管理者也需要考虑销售队伍与公司内部其他职能部门之间的交互关系。这种交互关系的性质取决于企业为创造客户价值而制定的业务程序。下面将描述企业为创造客户价值必须制定的3个核心程序——产品开发管理、供应链管理和客户关系管理，同时将分析销售队伍在这些程序中的作用。

产品开发管理

企业的成败与企业如何开发、生产以及销售新产品有着密不可分的关系，这就是为什么3M公司鼓励其研究人员将15%的时间用于自己选定的项目①，他们称之为“私活时间”。[18]与此同时，研究表明，新产品的失败率约占全部上市产品的50%，一个成功上市的新产品的背后平均需要3 000个新产品概念作为支撑。[19]

图2-8列示了产品开发管理中的一些子程序，图中的箭头表示最有可能需要销售队伍直接参与的最初和最终环节。销售队伍在将新产品推向市场阶段始终发挥着重要作用，特别是对于工业产品而言。如今随着根据客户的需求定制产品的比例加重，销售队伍在识别全新和改良产品机会方面的作用也提高了。实际上，在经营工业产品的企业里，经理人员认为销售队伍是新产品开发方面最重要的信息源泉，其作用甚至高于一手资料的调研。[20]

① 这种政策旨在为科研人员自主创新创造条件，不至于将全部时间用于公司规定的研究项目。——译者注

→ 识别客户需求，以找到更好的解决方案
构思和设计新产品方案
设计新产品模型
管理企业内部部门的工作重心和参与程度
设计产品开发活动，以加速研发过程
→ 推出新产品，并对产品进行改良

图 2-8　产品开发管理子程序

资料来源：Adapted from Rajendra Srivastava，Tasadduq Shervani，and Liam Fahey，"Marketing，Business Processes，and Shareholder Value：An Organizationally Embedded View of Marketing Activities and the Discipline of Marketing，" *Journal of Marketing*，63（Special Issues 1999），p. 170.

在销售队伍参与新产品开发方面有一个著名的例子，主人公是美国外科公司（U. S. Surgical Corporation，USS）的一名机敏的推销员。这名推销员通过与手术室的外科医生密切合作发现了一个现有产品尚不能满足的外科需求。他观察到外科医生使用小型的腹腔镜将微型摄像头置入病人的体内，美国外科公司于是针对这一需求迅速设计并推出了用于皮肤缝合的腹腔镜缝合针，该产品如今已经成为外科手术使用的常规器械。[21]

销售队伍最有可能参与产品开发管理的其他阶段是推动新产品的上市过程，他们在此阶段的作用至关重要。大多数公司在推出新产品时都针对销售队伍管理方面进行改变，最为普遍的变化表现在如下几个方面：

- 销售配额体系，多数情况下会增加新产品的销售配额。
- 针对新产品销售能力的培训计划。
- 监管计划的调整促使领导层花费更多的时间陪同销售人员拜访客户，同时提供更多的培训指导。
- 报酬体系的调整，包括佣金比率、销售提成方案以及保证金。
- 销售队伍结构调整，这类调整通常针对不同类型的客户群体。

在当今的竞争环境中，供应链管理的重要性与日俱增，下面我们就讲述这一关键管理环节。

供应链管理

近年来，许多企业一直为库存量的多寡而困扰，要么库存量过多造成积压，要么过少不能满足需求，此外，还有生产周期错位以及交货过程混乱等问题。为解决这些问题，企业诉诸供应链管理。供应链管理是将整个企业的信息和物流活动进行整合，组成一条供应链，旨在生产和配送为客户提供价值的产品和服务。[22]简而言之，供应链管理就是要制造出最优质的产品，在适当的时间和适当的地点，以适当的形式和条件提供给客户。

销售队伍在供应链管理当中扮演什么样的角色？图 2-9 列示了供应链管理中的一些子程序，箭头表示销售队伍参与程度较高的环节。可见，销售队伍的参与集中体现在程序的末尾，即与客户和渠道打交道的环节。随着企业将更丰富的市场观念引入供应链管理，这一过程的一般次序正在发生一定的变化。企业关注的焦点正在从寻求最低价的货源转向系统的管理，通过对自身供应链的设计和管理，将之与供应商和客户的供应链整合到一起。最终客户获得的裨益变成了主要的驱动目标，交货周期、生产班次和运营成本等企业内部的目标则处于次要的位置。

选择与管理供应商关系
管理内向物流
管理内部物流
管理外向物流
设计产品装配和批次制造
管理生产工艺
→ 管理订单、定价以及付款事项
→ 管理渠道伙伴
管理产品安装和维护

图 2-9　供应链管理的子程序

资料来源：Adapted from Srivastava et al.，1999，p. 170.

例如，朗讯技术公司开发了十分先进的供应链管理系统。该公司设置了一个新的岗位，叫做客户总经理，其职责是优化供应链以帮助客户解决问题。客户总经理成了客户在朗讯公司内部的代言人。[23]在这一岗位设立之初，客户总经理用很多时间推进交货速度的提高，随着时间的推移，客户总经理深入涉足制定供求规划以及为供应链的后台末端出谋划策。客户如今在所有的供应链问题上有了明确的联系人。

从朗讯公司的例子可以看出，向供应链管理观念的转化对销售人员提出了更高的要求。下面列举一些供应链管理对销售队伍演变的重要启示。

（1）掌握整条供应链上下游的知识。一家领先的消费食品加工企业在供应链方面的遭遇就是一个很好的例证。该企业从事易逝品的加工生产，产品上架有效期不超过 12 个月，因此产品必须在制成后 2～4 天内装运出厂。该企业起先不知道分销环节极其拖沓，待产品到达食品店的货架上需要 2～12 个月不等。

（2）从战略的高度认识伙伴关系。重新考虑一下上述食品加工企业的例子。对这家公司来说，销售队伍的当务之急不是招揽更多的订单，而是与分销商和零售商共同合作，缩短产品到达食品店货架的时间。相应地，他们谈判的对象不再是销售队伍传统的目标客户——产品的采购代理商和商品经理。

（3）与高层领导建立良好的沟通渠道和关系。IBM 的前任顾问曾做过一项标杆研究，想要证明供应商和客户均进行了机构调整，以突出开诚布公、有效沟通以及创建协同战略的重要性。但是研究发现，在现实中，供应商和客户并没有达到开诚布公的程度，他们甚至根本不愿意为此做出努力。为揭示这一问题的症结所在，我们来看一个例子，一家零售商计划开展一场促销活动，但是它拒绝告知饮料供应商哪一种饮料会参与促销。零售商为什么要隐瞒这一信息呢？因为它担心信息可能会透露给其他零售竞争对手。在此情况下，这家饮料供应商不得不同时加大几种可能参与促销产品的库存量，并准备为突如其来的订单承担额外的费用。当促销活动公开之后，那些没有被选中参与促销的产品必然产生长达数周乃至数月的库存积压。

虽然销售队伍密切参与供应链下游的环节，但在销售队伍的职能和作风没有彻底改观的条件下，高效的供应链是不可能自动生成的。如前所述，朗讯公司坚定不移地推行供应链管理，为此增设了专业化的销售功能，设置了客户总经理的岗位负责为客户处理供应链当中的问题。尽管这种方式不一定适用于所有企业，但它起码证明了销售队伍在实施供应链管理当中的关键作用。

客户关系管理

在许多行业里，产品优势越来越不明显，于是企业意识到客户关系将是价值增值过程中必须管理的资产。许多企业将客户关系管理视为一项战略能力，这对于大多数企业来说是一种思维观念的转变，这一转变的驱动力来自投资界和技术的进步。[24]图 2-10 列示了客户关系管理的子程序。如箭头所示，其中的许多环节都涉及销售队伍的作用。

- → 识别高价值的潜在客户
- → 了解产品的使用方法和用途
- → 制定和实施广告及促销计划
- → 制定和实施销售计划
- → 制定和实施客户服务计划
- → 建立客户信息系统并发挥其作用
- → 管理一线的销售队伍
- → 增进客户的信任和忠诚度
- → 对产品实施交叉销售及升级销售

图 2-10　客户关系管理子程序

资料来源：Adapted from Srivastava et al.，1999，p. 170.

什么是客户关系管理？尽管其实施可能因企业而异，但实质是相同的，它是以各种沟通渠道对企业在营销、销售及服务领域与潜在的和现有客户以及业务伙伴的关系进行管理的一整套程序和技术。客户关系管理的成败取决于人员、程序、技术及知识等多种因素，信息永远是客户关系管理的核心。诚如一位经理所说："信息是关系的货币。"信息必须随时做到可对比、可分析、可批判，并且能够被购买过程中的所有相关方分享。受到客户关系管理技术影响的客户关系程序包括：

● 营销。通过数据挖掘、促销管理发现和捕捉潜在客户，并将客户线索传递给销售和服务部门。

● 销售。运用建议书生成器、知识管理工具、客户线索管理工具以及预测辅助工具制定有效的销售规划。

● 服务。运用先进的呼叫中心技术及基于网络的客户服务处理对客户的服务及支持问题。

客户关系通常由特定的职能部门负责，销售队伍与企业的客户关系管理部门有着密切的联系，反过来客户关系管理部门也对销售队伍产生巨大的影响，这种影响在本质上会根据企业实施客户关系管理的深入程度而有所不同。

客户关系管理集团（CRM Group）认为，客户关系管理一般要经历三个阶段。第一阶段，企业将管理客户关系视为拉升营业额的助推器，因此关注的焦点在于交叉销售和升级销售计划，根据客户的情形寻机拓展产品的应用范围。

第二阶段，企业将客户关系管理视为提高利润的助推器。成功的客户关系管理注重运用客户知识和新兴的渠道来降低服务成本，并且时常采用先进的定价机制。英国电信公司（以前属于国营公司）的大型业务部就是实施第二阶段客户关系管理的典型例子。该公司认为它以前过度依赖面对面的销售模式，由此产生的销售费用过高。研究表明，该公司的许多大客户难以解决日常的服务和客户管理问题，负责帮助客户实施新型客户关系管理方案的一线销售人员还要负责除此之外的其他烦琐的事情。为解决这一矛盾，英国电信公司决定增加互联网及电话营销之类的成本低效率高的渠道，以此处理简单的交易，将一线销售人员解脱出来，以便处理更大、更复杂的交易。以较低的成本将这些渠道整合起来提高服务质量需要在该公司的客户关系管理计划中增加一个复杂的信息系统作为支撑。[25]

一些领先的公司如今已经进入客户关系管理的第三阶段，它们将客户关系管理视为经济价值增长的助推器。在这一阶段，客户关系和销售被视为提升股东价值的真正引擎。企业的市场价值体现为当前和未来客户现金流净现值的总和。客户关系管理在这一阶段的任务是通过调动客户群来提升股东价值，企业利润的提升来自客户盈利能力的提高。在第三阶段销售人员通过担当定制解决方案的提供者和业务关系的管理者这两个角色来实现增值，负责监管销售、营销和客户服务等各个环节，并指导所有的参与者。

高德纳集团（Gartner Group）最近对优秀的销售人员在第三阶段中表现的技能进行了研究，结果显示，一些传统的技能仍然奏效，但它们已经通过新型的管理技能得到了提升。优秀的销售人员在客户关系管理的第三阶段最重要的四项技能包括：

● 合作。真诚的合作需要牢记每一位利益相关者（客户、销售队伍以及企业）的利益。一方面，管理层必须确保报酬和激励措施能够巩固良好合作的基础；另一方面，“机会管理系统”“网络交谈”等信息系统必须到位，以实现客户信息共享；此外，必须提供必要的基础设施以拓宽合作的领域。

● 关系管理。当今从事销售工作所需的核心技能就是商业关系管理，具体包括有效的倾听能力、逻辑分析能力以及人际沟通能力。销售主管在面试中特别强调良好的倾听能力，正如一位销售经理所说：“我理想的销售人员应该很少夸夸其谈，而是用问题的形式引导客户进行沟通。”

● 财务和商业技能。合格的销售人员必须能够讲商业术语，能够分析客户的需求。定价、物流、存货管理和客户服务必须符合销售主张，相关的财务方案必须得到高层管理者的认同。

● 咨询技能。在许多行业里，销售人员必须能够应用咨询技能来分析客户需求、管理程序和运营规范。施乐公司的一位经理这样讲：“我们的业务不再是销售商品，而是销售数字化的网络信息管理方法，这就需要在销售过程中运用定制化和专门化的咨询技能。”[26]

总而言之，企业需要制定客户关系管理战略，并在企业战略的框架下确定销售队伍的职能，因为销售队伍的职能决定了销售队伍所需具备的技能。[27]

小结 当今大部分的商业文献主要讨论第二阶段的战略实施决策，企业制定这一阶段的决策是为了全面贯彻整体的战略方针。毫不夸张地说，这些是企业最为核心的决策，对绝大多数企业的财务和竞争能力具有决定性作用。如前所述，销售队伍在进入市场和客户关系管理的决策中扮演重要的角色。除了作为客户信息及沟通的重要来源，销售队伍还对公司的供应链管理及产品研发流程发挥重要作用。虽然高层销售主管在这些决策中有重要的发言权，但决策过程在本质上是跨部门的，因此很可能需要企业各个部门主管的参与。换句话说，这些决策并不是企业销售管理部门所能控制的。

我们来看销售队伍管理第三阶段的决策。第三和第二阶段的决策有两个突出的区别。首先，第三阶段的销售队伍管理决策是在第二阶段的框架下制定的，也就是说，销售管理的各个要素都是根据第二阶段决策对销售队伍职能的理解以及企业的总体目标和战略而设定的。例如，一项强调价值链管理的决策通常需要特定类型的客户关系相呼应，客户关系管理也会影响到销售队伍管理中的大部分要素。其次，不同于第二阶段的决策，销售管理团队虽然仍必须和企业内部的其他职能部门协调决策和行动，但它的主要职能是制定和实施销售计划。

销售队伍方案决策

销售队伍方案（sales force program）是确定销售队伍职能以实现企业目标的一种计划工具。本书的内容一直是围绕这一主题展开的。图 2－11 展示了销售队伍方案的要素及其相互关系。制定销售队伍方案的第一步要从认真领会营销计划中规定的营销目标与目标市场入手，还要慎重考虑对销售潜力的估计和对各个细分市场的预测。估计和预测市场潜力的工具和方法详见本章的附录 2A。销售队伍投资和预算决策既是销售预测的产物，又是影响最终预测的因素，制定该决策的方式方法详见本章附录 2B。为了更好地了解预算决策，请看团队练习 2－2 和在新区域销售的预算问题。

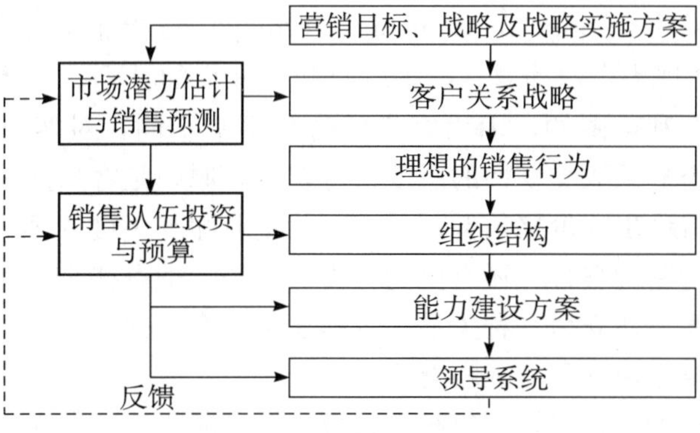

图 2－11　销售队伍方案

团队练习 2－2

期待明年

去年是销售良好的一年。销售量增长了 10%，达到 1.34 亿美元，这大部分要归功于对现有消费者销售的增长。由于激动人心的新产品推出和超越去年东南太平洋沿岸的销售区域的拓展计划，总裁兼首席执行官汤姆·桑顿（Tom Thornton）对于接下来的一年更是信心十足。他将与身为销售副总裁的你会面，共同商讨明年的预算。

“我要感谢你在这不寻常的一年中使我们的销售额达到 1.34 亿美元，”汤姆说，“你知道，我正在做明年的预算，感觉到我们将有机会真正成为这个行业中真正的玩家。基于我们去年所得，我们将有机会做大，超越我们现有的 8 个州的地理销售区域，加上纽约、宾夕法尼亚和北边的西弗吉尼亚，还有南边的路易斯安那和阿肯色。”“另外，”他继续说道，“新的包装技术将为我们带来至少 10%的销售。我真正看重新产品的地方是，它很好地适应了高端市场——如果没有好的包装，昂贵的产品很容易就会破碎。我们正需要这样的产品抢占高端市场。”

“现在我们只要积极地实行我们的计划，”汤姆补充说，“我们预计明年的销售将达到 1.74 亿美元，比今年的销售计划上涨 30%。我们要维持盈利来为增长计划提供资金，我的预算为 1 900 万美元，等于今年预计利润的 10.9%。这比你的预算高出 500 万美元，应该足够达到我们 1.74 亿美元的目标。”

作为销售副总裁，对汤姆的预算你将作何反应？你将怎样分析它？扩展地理销售区域的预算将有多少？新品推介又将如何？

第二步是决定客户关系战略，这需要企业明确要与目标市场建立何种类型的关系。这一决策事关重大，因为它直接影响甚至框定销售方案中其余的 4 项要素。[28] 为此，我们将专门讲述客户关系战略。

至于销售队伍方案中的其他要素，即销售行为、组织结构、能力建设以及领导系统，我们将在其他章节予以讲解。

客户关系战略

客户关系战略（account relationship strategy）是指企业希望与客户建立关系的类型。[29] 这一决策体现为企业搜寻、维护以及开发客户的计划。最重要的是，这一决策需要确定哪些客户是有利可图的，因为客户的盈利水平不同，对客户关系的投资也就有所差别。例如，有些企业采取交易性的态度对待客户，原因是客户随时轻易地在不同的供应商中间转换，只是看谁出的价格最低；另有一些企业则与关键的客户建立密切的关系，将彼此的运作程序进行密切整合；还有更为负责的做法，即有些企业决定与某类客户建立一种关系，与另一类客户建立另一种关系。选择适当的客户并与之建立适当类型的关系，对于客户和供应商双方来说都具有战略意义。

客户关系的类型多种多样，每种类型都对销售队伍的招聘及筛选、报酬标准、能力要求以及行为规范有重要的影响。尽管可行而且成功的客户关系有多种类型，但为简便起见，我们仅讨论 3 种普遍的类型，如图 2－12 所示。注意，供应商和客户选择的关系类型必须是互惠互利的，因此这不仅仅是卖方单边的决策。[30] 另外需要注意的是，图 2－12 中的 3 种关系是呈对角状态的，这表明某一具体的客户关系是由买卖双方共同努力达成一致的结果。人们可能会因为发现客户也需要在咨询型关系与企业型关系中投入更多的资源而感到惊讶。一位首席信息官对这一问题的阐述可以帮助我们理解客户在与供应商关系方面的投入如何确保咨询型关系的成功。

> 让供应商了解你的运营。让他们了解运营流程的各个环节。告诉他们你需要什么，你将会如何评价他们的绩效。简而言之，让他们了解你的业务，在此基础上给出

可行的解决方案。[31]

这种双向的投入并不仅限于财务方面，还包括时间与信息。可以说，大多数的公司没有时间或动力在供应商关系方面做出这样的投入。这也正好说明了供应商与其客户在不同关系类型上的共同投入对双方合作的成功是多么重要。

为了更深刻地理解对客户关系的投入、客户关系的性质以及销售队伍的角色，我们对图 2－12 中的 3 种关系逐一进行讨论。[32]

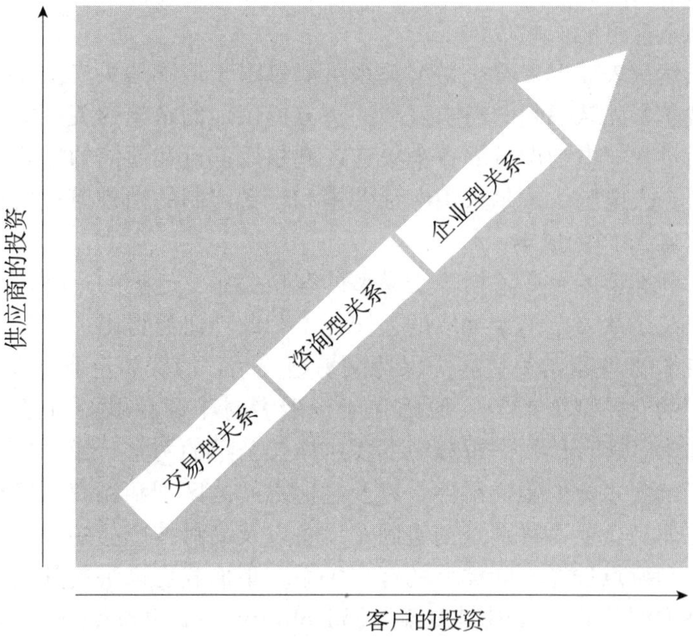

图 2－12　客户关系的不同类型

交易型关系　大多数企业之间的交易属于供应商与客户之间长期关系的结果。**交易型关系**（transactional relationship）往往是基于对某种产品的需求，只要质量可以接受，价格合适，买方就可能出于方便而与卖方达成交易关系。不过，一种良好的交易型关系也常常涉及买卖双方的私人关系。这种关系像其他所有关系一样，必须经过一定的培育过程，包括建立信任、创造价值、满足甚至超过客户的期望等。我们将在第 4 章中讲解关系的培育方法。交易型关系与其他关系的不同之处在于：它通常以买卖双方的私人关系为基础。一位斯堪的纳维亚的经理评论道："你看，我本人从来没有从我不喜欢的人那里买过东西。"他一语道破了交易型关系的核心——私人关系。

为了说明交易型客户关系的利弊，我们来看霍尔斯顿建筑材料公司（Holston Building Supply）的一个例子。这家公司的推销员吉姆·罗伯茨向田纳西东部的连锁木材场推销橡木栏杆和楼梯组件。客户虽然长期购买霍尔斯顿公司的其他产品，但他们告诉吉姆他们已经对目前楼梯组件的供应商十分满意了，而且一直能在这些产品上保持可观的利润空间。吉姆没有气馁，他说："请给我一次机会来证明，用我们的产品你们不仅会卖得更多，而且会赚得更多。"买方的确给了他一次试用的机会，结果销售情况令人惊喜，对方迅速决定全部采购霍尔斯顿公司的楼梯组件。

“倘若没有业已建立的牢固的信任关系作保障，”罗伯茨说，“不管我说得多么在理，他们都不会给我一丁点儿机会来试用我们的产品。”

可见，吉姆和客户的私人关系是赢得订单的关键，信任又是这种关系的关键因素。从另一方面讲，如果有朝一日出现另一个楼梯组件的供应商能够提供更大的利润空间，而且能够激发同样的需求，那么吉姆就可能会被取而代之。需要注意的是，客户对关系的投资大部分停留在私人的层面上，或者说在吉姆和客户的采购经理之间，完全没有波及吉姆的公司。假如有一天那位采购经理离开了，吉姆和木材场的关系就可能从此疏远了。

虽然从表面上来看交易型关系可能仅限于传统的买卖关系，但并不尽然。迈克尔·戴尔率先认识到向需求复杂的买方提供他们希望的关系类型可以产生巨大的商机。通过建立电脑设备的直销渠道，戴尔用低价和便捷的方式向购买意图明确的买家销售个人电脑。戴尔采用电话营销和设备定制的销售模式要比通过其他的电脑零售商节省15%的成本。

哪种类型的企业习惯于交易型的客户关系？近期的一项研究揭示了这一问题的答案。基于从4个国家抽取的公司样本，此项研究得出的结论是：在所有的企业当中，有68%注重与某些客户保持交易型关系，消费品企业和大型企业最有可能注重与客户的交易型关系[33]，原因在于消费者对于商品以及自己的需求将如何被满足已经非常了解。让我们重温一下霍尔斯顿公司的例子。橡木栏杆的购买方可能已经非常了解大多数的楼梯组件，以及它们之间的区别和在商场里售卖的情况。

工业品企业，特别是销售固定设备以及高科技产品的公司，最有可能根据客户的需求和特点选择不同类型的客户关系。下面我们来讲述其他关系的类型。

咨询型关系 咨询型关系（consultative relationship）在工业品市场上最为普遍，它着眼于客户的需求，愿意在销售方面做出努力创造新的价值，在产品之外提供额外的利益。咨询型关系的建立通常采取解决方案销售方式，这一方法也适用于企业型关系的建立。虽然供应商可能希望与客户建立咨询型的关系，但咨询型关系能否奏效则取决于销售人员或销售队伍是否有能力接近客户并深入理解客户的业务问题。在这种关系之下，销售队伍可以在3个方面为客户创造价值：

- 帮助客户以新的或不同的视角理解他们的问题和机会；
- 帮助客户突破传统的思维方式，找到更好的解决方法；
- 在供应商内部担任客户的代言人，确保及时分配资源，为满足客户特定的需求提供定制的或独特的解决方案。

销售人员在咨询型关系中的角色和在交易型关系中的角色大不相同，他们要花大量的时间理解具体客户的需求，同时要在供应商企业内部集合资源来满足这些需求。从事企业间办公用品分销的博伊斯系列办公用品公司（Boise Cascade Office Products Corporation，BCOP）就是与关键客户建立咨询型关系的成功例子。该公司采用增值的方法将其销售人员重新定位为企业顾问，由销售人员运用数据库营销软件来研究客户的采购模式，从客户的内部找出有待改进之处。销售使用率报告能够帮助销售人员就纸张、家具、电脑和文具等采购趋势向客户提供建议，他们还采用叫做“基于活动的成本管理”软件对活动、客户和产品的成本进行计量。这个软件帮助博伊斯公司将90%以上的实际成本直接分配给具体的客户关系活动。结果，节约成本的机会出现了，买方和博伊斯的财务状况均得到了改善。

博伊斯公司努力与客户建立咨询型关系说明了这种客户关系的几个重要特点，同时也证明了这种关系与纯粹交易型关系的区别。要注意，额外的客户价值来自销售人员带给客户的非产品资源。这种类型的关系也为收集和分析客户及其业务问题的信息增添了价值。这样一来，销售过程通常会拉长，客户对于供应商必须有足够大的价值才能弥补更高的销售成本。对于博伊斯公司来说，关系越持久，客户资产通常就越高，对客户的投资也就越有价值。需要注意的是，销售人员必须具备高超的信息收集能力、商业嗅觉和操作能力。

如图2-12所示，在咨询型关系当中，买卖双方在关系上的投资均高于交易型关系。博伊斯公司的例子清楚地表明卖方的投资增加了，那么买方的投资又如何呢？收集信息理解客户的问题和机会自然需要时间上的投入，同时也需要客户分享信息。一家大型的公共设施公司的副总裁这样说："开发一个新的客户需要投入大量的时间，你要知道为此耗费的时间是值得的，你不可能为所有找上门来的人都提供免费的教育。"[34]

选择适当的时机建立咨询型关系是至关重要的。经验表明，当具备下列一个或多个条件时，建立咨询型关系是最为适当的：

- 产品或服务能够和竞争对手区别开来；
- 产品或服务能够调整或定制以满足客户的需求；
- 客户不完全清楚产品或服务如何提供解决方案或增值；
- 产品或服务的递送、安装或使用需要卖方协调企业内部的多项资源予以支持；
- 产品或服务产生的收益值得企业投入较高的成本建立咨询型关系。

当具备以上条件时，销售队伍就有机会通过咨询型销售创造客户价值。

企业型关系　近年来，客户开始减少供应商的数目。与其应付众多的供应商，不如有选择地与少数供应商建立长期的关系。随着公司合并以及市场整合的风潮，减少供应商数目的趋势导致客户谈判能力的增强，客户得以发挥采购数量的优势要求供应商提高服务水准，降低价格。针对大客户的出现，许多供应商制定了企业型关系以更有效地满足大客户的需求。

企业型关系（enterprise relationship）的主要职能是调动供应商的各项资产以协助客户取得战略上的成功。在这种情况下，产品和销售队伍均处于次要的位置，关键在于客户对于销售企业的重要性。描述这种关系的形容词不胜枚举，像"主要的""战略性的""全国性的""全球性的""全公司性的""关键的"，等等。达成成功的企业型关系，供应商一方面必须提供优越的客户价值，另一方面能够从这种关系中攫取足够的价值。这一直是一个难题，特别是在客户的需求遍布全球的情况下。

通用电气、IBM、杜邦、孟山都及霍尼韦尔等众多大型的企业与美国航空、福特汽车、美利肯（Milliken）、宝洁以及联邦政府等客户建立了企业型关系，首先倡议建立这种全新关系的一般是客户。[35]克莱斯勒汽车公司在20世纪90年代初陷入了危机，它采取的一项举措就是改变与供应商的业务关系。以往的做法是迫使供应商每两年与公司续订供货协议，公司从中挑选报价最低者建立业务关系。克莱斯勒决定彻底改变这种关系，在整个车型的寿命周期甚至更长的时间里将供应商固定下来。此外，克莱斯勒不再完全依靠自己的工程师来设计新车型的概念和全部组件，而是邀请供应商参与其中。克莱斯勒不再单方面地决定价格，而是与客户共同磋商，重点是降低汽车的制造成本，共享由此产生的盈余。

克莱斯勒公司的例子说明了企业型关系与传统供应商关系的某些区别之处。下面是其他公司在建立战略伙伴关系中的成功经验。

● 供应商在需求识别、规格设定以及新产品开发的早期阶段便介入客户的活动。

● 在常规的关系当中，销售人员、客户代表乃至设计工程师处于主导地位，在企业型关系当中，供应商组建一个团队在各项职能以及管理层面上保持与客户的日常沟通。

● 在企业型关系中，由于供应商反应及时，注重信息共享，赋予客户更大的决策权，供需双方的关系通常十分紧密，甚至达到牢不可破的地步。例如，由 9 家供应商组成的一个叫做“特派员”的小组常驻博伊斯公司进行现场办公，这种内部人的身份为他们创造了得天独厚的条件，与客户共同成长，引导客户对其产品的需求和规格方面的要求。[36]

客户关系的类型不同，销售队伍的活动、结构、待遇乃至销售理念自然各异。[37]譬如，买卖双方关系越密切，合作内容越复杂，销售队伍作为主要联络窗口的作用就越小，而且他们的工作重心不再是增加销量而是转向了关系管理和维持。随着时间的推移，双方发生摩擦的概率必然增大，妥善处理相互间的摩擦成了销售队伍的一项重要职能。[38]研究表明，企业型关系往往注重降低客户的总体营运成本，对从事工业品销售的人员进行培训的重点也往往集中于销售行为以及如何向客户讲解产品的技术特点而不是销售过程和成本分析。销售人员必须熟悉客户的运营方式，全面了解供应商的产品及其与客户的互动将对客户的运营成本产生哪些影响。供应商也需要分析销售队伍的薪酬制度能否激励销售人员努力降低客户的成本，了解他们究竟是从长期的关系着眼，还是追求增加短期的销量。诸如此类的问题会在本书的以后章节中予以详细论述。[39]

注意事项 在当今的商业世界里，战略决策是相当复杂的。以 IBM 为例，美国航空公司既是它的客户，又是它的供应商。也就是说，美国航空公司向 IBM 出售航空座位，IBM 向美国航空公司供应大量的电脑设备和软件。这种类型的关系要求供应商的客户经理一方面要为本公司进行采购，另一方面要满足供应商的需求。

有人认为，对客户关系投资越多，客户关系就越牢固，成效就越显著，这种假设其实大错特错。一家制造包装材料的企业就犯下了这样的错误。这家企业的生产成本略高于竞争对手，业务日渐萎缩，公司认为阻止业务下滑的最佳方式就是提升销售队伍，于是设置了“包装顾问”，负责通过向客户提供帮助和建议的方式为产品增值。提升销售队伍（包括维持与招聘）连同推行新的营销战略所耗费的投资超过了 1 000 万美元，销售拜访的费用平均提高到 890 美元，获取一个新客户的平均销售成本达到了 11.2 万美元。结果证明，大多数客户根本不需要建议或帮助，他们只需要帮助材料，简单明了，这就是他们所需的东西。这家企业很快被另一家公司以低廉的价格收购。研究显示，这种情况并不罕见。如图 2－13 所示，与战略性客户建立企业型关系的公司当中，半数以上认为它们所推行的措施成效很差，而且实施这些措施的难度很高，客户流失到竞争对手那里通常意味着更大的收入和利润损失。

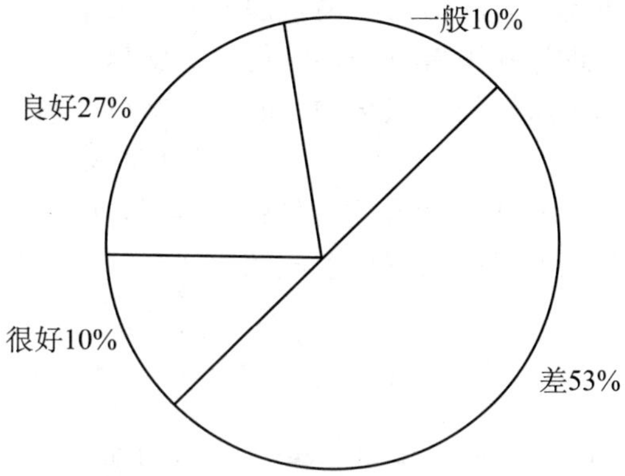

图 2-13　伙伴关系的成效指标

资料来源：Adapted from "Data Watch", Velocity (Spring 1999), p. 3.

本章小结

销售队伍战略的制定和管理构架的规划应该以企业总体的业务战略和营销战略为基础，一个企业的竞争优势取决于它能否制定和采取一整套基本的措施将企业的业务战略付诸实施。销售队伍是企业连接客户的纽带，销售队伍的建设和管理在战略实施过程中发挥着重要作用。本章以大量的实例讲述了销售队伍决策与企业总体战略和营销战略之间相辅相成的关系。通过学习本章的内容，你将能够掌握如下知识和技能：

1. 描述企业战略的要素。战略管理过程包括确定企业使命、制定具体的企业目标、决定实现这些目标的战略。明确的企业使命应该能够为企业建立方向感，包括致力于服务的客户、需要赶超的竞争对手以及企业争取竞争优势的战略措施。目标应该做到具体明确，而且能够在整个企业内得到切实贯彻执行。战略的落脚点在于通过创造客户价值发展企业的可持续竞争优势。

2. 阐明战略营销计划的基本要素。制定战略营销计划是一个企业力图满足其目标市场价值需求的过程。首先是情势分析，包括分析自身的资源和能力，了解当前的处境，明确未来的发展方向。其次是确定需要进入的细分市场。在这些决策完成之后，需要制定适当的营销组合方案，包括各种促销工具的整合。

3. 解释战略实施过程决策的含义。战略实施决策是指企业以创造客户价值及取得价值优势为目的而制定的一整套方案和措施。在这一过程中，大多数企业需要制定的基本决策包括：(1) 如何接触客户（入市战略）？(2) 如何开发新产品（产品开发管理）？(3) 如何将实体的产品递送到客户手上（供应链管理）？(4) 如何加强和利用客户关系（客户关系管理）？销售队伍的主管在制定这些决策方面固然有很大的发言权，但由其性质所决定，这些决策的过程需要多个部门交叉协作。企业在这 4 个步骤上的决策对于销售工作和销售人员所需具备的工作技能具有重大影响。

4. 阐述销售队伍方案的目的并列举其中的要素。销售队伍方案是销售队伍在实现企业目标方面如何发挥作用的一项计划工具。在着手制定销售队伍方案时，首先必须认真领会企业的业务和营销战略。销售队伍方案的要素包括：市场潜力的估计与销售预测、客户关系战略、理想的销售行为、销售队伍投资与预算、销售队伍的组织结构、能力建设方案、领导系统。

5. 描绘客户关系战略的内涵和主旨。企业客户关系战略是指企业意欲和客户达成的关系类型。关系类型因供求双方在关系中的投入力度而有所区别，双方投入的力度越大，关系就越紧密，越坚不可摧，合作的层次就越高，合作的领域也越广泛。对于愿意在客户关系中投入的双方来说，关系的经济价值必须是显著的。客户关系主要分为 3 种类型，即交易型、咨询型和企业型关系。

关键术语

客户关系战略　account relationship strategy
联盟伙伴　alliances
品牌形象　brand identity
品牌含义　brand meaning
品牌关系　brand relationships
品牌反应　brand responses
企业使命　business mission statement
咨询型关系　consultative relationship
客户关系管理　customer relationship management（CRM）
差异化战略　differentiation
企业型关系　enterprise relationship
进入市场战略　go-to-market strategy
独立销售代理商　independent sales agents
采购顾问　integrators
低成本战略　low cost
市场细分　market segmentation
营销战略　marketing strategy
集中战略　niche
组织目标　organization's goals
产品开发管理　product development management（PDM）
经销商　resellers
销售队伍方案　sales force program
销售基本活动　sales process activities
战略实施决策　strategic implementation decisions
战略　strategy
供应链管理　supply chain management（SCM）
目标营销　target marketing
电话营销　telemarketing
交易型关系　transactional relationship

自我能力提升

1. 战略行动能力。美林证券（Merrill Lynch & Company）最终决定进入低成本的在线交易市场。由于交易费用低，加上 1994 年以来史无前例的牛市，电子商务集团（E* Trade Group）等在线经纪公司增长迅速，从全服务的经纪行手中夺走了大量的业务。互联网交易达到了全部个人股票交易量的 30%～35%。面对这一趋势，美林公司的管理层最终决定不能再坐失良机。这一决定不仅是公司战略的重大转变，而且转向互联网有可能激起 14 800 名高收入经纪人队伍的不满。例如，据公司内部的一项调查显示，主要依靠赚取佣金的经纪人可能会发现他们的收入将在最初下滑 18%。美林公司面临的问题有多大？你建议公司如何对待经纪人？更多有关美林公司的信息，请登录该公司的网站：www.ml.com。

2. 技术能力。阿克萨斯放射器材公司（Access Radiology Corporation）最近将 2004 年的营销计划发给由 30 人组成的销售队伍。销售人员对此愤愤不平，销售副总裁玛丽·卡拉汉（Mary Callaghan）收到了来自销售人员十多封愤怒的电子邮件、录音电话和短信。抱怨的内容从没有足够的资金支持客户开发活动到太多的形象建设广告，直至缺乏系统的网络营销措施等。销售人员担心的最后一个问题关乎公司的营销导向，因为客户表示希望通过网络与阿克萨斯公司交流并购买产品。卡拉汉将这一信息上报给了公司的高层管理者，建议制定新的在线营销方案，但看来并没有引起重视，她和她的销售队伍十分着急。卡拉汉应该如何与上级管理高层就这一问题进行交涉？她应该采取哪些措施来确保公司的营销部门关注销售队伍和客户的需求？

3. 教导能力。在当今销售和营销管理者当中，IBM 的前任总裁郭士纳（Lou Gerstner）称得上典范。郭士纳刚刚上任 IBM 的总裁时，公司问题成堆，即使他将全部精力都用于处理公司内部的问题也应接不暇。然而，他决定积极参与公司的销售工作。IBM 与位于圣路易斯的农业和药业巨头孟山都公司的关系就是一个很好的案例。郭士纳召集各行业知名公司的高层管理者举办了多次为期一天的战略研讨会，孟山都公司的总裁罗伯特·夏皮罗（Robert Shapiro）出席了其中的一期研讨会。他问 IBM 是否正在研发或拥有领先的技术可以用于孟山都的基因工程研究，IBM 发现公司有关动物和植物细胞的基因图谱的某些材料可能会对孟山都公司有用。几周之后，IBM 的一支高层团队到达孟山都的总部。随着会谈的深入，双方发现 IBM 还可以做出其他更重要的战略层面的贡献。在不到一年的时间里，两家公司签订了价值数亿美元的合同，由 IBM 负责运行孟山都公司的全部主机和两万多台个人电脑组成的网络。郭士纳的明智之举是什么？IBM 和孟山都公司建立的客户关系属于哪种类型？这种关系的核心是什么？IBM 公司网站：www.ibm.com；孟山都公司网站：www.monsanto.com。

4. 团队建设能力。在本章的关系管理部分中，我们着重强调了协调和团队。韦斯科分销公司（WESCO Distribution Inc.）是一家营业额达 30 亿美元的电工设备分销商，它在协调履行与全国大客户的合同方面提供了有益的启示。

韦斯科公司日常销售的电工产品有 21 万多种，供应商有 6 000 多家，客户遍布全球各个角落。然而，它真正销售的是一站式的货源、定制的送货服务、技术支持、用途开发以及对客户的产品培训。换句话说，韦斯科公司所提供的是最新的整合供应链系统，不仅包括存货管理方案和库存减负方案，而且帮助工业制造商、设备加工商、市政电力及其他公共设施部门等客户提高工作效率。

近来，韦斯科公司为 300 家大的工业客户建立了一项全国客户计划，与这些客户的业务几乎占韦斯科公司全部营业额的 70%。根据全国客户合同，韦斯科向客户提供 2%～3%的价格折扣，条件是这些客户必须向韦斯科公司集中采购所有的产品线。就合同涵盖的产品线而言，韦斯科公司的客户渗透率达到了 60%～90%，因此降低合同价格的损失可以通过将渗透率加大到 100%以获得更大的销量来弥补。供货合同是在客户的公司总部签订的，但大部分的采购任务则交由各地工厂的采购代理商来完成。如此一来，协调的问题就出现了。尽管公司总部热情高涨，但是有些工厂迟迟不肯放弃业已建立了长期密切关系的当地分销商。另外，在出现紧急情况时，当地分销商的价值在于可以及时解决工厂的燃眉之急。在韦斯科公司内部也存在总部与分部的利益协调问题。客户采购的总量可能很大，但分散到工厂的层面，其采购量就远不及韦斯科公司分部所服务的单一工厂客户。分部的销售人员归分部经理管理，他们的报酬除基本工资之外根据销量提成佣金，因此即使为了履行全国客户合同，他们也不情愿拜访采购量较低的工厂，特别是那些偏远的工厂。在这种情况下，你会建议全国客户经理采取哪些措施来鼓励团队合作，让各个分部能齐心协力地支持全国客户？你还会建议营销和销售副总裁采取什么样的措施？

如欲详细了解韦斯科分销公司、其产品与服务以及目标客户，请登录网站：www.wescodist.com.

5. 自我管理能力。每一位垒球运动员必须投球、接球和击球，但是要成为一名优秀的投手或击球员，情况就大不相同了。销售也同样如此，所有的销售人员必须与客户交谈并争取订单，然而与建立交易型关系相比，建立企业型关系需要更大的努力。

H. R. Chally 集团建立了一个庞大的销售人员信息数据库，并从中确定了 4 种不同的销售角色和技能。销售人员若取得优异的成绩，就必须在一定程度上具备各种技能。请根据下面介绍的 4 种技能给自己从 1～10 分进行打分。

- 亲和力。能主动与客户建立联系，不惧怕遭到拒绝，能迅速调动对方的情绪和引起对方的关注，具有高度的自信心。
- 毅力。拥有耐心、优秀的人际沟通能力和进取心，具有坚韧不拔的精神、强烈的事业心和求知欲。敢于冒险，但必须经过深思熟虑。注重细节，能够自如地面对拒绝和失败，具有团队精神。
- 关系。喜欢销售工作的独立和自由（即自己做老板的感觉），具备较强的自律能力，勇于对自己的行为负责。再次强调，缺少失败的恐惧感。认真遵守职业道德规范。
- 表现欲。不甘寂寞，喜欢新鲜事物，善于与人相处。体力好，容易冲动，喜欢在家里办公，乐于追求新的目标。

你在以上 4 种技能上的得分如何？为在每种技能上得分高的人指定两种类型的销售岗位（如股票经纪人、电话推销员、公司打印机推销员和电脑软件推销员）。根据本章讨论的 3 类客户关系（交易型、咨询型和企业型关系），一个人如若在每一类关系上取得成功，他应该在以上的 4 种技能当中分别具备什么样的技能特征（从 1～10 分进行打分）？有关 H. R. Chally 集团的更多信息，请登录 www.chally.com。

希尔德案例练习

一种不同的客户

即便希尔德公司的大多数销售人员对小客户很成功，但首要计划还是针对大客户的。当道格·布卢姆接手希尔德管理层时，他工作的重点是让销售人员把精力放在大客户上。作为过去 8 年的首席销售员，蒂法尼·威廉斯在第一次销售会议上对这次决策方向的改变特别抵制。当道格在亚特兰大做销售代表时，他在向小客户销售劳工损害赔偿保险等方面积累了很多经验。由于关注现金流，这些客户最关心的是价格。与小客户达成销售的速度很快，这是因为通常一个人就可以做出决定，并且风险一目了然且可预见，所以交易周期（完成一次交易的时间）相对较短，即使是一个新客户，两三次拜访也就完成了。

道格认为首要计划是一个复杂的计划，需要更多的时间去解释和理解，而且经验告诉他，大公司的购买步骤会更复杂，经常是委员会做出购买决定，但有很多人可以否决掉交易，或者将购买推迟到以后。同时，这些客户有可能意外地达成大宗销售，因此是一个值得一试的机会。如果一家大公司选择了你的计划，它自然会为你带来更多同业的公司。

道格决定迎面解决这个问题，下次他要和蒂法尼一起拜访她的一些客户，这些客户事先与蒂法尼有过电话接触。这样做是为了观察他们对购买希尔德保险公司保险产品的兴趣，也是为了看看销售员是否会转向拜访大客户。道格很高兴蒂法尼同意并且安排下午让他和客户的人力资源副总裁进行一次会面。在一番介绍和寒暄之后，他们进入了正题。

副总裁说："就像我上次和你说的，我们想掌控我们的风险，不过我们需要很多的帮助。公司高层的每个人都习惯于用自己的方式做事，这当然包括他们购买的责任保险、劳工损害赔偿保险等。我们没有判断风险和掌控需求等的完备健全的程序。让事情变得更困难的是，我们甚至没有一个普通的信息系统。如果你的人准备好对每个管理人员下功夫，我们愿意与你合作。了解他们每个人的需求并帮助他们行动一致。"和副总裁的谈话反映了这样一种情况：在他的公司里决策是多么的分散，但是这种情况在改变，他认为保险就应该在各处标准化。

道格和蒂法尼向副总裁就占用其时间以及其提供的信息表示了感谢。道格承诺要带着一些想法再来见他。事实上，道格并不知道该如何应对这个要求，这完全不同于以前见过的情形。他知道要抓住这次机会，这会让希尔德转变方向，他也想知道这种情况在其他大公司是否也很典型。

问题

1. 相比传统的经纪人，销售人员在面对新顾客需求时所扮演的角色有什么根本的不同？

2. 基于新经纪人的需求，销售工作需要如何改变？

3. 这些改变如何影响销售管理？

4. 基于这些新的经纪人需求会有哪些威胁与不利？

附录 2A 市场潜力估计与销售预测

为什么要预测

销售成功的一个秘诀是了解顾客在哪里，以及能够预测他们会买多少。许多公司发现销售潜力数据对于制定销售计划必不可少，特别是在划分区域、指派配额、制定预算以及比较每个销售员销售业绩方面。销售预测如此重要，以至于50%的公司将这个主题放到它们的销售经理培训项目中。[1]

不准确的需求预计会给利润带来灾难性的影响。比如，惠普公司最近没能从连续两个季度的顾客需求中合理预计出混合产品的需求。低档打印机和工作站的需求很高，商业计算机的需求较低。最终，收益比分析预计的要低14%。股票市场对惠普的预计错误产生恐慌，一天内股价狂泄5%。此案例说明衡量市场机会大小的重要性。在此我们将向你展示如何衡量现在的需求以及预期未来的销售。

什么是市场潜力

市场潜力是基于潜在客户的数量及其购买率在一段时间内估计的最大需求量。事实上就像图2A－1所显示的那样，实际的销售一般要小于市场潜力。例如，基于

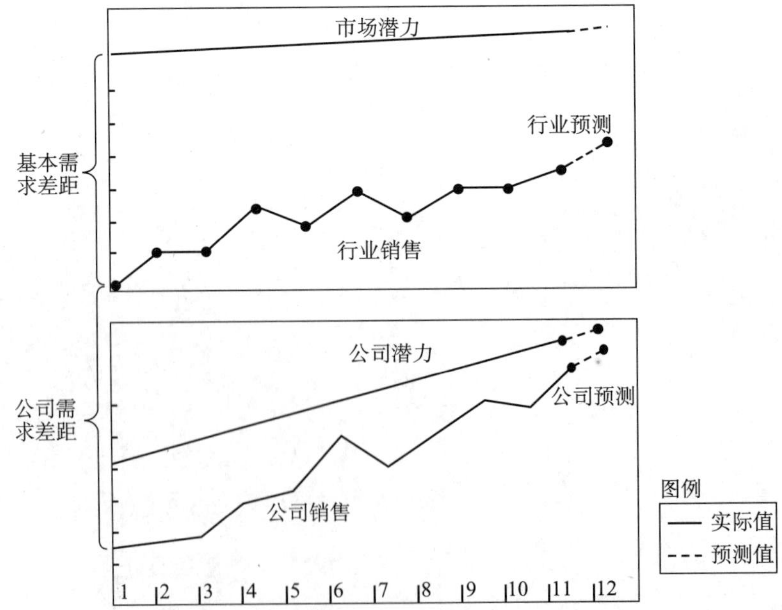

图2A－1　市场潜力、行业销售和公司销售的关系

资料来源："2004 Survey of Buying Power," Sales & Marketing Management (September 2004), pp. 12, 18, 21, 32.

通常一家一台的情况，美国DVD机的市场潜力可以认为是有电视机的家庭总数。事实上的销售要比市场潜力小，因为说服顾客购买东西，比如DVD机需要时间，而且有些人买不起。产品购买率是价格水平、产品整体质量、促销费用和商店存货的数量共同作用的结果。

公司销售潜力是行业总需求的一部分，是公司一段时间内在最优条件下销售的最大值。如图2A-1所示，公司销售要低于行业销售。公司销售与行业销售的比率即市场占有率。

从销售经理的角度，你可能要估计现有市场价值及你所负责公司产品的潜力。这项任务很艰巨，因为客户的数量和购买率会随时间变化。此外，价格下调、行业促销以及经济环境变化都会影响市场的规模。除了衡量现阶段的需求水平，你还要预计未来。这些预计在图2A-1中是横轴上的“12”所对应的虚线。我们的讨论将从需求测量开始，然后转移到预计未来上。

□ 估计市场潜力

所有的估计都是基于两个要素：可能的产品客户数量和预期的最大购买率。通常你可以从行业协会或商业研究协会那里找到这些估计数据。不过你必须有自己预计的市场潜力数据，它们按照地区、行业和顾客类型进行划分。

估计顾客数量的第一步是使用二手资料。有各种各样的商业数据会提供诸如顾客数量、公司规模、顾客年龄、收入水平以及位置等信息。邓白氏市场服务(Dun's Marketing Services)和《销售与营销管理》杂志(*Sales & Marketing Management*)会出售电子表格形式的这些数据。你也可以通过网上的付费数据库获得。通常大公司都有自己的数据库来挖掘潜在的信息。

通常购买率可以从商业组织和政府出版物上获得。对于现有的产品，你可以运用现有销售量与家庭数量的比率或者销售量与人口的比率计算获得。这些比率可以从商业出版物获得，比如美国经济咨商会(Conference Board)的出版物，或者可以从公共数据计算出来。例如，每个家庭的平均需求可以用一个地区的行业产品总量除以家庭数量得到。对于新产品，经理可以从其他产品的经验中转换得到其比率。如果相似产品第一年在美国的家庭购买率是4%，这个比率可以应用到新产品的需求估计中。

金霸王公司(Duracell)是吉列的子公司，它是世界上碱性电池制造业的领军者。每个月五种型号的碱性电池都会通过数以千计的销售商送往顾客手中。在金霸王，预测是帮助管理层制定战略和设定目标。金霸王的基本公式是：出货量=零售市场×市场份额±零售存货变化。因此，估计就是市场规模乘以预期市场份额并调整存货变化后的结果。公司现在使用六个不同的统计模型来计算市场规模。市场人员基于广告计划、产品增产、分销策略和定价来估计市场份额。零售存货是最难估计的。金霸王运用五个预期循环：竞争角度、战略商业计划、战术计划、最新估计(每月更新)和供应链管理(每周更新)。为了保证资源的协调，营销、财务和生产计划都使用同样的预期。金霸王的预测工具箱里有经验判断、时间序列以及因果模型法。没有哪种单一的程序能满足所有预测的需要，因而金霸王选择最适应情形的方式，这也就意味着运用单个简单的模型能预计不到一年的情况。金霸王也运用线性回归、指数优化平滑模型、移动平均曲线法和因果模型来预测长期的情况。金霸王通常会选用那些经过检验与公司数据最吻合的预测方法。

□ 购买力指数法

消费品市场潜力通常使用基本经济数据中的结构性指数来估计。最受欢迎的区域多因子指数是购买力指数，由《销售与营销管理》杂志每年公布。这项指数综合了 922 个地理区域中人口、收入和零售额的估计得出一个消费需求的合成指数——这些区域称为核心统计区（CSBSAs）。这些统计区域又细分为大城市和乡镇（micropolitan）统计区。

表 2A－1 中汇总了用于计算佐治亚州亚特兰大都会区购买力指数的数据。数据显示亚特兰大都会区拥有全美 1.824％的收入、1.768％的零售额和 1.606％的人口总量，这三个数字被分别加权 0.5，0.3，0.2，相应地，得出亚特兰大都会区的购买力指数是 1.763 6。[2]

表 2A－1　　　　用于计算购买力指数的数据

	2004 年有效购买收入		2004 年总零售额		2004 年估计总人口		购买力指数
	数量（百万美元）	占全美百分比	数量（百万美元）	占全美百分比	数量（百万人）	占全美百分比	
全美	5 466 880	100％	3 906 482	100％	292 936	100％	100.0
亚特兰大都会区	99 691	1.824％	69 071	1.768％	4 704	1.606％	1.763 6

通过比较零售额、人口和收入的百分比这三个数据可以得出区域一些有价值的东西。再次考虑一下，亚特兰大都会区仅占全美人口的 1.606％就有全美收入的 1.824％，零售额的 1.768％，这显示亚特兰大都会区的收入高于平均水平。当一个地区像例子中的那样，其零售额占比高于其人口占比时，充分证明人们从周围的地区驱车到此地。经理需要投入更多的促销资金，以在更广的范围内辐射到在亚特兰大停留的人们。

购买力指数的价值在于帮助经理跨地理区域分配其销售资源。因此，就像亚特兰大都会区的购买力指数所显示的那样，占全美销售潜力 1.763 6％的亚特兰大都会区在产品的全国分销中就应得到 1.763 6％的人员推销和广告预算费用。

□ 北美产业分类体系与商业市场

市场潜力的数据可以从美国制造商普查中获得。制造商普查每 5 年一次，根据产品或业务领域不同分门别类归入北美产业分类体系。

从普查数据中估计市场潜力的第一步是识别所有北美产业分类体系中用于产品和服务的编码。完成这项工作要通过像选择消费者那样选择产业，从北美产业分类体系手册中选取编码，以及调查不同类型的企业以了解其产品。然后，企业必须选用合适的数据库来估算产品的规模，这也要按照北美产业分类体系编码。例如，一家食品设备制造商可以根据以前的销售数据来判断现用机器数量与这个特定行业的工人数量的关系。如果每 1 000 名磨坊雇工需要 24 台机器，每 1 000 名烟草企业的员工要有 15 台机器，每 1 000 名制作饮料工人要有 3 台机器，则北卡罗来纳州的市场潜力就像表 2A－2 中显示的那样。2002 年的制造商普查显示事实上在北卡罗来纳州有 878 名磨坊工人，如果每 1 000 人要用 24 台机器，则市场潜力是 0.878×24，即 21.1 台机器。对其他编码进行相似的计算能得出北卡罗来纳州的总市场潜力是 175 台机器。我们可以从北卡罗来纳州的潜力推到其他州的潜力进而得出全国的数据。通过调整机器的平均寿命我们可以将这些数据转换为每年的市场潜力。如果机器的平均寿命是 10 年，则每年北卡罗来纳州 175 台机器中的 10%，即 17 台机器将被换掉。用公司现在的市场份额乘以每年的需求潜力即可推导出公司的潜力。

表 2A－2　　对北卡罗来纳州食品设备市场潜力的估算

北美产业分类体系	行业	生产线雇员[a]	每千人所用机器数量[b]	市场潜力 (1×2) /1 000
3112	磨坊	878	24	21.1
3122	烟草	9 571	15	143.6
3121	饮料	3 538	3	10.6
				175.3

a. 生产线雇员数据取自 2002 Economic Census of Manufacturing，*Geographic Area Series*，*North Carolina*，p. NC 1&2。

b. 由生产商依据过往数据计算。

资料来源：The production employee data in Table 2A－2 are from the 2002 Census of Manufacturers，Geographical Area Series，North Carolina，p. NC 1 and 2.

定性销售预测

销售预测与预测未来需求水平有关。销售预测对预算制定和计划目标意义重大。新产品仅有一些简单的程式可遵循。缺少以往的销售数据意味着你需要在预测未来时要更有创造性。对新产品销售预测往往基于经理的判断、销售队伍预测、调查和市场测试。对于预测技术的讨论，我们将从经理与销售人员对商业环境解释的主观方法开始。

□ 销售人员组合法

对于新产品和现有产品而言，最受欢迎的预测方法就是销售人员组合方法。销售人员在自己的区域内预计顾客的数量，更高层的经理将汇总这些预计数据并复审。区域内的估计通常是对每个大客户需求的估计，剩余的顾客被分为一组，再有就是新顾客。据美国的一项调查，销售人员组合法是最流行的预测方法之一，约有 45%的公司在使用（见表 2A－3）。工业企业非常欢迎这种方法，因为它们只有有限数量的客户，而且销售人员较容易了解客户需求。美国家居产品公司（American Home Products）采用这一方法预测其一种医药制品的销售前景。[3] 以前，销售预测从总部传达下来，现在则是由 120 个地区销售代表估算。当由销售人员自己估计，他们就更倾向于相信这个预测并更有可能完成他们的销售配额。

表 2A-3 134 家公司的销售预测方法

方法	经常使用的公司百分比（%）	偶尔使用的公司百分比（%）	从未使用的公司百分比（%）
主观意见法			
销售人员组合法	44.8	17.2	13.4
行政管理人员群体意见法	37.3	22.4	8.2
购买意图调查法	16.4	10.4	18.7
推断法			
单纯法	30.6	20.1	9.0
移动平均法	20.9	10.4	15.7
变化百分比法	19.4	13.4	14.2
首要指标法	18.7	17.2	11.2
单位变化率法	15.7	9.7	18.7
指数平滑法	11.2	11.9	19.4
曲线延伸法	6.0	13.4	20.9
定量法			
多元回归法	12.7	9.0	20.9
计量分析法	11.9	9.0	19.4
一元回归法	6.0	13.4	20.1
博克斯-詹金斯法	3.7	5.2	26.9

□ 行政管理人员群体意见法

这种方法涉及征求一组有经验的管理者的判断，来估计特定现有产品及新产品的销售。如表 2A-3 所示，有 37.3%的公司经常使用行政管理人员群体意见法。这个方法的主要优点是预测速度快并且可以包含很多主观因素，比如竞争、经济环境、天气以及工会活动。联合包裹服务公司（UPS）的预测由一组高管来进行，他们运用多项经济指标，例如消费者价格指数、历史销售数据和其他趋势数据。这些预测会与销售人员做出的预测进行比较，不一致的地方则会调整。

行政管理人员群体意见法的不断普及表明，相比那些稍微不知名的统计预测方法，大多数的经理更相信自己的判断，但是证据显示行政管理人员群体意见法并不能准确预测。也许这种方法的主要问题在于其过度依赖经验，很难教给其他人如何利用此方法来预测。

□ 首要指标法

当销售受到经济变化影响时，首要指标方法可以作为销售预测时有用的方法。它的核心思想是找出与公司销售联系最紧密的因素，并且这些因素有前几个月的统计数据。因素的变化可以直接用于销售预测，或者将因素放在一个预期模型中与其他变量结合。例如，通用电气公司发现洗碗机的销售与数月前的住宅开盘量有关，因此，如果通用电气观测到加利福尼亚州的住宅开盘量增长了 4%，则可以预期 2 个月后洗碗机的需求会增长 4%。很明显，关键是找出对特定产品有预测价值的指标。比较有用的一些首要指标包括普通股的价格、耐用品的新订单、新建筑许可、工厂和设备的合同订单以及客户分期付款债务的变化。

也许首要指标方法最大的贡献在于它能预测销售趋势的转折点。当销售还在增加时，首要指标可能预测销售的趋平或下降。大多数我们下面要讨论的定量预测方法在告知经理销售何时转向方面都表现平平。首要指标对经济环境的改变很敏感，而且它通常能在转向真正发生的前几个月提前发出信号。

□ 何时运用定性销售预测方法

当你几乎没有数据用于预测时通常应该使用定性方法。新产品是信息有限的典型例子，定性法经常用于预测这些产品的销售收入。当经理或销售人员特别擅长预测销售收入时，定性法也值得推荐。此外，当市场被罢工、战争、自然灾害、衰退或通胀扰乱时，定性法也经常会用到。在这些情况下，历史数据都没用了，反而判断在预测市场变化方面更准确。经理们应当计算并记录他们使用定性方法的预测错误，这样他们就知道何时这些方法最适用。

定量销售预测

现在我们将视角从定性方法转移到定量方法上。定量方法建立在对历史数据处理的基础上。

□ 周期性调整法

在讨论基于数据库的预测技术之前，理解周期性因素是如何影响未来预期的很重要。销售预测通常按照月度或者季度进行，周期性因素经常导致许多短期数量的变化。因此，缺乏对周期性因素的考虑会使表面上看起来不错的预测变得不尽如人意。当使用以往的销售数据进行预测时，通常可以通过减少周期性的影响提高预测的精确性。

在一个时间序列里进行周期性调整的第一步是收集过去几年的销售数据，然后通过求得几年中月度或者季度的平均值来建立一项周期性指数。表 2A－4 中显示 4 年的季度销售量平均后得出了粗略的周期性影响指数。[4] 季度销售量平均值再除以所有季度销售量的平均值从而得出周期性指数。例如，第一季度的平均销售量是 58.0，除以所有季度的销售量平均值 79.25 得出周期性指数是 0.73，这项指数表明周期性因素使得第一季度的销售降低了 27%。

表 2A－4　　从历史销售数据中计算周期性指数

季度	年				4 年季度平均值	周期性指数
	1	2	3	4		
1	49	57	53	74	58.0	0.73[a]
2	77	98	85	100	90.0	1.13
3	90	89	92	98	92.5	1.16
4	79	62	88	78	76.8	0.97

4 年的销售量 1 268/16 ＝ 平均每季度销售量 79.25。

a. 周期性指数为 58.0/79.25＝0.73。

当周期性指数运用于每一个时间段时，就很容易周期性地调整一系列销售数据。用实际销售量除以相应的周期性指数即可得出一系列消除周期性变动后的数据。销售预测则使用这些消除周期性变动后的数据。例如，表2A－4中的第一年的四个季度消除周期性变动后的数据应该是67（49/0.73），68，78，81。

用于销售预测的计算机程序运用周期性指数对未来作出预测。纳贝斯克饼干公司（Nabisco Biscuit Company）用电脑程序来预测刚刚引入市场的新饼干或曲奇的销量。由于新产品没有历史销售数据可用，因此纳贝斯克饼干公司运用一种指数平滑程序来做预测，它仅需要两个阶段的数据。纳贝斯克的模型不用前6周的销售数据，因为这些出货是用来在店铺里铺货和仓库补货的。这个程序利用相似产品、相似品牌、相似种类产品的每周的周期性指数来消除销售数据周期性变动。纳贝斯克最初运用基于零售商店扫描数据得出的周期性指数，它是由独立的市场调查公司IRI提供的。当这些指数不能明显地降低预测的错误时，纳贝斯克决定用自己每周的出货数据来计算指数。这些指数在曲奇销量预测上减少了14%的错误，在饼干销售预测上减少了21%的错误。纳贝斯克的预测程序也包括对趋势和促销的调整。与旧方法相比，纳贝斯克的新计算机预测程序在全国的每周预测中总共减少了34%的错误，在月度预测上减少了53%的错误。纳贝斯克的程序已经成功地运用了许多年，而且它也适用于那些被新产品打击或者受并购影响的现存商品。

一些学生认为周期性调整会让预测过程变得复杂，他们没必要花费时间和精力进行专门的计算。但是，对于周期性调整有两件事你必须记住：

1. 周期性调整广泛地用于商业领域。
2. 周期性调整能减少预测错误。

□ 天真预测法

时间序列预测法建立在过去数据的基础上进行预测。天真预测法是最简单的数量预测法，经常被当作标准与其他程序相比较。这个方法假定以后没有任何变化，现在的销售水平就是将来的最好水平。例如，据表2A－4第一季度实际销售的49个单位的产品可以预测第二季度销量。天真预测法对第一年后三个季度的预测是：

	季度			
	1	2	3	4
实际销量	49	77	90	79
天真预测		49	77	90

对第二季度的预测错误是49与77的差。预测错误百分比的公式是：

$$预测错误百分比=\frac{预测-实际}{实际}$$

这就意味着天真预测法对第二季度的预测错误是：

$$\begin{aligned}预测错误百分比&=\frac{49-77}{77}\\&=-36\%\end{aligned}$$

天真预测法也可以和消除周期性变动后的数据一起使用。回忆一下，运用周期性调整方法算出第一季度的销售数据是 67，因此天真预测法对第二季度的预测是 67。运用周期性调整法得出的第二季度销售数据是 76（67×1.13=75.7）。1.13 是表 2A-4 中的周期性指数。如果数据被周期性调整，第二季度的预测错误仅为 1.3%。这个例子证明即使是对天真预测法这样简单的方法，周期性调整也可以减少错误。因为计算简单，所以对比起来，天真预测法经常是作为“基础预测”，用于比较其他复杂方法的预测结果。

平均绝对误差百分比（MAPE）

为了比较几个时间段的预测精确度，大多数预测专业人士运用平均绝对误差百分比方法。计算平均绝对误差百分比的公式是：

$$MAPE = \frac{\sum_{i=1}^{n} |\text{预测} - \text{实际}| / \text{实际}}{n} \times 100\%$$

式中，n 为要预测时段的数量。

计算 *MAPE* 不考虑误差是正还是负，而是将所有误差加总，再除以预测时间段的数量。*MAPE* 最大的优势在于很容易计算出预测误差。想练习计算 *MAPE*，参阅本附录末所附的问题。Excel 表可以从网址 www.wiley.com/college/cron 的“Student Companion Site”中找到。

□ 趋势外推法

在商业企业中，用趋势外推法预测销售是很流行的。使用这种方法，分析师是根据过去数据来估计趋势，再加上现在的销售数据作出预测。例如，在图 2A-2 中，销售量从第二阶段的 10 个单位增长到第三阶段的 20 个单位，得出的趋势是每阶段涨 10 个单位。对第四阶段的预测是 20 个单位加上 10 个单位，总量是 30 个单位。

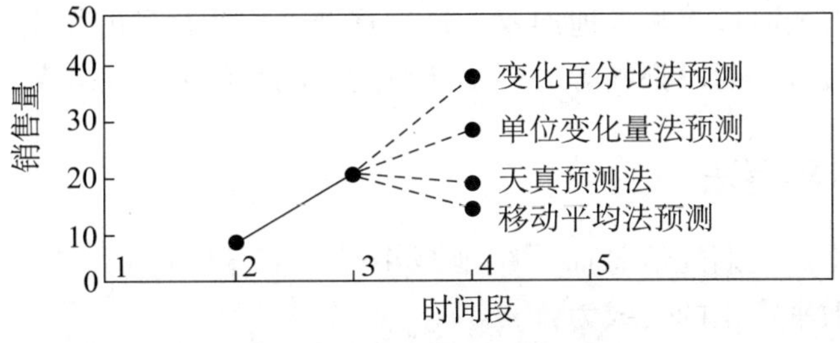

图 2A-2　趋势外推法比较

趋势也可以表达为变化的百分比。在 10 个单位的基础上增加 10 个单位就是 100%的增长率。将 100%的增长率用于预测第四阶段的销量，可以得出第四阶段的预计销量是 40 个单位。我们注意到变化百分比的方法与单位变化量的方法得出的预测结果不同，用变化百分比法来预测的结果通常会比其他方法高。变化百分比法是趋势外推方法最常用的一种方法。趋势外推法通常与指数平滑法和移动平均法一起使用，以提高预测的精确性。

□ 移动平均法

移动平均法就是将近阶段收入的平均值用于预测下一阶段的销售。公式如下：

$$F_{t+1}=\frac{S_t+S_{t-1}+\cdots+S_{t-n+1}}{n}$$

式中，F_{t+1}——下一阶段的预测；

S_t——现阶段的销售；

n——移动平均法的时段数量。

这种方法假定将来会是过去业绩的平均值。例如，如果前两个阶段的销量是从10到20，则一个两阶段的移动平均法预测结果是15（30/2），如图2A-2所示。如果在一个时间序列里有很强的趋势，没有趋势调整的移动平均法预测结果将落在后面。但是，这个落后也可以是销售转向（突然的增加或减少）时的优势。

必须记住，移动平均值确实在移动。例如，依据表2A-4的销售数据，可以得出如下的两个期间的移动平均预测：

	季度			
	1	2	3	4
实际销量	49	77	90	79
两个期间的移动平均值			63	83.5

由第1季度和第2季度的平均值得出了第3季度的预测为63。然后，不考虑第1季度，由第2季度和第3季度预测第4季度为83.5。用这种方法预测要记得进行周期性调整。比如，如果要预测第3季度，则预测值要乘上那个季度的周期性指数。

应用移动平均法的关键是决定包括多少个时段（n）来求平均值。用很多的时段会导致预测反应迟缓，n的值太小又会导致在一系列时段中预测变化太快。理想的时段数是由检验与误差估计出来的，也可以由计算机程序得出。

所有的时段都相等地加权，这是移动平均法自身的特点。这意味着在预测中最早的和最近的时段都同等对待。解决这一问题的方法是指数平滑法。

□ 指数平滑法

能强调近期的信息而系统地减小过去信息的影响，这是指数平滑法的重要特征。指数平滑法的公式为：

$$\overline{S}_t=\alpha S_{t-1}+(1-\alpha)\overline{S}_{t-1}$$

式中，$\overline{S}_t$——阶段t的平滑销售预测；

α——平滑常数，$0<\alpha<1$；

S_{t-1}——在阶段$t-1$的实际销售；

$\overline{S}_{t-1}$——对阶段$t-1$的平滑预测。

这个公式将现在销售量的一部分（a）与先前期间计算的平滑值相结合，给出对下一阶段的预测。

下面的例子使用表 2A－4 中的数据以及 0.4 的平滑常数。

	季度			
	1	2	3	4
实际销量	49	77	90	79
平滑预测			60.2	72.1

对第 3 季度的预测是用第 2 季度的 77 乘以 0.4 再加上 0.6 乘以 49。49 是第 1 季度的实际销量。第 3 季度的预测结果是 60.2 个单位，即[（0.4×77）＋（0.6×49）＝60.2]。第 4 季度的预测是第 3 季度的实际值 90 乘以 0.4 加上 0.6 与第 3 季度平滑预测值的乘积。预测结果是 72.1 个单位，即［（0.4×90）＋（0.6×60.2）＝72.1]。

指数平滑预测的主要决策是对平滑常数（a）合理赋值。平滑常数的值介于 0～1 之间，当值较低时得出的结果反应变化较平稳，当值较高时得出的结果反应变化较迅速。当平滑常数赋值为 1.0 时，得出的结果与天真预测方法的结果一样。当用较低的平滑常数比如 0.2 来做预测时，预测会落后，用较高的值来预测时，比如 0.8，很可能过高地估计了销售。当有历史销售数据时，可以通过试用不同的 a 值来观测哪个预测得最好，从而找到最佳平滑常数。

当经理想在预测程序中加入其他变量时，回归技术具有更多的优势。

□ 时间序列回归

在时间序列回归中，销量（Y）与时段（比如周、月、季或年）（X）的关系表示成一条直线。这条直线的等式是 $Y=a+bX$，这里 a 是纵截距，b 则是独立变量对 Y 的影响。运用线性回归等式的关键是找出能使直线最符合数据的系数（a，b）的值。要想得到最符合的直线就要使用最小二乘法（见图 2A－3）。$Y=63.9+3.5X$ 显示销售是 63.9 加上每单位时间 3.5 的趋势。用袖珍计算器、Excel 或其他计算机程序可以很容易地算出两个变量的回归等式。

简单回归预测的局限是它假定销售是依照线性模式。虽然它对一些序列有用，但是线性等式很难表示其他有循环模式的销售。这里，可以用基于时间数据对数的预测等式来改进预测等式。

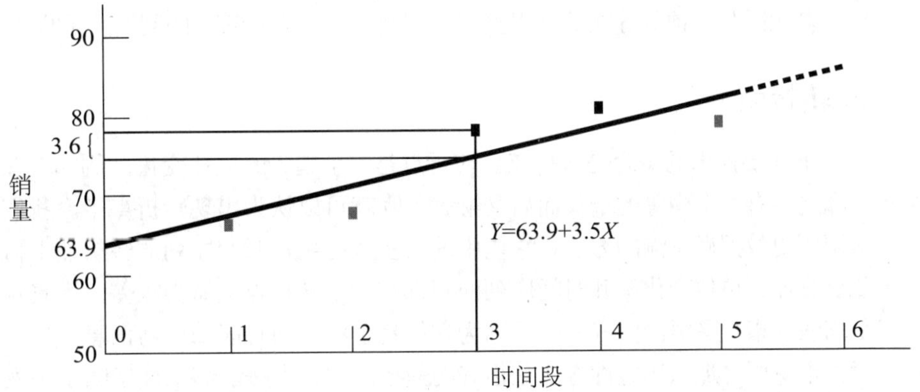

图 2A－3　在周期性调整销售数据中添加回归趋势

另一个问题是计算时要包括多少以前的数据。通常会用所有以前的数据以使结果更稳定，然而有时回归法运用短期数据能很好地跟上变化。例如宝洁公司在意大利的分公司为欧洲生产洗衣液和洗衣粉，它经常对两种洗衣粉和一种机洗洗衣液做销售预测。为了估算产品，宝洁意大利公司参考产品的历史记录，用 3 年的历史记录来预测。预测新产品是基于对市场份额估计。宝洁意大利公司的销售预测用的大多是长期的记录，对大多数细节性预测用 3 年的历史记录。

简单回归等式将时间当作自变量，这在销售预测中很常见。当时间作为自变量时，回归法就成为一种趋势预测。如果其他变量与销售关系紧密，例如收入或 GNP 增长率等，也可以被用到。

当销售与几个自变量相关时，应该使用多元回归法来建立预测模型。

□ 多元回归法

多元回归法要用计算机模型建立预测模型，它建立在销售与几个自变量历史关系的基础上。销售经理要做的第一步是找出与预测事件相关的一组合理的独立因素。一些多元回归法的最优变量就是首要指标，比如，房屋开盘率、耐用品的新订单数以及厂房和资本设备成交数。首要指标的优势在于它能利用早期数据（如前几个月、季度或者年度数据）代入多元回归等式中来预测未来。但是在一些情况下，预测期间的指数值是必需的，你不得不在将其代入预测等式之前预测未来的指数。

是使用简单回归法还是多元回归法取决于由预测程序计算出来的三个统计数据。其中一个统计数据是 R^2。如果 R^2 的值是 0.70，说明等式从你的数据中取变量 70%的值。用较高的 R^2 值预测等式通常更可取。另一个指示预测模型质量的统计数据是估计标准误差。这个统计数据告诉我们对要预测的变量可以预期的真值区间。第三个统计数据是每个系数中的误差。等式中变量的系数误差要小于系数，如果误差大于系数，就将那个变量从预测等式中拿掉。用回归法预测，在你的预测等式中，对每个独立的变量你都需要有 5 个观察值。因此，1 个指示变量的等式需要有 5 个观察值，3 个变量的等式就需要 15 个观察值。如果你的数据组没能达到这些要求，那么就应该选择其他的预测模型。

尽管多元回归法复杂，但它依然是最流行的方法，13%的公司经常使用。可以用来建立多元回归法预测等式的一组真实数据组收录在本章稍后的问题 5（见表 2A－5）中。

□ 转折点

下面要提出的概念是转折点。转折点是一个趋势的突然变化。例如，在几年的销售下降之后有一个中等的增长而后又继续下降就可以认为出现转折点了。我们讨论了这么多用历史数据做预测的方法，它们中的大多数在指示时间序列的转折点上做得很差。变化百分比、单位变化量和时间序列回归都在指示转折点上做得很差。天真预测法、移动平均法和指数平滑法要好一些，因为它们趋于滞后而且能采用新信息。如果找出转折点对你很重要，那么用定性方法是很好的途径。定性方法能够从环境暗示中发现其他方法忽视的转折点。有时候我们可以把首要指标加入多元回归法中帮助预测转折点。

想实践在此讨论的定量方法，请参阅后面的问题部分。网址 www. wiley. com/college/dalrymple 中 “Student Companion Site” 下有 Excel 工作表来帮助解决这些问题。

□ 何时用定量预测方法

当你有历史数据时，最好使用定量预测方法。当要预测的时段很稳定而且没有频繁变化时此法也很有用。当你要为成百上千的产品进行预测时，定量法有特别的优势。由于定量预测方法要求大量的数字计算，分析员需要借助计算机和合适的预测软件。成功地运用定量分析法需要分析员熟知这些方法应用的统计学知识。

选择预测程序

今天最初的销售预测多数都采用计算机程序。然而，大部分企业允许经理靠判断来对计算机的总体预测做出调整。调查显示企业平均会用 1.8 个计算机销售预测系统。经理相信多于一个预测程序可以减少销售预测误差。一多半被调查的公司使用定制的预测软件。

一旦你选择了预测程序，要记住，简单的程序如天真预测法、移动平均法、指数平滑法等，预测错误率通常比复杂的方法更低。你应该从基础的程序开始，只有在你需要时再使用复杂的方法。不可能有一种适用于所有情形的方法，因此你可以用几种方法预测的平均值作为你的预测结果，这样你就可以减少预测的误差。

最后，你要选择能让经理学会使用的方法。如果经理不知道如何用它预测，他们就会拒绝这种方法，更倾向于用他们自己的判断来预测。

问题

以下这些问题的 Excel 工作表可以从 www. wiley. com/college/dalrymple 下载。查看“Student Companion Site”。

1. 根据以下的销售数据，分别运用天真预测法、趋势外推法、移动平均法和简单指数平滑法，预测时段 4～7 的收入。比较各方法时段 4～7 的 *MAPE*。让移动平均法和平滑常数达到最佳效果的时长是多少。你对时段 8 和 9 的销售预测是多少？

时段	1	2	3	4	5	6	7	8	9
销售	12	15	17	14	16	19	18	?	?

2. Chester 家具公司在过去 4 年的季度销售额（单位：千美元）如下：

	年份				
季度	1	2	3	4	5
1	230	240	264	328	?
2	245	266	290	344	?
3	193	259	221	275	?
4	174	218	202	281	?

计算周期性指数并调整数据。运用周期性指数调整天真预测法、移动平均法、指数平滑法和线性回归法的预测结果，找出其中 *MAPE* 最低的。找出对第 5 年四

个季度最好的预算方法及其结果。

3. 小蜜蜂面包房（Busy Bee Bakery）在过去的 15 个时段的销售额（单位：千美元）如下：

时段	销售额	时段	销售额	时段	销售额
1	2 005	6	2 360	11	3 442
2	2 150	7	2 354	12	2 948
3	1 940	8	2 682	13	3 020
4	1 770	9	2 504	14	3 079
5	2 285	10	2 329	15	3 275

用天真预测法、趋势外推法、移动平均法、指数平滑法和回归法预测时段 6～15 的销售额。让移动平均法和平滑常数达到最佳效果的时长是多少？表现时段 6～15 的数据最好的方法是什么？你对时段 16～24 的预测是多少？

4. 下表展示的是美国零售光电扫描仪在最初 6 年的销售情况。哪种方法对第一年第 4 季度到第 6 年第 3 季度销售预测得最好？你对第 6 年第 4 季度安装扫描仪的预测是多少？

	季度			
年份	1	2	3	4
1	0	1	3	1
2	3	4	7	12
3	10	15	17	19
4	27	25	31	23
5	47	67	95	137
6	173	196	235	?

5. 你是一家制造商的经理，你被要求对公司未来 6 个月的销售进行预测。你从计算机中收集销售数据和最新 38 个以半年为时段的变量（见表 2A－5）。此外，你要用主要的数据来预测阶段 39 的销售。用 Excel 表或多元回归程序来完成计算，算出相关的矩阵，解释变量传达给你的信息。创建一个等式来指示所有用过的销售变量或其中的子集。解释等式中包含的所有变量的缘由并讨论等式的效用。运用多元回归模型来预测时段 39 的销售。

表 2A－5　公司销售和其他变量

时段	公司销售额（千美元）	个人可支配收入（百万美元）	经销商折扣（千美元）	价格（美元）	产品研发预算（千美元）	基本建设投资（千美元）	广告费（千美元）	销售费用（千美元）	全行业广告预算（千美元）
1	5 540.39	398	138	56.205 8	12.112 4	49.895	76.862 1	228.80	98.205
2	5 439.04	369	118	59.044 3	9.330 4	16.595	88.805 6	177.45	224.953
3	4 290.00	268	129	56.723 6	28.748 1	89.182	51.297 2	166.40	263.032
4	5 502.34	484	111	57.862 7	12.891 6	106.738	36.647 3	258.05	320.928
5	4 871.77	394	146	59.117 8	13.381 5	142.552	51.651 7	209.30	406.989

续前表

时段	公司销售额（千美元）	个人可支配收入（百万美元）	经销商折扣（千美元）	价格（美元）	产品研发预算（千美元）	基本建设投资（千美元）	广告费（千美元）	销售费用（千美元）	全行业广告预算（千美元）
6	4 708.08	332	140	60.111 3	11.085 9	61.287	20.547 6	180.05	246.996
7	4 627.81	336	136	59.839 8	24.957 9	−30.385	40.153 4	213.20	328.436
8	4 110.24	383	104	60.052 3	20.809 6	−44.586	31.645 6	200.85	298.456
9	4 122.69	285	105	63.141 5	8.485 3	−28.373	12.457 0	176.15	218.110
10	4 842.25	277	135	62.302 6	10.730 1	75.723	68.307 6	174.85	410.467
11	5 740.65	456	128	64.922 0	21.847 3	144.030	52.453 6	252.85	93.006
12	5 094.10	355	131	64.857 7	23.506 2	112.904	76.677 8	208.00	307.226
13	5 383.20	364	120	63.591 9	13.894 0	128.347	96.067 7	195.00	106.792
14	4 888.17	320	147	65.614 5	14.865 9	10.097	47.979 5	154.05	304.921
15	4 033.13	311	143	67.022 8	22.494 0	−24.760	27.231 9	180.70	59.612
16	4 941.96	362	145	66.904 9	23.369 8	116.748	72.668 1	219.70	238.986
17	5 312.80	408	131	66.184 3	13.035 4	120.406	62.312 9	234.65	141.074
18	5 139.87	433	124	67.865 1	8.033 0	121.823	24.712 2	258.05	290.832
19	4 397.36	359	106	68.889 2	27.048 6	71.055	73.912 6	196.30	413.636
20	5 149.47	476	138	71.417 7	18.220 8	4.186	63.273 7	278.85	206.454
21	5 150.83	415	148	69.277 5	7.742 2	46.935	28.676 2	207.35	79.566
22	4 989.02	420	136	69.733 4	10.136 1	7.621	91.363 5	213.20	428.982
23	5 926.86	536	111	73.162 8	27.370 9	127.509	74.016 9	296.40	273.072
24	4 703.88	432	152	73.365 0	15.528 1	−49.574	16.162 8	245.05	309.422
25	5 365.59	436	123	73.050 0	32.491 8	100.098	42.998 4	275.60	280.139
26	4 630.09	415	119	74.910 2	19.712 7	−40.185	41.134 6	211.25	314.548
27	5 711.86	462	112	73.200 7	14.835 8	68.153	92.518 0	282.75	212.058
28	5 095.48	429	125	74.161 5	11.369 4	87.963	83.287 0	217.75	118.065
29	6 124.37	517	142	74.283 8	26.751 0	27.088	74.892 1	306.80	344.553
30	4 787.34	328	123	77.140 9	19.603 8	59.343	87.510 3	210.60	140.872
31	5 035.62	418	135	78.591 0	34.688 1	141.969	74.471 2	269.75	82.855
32	5 288.01	515	120	77.093 8	23.202 0	126.420	21.271 1	328.25	398.425
33	4 647.01	412	149	78.231 3	35.739 6	29.558	26.494 1	258.05	124.027
34	5 315.63	455	126	77.929 6	21.589 1	18.007	94.631 1	232.70	117.911
35	6 180.06	554	138	81.039 4	19.569 2	42.352	92.544 8	323.70	161.250
36	4 800.97	441	120	79.848 5	15.503 7	−21.558	50.048 0	267.15	405.088
37	5 512.13	417	120	80.639 4	34.923 8	148.450	83.180 3	257.40	110.740
38	5 272.21	461	132	82.284 3	26.549 6	−17.584	91.221 4	266.50	170.392
39	?	485	125	81.625 7	20.000 0	40.000	85.000 0	275.00	180.000

附录 2B 销售队伍投资与预算

销售队伍投资

对于多数公司来讲，销售队伍是一项主要的投资。最大的销售队伍一年会花费上亿美元来维持成千上万的销售员。对于大多数公司来说，销售队伍要花费销售收入的1%～40%，是营销预算中最大的部分。

公司财务上要支持销售队伍，这是因为销售队伍负责销售产品，代表着公司的形象，并且面对公司最重要的资产——顾客。没有一个公司的销售队伍不存在对公司形象造成严重损害的可能，同时，也没有一个公司的销售队伍不能显著地提升公司的竞争地位。

不管公司处于创立阶段还是运营阶段，对销售队伍投入多少是一个很重要的决定，一定要经过深思熟虑。这部分内容将为做出这种决定提供指导。本部分内容由两个相关部分组成：决定销售队伍的最佳规模和预算。两个决定间有着明显的联系，销售队伍的规模会直接影响支持销售队伍的预算。虽然公司的预算可能不会支持最佳的销售队伍规模，我们还是首先讨论销售队伍的规模。

□ 你的销售队伍的规模合适吗

决定销售队伍合适的规模是一个战略管理问题，因为它会对组织的收入和利润产生重要影响。如何判定销售队伍的规模是否合适呢？对于初学者，如果你有过表2B－1中所列的情形，那么你的销售队伍的规模有可能是不合适的。

管理高层对销售队伍的规模很关心，他们如此上心是有理由的，因为这直接关系到公司的收入和利润。成本控制和生产力提高是常见的组织目标，因此销售队伍规模的决定是如此重要。同时，这项决定也会对每个销售人员产生影响，因为它会影响销售人员的工作量和报酬。很明显，做出合适的销售队伍规模决定很重要。

表 2B－1　　你的销售队伍规模合适吗

下列情况下，销售队伍的规模可能不够：

1. 核心客户不知道你的销售代表在哪里；
2. 现有的客户想要更换供应商；
3. 对新客户的开发速度下降；
4. 销售人员认为自己在超负荷工作，但成本看起来还是可控的；
5. 销售人员没有足够的时间来确定客户需求怎样发生变化，或无暇提供相应的解决方案。

下列情况下，销售队伍的规模可能过大：

1. 你最主要的客户问：我不是刚见过你吗？
2. 总体来看，客户已经得到足够多的关心了；
3. 销售人员看起来有足够多的空闲时间；
4. 销售人员看起来没有得到足够的激励；
5. 财务部门注意到销售费用超出了正常的行业标准。

资料来源：Adapted from Zoltners et al.，2001，pp. 70－71.

□ 对优化销售队伍投资决策的五点见解

对于做出销售队伍决策，可能没有人比致盛咨询公司（ZS Associates）更有经验了，它拥有超过 400 名员工，为来自超过 60 个国家的上百家企业做过有关销售队伍规模、战略以及销售队伍生产力评估的建议。基于对此的了解，接下来是五个重要的见解。[1]

销售结转　销售结转是指这样一种现象，部分现期销售是先期销售努力建立客户关系的结果。图 2B－1 显示了现期销售是如何归功于之前几年的销售努力的。

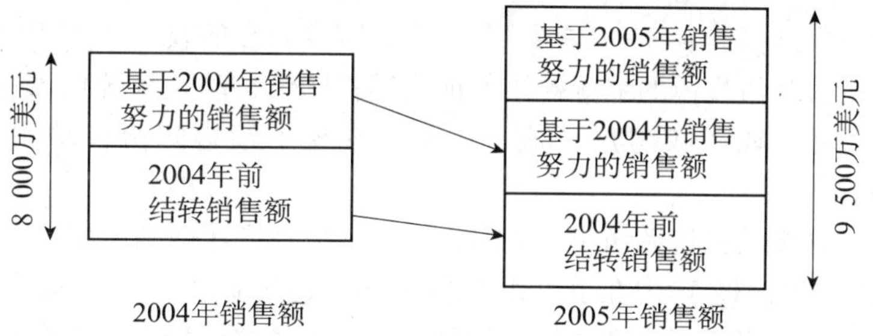

图 2B－1　销售结转的一个例子

资料来源：Adapted from Zoltners et al.，2001，p. 74.

鉴于客户关系战略的不同，在行业之间，甚至同行业的不同公司之间，销售结转量都可能大不相同。为了理解为什么存在不同，参考一下两种药品的案子：急性治疗药剂和慢性治疗药剂。急性治疗药剂比如抗生素和抗组胺药有较低的销售结转。病人只是在短期内服用这些药物，因此销售人员能经常劝说医师开出急性治疗新药物给病人，特别是当这种药没有什么危险时。与此相对，治疗慢性病的药物，比如治疗糖尿病和心脏病的药物，由于病人要长时间服用，因此有较高的销售结转。如果现在的用药有效，医师就很不愿意换药，因为这会有一些风险。表 2B－2 显示了会影响销售结转的条件。

表 2B－2　影响结转的条件

低结转量	高结转量
转换成本低	转换成本高
行业新增水平高	行业新增水平低
新客户数量多，购买量小，销售周期短	新客户数量少，购买量大，销售周期长
无须维护和服务	需要大量维护和服务
新产品	成熟产品
竞争激烈	竞争缓和
市场呈增长趋势	市场呈平稳或下降趋势
与竞争对手的产品相似或相同	产品差异程度高
品牌知名度低，客户忠诚度低，或是新品牌（企业）	品牌知名度高，客户忠诚度高
销售队伍是唯一的推销手段	除销售队伍外，还有多种手段

资料来源：Adapted from Zoltners et al.，2001，p. 75.

理解销售结转的程度很重要，因为它会影响销售队伍改变后的销售结果。如果销售结转高，则销售队伍规模减小，销售上可能会有少量的短期反应。销售队伍规模的缩小对销售的影响不一定马上就能感受到，因此衡量决策是否合适变得困难。由于规模缩小后短期利润和生产率可能得到提升，所以缩小销售队伍规模变得极有诱惑力。销售队伍规模变化带来的总影响不会立刻显现，随着时间的推移，会出现销售和利润的下降。

辨明生产力提高 公司经常会用生产力提高程序，比如销售队伍自动化系统（SFA），用目标和更有效的销售准则来证明销售队伍规模减小的合理性。对于这种变化有这样的争论：我们的生产力程序会使销售队伍的生产力提高10%，因此，我们的销售队伍能从50人减少到45人。减少人数的收益要大于程序的花费。也就是说，销售队伍规模的缩减被用作证明销售队伍自动化系统投入的必要性。然而，这样的思考逻辑仅仅考虑了成本因素，忽视了销售队伍自动化系统投入对收入的影响。

往往新的销售队伍IT方案能提升生产力且降低销售费用。原来由于成本太高无法拜访的小客户现在也可以产生利润，这得益于生产力提升程序使单位成本降低。因此，当执行生产力提升程序时，扩展销售队伍实际上会增加利润。

这里的经验是，销售队伍规模和生产力提升是相互独立的决策和活动。也就是说，不管销售队伍的规模大小，销售队伍的生产力都要提高。生产力提升不能用于解释销售队伍减少的合理性。

逐步缩减规模具有破坏性 为了理解为什么逐步缩减规模通常破坏销售队伍，让我们来看在都市销售区内6个销售人员的案例。公司决定采取逐步缩减规模的方法：马上关闭一个营业地区，并在6个月后关闭另外一个。当第一个营业地区关闭后，客户就由邻近的3个营业地区瓜分。现在这3个营业地区比不相邻的2个营业地区有更多的工作，公司得重新分配以使5个营业地区的工作量达到平衡。当第2个营业地区关闭后，它的客户就由与它相邻的3个营业地区瓜分，结果这些营业地区比第4个不邻近的营业地区有更多的工作。需要第4次重整分配来达到4个营业地区的平衡。

不断重整会潜在地破坏销售队伍。销售人员会对不断变化不满，顶级销售人员甚至意欲离开公司。由于营业地区不断变更，另一个严重的威胁则是疏远客户。在前面的例子中，由于地区的重新组合，一些客户在仅仅6个月内就见到了3个不同的销售员。每次缩小规模后情况都会更糟糕。

结论是什么呢？如果必须缩小规模，那么一次就做到位。让销售人员了解变化的原因，并帮助那些要换工作的人，他们中的一些人也许会为你的客户工作。

努力推广新品，但要保住长处 新产品的起步总是需要相当大的销售努力。短期内，销售努力的总量是固定的，因此必须从现有产品的努力中分配出一部分来满足对新产品销售努力的调整。新产品的起步通常要花费销售队伍50%的时间。销售结转也许会在短期内帮助现有产品的销售，但最终销售还是会受到不利影响。最终，现有产品可能完不成销售目标。

致盛咨询公司认为最好的策略是“努力推广新品，但要保住长处”。这意味着公司不仅要对新产品的推广有合适的销售投入，还要继续合理地支持现有产品。这必然需要扩大销售投入的总量。

如果增加销售努力仅仅是在短期呢？通常新产品的推广需要大量的投入，不过当事情稳定到一定程度时，需要的投入也就减少了。一种解决办法是外包——从其他分公司借调销售人员或雇用独立销售代理商。外包有多种优势，它将大量的固定成本转成可变成本，因为独立销售代理商是以佣金支付。也有一些独立销售代理商想加入公司，这也为你提供了一大群潜在的销售候选人。

在最糟的情况下，当无法增加销售努力时，我们可以使用"损耗管理"。销售人员平均流动率为 20%，这意味着可以先增大销售队伍的规模，然后借损耗有条不紊地使销售队伍的规模回到稳定水平，可以实现对销售队伍规模的管理。这种方法的风险在于调整营业地区会扰乱销售队伍与客户的关系。虽然如此，它还是可以满足新产品和现有产品的暂时性需求。

警惕公司政治　思考接下来的案例，产品经理被要求预测产品的销售以帮助决定来年合适的销售预算。他算出了合理的数字，但在向销售副总裁报告前又减少了一些。"不管怎么说，"他解释道，"如果我这样做的话，结果看起来更好些。"

当销售副总裁看到数字后，她决定向公司总裁汇报前再将数字稍微调低一点。她解释道："数字弄得漂亮可以明哲保身。"然后总裁在向董事会做报告前也决定再来点"缓冲"。到最终数字出炉时，这么多的降低加起来使销售预测严重低于产品真实的潜力。在产品上投入的销售努力太少，重要的盈利机会也就丧失了。

这个教训说明了做销售预测时，组织内不同层级的个人动机，这些动机会使正确规模销售队伍的努力遭到侵蚀。

□ 寻找适当的销售队伍规模

有时，管理层要对投入销售队伍的特定金钱数额作出决定。本部分将介绍 3 种方法来求得这个数额：工作量法、销售回应法和销售百分比法。

工作量法　用工作量法来确定销售队伍的规模，要从达到收入目标所需的工作量来推出投资数额。这里有一个例子可以很好地阐明这种方法。乐泰（Loctite）北美公司向重工业企业出售黏合剂及密封材料。为了增加短期利润，乐泰通过人员的自然流动来逐步减小其销售队伍的规模，但是由于扩大了销售区域，乐泰的销售人员不能向现有的客户提供足够的服务。工业黏合剂是一种特殊商品，需要大量的技术支持。乐泰决定雇用 30 名合同期为一年的销售人员。增加的开支降低了 6 个月的利润，不过很快，销售又增长了。乐泰增加销售人员的决定体现了工作量法，通过关注要完成的工作量来决定销售人员的数量。

实施工作量法通常是基于细分客户需求的工作量来决定销售队伍的规模。客户活动按照如下几方面定义：

- 范围：需覆盖的客户数量。
- 频率：客户平均每年的销售拜访次数。
- 持续时间：典型销售拜访需要的平均时间（小时）。

用工作量法估算销售人员的总数需要用到以下公式：

$$\text{销售人员的数量}=\frac{\text{客户数量}\times\text{销售拜访频率}\times\text{销售拜访时长}}{\text{每个销售人员的销售时间}}$$

例如，一家计算机软件研发公司有 5 250 个中型客户，平均每年有 5 次为时 2 个小时的拜访（包括旅程时间），如果每名销售人员在一年内的销售时间是 1 500 小时，则销售队伍的规模是：

$$销售人员的数量=\frac{5\ 250\times5\times2}{1\ 500}=35（人）$$

如果同样的销售队伍要拜访电子产品分销商和大型连锁零售商，那么我们需要计算出服务这些细分客户的工作量以得出公司需要的销售人员总数。在上述计算中，要记得考虑到那些你希望明年将加入的新客户。然后根据雇佣成本、培训、监管和所需的销售人员数，就可以计算出销售队伍的投资。

有些细分市场的一些客户会需要更多的工作量，其他的则相对轻松一些。由于客户需要或多或少的工作量，平均工作量数据对销售队伍的规模计算也许是合适的。最后，销售人员会决定出每个客户最合适的销售覆盖。我们在下一章讨论到机会管理时再涉及相关讨论。

计算工作量的数据可以从许多来源得到。销售人员和销售经理能够依据过去的工作经验并根据现在的竞争形势做出调整。渠道伙伴同样是一个很好的信息来源。最后，公司可以调查竞争对手如何对待其客户，以及非竞争方的销售队伍如何组织销售活动。

销售回应法 销售回应法基于销售队伍决定销售的理念。如果销售努力与销售回应的关系可以估计，那么就可以计算出不同规模的销售队伍在销售和利润方面的情况。

图 2B－2 显示对两个细分市场的简单销售回应关系。为了对每个细分市场做合理的销售队伍投资，对不同拜访频率获得的销售回应与相应的成本作比较。在图 2B－2 中，对纺织品细分市场的销售努力与投入较少的地毯细分市场相比，销售量增长更多进而获得更多的利润。合适的销售队伍投入取决于销售队伍的成本。例如，假设现在对所有客户进行低频率拜访，如果对纺织品细分市场实行高频率拜访所需额外的销售成本要少于利润的增加，那么对纺织品细分市场最佳的销售队伍投资策略将是高频率拜访。对地毯细分市场来说中等频率拜访比较合适。假定高频率拜访销售队伍的成本比相应增加的利润要多，那么对于地毯细分市场来说最好的销售队伍投资是继续低频率拜访。

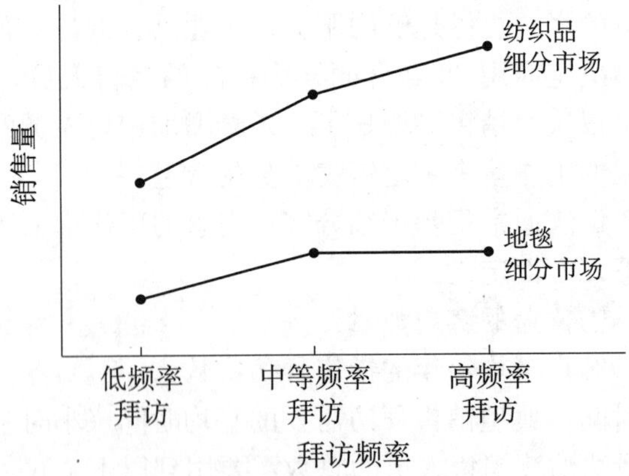

图 2B－2 销售回应关系

资料来源：Adapted from Zoltners et al.，2001，p. 104.

有关销售回应关系的数据有两种类型：历史数据和主观判定数据。历史数据建立在区域拜访频率的变化上，或者建立在一段时间销售和拜访频率的时间序列数据变化上。主观判定数据源于同销售人员和销售经理交流来判定细分客户对不同的拜访水平的回应。例如，可以让销售人员估计销售，从 0 拜访努力开始逐渐增加，到 50%的拜访努力，再到 150%的拜访努力，或 200%的拜访努力，由此得出像图 2B－2 那样的销售回应曲线。

研究证明，历史数据和主观判定数据对于预测几乎是同等效力的，但是当市场平稳时历史数据预测法更好，主观判定数据更适合预测动态的市场和新产品。

销售百分比法　为了保证一定的利润，几乎所有的公司都要对销售队伍成本占销售额的百分比进行监控。当用此方法来决定销售队伍规模时，销售预测要乘以已经确定的百分比，从而得出销售队伍可以使用的资金总量。也就是说，用这个方法，销售投入的基础是经理认为合理的计划收入的百分比。百分比通常得自历史数据和特殊行当的行业标准。例如，表 2B－3 提供了 18 个主要行业的平均销售队伍成本。提供工业服务的企业与销售队伍有关的成本占销售额的 6.4%。

表 2B－3　销售队伍总成本占销售额的百分比

	销售队伍总成本占销售额的百分比（%）		销售队伍总成本占销售额的百分比（%）
公司规模（百万美元）		**行业**	
小于 5	14.7	商业服务	1.7
5～25	10.5	化工	2.9
25～100	7.9	信息交流	9.8
100～250	3.5	教育服务	47.9
超过 250	6.8	电子	4.2
		金属制品	10.8
产品或服务		健康服务	19.9
工业产品	4.1	旅馆住宿	21.4
工业服务	6.4	仪器	2.3
办公用品	9.4	机械	10.1
办公服务	8.1	制造	13.6
消费产品	5.4	办公设备	9.0
消费服务	7.9	造纸及纸制品	6.8
		印刷及出版	12.0
		零售	6.1
		运输及仓储	12.2
		批发（消费产品）	3.7
		批发（工业产品）	9.5
		平均	**6.9**

资料来源：Adapted from *Sales Force Compensation Survey*（Chicago：Dartnell Corp.，1999），p. 9.

现在我们假设公司经理要决定来年在销售队伍上的开支。他预测销售会达到1 000万美元，而且了解到制造业企业的销售成本占销售收入的13.6%，同时，假设15%的销售预算会用在销售管理上。在这个案例中，销售队伍预算和销售人员的数量会由以下计算得出：

$10 000 000（预期销售额）
×0.136（销售成本占销售额的比率）（工资、佣金和旅途开销）
$1 360 000（销售预算）
×0.85（销售队伍的预算百分比）（15%的销售预算用于管理）
$1 156 000（销售人员所得）

$$\frac{\text{销售人员所得}}{\text{每人的工资和费用}}=\frac{\$1\,156\,000}{\$77\,000}=15\text{（销售人员的人数）}$$

计算得出销售预算是1 360 000美元，在支付销售管理费用后要支付销售人员1 156 000美元。如果每年销售人员在工资和费用上平均需要77 000美元，则公司能负担得起15个人。

尽管应用广泛，销售百分比法是一种保守的方法。用这种方法来编制销售队伍预算有几个明显的缺点。首先，对一家独立的公司来说，无法保证应用行业销售百分比会得出最佳的结果。在表2B－3中小公司比大公司更愿意在销售队伍上投入更多。其次，这个方法的另一个缺点是对销售队伍的预算分配与销售的变化方向一致，这会导致过早的规模缩小，结果是几百万美元的销售机会被白白浪费。例如，如果公司正在失去市场份额，就需要强化销售努力，这要比销售百分比法更合理。

尽管有这些缺点，销售百分比法仍然不失为一种实用且有利于对比的计算方法。公司可以根据需要和计划调整销售百分比，用高于或低于行业平均值的销售百分比计算结果，从而达到最好的效果。

每一种确定销售队伍规模的方法只是着眼于某一特定的方面，比如工作量、利润和成本。决策要考虑每一个因素，最好的方法也许是用这三种方法一起确定预算。对于分析的结果，管理层还需要通过判断来决定最终的销售队伍规模。

□ 销售队伍规模对利润的影响

销售队伍直接产生销售量，但销售队伍也会产生成本，不仅是销售队伍的固定成本，还有与销量有关的变动成本，因此销售队伍投入影响公司利润。

一位分公司总裁告诉一些顾问，他通过调整销售队伍规模获得了利润。当问他如何做到时，他回答道，他将销售额的14%作为销售队伍投资，利润总是实现最大化。[2]你也许认为这是一个运用销售百分比法的例子，但实质上这是成本控制法，成本控制法不同于利润最大化。

为了举例说明成本控制与利润最大化的区别，我们假设该分公司有80名销售人员、计划来年销售额为1.28亿美元。见表2B－4中的财务数据。每个销售人员能带来160万美元的销售额。假设销售队伍满负荷工作时的成本（包括工资、津贴、税收、奖金、汽车、出差、电话记录、管理支持和现场支持）是每名销售人员22.5万美元。这意味着销售队伍成本比率是14%。

表 2B－4　**增加 10 名销售人员的利润影响**

假定情境	80 名现有销售人员	增加 10 名销售人员的影响
财务影响		
每名销售人员的销售额（美元）	160 万	500 000
总销售额（美元）	1.28 亿	500 万
毛利率	60%	60%
毛利（美元）	7 680 万	300 万
销售队伍成本（美元）	1 800 万	225 万
减去销售队伍成本后的毛利（美元）	5 880 万	75 万
增加 10 名销售人员后减去销售队伍成本的总毛利：5 955 万美元		

假设有 10 名销售人员加入到销售队伍中，则一共有 90 名销售人员。新人必须带来 1 600 万美元的销售额，也就是每人 160 万美元才能保住销售队伍成本与收入之比还是 14%。除非业务飞速增长或者公司人手严重不够，否则新人几乎不可能带来与经验丰富的销售人员一样的销售收入。更现实的期望是新人也许第一年能带来每人 50 万美元的收入或者是这 10 位新人总共能带来 500 万美元的收入。这也就意味着销售队伍成本比率会高于 14%。公司的初衷是应用销售百分比法控制销售队伍的预算，最终却只能不情愿地增加销售队伍的规模。

继续这个例子，假设公司有 60%的边际收益率（销售收入减去所有变动成本，比如与产品销售量变化有关的成本）。[3]我们的销售计划是精确的，起初 80 人的计划，会得到总共 7 680 万美元的毛利。这意味着每名销售人员要带来 96 万美元的毛利。销售平衡点（例如，在某一领域无毛利产出的最小销售量）是 37.5 万美元（22.5 万美元的满负荷成本除以 60%）。换句话说，超过 37.5 万美元的销售量就会增加利润。

再回来讨论那新增的 10 名销售人员，这 10 名新销售人员被期待带来 500 万美元的收入。当销售成本与收入之比大约是 15%（2 025 万美元的销售队伍成本除以 1.33 亿美元的销售收入）时就可以得到这个结果。但是，扣除销售队伍成本的毛利也从 5 880 万美元（7 680 万美元的毛利减去 1 800 万美元的销售队伍成本——22.5 万美元乘以 80 名销售人员）增长到 5 955 万美元。计划的毛利 300 万美元（500 万美元的销售额乘以 60%）减去销售队伍成本 225 万美元（22.5 万美元乘上 10 名销售人员）得出 75 万美元的边际毛利增长。结果，销售队伍成本占收入的百分比提高了，不过由于销售队伍的规模增大了，利润也增加了。

就像你看到的，销售队伍规模影响销售收入、销售队伍成本和利润。利润的增长通常伴随着销售成本的增长。管理层通常需要在增加利润和控制成本间做出选择。

制定销售预算

预算是销售经理为了达到年度计划目标而使用的关键要素。销售预算是一系列以年度为基础的费用计划。图 2B－3 描述了销售预算的程序。销售预算始于经理制定营销计划和安排广告和促销费用之时。一旦这些需求创造因素被决定，也就可以做出销售预测。接下来销售预测对所需销售人员人数的估算提供指导。销售经理还要为销售队伍计划出差和其他开支。然后，将一时期的实际开销与预算作比较，当开销超过了计划的水平，销售经理要重新修订产生开销的类目或者要更多的资金。主要考虑的是决定多少钱花费在人员推销上和如何分配于各种销售活动中。

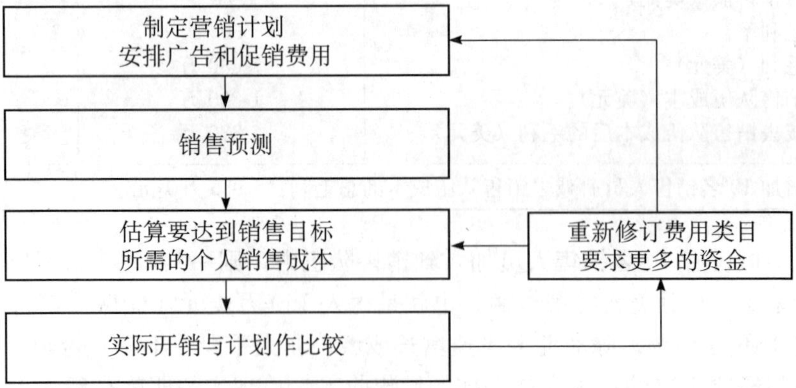

图 2B-3　销售预算程序

□ 销售预算计划

为了编制预算，通常有必要进一步明确实现总体销售目标的战略途径。例如，总体销售目标也许会按照地理区域或者产品线进行分解。举个例子，如果一个地区表现出比其他地区更强的增长机会，则销售经理会在那个地区增加更多的销售人员和投资。当为了单个产品线而将市场份额与市场增长数据合并时，达到销售目标的产品就可以确定了，而且预算成本要能支持产品销售目标。

许多公司发现图 2B-4 中的客户—产品矩阵在分析公司基础收入产生的途径时很有用。这个矩阵确定了基于新客户和/或现有客户以及新产品和/或现有产品结合产生销售收入的四个战略性资源。

客户 \ 产品	现有	新的
新的	集中销售 ________美元	新商业开发 ________美元
现有	客户管理 ________美元	杠杆销售 ________美元

图 2B-4　客户—产品矩阵

资料来源：Adapted from discussion with Mr. Robert Conti，Principal，The Alexander Group Inc.，April 16，2001.

公司发现这是一个有用的分析工具，因为销售工作和由此带来的费用在矩阵中区分开来。新业务开发（新客户和新产品）收入需要更高的培训和促销费用，而且需要额外的销售人员。通过客户管理增加收入需要额外的销售支持，如电话推销和服务人员。在代表公司收入来源的不同象限里，销售队伍的待遇也有很大的区别。

当新业务开发成为重要的收入增长机会时，销售队伍的待遇也要随之向鼓励开发新客户倾斜。这些内容将在第 12 章深入讨论。在这里要指出的是，在客户—产品矩阵中列出四种收入来源的销售数据包括在预算中，四个象限的总数要等于公司目标销售总量。这个分析有助于制定预算和设计整体销售计划。

□ 费用项目

销售经理确定每一时期的各种销售费用，目标是保证实际支出等于或者低于预算以达到整体的财务目标。各种费用项目包括：

- 销售队伍工资、佣金和奖金；
- 社会保障；
- 退休计划；
- 医疗和人寿保险；
- 移动电话；
- 出差、餐饮、住宿和娱乐；
- 销售经理的工资、佣金和资金；
- 办公用品及邮费；
- 办公室租金和水电费；
- 办事员和秘书服务；
- 招聘和培训；
- 样品和其他销售支持。

不同类别费用项目的预算数额会由于产品和客户类别的不同而差异很大。通常经理依据以前的预算作出最初的安排，并根据通胀来调整并改变计划。

大多数年份，经理关心的是人力资源成本的增长，也就是工资、办事服务和招聘的压力。这些成本在经济萧条时会下降，就像 2000—2003 年所经历的高失业率时那样。在那些时候，人力资源成本会减少。在最近的萧条中，许多公司（最近调查出有 41%）没有增加出差开支或者减少了出差方面的预算。[4] 销售经理适时调整预算。视频会议自 20 世纪 60 年代开始盛行。AT&T 称自“9·11”起有 20%的会议采用视频会议技术。[5] 正如一名销售经理所说，“如果有 10 名销售人员坐 4 个小时的火车从周边地区去达拉斯，那就将花费 8 000 美元，用视频会议的成本只有它的 20%。”[6]

□ 预算管理

销售预算的一个主要好处是它让经理们思考如何使用营销资金。对是否让销售人员接受更多的培训，是否要买球票作为奖励，是否提供更多的样品，是否增加奖金等必须作出决策。预算帮助销售经理在他们的控制范围内设计最优的营销变量组合。

预算也有助于对销售实施控制。例如，如果销售目标没有实现，销售经理可以查看预算中每类费用项目花了多少钱以及哪里需要调整，销售经理也许会从培训预算资金中拨款进行销售竞赛。

在过去几年中电子表格的发展使得预算管理大大简化。比如 Excel 和 Lotus 的计算机程序能容易地记录销售队伍的开支。公司也依赖于这些程序的分析，你也可以方便地使用这些程序，特别是 Excel。为了帮助你学会这些技能，你可以从 www. wiley. com/college/dalrymple 中下载 Excel 表格来解决问题。

在今天的竞争环境中成本控制特别重要，许多公司奖励执行预算的销售经理和销售人员。例如，有一家公司规定销售经理基于 3 个关键因素可以拿到季度奖金，其中一个因素是能够控制成本。销售经理的一部分季度奖金得自其在出差和招待费用上没有超出预算，而且若比预算还低了 5%，还将得到更多资金。公司认为这对控制预算很有效。[7]

问题

以下问题的 Excel 表格可以从 www. wiley. com/college/dalrymple 下载，点击“Student Companion Site”。

1. 你的公司有 2 500 名老客户，销售队伍需要对他们每隔一个月拜访一次。另外，你想获得 500 名新顾客，这作为公司增长的目标。平均每年拜访 6 次可以获得 1 个新客户。你的销售人员一年有 40 个星期在一线工作，他们花费其中 60%的时间来拜访客户和潜在客户，平均每次拜访要 30 分钟。如果你的销售人员平均每周工作 50 个小时，你需要多少销售人员来使销售队伍在维持现在客户服务的水平上新增 500 名新客户？

2. SOMA 公司开业还不到 2 年。SOMA 是一家网络信息技术培训公司，雇用一名销售人员和一名销售经理。它用两个财务周期便取得了成功并有 500 万美元的现金盈余。2008 年的目标是获得 400 万美元的收入。2007 年的收入预期为 130 万美元。SOMA 公司需要制定 2008 年的销售队伍预算。该行业销售队伍培训费用占销售额的 22%，不过，可以再高点。实际上，新起步的公司在销售队伍培训上的花费超过收入的 50%。一家招聘公司向 SOMA 公司提供了以下数据——计算机基础培训业销售人员的薪酬。

单位：美元

	销售人员	销售经理
销售定额	800～1 200 000	因人而异
现金薪酬		
● 基本工资	45 000～85 000	60 000～110 000
● 佣金率	随公司变化	随公司变化
● 总现金薪酬	65 000～135 000	110 000～160 000
● 最高收入	250 000	250 000

第3章 销售机会管理

销售人员天生就不考虑时间问题，他们想的只是赶路，然后把商品卖掉。

——马蒂·威利（Marty Wiley）

乐泰公司营销和销售副总裁

本章顾问

格雷格·米勒（Greg Miller），万豪酒店集团运营计划与支持部高级副总裁，高级客服经理

杰里·威利特（Jerry Willett），软件平台公司（Software Spectrum）全国销售经理

学习目标

- 讲述有效开发新客户的过程；
- 解释如何确定哪些是销售人员应该捕捉的商机；
- 介绍划分客户优先等级的四种方法；
- 解释重点从销售量转向利润的原因；
- 讲述销售人员如何才能更有效地管理自己的时间。

屹龙公司为机会排序

屹龙公司（Hill-Rom）总部设在印第安纳的贝茨维尔，在过去的70年里一直是行业的佼佼者，但是现在它发现销售收入增长缓慢，竞争越来越激烈，因此正在考虑要不要发动价格战。高层管理者发现销售成本在逐渐上升，而且已经超过过去5年的水平。公司决定更加密切地关注客户，并检查公司是否为销售配置了适当的资源，销售队伍是否采取了正确的销售方式为公司实现收入和利润的增长。

屹龙的核心产品线是为医院生产病床和专用床垫，公司对销售资源的分配是根据客户的规模来设定的，因为这直接影响到客户对屹龙产品的购买能力。这样做是合乎情理的，因为医院和疗养院里的病床越多、提供的服务越多，用于更新或者购买这些设备的预算资金就越多。公司的销售队伍都是根据需要拜访客户的具体地理

位置划分的。公司管理层通过深入的调查发现，虽然保健设备的市场规模很重要，但是其他一些因素也会影响客户的购买行为，这些因素包括财务指标和运营指标，其中财务指标包括客户的购买力水平和公司的利润，运营指标包括病床的利用率和医疗机构的保险支付者的构成。

根据对现有客户的回归分析，根据客户的需求和优先次序大致可以把客户分成两大类，分别是关键客户和基本客户。关键客户在医药设备上的花费很高，经常更换设备，寻找定制的设备，并且为出现的问题寻找全面的解决方案。基本客户因为有很大的资金压力，所以更关心价格，一般不会购买高端的产品和服务。基本客户通常购买单件产品而不是整套产品，并且只有在迫切需要时才会购买。

通过时间和成本分析发现，公司在对两类客户的销售和服务方面投入了大量的精力，并且方法相似，这样就造成了销售资源错位和总体销售成本的增加。公司要求销售人员在一个指定的区域内负责所有的医院，并且必须定期逐一拜访客户。结果，每当客户需要切实的服务时，销售人员却摆出盛气凌人的姿态，对客户的具体情况和购买行为视而不见。难怪针对基本客户的销售成本高达关键客户的4～5倍。同时，对关键客户的渗透低于预期的水平，因为销售人员没有足够的时间深入细致地为关键客户提供优质的定制解决方案。销售人员对所有的客户基本上一视同仁，一方面试图针对基本客户出售那些低质高价的产品和服务，另一方面漠视关键客户更高的需求。

屹龙公司掌握了对客户分级的方法，于是决定把销售队伍拆分成两部分，分别服务于不同类别的客户，并相应调整了销售队伍的结构、技能、待遇、销售过程和汇报制度等，所有这些措施都是为了确保公司的资源能够对应机会的大小进行合理配置。两年之后，销售成本下降了，收入增长率上升了，长期收入增长的前景愈发明朗，利润也有所上升，客户纷纷表示满意度提高了。[1]

屹龙公司意识到，至关重要的一点是将销售机会按优先顺序排列，目的是更有效地分配资源。并不是所有的销售机会都具有同等的重要性，同理，与客户面对面交流所需要的时间是一项重要的资源，必须实施有效的管理。本章的重点就是解决如何对销售机会进行分级的问题。

在上一章的结尾，我们谈到了销售计划中的一个要素——客户关系策略，并由此展开了关于“销售队伍计划”的讨论。还记得关系策略的决策将影响销售队伍计划的其余四项要素吗？现在，我们转而关注销售队伍计划中的销售行为要素。本章的重点是效率问题，或者说是“做该做的事情”。销售人员有相当大的自由度来决定如何分配他们宝贵的销售时间，管理者的工作就是要调整销售人员的工作顺序，使之与公司的营销计划保持一致，这是关乎公司增长战略的核心。

扩大销售有两条基本的途径：一是获取新客户；二是提高现有客户的购买力。本章就是围绕这一思路展开的。第一步集中讨论扩大销售的战略问题，首先探讨通过获取新客户谋求发展的重要性，然后提出开发客户的不同方法；接下来将重点转移到现有的客户，探究把资源分配到一系列销售机会上的具体手段：先看看如何确定哪些是销售人员应该捕捉的商机，随后讨论如何对不同的销售机会分配时间。本章还将讨论销售中的决策和时间管理对利润的影响。

一种提高效益的方式是把销售队伍的时间集中在那些非常可能成为重要客户的

潜在客户身上。下面将讨论通过获取新客户并在销售区域提升销售队伍效率来建立客户基础的重要性。

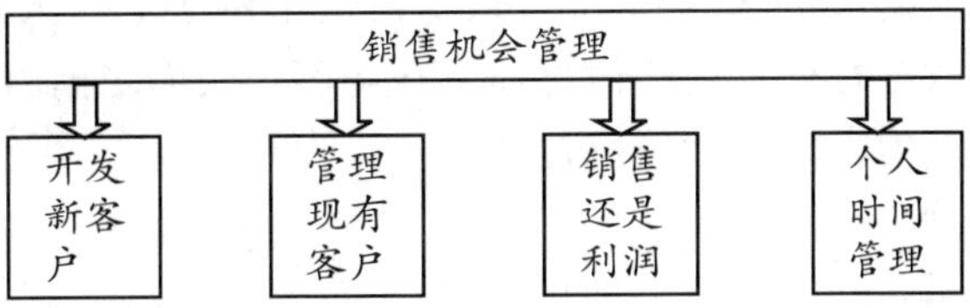

开发新客户的过程

在屡获殊荣的畅销书《客户价值》（*Customer Equity*）中，作者指出，公司的价值建立在其管理客户基础的核心能力上。同时指出，对于公司而言，主要有三种方式增加其客户基础的价值，包括开发新客户、维护现有客户以及通过提高现有客户的平均购买量从而提升公司盈利能力。[2] 本节将集中探讨销售队伍高效开发新客户的战略及方法。

无论产品多么有优势，无论客户服务多么完善，也无论销售人员多么积极，当企业被兼并或收购、管理层发生变更、产业整合或者全球经济波动时，公司总会丢失一些客户。很少有公司能够承担因忽视开发新客户而付出的代价。最近的调查也证明，那些致力于开发潜在客户的公司的确比那些仅善于增进客户关系却不善于发掘新客户的公司获利更多。[3]

通过**发掘潜在客户**（prospecting）增加销售，关键是要在那些可能成为优质客户的个人或机构上下功夫。因此，销售人员要获取新客户，重要的第一步就是建立一份优质的潜在客户档案。

建立潜在客户档案

并不是所有的人都想要或需要你的产品或服务，有些潜在客户显然是在浪费你的时间，另一些客户购买的数量也很有限，不值得你花费太多时间。你必须首先确定哪些因素决定谁是最佳客户，这就意味着要建立一份**潜在客户档案**（prospect profile）。

档案建立伊始，先要审视营销计划中的产品目标市场。密歇根州有一家小型的长途电话公司——全网通信服务公司（Allnet Communications Services），为了在激烈的竞争中找到发展空间，它将目标市场定位于那些每月话费在几百到几万美元之间的中小型企业，这就避免了与美国电话电报公司（AT&T）和斯普林特公司（Sprint）等巨头发生直接竞争。如果目标市场还未明确，公司的新销售人员可能需要依靠其他销售人员以往的经验来锁定最佳客户，比如哪类企业是最有价值的客户，老员工最好也总结一下过去成功的经验。

举个例子，如果你是销售血液处理设备的，那么最佳客户应该是血液病专家（在医院里专门分析和治疗血液病的专家）。再经过仔细分析，那些年轻的（30岁以下）具有临床经验的医生才是最理想的潜在客户。

血液处理设备的例子指出了建立潜在客户档案的几点重要意义。首先，档案要包括影响个人购买的人口统计信息。在这个例子中，人口统计信息包括客户的职业、年龄和教育背景。这些信息通常在与客户会面之前就可以得到。用于建立潜在客户档案的其他人口统计信息包括：

- 业务规模；
- 即将被替换的设备的使用年限；
- 距离装运地点的路程；
- 产品线特征。

互联网对于建立潜在客户档案也能发挥作用，你可以从互联网得到很多信息，包括官方数据库、期刊、书籍以及新闻等。大约有 7 000 个网络新闻组、论坛等，主题包罗万象。有一些网站如 www. census. gov 或者 www. city. net，对于确定目标市场和新客户是非常有用的。另外，www. toplist. com 也是一个可以找到区域市场最佳商机的好网站。

建立一份潜在客户清单

建立了清晰的潜在客户档案之后，下一步就是建立一份与档案相对应的潜在客户清单。传统意义上开发潜在客户的方式是**冷推销**（cold canvassing），即在不经事先预约的情况下便接触潜在客户，也就是说，销售人员直接去敲门拜访，直到找到合适的买主。有些直销公司如雅芳化妆品公司就成功地利用了这种方式，销售办公用品、空调、纸品和保险的销售人员也会经常采用这种方式。在这些情况下运用冷推销是因为这些产品的目标市场相当广阔。这一方式的缺点是销售人员可能会因为拜访一些低质量的客户而浪费时间。冷推销也可以通过打电话来更有效地实施。

直邮　所有公司都收到过来自潜在客户的邮件，询问关于产品或服务的问题。对于寻找潜在的客户，**直邮**（direct mail）是一种非常有效的方式。潜在客户接受销售拜访，这一点足以说明销售人员可以集中力量攻破那些最有可能购买的客户。电子邮件的使用极大地加快了公司对于直邮问询的反应速度，从而大大提高了将问询转为销售的成功率。在克利夫兰的 Tribute 软件公司，业务开发人员负责分析潜在客户对信件的反应，旨在探明一些重要的商业信息，包括购买期限和预算。以这种方式，Tribute 公司的销售人员就可以集中精力锁定那些高质量的潜在客户了。[4]

展销　**商业展销**（trade shows）也是一条开发潜在客户的有效途径。据估计，每年有 145 000 家公司参与 8 000 个以上的商业展销会，花费达 100 亿美元。比如，每年在芝加哥举办的“全国餐饮展”就会吸引 10 万多家食品企业。展销会之所以越来越普及，原因之一是接触客户的平均成本相对低廉，接触一位合格的客户大约花费 89 美元（合格的客户是指具有明确购买意向的客户）。虽然会有一些现场成交，但更多的情况是商业资讯被传递给相应的销售人员，事实上，一些商业展销会是不允许当场签单的。[5]

企业名录　对于许多公司来说，**企业名录**（directories）和公开的招标通告都是商业线索的重要来源。例如，《托马斯美国制造业名录》（*Thomas Register of American Manufacturers*）根据产品类型和行政区划提供厂商的名称、地址和其他一些信息。该名录还根据资产对厂商进行评级，这有助于销售人员判断每个潜在客户的规模。行业协会也经常根据会员的目标市场或者组织职能出版企业名录。

互联网　互联网的出现给销售过程和寻找客户的工作带来了革命性的变化。潜在的客户不仅可以通过互联网购买，而且可以从互联网上得到大量的信息。如今通过大部分搜索引擎都可以便捷地找到公司的网站。另外还有公开出版的有关企业的信息，《商业周刊》和《华尔街日报》等均提供在线版本。

当今最热门的客户搜寻工具要算网络直播，这种方式对公司或者观众没有特殊的设备要求，简便易行，只要坐在电脑前通过话筒对话，这就是网络通信软件（WebEx）的全部要求了。其标准的特色功能包括：实时声音和图像，在线统计和报告，调动观众参与，通过观众投票收集意见等。位于加利福尼亚州森尼韦尔市的内容管理公司 Inverwoven，吸引了 2 000 名信息技术爱好者同时上网，参加了一场长达 60 分钟的演讲。[6]随着宽带接入的普及，这种搜寻客户线索的方式必将得到更加广泛的应用。

推荐　**推荐**（referrals）是指邀请一位感觉满意的客户再介绍其他一些可能会对产品感兴趣的客户。在某些情况下，这位客户也可以把销售人员介绍给潜在的客户。推荐的好处在于客户可以现身说法，讲述自己对于销售人员和产品的切身感受，其可信度是销售人员直接推销所无法比拟的。[7]

推荐作为一种销售方式在销售高价产品和服务的公司得到了广泛的应用，这是因为考虑到每笔几十万至数百万美元的交易，客户必然希望尽可能收集到所有的信息。Siebel 系统软件（Siebel Systems）、太阳微系统以及爱德华（J. D. Edwards）等公司均制定了完备的推荐计划。在这些计划中，推荐公司会参与推出演讲、视频、白皮书和文章。推荐公司也能得到一定的好处，包括与其他客户和 Siebel 公司的高层建立良好关系，通过参与演讲和媒体活动拓展自身品牌，优先试用新产品，等等。[8]

审查客户资格

不管建立客户清单的过程如何，销售人员最终必须进行**客户资格审查**（qualify a prospect），也就是看潜在的客户能否转变成现实的购买者。如前所述，一些公司最初会通过电话进行摸底，因为这种方式成本相对低廉，不过，最终仍然需要销售人员来判断这些销售线索的价值。在得克萨斯州奥斯汀的西南网络公司（Southwest Networks），对于所有的商业线索，销售人员要通盘审查其作为销售线索的 12 项特征，如当前的供应商、节约比率、设备规格和偿还期限等。在第一次通话之后，销售人员要针对这 12 个问题作出全面的回答，其目的是让销售人员知道线索后面是什么样的潜在客户，以及什么时候应该放弃某些线索。从这个例子中我们应该注意，销售人员需要的资料是客户的需求、购买权限和支付能力。

需求　那些需要使用卖方的产品或服务并且正在计划近期购买的人可以称作合格的商业线索。那些对现在的供货商满意而且没有更换想法的潜在客户是很难转变成真正的客户的，对于这样的潜在客户，只有在发现有某个想法或需求是其当前的供应商没有很好满足而该买主又很在意时，你才有可能实现销售。这并不是件很容易的事情，即使该潜在客户有很迫切的需求、你可以满足而且他也真的想购买，你也必须想清楚订单规模和利润是否值得将来对其持续关注。

购买权限 除了客户的需求以外，还有购买权限的问题。工厂经理可能想要添置一台铣床，然而如果没有购买权限，虽然在电话里会让销售人员以为大有希望，实际上最终不一定能签署订单。确认购买权的方法将在第4章介绍。

支付能力 找到想购买产品也有购买权的潜在客户以后，如果该客户缺乏购买的资金，结果也不一定理想。售出的产品由于对方只有空头支票不得不重新收回，这可不是销售人员追求的目标。因此，销售人员应该事先根据支付能力对潜在客户作出筛选，目的就是淘汰那些信用风险过高的客户，信用等级可以通过银行或者像邓白氏公司（Dun and Bradstreet）之类的信贷服务机构查证。

销售人员业绩的高低取决于他们考虑潜在客户的角度。一般来说所有的销售人员都会从相同的角度入手（如收入、需求等），但是成功的销售人员会使用更高的审查标准，尽可能减少损失。例如，他们可能会要求客户拥有更高的信用等级或者对产品和服务有更大的需求，只有这样，他们才会把一条线索视为重点客户。这又一次说明，浪费时间会降低效率，时间管理是获得好的销售业绩的关键。

管理现有客户

发掘新客户固然重要，但是许多销售和营销经理坚信，只有维持忠诚客户的公司才能兴旺发达。忠诚的客户被视为盈利性更强的目标对象，因为他们对价格的敏感性较低，同时对竞品的抵抗力更强。从现有客户和新客户同样获得100美元的收入，前者的利润率往往会更高，这是因为促使后者替换供应商往往需要更高的价格折扣或促销投入。

随着销售从交易型的客户关系渐渐转向咨询型的客户关系，机会管理的任务也就转移到对现有客户进行价值排序上来，而不是开发新的客户。需要对现有客户进行价值排序和机会管理，对潜在的客户也同样如此。我们将在此介绍决定客户优先次序的模型，但首先要关注一个重要问题，即如何确定一个机会是否值得分配宝贵的销售资源。

什么样的客户无足轻重

管理现有客户的一个重要出发点在于确定值得你花费时间的最小商机。站在销售人员的角度，可以很清楚地确定一个客户的长期价值。譬如，销售人员应当了解客户的短期增长潜力，其所处的竞争形势和需求状况。如果销售人员掌握了必要的直接销售费用信息，便能够清楚地分析出客户规模的大小。这种分析包括两个步骤：计算人均单次拜访成本和保本销售量。下面就来讨论这些分析方法。

单次拜访成本 确定客户规模大小的第一步是计算单次拜访成本。**单次拜访成本**（cost per call）是一个关于每天拜访次数、用于拜访的天数和直接销售费用的函数。**直接销售费用**（direct selling expenses）包括报酬、差旅、住宿、招待和通信等费用，这些费用之所以属于直接销售费用，是因为可以记到每位销售人员的头上。换句话说，如果销售人员没有产生某项费用，公司就不必支付。

在表3-1中，我们可以看到对单次拜访的平均成本进行核算的过程。在这个例子里，报酬包括工资、佣金和奖金，以及保险、社会保障金等附加福利，总计80 020美元，大约相当于非零售业务的销售人员的平均数。[9]其他的直接销售费用是25 450美元，因此总的直接销售费用等于105 470美元。

表3-1　**工业产品的销售人员单次拜访成本的核算**　金额单位：美元

报酬			
工资、佣金和奖金		69 035	
附加福利（医疗、人寿保险、社会保障金）	10 985		80 020
直接销售费用			
差旅费	8 000		
食宿费	6 250		
招待费	3 250		
通信费	4 500		
样品、促销资料费	1 750		
杂项费用	1 700		25 450
直接销售费用合计			105 470
每年的业务拜访次数			
总工作天数			260天
减去：			
休假	10天		
节日	10天		
病假	5天		
会议	18天		
培训	12天		55天
销售工作天数			205天
每天的平均业务拜访次数			3次
每年的业务拜访总次数（205×3）	615次		
每次拜访的平均成本（105 470/615）			171.50

对于这名销售人员，一年内从事销售工作的时间是205天，如果每天的平均业务拜访次数为3次，那么在一般情况下，全年的拜访总数是615次（3×205）。照此计算，一次拜访的平均成本就是171.50美元（105 470/615）。

那么与其他的销售人员相比，这171.50美元的单次拜访成本是高还是低呢？一项调查发现，平均单次拜访成本为242美元，这个数字根据行业不同会有所变化。同时，单次拜访成本以每年5%的比例增长。[10]

保本销售量　**保本销售量**（breakeven sales volume）是指支付直接销售费用所必需的销售数量。计算保本销售量是很有必要的，因为它可以确定值得我们争取的客户的最小规模。计算保本销售量需要知道完成一笔销售所需的直接销售费用预算占总销售额的百分比。

计算单次销售拜访的保本销售量的基本公式是单次拜访成本除以销售成本占总销售额的百分比。我们已经介绍过如何计算单次拜访成本。销售成本占总销售额的比例对于不同行业的不同公司差异很大，正如表3-2显示的数据。销售成本占总销售额的百分比，最高的是印刷/出版行业（22.2%），最低的是银行业（0.9%）。销售成本占总销售额的百分比对于同一行业中的不同公司差异也很大。因此，确定公司的目标销售成本是非常重要的。

表 3-2　　不同行业的销售成本

行业	销售成本占总销售额的百分比（%）
银行	0.9
商业服务	10.5
化工	3.4
通信	9.9
建筑	7.1
电子元件	4.9
电子设备	12.6
金属构件	7.2
食品	2.7
仪器	14.8
机械	11.3
制造	6.6
办公用品	2.4
纸张	8.2
医药	5.6
印刷/出版	22.2
橡胶/塑料制品	3.6
消费品批发	11.2
总体	10.0

资料来源：Dartnell Corporation，*30th Survey of Sales Force Compensation*，Dartnell Corporation 1999，p. 117. Industry groups reflect categories selected and reported by Dartnell Corporation. The overall average has been calculated based on data from all industries studied.

如果单次拜访成本是 146 美元，销售成本占总销售额的百分比是 8%，那么能够弥补销售成本的保本销售量应当是 1 825 美元（146 美元/0.08）。换言之，如果单次拜访成本是 146 美元，并且目标销售成本占总销售额的百分比是 8%，那么计算所得的保本销售量就是销售人员应当达到的最低销售额。值得注意的是，销售拜访是指销售人员与客户之间面对面的接触，电话、电子邮件以及短信并不包含在本案例的销售拜访范畴内。

保本销售量的计算结果如何决定应当关注的最小商机规模，这与销售环节的特性密切相关。在消费品及商品批发业务中，销售人员往往负责销售新产品以及为现有的产品进行补货，在这种情况下，保本销售量可用于计算在一定时间段内与一定销售拜访相匹配的最小销售额目标。如果一名销售人员每月拜访特定客户 4 次，保本销售量为 1 825 美元，那么与其销售时间花费相匹配的最小销售额为每月 7 300 美元（1 825 美元×4）。以此类推，保本销售量也可以计算季度或年度的最小销售额目标。

如果将开发新客户纳入销售过程，那么根据成功获取新客户的拜访次数，也可以计算出开发新客户的最小销售额目标。假如将潜在客户转化为最终客户的拜访次数预计为 5 次，那么该客户在能够满足 9 125 美元（1 825 美元×5）回报的前提下，才能被视为目标潜在客户。显而易见，随着销售环节的复杂度不断增大，需要投入的时间与销售拜访次数也随之增加，那么最小销售额要求也随之变大。

不能丢的生意 做过盈亏平衡分析以后，销售人员如何利用这个信息呢？如果销售量没有超过最低销售量，销售人员就不应该去理会那些客户或潜在客户吗？

无论对于个人还是公司，对一笔确定的生意置之不理的情形是十分罕见的。在放弃一个客户或者减小销售的力度之前，还有一些因素需要考虑。例如，有两个原因可能会导致对某个客户销售的增加：该客户的生意扩展很快，因此需求会增加；你在对方的生意中占的份额在不断提高。如果是后者，那么弄清你占的份额是多少以及还有多少发展空间是非常重要的。如果一个客户紧邻你的一个大客户，拜访花不了多少时间，也谈不上差旅的时间，甚至还低于你的业务拜访时间的平均值，你还会让这个机会溜走吗？另一个重要的因素是，如果客户购买的是一套高额利润的产品，那么可能会有超过平均水平 25%的赚头。因此，当判断一次商机的价值时，有一些因素是必须顾及的。

对于规模较小或利润较低的客户，与其削减业务拜访的次数，高级管理层还可以采取很多其他的办法。吉列公司的安全刀片部决定雇用兼职的销售代理，委托他们协助销售人员拜访小型的零售商；惠普公司的商业系统部在公司内部雇用一些商务和技术人员进行电话访问。一家管道设备厂选择了另一种方式，它通过抬高价格来限制那些“无价值的”小客户，以避免其小额订单扰乱工厂的生产计划，如此一来，小订单给公司带来了最多的利润，因为提高后的价格不仅完全弥补了成本，而且有富余；考虑到高昂的转换成本，客户们并没有改变供货商；那些竞争对手则由于固守行业的利润惯例而放弃了这些小客户。

正如你从这些例子中看到的，销售人员应该拜访的客户的最小规模取决于所涉及的直接销售费用、一段时间内的业务拜访次数、公司的成本结构以及其他一些考虑因素。很少有一个硬性的销售额度，规定对于达不到的客户就不予考虑。然而，在获得准确的信息之后，专业的销售人员有能力判断一个客户是否有利可图。

划分客户优先等级的四种方法

通过客户分析，我们首先确定了应该拜访的客户所具备的最小规模，但这种分析并不足以解决应当分配多少时间给某一区域内的潜在客户以及现有客户的问题。下面是划分客户优先等级的四种方法以及每种方法最适用的情况。

单因素模式 对于分配销售人员的时间，最简单且普遍采用的模式就是**单因素模式**（single-factor model）。这种模式考察的是客户的某一项特点，比如当前的销售额，并对销售拜访进行初始分配。总部在英国的国际旅游和金融服务公司托马斯-库克集团（Thomas Cook Group）有一个托马斯-库克旅游部门，把客户分为 A 级（每年消费 750 美元以上）、B 级（每年消费 250～749 美元）和 C 级（每年消费 250 美元以下）。根据客户等级提供不同的服务，可以帮助旅游部节省时间用于为 A 级和 B 级客户服务。

表 3－3 显示的是基于销售额的单因素分配模式的基本构成，根据不同的销售

额，公司将客户划分成A，B，C三个等级。全部客户中的前15%为A级，其次的20%为B级，余下的为C级。第四列是对各级客户的销售额占总销售额的比例。在这个例子里，A级客户销售额占总销售额的65%，B级占20%，C级只占15%。根据销售经理的测算，这些结果对于其他类别的业务也有相当大的参考性。请注意，如果你平等地对待所有的客户，比如每周对每个客户都拜访一次，你将有65%的时间花在C级客户身上，然而对A级客户的一次拜访，效果相当于对C级客户一次拜访的20倍。

表3-3　A，B，C级客户的划分

客户分类	客户数量	客户数量占总量的百分比（%）	销售额（万美元）	销售额占总销售额的百分比（%）	对每类客户的总拜访次数	每次拜访的平均销售额（美元）
A	21	15	91	65	105	8 667
B	28	20	28	20	140	2 000
C	91	65	21	15	455	462
合计	140	100	140	100	700	2 000（平均）

对于根据销售额划分A，B，C级客户的单因素模式，其主要的局限性在于当评估客户的商业潜质和终身价值时，它不一定能够涵盖所有理应考虑的因素，包括获取更深的客户开发度（客户更大的购买力）等。假设两个客户上年的购买额相同，但是其中一名客户的购买增长率是另一位客户的两倍，那么前者显然值得销售人员投入更多。同时，该模式也并未考虑不同客户在盈利能力方面的差别。

组合模式　在考察某一领域客户的吸引力时，**组合模式**（portfolio models）通过考虑多方面的因素来尽量克服单因素模式的缺陷。销售工作的分派是为了使最有吸引力的客户能够得到最多的关注。[11]例如，有一家公司根据对客户的平均收益和对每个客户的服务成本来划分客户。另一家公司——保健控股公司（Cardinal Health）的外科部，其客户分类系统的依据是医院的类型（教学研究型医院、地区医疗中心、政府医院、社区医院）、地理位置（乡村还是城镇）和规模。在分类系统中，公司针对每一类客户专门制定了销售和营销计划。公司为客户分类采用的标准取决于竞争形势、公司收集和发布客户相关信息的能力以及销售队伍承担的任务。

图3-1就是一个著名的组合模式的例子。这个模式根据两个标准——客户机会和竞争地位——来确定客户的吸引力，由此将客户划分为四个类别。客户机会指的是客户在现在和将来对销售人员提供的产品和服务的需求程度。客户机会的量值是基于客户当前的和预计的增长率、财务状况及其当前和未来在市场中的实力得出的。竞争地位是划分客户的第二个标准，指的是销售人员与客户的现有关系。竞争地位会根据一些量值来确定，如客户的总利润、占客户总购买量的份额、合同的类型以及合同的执行情况。还有一些竞争地位的参考指标侧重于客户关系方面，包括客户对于公司的态度以及与客户决策者的熟悉程度。根据这两个标准对所有客户进行评估后，我们就可以通过一个二维表将客户分类，形成一个如图3-1所示的四象限矩阵，进而可以对客户排序分级。

竞争地位

客户机会		强	弱
	高	**核心客户** 非常有吸引力 应该大量投入销售资源	**成长型客户** 有潜在的吸引力 应该酌情投入销售资源
	低	**牵引型客户** 一般吸引力 销售资源投入量维持当前的竞争地位	**问题客户** 缺乏吸引力 尽量减少销售资源投入

图 3-1　组合模式

资料来源：Adapted from Raymond LaForge，David Cravens，and Clifford Young，"Improving Salesforce Productivity，" *Business Horizons*（September-October 1985），p. 54.

组合模式作为单因素客户分类模式的扩充，具有单因素模式不具备的几个优点：

- 有助于销售队伍认清重要的客户和关系。
- 有助于销售人员与销售经理沟通。
- 有助于避免信息的封闭。
- 有助于确定收集和分析客户数据的优先顺序。
- 促使销售队伍更关心将来，并且考虑如何能获得更令人满意的业务组合形态。

在咨询型的客户关系战略中，理解每个客户的需求和客户关系的强度是非常关键的，用于划分客户优先等级的组合模式，最可能适用于以咨询型客户关系战略为指导思想的销售队伍。正如康德乐公司（Cardinal Health）的案例所表明的，不能停留于以销售额为基础的模式，需要更深入地进行分析。

为测试你对于客户优先等级的理解，请阅读下面的团队练习 3-1。

团队练习 3-1

苦干还是巧干

你最近被调到芝加哥担任地区销售经理，有机会与每一位销售人员接触。你所管理的销售队伍表现优秀，但是每位销售人员的销售绩效有很大的差别。其中有一位绩效水平较低的，就是你今天刚见过的蒂姆。起初，你本以为蒂姆可能不适合该职位，但是通过一段时间的接触，你确信他具有成为一名优秀销售人员的潜质。通过观察他的销售拜访工作，你认为他有良好的口才，他也在你们一起工作的两个半天内制定了一份雄心勃勃的电话销售计划。

在一段闲聊之后，你让蒂姆解释为什么他的销售业绩会低于应有的水平。蒂姆声称："我真的不知道。我的成交数并不少，我和身边的同事拜访同样多的客户。我的销售区域有很大的潜力，我努力工作，自认为对客户的服务态度很端正。我尽量对所有的客户一视同仁，把他们都当作我最重要的客户。我在销售区域内系统地安排工作，每周轮流拜访一次客户。我真不明白其他的销售代表是怎么做的。"

你会如何回答蒂姆？根据这段谈话，描述你会采取哪些措施来指导蒂姆提高工作效率。

决策模式 虽然组合模式有着使用多重因素对客户分类的优势，但仍存在几点不足。首先，如果要安排销售拜访，客户要被划分到四个象限中，那么处于同一象限的客户的差异就被忽略了。其次，在这一过程中也没有优化销售拜访的安排。

对于销售拜访的安排，**决策模式**（decision models）重视在某段时间内每个客户对拜访的响应，这可以克服上述两个缺点。借助数学模型，决策模式只包含两个部分。第一部分是某段时间内销售拜访的次数与对于某一特定客户的销售额的关系，这表现为一个**销售响应函数**（sales response function）。这个销售响应函数既可以依靠对历史数据的回归分析，也可以基于主观的判断。销售人员必须先得到某段时间内他们对特定客户的拜访次数以及相应的销售信息，才能据此作出决策模式的判断。接下来，销售人员要预测下一时间段的销售量，该预测结果基于对目标客户安排同样数量的拜访、将拜访次数减半、取消拜访或者最大限度地增加拜访次数四种情况。如图 3-2 所示，我们可以看到包含这些可能性的销售响应函数。[12]

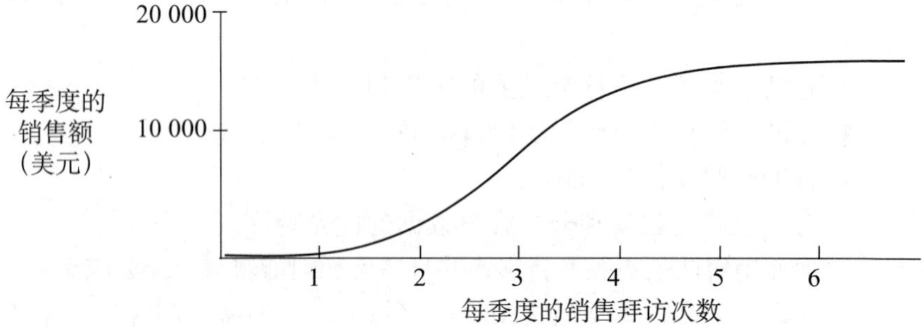

图 3-2 销售拜访次数的销售响应函数

通过进一步的观察我们可以发现，在图 3-2 中，当每季度的拜访次数只有一两次时，客户并没有太大的回应，一旦拜访次数从 2 次增加到 4 次，销售额就急剧攀升。若拜访次数高于 4 次，则响应曲线又趋于平缓。这说明在一个季度拜访客户 4 次以后，销售人员可以再争取到的订单已经不多了。可以利用软件来为销售人员拜访的每一位客户建立销售响应函数。

决策模式的第二部分是利用个人响应函数来安排拜访，旨在获取最大的销售额。实质上，一旦拜访另一个客户可以产生更多的销售额，决策模式就不会再继续为原来的客户安排拜访。比如在图 3-2 中，我们还可以为客户安排第 3 次和第 4 次拜访，但是如果再为这个客户安排第 5 次拜访，所产生的销售额就不如把这次拜访安排给另一个客户更多了。

事实上，对于划分客户优先等级，当销售队伍更偏重于交易型关系时，这种销售响应模式可能是最有用的，因为在这种销售状态下，对响应的判断是最可靠的。当客户关系战略变得更为复杂时，比如供应商和客户都加大了投入，再考虑销售拜访次数就不是明智的了。在这种情况下，销售过程模式会更合适，这也是接下来我们要讨论的内容。

销售过程模式 尽管复杂的销售拜访分配方案有很多优点，但并不适用于所有的情况。在英特尔的销售队伍中，有些销售人员并不去拜访购买微处理器的客户而是去拜访软件经销商、信息技术产品的买家和零售店，他们要把个人电脑的理念带进每个办公室和每个家庭。在这种情况下，对于此类销售拜访所争取到的商业机会，即时的或短期的销售额并不是一个恰当的衡量标准。

还有的销售情况是，由于相关款项的承付事宜，销售周期可能会相当长，特别是工业品和高科技市场，以及那些有很多人参与购买决策的大客户项目和实行企业型客户战略的大客户项目。在这种情况下，重点是争取那些存在于这一个或几个客户中的业务机会，其实为这些机会优先排序比为客户排序更重要，因为一个客户可能蕴藏了所有的机会。

以前那些模式的重点在于相关的销售额或者机会的收益率，**销售过程模式**（sales process models）则不同，它把重点放在销售过程中对现有机会的分类上。在这种模式中，根据最终变成销售的可能性，机会被分配到整个销售过程的不同阶段。这种机会的分类机制最适合销售周期长以及在同一客户身上存在诸多机会的情况。

销售过程模式的一个实例是如图3-3所示的销售漏斗。起初，开发这套系统的用途是培训惠普公司的销售人员，它可以对销售机会或项目进行分类和优先排序，但并不针对客户。[13]这是很有必要的，因为销售人员或销售队伍可能在同一时间对同一客户有多个销售项目。比如，客户经理正在争取为某个客户的一个部门安装控制器，同时又希望为另一个部门升级一套精密复杂的设备。

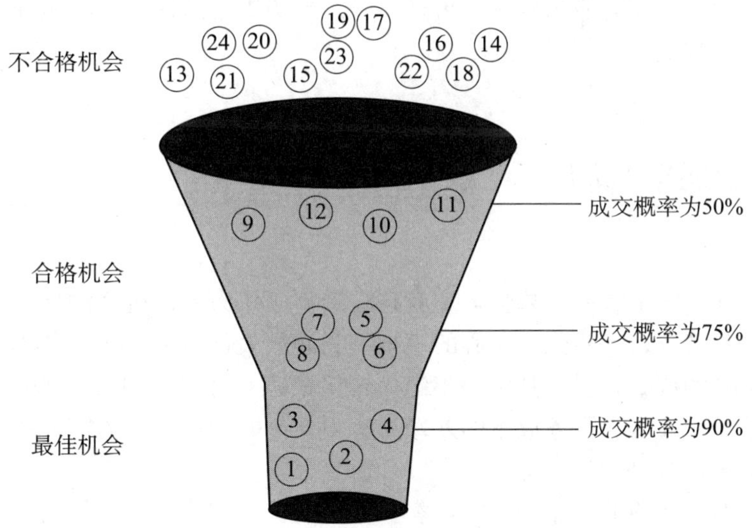

图3-3 销售漏斗

资料来源：Adapted from Robert Miller，Stephen Heiman with Tad Tuleja，*Strategic Selling*，New York：William Morrow and Company，Inc.（1985），p. 235.

每一个销售机会将根据它的不确定程度进行分类。

1. 不合格机会。在这种情况下，数据显示需求有可能存在，但这个需求还没有被客户公司的关键人物所证实。比如，你已经知道客户与你的竞争对手之间的合同即将到期，那么此时你的销售任务就是根据本章讨论过的标准确认需求的存在，进而争取到该客户。

2. 合格机会。一个合格机会必须符合以下四个条件：

- 需求已经被至少一个购买的影响因素（如技术部门、使用者或者采购者等，

第4章将介绍）证实。

- 有确切的意向要购买新的或替换现有的产品或服务，或者要更换供应商。
- 用于购买的资金已经得到批准或已经到位。
- 购买任务有明确的执行期限。

3. 最佳机会。所有的买方单位都已经联系过，他们的需求已经得到确认，而且根据你的判断，销售的准备工作已经很充分。你几乎不用考虑销售中的不确定性因素，你至少走完了一半以上的销售过程，也就是说，你至多花费正常情况下一半的时间就可以完成销售。

之所以称为**销售漏斗**（sales funnel），是因为我们做了一个形象的比喻，把销售机会放在一个漏斗里，不合格机会只在漏斗的上部，合格机会在漏斗的中部（取决于成交概率和在销售过程中的位置），那几个最佳机会在漏斗的底部。

表面上看，比较明智的做法是重点关照最佳机会和合格机会，只把剩下的少许时间留给不合格机会。但这种思路的问题是，如果忽视了不合格机会，就很难有潜在的客户。假如一味地追求最佳机会和合格机会，那么市场机会最终可能走向枯竭。因此，专家建议正确的顺序应该是：（1）首先完成最佳机会的销售；（2）然后争取那些不合格机会；（3）最后再操作那些合格机会，目的是保证在长时间内有一个持续且可预见的销售流。另外，开发新的机会以保持漏斗呈充满状态，这一点始终是非常重要的。

销量还是利润

在销售中有一种趋势，那就是将销售额作为评估机会的标准。面对成熟市场中苛刻的买家，一些公司关心的不再是利润最大化而是力图保住不亏本。一份近来对决策者的调查表明，其中一半的人希望跟踪对客户的投资利润率。[14]当然，利润是净价与实际客户服务成本的差额。客户支付的价格与服务客户所发生的成本之间存在差异，这是为什么呢？

对于相似的产品和服务，客户支付的价格可能大不一样。虽然存在一些法律上的限制，比如《罗宾逊-帕特曼法》（Robinson-Patman Act），但是有些客户会凭其规模压低价格或获得更大的折扣。换句话说，大客户能要求并得到更低的价格，因为卖方舍不得失去这笔生意。另外一些客户由于有高超的谈判技巧，也有可能获得较低的价格。还有一些客户能比他人更巧妙地利用促销活动，善于“购买期货”，意思是会在产品打折时一次性购足全年所需。

对于不同的客户，服务的成本也各异。有些客户的位置远离销售人员的常规行程路线，因此要加上更多的差旅时间。有些客户通过电话或互联网下订单，有些客户仅仅为了完成一项交易或者下一份普通的订单，却总是要求面对面的销售拜访。有些客户要求更深入的售前服务，比如应用工程和定制设计支持，有些客户只要求提供标准方案。另外，所选择的运输方式、订购点的数目以及回程运输的机会（回程运输指的是在目的地交货之后，顺路捎运其他货物返回始发地，以避免空载造成时间和资金的浪费)，也会造成客户服务成本上的差异。导致服务成本差异的因素还有很多，在此不一一列举。

这里我们要阐明的主要观点是，公司和销售人员需要意识到这些对于不同客户的价格、费用和利润的差别，并以此合理安排他们的销售投入。从那些购买了等量产品的客户身上得到的收益有50%～75%的差距，这种现象并不少见，这也是联邦快递公司在开始研究客户收益状况时发现的。这个问题对联邦快递非常重要，因此公司正在普查数据库来对比与特定客户的交易费用，并且根据利润贡献对客户进行评估。联邦快递如今也在比较交易信息与统计数据，以查明能够带来更多利润的客户具备哪些特征，并根据这些特征分析潜在客户和现有客户。

为了测试对于利润、销量的理解，试试回答下面的团队练习 3－2 中提出的问题。

团队练习 3－2

毁灭性的折扣

现在你已经成为一家小电子元器件代工厂的销售部副总裁。经过3个月的工作，你并不喜欢公司里的9个销售人员做事的方法。这个销售队伍的成员想尽可能多地完成交易，不管他们是否为客户提供了正确的解决方案。销售人员给客户的折扣太高了，以至于利润直线下降。很明显，如果再这么发展下去，你肯定难以收场，因为当初公司聘用你就是希望改变这种局面。另外，你的奖金是与你完成的利润目标挂钩的。但是当你与销售人员谈及这个问题时，他们说以前接受的培训是让他们关注交易量而不是利润率。这时候你首先应该干什么呢？你应该与他们沟通，使他们理解价格折扣的后果，用一个简单的现金流量表说明10%的折扣对利润的影响。

客户终身价值 也许你会想到从单个因素考虑问题带来的弊端，比如根据往年的历史销售额来看公司的业绩，就没有考虑到未来的销售和利润。因为要从以前仅仅关注收入和利润的交易理念转换为建立良好客户关系的理念，所以市场营销人员要开始关注客户终身价值（CLV），并把它看成测量营销绩效的有效工具。[15] 如果最后客户感觉被疏远了，那么有谁会关心这一段时间内的利润是否可观？因此，关注长期的利润率，就会激励我们关注客户终身价值，并且把它看作评价绩效和分配资源的一个适当工具。

要计算 CLV，首先要接受一个概念，即客户价值是客户未来利润贡献的贴现流量的总和。在计算 CLV 之前，需要知道或者判断下面的数据：

- 公司的贴现率（资本成本）；
- 公司的愿景规划（3 年、5 年或 10 年）；
- 客户在未来时间段所购买的产品类别；
- 客户购买为公司带来的平均收入；
- 每个供应商的购买金额在总产品类别中所占的比例。[16]

一家医药公司的例子充分说明了把客户终身价值看作一个分配资源的依据有多么重要。这家公司以前关注的是销售额，因此根据医生所开处方的数量来分配销售资源，医生就是为公司创造收入的中间人。这种做法关注的是处于职业发展中期的医生，但是当他们开始计算医生的终身价值时，有数据表明，年轻医生（包括住院医生和新到任的医生）是非常重要的。虽然他们现在不能开具大量的处方，但是他们在某一领域内是专家，并且随着时间的推移，开具处方的数量会逐渐增多。强调客户终身价值会让公司关注新到任的医生，这些医生终将会取代原来那些处于职业发展中期的医生。[17]

正如前文所述，更具前瞻性的客户终身价值考量，将帮助公司在其客户基础上优化资源分配方案。在运用客户终生价值分析工具后，宜家公司发现，在其已经是主要客户的唯一或首要供应商的情况下，最可观的增长机会在那些位列第二和第三销售序列的客户群体上，这些销售机会在公司中所占份额却很小。

另外一个客户终身价值帮助企业优化营销资源的例子是 Roadway Express，该公司发现其仅发送直邮宣传品的“小客户”中的30%与现有的大客户群拥有同样的年度货运需求。正如上一个例子，前瞻性的分析可以帮助公司找到潜在的机会，从而大大提高营销投入的回报率。[18]

时间管理

在对企业培训计划的调查中，**时间管理**（time management）是被提及次数最多的培训项目之一，原因是通过更有效的时间管理，生产效率能获得显著提高。图3-4显示了销售人员如何使用他们的时间，在直接销售上花费的时间包括客户拜访、开发新客户或者电话营销，平均占销售人员时间的不到50%。

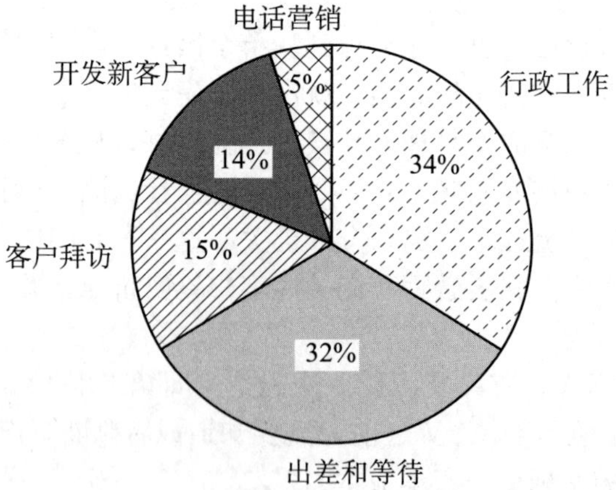

图3-4 销售人员如何使用他们的时间

资料来源：Fenemore Group，as reported in *Sales & Marketing Magazine*，March 1998，p. 96.

改进销售时间有利于大幅提高工作效率。某《财富》100强公司的项目组曾估算过，销售队伍的销售时间效率提高10%，总销售额就会提高5%以上。这也说明为什么公司加大在销售科技方面的投入。

以桂格燕麦公司（Quaker Oats）化学品部门为例，我们来看销售人员是如何改变工作方式的。在20世纪90年代，追踪一批货物意味着大量的打电话时间和许多令人头疼的问题。今天，桂格燕麦公司的销售人员只需打开笔记本电脑，进入公司的网站，点击“出货信息”，几分钟以后就可以告诉买方，现在罐车正在20英里外的休斯敦。图3-4显示了这些科技手段的重要性，我们可以看到，销售人员花费15%的时间用于客户拜访。

全面时间管理

尽管所有的公司都强调增加销售时间，但销售人员仍然有34%的时间花在行政工作上，在过去的20年间这一比例没有太大变化。虽然销售人员把客户和竞争对手的信息资料提供给公司是很重要的，但是若要有效地做好时间管理，还应该注意一个关键的问题，就是要认清并且控制那些会导致时间浪费的因素。以下就是许多销售人员认为最常见的浪费时间的情形[19]：

1. 被电话打断；
2. 未预约的拜访；
3. 缺乏自律；
4. 危机；
5. 会议；
6. 缺乏目标，主次不分，缺乏截止期限；
7. 优柔寡断，办事拖沓；
8. 贪多；
9. 办事虎头蛇尾；
10. 沟通不畅。

请注意，排在最前面的两个浪费时间的情形是被电话打断以及未预约的拜访。其他的，如缺乏自律、缺乏目标和办事拖沓等，则反映了销售人员本身的自我控制能力差。你的情况和这里列出来的一样吗？对于时间管理，还有一个特别重要的方面，就是在销售中要知道什么时候客户是方便的。这也是一天中销售的关键时间，在这段时间里，销售人员应当与客户保持密切的联系，而且这段时间应该被保护起来，其他的任务和事情可以放到另外的时间段去处理。

如果要进一步加强时间管理，就应该列出个人目标和工作目标，并且一步一个脚印地实现，这是一个得到普遍认可的关键措施。计划并不是做得越周详越好，简简单单地写下你明天要做的事情，这就是一个好的开端。下一步则是根据重要性将这些任务列表排序，当你开始新的一天时，处理第一项任务直至将其完成，接下来核对你的任务表，再开始第二项任务，接着在剩下的任务中选择最重要的，依次完成。

一旦养成每日做计划的习惯，接下来应该做一周或更远的计划。比如，许多销售人员按照规定每周要制定拜访计划，这也是鼓励销售人员每一天安排拜访任务并且提前预约，以便更有效地利用时间。现在的科技手段，比如智能手机，因为其体积小、便于携带以及与个人电脑可以连接的便利性，能够极大提高销售人员的时间管理效率。

史蒂芬·柯维（Stephen Covey）是个人发展和职业发展方面的知名顾问，他建议用如图 3－5 所示的矩阵来分析时间管理。[20]“重要性”指的是各种事情对于你实现目标的重要程度，“紧迫性”指的是我们做某些事情时感觉到的时间压力。请注意，对于相对重要和不重要的事情，我们都可以感觉到这种压力。柯维认为，归在“紧要事件”和“娱乐消遣”象限的事情不需刻意安排便可自行解决。若要驾驭自己的生活，对于“浪费时间”类的事情需要减少时间投入，对于“个人发展”类的事情则要多花些时间。“浪费时间”类（高紧迫性、低重要性）的事情包括打电话、一些会议以及琐碎的行政事务，换句话说，也就是需要我们立即关注的事情。归在“个人发展”类（低紧迫性、高重要性）的事情是容易被我们耽搁但对于我们未来的成长和发展非常重要的事情，包括阅读专业期刊或书籍，参加职业发展或管理培训课程，学习其他职能领域的工作方式，以及挖掘新的潜在客户等，很多人有可能无限期地拖延这些事情。综上考虑，这种紧迫性和重要性的分析方法可以帮助我们更有效地管理自己的时间。

		重要性	
		高	低
紧迫性	高	紧要事件	浪费时间
	低	个人发展	娱乐消遣

图 3－5　时间管理

本章小结

过去十年中，销售队伍的工作效率一直滞后于以两位数增长的销售成本。高层管理者通过增加销售人员与客户面对面交流的时间来提高销售队伍工作效率。销售人员也配备了笔记本电脑、手机和互联网等以应对这场挑战。

1. 阐述产生新客户的有效措施。首先，建立一份适合你公司产品的潜在客户的档案，这份档案可以通过分析一些关于你的客户的购买类型和收益率的详尽数据资料得到。掌握了一份理想的潜在客户档案之后，下一步就是通过不同方式如直接问询、商业展销、企业名录、推荐和冷推销等，制定一份潜在客户清单。最后，根据客户对销售方产品的需求和近期购买的愿望、他们的购买权限以及他们对产品的支付能力，将这些潜在客户转变为真正的购买者。

2. 解释如何确定一个销售人员应该追求的最小商机。有两个方法可以帮助销售人员做出判断。首先，每次销售拜访的成本应该确定，这可以通过计算某一段时间总的直接销售费用除以这段时间内的拜访总数得到。然后，在保本销售量的计算中会用到单次拜访成本这个数据，保本销售量等于单次拜访成本乘以完成一笔销售的拜访数再除以该产品的销售成本占总销售额的百分比。根据这一数据我们就可以确定某个销售机会是否值得进行面对面的销售工作。

3. 列举划分客户优先等级的四种方法。单因素模式是根据销售额对客户进行分类，并以此来分配销售人员的工作时间。组合模式则考虑了竞争地位和客户机会两个因素，扩充了客户的销售机会的分类标准。决策模式是根据销售响应函数来安排工作量，该函数反映的是一段时间内对于不同的销售拜访次数，销售的反应情况。最后一个模式是销售过程模式，是根据销售机会处于销售过程中的不同阶段来决定对其的时间分配。对于这些模式，我们要依据公司的竞争和销售形势来选择最适合的。

4. 解释为什么重点从销售量转移到利润。作为业绩和资源分配的指标，从销售量转移到利润主要是考虑到销售成本这个因素。相应的转变已经发生，开始从强调销售量转到根据顾客未来的利润贡献评估他们的价值。顾客终身价值（CLV）是一种用来计算折现的未来利润贡献的方法。

5. 阐述销售人员如何更有效地管理他们的销售时间。近期的调查表明，销售人员花在面对面销售或电话销售上的时间占其全部时间的54%。有三种途径可以提高这一比例，它们是将科技引入销售和计划过程中、在区域内采用更有效的销售拜访路线以及通过个人时间管理减少对时间的浪费。

关键术语

保本销售量　breakeven sales volume
冷推销　cold canvassing
单次拜访成本　cost per call
决策模式　decision models
直邮　direct mail
企业名录　directories
直接销售费用　direct selling expenses
组合模式　portfolio models
发掘潜在客户　prospecting
潜在客户档案　prospect profile
客户资格审查　qualify a prospect
推荐　referrals
销售漏斗　sales funnel
销售过程模式　sales process models
销售响应函数　sales response function
单因素模式　single-factor model
时间管理　time management
商业展销　trade shows

自我能力提升

1. 自我管理能力。自我管理的核心就是对自己的个人和职业目标有清晰的认识。对于如何更好地理解目标以及应该采取怎样的步骤达到这些目标，一个非常成功的方法就是史蒂芬·柯维所做的时间管理分析。首先，列出你的个人和职业目标；接下来，列出你为了达到这些目标需要采取的措施；然后画出如图3-5所示的时间管理矩阵，分别以重要性和紧迫性的高低来标注轴线。列出过去曾经花费时间的活动，把这些活动与你之前所列的为了达到个人和职业目标所应该采取的措施做比较。为了达到目标的行为落在哪个象限呢？你将如何安排时间，以使自己更好地达到目标呢？

2. 教导能力。你花时间培训一名新的销售人员，他进入你的消费者国际调研公司（Consumer Research International）还不到一个月。作为一家市场研究机构，该公司的竞争对手有M/A/R/C Group，Market Facts和Burke Marketing Research等。虽然公司与一些客户已经建立多年的合作关系，每个月也能有二三十个客户前来咨询市场调研项目，但是最终只有两三个能够在将来变成真正的客户。在相当长的一段时间内，新的销售人员无法确定这些咨询中哪些会有机会，哪些则是浪费时间。时间是宝贵的，但是你也不希望你的销售人员错过重要的业务机会。你的销售人员刚刚上岗，如果准备一组问题让他提问，以确定对方是一个理想的潜在客户还是仅仅观望而已，你会给他什么建议呢？

3. 全球视野。登卓国际公司（Dendrite International）是全球医药行业销售队伍自动化软件的大型开发商。在全球范围内，各个医药公司都在为销售人员配置笔记本电脑，都在寻求专业软件来设计拜访计划和收集拜访信息，以求提高销售队伍的工作效率和效果。已有分布在11个国家的40家公司、超过15 000名销售人员在使用登卓系统。登卓面临的一个问题是各个国家之间对软件的需求有很大的差异。那么对于以下的国家，软件的需求有哪些不同呢？有关登卓公司的更多信息，请登录网站 www.drte.com。

● 美国医药行业的销售队伍是全球最庞大的，每家公司的销售人员至少有500名，最多的甚至达到3 000名以上。销售人员每四到六周拜访一次医务人员，他们递送产品的样品和宣传材料，提供服务，与那些开处方的医生搞好关系。

● 在西欧，销售队伍的规模在一两百人。政府的健康医疗基金和大型的医疗机构是很常见的。在英国，一名销售人员对一名医生一年只能拜访一次，一般要事先预约，而且只能留下一份样品。

● 日本的销售队伍与美国的比较相似，但是为医生服务的销售人员更少一些，平均一位医药销售人员对应六位医生。美国的医生不能卖药品，日本的医生则不同，他们既可以开处方也可以卖药品。销售人员会与医生讨价还价，医生也可以将免费的样品出售给病人以获得收入。大多数的日本医生在诊所或医院里工作，销售人员想拜访医生要等在外边。因此，在日本"销售社交"是非常重要的，销售人员通过为医生洗车、请医生参加娱乐活动以及帮助医生做各种杂事，来获得与其见面的机会。

4. 技术能力。Wisdom Ware 是一家小型的软件公司，它开发了一套精巧的工具软件，可以帮助销售人员更准确地获得信息并提高效率。它要求销售人员和老板做的事情与以往有些不同。该公司试图让销售队伍一直能够获得关于产品、市场和竞争的信息，更重要的是，这一软件的设计特点是可以使每条信息都与其他任何信息保持关联。如果能做到这一点，对于即时的任务，销售人员就可以收集到必要的信息资料而不会被泛滥的信息困扰。简而言之，这是一套与 Cliff Notes 相当的交互式软件。当为一次拜访做计划时，销售人员在确定一些如客户、产品等菜单选项后，只要点击一下鼠标就可以产生一组最新的对客户提问的问题；再点击，可以看到丰富的竞争情况的信息；继续点击，又可以看到关于最常见缺陷的报告；再次点击，还可以得到一份产品销售状况的综述。出现在屏幕上的只有简明的几句话，更详尽的内容只需点击鼠标就能够显示。然而，该公司现在还没有取得全面的成功，问题不是出在培训上，那只需要不到一个小时的时间；也不是兼容性的问题，这套软件可以与其他先进的办公软件一起使用，不会发生冲突；更没有任何客户对于每位用户付500美元的价格提出异议。那么你认为问题出在哪里呢？有关 Wisdom Ware 公司的更多信息，请登录网站 www.sellmorenow.com。

5. 战略行动能力。IBM 已经证明了可以成功地打开像通用汽车和花旗银行那样的大型企业的市场。但是，世界上员工不足千人的企业有数百万家，它们才是发展最快的部分，IBM 能成功地将它们变成客户吗？最好如此，因为对于 IBM 来说，创业型的公司代表着信息技术的未来。在美国的国民生产总值中，小型企业的贡献占到了50%，而且这一群体在以每年11%的速度增长，比大型企业的增长速度快3个百分点。另外据 IBM 估算，去年全世界范围内的7 500万家中小企业用于信息技术的费用达到了3 050亿美元。

然而，在试图向小客户表明对方也同样得到关注时，IBM 却遇到了巨大的挑战。在德国卡尔斯鲁厄的 IBM 经销商 TransCat 公司的贡特尔·奥伯施勒格尔（Gunther Obhlschlager）说："我的小客户对 IBM 没有好感，因为除非花上几百万美元，否则

IBM 根本没人理你的电话。”一位纽约的企业家理查德·莱尔默（Richard Laermer）也说：“我不认为 IBM 真的想与小公司做生意，IBM 的态度是‘如果你没有 1 000 名员工，那就从我面前消失’。”IBM 应该设法进入包括大型、中型和小型公司在内的所有市场吗？IBM 能做到吗？如果能做到，应该怎么办？

6. 团队建设能力。对于一线的销售经理，最重要的工作就是为每位销售人员营造一个良好氛围，让他们感到属于团队的一分子，理应作出自己的贡献。在销售区域和客户规划方面，如何在员工自主和销售经理管理之间取得平衡，这恐怕是最有争议的一点。

销售经理的态度和想法不尽相同，有的人会严密监督，有的人则完全放手。比如 Ziegler Tools 公司规定，销售人员必须每周写一份详细的出行和拜访报告，并且要与季度报告进行比较。公司的市场部副总裁特纳·沃迈克（Turner Warmack）表示：“一般来说，销售人员对业务的管理能力都不强，他们很容易偏离计划。我们认为，我们的工作就是让他们的努力发挥最大的作用。”相形之下，另外一些销售经理则不要求销售人员提交拜访报告和详细的客户述评。其中一个典型是 Stahl 公司，该公司专门制造卡车主体。其经理里克·霍恩（Rick Horn）说：“我认为告诉他们要做什么并不是必需的，他们都是成年人，对自己的区域很熟悉。我只要知道他们在哪里，能随时取得联系，这就够了。”你认为哪种方法是最佳的？是看具体情况吗？如果是，有哪些情况呢？

问题①

1. 你是联合医疗设备公司（Associated Medical Supplies）的一名初级销售人员，该公司是一家一次性医疗用品的批发商。作为一名新上任的销售人员，你发现要说服客户放弃当前的供应商转而选择你是很困难的。你开发的客户一般都是那些农村地区的小型医务所。也许是因为这些客户的购买力相当有限，所以竞争还不是很激烈。这些客户的购买力只有每月 900 美元左右，却非常希望你每周都能去拜访，以盘点产品的库存和下订单。当然，这毕竟比销售不出去好多了。最近，你的老板一直在对你发牢骚，因为当他把你安排到那个区域之后，你的销售额增长并没有如他所愿。另外，包括薪金在内的直接销售费用现在是净销售额的 15%，然而公司规定的指标是 10%。如果这样下去，你怀疑再在这些小型的农村医务所上花时间不是最佳的选择。你已经计算过了，现在的每次拜访成本是 34.50 美元。你还应该再拜访这些小型的医务所吗？如果不超过公司规定的业务费用指标，你应当追求的客户的最小规模是多大？你认为需要采取什么措施才能更好地管理你的区域？

2. 作为强力鞋业公司（Strength Footwear）的一名销售人员，你一直是非常成功的，业务提成每年达到 7 万美元以上。当你从事一线销售工作时，产品的需求量很大。你每年工作的时间是 220 天，每天拜访客户 4 次。对于每个客户，你最多是两周拜访一次，但需要每季度至少拜访一次。以下是你收集到的关于客户的销售信息，可以帮助你根据销售结果来分配时间。

设计和制定一个时间表，对你区域内的 110 个客户分配拜访时间。

---

① 相关 Excel 表可以从网站 www. wiley. com/college/dalrymple 下载，点击“Student Resource”。

客户	去年的销售额（美元）
前10家	150 000
接下来的10家	37 500
接下来的10家	37 000
接下来的20家	56 250
接下来的20家	55 500
接下来的20家	18 750
后20家	15 000
	370 000

3. 你刚刚完成了最大的一个客户的电信设备购买情况的年度客户审核。上一年度，他们从你这里购买了价值12.5万美元的电信设备，但表示希望在下一年度购买时获得10%的折扣，否则，他们就会把这笔业务转到你的一个竞争对手那里。上一年度因该客户发生的技术、安装和服务费用总计1.1万美元，预计下一年度这一数值不会有什么变化。你能够挣到销售额10%的提成。上一年度从该客户得到的利润率是40%，预计他们在下一年度要购买的设备数量会保持不变。假设设备的价格与上一年度相同，但折扣率上升了10个百分点，那么你估计这些折扣会对下一年度这个客户的利润贡献率造成多大的影响？

4. 继续第三个问题中的客户分析。假设该客户从你的竞争对手那里购买了一些电信设备，那么你认为在下一年度你需要增加多少销售量，才能提高对该客户的渗透率而抵消其要求的10%折扣的影响？

希尔德案例练习

发掘线索

希尔德公司发掘新客户线索的一种方式是向某一区域内的企业发送电子邮件，向其详细介绍公司提供的保险项目，并在邮件的末尾附上邮件回复卡和电子邮件地址。道格担任得梅因地区办事处的销售经理，第一季度的销售业绩着实令他失望，于是决定启用这种发掘线索的方法，尽管这种方法已经有很长一段时间没有在该地区使用了。让他震惊的是，在发完电子邮件的10天里，他收到了79家客户的电子邮件，纷纷希望得到关于保险项目更多的信息。道格向办事处的每一位销售人员分配了大约10个客户线索，由他们继续跟踪。

一个月以后，在月度的销售大会上，道格要检查一下跟踪这些客户线索的进度。只有2名销售人员跟踪了客户线索。在5个线索里面，3笔交易已经完成，另外2笔交易正在进行之中。道格现在开始担心了，掌握这些线索毕竟花费了很多的努力，他当然不想看到它们在销售人员的办公桌上搁浅。另外，有些潜在客户已经准备交易了，他不想失去这些机会。道格向销售人员说出了他的忧虑，并且说将会建立一个标准的计划作为销售人员跟踪客户线索的指南。

问题

1. 说到建立一个标准计划，道格还有另一种方法吗？

2. 如果你是销售经理，你应该如何鞭

策明显缺乏动力的销售人员去跟踪这些电子邮件发掘到的线索呢？

3. 希尔德公司没有联系的那些客户可能作出怎样的反应？

4. 考虑到各种相关因素，理想的行动方案是什么？

5. 针对这种情况，请分步简要写出一份销售计划。

第4章 客户关系管理

成交，其实仅仅是求爱成功、步入婚姻殿堂，婚姻是否美满，则取决于销售人员对关系处理的好坏。

——西奥多·莱维特（Theodore Levitt）

本章顾问

肯·惠兰（Ken Whelan），奎斯特国际通信公司（Qwest Communications International）业务发展部主任

克里斯·简德（Chris Jander），马可尼公司（Marconi）全国客户经理

学习目标

- 描述专业采购过程的步骤；
- 识别不同采购角色的作用；
- 解释关系的演变；
- 描述能够增进关系的关键因素。

培养关系

一家全球性的信息技术服务公司正在为一个规模比它大很多倍的客户提供服务。你需要采取一种新的方法来管理客户关系，并且这种方法应具备足够的灵活性，以满足客户独特且不断变化的要求。你很清楚，假如取得成功，这种关系将使客户和你的公司遥遥领先于竞争对手。你知道公司很难决定让数百名员工都只为这一家客户服务，但同时你也知道客户的重大作用。

这并不是一个虚构的例子，供应商就是萨蒂扬软件技术有限公司（Satyam Computer Services），它是一家全球性的信息技术咨询与服务公司，萨蒂扬公司为客户提供多元化的服务，包括战略咨询、整套的信息技术问题解决方案、业务流程外包等业务。

客户就是世界上最大的建筑和采掘设备供应商卡特彼勒公司（Caterpillar），该公司还生产柴油和天然气发动机、工业蒸汽涡轮机等，年销售额高达200亿美元。

萨蒂扬公司的全球客户经理拜平·托马斯（Bipin Thomas）专门负责卡特彼勒公司的项目。他拟订了一个旨在与卡特彼勒公司共同制定和实施信息技术战略规划的计划，以提升两家公司的竞争优势。托马斯开发出了一种新型的伙伴关系，将其称为“能力驱动的战略客户管理”（CDSAM™）。在这个 CDSAM™ 的商业模式中，萨蒂扬公司的主要任务是确定并实现那些能够提升卡特彼勒公司竞争优势的核心能力。在这个过程中，关键是两个公司要形成共同的愿景，并在两个公司间从高层到低层建立多层级的合作关系。这个计划中最重要的一点是，必需的能力（比如内置系统等）一旦确定下来，萨蒂扬公司将会建立一个专门的能力小组，和客户的能力小组一道解决客户所面临的问题。在随后的 5 年中，共有 200 多名萨蒂扬公司的员工为卡特彼勒公司服务。

对于萨蒂扬公司来说，财务方面的回报是非常丰厚的。与卡特彼勒的合作关系为萨蒂扬公司贡献了 1 500 万美元的收入，在 5 年间增长了 8 倍，毛利也在这期间翻了一番。卡特彼勒也从中获益匪浅，其成本降低了 409%，同时 IT 系统的升级带了 3 700 万美元的成本节省。卡特彼勒在萨蒂扬公司投入的每一分钱，都带来了对应的成本节省。

负责卡特彼勒业务的客户经理托马斯在深入了解客户需求的基础上，最终促成上述计划的实施。他具有出色的内部营销技能从而使公司内部接受这个计划，其项目管理技能确保在相对较短的时间内将想法付诸实践。[1]

本章重点讲述销售队伍如何与客户建立长期的互利关系。萨蒂扬与卡特彼勒的关系说明了 B2B 销售中一些重要的问题：销售队伍、客户的采购中心、甄别机会、培育关系、创造客户价值、满足期望、建立信任，等等。本章将分别讨论这些问题，并以实例说明。

在第 2 章中我们讲过，客户关系战略决策是销售队伍计划的核心元素。本章将重点讨论客户关系管理战略的实施问题，特别是图 4-1 所示的客户关系管理的四个关键方面。无论供应商采取何种具体的客户关系战略，本章所讨论的理论具有普遍的适用性，不过，在这些活动的相对重要性和执行方面是有一定区别的。比如，无论客户和供应商之间的关系是交易型的、咨询型的还是企业型的，信任和识别需求是必不可少的，不过，它们在过程和活动方面是有实质区别的，这取决于供应商和客户所寻求的关系类型。[2]

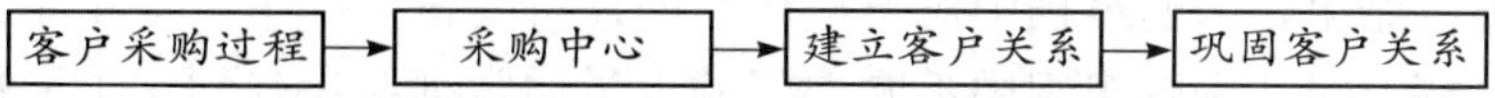

图 4-1　客户关系管理的理念

在关于萨蒂扬的例子中，另外一个不容忽视的问题是，越来越多的公司正试图在现有客户当中寻找重大的发展机会。最近的一项调查发现，在接受调查的销售人员中，有超过 70%的销售人员将从现有客户获取更多的销售额定为来年的重要工作之一。[3]一项关于销售人员绩效的权威研究进一步证明了现有客户对于实现销售目标的重要性，这项研究试图证明拜访客户所花费的时间量对销售队伍的绩效是否有影响，结果表明，在潜在客户身上花费的时间总量与绩效没有联系，只有在现有客户身上花费的时间量才对绩效有正面的效应。[4]

作为讨论关系管理的开端，我们首先讨论企业间采购过程可以划分为几个典型的阶段。随着内容的深入，我们将在每个阶段讨论客户关系的不同类型和例证。我们一边介绍销售队伍的发展，一边引入采购中心的概念。随后，我们的重心将转向理解客户关系的发展历程，以及销售人员应该采取哪些步骤来巩固有利可图的客户关系。

采购过程

我们最基本的一个前提是：销售人员必须为客户创造价值才能取得成功。为了更好地理解销售人员怎样为客户创造价值，我们一起来看销售人员能够抓住采购过程中的哪些时段来为客户提升价值。在B2B交易中，采购商要依次经历四个典型的步骤（见图4－2）。[5]

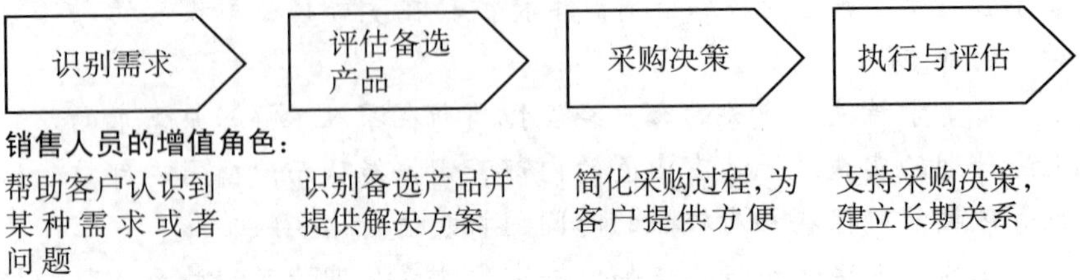

图4－2　典型的采购过程

资料来源：Adapted from Rackam and DeVincentis，1999，p. 67.

一个关键的因素决定了采购过程的本质，那就是客户所面临的采购情境。客户可能面对三种不同的采购情境，每一种情境都将影响采购过程中的四个步骤，同时也会影响销售人员在完成采购过程中提升客户价值的机会。

对于**直接重购**（straight rebuy），因为产品是客户以前购买过的，所以客户不希望有什么变动，通常只是重新添补库存。这种情况下，销售人员仍然可以采用一些办法来提升客户价值，比如让采购过程变得简单、便利，尽可能地为客户提供方便。这时，采购部门将全权负责整个采购过程。

修订重购（modified rebuy）指的是，客户期望在原来采购的基础上进行一些调整。结果，采购过程中对备选产品的评价变得复杂了，这正是卖方提升客户价值的大好时机。采购组织中不同部门的人员通常都会参与到这个采购过程当中。

最复杂的采购情境是**全新采购**（new buy），在这种情境之下，卖方可以通过四步骤采购过程中的三个步骤来提升客户价值，即：识别需求，评估备选产品，执行与评估。虽然整个采购过程要花费一定的时间才能完成，但是实际的采购决策在前两个步骤中就自然地确定下来了。

识别需求

当客户意识到存在需求时，采购过程的第一个阶段就开始了。在某些情况下，需求是直截了当的，客户是为了集中解决一个问题，比如一位经理发现了生产过程中的瓶颈或者现有的机器出了故障。这种类型的需求在交易型的关系中更为普遍。

在许多咨询型的销售关系中，客户可能没有意识到问题或者存在的机会，这时候销售队伍对情境的分析和机会的把握就十分重要。例如，亚特兰大的佐治亚州有一家超越服务公司（Transcend Services），其业务是对医院的医疗档案进行管理，它的业务流程是先对医院的医疗档案部门的运营状况实施评估，包括成本效益、质量控制以及病人医疗记录的可靠传递，如果结果表明成本在可控范围之内，该公司将出具一项提案，全盘接管这家医院档案部门的管理工作，包括收编这个部门的员工。超越服务公司的董事长兼首席执行官拉里·格迪斯（Larry Gerdes）认为，实施一项评估将花费很多时间，撰写报告又要花费一个星期，整个采购过程一般需要六个月。超越服务公司要让客户明白问题的重要性并将其量化。这是一个全新采购情境的典型例证，属于企业型销售关系，其中的成本效益问题是客户关心的焦点。

识别B2B采购需求，销售人员首先要理解衍生需求的概念。企业客户不是为了自己消费而购买，是为了制造产品和提供服务而购买。**衍生需求**（derived demand）是一个动态过程，其中产品或服务的需求源于客户对产品和服务的需求。这表明供应商可以通过了解和掌握客户的客户的需求来获得竞争优势。衍生需求可能影响销售人员要访问的对象是谁，应该强调哪些方面的客户利益，以及产品或服务最终以什么价格售出。例如，为了说服通用电话电子公司（GTE）启用其以太网连接，瑞达公司（RELTEC）向公寓的业主展示以太网连接能给住户使用电脑带来的好处，这有利于降低该公寓住户的流动率，公寓的业主说服了通用电话电子公司把瑞达公司的以太网连接加入产品线。换句话说，瑞达公司通过向通用电话电子公司的客户（公寓的业主）销售，成功地将产品卖给了通用电话电子公司。在该案例中，以太网连接对通用电话电子公司而言属于全新的购买情境，瑞达公司的销售队伍通过发现机会而与之建立了咨询型的销售关系。

评估备选产品

出于对采购的战略意义的考虑，商家可能会花费相当长的时间和较多的资金来寻找和评估可供选择的供应商。[6]采购的材料占据了原始设备生产商（OEM）的产品总成本的30%～80%，各参与方之间的信息不畅和销售后期的问题所产生的费用也是巨大的。那么，供应商理解客户的处境就显得特别重要。让我们来看看一位客户对其供应商的抱怨：

> 他们总是走进我的办公室告诉我："喂，我能解决你现在的问题。"可是，如果你连我的问题是什么都不知道，怎么帮我解决呢？许多时候，他们甚至不了解我的商业模式，或者我每天的工作是什么。也许他们的解决方案在他们自己看来是很好的，但是对我而言一文不值。[7]

规格 在这个阶段的一项关键任务是准确地描述客户对产品的要求和规范，也就是产品的规格。具体的规格通常取决于客户对产品的需求和运营的技术规范。这个阶段对潜在的供应商至关重要，因为最终的规格将决定产品的生产成本，同时也能显示一个供应商的产品相对于竞争对手的优势。因此，在这一阶段介入是非常关键的。

在大多数的交易型关系中，在供应商介入这个过程之前，客户大体上确定了自己的产品规格。然而在偏重咨询型和企业型的关系中，客户与供应商一起合作，共同确定产品的规格。以约翰逊自控公司（Johnson Controls）为例，该公司被选中为克莱斯勒的一款汽车提供座椅，虽然可以达到客户的成本目标，但在安全、重量和舒适度方面存在相当大的不足。于是，10 名克莱斯勒的工程师和 10 名约翰逊自控公司的同行会面，共同商讨解决之道，并由销售主管负责。5 个 11 个小时的工作日之后，他们在重量、成本和性能指标上达成了共识，最终帮助约翰逊自控公司完成了这些目标。[8]这个例子说明，在更高层次的买卖关系中，供应商通常在明确详细的技术规格之前就被选定了，然后由供应商和客户共同完成。

建议书 **销售建议书**（sales proposal）是卖主为采购方提供产品或服务的书面要约。经过数月的努力和大量的客户分析，这份建议书代表了销售活动的顶峰。建议书也可以应买主的**要约邀请**（request for proposal，RFP）而产生。要约邀请是客户向合格的供应商发出的通知，邀请其就某个项目提供一套产品规格。不管这个过程是怎样开始的，建议书的制定过程要融入销售过程之中，这是很重要的。例如，采购材料和设备时，建筑商要着重考虑承包商的服务、产品质量、后续支持、价格以及信誉等重要因素。建议书实际上是采购过程前两个阶段的结果：需求识别和评估备选产品。[9]

采购决策

采购决策是销售活动的最重要一步。采购活动包括下订单、说服、谈判、确定最终条款以及成交等环节。如前所述，在直接重购情境和交易型关系中，如果卖主能简化交易过程，为客户提供便利，这恰恰是为客户创造价值之处。

为了使直接重购过程更加简便，许多公司转向**外联网**（extranets）。外联网使交易各方的内部网连接起来，为实时的信息传递提供安全的环境。通过与客户的电脑系统联网，供应商能够及时掌握客户的存货信息，为客户补充存货。实际上，更多的公司通过外联网要求其供应商支持即时存货管理，改进供应链管理，提供即时的订单状态信息。喜力公司（Heineken）最近创建了一个系统，帮助其 450 家分销商通过网络进行预测和订货，将订单周期从 3 个月缩短到了 4 个星期。[10]马歇尔工业公司（Marshall Industries）是一家大型的钢铁产品分销商，它将外联网的使用价值又提高了一大块，客户可以在网上查询订单的状态，通过与货运公司联网加速发货进程，通过视频和音频参与有关会议，并且通过网络提供现场支持。

价格在企业间营销中是一个非常关键的因素，对于替代性很高的大宗商品来说更是如此。在当今竞争激烈的环境下，价格的作用正在许多买卖关系中发生转变。一些买主意识到，与其寻求最低的价格，不如选定关键的供应商开展长期合作，如此可以更有效地满足最终顾客的需求，又能在总体上降低成本。作为一家生产纤维和塑料桶的公司，Grief Brothers 公司采取理性的使用成本研究，记录客户在使用其高价产品和服务时产生的成本节省。同时，一名公司的技术服务经理会与客户公司的经理共同预测其总成本，从而为其制定相应的系统解决方案，如及时配送、新的配送系统或回收体系。通过给予客户成本节省预估基础上的多样化服务方案，Grief Brothers 公司帮助客户在了解解决方案真正价值的基础上，制定更加合理的采购决策。[11]

执行与评估

采购过程并不是在交易完毕之后就结束了，接下来，卖家的责任就是兑现全部承诺，满足甚至超越客户的期望。具体的售后服务内容包括：确保产品质量，按照承诺的时间运抵约定的地点，履行各项保证，及时进行产品维修或调换，提供必要的信息和适当的培训，等等。一位医疗卫生企业的高级经理曾这样抱怨："供应商的售后服务总是不能令人满意。他们配送、安装后就离开了，但是如果出了问题，怎么办？我们需要的是解决方案提供商，我们需要雪中送炭而不是锦上添花。"[12]

在安排好售后服务后，卖家的重点将转移到维系客户关系上，注重与客户建立持续的业务关系。这包括：为客户进行市场分析，与客户开展联合推广活动，清查存货，提供服务，提供后续培训以及处理投诉，等等。[13]让我们看看一位对供应商服务非常满意的高级经理怎么说：

> 我们需要了解系统的运行状况时，他们会出现；我们需要了解系统安全问题时，他们会出现；出现问题需要帮助时，他们会出现；当我们的服务器出现故障需要维修时，他们会出现。我们需要他们时，他们总是会出现。他们是我们的伙伴。[14]

价值分析　许多公司运用规范的价值分析或卖主分析方法对供应商进行评估。**价值分析**（value analysis）是由通用电气公司就如何降低某一产品的成本而开发的一种分析模式，重点在于对在规定的时间和地点、按照必要的质量标准提供的产品或服务进行成本对比分析，其核心是总成本而不仅仅是直接采购成本。对于重复采购的产品，占有成本（与持有存货有关的成本）和供应成本（从开始寻找客户、招聘销售人员、货物递送、接收和审核单据，到核查及处理发货错误和延迟交货等过程中产生的成本）通常远远超过客户为产品支付的价格。

卖主分析　**卖主分析**（vendor analysis）和价值分析类似，不过重点是审查卖主的能力，如送货的可靠性、产品的质量、价格、服务和技术能力等项目。除了考察供应商的产品质量、送货和成本竞争力之外，迪尔公司（Deere & Company）还启用了称作"波长"的指标。"波长"指标衡量诸如态度之类的价值理念以及卖主反应，并跟进细节内容。迪尔公司认为，这些信息通常没有得到充分的交流，但在今天竞争激烈的市场中是很重要的。[15]

采购过程中的执行与评估步骤对于销售过程有重要的影响。需要同时考虑多个目标：短期目标，包括赢得交易订单并且确保客户获得预期的价值；长期目标，包括发现新的价值机会并且与客户建立更稳固的个人及商业关系。这种多个目标考量对于大多数咨询型关系及企业型关系至关重要。

关于采购过程，值得注意的另外一点是，理解客户的采购过程十分必要，而不是仅仅知道自己在过程中的位置便简单地将注意力集中在达成交易上。在理解了客户的采购过程之后，就需要提高这个过程的质量。如果没有一个高质量的采购过程，采购决策最终会被导向最简单的评价标准——价格。

供应商层级

当今的公司越来越注重借助营销的理念建设供应商的网络，根据货源的重要性以及寻找替代货源的难度对供应商进行细分。意识到应该区别对待不同的供应商，企业开始把各类供应商关系列入不同的**供应商层级**（supplier tiers），详见表 4-1。企业清楚地意识到不同的供应商对公司取得成功的贡献是不同的。有鉴于此，有选择地与某些供应商建立特别的关系符合公司的最大利益。有些产品和服务对于公司的最终产品来说在质量上没有什么差别，而且合格的供应商数目繁多，既然如此，压低采购成本、保持可靠的货源就成了公司的工作重点。供应商所处的层级不同，关系和采购过程也就有所差别。应该注意，供应商的层级划分严格体现了公司的客户关系战略。由于越来越多的企业认识到划分供应商层级带来的竞争优势，所以供应商开发和实行清晰的客户关系战略变得愈发重要了。

表 4-1　供应商的层级

供应商的层级		客户关系的性质
A	普通级	● 传统的一般性关系 ● 通常是自然形成的单一供货关系 ● 标准的、非战略性的产品
B	优先级	● 关系的重点是供应商的产品和服务 ● 供应商和客户彼此更加熟悉 ● 供应商和客户彼此更加信任
C	扩展级	● 关系涉及众多的产品和服务 ● 多方面合作，如产品设计、存货管理 ● 供应商被认为是同类中最优秀的
D	伙伴级	● 供应商被视为对企业的持续竞争地位具有关键作用 ● 这种业务关系牢不可破 ● 某种程度上相当于独家关系

资料来源：Adapted from Atlee Pope and George Brown, "Growth is a Project," *Velocity* (Q1 2003), pp. 22-25.

在各种类型的客户关系中，销售工作都离不开与客户建立紧密的关系——了解客户的问题和迫切程度、期望、需求和文化。[16]销售人员必须知道在客户的组织中谁会参与采购决策及其在这个过程中扮演的角色。这一点在复杂的销售情境中尤其重要。复杂的销售情境是指必须经过客户组织中某些人的批准才能实现销售。**复杂的销售情境**（complex sales situations）指的是采购决策的结构，与具体的产品或价格无关。以销售篮球为例，琼斯先生如果向当地一家体育用品商店的店主销售了12个篮球，这就属于一项简单的销售；假如他向沃尔玛推销100个篮球，这就可能属于一项复杂的销售，因为实现该笔销售不只需要一个人同意，而是要得到多人的批准，尤其是在作为新货进店的情况下。关于如何处理复杂的销售情境，向组织中的多人推销以及采用何种构架，我们将在下部分讨论。

采购中心

采购中心（buying center）包含所有正式或非正式地介入购买决策的人员，换言之，是指肯定或否定某项采购或者对最终决策具有影响的所有人员。采购中心随着时间的推移而改变，不一定是组织的正式部门。采购中心的人数基于多种因素而不同，包括有多少部门需要使用某项产品、交易的金额以及产品的技术含量等。同时，采购中心的每一个成员因其在组织中的位置不同，对于采购的考虑角度也有所不同。比如，采购新的生产设备，老旧设备的问题是漏油，那么漏油问题的重要性随着决策层级的上升会发生变化。对于设备的使用者而言，这个问题直接表现为生产车间地上的油渍，对于首席执行官而言，这个问题则影响到每股收益。表4-2说明了同一个问题在不同的决策层级上的表现形式。

表4-2　　车间地上油渍的影响

决策层级	需求指标
首席执行官	每股收益
财务总监	投资回报率、税前利润
运营副总裁	产品成本
车间经理	设备可靠性
设备维护经理	维护成本
设备使用者	车间地上的油渍

资料来源：Adapted from Jeff Thull，*Exceptional Selling*（Hoboken，NJ：John Wiley & Sons，Inc.，2006），p. 218.

采购角色（purchasing role）是指采购中心的某位成员在决定是否同意或推荐采购，或选择特定的供货商时要考虑一系列的问题或关注点。为了简便起见，可以归纳成三类采购角色：经济采购者、使用采购者和技术采购者。一名采购中心的成员可能扮演许多采购角色，但是在许多重大的采购情境中，每个采购角色的分工是明确的。[17]为了推动销售的成功，第四个人也必须出场，这个人的角色称为促动者。

经济采购者

经济采购者（economic buyer）是有权最终批准购买某项产品或服务的个人或委员会。这些人手里掌握着采购资金，如果作出了选择，采购就可能得到批准。经济采购者关心的不只是价格或者技术，还有性能，也就是组织花费了这些资金能得到什么收益。

经济采购者在销售中的角色是独一无二的，他们负责：

- 建立项目的取舍和侧重标准。
- 关心业务的经济效益。
- 着眼于未来。
- 询问“为什么”。
- 即使在每个人都说“是”的情况下仍然可以说“不”。
- 即使在每个人都说“不”的情况下仍然可以说“是”。[18]

显然，每项销售任务都应该把这类采购者识别出来。这些人在组织中的地位不一定高高在上，其组织地位取决于一些因素。经济采购者的地位在下列情形中很可能处于组织的上层：

- 产品价格昂贵。
- 组织的业务处于萧条阶段。
- 客户对销售人员及其公司和产品缺乏经验。
- 错误的采购决策将对组织造成重大的影响。

设想一下电信行业由于分散式数据处理和电脑系统网络化而面对的局面。许多公司现在把通信看成一种战略资产而不仅仅是“设施”，这对于该行业的销售和营销有着深远的意义。“在过去的三年中，”美国电报电话公司的运营副总裁说，“我们扭转了工作重心，原来我们打交道的对象仅限于客户的采购代表和通信经理，如今我们将眼光扩展到了客户组织中的政策制定者，要设法得到他们的认可。”工作重心的转变促使该公司改变了营销方式，以对销售人员的培训为例，除了常规的技能培训之外，战略业务决策受到了高度的重视。

使用采购者

使用采购者（user buyer）需要了解采购对于实际工作会产生怎样的影响。他们关心的内容要比经济采购者简单，因为其出发点仅限于自己的领域或部门。使用采购者的具体情况通常是：

- 销售的产品或服务会影响到他们的日常工作。
- 处于执行层面。
- 关心具体问题而非战略问题。
- 着眼于过去和现在而不是未来，最多会问：“这将会对我产生怎样的影响？”

一般来说，使用采购者想知道供应商的解决方案将会怎样影响到自己，但是他们不关心会怎样影响到整个公司。不过，使用采购者在购买决策中的影响不容小觑，卖主必须认真对待。3M公司销售粘贴式便笺的故事很好地印证了这一点。最初，该公司的目标对象仅锁定为办公室经理，结果成效甚微，最后3M公司决定向秘书和办公人员免费发放样品，终于取得了成功。

技术采购者

技术采购者（technical buyer）的角色相当于“把关者”，他们的任务是通过筛选排除那些不符合组织要求的产品和供货商。他们的职能是围绕组织目标缩小可供选择的范围。这些人对最终决策有很大的影响力，不过他们不能说“是”，仅能说“不”。

这些采购者之所以被称作技术采购者，是因为他们着眼于产品或服务的规格等具体技术细节。履行这项职能的人员包括工程师、法律顾问以及采购代表等。

总而言之，技术采购者的影响包括：

- 能说“不”，不过在说“是”之前要得到批准。
- 能推荐。
- 对决策者具有关键的影响力。
- 关心产品的规格和价格。
- 着眼于当前。
- 问“什么”而不是“为什么”。

促动者

一个复杂的销售情境会涉及很多影响采购的角色，其中，销售人员需要培育特殊关系的另一个角色是**促动者**（advocate）。促动者的作用是提供一个组织参与某项采购决策的人员的关键信息，其角色相当于一名向导。这些人既可能是采购组织以外的人员，也可能是其内部人员，他们不一定决定采购或推荐具体的采购人员，但是愿意向那些影响销售的人员提供重要的信息。如果销售人员不能赶赴现场，例如在采购委员会开会期间，他们通常能帮助供货商促成销售。他们提供这些消息，背后的基本动因是他们确信你的产品是这个组织的最佳选择，因此愿意看到达成交易。促使促动者帮助实现销售的一些原因包括：

- 个人动因。希望你达成交易，因为他们了解你，喜欢你，并且乐于看到你成功。
- 专业动因。你达成交易有利于他们提高工作效率，达成目标，以及帮助他们的公司达成目标。
- 认可动因。你达成交易能帮助他在本单位得到认可和表彰。
- 报复动因。希望其他人失败。[19]

我们讨论了促动者为什么要帮助你，现在我们来讨论一下促动者能为你做什么。举一个形象的例子，当一位医疗卫生机构的首席信息官谈到供应商取得成功需要获得哪些帮助时谈道：

> 客户要对自己机构内部的政治图景非常清楚，并为供应商在其中顺利游走提供帮助。供应商在客户机构内部寻求机会时，也需要非常小心，对于使用何种技巧和方法要十分慎重。[20]

应当注意到促动者与销售人员要通力合作，但是促动者不会承担销售人员的角色。

促动者能帮助你的一些方法包括：

- 提供销售建议。他们能够发现采购单位存在的关键问题以及每位影响者的兴趣，帮助认定主要的决策者。
- 增进兴趣。他们能促进决策影响者展开讨论。
- 推荐其他的促动者。他们可以为你引荐其他能帮助你实现销售的人士。
- 改进你的推销工作。例如，他们可以帮助你确定正确的交易条件，捕捉某些微妙的推销细节，安排推销工作的先后次序等。
- 获得接近决策者机会。他们能带你走进高层管理人员的办公室。

既然促动者的作用如此关键，就应该谨慎地对待。必须让采购中心的其他人认为促动者既诚信又能干，最理想的情形是，其他人将促动者视为采购中心的领导者和主要影响者。识别优秀的促动者的一条捷径就是留心倾听采购中心其他人的议论，他们经常提起的那个人很可能就是理想的促动者。一名强有力的促动者对于卖主的长期成功是很重要的，因为他的地位一旦在公众心目中得到确立，便会长时间保持下去。

为了测试你是否理解了采购中心的概念以及其中不同的人有着各自的观点和倾

向，请阅读团队练习 4-1，对其中每个人所关心的问题，你将提出什么建议？

团队练习 4-1

不同的声音

你是米德马克医疗公司（Midmark Medical）的一名销售人员。该公司是一家保健用品公司，专为医院手术及术后康复开发和销售所需产品。医学研究表明，患者在外科手术后有60%～80%会出现体温过低的症状。该公司研发了一种能防止体温降低的新产品，这种产品是一个像塑料一样的薄毯，由吹风机将空气注入其中。运用纳米技术，这种医用保温毯可以使空气留在其中并阻止外界空气进入，这样就可以保温 2 个小时。

如今，医用保温毯普遍用于治疗术后体温过低。6～8 块保温毯被交替放到患者身上。几乎所有的患者都会需要保温毯。保温毯的优点是简易、安全，相对于其他产品更便宜，主要的不足是很快就会冷却，因为它只有隔绝的作用，需要依靠患者的体温来维持温度。

你要在你的销售区域内向医院销售这种产品，你意识到至少有三组人对能否形成购买决定起作用：参与手术的护士（特别是护士长）、手术的医生和医院的管理者。按照每组人员对新产品可能的需求和问题制定一份销售计划，并做好准备来与这些人中的一个或多个进行交流。

资料来源：Roger Kerin and Bob Peterson，*Strategic Marketing Problems*，11th edition（NY：Prentice Hall，2007），pp. 235-244.

关系的演变

大多数销售人员都喜欢与客户建立长期的关系，以确保客户能够持续购买并定期进行设备更新。许多公司一直对销售人员强调在客户单位的各个阶层建立和提升专业关系的重要性。[21]有鉴于此，理解关系是怎样随着时间发展的十分必要。根据社会心理学的研究，关系的演变历经五个阶段：（1）察觉；（2）探查；（3）扩展；（4）承诺；（5）解除。[22]虽然很难判断关系确切地发展到哪个阶段，但每个阶段都代表了关系的本质变化。销售人员应该认识到这些变化，以便采取相应的措施。**关系演变**（relationship evolution）的五个阶段和每个阶段的目标参见表 4-3。

表 4-3　买卖双方关系的演变阶段

关系阶段	特点	关键销售目标
察觉	意识到某家供应商能满足重要的需求	1. 获得客户关注 2. 展示产品或服务怎样满足需求
探查	初步尝试，双方的承诺有限，这个阶段可能会持续很长一段时间	1. 获得初步认可 2. 建立成功的关系
扩展	建立关系对双方都很有利	1. 深入了解客户及其业务 2. 扩充帮助客户的途径

续前表

关系阶段	特点	关键销售目标
承诺	买卖双方承诺建立独家业务关系	1. 买卖双方各组织层级实现全面接触 2. 在产品开发过程中让供应商早期介入 3. 注重维持长期关系
解除	双方关系完全破裂，这可能在任何阶段发生	1. 注意预警信号 2. 试图重新恢复关系

资料来源：Adapted from Robert Dwyer，Paul Schurrr，and Sejo OH，"Developing buyer-Seller Relationships，" *Journal of Marketing*，51（April 1987），pp. 11－27.

然而，所有的关系都是动态的而不是直线的。也就是说，表4－3中所示的不同的阶段是可以循环往复的。回顾本章开始提到的萨蒂扬公司和卡特彼勒公司的情形，当双方开始寻找创造客户价值的新机会时，这种关系已经达到了牢固的阶段，在这种情况下的探查使得双方之间的关系又上升了一个台阶。

尽管十分罕见，但是在个别情况下，解除客户关系也可能会有利于客户关系的巩固。比如，当一家亚洲的竞争对手以低廉的价格威胁到北美的一家大型石化产品供应商时，这家供应商放弃了三家规模虽大但无利可图的客户，该供应商知道什么对客户才是最重要的，也了解新对手的劣势，亚洲供应商不仅物流管理薄弱，而且产品质量低劣，两个月之后，三家客户中有两家又重新找上门来，它们接受了更高的价格，但产品和服务的质量得到了保障。[23]

关系纽带

无论是个人还是团体，某些因素能够驱使各方建立全面而牢固的关系，这些因素称为**关系纽带**（relationship binders）。销售人员应该熟知这些因素。本节将讨论三种建立全面而牢固关系的必要因素，这是每一位销售和营销人员必备的知识，它们是创造价值、满足期望和建立信任。[24]

创造价值

在这里，**价值**（value）是指建立和拓展关系所感受到的回报要超过成本。对于买家来说，价值并一定等于最低的价格，它可能意味着节省时间和劳动的机会，或者是更多的产品销售。待价值传递到客户的客户那里，价值最终体现为更高的质量、更低的价格、更多的选择以及更便利的服务。

图4－3揭示了供应商的客户关系战略的含义，并说明了在销售过程的每一个阶段销售队伍如何创造客户价值。在交易型关系中，采购过程的后两个阶段创造客户价值的机会更大一些。在这种相互影响的关系中，简化交易过程，避免拖沓，减少交易后的一系列问题，这些都是创造客户价值的重大机会。在采购过程的前两个阶段，咨询型客户关系强调积极地帮助客户解决问题和识别增长机会，以此来创造

客户价值。想一想摩托罗拉公司销售定制寻呼机的方法。摩托罗拉寻呼机的销售队伍根据客户自己的规格设计寻呼机，以更好地满足客户的需求。这些规格由销售人员收集整理并传送到公司的工厂。在采购过程中的识别需求和评估备选产品阶段，这种个性化的产品开发需要投入很多的时间和精力。企业型关系旨在贯穿采购过程的四个阶段创造客户价值。

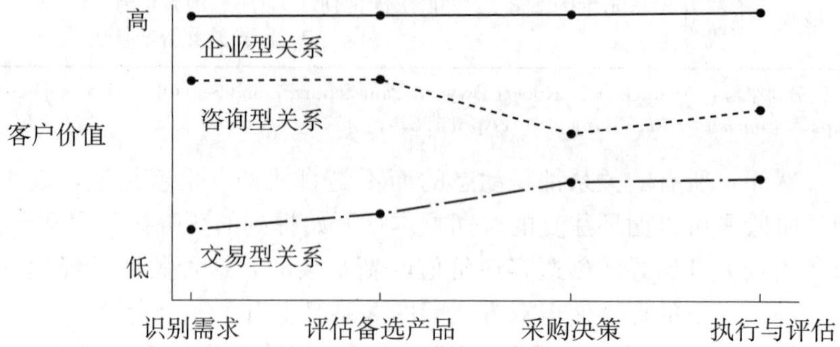

图 4-3　采购过程中的客户价值创造

满足期望

在任何关系中，参与的各方都会建立自己的**期望**（expectations），或者说以规则或规范的形式确定要达到的行为和业绩。行为因个体偏好、公司政策以及国家文化的不同而存在差异。

在许多企业型关系中，买卖双方形成了相互一致的团队价值体系。这种价值体系有时会变成文字性的规范，以提醒所有成员这是每个人都必须遵守的行为准则。例如，各方都同意维护彼此公司的利益。确保团队中的新成员知道和遵守这些价值非常重要。

销售人员必须谨慎行事，以避免其行为引起不适当的买主期望。例如，假如销售人员同意了买主要求的特殊折扣，对方就会认为这是标准做法，于是就会在未来的交易中期待各种各样的折扣。因此，许多公司（例如 IBM 和宝洁）不给销售人员灵活打折的权力。请阅读下面的团队练习 4-2，在这种情况下你将怎么做？

团队练习 4-2

援　手

有一家建筑公司一直是你的公司最大的客户之一，这种状态一直持续到去年。低迷的当地经济迫使建筑和重建项目也放慢了脚步。这家建筑公司重新组建了管理团队，雇用了一位新的财务总监。结果呢？在过去的 6 个月里，这家公司一直拖欠着应该支付给你公司的款项。

按照惯例，你的公司雇了一家讨债公司来催要这笔款项。这家讨债公司威胁建筑公司说，如果对方不能在一个星期内支付款项，他们将采取措施影响其信誉评级。该建筑公司毕竟是你的客户，这时你接到一个老朋友的电话，他就在这家建筑公司工作，你们已经有15年的交情了。在电话里，你的朋友向你求情，并承诺一定会支付款项。他还说，他的公司已经向几个大项目发出了标书，一旦取得成功，公司就可以在一个月之内偿还账款。

你现在陷入了进退两难的困境。你知道并不是所有的项目都一定能成功，因此该建筑公司也有可能在一个月之内不能支付款项。你想帮助你的朋友，但是你也意识到要对公司和自己负责——你的薪水与业务的利润是挂钩的。同时，你不想失去这个大客户，也不想失去这笔收入——如果该公司的项目成功了，他们就能偿还这笔账款。你会同意给这家公司一个月的宽限期等待它恢复元气吗？你会说你不能做主（其实在一定程度上这是实话）吗？有没有一个两全其美的办法？

期望会随着供应商的表现而变化。客户对供应商的表现会在两个方面建立期望：一是产品的表现；二是服务活动的表现，包括销售拜访频率、价格变动通知、交货时间、订单履行率、紧急订单和安装等。一项调查对比了多个行业中销售人员对客户期望的认知，结果显示，销售人员对客户期望的认知存在很大的偏差。准确识别客户的期望与良好的销售业绩相关。有趣的是，销售人员经验越丰富，识别买主期望的能力反而越弱。

为了鼓励准确判断客户的期望，许多公司要求销售人员针对大客户提交书面的年度评估报告。这一评估过程包括回答一系列的问题，写出答案则有助于认清关键的假设、矛盾和遗漏信息。表4-4围绕客户的期望列出了需要回答的问题。关系的类型不同（交易型的、咨询型的或企业型的关系），问题的深度和广度便有所区别。既然目标是获取高质量的客户信息，这就意味着公司必须在客户信息方面超越任何竞争对手。

表4-4　客户信息

类型	问题
市场信息	他们服务哪些市场？ 谁是其主要竞争对手？
财务信息	年度投资预算自何时开始、到何时结束？ 通过审批需要哪些条件？ 全年计划需要投资的项目有哪些？
组织信息	高层管理部门希望各个部门经理当年达到怎样的目标？
经营信息	对于你的产品或服务，公司有没有明确的考核标准？
人员信息	哪些人在决策过程中具有直接或间接的影响力？ 他们的职责是什么？ 你和每个人的关系怎样？
竞争信息	有哪些竞争对手与你的客户保持稳定的业务关系？ 各自占多大份额？ 哪些竞争对手的份额会增大？

建立信任

信任（trust）是指一个人的言辞和承诺能够取信于人，客户的长期利益能够得到保障。买主如何评价关系的质量以及能否建立合作伙伴关系，对销售人员及其公司的信任是最基本的前提。调查表明，客户很难将对供应商的感知与对其销售人员的感知区分开来。[25]在探查阶段之后，客户对供应商的销售人员的信任对于增进客户与供应商的关系尤为重要。[26]

建立信任需要时间。调查表明，销售人员的工作资历对于维持与客户的伙伴关系以及收益率有着重要的影响。[27]销售人员怎样才能获得买家的信任呢？对买卖双方的研究表明，买家信任的销售人员具有以下五个特质：

- 诚实。说实话的销售人员。
- 能力。知道自己在说什么的销售人员。
- 可靠。履行诺言的销售人员。
- 客户至上。把客户利益放在首位的销售人员。
- 可爱。客户乐于与之打交道的销售人员。[28]

在对销售人员的信任问题上，对买主的调查发现，所处的采购阶段不同，以上各特质对于买主心目中的总体信任感具有不同的重要性。在关系的早期阶段，公司及销售人员的能力起决定性作用；随着买主对卖主及其具体销售人员认识的加深，可靠日趋重要；在建立了全方位的伙伴关系阶段，客户至上对于买主心目中的信任感变得至关重要；诚实和可爱在采购的各个阶段都是重要的。[29]

然而，建立信任不完全是一个可爱的问题。有证据表明，人们更加信任那些善于倾听的人。[30]值得庆幸的是，优秀的倾听技巧是可以训练的，具体方式包括：专注倾听而不打断讲话者，换一种方式表述问题，在适当的时机作出回答，使用完整的句子而不是简单地说“是”或者“不是”。

要与客户建立长久的关系，这三种关系纽带（创造价值、满足期望和建立信任）非常重要。如何建立这些纽带，应该采取哪些行动，需要哪些技巧加以巩固，这些都会因客户关系战略的不同而有所差异。表 4－5 根据三类客户关系战略总结了每种关系纽带的差别。

表 4－5　　客户关系战略及关系纽带

	交易型关系	咨询型关系	企业型关系
创造价值	便于采购的优质产品	对重大问题的解决方案	供应商提高股东的价值
满足期望	对于双方的关系如何开展，买方有清晰的期望	买方知道问题存在，但是并不确定解决方案或者处理问题的关键要素	买方的期望是战略性的，尽管不一定清楚实现这一战略目标的方法
建立信任	供应商如期履行承诺	供应商竭尽全力解决问题	供应商竭尽全力提高买方在市场中的竞争优势

本章小结

一家公司的利润和成长越来越多地依赖于与正确的顾客建立良好的关系和经营这种关系来传递顾客价值。本章讨论了那些对成功经营客户关系重要的技巧和概念。

1. 描述专业采购过程的步骤。我们描述了典型的采购过程的四个基本步骤：识别需要、评价备选产品、采购决策以及执行与评估。在每个步骤中销售队伍都有机会创造客户价值。客户价值的创造还依赖于买方—供应商关系的类型——交易型关系、咨询型关系，还是企业型关系。

2. 确定采购中心的角色。在大多数组织的采购决策中可能会涉及很多人，这些人被定义为采购中心。销售人员知道这些相关人员很重要，同样重要的是了解他们的性格。采购中心的人会扮演以下三种角色之一：经济采购者、技术采购者或者使用采购者。除此之外，销售人员应该选择并且培养一名促动者。

3. 关系的演变大致会经历五个阶段：（1）察觉；（2）探查；（3）扩展；（4）承诺；（5）解散。因为每一个阶段代表关系性质的一次转变，所以销售人员应该知道这些转变并且由此着手来发展关系。

4. 描述关系纽带。一些因素对不断巩固关系很重要。我们已经学习了三个重要的因素，要想发展全面的有成效的关系，这三个因素是必需的，它们是创造价值、满足期望和建立信任。

关键术语

促动者　advocate
采购中心　buying center
复杂的销售情境　complex sales situations
衍生需求　derived demand
经济采购者　economic buyer
期望　expectations
外联网　extranets
修订重购　modified rebuy
全新采购　new buy
采购角色　purchasing role
关系纽带　relationship binders
关系演变　relationship evolution
要约邀请　request for proposal（RFP）
销售建议书　sales proposal
直接重购　straight rebuy
供应商层级　supplier tiers
技术采购者　technical buyer
信任　trust
使用采购者　user buyer
价值　value
价值分析　value analysis
卖主分析　vendor analysis

自我能力提升

1. 技术能力。最近对美国玻璃工业的一项研究在一定程度上揭示了互联网在树脂供应商和加工商之间的应用情况。总的来说，20%的公司通过互联网与客户和供应商联系。研究还发现，与许多媒体广告宣称的相反，大公司比小公司更加倾向于使用技术。

这项研究还有一个独到的发现，即供需双方使用网络交流的内容。对买方提出的问题是，买方通过互联网与树脂供应商联系的频率有多高。交流的内容包括以下 10 个方面：

- 下订单
- 查询订单或者交货状态
- 查询库存状态
- 询价
- 递交投标
- 解决问题或冲突
- 查看产品目录
- 获取一般信息
- 接受技术建议
- 发送产品规格

对问题的回答分为五个等级，一个极端是1，代表从来没有；另一个极端是5，代表非常频繁。你认为以上10项内容通过互联网交流的频率是怎样的？你认为互联网应该重点应用在哪方面？为什么？

2. 战略行动能力。某运输服务公司为大客户提供卡车货运服务，在准时交货和工作认真方面声名卓著。公司管理层认为应该更多地采取市场导向，希望与客户建立并且维持长期的互利关系。该公司投入时间和精力来研究客户的运输需求，帮助客户拟定计划。两年之后，公司管理层对结果很失望。尽管客户对于公司新的市场导向大加赞赏，但是公司的销售额却下降了。低成本的竞争对手构成了严重的威胁。哪里出错了？为什么客户不重视长期的关系？

3. 自我管理能力。美国的企业和采购经理不断强调采购活动中道德的重要性。宴请之类的招待已属于常见的商业惯例，人们越来越关注诸如赠送体育赛事和演出的票等招待活动的伦理问题。与美国不同，墨西哥的专业采购职能刚刚起步，专业的采购代理商组织并不存在，而且很多公司认为不需要代理商。假如这种差异继续存在，在特定的业务中，美国和墨西哥的采购人员在伦理观念上可能难以达成一致。你认为美国和墨西哥对以下的五种伦理困境会有怎样的反应？有哪些不同？为什么会有这些不同？

- 接受推销员赠送的免费旅游是正常的。
- 接受推销员提供的招待是正常的。
- 认为供应商夸大其词以争取折扣是可以接受的。
- 认为好的供应商提供优惠待遇属于正常的商业惯例。
- 认为从供应商那里得到竞争对手的信息是可以接受的。

4. 教导能力。成功建立长期的客户关系是美国第二大电子设备分销商西科国际（WESCO International）的专长。西科储存并供应超过100万种不同的商品，包括保险丝、连接器、工具、磁带、电路切断器、转换器、电灯泡和数据传输产品等，其客户包括制造商、承包商、公用事业公司和政府机构。西科的销售战略是在有利可图的前提下拓展与主要客户的关系。为便于了解该公司如何完成目标，我们来阅读下文，看它是怎样与一家造纸行业的客户建立伙伴关系的。

> 虽然我们以前与这家客户的生意往来不多，但还是收到了其总部在1997年11月发来的邀请，希望我们参与一笔业务的竞标。我们分发问卷，准备就如何降低客户的存货和能源消耗制定详细的计划。我们决定，除了客户的三个工厂之外，其余的都可以提供服务。在向招标委员会作了陈述之后，我们终于在1998年6月锁定了客户。
>
> 签署协议后，我们随即成立了一个客户团队，并召开了全国性的项目启动大会。在接下来的几个月里，我们开始在客户的每一家工厂里推行新的计划，并同意每月召开一次会议，现场解答客户关心的问题。正如计划的那样，我们接管了两个分厂并建立了一个新厂。我们实施了全面的能源审核，然后为所有的工厂建立了更加节能的系统。我们还降低了库存，完成了电子数据交换订货系统。
>
> 1999年6月，密集的实施过程结束了。销售额与上一年相比增长了10倍，达到了每月100万美元。在降低交易成本、节约能源和降低库存方面，西科证明它能够为客户节省20%的成本，这远远高于客户的期望。

从这篇成功拓展业务的记述中，你认为成功拓展业务的关键是什么？易犯的错误有哪些？有关西科公司的更多信息，请登录网站www.wescodist.com。

5. 团队建设能力。与上题中讨论的西科的例子相似，拓展销售机会常常源于客户的总部，由总部提出对更多产品和服务的需求。履行与总部达成的协议需要各级分部的支持和配合，这正是需要团队合作的地方。在上题中，客户的一个工厂每年只能为西科公司带来 5 万美元的订单，却要求每半个月进行一次销售拜访。该工厂离西科公司的分部有两个小时的路程，负责拜访这家工厂的销售人员的薪酬是底薪加销售提成。对于以上的情况，他直言不讳地提出了自己的看法：

> 对方可能是西科公司不错的客户，但是站在我的立场上，他们要求了太多的服务，这些服务与他们的订单量不相匹配，无论是现在还是将来。如果不是公司的硬性规定，即使路途很近，我也不会拜访这种客户。为这类客户服务的机会成本太高了，我宁愿将时间用在对其他的本地客户推销，因为这些客户能体现我的服务价值，我也会拿到更多的提成。

如果你是这名销售人员的部门经理，你会对他说什么？如果你是负责该客户的全国客户经理，你怎样使该销售人员融入团队的工作？如果你是西科公司的全国销售经理，会作何反应？

6. 全球视野。对于任何业务，实体产品已经不足以创造持久的竞争优势了，优势越来越多地依赖于对客户优质的售后服务。人们普遍接受这样一个事实，即客户期望是决定满意程度的基础，期望的形成则有赖于以往的经验以及承诺。此外，由于期望在本质上具有浓厚的文化色彩，在国际上开展竞争的公司必须予以高度重视。

为了更好地理解这一点，我们来看一家大型瑞典公司的例子，这家公司具有将近 50 年的国际销售经验，向 50 多个国家销售工业产品。如安装、培训、日常维修、紧急修理、零件供应和软件服务等售后服务项目占公司总收入的 25%左右，而且增长率超过了全部产品的销售增长率。在描述其全球客户对服务的期望时，该公司的营销经理总结出以下几个特点：

- “他们需要即时的服务，并且要求免费。”
- “他们非常愿意以服务协议的方式提前支付售后服务的费用。”
- “他们将售后服务视为业务成本的一部分，但是不愿意接受在合同中提前支付费用的条款。”

你认为以上服务期望陈述符合世界上哪个地区的特征：亚洲、欧洲、美国、北美洲。请给出理由。

实验性练习

预约采访一位工业品采购代理商。请买方解释是如何购买零部件、原材料或者机器的。制作一张流程图来说明采购过程的各个步骤。将你的流程图与本章讲述的采购过程进行对比，然后撰写一份报告，说明销售人员应该怎样利用你的流程图。

希尔德案例练习

客户的要求

道格·布卢姆心中充满疑惑：“为什么是我呢？”作为希尔德保险公司在得梅因地区的销售经理，道格接到了一个所有经理都不想接到的电话：他的推销员与客户闹僵了。

这个电话是Stateline国际公司的新任人力资源部经理斯特拉·伯恩斯（Stella Burns）打来的，该公司是希尔德保险公司在该地区的五大客户之一。伯恩斯解释道，虽然对希尔德的产品和价格很满意，但她不喜欢负责其公司业务的客户经理凯西·西蒙（Cathie Simon）。她发现西蒙无心工作，只关心什么时候可以见面吃午饭。她觉得西蒙喋喋不休，无谓地浪费时间。伯恩斯要求道格将Stateline公司的业务转给另一位更具有“专业风范”的推销员，这个推销员要能严肃地与她讨论业务问题和解决方案，并且她希望在一周之内就见到新的推销员，以便与之商讨新的保险项目。

道格的反应是，在这种情况下，他只能满足重要客户的愿望。至少他知道将委派什么样的人来接替西蒙了，那就是雷·哈里（Ray Harley）。这个人非常符合伯恩斯的要求，他进步很快，已经完全领会了道格的销售方案。问题是，他怎样告诉西蒙要把她手上最大的客户拿走？

问题

1. 道格应该屈从客户的要求更换推销员吗？

2. 把西蒙从当前的岗位上替换下来，会引发哪些潜在问题？

3. 假设决定替换西蒙，你将怎样向她解释？

4. 除了替换西蒙，还应该考虑客户的哪些问题？

第5章 客户互动管理

人们通常在自己说话的时候买东西，而不是在推销员说话的时候。

——罗伯特·弗罗斯特（Robert Frost）

本章顾问

S. 基思·霍尔（S. Keith Hall），安德森化工公司（Anderson Chemical）区域经理

尼尔·克罗宁（Neil Cronin），约翰威立出版公司（John Wiley & Sons）区域销售经理

威廉姆·埃文斯（William Evans），埃文斯合伙公司（Evans & Associates）总裁

学习目标

- 描述销售模式的基本类型；
- 阐述互动前阶段所需的技能；
- 列举互动阶段所需的技能；
- 讲述互动后阶段所需的技能。

3 000 万美元的交易

波音航空公司斥资 3 900 万美元购买了甲骨文公司的数据库软件，这是迄今为止软件行业首屈一指的大交易。杰夫·辛普森（Jeff Simpson）是甲骨文公司的业务经理，当被问及如何能够达成如此巨额的交易时，他与我们分享了下面的故事。

当开始制造波音 777 型飞机时，波音公司意识到不能按照过去的老套路了，老套路是指依据不同型号的飞机应用二维设计系统，将所有零件组合在一起，才能检测出各个零件之间的冲突与干扰。这种方法往往需要大范围的重新设计，结果不仅耗费时间和财力，而且质量不高。

采用三维的计算机辅助设计技术能够及早发现零件之间的干扰，减小误差，使所有零件能够一次性成功契合，大大节约了时间和成本，对于波音的客户来说也是一大喜讯。联邦航空管理局（FAA）规定，对于双引擎、双飞行员的飞机，必须在内陆试飞两年之后才有资格进行越洋飞行，但如果飞机能够达到足够高的质量水

平，则有可能在这项规定之外获得例外的豁免。这样的豁免有助于飞机提早放到海外生产，从而为波音公司的客户（即航空公司）节省大笔的资金。

辛普森说："我们虽然不属于波音 777 型飞机的战略设计团队，但由于我们的数据库系统可以增容，这项独特的技术可以帮助我们采取新的方式来生产新型飞机，通过大幅降低成本来为波音的客户赢得竞争优势。

"一旦我们形成了这样的价值，3 900 万美元就不再是一个大数目，那对波音公司来说只是一个小数字。该软件属于飞机的一部分，在以后的几年中还有数以千计的部件需要应用这种软件。此外，我们成为团队中不可或缺的部分，拥有了内部人的资格。"[1]

甲骨文与波音公司的交易很大程度上体现了当今企业间销售的本质特征：深入了解客户的问题和挑战是推动销售的动力源。对于甲骨文公司来说，理解客户的需求是十分必要的，交易的成功并不在于辛普森做了一次出色的销售演讲或引人注目的最后陈述，而是甲骨文公司有能力识别并通过新技术满足波音公司的需求。在本案例中，满足战略性客户需求是这次巨额交易取得成功的真正原因。

本章将通过关注与客户的互动来继续讨论销售队伍的活动，确切地说，我们将重点关注发生在与客户面对面的互动之前和之后的活动。虽然从事这些活动所需的技能并没有什么变化，但由于客户关系战略、竞争与技术的调整，部分活动会有所变化。为了便于组织讨论，我们将客户互动过程分为三个阶段：

- 互动前：与关键决策人互动之前进行的准备活动，通常要求具有提前计划技能。
- 互动：在与决策制定者互动之中进行的活动，包括交际、发掘、说服、处理拒绝和成交等。
- 互动后：一项交易完成后涉及的支持技能。

本章的出发点在于讨论销售中的技能。销售的三个阶段以及所应用的技能如图 5-1 所示。我们每谈及一种技能，都会指出它的目的以及实现目标所用的战略。在很多情况下，我们还特别指出需要避免的常见错误。在整个讨论过程中，我们将说明公司的实际做法和销售主管的观点，以帮助读者加深理解。

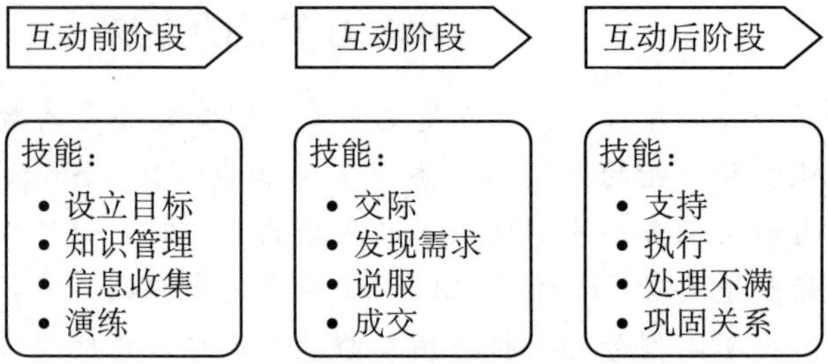

图 5-1 销售过程的阶段和步骤

为了方便讨论，我们把这些步骤按照一定的逻辑顺序排列起来，完成一次实际的销售过程可能需要经过前面几个阶段的多次反复。这些阶段之间紧密联系，与客户中的一个人互动有助于了解其他人的情况。要注意的是，销售过程的不同阶段恰恰折射出上一章所描述的采购过程的不同阶段，这样设计显然是因为只有销售过程能很好地匹配客户的采购过程，交易才能成功。

任何销售队伍的计划都以一定的管理哲学为基础，即如何最好地执行销售步骤。下面三种销售模式是管理学提倡的。

销售模式的基本类型

销售顾问在讲授销售方法时会想出很多标题和标签，但万变不离其宗，最终可以归结为以下几种销售模式：标准模式、需求满足模式和问题解决模式。任何一种模式在不同的情境和客户关系类型中都有用武之地。

标准模式

在**标准模式**（standardized model）中，所有的陈述都围绕产品展开，以刺激客户产生积极的反应，这通常称为产品利益。利益意味着将产品特征转化为与客户利益相关的竞争优势。例如，一个新软件包的优势可能是便于员工学习和掌握，其好处可能包括减少员工抱怨、提高效率、节约成本等。举一个更极端的例子，在特定的陈述中，采用一些惯用语有助于激发客户的积极态度，比如“用户友好”“保证满意”“提高效率”以及“无须贷款”等。销售陈述是高度凝练的，因为向每位客户都介绍大致相同的内容，所以通常称作**模板陈述**（canned presentation）。一旦掌握了这样的模板，与每位客户交流就不需要特意花时间和精力去准备了。

标准模式在产品标准化或所有客户的利益点大致相同的情况下最适用。在这种模式下，销售说辞可以再三推敲，甚至连语调也能推敲到影响销售的程度。[2] 回顾一下在第2章讨论过的不同类型的客户关系，我们不难看出，这种销售模式最适用于客户关心低价和便利性的交易型关系。

需求满足模式

需求满足模式（need-satisfaction model）注重发现和迎合客户需求。在此种销售模式中，销售人员会对潜在客户定位，对客户目前存在的问题及客户公司对这些问题的重视程度作一些假设。销售员跟客户讨论这些假设并判断客户是否愿意投入时间来证明或反驳这些假设，并与客户讨论潜在的解决办法和由此衍生出来的事务。如果客户同意继续，销售人员就与客户一起深入地讨论形势、风险程度和成本。如果成本或者利润足够重要，就可以发起一个针对解决方案的调查，并敲定它们的参数、变量和成本。

在需求满足销售模式中，销售人员的目标是：（1）快速准确地断定客户采购产品的最大可能性；（2）为客户提供改变的动机；（3）给客户以投资信心；（4）保证之前的假设能够充分实现。[3]

多数消费品和办公用品的公司采用这种模式来训练一线销售人员。总的来说，需求满足销售模式最适合咨询型的客户关系。客户和供应商在这种关系中投入的时间和资源均超过了典型的交易型关系。

问题解决模式

问题解决模式（problem-solution model）与需求满足模式有相似之处，即两者都注重分析和解决不同客户需求。两者之间的主要区别在于：问题解决模式的销售过程更注重对客户运营进行正式调研，而不是在初次拜访时就断定客户需求。早期销售目标是动员客户接受开展正式的调研。销售人员或销售队伍在调研的基础上通常会提交一份书面的销售计划，通常在提交销售计划的同时，销售人员、管理人员和技术人员以团队形式共同为客户作正式销售展示。

这种销售模式通常需要一笔不菲的费用，而且销售周期很长，所适合的产品类型包括电脑系统、广告活动、电信系统和信息系统。为了深入研究和分析问题，有时可能要求客户承担先期的调研费用。例如，EDS公司可能要求客户预先支付几十万美元由EDS对其电脑系统进行调研来判断EDS能否为客户提供帮助。广告主不大可能在决定将广告业务交给哪家广告公司之前，先支付费用给几家广告公司供其进行调查研究并提交广告方案。结合之前的描述和EDS公司的例子可以明显地看出，问题解决型的销售模式最适用于咨询型或企业型的关系，这类关系要求买卖双方对彼此的关系有很高的投入。

希望对以上三种销售模式的描述有助于你看到三种模式之间的区别。标准模式非常传统，类似于销售人员模式化。需求满足模式和问题解决模式更加专业化，沟通多于单方展示。为了更好地理解它们之间的区别，请见表5-1，标准模式与问题解决模式的不同思维。

表5-1　标准模式的思维与问题解决模式的思维

标准模式的思维	问题解决模式的思维
所有潜在客户都会买	只有一些客户将会并应该会买
永远不接受“不”作为答案	给自己留有余地，给客户留有空间
一个好的销售人员能卖任何东西给任何人	一个好的销售人员会淘汰质量不好的潜在客户，聚焦高收益机会
有钱就要抓住	如果不确定能帮客户改善经营就走开
客户永远是对的	客户需要专业引导来完成有价值的决策

资料来源：Adapted from Jeff Thull，*Exceptional Selling*，p. 29.

下面将讲述不同阶段与客户打交道的技能。这些技能适用于各种销售模式和客户关系，但随着向问题解决销售模式以及企业型客户关系的推进，对技能的要求会逐步提高。

互动前阶段：计划技能

顾名思义，**计划技能**（planning skills）是指**互动前阶段**（preinteraction phase）发生在与客户面对面交流之前，用于整理思路和制定互动策略的能力。许多专家认为互动之前的计划工作周密与否决定了普通销售人员与优秀销售人员之间的差距。这正是你发挥优势超过竞争对手的大好机会。

设立目标：我想达到什么目的

许多销售专家直截了当地指出，销售人员必须对希望客户采取怎样的行动做到心中有数，否则就不应该盲目地拜访客户。目的不能模糊不清，诸如“收集信息”或“建立良好关系”之类就属于目的不明确。我们在这里举例说明一些合适的目标：

- 客户同意提供有关历史存货水平的信息。
- 客户告知谁参与采购决策。
- 客户安排你与主要的设计工程师会面。
- 客户同意进行与该系统有关的试验。

请注意，这些例子都需要客户采取某种具体的行动。目标应当表述为与客户的行动相关，这样有利于销售人员将来了解这些目标是否已经达成。同样需要注意的是，前两个目标都属于信息收集。

知识管理：我了解客户多少

与客户交流之前制定计划对于了解客户个人、公司以及行业信息也很有帮助。了解客户的基本信息诸如姓名（包括具体的拼写和发音）、头衔、年龄、住所、学历、采购权限、所参加的俱乐部和会员状况、业余爱好以及行事风格等都是有帮助的。一位医疗器械推销员的经验能很好地说明这些信息的价值。这位推销员发现，他很难说服医院的医生允许他在医院开一个产品说明会，理由是医生上班时通常时间很紧张，随时会有前来就诊的患者，但他发现很多医生都加入了医院附近的健康俱乐部，在那里医生们轻松得多，愿意听他介绍。他最终成了这个区域的销售高手，同时也成了打壁球的高手。

不仅个人信息很重要，你还应该审视一下客户的组织，看哪些是你知道的，哪些是你不知道的。显然，在这方面，即使是在当今竞争如此激烈的销售环境里，还有很多可以开发的空间。根据纽约的 PepperCom 咨询公司最近做的一项调查，47%的销售人员承认对客户最关注的东西（也就是那些让客户夜不能寐的东西）一点儿都不了解。[4]

信息收集：从哪里寻找信息

当你知道进行一次成功的销售拜访需要哪些信息后，你通常就能够确定获取信息的来源有哪些。这些信息源包括公司记录、销售人员、客户员工、出版信息以及观察所得。对于有经验的销售人员来说，观察潜在客户业务运营能够捕捉到大量的信息。举例来说，一位资深的消费品推销员通过观察潜在客户的零售情况就能知道客户的价格战略、销售战略、供应商偏好以及交易倾向。

互联网是非常重要的信息来源，从客户信息到行业信息，应有尽有。公司网站是获取信息的最佳起点，其中有公司对自身相当准确的定位描述，并且大多包括组织内部的动态新闻。例如，通过网站 www.switchboard.com，你可以获得行业贸易协会的信息以及不同行业的公司名单。美国的一些提供商业信息的大型机构包括：邓白氏、美国商务信息（American Business Information）、美国数据库（Database America）、艾美仕市场研究（IMS）、Trinet、R. L. Polk、TRW、Infobase、伊奎法克斯（Equifax）等。

表 5－2 显示了保险行业里表现优秀的与表现欠佳的销售人员与客户交流技巧的差异。两类销售人员的最大差异在于：优秀的销售人员会在联系潜在客户之前更用心地研究其背景资料。

表 5－2　　　　优秀的销售人员与表现欠佳的销售人员比较

优秀的销售人员	表现欠佳的销售人员
研究潜在客户的背景	很少研究潜在客户的背景
动员他人引荐潜在客户	依靠公司自身的潜在客户名单
以提问作为开场白	以陈述产品作为开场白
以满足需求的风格进行展示	千篇一律地介绍产品
关注客户需求	关注产品自身利益
让潜在客户做采购决策	以客户拒绝为结束

演练：我应该说什么

所有的销售人员应该在初步交流之前对要问什么和准备推荐什么等问题做到心中有数，应该事先想好客户有可能会对哪些问题感兴趣，并且准备好对策。

在准备拜访客户时，站在客户的角度会对你有帮助。如果你是客户，你想了解公司和产品的哪些方面？准备好如何回答这些问题，你就差不多完成了准备工作，并且有很大机会获得成功。表 5－3 中优秀的销售人员在初次接触客户时一般会用提问的方式来表示对对方的关注。表 5－3 显示的是一些尚不了解你们公司和产品的客户所关心的问题。尽管客户在思考这些问题，但他们往往不会直接提出来，因为他们期望优秀的销售人员主动来说明而不是被动地回答。

表 5－3　　　　客户的问题

你们公司是经营什么的？
你从事过哪些支持和服务工作？
你在卖什么？你是怎样的人？
谁在使用你的产品？他们满意吗？
你的解决方案和其他同类产品相比如何？
我为什么需要这个产品？我为什么现在就需要？
产品的价格是多少？是不是真的有竞争力？

资料来源：Adapted from material from the Wilson Learning Corporation, *The Counselor Salesperson* (2002).

另一个被多次证明有效的方法是设想成功的推销情境，简单来说，就是在头脑中想象为了达到交流目标，会发生哪些事情，如何应对。这些练习会帮助你缓解紧张情绪，增强信心。

互动阶段

互动阶段（interaction phase）一般指与客户进行面对面的交流所发生的事情。对于销售过程中的该阶段我们将重点讨论三项适用于所有商务和社会交往的重要技能：交际、发掘和说服。另外，还有两项技能在某些情况下对成功销售十分关键：获取访问权和成交。获取访问权对拜访潜在客户个人至关重要（比如那些从未从你的公司购买过的客户）。成交是任何销售的必要环节，但在交易型销售和一些刺激型销售中，这一环节最容易出问题。我们先从如何获得访问权谈起。

获得访问权

许多专家认为，无论是现在还是将来，争取与客户面谈的机会越来越困难。例如，麦肯锡的一项调查发现，医药行业的销售代表要经过五次办公室拜访才能获得一次与医师谈话的机会。[5]下面是通常用到的四种能访问决策者的途径。

直接登门拜访　最困难的方式就是在未与潜在客户交流之前就径自上门拜访，这样很容易吃闭门羹，例如，对方可能忙于其他事务，销售人员只能在一旁等待。关键是不要浪费时间，要抓住机会与他的同事攀谈，以便了解更多的信息，或者约定下一个拜访日程。没有事先预约就拜访客户还会带来另一个更糟的问题，即引起对方的反感。很多人都不喜欢接待冒昧造访的销售人员，事实上，没有预约，多数客户根本不会接待。

电话预约　用打电话的方式与潜在客户进行预约有很多优点，预约有利于销售人员更有效地利用时间，节省在会客室的等待时间。尽管客户很忙，一般也会接你的电话，并且通常会找一个空闲的时间跟你见面。电话预约的最主要问题是，潜在的客户或者他们的秘书会直接挂断电话拒绝访问。因此，销售人员必须采取策略与负责人的助手及接待员交流。比如，在跟接待员说话时，应该直接提到客户的名字，这样通常容易成功，因为这显得你跟客户很熟悉。

个人信函　信函比电话更容易避开秘书这一关，而且可以附上描述产品种类和功能的宣传册，比电话的方式更容易让潜在客户了解自己。信的末尾应该建议会谈的日期，这也可以通过一次电话跟踪来完成。在此过程中，销售人员应尽量引导潜在客户的注意力，使之关注在什么时候见面而不是是否可以见面。

电子邮件　不管是对于新客户还是老客户，发送电子邮件已成为开展交流的普遍趋势。最新的调查表明，52%的公司在寻找新客户时使用电子邮件的方式。[6]电子邮件比语音信息至少多了两个好处：第一，向多家客户群发同样的信息有利于节约时间和资金；第二，在发送主要信息的同时也可以附上图片和详细的促销资料。很多语音信息的经验法则同样适用于电子邮件信息，但应该特别注意的是，主要信息要尽量简短。对忙碌的经理来说，一天收到 50～100 封电子邮件是很常见的事情，删除一封电子邮件的速度比删除一个语音留言要快得多。

引荐　如果想知道一位高层主管的日程，有人引荐是更好的方式。对高层主管的调查表明，除非有公司内部人员推荐，大部分高层主管不会接待任何销售人员的拜访。换句话说，你首先必须与大型客户的中层管理人员建立良好的关系。研究还表明，那些在销售过程的后期才得以与高层主管见面的销售人员发现自己的影响力已经大打折扣了。[7]

交际技能

在大多社交场合，双方第一次见面时难免有些紧张。很多销售人员承认存在**拜访恐惧**（call reluctance）或惧怕跟客户联系。据估计，在销售人员职业生涯的某些时候，拜访恐惧高达40%以上。[8]客户与销售人员交谈时，也同样存在**关系焦虑**（relationship anxiety）[9]，这是因为人们通常不喜欢接受推销而更愿意主动购买。

在某种意义上，销售人员的角色应当是帮助客户做出更明智的购买决策。这要求销售人员有很好的**沟通技能**（relating skills），也就是让别人消除潜在焦虑的能力。最初接触的时刻是很重要的，因为人们在这个时候形成第一印象。客户对销售人员的能力、诚信和喜爱程度等对最终的销售工作具有重大的影响。[10]

为了建立信任，销售人员应该明确销售拜访的目的。例如，很多专家都劝告销售人员要避免“你好吗?”之类的寒暄，因为这些寒暄毫无意义，甚至对销售人员自身形象有负面影响。[11]在如今这个快节奏的时代，“谢谢您花时间接待我”将是一句最好的开场白，然后向客户递上名片并做自我介绍。这样做的结果是，客户既能看到销售人员又能听到销售人员的名字。一个简单的自我介绍应该是：“您好，史密斯先生，我是哈美顿公司的玛丽·约翰逊，很高兴您能接待我。我今天来的目的是想了解一下能否帮助您在预算方面节约资金。”约翰逊女士既介绍了自己，又说明了拜访的目的，并且表明她打算帮助客户提高效益（节省成本）。紧接着，就是安排一次正式会面，再次注意要打消客户对时间的焦虑，这里的关键是尽快顺利地把话题转移到“发现需求”的问题上来。介绍完毕之后，玛丽也许会说这样的话：“我与很多公司合作过，发现它们有大量的复印需求，这导致成本上升；或者复印能力不够导致员工长时间等待，降低了员工效率。您是否有一点点时间与我探讨贵公司是否存在这种问题?”

为了更好地理解开场白对客户的影响，请阅读团队练习 5-1，你认为威廉斯女士会如何理解销售人员的开场白?

团队练习 5-1

威廉斯女士听到了什么

以下是销售人员第一次拜访威廉斯女士时的开场白：

“您好，威廉斯女士，我叫乔·詹姆斯，我是Petro-Safety技术公司的销售专员。我们是石油装备解决方案的领先者，我们开发了最先进的安全项目，适用于贵公司。我们的项目可以提高您的安全记录，拯救生命。我非常荣幸跟您见面并向您介绍一些我们研发的成功的项目，并解释它们如何帮助贵公司成为更安全的工作场所。”

该销售人员尝试引起客户的兴趣，但是威廉斯女士听到了什么呢？她如何解读此次拜访？

资料来源：Adapted from Thull，*Exceptional Selling*，p. 86

在许多与客户交流的场合，与业务无关的寒暄被视为一种开场白，原因是有助于缓解紧张情绪，找到共同点，减少因双方意见不同而产生的负面影响。然而，一些与业务无关的寒暄不一定是必要的。当谈论的问题至关重要、客户希望听到实质的内容时，很多人可能对主题内容更感兴趣。[12]客户多数情况下也会尊重销售人员的时间要求，与业务无关的话题可能会被视为浪费时间，甚至客户会认为该销售人员不能对自己的业务问题提供解决方案。[13]

交际能力不只是能与对方展开对话。表 5－4 展示了销售人员可以用来缓解紧张的四种策略。在与客户会面时，恰如其分地把握每种策略是十分关键的。对于现有客户来讲，尽管交往方式已经定型了，销售人员仍然应该不断设法巩固这些好印象。[14]演练一下团队练习 5－2 中的角色，看看你在销售过程中能否充分发挥这些技能。

表 5－4　缓解紧张的策略

恭敬	表现出对客户的尊重，衣着得体
称职	了解自己的产品和服务，争取第三方推荐
共同点	找到共同的兴趣爱好、观点和熟人
目的	阐明拜访目的、过程以及对买方的利益

团队练习 5－2

交际技能

假设你是一位财务规划师，现在要设想一次销售的开场白。另一位队员扮演推广销售培训服务的人员。还有一位向外科医生推销体检表。你也可以选择一项新的产品和服务，以使每一位团队成员都有一个角色。每个人在设计出开场白之后，就向其他成员做汇报演示。根据本章讨论的能够缓解客户焦虑的标准，对每一个开场白做出评价。

发掘需求的技能

在初步建立了融洽、和谐的关系后，优秀的销售人员会努力去理解潜在客户的想法而不是一味地讨论产品及其利益。这是一条真理。图 5－2 来自一项调查结果，是客户对销售人员的抱怨排在前五名的事项。注意前三项与缺乏对客户现状和需求的了解相关。

客户购买的并不是产品或服务而是能解决问题或增加机会的方案。承包商需要的不是推土机而是尽快以最低成本清除垃圾；工厂厂长不是要买数控铣床而是关心怎样节省启动时间、缩小误差和减少次品。因此，销售人员的职责是发现真正的需求，告知买主关于能够满足这些需求的产品的特征、功能、可靠性和服务。[15]

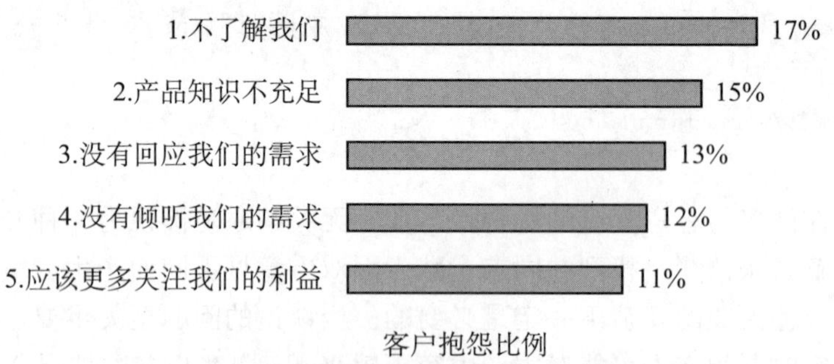

图 5-2　客户对销售人员的抱怨排在前五名的事项

研究表明，销售人员发现的需求数量与销售成功之间存在直接关系。施乐公司对500多例销售拜访进行了分析，结果发现，成功的销售拜访比失败的销售拜访包含了3倍以上的明确需求信息。拉里·麦格（Larry MacGirr）是德卢斯视康公司（Duluth CIBA Vision）北美地区的销售副总裁，常驻佐治亚州，他说过："一旦双方心目中都认同了某种需求，下一步不是讲解产品而是确认需求。这些工作到位以后，讲解和成交实际上很快就能完成。"[16]

在当今的商业环境下，80%的销售过程聚焦于发现和迎合客户的需求。[17]事实上，这是企业型关系的目标之一，也就是要深入了解客户的业务，诸如了解其组织面临的重大发展机遇、改进的机遇以及变革的障碍。[18]达到如此深入的程度，仅靠一名销售人员单枪匹马往往是不够的，因此很多公司会把任务交给一个团队来完成。

识别动机　当销售给组织机构时，情况会更加复杂，任务动机和个人动机都会影响购买决策。**任务动机**（task motives）是指采购过程中的逻辑、实践和功能性原因，通常关乎财务或效率问题。典型的财务动机涉及怎样节约成本或增加收益，效率动机则注重增加产出、提高质量或减少能耗。在复杂、大额的销售中，能发掘购买过程中潜藏的任务动机至关重要，但是只知道任务动机还不够。团队练习5-3体现了这一点。

任务动机对采购决策很关键，个人动机引发的决策也很重要。如图5-3所示，一般的个人动机包括对尊重、认可、权力以及名声的需要。正是这些动机使得人们愿意冒职业风险来做大额采购的决策，因此判断一项采购决策的个人动机和任务动机同样重要。[19]

团队练习 5-3

为何徒劳无功

许多对任务动机的讨论引发下面的对话。销售人员问："听起来这会对您的生意产生很大影响。您认为这个问题会导致您产生多少成本呢？"

"很难说，"客户回答道，"但是我知道这很重要，我知道我们应该对此做些什么。这也是我同你交谈的原因。"

谈话结束之际。客户知道他存在很糟糕的问题，并且不能忍受这种成本。销售人员知道他能解决存在的问题并全力投入。接下来会发生什么呢？在进行详细的展示后，销售人员得出了价格并且将合同推到客户的桌子上。

"我们可以在90天内解决您的问题，价格是320 000美元。我们需要您签署这份合同，这样我们就可以马上开始了。"

"什么？"客户边回答边将未签的合同推回去，"我不可能花那么多钱。"

销售人员惊呆了，铁板钉钉的生意眼看就没有了，他回复道："看起来您也认为这是一个必须解决的大麻烦。"

"我知道我们有问题，"客户回答道，"但没有那么严重。"

哪里出问题了呢？为什么客户在花320 000美元和保持现状之间选择了更稳妥的保持现状呢？销售人员应该怎么做或者他做错了什么？

资料来源：Adapted from Jeff Thull, *Exceptional Selling* (Hoboken, NJ: John Wiley & Sons, Inc., 2006), pp. 194-195.

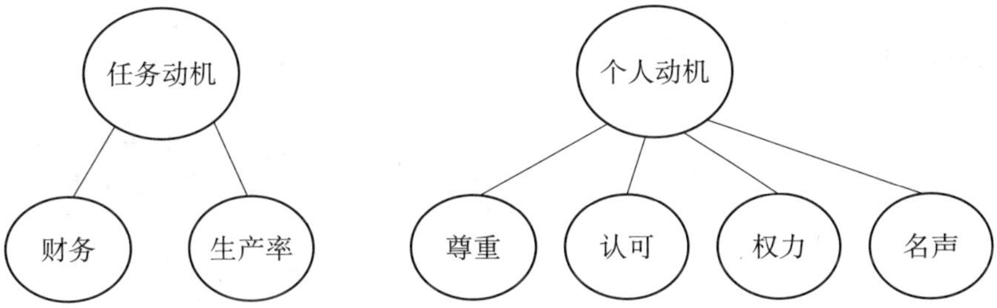

图5-3　购买的各种动机

很多公司对如何充分接近客户以获得机会判断必要的客户购买动机感到棘手。安德森化工公司是一家生产特种化工产品和相关器械的企业，成功地实施了"客户支持"计划。针对潜在客户的业务撰写一份计划书或者报价，安德森公司需要了解客户的技术数据。推行这些计划离不开客户工程师的配合，他们必须对安德森公司高度信任或者拥有其他的动机来提供这些数据。这时，"客户支持"计划开始发挥作用了。大多数潜在客户认为，让安德森公司进行调查、测试以及向其提供免费的信息对自己并无坏处。事实上，安德森公司只对客户的业务提供参考建议，而且建议的方式非常得体，对现在的供应商没有任何危害。经过长达6～18个月的项目周期，客户与安德森公司的代表相处得十分融洽，产生了高度的信任。对安德森公司来说，这是一项大的投资，但估计其"客户支持"计划能使潜在客户的转化率从10%提高到60%左右。

提出问题　发掘客户心目中的需求自然会涉及提出问题并主动听取他们的反应。提出问题并非想象的那么简单，你不仅需要了解客户心中的需求，而且要在不激怒对方的前提下获取信息，并帮助客户更清楚地了解自己的需求。在相对复杂的销售情境下，简单地理解客户和客户现状是不够的，必须引导客户对现状深层次理解。研究指出，在复杂的销售情境中（诸如咨询型和企业型的关系）通过询问获取信息是最重要的。[20]

问题可以分成封闭式和开放式。**封闭式问题**（closed-ended questions）可以用简单的“是”或“不是”来回答，或从所给出的答案中选择其一。例如，“您希望在周五送货，还是下周一也可以?”这类问题通常很容易回答，用于获取反馈意见及承诺。**开放式问题**（open-ended questions）就不能仅用简单的“是”或“不是”来回答了，它会用来明确一个主题。例如，“您认为新税法如何影响您为销售人员购买工作用车的决定?”这些问题更适用于探察某种销售机会。

除了封闭式和开放式问题外，专家们还提出了其他一些可用于发掘客户需求的问题。这四种问题被证明在发现动机方面很有效，个人动机和任务动机都可被关注。如表 5-5 所示，每种类型的问题都辅以实例。

发掘客户需求通常需要提出一系列的问题，这个过程往往以一个许可式和开放式问题开始，接着会出现探究事实、寻找感觉以及核查类的问题。

表 5-5　　发掘客户需求：问题类型

问题类型	目的	举例
征得许可	封闭式问题需要征求对方许可来提问或深入探究一个主题	“我能就您目前的运输流程提出几个问题吗?”
探究事实	问题关注业务、个人以及现状等事实信息	“谁是您目前缝合器材的供应商? 您与供应商 Ethicon 有准时供应缝合器材的协议吗?”
寻找感觉	开放式问题用来发现客户对某种情形的感觉以及这种情形潜在的影响	“您感觉最近缝合器材的存货状况如何? 这些存货将会对您的手术成本产生什么影响呢?”
核查	提问用来进一步核实自己是否确切理解了客户的想法并希望就结论达成一致	“我理解正确的话，您的意思是说对目前供货的质量很满意，但认为能以更低的价格从另一家供货商那里买到同样质量的产品，对吗?”

说服技能

在发掘出客户需求之后，下面最关键的技能便是说服。**说服技能**（advocating skills）是指能够清晰全面地向客户提供解决方案，使之意识到所提议的方案有助于满足其需求的能力。虽然最终目标是满足客户需求，说服的过程也是一次难得的机会，销售人员可以全面地向客户展示自己对客户的认知以及丰富的产品知识，同时也证明帮助客户满足需求的能力。研究发现，如果这些能力展示得当，客户的满意度会有所提升。[21]

在这一部分我们将讨论说服的两个方面：（1）针对问题提出具体的解决方案；（2）解答客户对解决方案提出的问题。

提出方案　**提出方案**（solution presentation）的目的是让客户相信所提供的产品或服务能够满足他们的条件和需求。需要牢记的是，目的不仅是让对方了解你所销售的产品或服务，而且要让他们看到最终的利益——产品或服务是怎样满足其工作及个人需求的。

方案的内容主要围绕客户已指出的对其有重要相关利益的产品或服务的特色，要证明这些利益能够传递给客户。**特色**（features）包括产品或服务的有形或无形的特性。例如，长途电话服务收费以 6 秒钟为单位计价而不是以 1 分钟为单位计价，这就能满足客户节约成本的动机，因此是一个值得强调的特色。**利益**（benefit）就是对关于产品或服务怎样满足客户需求的说明。销售人员可以这样表述长途电话服务的计费特征："一个 2 分 6 秒的电话，您只需付 2.1 分钟话费的金额，其他公司却要您支付 3 分钟话费的金额，这意味着什么呢？它会让您每月节省一大笔话费！"

注意这个特色（以 6 秒钟为计费单位）是直接与消费者的利益挂钩的（只需支付 2.1 分钟而不是 3 分钟的话费）。同样需要注意的是，虽然产品或服务的特色很重要，但我们在宣传时要集中强调客户的利益，同时这个利益要和任务动机有关（在长途话费的例子中，就是能够节约成本）。我们卖的不是产品或服务的特色而是能满足客户的利益。研究建议，如果能将利益与客户明确表示的需求结合起来，结果会更具说服力。

最后，应该提供一些**论据**（evidence），以支持按 6 秒钟计费是一项大大节约话费的论断。论据可以包括产品或产品模型、展示测试结果、满意客户的实例或试用期限。在长途电话服务的例子中，销售人员会采用满意客户的实例和实际节约费用或测试结果来证明节约成本。

销售人员的展示技能像本章讨论的其他技能一样，与能否取得成功具有密切的联系。然而，在发挥这些技能方面，交易型关系、咨询型关系以及企业型关系之间有很大的区别。表 5－6 对比了在互动过程中，交易型、咨询型及企业型关系中的一些不同点。

表 5－6　　不同关系类型具体做法的主要差异

交易型关系的做法	咨询型和企业型关系的做法
注重成交	注重客户盈利
拜访计划投入有限	拜访计划处于首要位置
大部分互动时间是用来讲述产品	大部分互动时间用于营造解决问题的环境
需求评估仅注重具体产品	全面了解客户的经营范围
一人应对客户	团队协作应对客户
方案和推荐突出价格和产品特色	方案和推荐突出利润和战略利益
采取短期销售跟踪措施，注重产品交付	采取长期销售跟踪措施，注重长期关系培养

书面销售方案　在当今竞争如此激烈的环境下，多数客户希望看到书面方案。很简单，做出一项决策有很大风险。最重要的原因可能是书面销售方案中涵盖了每个细节，也就是产生误解的机会相对更小。书面销售方案也可以在销售决策做出时使用。要记住重要的一点，书面销售方案必须仔细推敲，因为它属于具有约束力的合同。[22]

虽然听起来扫兴，但书面销售方案应该是确认书。书面销售方案是为了将在采购过程中已经谈好的一系列决策记录下来。最好的销售方案是为了让已经做出的决策合理化。

书面销售方案应该包括客户承诺改变现状的各种动机，并有信心投入此项解决方案。这些都是之前跟客户谈好的。简而言之，书面销售方案里应该没有让人惊讶的条款。如果销售过程的结果是销售方案，那么方案里的每项都是双方已经达成一致的。

为客户着想　客户对所提出的任何解决方案都可能表示顾虑或提出疑问。客户若能在提出解决方案之前的发掘阶段将最根本的顾虑全部提出，那是最理想的情形。然而在实际中，客户往往直到临近决策的时候才意识到所有的顾虑，因此销售人员最好把客户的顾虑看作任何销售中一项不可或缺的内容，应将其视为机会而不是障碍。

有人通过研究施乐公司的销售活动发现，成功的互动比失败的互动会多激发出50%的顾虑。客户表示顾虑，实际上表明他们产生了兴趣，希望了解更多的信息，他们可能正设法在他们的需求和你们的供给之间找到更明确的联系，正在积极地而不是被动地参与到购买过程之中。施乐公司也发现，失败的互动会比成功拜访在客户那里遭遇更多的漠然反应。顾虑应该被视为宝贵的机会，这个机会便是客户的参与，要使讨论深入到客户真正关心的内容。大多数顾虑都属于显而易见的问题，但销售人员应该抓住机会发现客户真正的需求。

问题在于怎样处理已出现的顾虑。Wilson Learning Worldwide 公司提出了一种叫做 LSCPA（以首字母命名）的方法来处理顾虑，它包括下列步骤：

- 倾听客户的感受（listen，L）。
- 在排除成见的情况下分享客户的顾虑（share，S）。
- 以询问的方式澄清实际问题（clarify，C）。
- 提供选项和解决方案来解决具体问题（problem-solve，P）。
- 通过实际行动表明决心（ask for action，A）。

之所以要介绍这些步骤，是因为客户在感到紧张的情况下是无心听取细致的讲解的。客户的顾虑是销售过程中一个不满意的信号，也是销售过程的一个基本环节。倾听和分享步骤旨在帮助客户把顾虑表达出来，摆到桌面上，销售人员应该表示充分的关切，承认和理解这些顾虑。要积极倾听并鼓励客户说话，在倾听时不要想着你怎样答复。在分享阶段，你要表明对客户感受的理解。倾听和分享需要成熟的心态、精力和耐心。记住客户不是在攻击你个人，因此不要处处进行辩解。[23]

成交技能

当销售人员从客户那里得到许诺时，**成交**（closing）便发生了。在交易型销售情形下，如补货，许诺就是订单。普遍认为，在大多数重要的企业间业务关系中，只有10%的销售拜访直接带来订单，大多数的销售拜访通常只能争取来客户对于加速采购过程的许诺。

许多销售人员发现这是销售过程中最困难的一步，主要是因为害怕遭到拒绝，所以迟迟不敢提议成交。如果销售人员不要求下订单，就不会遭到拒绝，进而能避免尴尬或失望。然而，所有专业采购人员都希望销售人员尽快提出成交的条件。迈出这一步是销售人员的任务。如果你在销售过程中已经做好了前期步骤，成交是自然而然的结果。在这种情况下，当你有把握对方会欣然接受时，成交只不过是要求其做出决定。

何时成交 经常听到一种建议："尽快成交并尽早成交。"这一建议违背了培育客户信任关系的宗旨，在本质上容易招致抵触。客户还没有做好购买的准备，催促订货显得十分唐突。换言之，如果太急于求成，你就容易犯冒进的错误。客户可能会提高戒备，甚至会提出更苛刻的条件。研究表明，在成交阶段，销售人员一定要稳住情绪，避免冒进。

这意味着成功的销售人员期望一次性成交吗？不是的。通常未揭示的需求仍需要受到重视。你可以委派其他人去倾听客户某一方面的需求。销售人员必须做好争取多次成交的准备。通常来说，第五次成交的尝试，其接受率是最高的。

如果存在未揭示的需求，并且存在多次成交的机会，销售人员在发掘潜在需求和开展销售时，应该怎样避免冒进呢？我们建议使用**试探性成交**（trial closes）。尽管成交要求做出决策，但试探性成交可以采用一些询问的方式，引导对方讲出自己的观点，销售人员可以从中捕捉一定的信号，判断客户距离做出采购决策还有多远。例如，你可以提问：

- 这样看起来怎样？
- 这对你来说有多重要？
- 这是你所想的吗？
- 这台设备与你现在使用的设备匹配吗？

如果客户对这些问题中的一个做出正面回应，销售人员便可以假定客户倾向于购买。销售人员应该随时做好成交的准备。如果对方犹豫不决，那么销售人员可以问一个简单的问题："我说的有什么不清楚的地方吗？有哪些方面没有满足您的特殊需要？"这个问题将有助于销售人员发掘对方真正的需求。[24]

成功的销售人员知道如何根据客户给出的采购信号来组织自己的结束语。这些信号可能是肢体动作（客户点头，拿起产品近距离观察或者将身子向后靠在椅背上）或者是评论。评论型的信号包括：

- "必须在五个月内出完货？"
- "我们喜欢控制速度的特点。"
- "我们能在三周内安装定制型号吗？"

销售人员应该认识到这些评论是有兴趣的信号，把话题转到具体的成交事宜上来。注意，每一个信号都反映了客户所采取的行动而不仅仅是一个问题。

成交技巧 具体的环境不同，销售人员个人偏好不同，采取的成交技巧也会各异。销售人员需要熟悉多项成交技巧，以便选择适合每种销售情境的方法。有两种常用的成交技能：一是选项成交；一是总结成交。

（1）选项成交。当客户面对多种不同的颜色和型号时，**选项成交**（alternative choice close）比较奏效。应用这一技能，销售人员提出一系列预先设计的问题来缩小选择的范围，帮助客户做出最终的选择。例如："这些联动轴能以24个或72个为单位装箱，哪种装法对您更方便？"

（2）总结成交。一个最好的成交方法是在拜访结束前对客户所接受的产品的好处进行总结，同时与客户约定行动计划，以确保客户履行诺言。

> 销售人员：乔治，你说过我们的文字处理器比其他你见过的产品内存都大，图像更清晰且更易操作，对吗？
>
> 客户：是的。
>
> 销售人员：好的，我推荐你租用我们的机器三个月，如果到时决定购买，租金可以折算成购买价格。

在一项施乐公司赞助的对500次销售拜访的研究中，总结成交的成功率是

75%，只有7%的拜访因总结成交而失败。[25]

在任何一本有关销售的教材里，都列举了许多的成交技能。一些畅销的商业图书也会介绍不同的成交技能。[26]尽管一些技能很有创造性，但在实践中，大多数经验丰富的销售人员喜欢这里所讨论的更为直接的成交方法。我们相信如果圆满地完成了前期步骤，成交是顺理成章的。对行业买家偏好的研究也印证了这个结论。研究发现，那些在组织中处于较高层级的买家更喜欢软性的成交方式，他们将产品与销售人员总结的好处进行对比，或者与竞争者的产品特征进行对比，然后做出购买决策。[27]一位销售顾问针对这点进行了很好的总结："我从来不相信成交论，因为我的目标是建立一种关系。"

互动后阶段

销售始于供需双方的关系，销售人员在帮助客户完成采购之后，其注意力就转移至售后跟踪服务上，这一阶段称为**互动后阶段**（postinteraction phase）。**售后跟踪**（follow-up）是在成交之后所提供的服务以及与客户建立和发展持久关系的全部努力。客户期望获得好的售后服务，确保售后服务顺利开展也是大多数销售人员的工作。普华永道在近期做了一项研究，在快速增长的公司中选取了400多位首席执行官进行采访，调查这一阶段的重要性。他们要求这些公司的首席执行官根据25种不同战略对利润和增长的贡献来打分。如图5-4所示，从对利润和增长的贡献而言，客户服务质量被排在了第一位。

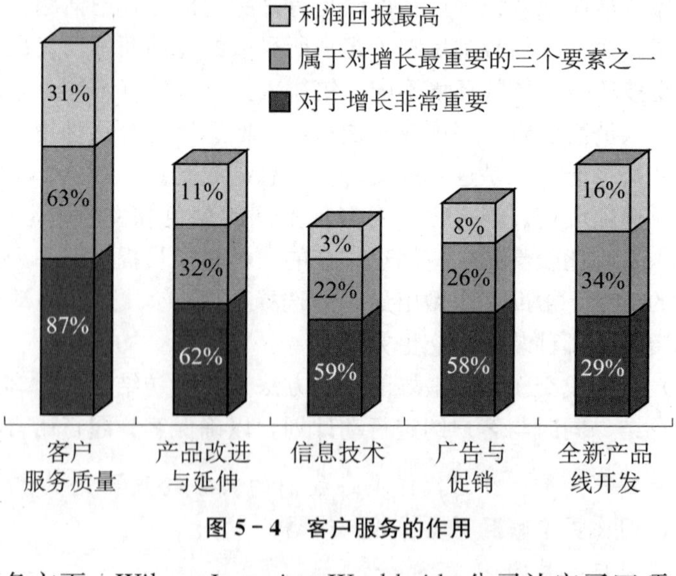

图5-4 客户服务的作用

在销售服务方面，Wilson Learning Worldwide公司认定了四项基本的支持任务（如图5-5所示）。支持采购决策是指减少可能出现在采购决策中的任何顾虑，跟踪销售电话，寄送感谢卡片或者信函，均属于这项工作的范围。执行管理包括提供支持服务、人员培训、报告执行及使用进程。处理不满强调设身处地应对各种出现的问题。销售人员应随时待命，保证所售产品的质量，提供信息、帮助和意见，以设法增进关系。做好这些工作很重要，因为大多数的销售工作要依靠日后的多次交易。下面的团队练习 5－4 展示了一个客户抱怨的情境，你该如何处理这种情况？

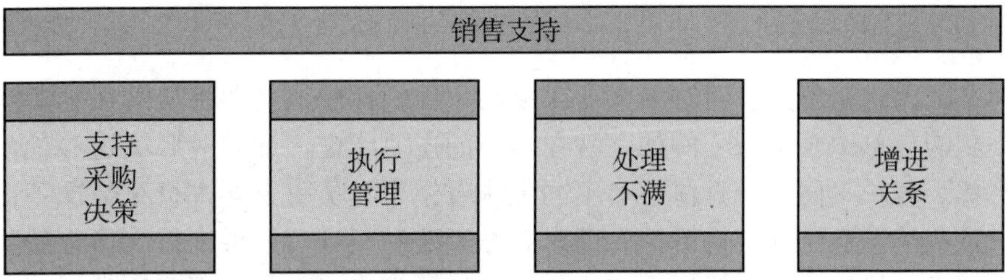

图 5－5　为销售服务：销售支持的四项任务

团队练习 5－4

空头支票

WHOT 是迈阿密市的一家拉丁音乐广播电台，它决定将其拉丁风格定位改为新的嘻哈拉丁音乐风格，以吸引上流社会的年轻西班牙裔听众。为了推动这次改变，你雇用了销售人员丽塔·巴斯克斯，她 30 岁，拥有商学硕士学位，是一位美籍古巴女士。你认为她比较接近电台新确定的目标听众，况且，巴斯克斯在坦帕市一家电台有 6 年的工作经验，也有不俗的广告销售业绩。

许多客户对新的风格感到满意，并打算继续在电台投放广告。然而，WHOT 的三个最大客户中的一家十分不满，打算取消当前的合同。

你决定派销售代表去拜访这家客户。巴斯克斯在成功地带来了几家新客户后，愉快地接受了这项挑战。巴斯克斯试图说服客户，但失败了，她又提出了一项保证：如果客户同意维持现有的媒体计划，她可以在早间音乐节目里将客户的产品或服务作为“栏目提示”不经意地穿插进来。结果，客户欣然接受了。

一个月后，这个客户打来电话，向你抱怨说，你们电台从未像巴斯克斯保证的那样在早间节目中提及该客户，如果电台明天早上还不兑现先前的承诺，他将撤回其余的广告。巴斯克斯让你陷入了困境。你想留住客户，但是“栏目提示”是严重违反台规的。更糟的是，巴斯克斯在向客户做出承诺时明明知道这些。客户打电话时是下午 4 点，你需要赶快定夺。你要如何处理该客户的问题？你将怎样与巴斯克斯谈话？他们各自会做出怎样的反应？

增进关系

增进关系的活动有两种：交叉销售和向上游销售。**交叉销售**（cross-selling）是指向客户销售相关产品和服务，比如，在销售电脑的同时销售打印机。通用电气公司的医疗系统部门向医院出售一系列的产品，包括核磁共振成像器、CT 扫描机以及 X 光透视仪，除此之外，它可以为医院设计成像室和培训使用这些设备的医护人员。出售相关服务是一个很好的交叉销售的例子。**向上游销售**（up-selling）与交叉销售有密切的联系，是指向客户出售大型的产品和更优质的服务，这容易产生更高的利润和更多的收入。在通用电气公司医疗系统部的例子里，向上游销售是指为医院提供管理和运营成像室的专业人员。

知识管理

无论销售人员何时结束一次互动，他们都应该立即将从潜在客户或客户那里得到的信息记录下来，例如，潜在客户的主要顾虑，谁做最后决定和他们的基本需求等。客户不同以及具体情形不同意味着销售人员每天要进行无数次不同的尝试，将这些信息系统地记录下来有助于总结经验和教训。如果销售人员在销售中犯了任何严重的错误，这些错误也应该如实地记录下来，以便在下次拜访时予以避免。销售管理人员应该加强对成功和不成功两种销售拜访的分析，以便帮助销售人员培养适合的行为方式。[28]

一些公司正在积极地运用科技手段来促进客户信息在各部门间的流动。辉瑞公司不仅给销售人员配备了无线上网的电脑，而且在每一位销售人员的家里都安装了宽带连接的无线路由器，使销售人员在厨房或者客厅都能使用笔记本电脑。辉瑞公司估计这样每月可以节省销售人员 38 小时的时间，以前他们都是通过拨号上网把对医生的拜访记录传送到公司的数据库。为保持最新的客户信息和订货记录，销售人员的电脑信息每天晚上都要更新一次，为第二天的约见做好准备。[29]

为了推动制度化的学习，一些公司开始将收集客户信息的工作规范起来。伯根·布鲁斯威格（Bergen Brunswig）是一家医药产品的批发商，它专门制定了一份拜访客户的指南，旨在全面收集有价值的客户信息，深入理解客户的需求和其他问题，与客户建立良好的关系。针对每一个客户要经过 5～10 次的会面，这些会面过程是不允许销售的。该公司的一位主管解释道："我们以这样的会面方式得到的信息比我们 10 年里与客户打交道收集的信息还要多。"[30]

对于销售队伍来说，收集、整理、分发和使用信息对销售人员越来越重要。科技可以使这一切变为可能，收集和使用这些信息也是一项重要的管理任务。

本章小结

销售人员和销售经理都需要了解如何与客户沟通才能很好地执行销售计划。销售人员应该尊重能帮助其在销售领域获得更大个人成功的销售经理。销售经理不必是该领域最好的销售员，但是他们至少应该能对销售过程和执行销售计划时所用的销售技巧有很好的了解。

1. 描述基本的销售模式。我们讨论了三种基本的销售模式：标准模式、需求满足模式和问题解决模式。每种模式都有各自适合的环境。标准模式用来刺激客户产生积极的反响。此模式会进行良好的排练，并没有将注意力放在发现问题方面。需求满足模式立足于发现和迎合客户需求，主要依靠巧妙的提问技巧来发掘客户采购需求。问题解决模式会侧重客户情形的分析，该分析基于对客户运营的正式调研。

2. 总结用于互动前阶段的技能。互动前阶段是指与客户面谈之前。该阶段的技能包括为销售拜访设定一个良好的目标，获得与客户相关的信息并决定如何与客户展开交谈。

3. 逐条列出互动阶段的各项技能。互动阶段是指成交之前与客户所有面对面的沟通。我们讨论的重点是对所有的销售情境都很重要的三种技能：交际技能、发掘需求的技能和说服技能。另外，我们讨论了对交易型销售情境下取得成功至关重要的两种技能：获得访问权和成交技能。

4. 介绍互动后阶段相关的各种技能。互动后阶段紧随购买之后，包括销售服务并建立长期和不断成长的客户关系。在该阶段讨论了四种技能：支持采购决策、执行管理、处理不满和增进关系。

关键术语

说服技能　advocating skills
选项成交　alternative choice close
利益　benefits
拜访恐惧　call reluctance
模板陈述　canned presentation
封闭性问题　closed-ended questions
成交　closing
交叉销售　cross-selling
论据　evidence
特色　features
售后跟踪　follow-up
互动阶段　interaction phase
需求满足模式　need-satisfaction model
开放式问题　open-ended questions
计划技能　planning skills
互动后阶段　postinteraction phase
互动前阶段　preinteraction phase
问题解决模式　problem-solution model
沟通技能　relating skills
关系焦虑　relationship anxiety
提出方案　solution presentation
标准模式　standardized model
任务动机　task motives
试探性成交　trial closes
向上游销售　up-selling

自我能力提升

1. 教导能力。大多数销售人员喜欢一对一地与客户互动，但若把他们放在一群经理面前，他们一时会忘记产品的名字。紧张能使老练的人看起来像新手，客户很容易从销售人员独有的演讲错误联想到他们对自己销售的产品缺乏信心。这种现象并不是销售人员独有的，盖洛普最近的一项调查显示，很多人对公开演讲的恐惧胜过爬高、蜘蛛、针头或打雷。如何帮助销售人员摆脱此类恐惧症？制定三项具体的建议，使销售经理能够训练销售人员提高小组讲演的能力。

2. 自我管理能力。为了深入了解销售人员的作用，可以随同一位一线的销售人员进行一天的走访，如实地记录这位销售人员出席会议、旅行、等待以及与客户交谈所花费的时间。撰写一份报告，描述你的感受和这位销售人员的活动。你可以查黄页或者与所在学院的办公室联系，在当地寻找一家拥有销售队伍的公司。

3. 战略行动能力。一个季度转眼过去了，你真的需要拿到一笔大的订单才能完成销售额度。你恳请负责地区销售的主管在正常价格的基础上为客户下浮一些，放宽一点付款条件，免费附赠一些小礼品，或者以更低的价格增加服务项目。这些让利的做法一旦实施，会带来怎样的危害？

4. 全球视野。拓展国外市场往往需要认真的研究和开发工作。专家建议公司应制定出在 12 个月内要达到的具体目标，以确保大笔的业务来自这些新市场，不要只将其视为新的产品倾销地。语音技术国际公司（Speech Works International）是一个很好的例子，该公司出售会话语音识别技术和其他用于远程销售的产品。进入新市场时，公司进行了全面的研究，充分理解销售目标。在国外设立新办事处之前，公司在当地的大学招募了熟悉当地语言的专家。会话语音识别技术能将诸如“我想在下周二下午从新加坡飞往香港”之类的语句翻译成计算机能够理解的语言。假如你就职于该公司，还会收集哪些信息？你将进一步采取哪些行动，以确保成功地拓展一个新的市场，如墨西哥城或新加坡？请登录网站 www.speechworks.com。

5. 技术能力。据最新报道，销售队伍自动化是计算机软件行业里增长最快的市场。可惜，在此领域的许多尝试依然前景黯淡。相关报道称，迄今为止，60%以上的销售队伍自动化项目纷纷落马。鉴于这种情况，马克·里弗斯和杰克·达特最近专门研究了影响销售队伍自动化的因素，结果非常有趣。本章曾讲过，销售自动化要求将各种硬件和软件应用程序组合起来，把手动的销售活动转换成电子模式。这意味着一个自动化项目可以简单到将纸质的记录转换成电子文本，也可以复杂到开发先进的数据交换系统，通过网络整合让销售人员输入电子订单，创造自己的产品推介模板，彼此通过电子邮件取得联系以及自行定价，等等。在参与该项研究的 210 家厂商当中，你认为下列哪些因素与成功实现销售队伍自动化有直接关系？

- 最高管理层在多大程度上参与采购决策。
- 销售队伍管理在多大程度上影响采购决策。
- 销售管理人员如何看待销售队伍自动化的概念。
- 管理部门在评估销售队伍业绩上的困难。
- 销售队伍对销售自动化的抵触。

6. 团队建设能力。独自外出销售已经是一项艰巨的任务，若与一个团队配合起来销售，就更为困难了。团队销售不仅需要所有人发挥各自的才干，而且要有现场处理团队协作的应变能力。任何失误都会引起观众的嘲讽，甚至惹怒队友。你怎么避免团队销售中的失误？你有什么诀窍吗？

希尔德案例练习

卖家的问题

道格·布卢姆本人热爱科技，对于收集、存储和分享市场知识和信息非常感兴趣。6 个月前，他与一家叫做先锋软件（Primary Software）的厂商达成了一笔交易，由对方为他的销售队伍全面定制一套软件包。该软件包包括数据库、联系方式和日程管理、建议书生成器、全球定位系统以及价格和规格评估系统。道格让销售人员深入到公司的各个部门，促使大家提高工作效率，实时获取客户活动、产品供应及其他必要的信息。

今天，他给先锋软件公司打电话时才得知，这个项目已经不可能按计划完成了，测试版本至少需要 3 个月才能完成（之前厂家曾许诺 1 个月完成）。该公司表示歉意，并表明：“这已经是我们能做到的最好的结果了。”道格非常震惊，他已经为 500 人的销售队伍买了笔记本电脑，并期望在这些笔记本电脑到货时就能使用这一软件了，而且他在生产能力和销售量的基础上提高了全年的销售计划，希望通过销售管理自动化来实现。

恰巧另一家厂商 AllBright Software 的一位销售人员打来电话，要与道格讨论一些相关的产业信息。几分钟后，话题转到了道格的自动化软件问题上。该厂商介绍了自己的服务，并承诺在2个月内完成该项目，还提供比先锋公司更优质的培训和服务支持。两家的价格也差不多，但道格已经向先锋公司付了12 000美元的预付款。道格表示他需要时间考虑一下这一新的提议。

问题

1. 道格是耐心等待先锋软件公司完成项目，还是冒险与新公司合作？
2. 道格还有其他选择吗？
3. 本案例是否涉及伦理方面的问题？

第6章 销售队伍组织模式

时代在进步，因循守旧终将一事无成。

——佚名

本章顾问

拉赛尔·唐纳利（Russel Donnelly），爱立信中央区销售经理

B. J. 波尔克（B. J. Polk），宝洁集团客户业务开发部经理

学习目标

- 解释销售队伍的各种组织模式；
- 解释战略性客户管理计划的含义；
- 说明电话营销蓬勃发展的理由以及在实际操作中的问题；
- 讲述为什么以及何时使用独立销售代理商；
- 描述销售队伍组织的演化趋势。

施乐公司的重组

20世纪80年代中期，施乐公司在办公设备市场的主导地位岌岌可危。一方面是来自日本企业的低价竞争，另一方面是电子化的办公技术，在双面夹击之下，作为施乐龙头产品的普通纸复印机黯然失色。

为了应对这种市场变化，施乐公司采取了主动出击的战略，将自己重新定位为办公自动化的先锋。这一战略的一个关键因素就是强调一切从客户出发的指导思想，4 000多名销售人员就是这一客户聚焦战略的生力军。以前，公司为每一条主要的产品线都配备了一支独立的销售队伍，最大的销售队伍负责销售复印设备，其他几个小的销售队伍销售信息处理系统、印刷系统、办公系统和工程系统。结果，客户要与多个销售人员打交道。

1985年，施乐公司根据客户群和地域对销售队伍进行了重组，每个销售队伍都要销售全部施乐产品。公司确定了五个细分市场，包括客户系统使用者、标准商业客户、小企业、第三方以及政府和学校之类的机构客户。由各支销售队伍在各自

规定的区域内负责全面销售施乐的产品。重组的好处之一就是提高效率，新的结构也改进了客户服务，因为客户可以与施乐的销售人员进行一对一的交流。

1985年的重组立即取得了成效，公司的营业额连年稳步攀升。施乐的销售队伍被《销售和营销管理》杂志评为"全美最佳销售队伍"，公司也在客户当中赢得了美誉，巩固了现有客户的忠诚度。

施乐公司在整个20世纪90年代一帆风顺，到1999年，股价已经达到每股64美元的历史高点。然而在成功的背后，问题正在滋生。高新技术企业的股价开始回落，竞争对手也在吞噬施乐的市场份额。施乐公司意识到，若想实现快速增长的目标，改革已迫在眉睫。

施乐的管理层决定实施一个新的双线业务战略，一边继续密切关注全球的大客户，一边开发独立的小客户。对于大客户，施乐的战略是帮助其采取新的方法来有效并创造性地使用文件。销售人员的任务是针对特定的行业销售一揽子产品，包括复印机、软件、咨询服务和业务外包。对于小企业，施乐的战略是想办法扩大市场，主要方法是扩大销售网络，比如办公用品商店、增值批发商、代理商、电话营销和互联网。这些间接的渠道由于运营费用较低，有利于节约成本。

施乐的4 300名销售人员在实施这项战略的过程中发挥了重要作用。在1999年经过了两次重组之后，施乐进一步加大了对全球最大客户的关注力度，针对具体行业的销售队伍也步入正轨。第一次重组确定了四个行业：财经服务和卫生保健部门、形象艺术部门、生产部门以及公共部门。几个月后，又增添了两个部门：批发零售部门和专业服务部门。为了协助完成交易，产品专家还会根据需要加入到销售队伍中来。间接的销售渠道也发挥了相当大的作用，承揽了许多原来由直接销售队伍负责的中小型客户。

与1985年的重组不同的是，1999年的销售队伍重组一开始并未取得成功，也许是由于那一段时间公司内部气氛紧张，因财务混乱、战略执行失当，公司股价急剧下跌，还有1 400亿美元的债务，公司一时无法扭转局面。

到了2001年中期，施乐公司陷入了一系列的财务困境，濒临破产的边缘。然而，销售人员出身的新任首席执行官安妮·麦卡伊（Anne Mulcahy）对公司的前景非常乐观，她认为公司能否起死回生，很大程度上取决于销售队伍能否取得成功。

虽然这需要时间，但是安妮对销售队伍的信念并未动摇。2002年，施乐公司进入了盈利状态；2004年，在标准普尔500指数仅上涨9%的情况下，施乐的股价上涨了22%。安妮还希望开发新产品，以此拉动2005年的销售额增长，这是1999年以来施乐的第一次转型。[1]

施乐公司的例子说明，销售队伍必须面对各种各样的变化带来的压力。从客户的角度来看，销售队伍的组织模式决定了一线销售人员的人数、对客户需求的反应、销售人员对产品以及目标客户的了解程度；从销售队伍的角度来看，销售队伍的组织模式决定了销售人员的职责，包括需要拜访哪些类型的客户、所售产品和服务的范围以及需要参与的活动。

同时，销售队伍的组织模式还决定了销售经理的角色和上下级的关系，这也是我们在讨论其他管理决策之前先要审视销售队伍组织方式的原因（如图6－1所示）。销售队伍的组织模式详细规定了销售人员的工作职责，这会影响公司对销售人员和管理岗位的甄选标准、销售区域间的协调、培训计划、薪酬计划和绩效评估系统。

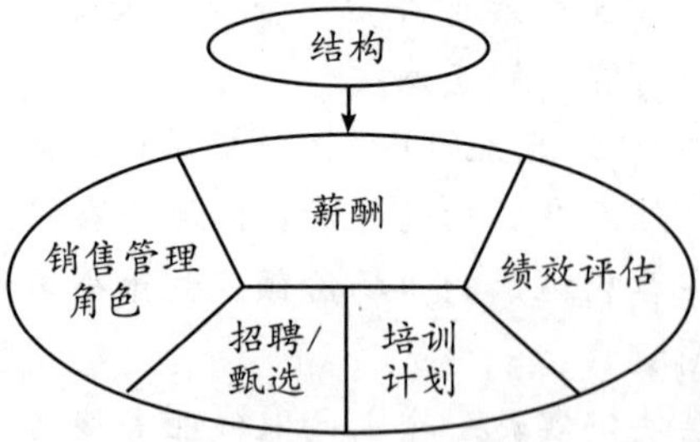

图 6-1　销售队伍的组织模式对于管理决策的影响

本章的内容是按照如下顺序安排的：我们首先讨论销售队伍专业化和战略性客户，接着将对电话营销、独立销售代理商以及除传统的销售方式之外的其他销售方式进行利弊分析，最后讨论销售组织模式中的前沿问题，包括进入全球市场、与销售伙伴或销售队伍合作等。

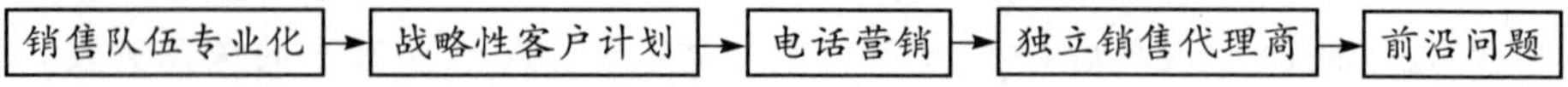

综合模式与专业模式的对比

销售队伍的组织结构分为综合模式和专业模式。在综合模式中，每位销售人员负责在一定的区域内对所有的客户销售所有的产品；在专业模式中，销售人员则以团队为单位，专注于特定的产品、客户或功能。

图 6-2 是最近的一项调查结果，显示了当前以及将来销售队伍的组织模式。需要注意的是，销售经理们都期待着一个重大的变革，许多人预测其销售队伍的组织模式将紧紧围绕客户的类型展开。同时，坚持在某一区域内服务所有客户的综合模式越来越少见。虽然大多数销售经理支持销售专业化，但是不可否认，销售专业化也意味着在协调、整合方面存在挑战，最重要的是，它意味着公司要支付更高的成本。

总体来讲，公司总是试图发展一种适应性强、效率高且成效显著的销售队伍组织模式。如果公司在不需要对其销售队伍的组织结构大加改动的情况下，就能快速应对产品和市场的转变，那么其销售队伍组织模式可以说是适应性强的。效率反映了公司核心销售活动的速度，如及时安排拜访、演示以及制作销售建议书等。成效则反映了销售人员赢得客户好感的能力，譬如，惠普公司的销售人员由于掌握了丰富的客户知识而赢得了客户的积极响应。

销售队伍组织模式可以划分为四种基本类型：综合模式、产品专业化模式、客户专业化模式和功能专业化模式。本节将讨论这些模式各自的优势和问题。

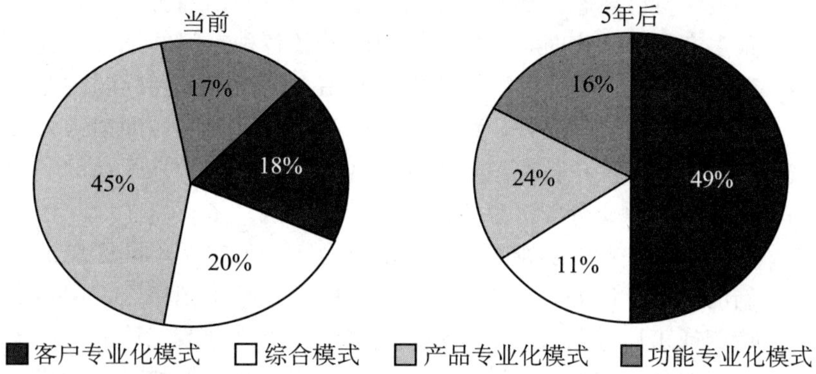

图 6－2　销售队伍组织模式

资料来源：Economist Intelligence Unit and Andersen Consulting：A survey of more than 200 leading executives in North America，Europe and Asia，as reported in Velocity（Summer 1999），p. 3.

综合模式

最普遍也最简单的销售队伍组织模式就是**综合模式**（generalist structure），即按地理区域划分的销售模式。在这种模式下，每位销售人员负责在某个指定地区，向所有的客户和潜在客户销售公司的全部产品。如图 6－3 所示，美国东部地区被划分为 18 个销售区域，每个销售人员负责向指定区域的所有客户销售。

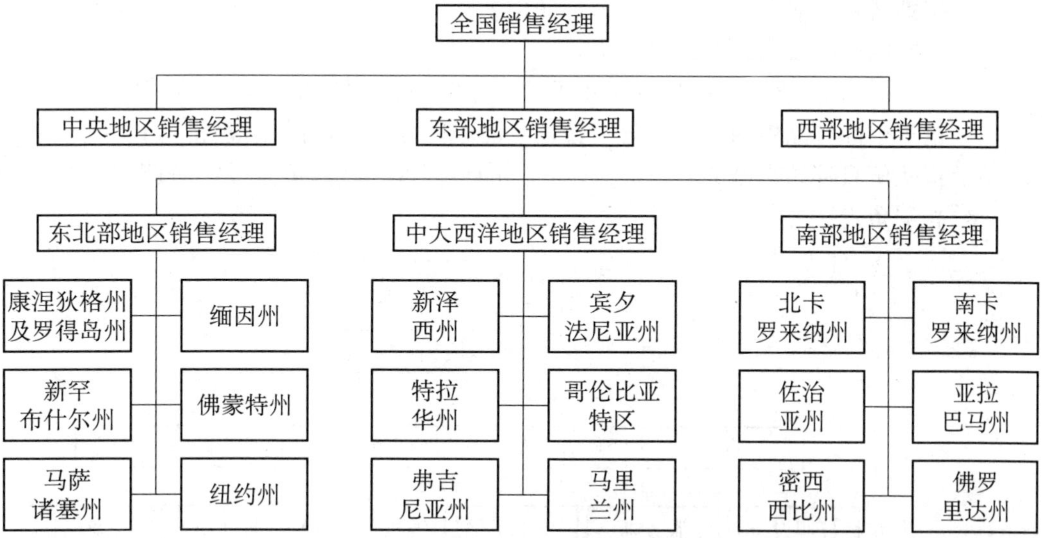

图 6－3　综合模式

综合模式的销售人员负责的区域集中，这就省去了不必要的出差时间，有更多的机会直接面对客户，因此效率较高。如果相关产品和服务针对的客户群同质化程度较高，那么这种模式是最有效的。[2] 销售人员也能有大量的时间去深入了解当地的文化、经济和竞争状况。[3]

相反，如果销售人员负责向不同类型的买家销售全部的产品，那么这种综合模式的缺点也会立即凸显出来。首先，如果销售人员负责销售众多的产品，他们会更加关注自己熟悉的那些产品而忽略那些新的、销售难度大但是盈利高的产品。当有很多产品要销售时，销售人员很难兼备各种专门的技能，针对客户的问题去研究创造性的解决办法。其次，当面对有诸多复杂需求和问题的客户时，销售人员会发现自己处于劣势。另外，综合模式也存在一种风险，即销售人员倾向于花很多时间与容易交流的客户打交道，但这些客户往往不会带来很高的利润或高增长的机会，这样，就难以充分发挥整个销售区域的潜能。

公司并购的加剧导致客户的整合，如何协调不同区域的销售工作也变成了一个新的难题。例如，一个地区总部可能设在某个销售区，但是它可能从其他销售区的商店或工厂采购产品。另外，店内的货物规划或工厂的生产支持对于销售来说是很有必要的。怎样通过协调来全面满足客户呢？假如有些销售人员直接拜访客户的总部，另一些销售人员直接面对当地的商店，该如何评定他们各自的业绩呢？有鉴于此，许多公司决定在按地理区域分配销售任务的同时，还要进一步对销售进行专业化规定。在很多情况下，公司会按以下三种方式推行专业化：产品、客户和功能。接下来，我们将探讨这些专业化的销售模式。

产品专业化模式

如果公司拥有众多复杂的产品线，基于产品的专业化模式最适宜。产品线的增加可能源于产品的创新、公司收购或兼并等因素。例如，强生集团旗下有164个运营公司，生产和销售诸如整形外科植入物、药品和医用缝线等产品。怎样才能使每位销售人员对每个产品系列都了如指掌呢？答案是不可能。因此，强生集团便按照不同的产品线来组织销售队伍。

图6-4显示了产品专业化模式。在这种组织构架下，每位销售人员专门负责销售全部产品中的一小部分，管理层的职能也按照产品线设置。每个基于产品的销售队伍只拜访自己的客户，制定自己的目标，并且自负盈亏，协调工作由组织的最高层负责。

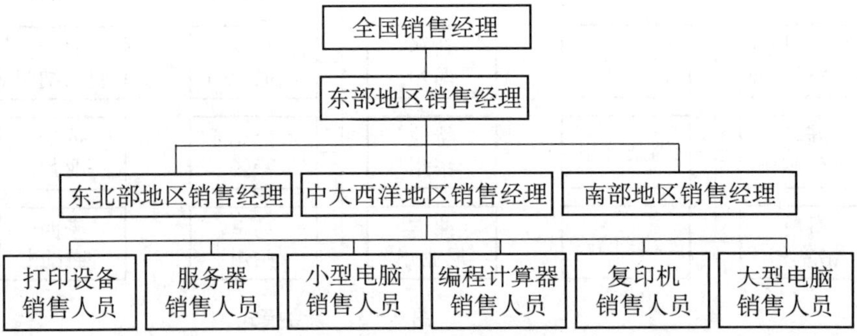

图6-4 产品专业化销售队伍

若要为一个产品或者一条产品线配备足够的销售力量，产品专业化模式很可能是最有效的方法。例如，假设将某条产品线推向某个市场需要20人，那么唯一能保证这条产品线切实获得必要资源的方法就是建立一个20人的销售队伍。虽然可以采取培训、教导和薪酬计划等方式来鼓励销售，但销售资源能否到位依然存在不确定的因素。

不过，产品专业化模式也存在一些弊端。这种模式的区域效率较低，因为每位产品专员要负责一个很广的区域。这种情况会增加差旅费用，减少销售人员直接面对客户的机会，同时也可能令客户感到困惑。凯悦饭店的销售情形就是一个典型例证。调查发现，63 名凯悦的销售人员竟然拜访同一个客户，原因是每一家凯悦分店都有自己的销售队伍。于是，凯悦组建了中央销售部，对客户资源实行统一分配。凯悦的例子也暴露了产品专业化模式的另一个缺陷，那就是激烈的内部竞争导致太多的销售人员争抢同一客户群。

合理协调销售行为的另一个方法就是围绕客户或市场来组织销售队伍。

客户专业化模式

客户专业化（customer specialization）模式也称为**垂直营销**（vertical marketing），在采取这种模式的公司里，每一位销售人员或每一个销售队伍负责将全部产品销售给同一类型的客户。图 6-5 中的六组销售人员分别负责银行、零售店和其他类型的客户，而不是根据地理区域或产品来分配销售资源。总体来看，随着企业朝市场导向的转变，这种销售队伍组织模式日益受到欢迎。[4]

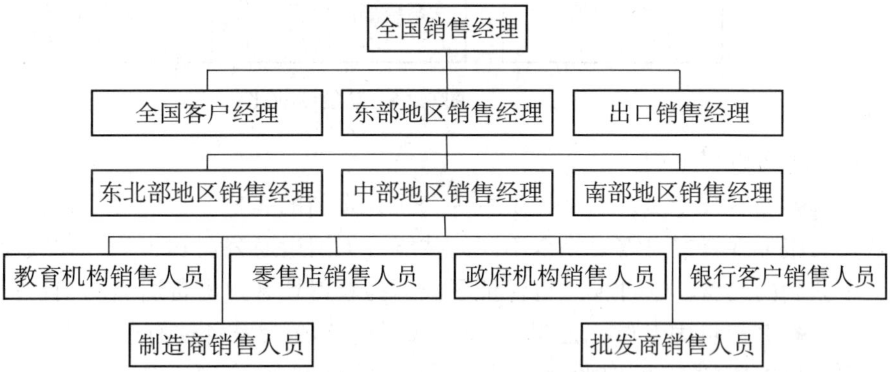

图 6-5　客户专业化销售队伍

IBM 的近 35 000 名销售人员的组织模式就是客户专业化销售队伍的典型。销售队伍按照客户规模、行业以及区域进行划分。销售人员所在的销售队伍负责服务 3 大主要客户群体：大型综合性客户、集群式客户以及中小规模客户。促使 IBM 做出这样的销售队伍重组的原因在于：企业 82%的信息系统成本都直接来源于系统服务需求。在这样的背景下，仅靠提供优质的产品不足以获得客户的忠诚，提供解决方案则需要销售人员能够更深入地了解客户的商业模式及市场环境。在这样的商业环境下，客户专业化模式的效果最好。[5]

客户专业化模式的最大好处是：能使销售人员更深入地理解客户的特殊需求和问题，在某个特定的客户群或行业中成为专家。采取这种模式的企业能够根据客户的需求和购买行为做到随机应变，因此，当企业期望实施咨询型的客户关系战略时，这种模式具有很大的优势。

这种模式还有一个好处，那就是每个客户或每个市场都能获得适当的销售资源，综合模式和产品专业化模式都无法保证这一点。

客户专业化模式也有一些缺点。首先，它会导致与那些根据产品组成的市场营销组织之间的冲突。在这种情况下，产品经理只有与多个部门打交道才能执行一个产品的营销战略。当客户需要解决某些技术问题时，另一个问题又产生了，销售人员可能不具备足够的技能来解决客户的产品问题。为了弥补这一缺陷，很多产品线复杂的企业配备了产品技术专家，随时为销售队伍提供必要的支持。

功能专业化模式

专业化模式的第四种类型是**功能专业化**（functional specialization），这种模式重点关注一线员工的具体活动或职能（见图 6-6）。产品和市场的多样性及复杂性要求销售人员掌握各种不同的技能和知识，这也是当今很多大型国际企业的一个特征。在这种情况下，销售人员专注于某项具体的职能或销售活动，从而提高工作效率。

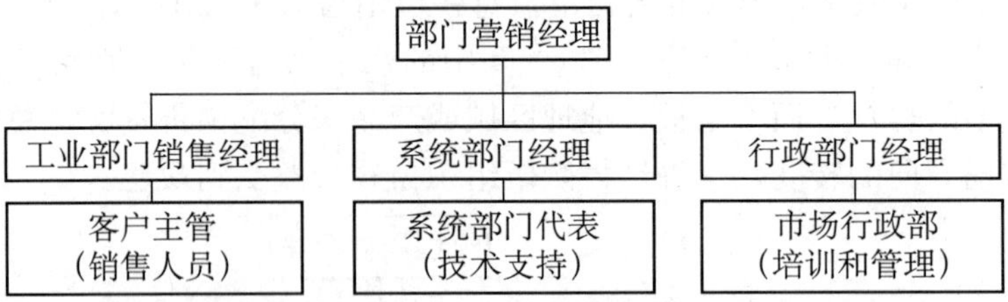

图 6-6　功能专业化

思考以下事例：

● 新客户专员。这些人负责为公司开发新的客户。人们普遍认为，开发潜在客户与服务现有客户需要完全不同的技能。美国运通公司和吉列公司就是从这种模式中获利的典型。这种模式也保证了公司为获得新客户配备适当的销售资源。

● 客户巩固专员。公司 80%～90%的年收入来自现有的客户。留住现有的客户，更重要的是实现收入增长，是公司盈利的关键。布朗宁费里斯实业公司（Browning-Ferris Industries）是一家大型垃圾处理企业，最近这家公司在企业内部设立了一个新的职位，叫做“核心客户巩固专员”，专门负责保持从现有客户获得稳定的收入。

● 终端客户专员。如何在终端客户当中创造需求，这是通过分销商销售产品的公司面对的一项挑战。利盟国际（Lexmark International）是一家生产键盘、打印机和相关办公设备的企业。该公司发现，它需要将更多的资源投向终端客户而不是一味地围绕分销商做工作。为了确保大部分销售资源能用于终端客户的销售，利盟国际公司设立了一个新的销售岗位，专门负责针对终端客户的销售。通过这种方式，公司将 85%的销售力量直接投放于终端客户。[6]

● 销售工程师。在有些高科技企业，例如 3M 公司，一个称为销售工程师的新岗位正在兴起。这些人负责在现有客户的业务中开发产品的新用途。例如，3M 公司销售工程师可能与设计工程师合作，为老客户开发新一代的驱动器。[7]销售工程师更多地专注于技术问题，其工作职能超出了以往的销售人员。

● 销售顾问（service consultants）。让销售人员将 15%～30%的工作时间花在与服务有关的事情上是很少见的，比如了解订购的情况、回答产品的运输问题、解决程序上的不合理等。要增加销售时间，这些事情就应该交由专门人员负责。销售顾问就是来帮助解决此类销售人员不太熟悉的问题，以增加客户价值。

在组织销售队伍方面，没有最佳的模式可言。各个公司为了在竞争中生存，纷纷尝试不同的模式。公司应该首先了解自己的客户，然后从客户的角度出发，审视自己的组织模式。研究证明，当需要高超的推销手段时，专业化的模式效果最佳。[8]总体来讲，应用专业化模式能增加公司营销的有效性，但是过度的专业化也会降低效率，因此最佳的销售队伍组织模式应该在两者之间取得平衡。最中肯的建议是，在最大限度地发掘销售潜力的同时，每个客户接触的销售人员越少越好。[9]表 6－1 总结了本节所探讨的不同销售队伍组织模式的利弊。为了深入理解如何选择销售队伍的组织模式，请阅读团队练习 6－1。

表 6－1 销售队伍组织模式对比

组织模式	优势	劣势
综合模式	低成本 无区域重叠 无客户重叠	对产品线了解有限 对客户了解有限 对战略性产品及客户的把控不足
产品专业化模式	对产品深入了解 把控战略性产品	区域协同效率不足 客户重叠 区域重叠
客户专业化模式	对客户深入了解 把控战略性客户	高成本 对产品了解不足 区域重叠 产品经理协调难度加大
功能专业化模式	高效执行销售活动	协调难度较大 区域重叠 客户重叠

团队练习 6－1

最优的销售组织

位于俄亥俄州威尔明顿市的法诺华盛公司（Ferno-Washing，F-W）是一家急救医疗产品的供货商，它围绕客户的类别来组建销售队伍。该公司的销售对象分为三类：救护车生产商、全国急救医疗服务公司和医疗产品分销商（即批发商）。救护车生产商根据产品的技术规格、安全性和救护车的空间配置采购产品；全国急救医疗服务公司则负责为医院运营急救中心，主要关心分销问题，比如及时和持续的供货，价格也非常重要，往往需要经过激烈的谈判才能签订合同；最后，至关重要的是调动分销商的积极性，使其力推公司的产品，把竞争对手的产品放在次要位置。这意味着 F-W 公司要想尽办法胜过其分销商的其他供应商，更好地利用渠道的销售力量。

F-W 公司需要重新审视自己的销售队伍。现在请你看看它的销售队伍的组织模式是否合适，有什么优点和缺点，有没有其他的选择。如果你觉得还有更适合该公司的销售队伍组织模式，那么你还需要哪些信息才能作出决定？

战略性客户管理计划

不管销售队伍是专业化的还是综合型的，销售领域如今发生的一个重大变化就是很多公司认为有必要在管理常规的客户的同时，制定一套战略性客户管理计划。[10]最近的一项调查发现，超过3/4的北美消费品生产商自2002年起均开始调整销售队伍，这其中的主要目的是为了将更多的资源投入到关键客户上。[11]这类计划也称作核心的、全国性的或者全球性的**战略性客户管理计划**（strategic account management program），它不仅是一种销售战略，更是一种营销理念，其服务对象是那些占公司总收入较大比例的大客户。

在第2章中，我们讨论了公司为销售队伍制定客户关系战略的重要性。越来越多的公司发现，建立一套客户管理计划是很有必要的，因为公司虽然与大多数客户保持咨询型或者交易型的关系，但是需要与某些客户建立一种企业型的关系。美国消费品生产商向战略性客户关系转向得益于美国食品杂货零售商的合并浪潮。1995年，美国前十大零售商占据全国食品杂货市场29%的份额，到了2003年，这一数字猛增至55%。[12]

这种关系与传统的客户关系有什么区别呢？Diageo公司是一家总部位于伦敦、市值190亿美元的公司，其经验堪称很多公司的典范。[13]该公司在酒精饮品领域处于领先地位，拥有皇冠（Smirnoff）、利口甜酒（Bailey's Irish Cream）、龙舌兰洋酒（Jose Cuervo）、健力士黑啤（Guinness Beer）等著名品牌。该公司发现，以原有的销售模式服务于跨越多个业务领域的分销商和零售商，既困难又低效。于是，该公司设立了一个新的岗位，叫做战略性客户副总裁，其职责是在公司的五个业务单元之间发挥协调作用，为整个集团制定愿景规划，并确保集团各单元执行统一的业务操作程序。各个业务单元的战略性客户负责人要对副总裁汇报其所在部门的情况。Diageo公司的关键客户关系和传统的客户关系在很多方面存在不同，如表6-2所示，种种变化已经在客户关系的计划方面悄然发生了。

表6-2　客户关系计划的转变

	以前的做法	新战略性客户
商业计划周期	3～6个月	2～3年
商业计划的结构	战术性推销计划	注重增长和利润的战略性商业计划
参与人员	销售代表和采购代理	来自双方公司的高层经理

尽管这种战略性客户计划具有如此巨大的盈利潜力，但公司在制定这种计划时往往会遇到问题。最近一项针对221家公司的调查发现，只有21%的公司认为其战略性客户管理计划完全投入运营并产生了实际效果。[14]有鉴于此，研究人员开动脑筋，着手探究有哪些因素在影响战略性客户计划的运营。[15]影响新型战略性客户计划的两个突出问题是：客户的选择和组织结构。

战略性客户的选择

哪些客户应该被看作公司的战略性客户？许多公司一开始将战略性客户的范围设得过于宽泛，由于有太多的客户入围，销售队伍不堪重负，为客户提供的服务也不到位。很多公司倾向于以客户的规模为尺度，这种方法是很好理解的，因为通常为数不多的几家大客户占了整个公司大部分的销售份额，丢失一家重量级的客户甚至意味着战略性的灾难。一个典型的案例是当英国罗孚集团（MG Rover Group）在2005年停止生产后，固特异-邓禄普（Goodyear-Dunlop）所面临的危机。当时，对罗孚集团的销售占固特异-邓禄普收入的20%，失去这个重要的客户对其影响深远。[16]

其实规模并不是选择战略性客户的最佳指标。一种新观点认为，最有资格列入战略性客户管理计划的是那些购买大批量产品或者至少具备以下特点之一的客户：

- 采购过程会涉及很多人。
- 集中采购。
- 希望建立长期合作关系。
- 期望获得专业化的关注和服务。
- 与公司的战略意图相吻合。

与许多营销决策一样，在决定哪个公司应该列入战略性客户管理计划之前，首先要了解客户的需求。

关于如何鉴别战略性的客户，总部位于加利福尼亚的金考公司（Kinko's）是一个典型的例子。该公司是一家提供打印和计算机服务的连锁商，当该公司在1992年推行战略性客户管理计划时，它首先想到的是客户中的全球《财富》500强企业，接着又把目光投向了那些在全美50个州都设有分部或开展商业活动并拥有庞大的销售队伍的企业，因为这类企业有利于金考公司的多个分部开展全面的服务项目，最重要的是，这些客户与公司有类似的特点：推崇相似的企业精神，业务增长迅速。

特灵（Trane）是美国一家领先的供暖和冷气设备制造商，该公司设计了一套筛选战略性客户的程序，意在确保公司明确战略性客户当前和希望达到的业务状态。其最大特色是，在整个程序中，双方要签署书面协议，详细列明满足客户目标的承诺。特灵公司发现，这个程序还有助于公司理顺战略思路和规划。

怎样组织

各家公司组织战略性客户管理计划的方法千差万别，适用于某家公司的方法不一定适合其他公司，对于一个公司来说，这些方法有可能在一种情况下可行，其他情况下又行不通了。[17]以下介绍一些主要的组织方式。

现有的销售队伍 在起步阶段，公司主要依靠现有的销售队伍来服务于全国的战略性客户，这种做法比另行组建一支销售队伍风险低、费用少，但是同时，公司在对待这些战略性客户上显得与对待其他普通客户没有什么区别。这就提出了一个问题：到底公司需不需要建立或推行一套战略性客户计划呢？面向普通客户的销售队伍有一种强烈的倾向，他们往往专注于获取订单和提高营业收入，而不愿意花时间与客户建立关系。特别是在销售队伍面对销售定额的压力，例如月度销售定额目标的情况下，这种急功近利的倾向会愈加明显。

管理层牵头 在高级管理层实行战略性客户责任制，是此类管理计划得以落实的一项重要保障。例如，计算机任务集团（Computer Task Group）是一家总部设在亚特兰大的软件服务公司，共有25名高层主管，该集团将每一个战略性客户逐一分派到每一位高层主管的头上，这样不仅有利于节约开支，而且赋予了各位主管明确的权力来满足特殊客户的需求。

其他一些公司的方法略有不同。例如，有些公司委派中层经理分管重点客户。在这种情况下，中层经理的大部分时间都用于管理和服务战略性客户，他们一般会深入到基层，将办公地点设在靠近客户总部的地方。比如，之前提及的Diageo公司的战略性客户管理计划就采用了这种方法。

独立的销售队伍 当公司把开展战略性客户管理计划当作头等大事时，另行设立销售队伍专门从事战略性客户的管理工作，这种组织模式最为适用。比如，国民石膏公司（National Gypsum）的建筑产品分部就采用了这种组织模式，他们从一线的销售人员中选拔出优秀者，组建战略性客户的销售队伍。这些人员通常在离客户较近的地方办公，由一名战略性客户经理负责，各地方的战略性客户经理接受全国销售总经理的统一指挥。惠普、施乐、MCI等公司均采用了类似的管理方式。

多功能的销售队伍 在销售过程十分复杂的情况下，有必要设立专门负责战略性客户的销售队伍。美国电报电话公司（AT&T）拥有370多个专门负责战略性客户的销售队伍，每个销售队伍都由一名具有丰富的产品和客户知识的人负责，同时还会有2～3名产品专员和技术专员。IBM、必能宝（Pitney Bowes）等许多企业会雇用全国性的客户管理队伍。最近的一项调查发现，虽然要建立和维持这种战略性客户服务模式的费用较大，但是就销售额和利润方面的表现而言，它比其他模式更胜一筹。这说明公司的组织结构必须和相应的机会相匹配。

战略性客户管理计划对很多公司来说意味着一个依靠满足客户需求而获得增长的机会。上文中已经指出设立这类计划的企业要面对的两个重要问题，在很多行业里，企业若想增强实力，除了以这种方法提高客户管理水平，往往别无选择。近期一项针对战略性客户管理计划的调查表明，管理层需要考虑和讨论如下问题：

- 从这种计划中，企业能在多大程度上提高客户的采购金额，做到彼此共享信息并增进信任？
- 企业能否主动地应对客户需求的转变？高层管理者是否深入地参与了战略性客户管理计划？
- 在计划中是否具有高度的团队精神？
- 是否为此计划赋予了足够的营销和销售资源？

公司只有在正面回答了上述问题后，才能使战略性客户管理计划发挥强有力的作用。[18]

正当苹果电脑、IBM、默克（Merck）和宝洁等大公司纷纷削减销售队伍之时，客户却在不断地要求获得更多的关注。对于大客户，推行战略性客户计划是能产生经济效益的，但是要服务于这些大客户所需要的资金和时间毕竟不是所有公司都能保证的，因此，诸多中小型公司纷纷采取另外一种日渐受欢迎且有效的方法，即电话营销。

电话营销

电话营销（telemarketing）是指不需要与客户直接面对面，利用电信技术来联系具体客户的销售行为。商务领域的电话营销正在以每年 30%～40%的速度增长，其销售业绩超过了 2 000 亿美元。[19]共有 200 多万人在此领域为客户提供服务，每一笔商务电话营销业务平均达到 17 894 美元，这也代表着电话营销的效果及其潜在的商机。[20]像 IBM、宝洁、大通曼哈顿银行和联合太平洋铁路等大公司，都建立了先进的电话营销系统。

优势

电话营销越来越受到青睐的一个原因是它有利于公司降低销售成本，尤其是对那些小客户而言。与一线直接销售相比，电话营销的效率要高出 5～15 倍，费用也能节省 70%～95%，这是因为电话营销的工作人员是用电话来接触客户的，不需整日穿梭于大街小巷。美国电报电话公司（AT&T）在很多地方都设立了销售中心，并且培养了一批高素质的电话营销员。在利用电话营销员对潜在客户进行核查之前，公司在全国范围内采用销售拜访的方式所能达到的成交率只有 10%，但在启动电话营销项目一年之后，公司的成交率提高到了 65%。相关的报道证明，其他公司在改为电话销售方式之后，也取得了不俗的成绩。表 6－3 就是一家公司使用销售拜访和电话销售的对比。

表 6－3　　关于客户管理的费用对比

	销售拜访	电话营销
每天的销售电话	5	25
每季的销售电话	325	1 624
每年的销售电话	1 300	6 500
所需销售人员	6.5	1.2
每笔交易所需费用（美元）	250	15
每年的费用（美元）	1 998 750	117 000

3M 公司的医药和外科产品部门遇到的情形具有很强的代表性。该公司经过测算得出，每一次销售拜访要花费 200 美元。由于每笔交易平均需要销售拜访 4.3 次，因而每笔交易的平均销售费用为 860 美元。针对小型医院的销量有限，无法抵补这笔支出，但 3M 公司有大约一半的医院客户都属于小型医院，为了弥补这项成本，3M 公司建立了一套电话营销计划。电话营销代表每天可以拨打很多的电话，能够比销售人员接触更多的客户，电话营销的平均费用仅为 25 美元。

在公司的产品营销和与其他公司的业务往来中，电话营销扮演的角色越来越重要，表 6－4 列示了一些公司的各种电话营销活动。

表 6-4 电话营销的活动内容

活动	描述
客户服务	公司提供一个固定的电话号码，供客户随时拨打问询。
寻找与核查客户	公司主动出击，捕捉预期客户：先由电话营销人员致电预期客户，探测与核查其购买意向和能力，以决定是否需要安排面对面的销售拜访。
客户管理	二线产品的销售或者小客户的业务都由电话销售完成，以使公司的销售人员有精力专注于更大的客户和战略性的产品线。
促销支持	在报纸和杂志上刊登广告，提供公司的服务热线或者免费的 800 热线，以便客户获得更多的产品信息或者订货。

资料来源：Peggy Moretti，"Telemarketers Serve Clients," *Business Marketing*（April 1994），pp. 29，31.

挑战

虽然电话营销有诸多优点，但是它也给管理者带来了一些独特的挑战，其中较为突出的有两个方面：一是如何让一线的销售队伍接受这种手段；二是如何管理电话营销人员。

接受 将电话营销引入传统的销售队伍是一项富有挑战性的工作，因为很多一线的销售人员会把电话营销人员视为一种威胁。在电话营销的配合下，即使公司继续向他们支付佣金，销售人员也总是担心管理层削减佣金是迟早的事情。于是，销售人员往往会控制重要的客户信息，试图拒绝电话营销人员介入销售过程。

管理 选拔适当的人员从事电话营销也是一个难题，这类岗位不仅需要具备从事客户服务的素质，而且需要有从事一线销售的干劲。优秀的电话营销人员应该注重细节，保持乐观向上的态度和积极的进取精神。然而，客户服务人员大多不愿意主动拨打电话，一线的销售人员则倾向于一对一的客户关系，往往与一个客户通话会耗费大量的时间。有鉴于此，很多公司认为有必要到公司外部招聘合格的电话营销人员。

激励 激励和员工的稳定性也可能是出现问题的地方。电话营销人员不像一线销售人员那样能够自由活动，他们每个小时要拨打 20～30 个电话，而收入和地位普遍低于一线销售人员，难免有一种"二等公民"的感觉。许多公司已经意识到了这一点，设法大幅提高他们的绩效工资，加强培训，为其创造条件与一线销售人员以及客户展开互动。但是，总体来讲，这两个方面的问题尚未得到彻底解决。

互联网的角色 事实表明，互联网拥有加强公司电话营销的能力。这是因为在电话营销人员与客户交谈时，互联网或公司的局域网能够为其提供支持，这是传统电话销售所无法实现的。例如，如果通过互联网向戴尔公司订购一台电脑，你可以浏览网页，寻找想要购买的型号，然后直接点击屏幕上"请来电"的按键，很快就会有一位电话营销人员回答你的问题了。有人称此为**许可营销**（permission marketing），意思是客户主动许可商家提供销售信息。在戴尔的例子中，客户掌握着联络的主动权，客户要求公司提供额外的信息，而不是公司把产品信息强加给客户。许可营销的优点是有利于提高信息传播的效率。与其根据电话营销人员的理解向一大群可能感兴趣的人群发销售信息，倒不如让客户主动告知营销人员其兴趣所在。互联网和电话营销是这种销售过程的理想组合。

航空公司则通过提供折扣来鼓励人们通过互联网预订机票，在战略导向上大有以互联网代替电话营销的势头，其核心目的是将客户作为免费劳动力，从而节省公司的费用支出。现在一些航空公司在其订票网站上也增添了“请来电”的选项，询问客户是不是要与电话营销代表通话来获得帮助。抛开战略性的问题不谈，互联网的确为公司增添了一条接近客户的最佳途径。

一些附加要点

销售队伍结构的有效性依赖于公司的目标、战略、能力以及外部环境。当公司要评估各种销售队伍组织模式时，需要考虑以下附加的要点：

- 如果公司的目标是降低成本，那么一支负责所有产品的电话营销队伍配以适当的设施是最经济的选择。
- 如果公司的目标是提高收入，那么在电话营销支持下的专业化销售队伍组织模式（产品专业化、客户专业化、功能专业化以及大客户专业化）是值得考虑的。
- 一支专业化的销售队伍若要取得成功，能力培训往往是至关重要的。仅仅在形式上建立专业化的模式，不等于在实质上保证成效，专业技能的培养需要恰当的培训项目。
- 推行专业化模式的公司，必须有能力开发新产品，并且能够为单独的产品线或者市场改进现有的产品。销售队伍的重组并不能解决产品自身的问题。
- 如果一个市场的需求或利润率呈现下滑的趋势，那么部署专业的销售人员就太昂贵且太困难了。

公司所处的市场以及产品的竞争环境不同，影响因素也会有差异。因此，很多大公司会在总体的销售组织中部署多种专业化的销售队伍模式。这一点也说明，没有适合所有公司的最佳选择。

独立销售代理商

到目前为止，我们介绍的公司销售队伍组织模式都限定于公司自己的员工或管理者的范围之内。除此之外，还有一种选择，即委托**独立销售代理商**（independent sales agents）（有时也指制造商的代表）来完成公司的销售职能。他们不属于公司的员工，他们按照合同独自承担一个特定地区的销售任务。独立销售代理商并不拥有公司的产品，是以佣金的方式赚取报酬。独立销售代理商接受委托，通常是为制造商开发新市场。由于他们大多掌握 5～8 个彼此相关却不存在竞争关系的产品线，熟悉业务类型相似的客户，因此能够很快打开市场。

何时需要独立销售代理商

决定哪种产品需要或者在哪个市场中需要独立销售代理商并不容易，管理层需要认真考虑以下三个因素：(1) 经济的影响；(2) 控制的程度；(3) 市场的条件。

经济的影响 公司自身的销售队伍产生的是固定成本，独立销售代理商产生的是可变成本，两者当中哪一个更有利于公司，成了公司利润核算的核心。图6-7是一张简图，显示了赚取佣金的独立销售代理商和需要支付薪水的公司自有销售队伍之间在成本上的差别。虽然委托独立销售代理商也会有一些固定的支出，例如销售管理成本，但这往往只是总销售成本中的一小部分。

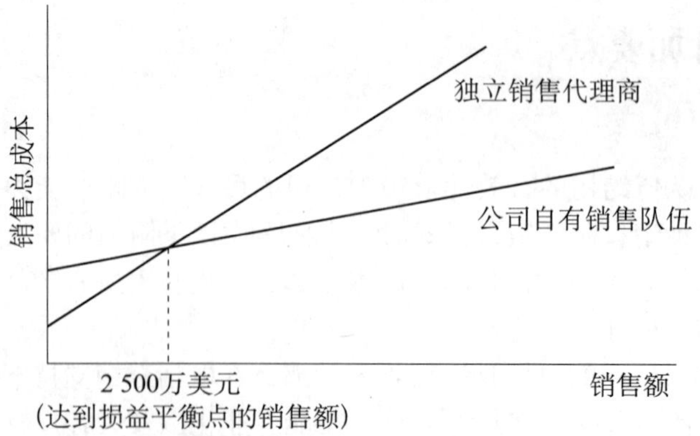

图6-7 公司自有销售队伍与独立销售代理商的成本比较

独立销售代理商要自行承担差旅费用或者招待费用，其报酬严格限定于双方协议的佣金。对于企业来说，销售成本与销售额成正比，这样就会产生一个销售额的损益平衡点。低于这个点，使用独立销售代理商更合算；高于这个点，则使用公司自有的销售人员更合算。这些经济因素也是小公司和二级市场选用独立销售代理商的一个原因。

假设独立销售代理商从销售额中可以获得5%的佣金，管理成本为5万美元；公司自有的销售队伍除薪水外另有3%的销售提成，销售人员薪水的总和加上管理费用共计55万美元。那么，在哪个销售水平上，或者说达到多少销售额，公司自有销售队伍的成本与独立销售代理商的成本是持平的？这个问题可以通过以下等式解答。等式中，假定两种销售方式的成本相同。

$$\frac{\text{公司自有销售队伍成本}=\text{独立销售代理商成本}}{0.03x+\$550\ 000=0.05x+\$50\ 000}$$

式中，x为达到损益平衡点的销售额。

由上面的等式得出，达到损益平衡点的销售额为2 500万美元。如果销售额低于这个数值，那么使用独立销售代理商更合算；如果高于这个数值，则使用公司自己的销售队伍更合算。

虽然图6-7精确地表现了独立销售代理商和公司自有销售队伍之间的经济关系，但是实际情况可能要复杂得多。例如，增加销售人员以期创造更高的销售额，结果常会引起一种阶梯效应，即随着总销售额的增加，达到损益平衡点的销售额也会增加。

上述比较还有一个假设，即当公司从使用独立销售代理商变成使用自有销售队伍时，销售额不变。如果独立销售代理商能够迅速选择一条竞争对手的产品线，那么实际的销售额会低于预期的销售额。根据最近一项关于工业产品销售代理商的调研，销售增长依赖于销售代理商的忠诚，而不是供应商的忠诚。[21]考虑到上述这些因素，公司建立自有销售队伍的决策远没有想象的那么简单。

控制的程度　成本并不是公司唯一需要考虑的因素。管理者可以通过甄选、培训、监督，建立行为规范和销售程序，以及采用各种评估和奖赏制度等措施，来控制自有的销售队伍，这些销售人员能够全心全意地服务于本公司的产品销售。

通过独立销售代理商来销售，公司将面对两个层面的竞争：来自制造商同类产品的竞争，来自同一独立销售代理商所服务的其他公司的竞争。换句话说，公司是在争取独立销售代理商的销售时间。虽然管理层应该努力和独立销售代理商维系良好的关系，将其纳入企业的营销计划，但是对于独立销售代理商，最好的管理机制莫过于公司支付的销售佣金。[22]这是一种市场导向的控制办法，独立销售代理商安排时间是以实现收入目标为前提的，他们会首先评估销售佣金和赚到这笔佣金所需花费的时间，然后决定怎样安排工作日程。

市场的条件　独立销售代理商拥有良好的销售技能、客户关系网络和全面的产品知识，此外，如上文所述，对他们的费用支出大多属于可变成本，这些都属于使用独立销售代理商的有利因素（见表 6－5）。请注意，市场的条件既可以是一个公司面临的总体市场环境，也可以指一个公司销售某种特定的产品所面对的具体市场特征。一个公司可以仅将部分产品委托给独立销售代理商销售。ITT、康宁（Corning）、孟山都、泰利得（Teledyne）和美孚石油等大型的制造商，均在一级市场上采用自己的销售队伍，将二级市场的销售交给独立销售代理商，将其作为公司销售力量的补充。再如施乐公司，把农村市场的业务完全交给独立销售代理商，最近还将小型州府城市的销售也交给了独立销售代理商。

表 6－5　比较适合使用独立销售代理商的市场条件

- 市场过于分散，客户难以捕捉或难以理解。
- 购买数量过小。
- 当地信息和当地分销渠道很重要。
- 公司仅销售少数几种产品。
- 有一家现成的具备丰富营销知识的独立销售代理商。
- 公司知名度不高，在市场上的投入较少。
- 公司的产品简单易懂，并且已上市很久。
- 销售周期很短，订单额一般很小。
- 销售活动不需要严格控制。
- 现有的销售支持活动不重要，公司不需要客户信息。

如上所述，公司需要在是否从独立销售代理商转向专业的、当地销售机构的决策上十分谨慎。销售新鲜烘焙食品、肉类及咖啡的 Sara Lee 公司就是一个很好的例子，该公司的市值高达 40 亿美元，对于该公司而言，其转变决策的起因是该公司与食品杂货商店的关系从之前的交易型关系逐渐转变为咨询型关系。咨询型关系是建立在以数据为基础的决策以及与客户更加紧密的商业关系之上，这不同于之前的个人良好关系及忠诚。Sara Lee 公司所有的分部在转换之后都获得了良好的收入及市场表现。[23]

销售队伍架构的新问题

在销售队伍的架构方面，有五个核心问题正在引起管理层的高度关注，即：营销与销售的协同、职能部门间的协调、全球客户管理组织、销售队伍和销售伙伴。

营销与销售的协同

根据最近一项调查发现，促进营销与销售部门的协同已经成为首席执行官的前三大关注点之一。[24]这似乎难以理解，因为在很多人看来营销与销售部门理所当然应当相互协同，共同服务于客户的需求。然而，当销售业绩不好时，营销部门往往会责怪销售部门没有执行既定的营销计划，同时，销售部门则会将不佳的销售结果归结为营销部门的定价太高，将太多的预算用于广告，销售部门没有足够的经费雇用足够的销售人员或者无法给予销售人员更高的薪酬。根据另外一项调查，销售部门认为营销部门并不了解客户以及市场状况，营销部门则认为销售部门目光短浅——过于关注单个客户而无视整个市场的状况。总而言之，两个部门都会贬低对方的贡献。

图 6－8 显示了营销部门和销售部门分别如何影响客户的购买过程。总的来说，销售部门与营销部门之间的矛盾由两大因素造成：一个是经济因素；另一个是文化因素。经济因素使销售部门与营销部门总是处于需要从总预算中分一杯羹的对抗状态。部门预算往往反映了该部门在整个组织中的话语权。

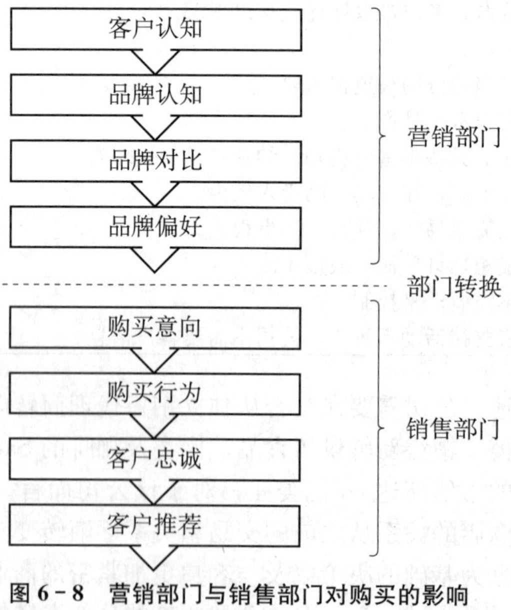

图 6－8　营销部门与销售部门对购买的影响

资料来源：Adapted from Philip Kotler，Neil Rackham，and Suj Krishnaswamy，“Ending the War Between Sales and Marketing，” *Harvard Business Review*（July-August 2006），p. 77.

文化因素导致销售部门与营销部门间的矛盾更深。一方面，两个部门的成员个性与特征差异很大，工作内容也不尽相同。营销人员更具分析思维能力、以数据为导向并谙熟项目管理，他们执着于建立竞争优势并颇具前瞻性。这往往与销售人员的行事方式不同。销售人员将大部分时间用于与现有及潜在的客户交流，他们是建立关系的行家里手，十分了解客户需要或者不需要哪些产品特性。

那么，如何才能促进销售部门与营销部门协同合作呢？专家认为以下方法将会有所帮助[25]：

1. 鼓励相互沟通。定期组织销售部门与营销部门联席会议。确保会议日程包含重要的机会与问题。会议讨论以行动为导向。

2. 安排联合任务及轮岗。创造营销部门与销售部门协同工作的机会，包括营销人员陪同销售拜访，销售人员协助制定营销计划并协助产品计划审查。

3. 共同分配营销及销售资源。将营销与销售人员分配到相近的区域，这样他们就能更多地沟通与协作。

职能部门间的协调

在大多数公司里，传统的沟通方式是由内而外的，销售队伍发挥了公司与客户沟通的桥梁作用。销售部门虽然与研发、生产、物流、会计、财务等其他职能部门有一定的工作往来，但是彼此缺乏协调，因为大多数情况是其他部门只有在必要时才联系销售部门，这种沟通往往是单向的。

公司的重心正在朝为客户解决问题的方向转移，在这一趋势下，销售部门和其他部门的联系也变成了一种双向的沟通。销售人员负责了解客户对产品的需求和期望，然后把信息反馈给公司。譬如，沃尔玛和宝洁两家公司的销售队伍制定了一套正式的行为规范，两家公司的销售队伍互相合作，彼此在本公司内部担任对方的代言人。如果双方就沃尔玛的某个促销项目达成共识，宝洁的销售队伍就负责在公司内部宣传这个项目。为促进各部门之间更加坦诚顺畅地交流，很多公司将个人电脑联网，以便大家随时发表意见，统一认识。[26]

销售部门最可能和哪些职能部门打交道呢？这取决于公司的组织结构和所处的境况，销售部门通常需要与以下部门通力合作，才能从根本上满足客户的需求。

- 工程部门——新产品和产品更新换代的创意。
- 营销部门——广告主题和媒体、广告资源协作共享、销售支持计划、分销问题、竞争性定价和市场竞争信息。
- 生产部门——产品的供应、销售预测、生产规划、产品技术信息、产品特色、供货档期。
- 会计和财务部门——特殊定价和信贷规划、客户信贷资料、预算和额度、薪酬计划和费用控制。
- 运营和客户服务部门——设备安装、客户培训、设备升级、订购问题、保修服务以及紧急客户服务。

最近一项由埃森哲公司（Accenture）组织的调查显示，一线的销售工作与企业运营部门和客户服务部门的联系最为频繁，其次是产品研发部门。[27]虽然保证各部门间协同作战十分困难，但是考虑到在解决客户问题方面的必要性，这种努力还是值得的。

全球客户管理组织

随着客户遍及全球以及新产品和新业务领域的拓展，公司必须在多个行业和业务领域具备国际运营能力，及时更新知识，善于随机应变。对一些公司来说，这意味着在多个不同的国家或地区设立及运营当地的销售机构。有些公司正在建立**全球客户管理组织**（global account management），以加强公司对海外客户的销售管理。[28]

科技公司是最先使用全球客户管理组织的先锋。旭电公司（Solectron）是一家大型的电气设备生产厂商，在全球拥有 180 亿美元的资产。该公司与 IBM、惠普、太阳、北电网络（Nortel）、索尼等众多科技巨头建立了长期合作关系，涵盖设计、生产、运输、修理和产品支持等多项业务。旭电公司进军全球业务，始于 1996 年与思科公司的合作。思科在制造方面的兴趣不高，主要依靠像旭电公司这样的供应商来支撑其供应链。旭电公司针对思科的全球客户服务队伍一开始只有两个人，一名全球客户主任，一名全球客户经理。在过去的 6 年里，随着全球业务的扩展，旭电公司新增了 14 个全球客户服务团队，发展到了如今的 15 个团队，总共占旭电公司收入的 75%。全球性的团队真正做到了功能交叉，其成员来自运营、销售、财务、营销、新产品开发等多个部门。队伍的设计理念是更深入地理解客户的需求及其迫切性，做到想客户之所想，急客户之所急[29]，充分执行具体的客户策略。[30]大多数成功的项目都经历了近十年的试错，最终取得成功，获得客户更大的订单能够弥补低价及销售服务的成本。采取全球客户管理组织最主要的困难在于两个方面：一是选择适用于该组织的全球客户；二是为高效执行该组织建立适合的流程。

选择适合的全球客户与之前谈到的选择战略性客户类似，新的复杂性在于地域的适合性。与战略性客户相同，合适的全球客户管理组织需要在为单个客户提供定制化服务与尽量减少对单个客户资源投入之间取得平衡。同时需要考虑的是，在全球客户管理组织的中央区及各国销售机构之间如何分配职责。

尽管困难重重，市场导向仍促使越来越多的公司采用全球客户管理组织。惠普公司有超过 200 个具有全球特性的企业客户。IBM 也有类似数量的全球客户。为了分析更多的全球客户管理问题，请阅读下面的团队练习 6－2，你会如何处理文中的情况？

团队练习 6－2

一项外派任务

作为位于加利福尼亚州一家通信公司的全球销售经理，你需要为英国巴斯分部物色一名销售经理。对于这一任务，有位不可多得的人选：格雷斯·鲍恩斯，现任丹佛分部的战略性客户经理。问题是，根据公司的外派政策，你能说服格雷斯接受这项外派任命吗？对于外派两年以上的人员，公司承担搬家费，但外派人员在驻外期间的基本薪酬不变。公司的管理层坚持认为，派驻海外的人员在待遇方面应该与在国内不同城市间调动一视同仁，否则公司将额外支付太多的补贴，因为公司目前在 20 多个国家都有派驻的销售人员和经理。

要说服格雷斯出任这一职位还有一个棘手的问题。她已经成家，丈夫是一名优秀的图像设计师，不一定愿意放弃眼前的工作和丰厚的待遇。你希望格雷斯能够接受这项任命，任期为3年。如果一切顺利，你想在她回国后提升她担任全球客户经理，这些客户的总部都设在美国境内。你知道自己需要找到一种变通的办法，但办法在哪里呢？你赞成公司的外派政策吗？公司应该同时为格雷斯的丈夫寻找一份相应的工作吗？

销售队伍

当今社会，客户的需求日益复杂多样，单一的销售人员通常难以满足。有鉴于此，经营的成功就依赖于公司能否在买家所在的区域有效地组织资源、发挥影响、调配产品系列以及打破部门间的界限。现在，美国电报电话公司（AT&T）、百特国际（Baxter）、邓白氏以及宝洁等大公司纷纷发现，要满足客户的需求、全面完善与客户的沟通，需要建立一支以客户为中心的**销售队伍**（sales teams），其中不仅要有销售人员，还要有客户服务人员、技术专家和来自其他职能部门的员工。销售队伍的目标就是要在更大的范围内整合知识和技能，以强化客户关系为核心，创造性地为客户需求开发全面的解决方案。

施乐公司曾一度采用团队模式，打出的口号是“施乐团队”。团队的规模庞大，包括一名客户代表、一名高速复印专家、一名电子打印专家、一名办公室系统和网络专家，以及电子键盘和电子工作台专家、复印专家和客户经理各一名。

图6-9展示了爱立信公司针对大客户的销售队伍组织架构。在爱立信内部，负责大客户的经理有权调配客户协调员、项目经理和技术支持人员组成服务团队，对某些项目提供支持与服务。如有必要，该销售队伍还可以另行征调具体的产品经理提供协助。如果客户的业务设在海外，那么公司的全球客户经理还会出面征调海

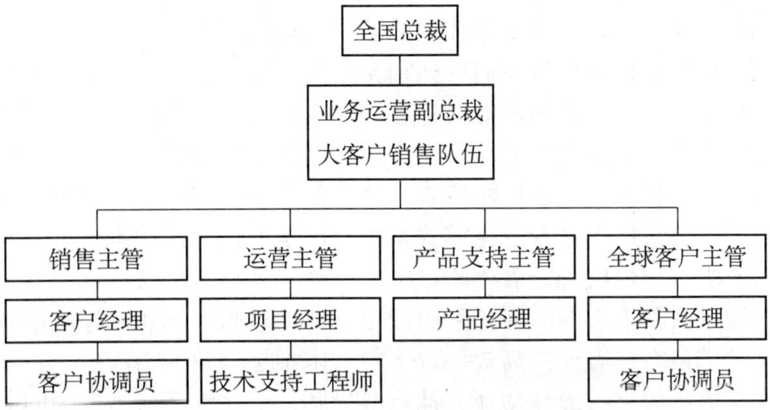

图6-9　爱立信公司的销售队伍组织架构

外的支持力量协助工作。在爱立信，大客户销售队伍负责增进与现有客户的关系，全国客户团队（在图6-9中未显示）负责寻找新客户，发展新业务。爱立信也采用了本章提到的其他公司的方法，以机动灵活的方式对销售队伍进行有机组合，具体的组合标准包括：地理区域专业化、产品专业化、客户专业化、功能专业化、战

略性客户专业化、销售队伍专业化，等等。

销售伙伴

随着销售方式向直销的转移以及针对具体客户定制解决方案的需要，许多公司意识到有必要通过**销售伙伴**（selling partners）进入市场。销售伙伴不领取工资，不仅帮助公司销售产品，而且提供技术和运营支持。例如，作为一家位于加利福尼亚圣马特奥的软件供应商，Siebel系统公司就在使用销售伙伴来为大中型客户定制软件。Siebel公司提供软件编码，销售伙伴负责为客户安装软件，并提供咨询和系统集成服务。要打开软件产品的市场，Siebel公司需要销售伙伴参与增值服务，切实将软件包交到用户手中，并使其发挥作用。这种安排为Siebel公司带来了很多战略性的问题，它不必负担赢得最终客户过程中的任何销售费用，但必须设法控制销售过程。如果与销售伙伴发生了冲突，它有足够的权力将其化解吗？

IBM也通过与销售伙伴合作，满足小型客户对信息科技产品的需求。从全球而言，IBM与50 000个商业伙伴建立了业务联系，包括独立分销商、增值经销商、系统集成商以及软件分销商。在IBM销售队伍所负责的面对面销售客户中，80%的收入来源于占客户总量20%的小型商业客户。销售人员需要与分销商和经销商通力协作，才能为客户高效地提供产品和服务。如何促进这样的协同合作，IBM的例子很好地展现了如何将专业化、销售队伍、电话营销以及销售伙伴有机融入到其销售组织架构中。[31]

本章小结

竞争中的风云变幻、客户偏爱的购买方式通常要求公司重组其销售队伍。要做出决定，就要考虑以下问题：需要多少销售人员，他们如何一起工作，如何在保证团队效率和运作有效性的前提下组织他们，如何接近选定的客户等。这些决策很可能对销售队伍的表现和整个组织有重大影响。

1. 列举组织销售队伍的各种模式。高科技产品公司常会采用产品专业化模式来提高销售业绩。当客户提出特殊需要时，客户专业化模式通过去除不必要的客户致电或更有效地定义和满足客户需求提高效率，客户专业化模式是提高效率的最佳选择。拥有复杂产品的公司，需要将销售人员按照产品的功能系列划分为最初接洽客户的人员和保持利润客户的人员。

2. 阐释战略性客户管理。这是一种营销哲学，由特定的客户销售主管负责，在大额的销售中，客户的要求很复杂，也会出现很多问题。我们必须选择性地把客户分类，因为他们注重的方面不同，有些注重员工的素质，有些注重公司的技术水平，有些注重公司的管理方式。

3. 列出电话营销蓬勃发展的理由和它在实施过程中的问题。电话营销是指通过电话和客户建立联系，签订合同，而不是面对面交谈后签订合同。电话营销日渐流行的原因是可以节约成本，尤其对小公司来说。另外，客户非常喜欢这个方式，因为这样可以节约时间。成功实施电话营销的一个最大的困难是与区域销售人员的冲突和雇用、激励、留住电话营销员的问题。

4. 讲述为什么及何时使用独立销售代理商。独立销售代理商并不是公司员工，他们在特定的区域执行销售任务而与公司签订一个特殊的合同。他们并不拥有所销售的产品，得到合同中所规定的销售佣金。由于他们是根据合同规定得到佣金，并且大部分来自提成，所以独立销售代理商经常会开发新市场，或者在公司没有设置销售队伍但对产品有需求的区域销售产品。

5. 描述销售队伍架构不断发展的趋势。管理人员越来越多地关注销售队伍架构的五个问题：营销与销售的协同、职能部门间的协调、全球客户管理组织、销售队伍和销售伙伴。这些问题日益突出，是因为科技的发展和公司越来越关注客户的要求。

关键术语

客户专业化　customer specialization
功能专业化　functional specialization
综合模式　generalist structure
全球客户管理组织　global account management
独立销售代理商　independent sales agents
许可营销　permission marketing
销售队伍　sales teams
销售伙伴　selling partners
战略性客户管理计划　strategic account management program
电话营销　telemarketing
垂直营销　vertical marketing

自我能力提升

1. 自我管理能力。B2B 管理始终处于剧烈的变化之中，新型的销售方式，尤其是全国性的客户管理项目和电话营销，正在取代传统的面对面的销售模式。在传统的一线销售队伍萎缩的情况下，电话营销异军突起，它集中关注两端：一端是小客户；一端是实力强大的战略性客户。你认为这种发展趋势会对传统的销售经理造成怎样的冲击？他们应具备哪些技能才能适应新的形势？你认为传统的销售经理和全国性的客户经理以及电话营销经理在角色上存在哪些区别？

2. 战略行动能力。在如今的商业环境中，企业重组司空见惯。当一家公司收购另一家公司或者某一条产品线时，或者当一家公司决定放弃某项业务或者某条生产线时，重组便应运而生。还有一种情形是数条产品线进行合并，每一条产品线所配备的销售和分销队伍也需要进行整编。重组会为公司提供创新的机会，同时也会对销售队伍的管理构成威胁。比如，一家全国性的企业决定将从事家居产品业务和音像产品业务的销售队伍合二为一，那么企业需要考虑哪些因素？在采取重组行动之前，需要做怎样的分析工作？对于两支销售队伍，你将如何实施合并决策？

3. 技术能力。为了对电信设备客户提供支持服务，3M 公司开设了一条 800 免费热线。3M 全国服务中心坐落在明尼苏达州的圣保罗市，由训练有素的技术人员和协调人员每年 365 天、每天 24 小时为客户提供服务。通过系统答录和各类传真、ASCII 编码通信终端、最先进的监控和测试设备，并配以在线的计算机系统，客服人员能够鉴别哪些属于设备问题、哪些属于操作错误。3M 中心发现，30%以上的求助电话所报告的设备问题可以在几分钟之内得到解决，无须派技术服务人员前往现场。除了客户服务，想一想，在电话营销领域还有哪些工作能够发挥技术的作用？

4. 全球视野。甲骨文公司推出了全球客户管理项目，目标是竭力为客户提供便利、提高效率。为了实现这一目标，甲骨文公司用自己的数据库技术来支持全球的客户信息网络系统。一方面，客户能登录该信息库；另一方面，甲骨文公司任何从事客户支持的员工都能接入这个系统。这样的数据库会存在什么潜在的危险？其用途是什么？详情请登录网站 www. oracle. com。

5. 团队建设能力。坐落在明尼阿波利斯的 ADC 电信公司建立了新的战略思路，它把供货商视为销售队伍的一部分，并将其纳入到客户管理项目中来。有很多外部的咨询和培训机构愿意帮助企业解决战略性客户的管理问题，企业一般会根据实际需要将这些机构集中起来，而不是单独地委托某一家来处理客户管理问题。通过这种方式，ADC 为客户提供了增值服务。结果证明，这种做法有利于改进客户关系，并能带来新的商机。这种伙伴制的方式要想取得成功，还要关注很多关键的问题，比如，该公司如何协调与伙伴的关系？这个项目成功的关键因素有哪些？企业如何解决这些问题？详情请登录网站 www. adc. com。

6. 教导能力。一名销售经理刚刚在一家大型的工业企业走马上任，该企业有一个大型的客户，每年会为公司创造 1 000 万美元的收入。这位销售经理在与该客户初次接触之后，总结了自己的感悟："这个客户是我们的老主顾之一，但是它已经改变了某些做法，我们之间的合作因此出现了一定的困难。几年前，客户实行的是集中采购制度。在我看来，合同也是公平合理的，但是客户各地工厂发来的采购订单不如前几年那样频繁了。当我的战略性客户管理团队向客户推荐新产品时，话题很快就转到降低价格上。除此之外，当客户经理试图将最新的培训概念推荐给对方的销售队伍时，对方却不感兴趣。客户的销售队伍似乎极其关心存货和交货问题，对培训却没有多大兴趣。结果，来自这家客户的营业收入在过去的数年中直线下降，双方的交易日渐萎缩。"长此以往，这家工业企业与该客户的关系将呈现怎样的局面？你有什么好的意见提供给这家公司的销售经理呢？

问题[①]

1. 你的公司目前委托 50 家独立销售代理商进行销售，营业收入为 2 亿美元，独立销售代理商的佣金比例一律为总销售额的 5%。为了节约成本，你正在考虑是否应该自行组建专门的销售队伍。你公司所在的行业协会发布了一份年度薪酬调查，结果显示，一名销售人员的年薪加上各种补贴，平均为每年 6 万美元。除此之外，0.5%的销售提成已是通行的惯例。你估计需要雇用 100 名员工才能替代当前的独立销售代理商。按照以上提供的信息，维持每年 2 亿美元的销售收入，哪种方式花费最少？自行组建销售队伍，还是继续委托独立销售代理商？公司达到多大的销售量才能实现盈亏平衡？换句话说，在何种情况下两种方式的成本是相同的？

2. 仔细推敲以上的问题，你发现自己漏算了几项相关的成本。目前，你公司设有销售总经理和市场策划经理，负责协调和管理独立销售代理商。如果自行组建销售队伍，公司就要增加销售管理人员，以加强对销售队伍的训练和管理。

首先，你决定把全国市场划分成两个销售地区，每个地区设置一名销售经理。根据行业信息，区域销售经理的年薪是 12 万美元。其次，许多二级销售区域也需要一定的人员负责直接管理，最佳的比例是 1 个经理管理 10 个销售人员。二级地区的销售经理年薪是 9 万美元，额外报酬是 0.35%的销售提成，整个地区及其下级的地区经理都一样。再次，你需要花费 12 万美元来招聘和培训销售人员。最后，管理层希望销售额必

---

① 相关 Excel 表可以从网站 www. wiley. com/college/dalrymple 下载，点击"Student Resources"。

须保持每年 10%的增长，一年后增长到 2.2 亿美元，因而必须雇用 100 多名销售人员，每名销售人员的销售额最好是每年 200 万美元。在这些新信息的基础上，采用哪种销售方式的花费最少？盈亏平衡时的销售额是多少呢？

希尔德案例练习

一项特殊的任务

道格·布卢姆在得梅因的办公室工作已经 18 个月了，他刚刚感到对工作得心应手。业绩已连续 5 个季度超过了销售定额，利润也在持续增长。他感觉对自己的了解更加深入了，为人处世也老练了许多。有一天吃晚饭时，他对妻子说："你知道吗，干上这份差事，你的性格都会改变。有些经理注重对员工的亲和度，有些呢，更看重销售额或者更关注客户，你很难找到在这几个方面能兼顾的全才。我现在正刻意锻炼自己的亲和度，这让我自己都感到惊讶。在以前做销售工作时，我只是喜欢与客户接触。"

第二天一上班，他接到了公司市场销售部副总裁文尼·拉西奥皮打来的电话，通知他，作为对他的职业发展的一次考验，公司决定给他一项特别的任务。文尼打算下周在纽约和他面谈这项任务。

在纽约，道格得知这项任务是要逐步淘汰蒙大拿、爱达荷、怀俄明、犹他、科罗拉多这几个州的独立保险经纪人。希尔德保险公司打算雇用全职的销售人员在这些地区推广业务。公司之所以改变经营政策，主要原因是这些州的人口正在迅速增加，公司认为用自己的专职销售队伍有利于迅速打开市场。文尼也提到了另一个问题，他认为目前的独立保险经纪人已经"老化了，腰包鼓起来了"，丧失了以前的"活力和干劲"。

希尔德公司眼下有两名区域销售经理分管这些州的经纪人，负责招聘高素质的经纪人，指导其掌握和销售公司的保险产品，并确保其能够如期完成销售定额。在公司向这些独立保险经纪人传达新的政策后，销售经理需要征得他们的配合，以组建一支内部的销售队伍，并设法控制由此产生的消极影响。

道格意识到了这项任务的艰巨程度，暗自倒吸了一口凉气。在他看来，当务之急是如何控制对客户关系可能带来的损害，因为一旦经纪人得知这则重组的消息，可能作出不利的反应。文尼告诉道格，要在两个月之内组建一支新的销售队伍。道格说，最好马上开始工作，并建议会见两个区域销售经理。

接下来一周，道格安排和两位区域销售经理见面，告诉他们公司即将发生的变化，并叮嘱有必要设计一个非常周密的行动计划。惊讶之余，两位经理表示，他们最担心的是这些经纪人的反应。他们同时认为，不可能严密封锁消息，直到实施时才让这些经纪人知道，并且经纪人很可能因为失去了 20%的佣金而不满。在这次谈话中，大家主要讨论了经纪人可能采取的报复行为。会谈结束时，副总裁建议他们想出一个万全之策，体面地将 34 名经纪人淘汰出局，同时不至于造成什么不良的经济损失。他们都同意下周再开一次碰头会，探讨其他的变通计划。

问题

1. 如果让你给道格出谋划策，他应该如何与两位区域销售经理开好这次会议？

2. 当公司要用自己的销售队伍来取代经纪人时，你如何控制可能产生的经济损失？

3. 如果有一位经纪人问：是不是公司要用自己的销售队伍来取代所有的经纪人，你会建议道格怎样回答？

4. 在自行组建销售队伍的过程中，你要首先处理哪些重要的问题？

附录 6A 销售区域规划

在前面关于销售队伍结构的内容里，我们提到了一种最普通的销售队伍结构，就是在一个特定的地理区域中让销售人员进行销售。尽管销售队伍的划分是根据专业化进行的（例如产品、客户或功能），但是销售人员的责任被严格限制在地区边界范围之内，比如施乐公司。大多数的销售队伍有一些区域划分，用来区别销售人员或者销售队伍的业务责任和能力。在这一部分，我们将学习如何根据区域来组织销售队伍和将销售人员放到特定的区域会产生什么样的结果。

适当的区域划分的 3 个重要原因

顾客和潜在顾客的行为都有一定的影响和覆盖面，我们需要很好地为他们服务，销售人员有这样的能力。区域销售是指在一个具体的区域，销售人员为该区域顾客提供服务。

一个合理的销售区域是指，每一个销售人员有合理的工作量，每一个顾客都能得到足够的关注。图 6A－1 表明在某家化妆品公司里，销售区域存在明显的分配不平衡现象。专家们认为对于大多数的销售队伍都有这种不平衡的现象。竖轴表示每一个销售人员的工作量，其中数字 1.0 表示理想状态。销售区域一共有 200 个，按照工作量从最高到最低的顺序排列，每个销售区域的工作量在曲线上都有对应的点。工作量超出 1.0 代表销售人员有太多的工作要做，低于 1.0 代表工作人员没有足够的工作。把上下 15%的合理浮动区间算上，依然有大约 60%的销售区域没有在合理工作量的范围内。通过对 4 800 个销售区域的调查研究显示，这种不合理的状态是普遍存在的。研究还表明，超过一半的销售区域都不在合理的状态。大概有 25%的销售区域过大，不能被有效地覆盖，还有 31%的销售区域又实在太小了，不能充分发挥工作人员的能力。[1]

销售区域的研究让我们清楚地得出以下结论，要让销售区域的存在变得合理，不超过理想的范围，至少要考虑下面的 3 个因素[2]：

- 增加销售量；
- 节约成本；
- 更高的道德标准。

□ 增加销售量

在一个合理分配的销售队伍里，工作可以合理调度，每个顾客都可以享有合适的服务。那些有足够的时间去拜访客户的销售人员可以安排去拜访客户，现在这样的工作却由某些已经过于繁忙的销售人员来做。这样被忽略的客户在低工作量的销售区域可以变成最佳客户，因为销售人员有足够的时间来为客户服务。致盛咨询公司所作的研究表明，一个调整过的平衡的工作量可以提高大约 2%～7%的销售业绩。

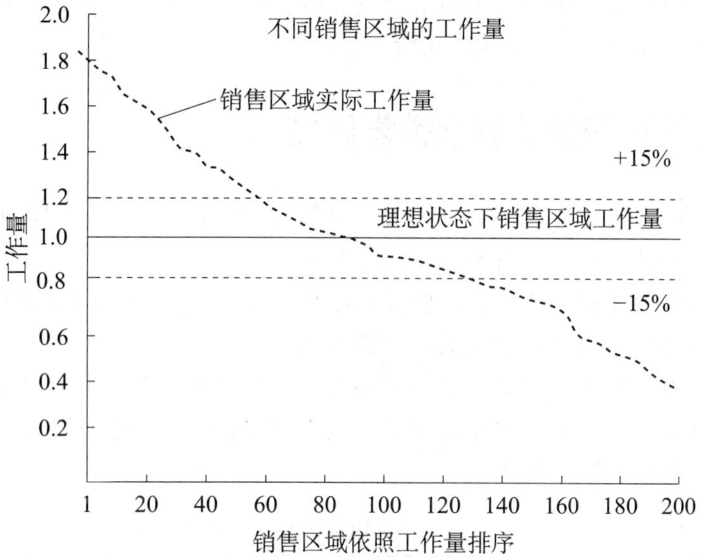

图 6A－1　某化妆品公司的不平衡销售区域分配

资料来源：Adapted from Zoltners et al.，2001，p. 136.

□ 通过节约差旅费来降低成本

区域销售是可以发挥作用的，因为它可以帮助减少营销成本。当一个销售人员覆盖了所有的销售区域，那么样品、电话费、差旅费之类的花费都将减少。处在设计良好的销售区域里的销售人员可以减少差旅时间，有更多的时间从事销售工作，结果是销售人员的花费降低。例如，一个拥有 1 000 多名销售人员的大型工业分销商，如果合理地分配销售区域，就可以节约大约 13.7%的差旅时间，节约大概 100 万美元的花费并增加 2.7%的销售时间。该公司预计，销售时间按这个速度增加，可以为公司增加大概1 500万美元的营业收入和超过 300 万美元的营业利润。另外，节约差旅时间可以让销售人员有更多的时间待在家里，提高他们的满意度。

□ 较高的满意度、较低的流动率

我们的研究总是得出这样的结论，如果不考虑销售人员的个人因素，对于区域销售来说，销售能力就是最好的指标了。换句话说，良好的销售能力将带来良好的业绩增长，不用关心销售人员个人的因素。反过来，在那些低能力的销售区域里，这一点也可以得到很好的证明。例如，在一个有 250 个销售区域的消费品公司里，因为其销售区域有着非常大的销售能力，所以即使在将近一年的时间里没有任何销售人员，销售业绩还是不错。

良好的销售能力和销售区域之间的关系要求经理们细心地奖励销售人员而不是那个区域。不合理的销售区域分配往往会造成不恰当的和不公平的奖励，一些非常好的销售人员可能会表示不满，因为他们没有任何奖励，他们开始怀疑自己的能力和选择。同时，那些在过去的 10 年里获得很多奖励的人，又不一定真正配得上那么多的荣誉，因为仅仅是他们的销售区域有更多的销售潜力罢了，他们付出的努力并没有别人多。薪酬系统的宗旨就是给予那些处于不佳销售区域却付出努力的销售人员更多的基本薪水，尊重他们的劳动。

什么时候应该重新调整销售区域

在最近的一份有278名销售人员参与的调查中，62%的被调查者表示，去年一些突发事件使他们不得不调整销售区域。[3]例如，一个大客户需要重新定位，一笔订货的订单变成了要求售后服务和维护的订单，一位销售人员要离开工作岗位，他未完成的订单需要移交给另一位销售人员。

在美国的大公司里，主要的销售区域的调整通常每隔几年就要发生一次。这样的调整是由于一个主要销售队伍的改变或架构改变引起的。表6A-1罗列了那些最容易引起重新调整的因素。

表 6A-1　　主要销售区域重新调整的原因

- 销售队伍规模改变
- 销售队伍结构改变
- 收购和兼并
- 市场机会的改变
- 人口的改变
- 新产品
- 提升产品的需要

经理们必须非常小心，尽量不要进行过多调整，因为这样会引起以下的负面影响：

- 打乱人们的生活习惯；
- 破坏客户关系；
- 过程复杂；
- 成本高；
- 可利用的数据有限。

尽管重新调整可能会带来以上的诸多代价，但是旧的落后的销售区域方案成本会更高。

销售区域规划过程

有很多方法可以向销售人员分配客户。事实上，将10个客户分配给2个销售人员就有1 000多种的分配方案。参与的销售人员越多，客户越多，可采用的方案也越多。有很多成功的销售区域分配的例子，也有很多失败的例子，这一点大家都很容易理解，幸运的是，数据和信息技术的进步使这样的过程变得方便而且快捷。

通过以下的六个步骤，我们很清楚地看到一个有效的销售区域规划过程，如图6A-2所示。下面我们就把大部分的精力放到描述这六个步骤上。

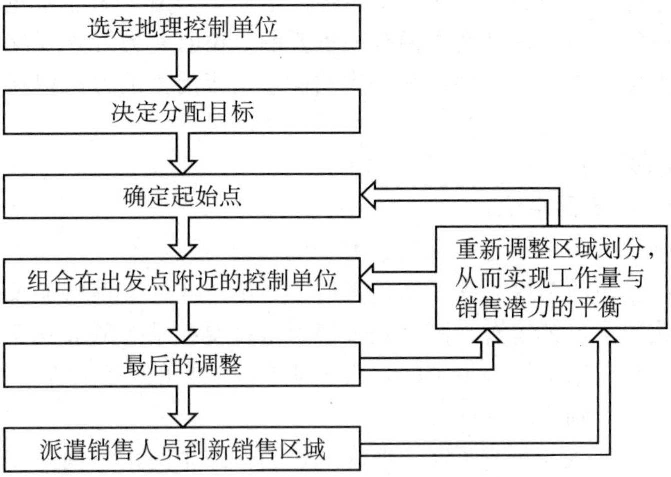

图 6A－2　销售区域规划过程

□ 选择地理控制单位

第一步是选择一个合适的地理控制单位，这样的单位在地理上是可以划分的，而且可以合并成一个销售区域。控制单位必须足够小，以便在设置边界时有一定的灵活性。它们必须比销售区域小，而且有足够清晰的边界。我们在表 6A－2 里列出了经常使用的地理单位控制点。第一个：国家，看起来作为销售区域有点范围太大，然而一些向欧洲国家出口的公司经常是把一系列的小国家组合成一个销售区域的，例如荷兰、比利时、卢森堡。州或省组合成的区域看起来也有点大。如果一个公司的销售网络想要覆盖整个省而销售人员又不是很充足的话，那么州或省就是最好的控制单位了。像马萨诸塞州这样的州就往往会和别的稍小的州组合起来形成一个区域。

表 6A－2　　在销售区域中应用的地理控制单位

国家	城市
州、省	邮政编码
县	人口普查表
都市区	顾客

如果一个公司想要做多个城市的业务，那么市区就是最理想的控制单位。如果公司要把城市作为区域进行分组，往往是依照邮政编码和人口普查表进行。通过联合许多个人用户，形成一些以建筑物为范围的控制单位，这些单位差不多就是最小的控制单位了。只有当一个公司有数量很少的大客户时，才将这样的客户独立出来作为一个区域。在美国，通行的方法就是把县作为一个控制单位，它们足够小，有利于区域的编制，在这些县里，一些潜在的数据会定时发布。

□ 决定分配目标

尽管公司在进行销售区域的重新分配时可能有一系列的目标，但是我们必须把平衡工作量和销售潜力作为首要目标。平衡销售潜力是非常重要的，尤其是当任务和奖金在公司的奖惩制度中拥有很重要的地位时。另外，要保证销售人员拥有同样的机会去赢得奖励。一些普遍采用的衡量销售潜力的方法包括：

- 行业总销售量；
- 购买力指数；
- NAICS 码系统；
- 地理人口学信息（人口、客户的总数等）。

平衡公司的销售额和平衡销售潜力是不一样的。销售额反映销售力量已经在某个领域花费了，销售潜力则反映销售力量将要在某个领域花费的时间和精力。如果销售区域是根据销售额决定的，很可能造成内在的不公平，这样会导致销售人员付出的努力得不到相应的回报。

如果销售队伍完成了客户要求的任务，这个时候平衡工作量的任务就显得很重要了。例如许多消费品销售员向分销商或零售商的销售员销售，后者拜访现有客户补充库存。在这样的例子里，工作量能够被精确地测量出来，因此应该鼓励平衡工作量去争取覆盖更多的顾客。

下面是一些平衡工作量的方法：

- 客户数量；
- 部门的客户数量；
- 潜在客户数量；
- 覆盖潜在客户和现有客户所需要的时间。

虽然那些测量工作量和工作潜力的方法有很多不同之处，但是我们在决定区域时可以采用一些组合的方法。W. W. Grainger Inc. 是一家总资产达 48 亿美元的提供维修和保修器件的供应商，这家公司拥有超过 1 500 名销售人员，他们的任务分配采用了分配指数。分配指数是由历史收入和工作量来决定的，工作量是由服务每个客户所花费的时间决定的。当一个销售人员管理一个大客户或者是四个小客户时，分配指数接近 1 000，每一个客户都是按照这两个重要的指标来进行权衡。

尽管平衡工作量和销售潜力是最重要的两个分配指标，大多数公司是以最少的差旅时间和不打扰现有的顾客关系为目标进行分配的。减少工作时间对那些需要计算工作量的单位显得尤其重要，特别是对雇用兼职人员的单位来说。对这种情况，区域面积和差旅时间就是很好的计算办法。如果公司采用咨询型或者企业型销售模式，对顾客的深度了解就显得非常重要，我们应该尽量保持业务的一致性，这时候，客户服务比例以及销售额比例就成为规划的重要指标。

□ 确定起始点

第三步是要在销售区域里选择一个起始点。通常的方法就是把销售人员的家庭地址作为出发点，因为重新安家费用是很高的，而且销售人员也不用远离家人和朋友。另一个方法就是把出发点放在大城市里，因为在那里销售人员可以接触到大量的顾客，不用进行大量的旅行。还有一个考虑就是把起始点设计在最主要的客户周围，这样最主要客户的所在地就成为销售人员的基地，周边的地方可以用来填补这样的区域。在这些情况下，出发点就是地理中心，销售人员的喜好就被忽略了。通常有个前提假设，就是销售人员在该区域有地方住。

当我们看了肯塔基州的地图（如图 6A－3 所示）以后，发现要确定一个出发点有时候非常困难，地图上显示了县和主要城市的位置，还有各地方的人口，以此作为一个地方的销售潜力。如果有 2 个销售人员被安排到这个州，那么一个就会被安排在路易斯维尔来覆盖西边的部分，另一个会覆盖剩下的东边部分。这样布置不好，因为位置都太偏了。还有，在列克星敦工作的销售人员必须去这个州的北部地区来运作卡温顿县这个市场，从辛辛那提到卡温顿县要经过俄亥俄河。如果在辛辛那提集中销售可能会导致销售人员忽略了这个地区的东南方区域，一个可能的解决办法就是把布恩、肯顿和坎贝尔分配给在辛辛那提工作的销售人员。

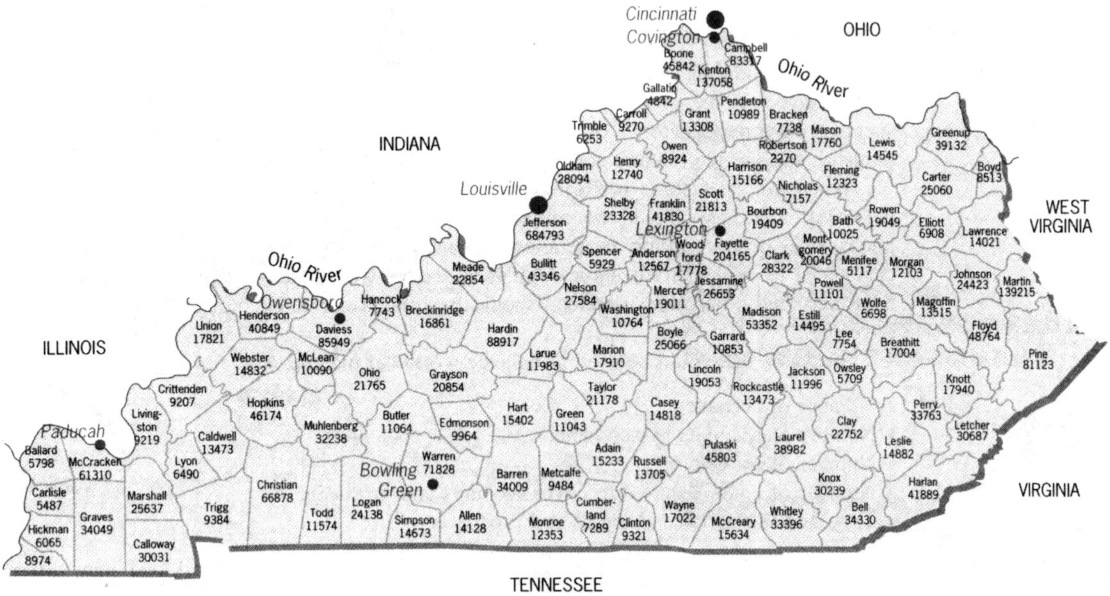

图 6A－3　肯塔基州人口、主要城市、县的地图

说明：图中的数字表明该地人口数量，也是该区域销售潜力的衡量指标之一。

如果公司派 3 个销售人员去肯塔基州，那么我们的第三个销售区域将是这个国家的西部地区，其出发点可以是鲍灵格林、欧文斯伯勒和帕迪尤卡这三个地区。欧文斯伯勒的地理位置不太好，它在这个地区的最北边，欧文斯伯勒和西部离得太远。在欧文斯伯勒如果从东部到西部可能需要很长的路程。同时肯塔基湖和巴克利湖一个在北方，一个在南方，它们之间的交通更复杂。一个解决的办法就是找出 7 个主要西部县城，然后让另外一个销售人员负责。这个例子表明当你想在一个销售区域找到一个出发点是多么困难，特别是你的销售区域是一个周边有河流的地区，你还要维持分散的顾客群。你还会明白为什么有的公司使用独立销售代理商来管理顾客并不多的销售区域。

□ 组合在出发点附近的控制单位

一旦选定出发点，下一步就是组合控制单位。最普遍的一种方法叫做累积方法。为了使这个方法更有效，你要对每一个新的地区都制定一个区域性的标准，然后将它们累积起来加总。如果每一个县的顾客数都达到了标准，你首先要做的就是把那些在出发点附近的区域组合起来，记录每一个地区的总顾客人数。然后你应该把不同出发点的县重新分配，用来平衡新地区的顾客人数。这个根据出发点划分周边县的过程要一直持续到所有的控制单位都分配到销售人员手中。

如图 6A－4 所示，在出发点周边为肯塔基州建立三个销售区域。这些区域是用图 6A－3 所给的县的人口数量建立起来的。要注意这种方法是通过把北边的三个县归到辛辛那提区域从而简化的。区域 2 范围最小是因为在路易斯维尔地区人口高度集中，密度大。区域 1 大但交通方便。区域 3 剩下的部分都是山脉，这就使销售很难覆盖那里。

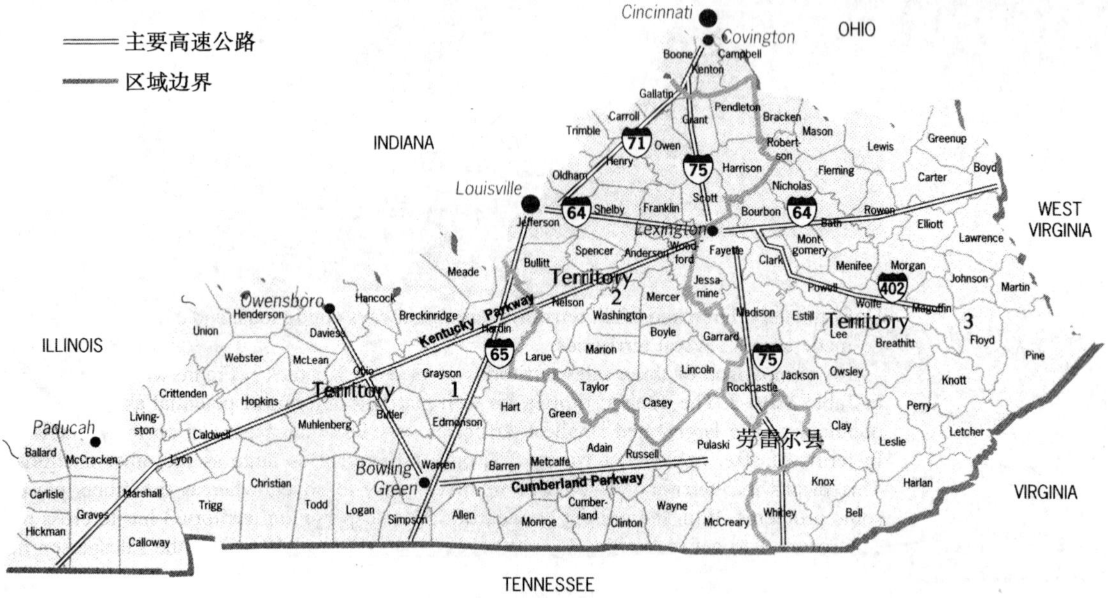

图 6A－4　肯塔基州三个销售区域

□ 最后的调整

在根据标准分配地理控制单位后，你应该再对各区域进行比较。例如，在平衡销售潜力后，检查各区域的范围大小，如果存在不平衡之处，看看是否可以改进最初的分配。解决方案可能是把一个面积大但人口少的县从大的区域转变到小的区域。区域并不总是毗邻的，有时变化调整就必须跨越几个区域才能做到。

肯塔基州的三个销售区域（见图 6A－4）之间的比较见表 6A－3。这三个区域在以人口计算的购买力方面达到很好的平衡，最大的和最小的区域的购买力仅相差不到 1%。如果以面积大小来衡量，那么区域 2 只有其他区域 60%的大小，这就意味着相对来说区域 2 更容易覆盖。在上述区域中，销售人员在区域 3 要跨越区域 1 的部分地区到达南部的惠特利县（见图 6A－4）。如果销售人员必须要经过劳雷尔县，为什么不把劳雷尔县从区域 1 归到区域 3 呢？虽然这种区域调整可能有助于平衡区域大小，但也有可能会导致潜在的更大的不平衡，在区域 1 中的销售人员要放弃 38 982 人。在这个案例中，区域 1 可能更愿意放弃劳雷尔县，因为坎伯兰郡林荫大道在珀拉斯凯县附近终止了。由于对肯塔基州销售潜力的不均衡分配，三个区域无法同时满足占地面积大小和销售潜力的完全平衡。

表 6A－3　　肯塔基州三个销售区域的比较

区域	以人口计算的购买力	县的数量
1	1 124 897	47
2	1 129 290	27
3	1 131 137	43

当你引入其他分配因素时，例如消费者数量，就会使规划肯塔基州三个销售区域的问题变得越来越复杂。由于很多销售人员有佣金收入，因此，对现有的顾客数进行平衡以防止工资超标是非常重要的。然而，如果你不断游走于这几个销售区域，就会使分配更加复杂。我们会在后面的讨论中介绍一种用电脑来帮助你规划销售区域的解决方案。

附加因素　当最终规划好销售区域，包括河流、湖泊、桥、山、路等区域时，我们就要考虑附加因素。销售经理的办公室常常会有地形图，这样他们就可以了解地形特征对于销售有何影响。桥和高速公路可触及的地方经常都会影响销售区域边界的界定，有时大量特殊需求信息也会影响区域规划。

分割大区域　销售经理遇到的最普遍的问题就是怎样来分割一个已经拥有很多现有顾客或潜在顾客的销售区域。图 6A－5（a）所示的是一个地区被划分为两个销售区域的地图，这张地图展示了从布拉克顿到每个县销售人员要服务的现有顾客数。希尔斯代尔位于区域的中心偏西位置。如果要以这两个城市为起始点，那么规划的这两个新的销售区域的顾客数应该基本相等。

假设图 6A－5（b）就是新的销售区域。我们注意到布拉克顿地区高度集中的顾客造成东部销售区域面积较小而西部面积大。虽然两个新的销售区域都有同样的顾客数（225），但西部区域由于顾客分散需要考虑流动的顾客。如果目前的这个销售人员处在布拉克顿，他也达到对地理面积小的销售区域比较适应的程度，这种按顾客数划分区域的方法是可行的。另一种方法就是把这片区域分成南北两块，布拉克顿就在这两块分割区域的边缘地带。尽管两个销售区域的面积大小、顾客数量相同，但仍有不平衡之处。假如销售人员都从布拉克顿向西出差，那么差旅费就会比图 6A－5（b）所示的那种方法更高些。

你可能也想考虑每个县的现有销售数量。西部销售区域比东部区域有更多未开发的潜力。如果有四或五个西部的县加入布拉克顿区域，这两个新的销售区域可能会在大小和潜力上更平衡些，不幸的是，东部区域会增加 50 个新顾客，使得目前的工作量并不平衡。这个例子说明顾客的分散度和开发潜力的不确定因素使得规划出一个在现有顾客数及销售潜力方面都相等的销售区域变得非常困难。由于累积法和工作量法都是根据一系列原则结合地理位置规划区域，计算机可以加速这一过程。

在完成区域规划前，让管理者和销售人员投入到这个过程是非常重要的。首先，需要考虑区域条件，包括顾客关系、销售人员偏好及当地贸易模式。其次，一线管理者必须掌握区域规划之后的管理权。区域规划影响人们的生活，因此，需要得到销售机构的支持和认可。

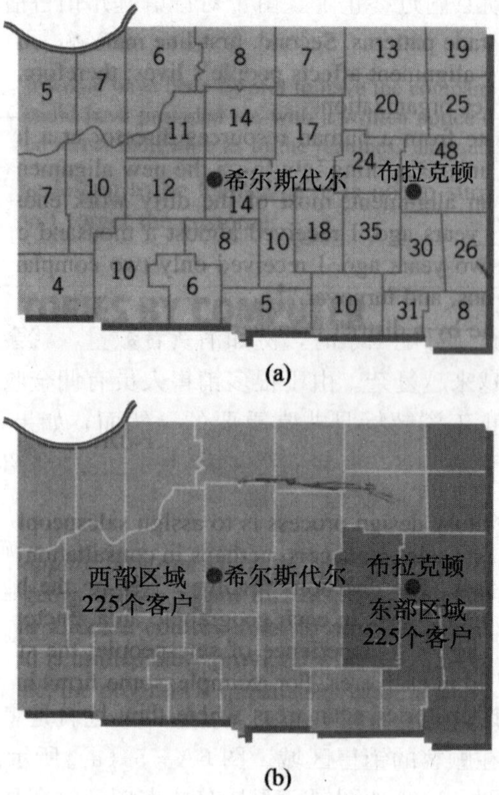

图 6A-5　分割大区域

下面引用一家大型制药公司人力资源部部长对新的区域规划重要性的概述："很多人没有意识到这一点，但区域规划后，大多数没有完成的工作会在我的办公室结束。五年前由于我们的区域规划做得不够好，我收到差不多 1 000 份来自消费者的投诉。两年前，经过我们调整后，我只收到两份投诉。我们有最小的中断率、搬迁率和最短的资金周转期。"[4]

下面引用的一个区域经理的话可以看作新的区域规划会成功的标志："我要考虑我的投入，管理并不是给我一个区域或是只告诉我'解决它'。"[5]

□ 派遣销售人员到新销售区域

区域规划过程的最后一步就是派遣销售人员到新销售区域（见图 6A-1）。一线销售经理和他们的经理协商后，通常会完成这项工作。这个决定要使销售人员的教育背景及需求和每个地理位置的机会相匹配。要考虑的因素包括销售人员家庭住址、年龄、经验、区域大小及每个区域的顾客混合度。例如，一些公司会雇用年轻人，把他们安排在离他们成长和上学的地方较近的区域，这样会使他们容易起步。

有经验的销售人员会被派到更远些的拥有大量未开发销售潜力的区域。区域调整会对公司现有的销售人员的生活产生影响，他们需要理解付出的所有努力都是为了平衡区域销售潜力和工作量。必须确保销售人员在新的调整后的收入保持不变或更高。当区域调整导致客户有很大变动时，很多公司提供过渡性补贴。研究表明过渡时期补贴在保证销售人员适应新区域的同时激励士气是非常重要的。[6]

你应该意识到区域边界并不持久，你也需要经常调整来解决当地问题（见图 6A-1），包括销售人员遇到并不能自己解决的一些问题，你也可能由于无法满足顾客的特殊需求而需要一个经验更丰富的销售代表。这些问题往往可以通过安排一些附近区域的销售人员来解决。这种方法的思路就是在销售区域边界形成一个良好的人员通道，这样就不会再有进行全局调整而麻烦每个人的必要了。

专家建议当考虑要进行区域调整时，要先考虑下面的几个问题[7]：

- 不管是哪个销售人员这样做对吗？
- 这样做对于区域和全部客户是对的吗？

一个区域是为了服务顾客来规划的，那么顾客会怎么认为区域覆盖面的呢？重新规划区域时要考虑到顾客，这是非常重要的。下面就是公司调整区域并重新派遣新的销售人员后一个顾客就此发出的感言：

> 公司应该在调整前通知会比较好。他们应该给我一张书面的调整通知，他们应该书面或口头说明新销售人员是做好准备并有资格的。[8]

这里我们要注意的就是在区域有所改变时不要让每个人感到意外，并且不要忘记客户。

用计算机规划销售区域

现在，计算机软件程序经常用来帮助规划销售区域。区域规划软件可以将图 6A-1 中的一些规划过程进行自动化处理。

□ 绘图程序

绘图程序包括区域合并所需的试算信息，以及展示特定地理控制单位的地理程序。通过点击鼠标，一份新地区的视图就展现在你眼前，这样用户就可以规划销售区域了。同时，程序试算表自动跟踪每个区域相关的统计数据，根据数据你可以重新分配控制单位。由 TTG 推出的优化版星级经理程序（Align Star）就是一种商业绘图程序。

□ 优化路线

用最复杂的规划程序来平衡区域可以达到规划最优，即利用顾客对销售的反馈及减少差旅时间。这些最优程序是非常复杂的，必须在高性能的计算机上才能运行。如 Mctron 公司生产的 TerrAlign4 在 Windows 操作系统中工作，可以实现优化路线。[9]

问题

优化版星级经理程序（Align Star）和下面提到的 Kent 塑料公司的问题的电子数据表可以在 www.wiley.com/college/dalrymple 找到，详见“学生资源”板块。

□ Kent 塑料公司

Kent 塑料公司的区域销售经理吉尔·海斯（Jill Hayes）正在考虑如何重新规划印第安纳州。该州过去曾被分成两个销售区域，比尔·希克斯（Bill Hicks）负责科科莫市周边的北半边，萨莉·霍尔（Sally Hall）负责哥伦布市周边的南半边（见图 6A－6）。然而，市场的增长表明还需要 4 个销售人员。公司政策规定当一个

图 6A－6 目前的销售区域，印第安纳州各县和城市的地理位置

地区的销售额超过 90 万美元时，那个区域要被划分为更小的部分。印第安纳州的销售额目前能达到每年 300 万美元。

Kent 塑料公司是由提供塑料零件的供货商发展起来的。销售人员的收入由基本薪金加上每年基于地区销售业绩的红利再加上区域销售配额量三部分组成。差旅费可向 Kent 报销，公司给每个销售人员配一辆车。

吉尔·海斯想要在印第安纳州建立四个紧密相连的有相似销售潜力和工作量的销售区域。如果规划的区域能使销售人员从基地到不同顾客所在地的路程最短，那么就可以减少差旅开销。然而，吉尔意识到由于在州中部的马里昂县有着高度密集的顾客，这就使销售人员选择销售基地的工作变得复杂。

对于创建新的销售区域来说，县似乎是最合理的地理控制单位。于是，吉尔迅速从二手资料中找出一些印第安纳州的统计数据，然后，她从由印第安纳高速公路

部门提供的地图上得知各县所在方位和人口集中地的位置（见图 6A－6）。

吉尔·海斯仔细研究了数据，她想知道到底哪些因素能够成为最佳分配资源的标准。最近，她又得到由 TTG 推出的一个区域规划程序的备份。可能是时候把这个程序装进她的电脑来帮助她对印第安纳地区进行重新规划。她知道要在年度会议上向销售队伍提交计划书之前在印第安纳地区划分出 4 个新销售区域，现在只剩下几天的时间，同时，她也必须要决定应该把哪个新区域分配给比尔和萨莉。

第7章 销售人员的招聘和甄选

对于获得成功，没有什么比雇用合适的人才更重要。即便有最明智的战略和最先进的技术，如果没有强有力的人力支持，都将是空谈。

——杰克·韦尔奇（Jack Welch），《赢》

本章顾问

霍华德·史蒂文斯（Howard Stevens），H. R. Chally 集团主席

约翰·施赖特米勒（John Schreitmueller），雷奔逊（Ray & Berndtson）合伙人

乔纳森·斯卡伯勒（Jonathan Scarborough），联邦保险（Federated Insurance）区域营销经理

学习目标

- 讨论如何为招聘和甄选制定计划；
- 确定销售工作的相关招聘标准；
- 比较不同的招聘来源；
- 了解甄选和验证过程。

联邦保险公司的招聘流程

对于联邦保险公司（Federated Insurance）来说，能否招聘到合适的人才是关乎公司成败的一件大事，这也是联邦保险公司投入大量的人力和物力以求招聘到合适人才的原因。作为招聘流程的第一步，地区销售经理首先要确定可以求助于当地的哪些关键人物，如商业精英或者大学教授等，以便与之当面讨论可能符合公司销售人员要求的人选。在人选名单确定之后，地区销售经理将邀请候选人就工作机会进行一次非正式的谈话。这个环节的目的是向候选人介绍当前的工作机会，以确定彼此的兴趣。

如果确定了共同的兴趣，候选人将会访问联邦保险公司的网上系统，并根据自己的判断和个性分析，评估自己是否符合成为该公司优秀销售人员的条件。如果不

符合，招聘流程就结束了。如果符合，候选人要提交书面申请。在这一步，对候选人考察的标准不仅包括候选人自我评估的完整性及语法，同时，候选人完成自我评估的时间也在考察之列——这显示了候选人对于这个职位的兴趣程度。同时，候选人的所有推荐人及以往雇主都将被联系，包括以前的运动教练及学校教授。除了电话访问之外，联邦保险公司的经理会安排至少2次与这些推荐人面对面的会谈。

在此之后，候选人将会进入到由地区经理主导的3次面试。在这些面试中，经理常问的问题是“举例说明一下你具有的获得成功的特性”。第3次面试，经理会拜访候选人的家庭，与候选人的父母、配偶或者其他重要亲属进行面谈。这次拜访的目的是明确候选人家庭对他工作的态度以及支持程度。在这些面试结束之后，候选人将会被依照其可以获取成功的特质进行排序。在这些面试过程中，候选人将与联邦保险公司的10位销售人员进行电话会谈，并总结会谈结果。候选人还要花一天的时间陪同2位在职的销售人员工作。联邦保险公司发现，这两项任务会帮助候选人对将要承担的工作产生合理的期望。最后，区域经理和销售总监将进行最终的面试。尽管联邦保险公司的多步招聘流程的成本是行业中最高的，但这样的投资带来了非常可观的收益。联邦保险公司的销售人员首年流动率低至13%，这在行业里也是屈指可数的。[1]

联邦保险公司以及其他许多公司之所以高度重视销售人员的招聘工作，是因为销售队伍在管理客户关系方面的战略作用正在与日俱增。[2]面对这一转变，有些公司需要持续提升销售队伍的能力水平，一名销售经理的业绩很大程度上取决于他能否有效地为特定的销售岗位招聘并挑选到合适的人才。现实是残酷的，无论销售经理如何努力培训、激励、训练或者指导手下的销售人员，也无论他如何周密地制定销售和营销战略，如果没有合格的人才，结果就如同一名优秀的篮球教练带领一支不懂得跑跳和投篮的队伍，其窘境可想而知。

错误的招聘决策所导致的成本是高昂的。一个经常被引用的数字是与招聘和甄选相关联的费用相当于销售人员年薪的20%～80%。如果做出了一个错误的雇佣决策，那么成本会显著增加。与错误雇佣决策相关的成本包括：(1) 为提高员工能力而产生的入职培训和后续培训费用；(2) 旷工、较低的顾客服务水平以及陆续从公司离职所导致的高昂费用；(3) 机会成本，相当于换一名优秀的人才在此期间可能创造的利润。专家估计，一名不合格的销售人员造成的销售损失高达每年30万到数百万美元之巨。[3]

除了这些直接成本之外，用人不当还会对公司的文化及效率构成消极的影响。特别是当有人终止雇佣关系的情况下，继续在公司留任的销售人员可能会士气低落，因为他们可能需要承担同事离职而留下的额外工作。此外，员工流动率过高会降低销售队伍的工作效率和学习曲线，从而导致对客户关系的危害。因此，优秀的销售经理应该高度警惕错误雇佣决策带来的总成本，包括直接成本和间接成本。

显然，选择优秀的销售人员对于公司赢得竞争优势是很重要的。但是，为什么选择优秀的销售人员对于很多经理来说竟如此困难呢？原因之一是岗位的压力。当失业率降到历史最低水平时，发现和雇用优秀的人员对于每个行业的经理都是一项挑战。当失业率处于高位时，面对如潮的应聘者，经理人员很容易做出错误的决策。事实上，经理人员做出错误的雇佣决策，首要原因之一就是没有足够的时间投入到整个招聘过程之中。

招聘和甄选计划 → 招聘候选人 → 甄选候选人 → 评估过程的有效性

我们讨论招聘和甄选的过程，前提应该建立在预先制定计划的基础上。首先，必须确定需要招聘的人员数量，同时要对每个销售职位做出分析。对于销售人员需要做的每项活动都仔细地审视，这样会帮助销售经理描绘出具体的岗位要求，同时可以对如何寻找优秀的应聘者构建基本的框架。其次，经理必须决定如何寻找应聘人选。从众多的应聘者当中，销售经理必须能够甄选出适当的候选人。最后，验证甄选指标和评估过程的有效性。我们首先从招聘过程的计划阶段入手来展开本章的内容。

计划的过程

招聘的计划过程应该包括对下列因素进行初步分析：人员需求、公司文化、岗位分析、结合候选人任职资格的岗位描述。在这些分析的基础之上，应该对销售人员招聘的来源和甄选程序作出计划。适当的计划能够保证招聘过程顺利进行，使企业有充足的时间发现最佳人选。

人员需求

公司究竟需要招聘多少名销售人员，这取决于几个方面的因素，包括销售增长目标、分销战略、组织销售队伍的改变和销售队伍人员的流动率。例如，常规性地对潜在的市场区域开展评估，旨在及时发现经济状况是否发生了变化，并分析这些变化是否会影响先前作出的销售增长预测。根据这些评估，公司可能会将潜在市场整编到原有的销售区域之中而不再雇用新的销售人员；或者，根据市场增长率的评估，拆分现有的销售区域，并雇用多名人员来充实拆分后的销售队伍。如果是后一种决定，公司就需要作出进一步的分析，以核定究竟需要多少名新销售人员。

理解销售人员**流动**（turnover）的原因也是确定人员需求的一个重要因素，流动包括因为表现欠佳而离职、跳槽、退休和提升导致的人员变动。为了计算销售人员的离职率，需要先评估销售队伍的流动率。流动率的计算是用每年离职的人数除以销售人员平均规模。因此，如果每年有 30 个人离职，销售队伍的规模为 150 人，那么流动率就是：

$$\text{流动率}=\frac{\text{每年离职的人数}}{\text{销售人员平均规模}}=\frac{30}{150}=20\%$$

然而，仅仅知道你的员工流动率是 20%，并不能使你对这种状况有全面的认识，甚至会隐藏某些信息。比如，假设你发现这 20%的流动人员里有 15%都是营销高手，失去业务骨干的经济损失可能是失去普通员工的 2～3 倍。即使你能找到人来补缺，也要花上几个月的时间，而且新手很可能要花上一整年的时间才能进入基本工作状态。还有，假如你的员工流动率相当于同行业竞争对手（平均是10%）的两倍，这则消息可能会引起客户的不安，最终会导致销售额的下降。这些例子说明，员工流动率只是一个表面现象，尚不能揭示人员流动背后的诸多深层问题。

流动率太高或者太低都是不利的。一支过于稳定的销售队伍可能无法及时适应环境的变化。提升员工对公司的忠诚度固然是一件好事，但流动率偏低也会减少岗位晋升或横向调动的机会，从而阻碍员工的职业发展。这说明，提高或者降低流动率并不是最终的目标，它只是管理活动中一个有用的显性指标，真正的目标是保持适度的流动率，既使得销售队伍能够源源不断地吸纳新的人员和保持工作激情，又不至于使得销售经理整日都把精力消耗在招聘和培训新员工上。[4]另外，设法留住业务骨干也是至关重要的。在团队练习7－1中，你将如何采取措施留住最优秀的销售人员安吉拉·海瑞斯（Angela Harris），让她放弃新的岗位？

团队练习7－1

跳槽与挽留

斯特林公司（Sterling）是与你关系最密切的客户。你手下的高级客户主管安吉拉·海瑞斯刚刚告诉你，斯特林的总裁伯纳德·威尔斯向她发出了一份邀请，动员她加入自己的销售队伍，待遇非常优厚。虽然海瑞斯还没有答应接受这一职位，但是对方这份待遇的确令人心动。她的基本工资会上涨15%，她在奥斯汀广告公司（Austin）工作的7年中所累计的3周休假可以转到新的岗位，还享受相当于全年总收入25%的年终奖。更不用说，她对客户公司的熟悉程度不亚于对你所领导的广告公司的了解（因为斯特林已经是她服务了6年的老客户了）。

你让海瑞斯给你几个小时通盘考虑一下再给她答复。她同意了。

海瑞斯一关上门出去，你颓然坐下，双肘杵在桌子上，把脸埋在手心里，不停地摇头，满脑子的问题开始浮现。你完全可以同意她离开公司并祝福她前程似锦，但是失去了代表奥斯汀广告公司的灵魂人物，你会因此丢掉多少客户（广告商往往喜怒无常，这一点你比谁都清楚）？如果她离职，斯特林公司会不会断绝与你的业务往来而另觅其他的广告代理商？你应该与对方比拼待遇吗（你可以这样做）？她的身价配得上更高的待遇。她是一位忠诚的员工吗？

公司文化

除了对人员需求和其他因素进行初步分析之外，阐明组织文化也是确保计划取得实效的必要环节。与那些在招聘过程中疲于应付、无视企业文化的公司相比，能够将招聘战略与企业核心文化联系在一起的公司更能够吸引和留住优秀的销售人员。[5]例如，招聘到一位受过良好教育、精力旺盛、思路清晰的人才，企业的销售队伍将大为增色，然而，如果他认为公司的文化与自己的价值观不相吻合，他早晚会离开公司。一些人能在高度竞争的环境中如鱼得水，另外一些人则一筹莫展。事实上，即使在同一家公司，不同部门间的文化也存在差异，这便提高了文化管理工作的难度，但同时也证明了其必要性。作为一个家族企业，Klein Tools公司自

1857年起就致力于生产高质量手动工具，公司在过去150年里持续的成功得益于在商业运营的各个方面都精益求精，包括制造最好的手工工具和招聘合适的销售人员。Klein Tools公司的经营哲学是一旦招聘一个人，就希望他一直在公司工作，而不仅仅是工作1年或者2年。Klein Tools公司认为，与其家庭式的文化相契合的，是招聘合适的员工、降低流动率以及确保客户满意。[6]

岗位分析

为了做好招聘工作，经理人员必须彻底了解销售人员的活动、任务以及责任。**岗位分析**（job analysis）是一种描述职责规范及任务构成的系统方法。

在通盘考虑管理计划的同时，岗位分析应该集中研究那些能为业务骨干提供用武之地的任务，并同那些低效人员完成的任务相比较。这一思路可以实际检验管理者的假设，并能够得出某些惊人的结论。例如，销售经理原本委任某位员工担任促销员，负责向商店的经理促销，但他的大部分时间是在摆放货架和盘点存货，久而久之，他会发现这种岗位有名无实，实际上与初级的劳动力无异，最终会因大材小用而兴趣索然。的确，调查显示，应聘者对岗位现状和期望的落差是导致流动率上升的重要原因。[7]总之，岗位分析必须具体描述工作中的各种喜悦与困难。

岗位分析具体的实施形式多种多样。一种形式是面谈，即由经理和销售人员进行面对面的深入交谈。销售人员可以向经理提出问题，了解公司的销售和营销计划，以明确销售队伍的角色；经理也可以测试销售人员，以确定他们如何看待自己的角色，准备花费多少时间从事特定的活动。除面谈之外，还可以向销售人员发放问卷，调查他们的工作状况和对每项任务的看法。

公司对销售岗位进行分析，最好的方式是派一名观察员亲临现场考察。观察员可以了解销售人员用多少时间与顾客交谈、出差、记录、安排展示和出席会议，并对比高效人员与低效人员之间的差异。此外，对于销售岗位的绩效，也可以通过访问顾客、记日志、阅读销售报告等方式来发现关键的问题，从中汲取成功的经验和总结失败的教训。客户对销售队伍的书面评价已被视为鉴别销售人员的关键成功因素的重要信息源。

岗位描述 由岗位分析得出的信息构成了**岗位描述**（job description）的基础。岗位描述旨在以书面的形式说明每个销售职位的工作关系和规范，包括：（1）向谁报告；（2）平级之间如何沟通；（3）需要拜访的客户；（4）需要完成的具体任务；（5）岗位要求的脑力和体力条件；（6）销售产品的种类。

图7-1展示了联邦保险公司对于一线市场开发培训生的岗位描述。请注意，岗位描述显示，培训生需要掌握必需的产品知识、沟通及销售技巧，从而完成市场开发专员的职责。在这里，培训生需要在3个阶段性培训项目中掌握市场开发专员的必备技能，每个阶段的培训内容都建立在培训生充分掌握上一阶段培训技能的基础上。在第一阶段，培训生要理解一些基本的概念，包括价值、诚信、尊重以及团队合作，在第三阶段，培训生会掌握关于特定产品的知识、销售技巧以及获得在销售区域工作必需的认证证书。

联邦保险公司岗位描述

岗位名称：市场开发培训生
岗位代码：0126
部门：培训中心
岗位状态：无
隶属关系：行政部
汇报关系：培训及发展总经理

岗位设置目标

通过参与公司组织的培训项目，掌握相应知识及技能，从而完成市场开发专员的职责，包括运用所有可能的时间及资源了解产品、学习沟通技能和销售技巧。

岗位职能

市场开发培训生需要具备以下能力：

第一阶段

1. 在工作的不同方面体现公司在价值、诚信、尊重以及团队合作方面的理念，包括与其他员工、政策制定者之间的沟通合作。与他人交往时，严守非歧视、合法及符合道德规范的准则，尊重人与人之间的差异及他人对公司的贡献。

2. 参加历时 9 周的公司培训，内容包括私家车、业主、商业地产、集团健康的保险及人寿保险。

3. 积极参加联邦保险公司推荐的其他活动及项目，提高作为市场开发专员的个人的能力、成熟度以及工作效率，包括联邦保险沟通培训、实地考察以及个人学习项目。这些项目将贯穿所有的培训阶段。

4. 与公司其他员工建立良好的合作关系。

第二阶段

5. 积极参与联邦保险公司的在职培训项目，内容包括保险产品、风险识别、项目管理以及营销理念。

6. 了解公司的原则、政策以及营销计划。

7. 通过参与“成为销售专家”“商业保险基础”“人寿保险”课程，掌握人寿保险产品的销售技巧。

8. 完成所有的作业及项目，积极参与课堂讨论。

第三阶段

9. 集中学习关于风险评估以及权益报告相关的知识及技能。

10. 提升销售技能，完成“六步销售法”培训，并积极参与到角色扮演培训项目中。

11. 通过审计报告及竞品策略分析，充分了解竞争对手的状态，同时，通过多种行业期刊了解市场状况。

12. 在指定的销售区域为客户提供出色的服务。

13. 取得在销售区域工作必备的执业证书。

其他职责

遵守安全准则，避免人身伤害。

履行其他被赋予的职责。

监管职能

无

岗位最低要求

4 年本科学历。

资产/债务、人寿/健康执业许可。

具有 1～3 年工作经验。应届毕业生也可申请。

自我激励、独立性强、具备客户导向的技能。偶尔会安排出差，周末及工作日加班。

图 7－1　联邦保险公司销售人员岗位描述

资料来源：Used by permission of Federated Insurance.

任职资格

岗位描述的重点在于理清在特定岗位上应从事的活动和承担的责任。**任职资格**（job qualification）涉及工作能力、技术、知识和完成工作所需的个性特征。具有代表性的任职资格陈述包括受教育程度、以往的工作经验、专门技术、能力以及兴趣。在岗位描述基础上建立的任职资格可以作为一套甄选标准，帮助销售经理在应聘者当中挑选出最优秀的人才。例如，默克制药公司寻找的人才要具有主动性、计划和组织能力、交际能力、高智商和销售经验（或者具有劝说技能）。记住，默克和其他公司一样，都有责任证明它对任职资格的要求必须符合平等就业机会委员会（Equal Employment Opportunity Commission）的规定。

在解决方案销售、客户满意度、建立长期的客户关系日益重要的今天，对于公司而言，了解在适应性销售、问题解决以及服务要求方面销售人员所应具备的特征十分重要。一种方法是分析表现优异的在职销售人员的行为特征、技能和其他特征，并在此基础上总结出取得销售成功的必要特征。当获取了这些必要特征的信息，公司需要将其按照一定的标准进行分类。正如联邦保险公司对市场开发培训生的岗位描述那样（见图 7－1），合格的销售人员需要具备出色的组织技能、团队合作能力以及在组织内外构建信任关系的能力。这些基本的技能是从联邦保险公司现有的成功销售人员分析中得出的，并被视为取得未来销售成功的必备要素。

合适的销售人员任职资格 大量的研究成果揭示了个性特征和销售绩效之间的关系，其中有两大命题能够对招聘工作提供启示。第一个命题是，某些个性特征有助于提高销售人员的绩效。最近的研究表明，性格外向、乐观和悟性较高的销售人员比其他性格类型的人能取得更好的成绩。[8]此外，奖励的力度越大，这些个性特征的优越性就越能发挥作用（如，佣金比例较高的销售岗位）。[9]然而，同情与销售绩效没有联系，因为同情心较重的人在面对压力时倾向于作出自我牺牲。[10]换句话说，同情心较重的销售人员争取订单的能力不强。需要说明的是，个性是一个人持久的特征，经理不可能施加影响或予以改变。因此，这项调查有力地证明，鉴别应聘人员的个性特征是招聘工作的一项重要内容。

研究发现，使销售行为适应销售情境（即销售适应性）的能力是另一个取得成功的理想特征。[11]销售适应性包含了不止一项个性特征，比如，自控心态（即相信绩效取决于个人的行为而非运气的一种倾向）、应变能力（即在不同的环境下改变个性的能力）和双重性格（即时而外向时而内敛）都与销售适应性相关。一些学术杂志发表了个性特征的测量指标，可以分项测量一个人的性格。这项研究重点强调，适当的招聘计划和雇用具备理想性格的员工是非常重要的。

第二个命题是，个性特征要经历一个不断培育成长的过程。例如，多项调查研究得出了一致的结论：绩效优异的销售人员具有高超的时间和区域管理技能。绩效优异的销售人员能够很好地了解销售环节及流程，从而相比于其他销售人员更容易达成交易。同时，他们能够很好地识别销售拜访中出现的突发事件，这也增强了其销售适应性。[12]其他特征，如具体的销售技能、激励水平和角色观念等，也会对工作绩效产生影响，其程度取决于客户的类型、产品或服务的种类。这说明销售经理能够对销售队伍的表现产生巨大的影响力（见表 7－1）。

最终，无论教育背景、经验或其他明文规定的任职资格如何，招聘经理的印象具有决定性的作用，他们往往根据自己对应聘者的好恶来决定人选。应该注意的是，研究发现，在形成某种印象的过程中，销售经理难以避免先入为主的倾向，即使是条件相仿的应聘者，在他们眼中的印象也会不同。[13]例如，一项研究发现，销售经理在为自己招聘销售人员时会比人力资源经理愿意冒更大的风险，因为后者的岗位不会受到其决策的直接影响。这一点进一步证明，即使在同一家公司里，各个部门的文化是有差异的，应聘者要了解这些差异是非常困难的。

表 7-1　高绩效销售人员的特征

个人特征	
乐观	乐观是指在不同的环境中均保持乐观的期待和希望。乐观的销售人员通常更倾向长期导向、合作导向，同时在困难面前更加坚定
外向	外向的销售人员更善于与人沟通，充满自信。在与他人交流时更加积极，同时善于把握机会与人沟通而不是傻傻地坐在那里。当外向的销售人员心情低落时，他们更倾向于从与他人的沟通中找回自信
销售适应性	销售适应性由多种个性特征组成，包括自控心态（相信事在人为）、应变能力（能够根据环境的不同而转变自己的态度）以及双重性格（独断与服从的平衡）
诚信	诚信是指销售人员的行为由内在的标准指导，也就是说，一个人的外在行为是由一定的内在价值体系所决定的。高度诚信的销售人员能够与客户建立牢固的信任关系，从而实现较高的销售业绩
工作技能	
时间和区域管理技能	为取得出色的销售绩效，销售人员需要具备良好的管理时间及区域的能力。高绩效的销售人员意识到，对客户的销售与客户达成自己的业务目标是同等重要的
业务知识	业务知识是指销售人员能够准确地识别客户类型以及销售流程，从而知道如何与客户沟通。业务知识丰富的销售人员能够在与客户的沟通中获取更多的利益

任职资格的合法性

列明一系列任职资格固然有利于规范销售职位的招聘工作，但必须谨慎行事。一个主要的问题是，如果任职资格排除了某些人的应聘机会，公司就有招致雇佣歧视投诉的风险。

以 1964 年颁布的《民权法案》（Civil Rights Act of 1964）为首，政府出台了多项旨在防止非法雇佣歧视的法律。根据这些法律的规定，因任职资格导致的对个人的种族、宗教信仰、国籍、性别或年龄的歧视，均属于违法。表 7-2 对相关的法律规定作出了总结。

表 7-2 影响招聘和甄选的法律

法律	目的
《民权法案》(Civil Rights Act)（1964 年）	防止基于种族、肤色、信仰、国籍或性别方面的雇佣歧视
《就业年龄歧视法》（Age Discrimination in Employment Act）（1967 年）	禁止歧视 40～70 岁的劳动者
《公平就业机会法》（Fair Employment Opportunity Act）（1972 年）	建立了平等就业机会委员会，以保证《民权法案》的实施
《康复法》(Rehabilitation Act)（1973 年）	如果公司雇用了 50 名以上的员工，且与联邦政府的合同超过 5 万美元，则需要依据《平权法》(Affirmative Action) 雇用和提升残疾人士
《越战退伍军人重新适应援助法》（Vietnam Veterans' Readjustment Assistance Act）(1974 年)	如果公司承揽的联邦采购合同价值超过 25 000 美元，则需要依据《平权法》雇用越战老兵和任何战争致残的老兵
《美国残疾人法》(American with Disabilities Act)（1990 年）	禁止基于身体或精神残疾的歧视

一项特别重要的联邦公民权利法案是《美国残疾人法》（ADA），该法案禁止对残疾但有能力承担某一工作基本职责的人士进行雇佣歧视。法律规定的残疾包括视力、语言和听力障碍，免疫缺陷性传染病，癌症，精神痴呆，情绪疾病，嗜毒和酗酒。法案还详细规定了雇主有义务对其已知的在生理或精神方面有缺陷的员工提供合理的方便措施，包括提供必要的工作场地、调整工作、重新分配任务、调整工作时间、改装设备以及提供助读或翻译等。该法案涵盖广泛，需要指出的是，雇主可以对不能胜任工作的人采取行动而不至于违反该法案的规定。例如，如果残疾员工不能够达到最基本的工作要求，如没有驾驶执照，雇主依然有权辞退或者拒绝雇用。

招 聘

招聘（recruiting）的目的是寻找和吸引最胜任销售岗位的应聘者。符合岗位要求的应聘者要多于岗位需要雇用的人数，但不是每位应聘者都具备岗位要求的资格，也不是每一位收到聘用通知的应聘者都会接受提供的岗位。所需应聘者的人数可以根据公司过去的招聘经验用简单的方程式来确定。应聘者人数（R）是：

$$R=\frac{H}{S\times A}$$

式中，H——需要雇用的人数；

S——录用人数的百分比；

A——最终接受职位的百分比。

如果一家公司需要招聘 10 名员工，期望在应聘者当中录用 10%的人选，最终有 50%的人会接受应聘的职位，那么，$R=10/(0.10\times0.50)=200$。也就是说，公司需要在招聘过程中吸引 200 名应聘者。

若减少所需应聘者的人数，既可以提高录用人数的百分比，也可以提高最终接受职位的百分比。提高最终接受职位的百分比，要理解应聘的销售人员不仅仅着眼于高薪酬。一项最近的调查发现，销售岗位的应聘者更加看重职业满意度、升职机会、公司氛围以及职业安全等因素。[14]

销售经理可以从多种渠道找到应聘的人选，每种渠道的人选在背景和特征方面都有所区别。可见，根据需要补缺的岗位和以往的招聘经历，应聘人选的来源是多种多样的。例如，推荐和人才中介机构是招聘新员工的主要来源，教育机构和现有的员工也是充实销售队伍的来源之一，但这些人员首先需要掌握产品的技术知识。公司在招聘员工时很少只依赖于单一来源，每种来源都有各自的优缺点。这些来源将在下面予以讨论。

分类广告和网络广告

企业经常在报纸、商业杂志和网络上刊登招聘广告，这类广告的优点是能够吸引大量的应聘者。在《华尔街日报》以及与就业相关的网站（如 monster. com 以及 careerbuilder. com）上人才招聘广告铺天盖地，大都是招聘有经验的销售代表、销售经理和销售总监。这些广告的优点是能以较低的成本将招聘信息广泛地传播给受众，还可以吸引那些原本无意积极寻找工作的人。在吸引应聘者方面，广告的优势也许正是它最大的弊端，因为大批不合格的应聘者会增加甄选过程的负担，结果会导致成本的增加。虽然针对应聘者的单位成本很低，但是由于录用比例很低，单位雇用成本显然提高了。

公司可以通过更加集中的方式去吸引优秀的人才。首先，广告需要发布充足的信息，从而甄别出不合格的应聘者。发布的信息包括负责销售的产品、需要具体承担的职责、职位的现实需要（例如，差旅量）以及以往的工作经验，这些都可以作为甄选的标准。同样重要的信息包括薪酬范围以及类型（比如，佣金、工资等）。需要注意的是，在制定招聘要求时需要留意前面提到的任职资格。

在相关的商业期刊上刊登广告，有助于招聘到有相关经验的应聘者，同时减少不合格应聘者的出现频率。对于此类广告，前期计划特别重要，因为在期刊上登广告准备的时间相对于报纸会更长，通常为 6～8 周。

如果选择在网上登广告，则选择面会更多。在招聘和人力资源的网站上通常有大量销售职位的信息。例如，Monster. com 网站上有超过 5 000 个销售职位信息。国际销售及营销经理网（www. smei. org）是另一个关于招聘销售人员信息的网站。有些报纸（例如《纽约时报》）也有相应的专业网站。

许多公司将招聘信息放在自己的官方网站上。这种方式的优势在于：能够为应聘者提供更加充足的职位及公司的信息，从而给应聘者留下良好的第一印象。为了帮助企业更加有效地审查在线职位申请，可以使用例如 PeopleClick（www. peopleclick. com）的在线分析工具，依据特定的职位特征甄别应聘者简历。

网上招聘的益处很多。在全国性的招聘网站上刊登招聘信息的成本并不高（每月 100～300 美元不等），如果是在本地的报纸上刊登招聘广告，则费用不菲

（1 000美元或更多）。例如，在《华尔街日报》上刊登一天的彩页广告的费用高达250 000美元。网上刊登广告的效率也很高，网上广告最终上线只用花费一天的时间，在报纸上刊登广告则需要至少一周。一周时间看似不长，但很可能优秀的应聘者就被竞争对手抢走了。当越来越多的应聘者使用网上渠道，网上招聘成为一种趋势。然而，并不是所有地区都有相同的网络普及率，因此，我们建议使用多种招聘渠道以避免信息传递的遗漏。

内部员工

公司内部的现有员工往往是销售岗位的最佳人选，因为他们熟悉公司的产品和流程，不像从外面招聘来的员工那样需要大量的培训。他们在公司里的工作表现有据可查，是否具备担任销售代表的潜质容易评估。人们经常会因为销售工作的独立性和潜在的高报酬而认为调到销售部门任职是一种提升。当员工注意到本部门以外存在发展机会时，整个公司的士气会有所提升。调查结果显示，从内部雇用的销售人员表现出色，最出色的销售人员当中，有 1/3 来自同一公司的其他岗位。[15]

大多数针对大客户的销售岗位也是由公司内部的员工担任的，这些岗位的人选来源很可能不同于那些普通的岗位，因为针对大客户的销售意味着更大的责任。例如，邦达公司（Banta）在起用从事客户服务的员工负责大客户的销售工作方面积累了成功的经验。邦达之所以瞄准从事客户服务的员工，部分原因是，这些员工的工作往往涉及物流、采购和财务等多个部门，他们对于这些部门如何影响客户有基本的认识。另外，邦达公司发现，他们作为客户代言人的角色为其提高客户服务水准、满足客户的需求打下了基础。[16]邦达公司的做法并不具有代表性，因为绝大多数公司是从公司内部的普通销售人员当中挑选合适的人选来从事大客户销售的。

从公司内部选拔销售人员也会有意想不到的困难。譬如，如果部门经理认为自己最得力的员工被销售部门挖走，他们会产生抵触情绪。除此之外，有些公司发现某些员工对销售工作抱有偏见，某些员工则固守以往的经验。例如，工程师出身的员工往往拘泥于事实和数字，客服出身的员工则难以在艰巨的谈判中摆正立场。

推荐和社会交往

另外一个主要的内部招聘资源是现有员工的推荐。统计资料证实，**社会交往**（networking）和**推荐**（referrals）是当今公司招聘优秀员工的重要途径之一。[17]头脑灵活的大学生和研究生在进入初级岗位之后，会迅速认识到与其他专业人士保持交往的价值，特别是那些身处商界的专职推销员、经理、总裁以及熟悉商业运作的教授等。在这些专业人士的指导下，他们在面试的过程中会应对自如，表现出对公司的文化、伦理和业务问题的深入了解。对于企业来说，能聘用到这样的人才担任销售代表，雇佣风险将大大下降。

管理者和销售人员的推荐具有特殊的价值，因为这些人社会交往广泛，经常会遇到销售队伍所需的优秀人才，他们也了解销售工作的要求，可以深入地向他人介绍从事销售职业的前景。再者，他们通常知道身边哪些人准备换工作，并且对其资历有一定的认识。许多公司对员工推荐给予物质奖励。以思科系统公司为例，其广为人知的一项激励政策是，从朋友圈里推荐的人才一旦被思科录用，推荐人将得到最少 500 美元的推荐费，外加一张免费的夏威夷旅游奖券。

人才中介机构

人才中介机构（employment agencies）是销售主管频繁使用的资源。人才中介机构之所以如此流行，是因为它能为管理者节省时间和成本。它们负责刊登广告、挑选简历、面试应聘者，然后向雇主提供合格的人选。在这些前期工作之后，销售经理才从候选人当中挑选出理想的人选，以备进一步面试。只有应聘者实际受到了雇用，人才中介机构才能取得报酬。对于向求职者收取推介费的人才中介机构，雇主必须向其提供一整套详细的人选标准，否则人才中介机构往往会随意从现有的人才库中挑出一份人选名单。向雇主收费的人才中介机构更有望找到适合某个特定岗位的人选。公司发现，最理想的合作伙伴是那些专门搜寻销售人才的中介机构，例如 industrysalespros. com 以及 findasalesagent. com。

大专院校

销售队伍后备军的理想来源地也许非教育机构莫属。一些企业纷纷将大专院校作为招新的焦点。大专院校的就业中心通常会给企业递送简历、组织面试，同时为面试提供设施支持。许多就业中心帮助企业与校友建立联系，不仅局限于应届毕业生。校园里也经常组织招聘会，许多公司通过参加展会的方式向学生介绍销售就业机会。默克公司作为医药行业在优秀销售人员招聘方面成效显著的一家公司，依赖其校园渠道招聘初级销售员工。

大学毕业生是销售队伍理想的后备军，这出于几个方面的原因：毕业生很容易接受培训，也比没有上过大学的人更加成熟和自信；优秀的大学毕业生清楚地知道如何安排自己的时间，更重要的是，他们有完成任务所需的毅力。[18]

尽管如此，大学毕业生缺乏销售经验，需要通过严格的培训和手把手的教导才能成为出色的销售人员。公司应对这样问题的一种方式是提供销售实习岗位。通过实习岗位，实习生可以在完成所分配的特定职责的基础上，观察公司其他销售人员的工作。实习生岗位可以让应聘者和公司相互考察对方是否适合自己。例如，销售**实习生**（internship）计划不仅可以初步考察应聘者的销售能力，而且可以甄别出应聘者能否融入公司的文化。O'Neal 钢铁公司，一家位于亚拉巴马州伯明翰的钢铁经销商，甚至为实习生提供薪资，喜迎优秀的应聘者。这份带薪实习岗位历时 2 年，从在校生的二年级开始。实习生可以在公司的不同部门和岗位间轮换，从而了解公司业务的各个方面。O'Neal 公司这一实习生计划有 80%的向全职员工的转换率。

客户、供应商和竞争者

客户和供应商也可以成为优秀员工的来源，他们了解整个行业，熟悉公司的情况，知道一名销售人员应该如何开展工作。招聘这些人员必须注意一点，那就是要确保客户和供应商知晓公司的招聘规则并愿意保持合作的态度。

如果本公司的培训能力有限，客户忠诚于某些销售人员，愿意跟随他们向其新加入的公司采购，公司业务又急需新的销售人员快速发挥作用，那么雇用竞争对手的销售人员便是一条捷径。苹果电脑公司在决定向大型企业客户开展销售时，就将招募对象瞄准了在竞争对手那里工作的有经验的销售人员，IBM 的员工就是目标对象。对于保险公司、股票经纪行、办公设备供应商和服装公司来说，竞争对手之间相互挖人也是常见的现象。

雇用竞争对手的销售人员和客户的员工也存在一定的问题。竞争对手的销售人员会发现难以调整自己的销售和沟通方式来适应新的公司。[19]经理们通常会忽视对这类销售人员的再培训困难，要让他们从已有的销售模式转换到新公司的方式实属不易。倘若涉嫌泄露公司的机密，还会招致道德和法律纠纷。在一些挖人现象并不常见的行业里，竞争对手还会采取报复行动或提起法律诉讼。再者，很少有人会仅仅因为报酬问题而离开原单位，因此新的雇主很可能会“收买”一位原本就牢骚满腹的员工。尽管从竞争对手那里招揽的销售人员在开始阶段会有很高的销售业绩，但是吸引他们所花的费用甚至要高于他们创造的效益，最终导致这种招聘来源没有多大的利益可图。

甄选应聘者

为销售岗位招募了一大批应聘者之后，管理者必须淘汰那些不符合**雇用标准**（hiring criteria）的候选人。在如图 7－2 所示，甄选应聘者要经过层层的选拔。招聘者首先从评估申请表和简历入手，然后安排面试和背景调查。通过这种方式，明显不合格的应聘者就会被淘汰而不用花费太高的成本，管理者可以集中资源，认真地从少数有希望的应聘者中挑选。本节将逐一讨论主要的甄选工具。

申请表

收集个人历史资料的一种普遍的方式是让应聘者填写**申请表**（application blank）。这样的信息与简历不同，是以标准格式呈现的，因而不会占用管理者太多的时间予以审核。申请表最基本的目的是：（1）通过标准化的方式收集有助于甄选决策的信息；（2）获取下一步启动录用程序需要的个人信息。

销售经理主要对申请表上的几类信息感兴趣，首先是应聘者的教育背景，其次是工作履历。营销经理一般会着意审查应聘者的工作履历中是否存在空档，因为他们特别希望应聘者有连续的工作履历，并且在职位和薪水方面呈现不断提升的趋势。关于应聘者选择离开之前公司的原因也可在申请表中收集。

公司同样对应聘者的业余活动感兴趣，包括在机构中的兼职、在社会团体/社会服务机构/商业组织中的会员身份，以及业余爱好、运动喜好等。这些信息可以帮助公司对应聘者的领导潜力、兴趣以及个性做出判断。

申请表里没有关于婚姻状况、性别、信仰、种族、残疾和年龄是否超过 18 岁

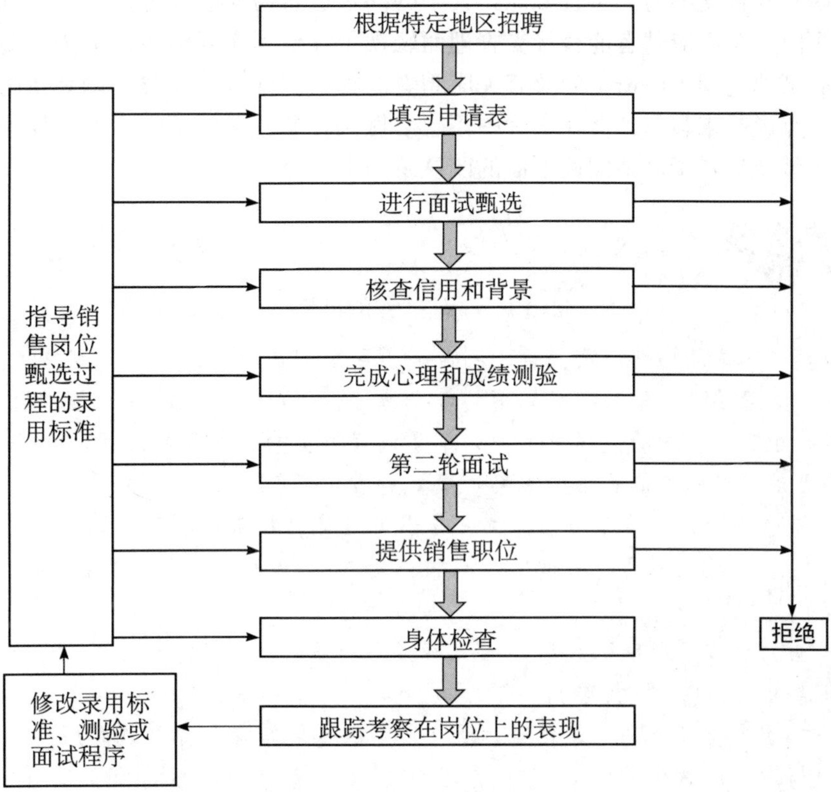

图 7-2　甄选销售人员的模式

的问题。在申请表中特意剔除这些问题，是为了防止招聘者因这些信息对某些应聘者产生歧视。某些应聘者可能会在申请表中擅自添加其他方面的个人信息，一旦日后遭到拒绝，他们就会以非法歧视为由提起诉讼。因此，所有的申请表都应该设置一项声明，说明填写任何未要求的信息，申请表自动作废。[20]绝大多数申请表要求填写军队服役信息，以便公司遵循《平权法》雇用老兵。

面试

面试（personal interview）是整个销售岗位甄选过程的关键部分，因为人际交往能力在销售中非常重要。面试一般分为两个阶段。第一轮面试主要是向应聘者介绍岗位要求，再者是确定淘汰因素。**淘汰因素**（knockout factors）是指足以将应聘者排除在进一步考虑范围之外的某些特征，比如言辞迟钝、相貌丑陋或者缺乏必要的成熟度。初试之后的第二轮是主要的面试，面试官要在通过第一轮面试的应聘者中仔细挑选，看谁最符合工作岗位的要求。在这轮面试中，销售经理会与应聘者进行一系列的面谈，应聘岗位的直接主管通常会在场。各个企业都有多种多样的面试方式。按照惠普公司的惯例，部门经理主持初试之后，用人的区域销售部门还要进行五六轮的面试。

面试的一个优点是管理者可以核对从表格中获取的信息，比如要求应聘者解释在工作或教育履历中的断档以及决定离开前任雇主的原因。面试的第二个优点是可以帮助销售经理评价应聘者对工作的兴趣和愿望。面试也可以使经理观察应聘者的谈吐和社交能力。尽管如此，其中的问题也容易使管理者进入一个误区，他们往往倾向于关心应聘者能否接受管理而轻视了评价其实际销售的能力。另外，面试官在面试的过程中应避免问及有关应聘者的种族、性别、年龄和国籍等方面的信息。这一点说起来容易，但在实际中不容易做到，有些看似不经意的问题也会招致对应聘者歧视的嫌疑。请阅读下面的团队练习 7－2。

团队练习 7－2

面试官的问题

通过这一章的讲解，我们认识到，能否雇用到适当的人才在一定程度上决定了公司的成败。尽管不可能每次都能雇用到最合适的人才，但了解招聘过程中容易发生的一些纰漏能减小错误决策的概率。下面列举了调查得出的关于面试过程的 8 个问题。读完每一个问题后，看看你能否给出答案，最好看看你回答出多少问题。

1. 丰富的面试经验能帮助面试官作出更准确的判断吗？
2. 相对于经验不足的面试官，一位经验丰富的面试官在应对招聘压力时是否会更加从容一些？
3. 当面试许多新申请人时，面试官是否倾向于将先面试申请人的表现当作与之后面试申请人比较的一个标准？
4. 对于应聘者来说，外表给面试官留下的良好印象会弥补其履历的不足吗？
5. 简短的面试结束后，在没有任何记录的情况下，面试官能马上记住多少现场信息？
6. 缺乏记录和事实的回忆会如何影响面试官对应聘者的评价？
7. 一组面试官针对某一位应聘者进行评价，这种方法的可靠性有多高？
8. 一组面试官对应聘者未来的工作业绩进行估计，这种方法的准确性有多高？

表 7－3 列举了在联邦保险公司面试中遇到的一些典型问题。应聘者需要清楚地向面试官展示自己能够为公司带来的价值。应聘者应该做好准备，围绕专业的销售岗位在两分钟左右的时间内简要陈述自己的背景和职业目标，这经常称作“两分钟的演习”，回答在面试开始时惯常的问题：“请做一下自我介绍”。

表 7－3　面试的典型问题

我们为什么应该雇用你

无论你应聘的是何种类型的公司及何种职位，面试当中都会被问及一些常见的问题。以下是在联邦保险公司的面试中销售经理经常问的问题，你应当对回答这些问题有所准备。

- 你是最了解自己的人。你认为你最主要的优势和局限是什么？分别举例说明。
- 你在生活中取得了哪些令自己觉得较好的成绩？
- 成功对于每个人的意义都不同。成功对于你来说意味着什么？
- 如果有一个你认为完美的工作，那是什么样的？
- 你对自己设定了哪些短期和长期目标？

资料来源：Used by permission of Federated Insurance.

面试是一个主观过程，难免会发生一些错误。大量的证据表明，通过面试对应聘者作出评价会因不同的面试官而产生很大的差异，因为面试官在面对面的交谈中关心的重点各有不同。更为严重的是，研究表明，对个人在面试中的评价难以预测应聘者能否在未来的岗位上取得成功。[21]最优秀的人才可能会被拒之门外，因为该职位由并不清楚实际需求的面试官来描述。尽管如此，面试依然是在评价应聘者社交技能方面的有力工具。[22]

由于销售职业本身的特点，面试仍然是大多数销售经理常用的招聘方式。为了减少甄选中的失误，一种方法是培训销售经理应该问什么问题、如何提问以及如何评价应聘者。例如，史克必成公司要求面试官必须通过内部招聘小组的审核，以确保他们能在全世界应用标准化的招聘程序。[23]另外一个提高面试效果的非正式方法是经常提醒面试官以前录用人选的表现。总结成功和失败的经验并将之反馈给招聘人员，会有助于改善面试的方法和效果。

结构化面试 有很多种可供选择的面试方式，**结构化面试**（patterned interview）便是其中的一种。采用这种方式时，销售经理向每一位应聘者提出一组问题，并将他们的回答记录在表格中。当多名面试官参与甄选过程时，结构化面试的主要优点是可以帮助他们对应聘者进行比较。如果对每一位应聘者提出不同的问题，比较是基于对他们的印象而不是基于记录下的相关信息。大多数的面试效果可以通过结构化的面试提高。如果面试官在评价应聘者方面缺乏经验，结构化面试也是一个很好的选择。

半结构化面试 完全结构化面试不一定适用于所有的甄选过程。假如面试是为大客户项目招聘一名经验丰富的销售主管，控制局面的能力就是雇主所看重的。在这种情况下，**半结构化面试**（semistructured interview）适合收集关键的信息。不过，相关的问题不是逐字逐句重复发问的，目的是鼓励应聘者在面试中扮演更为积极的角色。

现场观察 对一些组织来说，**现场观察**（field observation）是一种行之有效的特殊面试方式，这包括将应聘者带出去，观察其一天的实际销售工作。应聘者和销售人员一起工作，拜访常规的客户。现场观察的优点在于应聘者可以接受言传身教，了解工作的细节。如果他们发现自己不适合应对这些挑战，就会在被雇用之前自动放弃。

后续工作

面谈结束时，面试过程并没有结束。面试官需要在面试结束后对应聘者的表现做出评价。联邦保险公司的应聘者评价表格就是一个典型的例子（见图 7－3）。需要注意的是，该表格将总结归纳从应聘者面试中收集到的每条信息。这些信息包括对应聘者在甄别面试、笔试、阶段性面试以及家访阶段的表现评价，对于应聘者的推荐人的评价信息也包括在内。所有这些评价都依照相应的标准进行 5 分制打分（1 分为出色，5 分为最低）。表格还留出供评价者进行补充评价的空间，包括应聘者在不同面试阶段的优劣势评价。销售主管应该通过信件、便函等方式及时跟踪应聘者对销售职位的反应。这种方式与实际的岗位职责息息相关，因为成功的销售人员在与客户、供应商以及其他关键人物通电话或者面对面交谈之后，一般都会跟踪对方的反馈。

销售人员应聘评价表

姓名：________________ 区域市场经理：________________

应聘者是否仔细阅读了职位描述？ 是 否

应聘者是否需要基本的住宿条件完成销售工作？ 是 否

如果是，部门办公室是否开始准备相应的住宿？ 是 否

	甄别面试	笔试	推荐	阶段性面试	家访
Ⅰ. 结果导向					
A. 目标及结果导向 B. 充满活力、事业心强 C. 职业道德 D. 经济动力 E. 竞争导向 F. 渴望表现及认同 G. 创业精神及销售认同	评语：				
Ⅱ. 人际交流能力					
A. 交际能力 B. 服务导向 C. 正面印象 D. 坚定和影响	评语：				
Ⅲ. 沟通能力					
A. 口头表达及说服能力 B. 提问/倾听能力 C. 书面表达能力	评语：				
Ⅳ. 自信及乐观					
A. 自信 B. 热情与乐观主义	评语：				
Ⅴ. 独立性					
A. 自力更生 B. 可教导的 C. 团队融入	评语：				
Ⅵ. 行政及时间管理能力					
A. 组织性及效率性 B. 书面工作及细节处理 C. 电脑使用熟练度	评语：				
Ⅶ. 逻辑思维及问题处理能力					
A. 商业环境中的学习能力 B. 解决问题导向	评语：				
Ⅷ. 成熟度与稳定度					
A. 勇于承担责任 B. 灵活与适应性 C. 忠诚度	评语：				
Ⅸ. 职业道德行为					
A. 道德准则 B. 诚信度 C. 以客户利益为行为尺度	评语：				

<table>
<tr><td>Ⅹ. 背景因素</td><td></td><td></td><td></td><td></td><td></td></tr>
<tr><td>A. 教育背景及工作经历
B. 家庭环境
C. 个人财务状况
D. 区域偏好
E. 偏好的商业模式</td><td colspan="5">评语：</td></tr>
<tr><td colspan="6">填写指引：在每个面试阶段完成后，填写相应的部分。填写正面及负面的评价，帮助理解该面试阶段获取的信息。注意并发现“歧视性信息”。
评分标准：5—优秀，4—良好，3—平均，2—及格，1—差。在了解到更多信息之后，可以酌情调整分数。
根据所列的标准进行打分。

符合该职位要求的优势：

不符该职位要求的劣势：

总评分：5　4　3　2　1　是否推荐聘用：　是　否
不要将表格中的分数平均得出总评分。
依据联邦保险公司对销售人员的要求，对其总体表现进行评分。
区域市场经理：____________　日期：____________
大区市场经理：____________　日期：____________</td></tr>
</table>

图 7－3　联邦保险公司面试评价表

资料来源：Used by permission of Federated Insurance.

背景和信用审查

应聘者对教育背景和工作经历的介绍会有多诚实呢？人力资源管理学会（Society of Human Resource Management）最近的一次调查显示，90%的从事人力资源管理的专业人士称，他们曾遇到过一些应聘者编造以前的薪酬待遇和工作的情况。另外，78%的被访者表示发现过伪造学历的应聘者。[24]显而易见，不要假定应聘者讲述的内容句句真实。尽管核查大量的介绍信需要花费时间并且成本较高，但是如果放弃这一环节，公司就会录用一些不称职的员工，并且支付给他们过高的工资。基于网络的调查工具可以帮助公司调查应聘者的工作履历和犯罪记录，只需要花费 4～8 个小时，而且成本合理。

信用核查（credit checks）是广泛用于评价应聘者财务责任的工具，应聘者的财务信用与岗位的责任是息息相关的。尽管这种关系尚未得到研究的证实，但亚特兰大的艾可菲公司（Equifax）宣称，它在 1 年之内向 1.5 万家雇主售出 35 万份信用报告。按照 1971 年颁布的《信用报告法》（Credit Reporting Act of 1971）的规定，如欲对应聘者进行信用核查，则必须告知本人；如因信用调查的结果而拒绝某位应聘者，则必须告知其信息提供者的名称和地址。

测试

在挑选一线销售人员的过程中，某些形式的测试日渐流行。测试能比主观的交谈提供更多的客观信息。面试官经常会因为个人的偏见和一时的念头而将应聘者拒之门外，应聘者会因为某些小节，比如口音或者穿着短袖衬衫、短袜或者浅色的套装而遭到拒绝，运用可靠的测试有助于消除这些偏见。对于初级岗位的应聘者来说，测试是最可靠的方法。

有三种类型的测试可用于考察应聘者的销售能力：（1）智力测试；（2）个性测试；（3）态度测试。

智力测试 **智力测试**（intelligence tests）旨在测试应聘者是否具备履行岗位职责的基本智商。智力测试被视为能够准确衡量应聘者能否胜任职位的指标，因此被视作一项“淘汰因素”，也就是说，应聘者如果没有达到最起码的智商水平，则会被淘汰，当然智商在基本水平以上的应聘者也不一定最终被录用。温德利人事测验（Wonderlics Personnel Test）因简短有效而广泛地应用于基本的智力测试，它包括50个项目，只需要大约12分钟就能完成。

个性测试 某些基本的**个性测试**（personality tests），如爱德华个性偏好排序（Edwards Personal Preference Schedule），通过大量的个性特征测试对一个人作出评价。不过，这些一般性的测试也包含一些与销售人员的工作无关的项目。有鉴于此，一些公司根据它们认为在销售岗位上所应具备的特定个性特征，专门设计了测试项目，比如，团队建设能力。这种测试与其他方法相比效果虽然不够明显，但是如果经过认真的岗位分析，能够提供十分有用的应聘者信息。

态度测试 **态度测试**（attitude tests）用于确定应聘者是否对某项任务或者活动感兴趣。例如，斯特朗职业兴趣量表（Strong Vocational Interest Blank）要求应聘者对他们喜欢或不喜欢的各种工作情境和活动表态。公司可以根据自身的具体要求重新创立或者改编此类的测试方法。在同一家公司经营不同产品线的优秀推销员，可能会有不同的关键成功技能。将测试者的反应和特定销售岗位的优秀推销员相对照，可以判断他们能否胜任预期的工作。

测试中心 **测试中心**（assessment center）是通过让应聘者参与到与职位相关的练习中，从而甄别优秀候选人的测试工具。测试中心的基本工作原理是让应聘者参与到与实际工作环境相近的模拟练习中，包括个人演示、角色扮演、案例分析以及团队合作任务。例如，美林公司（Merrill Lynch）采用销售模拟程序来挑选大客户的主管。又如，一家经纪行要求应聘者向顾客销售特定的股票，这位顾客实际上是公司雇用的心理学家，他在电话里很客气，但表明自己眼下很忙。在这个模拟练习中，雇主可以评价应聘者的耐性，这是工作岗位必需的一种个人素质。然而，因为该方法的成本较高，只有少数公司使用该工具。

建议 招聘者通常犯这样的错误，他们往往喜欢采用一些现成的智力或心理测试模板，但这不一定适合招聘一线的推销员。为达到更好的效果，最好是委托测试专家和人力资源专家根据公司或行业的具体需要来专门设计。另外，测试设计应以工作岗位分析为依据，并验证测试结果与应聘者日后的工作表现之间的关系。对比最出色的和最差的员工的得分也是普遍应用的验证方法。需要注意的是，这些测试只能作为甄选过程的一部分，录用决定不能完全依赖测试的结果。很少有统计资料显示，这些测试结果可以准确地区分哪些人会取得突出的成绩，哪些人会表现得很差。其中的一个原因是，应聘者存在投其所好的倾向，他们会按照自己所理解的管理者的偏好回答问题，因此不能在测试中准确地反映自己的想法和行为。

身体检查

传统上，挑选销售人员的最后一步是进行常规的身体检查（一般包括对毒瘾的测试）。一线销售工作是很辛苦的，通常需要四处奔走，带着样品频繁地进出客户的办公室。由于销售人员必须能够承受工作压力和主动调节失望情绪，销售主管需要确保应聘者有健康的体格，避免高昂的医疗费用。

尽管在雇用之前做身体检查已被明令禁止了，但是应聘者拿到录用通知之后，进行上岗前的身体检查是合法的。因此，雇主可以将体检结果作为上岗的先决条件。不过，法律不允许询问应聘者是否有残疾障碍以及残疾的性质和严重程度之类的问题。

人口多样性的问题

美国人口的多样性程度日渐提高，这一点已经不足为奇了。根据美国人口普查局（U. S. Census Bureau）的资料，到 2050 年，美国人口的一半将是非洲裔美国人、西班牙裔美国人、印第安人和亚洲裔美国人；到 2010 年，美国人口的平均年龄将从 36 岁上升到 39 岁。从这些统计数据可以看出，美国未来的劳动力结构将会发生巨大的变化，这意味着一些公司在各级岗位上全部任用白人的情况将一去不复返。那些为了满足法定标准而勉强雇用有色人种员工的公司将难以取得成功，必须改变公司的运营方式。虽然具体的措施尚未明确，一些公司正在尽力采取行动来应对人口多样性的问题：

- 在雇用和管理的过程中明确杜绝对年龄、性别和种族的歧视。
- 推行管理创新，为骨干员工提供兼职、灵活工作时间、在职培训等激励，以稳定员工队伍。
- 关心员工生活，为承担不同家庭责任的男女员工提供工作上的便利。

正确处理这些问题对于美国企业来说是至关重要的，因为如果对员工间的差异视而不见，公司就不能充分吸引合格的人才来满足岗位的需要。另一个原因是，随着市场的多样化，深刻认识员工多样性对拉动市场的作用是非常必要的。因此，领导一个新型的多样化的销售组织，并使其达到最佳的绩效，管理者要面临很多挑战。不仅在本国如此，正如本书所述，国际化的企业还要认识并适应其他国家的文化。

验证雇用过程的效果

雇用过程的最后一步是验证公司应用的甄选标准和工作绩效之间的关系。**验证**（validation）要求跟踪销售人员的工作情况，收集相关的信息并反馈到系统中，旨在修正雇用过程中采用的甄选因素，这对于雇用量较大的企业尤为必要。验证要求管理者明确规定区分人才和庸才的标准。

例如，一名新上岗的保险推销员的任务是在年终达到下列标准：实现 12 万美元的保险销售；保单更新率达到60%以上；及时准确地上交订单、报告及其他书面文件。仔细审查那些达到标准的人员，总结出他们拥有的共同特征，同时审查那些没有达到标准的人员，并总结他们的共同特征，看看两者之间的差异在哪里。验证过程的目标就是建立起一套优秀推销员的标准，以备普遍用于甄选新的销售人员。

假设对50名第一年上岗的保险推销员的分析揭示出，优秀推销员在加入本公司之前普遍有6个月以上的销售经验，在销售态度测试中得分为65分以上，学历为大学本科，这些结果有助于完善甄选应聘者的标准。根据申请表提供的信息，没有大学文凭或者没有6个月销售经验的人将被剔除。那些通过初步审查的人员需要参加销售态度测试，如果得分在65分以下，也会在最终的面试之前被淘汰。

验证的目的在于建立一套雇用标准，以淘汰平庸的应聘者，并且为有望取得成功的人提供机会。虽然没有任何一套系统是完美无缺的，但是经过精心设计的标准可以提高雇用到优秀人才的比例。雇用标准有多么苛刻，这要根据应聘者所申请的岗位类型来确定。对于一般性的销售岗位，一套较低的雇用标准就够了；对于需要大量培训的专业化销售岗位，严格的经验和教育背景标准是必要的。验证的目的就是掌握哪些因素与成功有关，并以此作为甄选标准来招聘新人，充实销售队伍。

本章小结

招聘和甄选销售人员是销售经理的一项主要责任。一个不好的雇用决策不仅会增加成本，在某些情况下，还会损害员工的士气、生产力及与客户的关系。在阅读本章内容后，你应该可以做到：

1. 讨论如何为招聘和甄选做好计划。合适的招聘计划非常关键。设计多步骤来招聘和甄选人员可以帮助做好计划。首先，应该决定招聘多少人。然后，销售主管应对每个岗位做好全面的分析。对销售人员行动仔细审查可以帮助管理者准备好具体的工作要求。任职资格可以用来指导甄选应聘者。销售主管应该从大量的应聘者中选择符合任职资格的人。最后，有效的招聘过程可以随时调整并且获得持续成功。

2. 明确与销售工作相关的聘用标准。工作要求涉及态度、技能和必要的知识，以使工作顺利完成。招聘标准是招聘空缺职位人员的基础，帮助销售主管选择最合适的人。研究表明，根本不存在天生的销售人员，因此，重要的标准应该是以顾客为导向的销售能力，比如愿意跟随顾客并且依据销售的情境调整销售技能。

3. 确定不同的招聘资源。依据招聘的需要和公司的政策，销售主管可以从不同的资源获得申请人，比如教育机构、公司的其他部门、现在的职员、人才中介机构、分类广告、竞争者或客户公司，甚至是网上的资源。

4. 明确甄选和验证的过程。为了挑选出有前途的候选人，管理者必须评价申请表。甄选的过程包括审查申请表、面试、背景和信用审查及一些测试，目的是观察哪些人可以胜任工作。然后管理者需要决定，可以给哪些候选人工作机会。需要辨别和成功相关的特点来验证甄选标准的有效性。

关键术语

申请表　application blank

态度测试　attitude tests

测试中心　assessment center

信用核查　credit checks

人才中介机构 employment agencies
现场观察 field observation
雇用标准 hiring criteria
智力测试 intelligence tests
实习生 internship
岗位分析 job analysis
岗位描述 job description
任职资格 job qualifications
淘汰因素 knockout factors
社会交往 networking
结构化面试 patterned interview
面试 personal interview
个性测试 personality tests
招聘 recruiting
推荐 referrals
半结构化面试 semistructured interview
流动 turnover
验证 validation

自我能力提升

1. 战略行动能力。医药行业的销售代表与两类特殊的人群打交道，他们拜访医生，向其说明产品优异的质量；他们拜访药店的老板，说服其购买本公司的货品。在雇用销售人员的过程中，一些企业只雇用医学院的毕业生，另一些企业则相反，雇用商科或文科的学生，再对其进行一系列高强度的培训。每种方法的优点和缺点是什么？这对于销售管理有什么借鉴意义呢？比较两种方法，晋升到中层或高层管理者的人数或类型有什么差别吗？

2. 教导能力。上岗的最初几天对于新推销员能否迅速在销售区域内进入角色非常重要。你将如何评价新推销员进入公司后的适应过程：（1）在上岗的第一周，应该由新人来制定自己的进度吗？（2）在新人接手工作以前，是否应该安排他们对所负责的区域作出评估？

3. 团队建设能力。史克必成公司的“小组面试”过程要求每名应聘者与一组经理见面，包括销售经理、服务经理、销售总监和技术总监等。这个小组必须对应聘者形成一致的意见后才能作出录用决策。使用团队方法来进行面试的优点是什么？使用该方法的过程中可能会出现什么样的问题？

4. 自我管理能力。填补销售岗位空缺的压力常常会使企业踏入道德领域的灰色地带。收入潜力或许有些夸大，实际的平均收入会低些。在18个月内就得到提升的消息可能使应聘者相信迅速升职大有希望，但实际上概率很小。如果你的公司处于一个迅速变革的行业，该行业销售人员的角色可能在不久的将来迅速变化，且收入潜力也会受到限制，该如何处理呢？如果作为面试官的你却想着如何跳槽，又怎么办呢？你是否应该让应聘者知道呢？你是否应该告诉应聘者在可预见的将来，公司可能实施一次裁员行动？

5. 全球视野。捷克共和国的经济一片繁荣，许多在那里投资建厂的美国企业正在招聘员工，但面临的挑战是，当地的劳动力已经习惯了过去的社会模式，没有在自由市场经济环境中从事过销售和服务。像华纳·兰伯特（Warner Lambert）、凯马特和安利这样的企业纷纷向Caliper公司求助，该公司专门从事人才中介业务。Caliper公司应该如何为它们推荐合格的人选呢？

6. 技术能力。Peoria Resin & Plastics是一家生产特种塑料的区域性制造商，其产品用于制造塑料模具产品的关键元器件。这家公司的业务目前仅限于中西部的三个州：伊利诺伊州、印第安纳州和密歇根州。它正计划将业务拓展到附近的几个州，包括东部的俄亥俄州、南部的肯塔基州和东南部的密苏里州。你的任务是预计这项扩张计划需要增加多少名销售人员。面对这项任务，你决定采用工作量法。对销售管理数据进行分析之后，你得到了以下信息：

（1）公司的销售人员人均每年能完成500次销售拜访。

（2）在一年内，每家接受服务的客户平均需要25次销售拜访。

（3）在过去5年中，公司销售人员的流动率平均保持在18%的水平。

登录网站 www.superpages.com，弄清三个新地区内经营塑料模具的企业有多少家。先在“Category”栏中选择“molded plastics”，选择感兴趣的州，点击“Find It”。分别就三个州进行这样的操作，再记录下每个州经营塑料模具的公司数量。分别汇总三个州的数据，便可确定在三个新地区经营塑料模具业务的企业总数。使用工作量法，将这些汇总后的数据与之前公司销售管理数据库提供的信息进行整合，可以得出为配合这项扩张计划需要增加的销售人员数量。

希尔德案例练习

雇用压力

道格·布卢姆作为希尔德保险公司在得梅因地区的销售经理，最近不得不解雇手下的一名销售经理助理，原因是其工作表现一直欠佳。他希望通过公司内部提升来填补该空缺职位。他列出了3名候选人，他们都有不俗的销售业绩，并且具备担任经理助理所必备的技能和素质。但是，就在他计划与这些人当面讨论这件事之前，公司的首席执行官乔治·特里高德给他下达了一道命令：尽一切可能重新请回苏珊·克勒尔。在担任希尔德保险公司经理助理期间，克勒尔将所辖区域的收益和利润率提高了47%。两天前，她离开了公司，加入了一家竞争对手的企业。特里高德的命令如此坚决，意味着如果布卢姆不能劝说克勒尔重返公司，那么布卢姆的工作也会面临危险。

在接下来的几天时间里，当布卢姆正想尽办法将克勒尔请回公司时，他原来考虑的两名候选人主动来找他，表示希望申请该职位。现在，他感到了压力。

问题

1. 你认为布卢姆应该做什么？

2. 如果拒绝与这些销售人员见面，他是否会失去他们，无论是实际上的（跳槽去竞争对手的公司）还是精神上的（这些销售人员可能会感到失望，因为他们根本未被列入这个职位的考虑范围）？

3. 如果决定与他们见面，在已经知道只有一个确定的选择来填补该空缺时，他该如何进行这次面谈？

4. 布卢姆是否应该冒险与特里高德面谈，表达不同的意见，详细解释应该从内部提拔而不是重新雇用克勒尔的理由？

第8章 销售培训

师傅领进门，修行在个人。

——中国俗语

本章顾问

乔治·佩特格鲁（George Pettegrew），强生医药公司高级销售培训经理

杰瑞·威利特（Jerry Willett），Spectran 软件公司国内销售经理

学习目标

- 理解销售队伍培训的裨益；
- 确定一支销售队伍特有的培训需求；
- 讨论一个培训项目应包括的主题；
- 描述集中培训和分散培训的优点；
- 理解产品线主管、专职培训师和外部专家的使用；
- 确认其他培训方法和媒介的价值；
- 描述评估培训结果的不同方式。

销售培训的回报

微系统公司（Micros Systems）是世界领先的酒店业及零售业的硬件/软件生产商。问题出现了：公司的利润率以及销售人员的信心急剧下滑。管理层认为应对销售队伍的培训方案进行全面调整，并认为在雇用新的销售人员对餐厅进行硬件/软件销售之前，销售经理就应当对该候选人能否进行咨询型销售进行评价。所有的应聘者都被要求阅读6本预先选定书籍中的一本并报告读后体会，这成为招聘程序的第一个步骤。主要目的在于考察应聘者的书面表达、逻辑思考及语言表达的能力，这些基本能力被视为咨询型销售的基本能力，同时，也能看出应聘者对于加入微系统公司的动力是否充足。事实上，每6名应聘者中就有4名自动退出这项考察，这有助于微系统公司甄别出更积极的候选人。

在入职的90天中，新雇员要完成分为3个部分、历时6天的销售基础课程。第一个部分讲述市场知识，第二个部分是关于产品的，第三个部分是关于战略型销

售的基本方法。完成培训课程并顺利结业后，会为每个销售人员拟定定制化的销售发展计划，包括需要阅读的书籍、额外的产品知识培训以及个人职业发展阶段目标。正如北美销售副总裁丹·因泰兰迪（Dan Interlandi）所言，“销售人员总是会去寻找达成目标最短的路径，然而，我们知道成功的销售人员需要脚踏实地。”销售经理会每周对销售人员进行评定，确保他们没有遗漏任何步骤及任务。

在微系统公司看来，销售培训是集知识、技能和能力三者为一体的持续培养过程。从入职第一年到第四年，销售人员都会接受为期一周的“销售进阶”培训，以强化战略型销售概念，同时帮助销售人员提高识别客户需求及销售机会的能力。更多的培训还在后面，在微系统公司工作 4 年后，销售人员会每年接受 3 天的“销售高阶”培训，该培训聚焦于战略关系销售，同时会花一整天的时间帮助销售人员强化销售基础知识。这样的培训的回报如何呢？销售人员的信心一直保持在高位，平均销售额增长了 20%，同时销售系统成本降低了 30%。[1]

与其他许多公司类似，微系统公司认为优秀的销售人员是培养出来的而不是天生的。同时，研究发现，那些后天培养的特性，例如销售技能、积极性以及角色认知，比那些天生的特质，比如外表、态度以及个性，与销售绩效的联系更加紧密。[2]这也是为什么美国的销售培训市场如此火爆，美国企业每年在销售培训上的花费高达 80 亿美元。[3]

培训要求和费用与招聘和甄选过程等其他管理决策密切相关。如果一家公司认为需要聘用年轻、有上进心、没有销售经验的人员，那么新员工的培训就特别重要。例如，每一位阿姆斯特朗公司（Armstrong World Industries）的销售人员几乎都是刚刚走出校门的毕业生，最初的培训是在总部附近的宾夕法尼亚州兰卡斯特进行的，受训者全部住在称作古堡的宿舍楼里。虽然招聘和培训的总成本相当高，但是公司相信这对聘用不带有行业偏见和异见的新人来说是值得的。

如果一家公司主要从业内聘用有经验的销售人员，那么新销售人员的培训花费要少些，因为培训的重点只是介绍公司的业务流程。杜邦公司通常聘用具有技术背景的人，虽然他们的报酬要高于那些没有技术背景的新手，但是需要培训的时间更短（只有几个星期而已），培训的重点只是熟悉环境。具体情况不同，与之相对应的待遇类别和水平必然有明显差异。这里的关键是各项管理决策是彼此关联的，而且必须是协调一致的，在一处省钱经常意味着要在其他地方花更多的钱。

有关本章介绍的销售培训要点可参阅下面的流程图（见图 8-1）。如图所示，

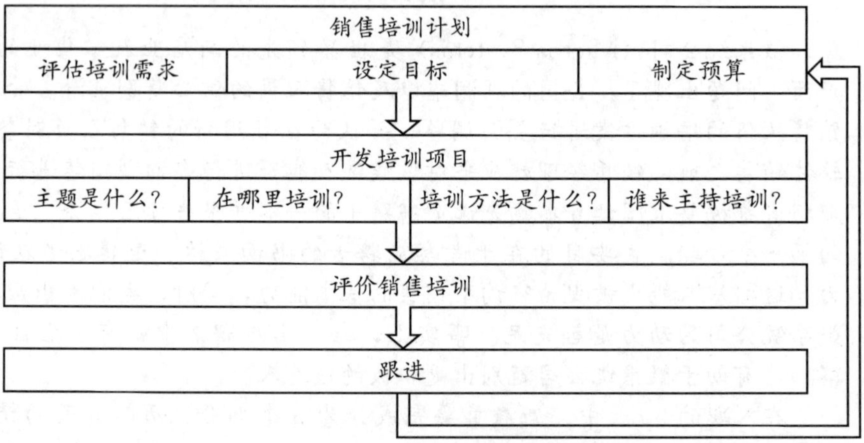

图 8-1 销售培训流程

成功的销售培训项目由四个环节组成：销售培训计划、开发培训项目、评价销售培训以及跟进。在每一个环节，经理都需要就时间和投入做出决策。这一章的讨论将为你提供使这些决策回报最大化的工具。在讨论销售培训流程之前，先让我们来看一看销售培训的裨益。

为什么要培训销售人员

高效销售是可以习得的技能，包括说服、产品及客户关系技能。这些技能可以使销售人员更好地识别、分析、解读、评价以及内化有效的销售战略及方法，同时掌握如何将这些方法运用到不同的销售情境中去。销售管理者和采购代理商一致认为，他们碰到的最普遍的问题是销售人员缺乏足够的培训。当被问及什么样的品质造就了一名优秀的销售人员时，采购代理商经常会提到能由培训影响的品质，包括销售人员的销售技巧、理解客户需求及产品特性的能力。研究表明，销售培训确实能够提升销售效率、客户关系、组织的运营效率及员工保留率。[4]这就是一些最受尊敬的公司愿意在销售培训方面大笔付出的原因。培训新聘用的从事企业间销售的销售人员平均需要花费 10 万美元。[5]如果加上因销售人员去参加培训而削弱销售能力所造成的损失，成本会增加到上百万美元。然而，许多最成功的销售组织将培训成本视为一项能为公司创造回报的投资而不是费用支出。在这种投资理念的指导下，这些组织希望从销售培训项目中得到哪些回报呢？图 8－2 显示了部分销售培训的目标。

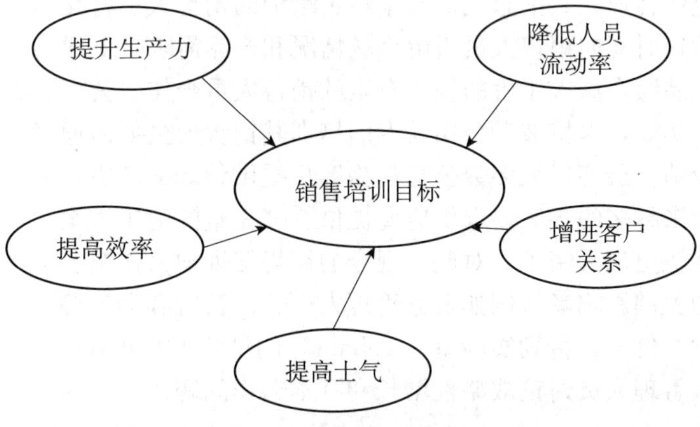

图 8－2　销售培训目标

提高效率

任何培训项目的最终目标只有一个，那就是利润回报。好事达保险公司（Allstate Insurance）发现其 29%的业务量增长来自 IRA 产品的线上培训项目。通过追踪 1 633 名参与这一历时 12 个月培训项目的销售人员，公司发现在培训结束后的 6 个月里，接受在线培训的销售人员实现了更多的 IRA 产品销售，远远高于没有参加培训的销售人员。[6]一家制药公司发现，仅仅通过适当的培训把处于中下游水平的销售人员业绩提高到中等水平，就可以带来9%的销售额增长。[7]诚然，培训项目如果构思欠妥、执行不当，大笔的钱就会白白浪费，上述例子都表明了把钱花在培训上所能带来的丰厚回报。遗憾的是，由于认识上的局限和额外的费用问题，现在大部分公司并没有对销售培训带来的财务影响作出评估。[8]实际上，运用成本效益分析模型，管理者完全能够对销售培训项目的财务影响作出系统的评估。[9]这些模型有一个突出的特点，那就是能够帮助管理者把从某个培训项目中获得的技能和知识转换成对于现金收入的预测。一些销售培训师报告说，公司迫切需要以这种方式来证明培训投资的合理性。

降低人员流动率

在前面的章节中提到过，**人员流动率**（turnover）是指离职人员相对于销售队伍总人数的比率。未经过足够的培训就匆匆上岗的销售人员，常常在寻找买家、回答问题、达成交易等方面遇到困难。通常这会使他们感到困惑与失望，甚至导致在有机会学习到如何有效地开展销售工作之前便匆匆放弃了。虽然这种结果并不会令人惊讶，但问题依然存在，培训确实对降低人员流动率有帮助吗？一项对多个行业的研究结果表明，销售经理通过为新的销售人员提供高质量的销售培训项目，有助于降低其工作压力（是离职的风向标），提高工作满意度。这项研究同时发现充足的培训能够帮助降低销售职位的不确定性。[10]这些都成为降低销售人员离职风险的重要指标。

增进客户关系

企业客户尤其抱怨他们与未经过培训的销售人员打交道浪费了太多时间。他们不愿意花时间向销售人员讲解市场情况和产品需求，更愿意与那些对行业、公司业务和产品线有深入了解的训练有素的销售人员合作。公司正在努力对这些问题做出回应。例如，卡特彼勒公司就专门培训其销售人员如何通过了解客户来实现更多的销售业绩。最终，大多数公司将为客户提供整套的解决方案。

越来越多的买家要求供应商提供一套完整的解决方案，于是销售代表与买方企业的接触更加紧密了。对此，现今的销售培训项目作出了改进，让销售人员为其他潜在的关键影响者，例如财务管理人员、运营官和会计等，提供有关购买动机的信息。举个例子，特勒实验室（Tellabs）的销售人员正在接受培训，以备与潜在客户的高级管理人员讨论战略性增长和资本运作问题。[11]

提高士气

大多数销售培训项目的主旨是使销售人员增进产品知识和提高销售技能，在教授这些技能的同时也激发销售队伍的自信和工作热情。如果销售人员知道别人期待从自己这里得到什么，就更加能够承受挫折与迎接销售生涯的挑战。接受培训的销售人员能够更快地拿到订单，收入的增加有助于提高士气。这个目标的重要性在最近一项对销售受训者的调查中得到了进一步印证。在这项调查中，态度被普遍视为优秀销售人员的特质。集中在一起接受培训，人们会产生团队归属感，可以借此机会彼此交换成功的销售技巧和心得。

朗讯科技（Lucent Technologies）是一家大型电信公司，在2003年电信业大萧条的打击之下，其股价下跌了95%。为了提升士气和重振销售队伍，朗讯加倍投入销售培训。销售人员感到自己受到高度重视，结果公司有了一支乐于苦干和奉献的队伍。[12]

提高时间和区域管理效率

对于所有销售组织来说，提高销售人员对时间和区域的管理技能都是很重要的。销售人员经常面临时间压力，因而难以有效地分配资源。例如，最近一次对289位销售人员的调查反映，32%的应答者每周与客户接触的时间还不足5个小时。[13]要判断什么真的重要和什么仅仅看起来重要通常有一定的困难。然而，知道这两者的不同，往往就是高手和普通员工之间的区别。

销售培训计划

销售培训计划包括三个相互关联的过程：(1) 评估销售培训需求；(2) 设定培训项目的具体目标；(3) 制定培训预算。

评估销售培训需求

具体来说，提高销售队伍效率的需求分三种情况：销售队伍不知道做什么，不知道该怎么做，不知道为什么要做。**培训需求分析**（training needs analysis）是一个确定问题和机会以及培训能在何种程度上解决问题的过程。完整的培训需求分析包括审视公司的战略目标、管理观察、销售人员调查、客户参与以及回顾公司记录等环节。

战略目标　一个组织的战略项目要有明确的针对性，包括某类产品、客户和客户关系等。例如，辉瑞，一家总部位于纽约的制药企业，近期收购了Pharmacia公司以扩大其市场覆盖。辉瑞很快就意识到需要对Pharmacia原来的销售人员进行全面培训。公司需要在产品、销售策略以及文化方面对Pharmacia的销售代表定期进行培训。除了收购，市场、产品、客户以及客户关系战略的变化都需要进行新的培训。杜邦公司的销售人员除了要上技术和产品等课程之外，还接受了更多有关国际市场领域的课程培训，以便应对国际市场的变化。这些例子说明，随着战略、市场环境和竞争环境的改变，确定培训需求是至关重要的。请阅读下面的团队练习8-1，你该如何应对销售副总裁计划推行的变化？

团队练习8-1

为利润而开展销售培训？

你刚刚出任通用工业公司的销售副总裁一职，手下有150名销售人员和10名销售经理。公司的销售额还算稳定，但是利润率指标很糟糕。董事长指示由你来解决这个问题。

在上任的头几个月里，你花费了大量的时间与你的销售人员一起四处拜访客户。你的任务是双重的：向公司的客户介绍你自己，同时观察销售代表的工作作风。你发现他们的降价现象太严重了。你了解到，你前任的信条是"不计代价，但求销售"，但这种做法损害了公司的利润。

你必须设法扭转当前的局面。你最大的挑战是如何让150名销售人员彻底改变在前任销售副总裁领导下实施了4年的做法，而且必须得到10名销售经理的支持和配合。你很清楚，如果贯彻新的政策——"突出价值，阻止降价"，你可能面对销量下滑的结果。但是你也担心，许多销售代表会由于害怕佣金在短期内减少而离开公司。你如何在推行新政策的同时，不至于招致销售代表的反感呢？你推行"再培训"项目时应该重点关注什么？假如由于价格升高而丢失了客户，你应该如何弥补销售队伍的收入损失？

销售队伍观察与调查　对销售人员进行观察，找出他们的不足，是一种增强培训效果的好办法。经理能够观察到销售人员在处理业务以及与客户互动过程中采用的总体战略，观察方法尤其适用于比较销售明星与表现欠佳的销售人员之间的区别。以一家经营汽车零部件的公司为例，通过观察其销售人员拜访客户的情况，公司发现，成功的销售拜访始终集中在客户应该订购哪些产品上，表现欠佳的销售人员花了更多的时间等待或者谈论与业务无关的话题。这类评价有助于确定哪些方面需要改进。

客户信息　向客户发放问卷调查也能收获很多信息。问题可以包括：您期望从这个行业中的销售人员那里获得什么？销售人员怎样做会让您失望？行业内哪家公司表现最佳，其销售人员在哪些方面做得更出色？另一种调查是召集6～10家客户进行一系列的焦点小组座谈。所谓焦点小组，实质上是召集一群客户，以座谈的形式收集特定的信息。O'Neal钢铁公司，一家位于亚拉巴马州伯明翰的钢铁经销商，基于客户对其销售人员评价的调查结果，开发针对其销售人员的高级培训课程。O'Neal钢铁公司发现，当销售人员知道培训的内容是针对客户提出的问题，他们会比接受管理层的说教投入更多的精力。[14]

公司记录　电脑普及到一定程度的公司可能积累了大量有用的数据来分析培训需求，在要求提交拜访报告的公司里尤其如此。对销售业绩评价采用交叉列表，有助于确定哪些销售人员需要哪种类型的培训。**交叉列表**（cross-tabulation）要根据销售队伍的某些特征，如经验、地理区域和专业领域等对业绩进行评价。

表8－1显示了交叉列表在确定具体培训需求方面的用途。三项业绩评价指标与销售队伍的两个特征——经验年限与地理区域——相交叉。由于管理层考虑到无论新人还是销售老手都会遇到困难，因此经验被选择作为一个特征。地区差异也有意义，因为培训前要考虑到不同地理区域的销售存在差别，在对新人进行了六周的上岗培训之后，经理要对培训结果负完全的责任。

表8-1 基于公司记录的交叉列表

	每位销售人员平均订单量	每位销售人员带来的新客户	每位销售人员的客户总数
经验年限			
不超过2年	392	21	86
3～5年	593	29	145
6～10年	565	5	152
10年以上	470	8	139
地理区域			
东北部	528	6	140
东南部	520	8	161
中西部	512	18	111
西南部	421	26	107
西部	544	21	131

表8-1的结果表明，新人和高级销售人员可能遇到了问题。销售新手获得的平均订单量最少，拥有的客户数量也最少，这表明新人需要更多的培训来增加与现有客户的业务。同时，拥有6年以上经验的高级销售人员似乎在寻找新客户方面遇到了问题。西南部地区也似乎存在困难，因为那里销售人员平均订单量最少，平均客户总数也最少。

下一步是什么呢？设计一个针对高级销售人员的培训项目？为西南部地区实施一整套培训项目？答案是否定的，因为我们还没有足够深入地调查销售队伍的需求。把经验与地区列在交叉列表中可能揭示出西南部地区主要是销售新手。结果可能有竞争方面的原因，不同的区域之间可能存在需求和经济发展水平的差异。简而言之，需求分析应该建立在销售人员与销售经理对话的基础上，以此确定问题的原因。这个假设的情境点出了调查培训需求时的一项重要原则：使用多种来源的信息，尽可能采用交互的方式来验证这些信息。

设定目标

调查了销售队伍的培训需求之后，下一步要设定具体的销售培训目标并将之落实到文字上。与所有好的目标一样，培训目标应该足够清晰且便于衡量，这样一来，就可以评估培训项目在多大程度上实现了目标，这有助于避免为了培训而培训的问题。书面的目标也有助于获得高层管理者的认可和预算支持。事实上，缺乏管理层的支持，是销售培训无法产生积极效果的主要原因。[15]在管理层参与的情况下，培训成果的可衡量及可信度就成为首要关注点。

制定培训预算

对新入职销售人员的培训成本主要包括工资、福利，以及住宿和餐饮花费——如果培训是在公司外进行的。对于销售老手培训的成本，除上述项目之外，还包括因参加培训而丧失的销售机会。销售培训的成本因行业以及公司不同而存在较大差别，培训的目的、地点以及参与人数是决定培训预算的主要因素。例如，聚焦于增强销售老手在战略型关系能力方面的培训一般需要2～4天，针对销售新手的销售基本培训则可能需要长达6个月。可以想象的是，随着行业科技含量的增加，对于新入职销售人员培训的时间和财务投入就越多。A. G. Edwards，一家金融服务公司，在每位培训者身上平均花费58 000美元，每年为750名新入职销售人员培训的成本高达4 350万美元。然而，对于A. G. Edwards而言，这笔成本被视为一项为期5年的投资，因为一名成功的销售人员的成长需要如此的投入。[16]

一些公司正在尝试不同的培训方式以降低其高额成本。运用一些科技手段，例如网络讲座、播客以及电话会议可以在大大减少销售人员差旅费用的前提下确保其参与。

加利福尼亚州科斯塔梅萨市有一家FileNet公司，它是电子商务的服务提供商，该公司拥有400名销售人员，它把新产品的培训内容放到了网络上，从而节省了50多万美元的差旅费。虽然在最近的一项调查中，大部分的公司（52%）表示目前并没有使用在线培训，但是这些公司中大约六成表示会考虑在不久的将来使用。[17]当然，使用这些科技手段也有弊端，我们会在本章后面的部分进行讨论。

开发培训项目

在确定了销售队伍需求，设定了特定目标和培训预算之后，还有一些决策会直接影响具体培训项目的成败，其中包括：(1) 培训主题；(2) 培训地点；(3) 培训方法；(4) 由谁来培训。这四项决策相互关联，彼此影响。

培训主题

销售培训项目中，主题的选择取决于出售的产品、培训的目的以及培训对象的背景。相比那些销售的产品和服务较为简单的公司，销售高科技产品的公司（例如医疗器械）通常在培训项目中包含更多与产品相关的内容。就培训的目的而言，可以是为新员工提供上岗培训，为销售老手提供持续发展培训，为某种主题提供培训。负责任的培训经理必须考虑培训对象的背景，例如，制药商诺华集团（Novartis Group）最近调整了培训项目的重心，转而根据培训对象的技术背景和表现提供不同的培训项目。结果表明，医生更喜欢那些参加过此类培训项目的销售人员，在程度上甚至胜过那些没参加过此类培训的销售人员的两倍。[18]现在我们来看看培训项目一般包括哪些主题。

产品知识 一种普遍的错误观念是，销售培训主要是为提高销售代表的销售技巧而设计的。虽然销售技巧很重要，但是更多的销售培训时间要花在介绍产品上。花在产品知识上的时间经常与产品的复杂程度及新旧状况相关。作为一家规模达数十亿美元的制药企业，默克公司在通过食品和药品管理局（FDA）的批准之后，需要抓紧时间将新产品迅速推向市场。在一个星期内，默克将3 000名销售人员组织起来，集中进行一次培训。他们会在医生的帮助下，学习新产品的知识，熟悉其药理反应。产品推出6个星期之后，销售人员将再次被集中起来强化产品知识。对于默克公司来说，销售代表要做到有效沟通和满足客户的需要，熟悉自己的产品是关键。

科技的发展帮助许多销售人员通过互联网获取更详细的产品信息。通过使用便携式设备，例如笔记本电脑以及PDA，销售人员可以随时查询相关的产品信息，甚至是在销售拜访的途中。这对于新入职的销售人员有极大的帮助，他们在客户、销售技巧以及产品知识方面有急迫的需求。

销售 新员工在成为高效的一线销售人员之前，必须熟悉销售工作的流程。即使以前有销售经验的新员工也需要这种培训，因为公司之间的销售方法可能不同。通过学习如何在特定的环境中销售以及什么时候推介新产品，销售老手也能从培训中获益。

关于**认知销售印记**（cognitive selling scripts）的研究为“即使有经验的销售人员也能从学习新的销售技巧中获益”这一说法提供了理论支持。印记是诸如高效的销售人员这样的专业人员基于记忆中的相关经验所形成的知识。专业人员通常拥有两类知识：第一类知识是**明示知识**（declarative knowledge），有这种知识能够辨别哪些销售情境需要独特的销售方法；另一种知识称为**程序知识**（procedural knowledge），这种知识是在一个特定销售情境中取得成功所必须具备的行为顺序或方法。特别地，这项研究还发现，相对于业绩较差的销售人员，业绩好的销售人员在脑海中存储了更多的假定认知。也就是说，一名销售人员掌握的销售知识，其重要性会低于记忆中有效的信息存储和分类方式。这项发现对销售培训具有重要的启示。例如，我们不建议在很短的几次培训中向那些新手讲授高业绩者积累的知识（我们认为这样做肯定会失败），相反，我们建议根据学员已有的知识，结合具体的任务来讲解情境识别，以长期的眼光来规划和组织培训及再培训。[19]

加强团队合作 由于销售组织更加关注企业型关系（在第4章讨论过），销售培训也开始注重把销售人员当作跨职能团队的成员来培训。销售队伍通常由一群专家组成，每个成员发挥自己的特长，围绕客户的问题形成一个系统的解决方案。在销售队伍中，一名销售人员不仅要负责维护客户关系，而且要负责激励和协调销售队伍，因此团队工作要求那些习惯于天马行空的销售人员具备新的能力。例如，宝洁公司发现其销售人员需要以下技巧的培训：如何评价其他团队成员、协调项目、达成约定的目标、在团队内解决分歧以及向团队成员提供反馈。要注意，其中的许多问题在以前只是管理人员需要考虑的。

客户的需求也要求销售人员在公司内部跨部门高效地工作。跨职能领域互动也意味着培训方式的改变。现在，许多公司要求其销售人员清楚地知道他们销售的产品是怎么生产出来的。了解生产及运营部分可以帮助销售人员与客户的技术及生产人员进行有效沟通。经过有效管理，这种跨职能部门的培训能够帮助企业在内部形成团队意识。

客户与市场信息 在培训内容上，要安排足够的时间向新员工讲解客户信息以及公司的产品和服务所处的市场环境。例如，现有客户规模、地点、采购方式、需求和操作流程，都是需要向新员工介绍的基本内容。包括盈利能力在内的客户相关信息能够帮助销售人员识别那些可以构建长期合作关系的潜在客户群体。与客户建立长期的互利关系而不仅仅是短期的交易关系，需要销售人员与客户在多个层面进行沟通，并且对销售人员的执着、开放以及信任程度提出了更高的要求。

熟悉公司 既然销售人员是公司及其客户之间的桥梁，他们就必须熟知公司的历史、组织、政策，并了解公司的公民责任以及自身在工作场合的角色。熟悉公司是一个非常宽泛的主题。新员工上岗之后，首先必须熟悉公司的政策和惯例，因此培训一般包括退货和保修、信贷安排、订货渠道、订单流程等主题。受训者必须知道独家承销、价格保证、折扣和定价范围。这也帮助销售人员了解销售政策背后的逻辑，以及不服从政策会给公司带来的负面影响。在此基础上，销售人员可以更加清晰地向那些要求特殊照顾的客户解读政策。例如，陶氏化学公司开展培训项目的出发点是培养销售人员的综合能力而不限于讲授产品知识。在为期一年的培训中，受训者要参与三个彼此相关的项目，比如在公司的客服中心接听电话和接收订单，或者参与对客户或新市场的深度营销调研等。

运用技术手段的销售 技术和营销环境在变化，培训的主题也需要随之更新。销售队伍自动化就是科技如何影响销售培训的一个绝好例子。这些系统的设计目的是实现客户信息在全公司内的共享，这些信息在以前都属于销售人员的私有资源。显然，要使销售队伍对自动化认可是十分困难的，除非让销售人员理解自动化能够提高效率并符合整体的营销战略，否则他们的抵制态度难以改变。许多公司采取了迂回的方法，将软件的技术内容巧妙地融入总体商业流程的培训之中，通过讲解“为什么”“在哪里”和“由谁实施”等问题引出自动化项目，进而克服了销售代表的抵制情绪。[20]

其他主题 销售人员接受培训的其他主题包括时间和地域管理、解决法律和道德纠纷等。在时间及地域管理方面，销售人员被赋予了很高的自主性。对销售人员在销售、服务以及行政方面的时间管理培训，能够有效地提高他们的效率。更有特色的主题培训还有如何领会肢体语言、掌握人们的决策风格等。一些对于非语言沟通方面的研究发现，销售人员在这些方面的能力与其销售表现有紧密的联系。[21]

培训地点

在决定了培训主题后，公司还必须决定在什么地方、如何进行培训以及由谁来培训。这些决定是相互联系的，我们先讨论如何选择培训地点。首先，我们来看培训是应该集中进行还是分散进行。

集中培训与分散培训 销售培训是应该集中进行还是分散进行，是销售管理中反复出现的一个争论。一些经理认为集中培训的效率更高，其他人则坚持培训应该分散到现场进行，以便销售人员能够即学即用。

将所有的受训者集中到某一个地点，例如某间工厂、总部或者培训基地，来开展培训，这就是**集中培训**（centralized training）。这种方式的主要优势是能够保证培训的质量和连贯性。聘用专门的教员，使用特定的教材，辅以闭路电视系统之类的视听设备，培训质量便有了保障。所有的人一起接受同样的培训，也便于交流和协调。再者，这种方式便于安排高层经理与其他专家与学员接触，有助于提升学员的积极性，使他们聆听到有关销售过程和客户需求的独特见解。

从消极方面说，集中培训具有成本高、耗时长的弊端。由于培训场地和设备昂贵，受训者需要报销差旅费和住宿费，经理们往往设法压缩培训时间。一些公司尝试在总部基地利用互联网或视频会议来进行培训，从而在降低成本的同时保持集中的优势。思科系统公司开发了一个内部在线学习端口，称作“现场 E 学习链接”。接入这个端口，销售人员不用在路途上浪费宝贵的时间，就可以接触到上千种不同的培训课程。此系统使得与培训相关的差旅费用减少了 60%。[22]我们将在本章的培训方法部分讨论在线培训的其他优势和劣势。

分散培训（decentralized training）通常是安排销售人员在现场或者当地的销售部门接受培训，这会让学习过程更接近客户，直接触及一线的销售管理问题。新人能观察优秀的销售人员如何向客户推销，这些客户与自己的客户具有类似的特征。将培训设在销售分公司也减少了差旅和教学成本。例如，精诚康复中心（Allegiance Healthcare）的做法是由区域办事处和分公司共同承担销售培训，新人要到区域办事处去锻炼，了解业务如何开展、区域办事处如何发挥作用以及行政管理方面的规定，分公司则把培训项目的重点放到市场上，关注当地客户对特定产品、系统或服务的需求。[23]

虽然有上述优点，分散培训依然存在很多潜在的问题。最普遍的一个问题是，销售经理忙于管理现有的销售队伍而无暇去培训新人。那些将个人收入与销售人员的佣金挂钩（即**佣金抽成**（commission overrides））的销售经理很可能更加关注当前的收入，把培训新员工放到次要位置。于是，培训过程的内容和质量在分公司之间可能有很大的差异。在现场由销售经理培训的其他局限性，在“由谁来培训”部分讨论。

一种普遍的做法是将集中与分散两种培训方式有机地结合到一起。例如，施乐公司先把新人派到分公司，用几周的时间熟悉公司的流程和产品，在熟悉了这些情况之后，再派到总部基地去接受短期的强化培训。这个项目使那些对工作三心二意的人在强化培训项目开始之前就离开了。完成了集中培训后，施乐的销售人员将返回一线，在销售经理的指导下学习更多的实践经验。在半年的销售工作后，销售新人将重返总部基地再接受为期一周的高级培训。

现场培训　现场培训或**在岗培训**（on-the-job training，OJT）是一种最普遍的培训销售新手的方式。尤其对小公司而言，只有为数不多的人员需要培训，这种方式可以省下单独开发培训项目的成本。

在岗培训的基本理念是，销售人员在每次拜访客户中学习。为了支持和鼓励学习，公司常常安排新人与经验丰富的销售能手组成搭档。例如，佐治亚太平洋公司（Georgia Pacific）与奥索制药公司（Ortho Pharmaceutical）的生物技术部门就采用这种方法进行在岗培训。其他的方法是安排直接的主管与销售新人一起外出拜访客户，以随时观察和指导新人。[24]

虽然现场销售经验很重要，人们必须学会从实践中学习，但现场培训不应该作为唯一的学习途径。首先，经验往往是以高昂的学费为代价的。在销售人员积累经验的同时，销售机会可能因此失去了，关系也破裂了。其次，培训质量难以保证，因为有些人就是比较擅长担任培训师，有些则相反。最重要的是，新人可能沿袭销售老手的坏习惯，致使销售人员的营销方式长期得不到改善。正是出于这个原因，约翰逊自控公司（Johnson Controls）为销售新人安排了一个半年的培训项目，其管理层认为最好的方法不是个别的经验，而是把经验与课程结合到一起。

培训方法

公司在销售培训中使用许多方法。无论在何处培训，技术成本的降低使应用多种方法成为可能。虽然许多人对于课堂学习很熟悉，但是对于角色扮演、借助光盘和录音带及互联网培训可能相对陌生。

角色扮演 **角色扮演**（role-playing）通常是模拟销售演示，在销售培训中的应用相当普遍。为了巩固从录像和讲座中学习到的内容，特别是要求积极参与和实践的知识，这种方法非常有效。角色扮演有助于判断受训者能否将学到的知识应用于实践。通常公司会将角色扮演的过程录制下来，以便进行回顾分析和自我鉴定。

虽然得到了广泛应用，但角色扮演这一方法还是存在一些缺陷，最大的问题是面对镜头的紧张感，人们在过度紧张时往往无法将精力集中于学习上。舒缓紧张情绪的一种方法是在角色扮演结束后马上进行自我评估，重点是突出优点，鼓励自我分析：我在哪方面做得不错？下次我该怎么换个方式去做？

另一种为角色扮演舒缓紧张情绪的方式是将其用于商业游戏的情境之中，受训者在某个情境中扮演特定的角色。像大通曼哈顿银行、宝马摩托车分部、卡特彼勒公司，经常使用游戏来激励对产品知识的学习。这些公司发现寓教于乐的培训方式的效果极佳。通过这些颇具游戏性的练习，使受训人减缓紧张的情绪，同时激发他们的创造力和适应力。[25]

光盘和录音带 光盘正在迅速成为一种流行的培训媒介，因为它携带方便，而且存储功能强大。光盘不仅经常用作产品和市场情报的信息来源，而且会用来辅助互动性更强的销售培训。例如，IBM公司开发了一种光盘形式的互动自学系统，叫做“信息之窗”，旨在帮助在销售区域内重新部署 11 800 名销售代表和系统工程师。“信息之窗”的屏幕人物可以由程序模拟成一个特定行业里的客户，他的答复取决于销售人员的行为。

录音带也是一种展示和强化销售工作及产品信息的有效方法，它可以帮助销售人员充分利用旅行和等待的时间。在最近美国培训与开发学会（American Society of Training and Development）召开的一次全国会议中，500 多家音频培训资料的出版商展览了其产品，这足以说明音频培训的巨大市场需求。例如，磁带租赁图书馆（www. trlonline. com）有 2 000 多个销售培训的主题，提供给像辉瑞公司、通用电气、斯科特纸业（Scott Paper）、强生和吉列这样的客户。录音带作为一种培训媒介的最大局限在于：无法在较长时段内抓住听众的注意力，这就是为了巩固先前的培训内容，录音带经常要与其他培训媒介结合使用的原因。

互联网 当变化的经济环境迫使公司为其遍布全球的销售队伍寻求低成本的销售培训时，越来越多的公司转向了在线解决方案。例如，IBM建立了一个定制化的学习网站，销售人员或其他员工可以在上面参加培训、分享优秀的实践案例，甚至可以建立自己的博客分享学习心得。[26]通过使用互联网或者基于互联网的技术，经理们能够保证销售人员尽快获得必要的信息，同时也不用离开自己的办公地点或者客户。正是这种灵活性使得互联网培训在美国日趋盛行。

当然，没有一项新技术是完美无缺的。例如，在线学习网站最初的启动成本很高，周围有干扰因素会影响学习和记忆。许多公司发现，在线课程在讲授高级技能时没有传统的学习环境那么有效，这是因为成人通过提问和角色扮演更能增强对概念的理解。专家建议，在线培训与课堂培训最佳的比例是 80%的在线培训和 20%的课堂培训。[27]

由谁来培训

销售培训师一般可以分为三种类型，分别是专职培训师、外部专家和产品线主管。由于他们都有各自的特长，在一个公司里同时起用三种类型的培训师一点都不罕见。公司选聘培训师的决策取决于很多因素，包括培训地点、企业规模、产品线特点和培训重点等。

专职培训师　当采用集中化的销售培训时，公司经常安排专职培训师来准备材料和讲授课程。专职培训师不仅要善于讲授，而且为了实现培训项目的目标，要能够采用正确的方法，熟练地应用音像设备。如果销售培训以分散的形式进行，专职培训师通常在总部准备培训材料，讲授工作则由一线的经理执行。

使用专职培训师也存在一些缺点。虽然他们具有教学技能，但是缺少一线的实际销售经验，受训者因此难以把课堂上学到的知识应用到实际的销售工作之中。此外，对于许多小公司来讲，长期雇用一名专职培训师的费用实在太高。

外部专家　聘用外部专家来进行销售培训是相当普遍的。公司可以将整个培训项目全部交给外部专家，也可以聘请他们来主讲培训项目中的一部分课程。优秀的外部专家会根据公司或行业的特殊需要调整培训的内容和方式。外部专家主要的吸引力在于他们能为培训项目增添多样性、创意和新意。

外部专家的潜在问题与专职培训师类似，而且外部专家可能更不熟悉公司的销售情况（不知道行业术语，不了解客户和竞争对手）。例如，当公司强调增值销售以避免打折时，外部专家可能仍在讲授如何推出价格折扣，结果，销售人员可能对培训彻底失去兴趣，甚至可能会被误导。

产品线主管　使用产品线主管（通常是销售经理）作为销售培训师可以提高项目的可信度，因为这些人有成功的背景，销售人员更认同他们传授的知识。他们知道如何销售，知道受训者在一线作出成绩需要哪些技能。安排产品线主管从事销售培训，也可以让他们熟悉整个销售队伍的情况。当销售人员的直接领导主持培训时，新人更有可能把理论与实践结合起来。

由于多种原因，产品线主管不一定能进行销售培训。他们虽然销售经验丰富，但是可能没有在教室里与一群人交流的经验，而且产品线主管经常集中精力从事当前的销售工作，没有时间做好培训工作。解决这些问题的一个办法是公司给他们“放松时间”，使其能集中精力备课。规模较小的公司尤其要处理好这些问题，因为它们大都无法承担聘用专职培训师的成本，不得不请产品线主管或者外部专家进行培训。

评价销售培训

由于培训成本不断提高，销售经理必须想办法判定投资能否收到期望的回报。在过去的40年中，柯克帕特里克（Kirkpatrick）的框架模型一直是最流行的培训评价方法。[28]这个模型流行的一个原因是，它既简单又实用。表8-2描述了该模型的四个层面，并且简要描述了该模型是如何用来评价销售培训的。

表8-2　培训评价的四个层面

第一层	反应	受训者对培训满意吗？这为培训主管提供了信息，以便改进受训者不喜欢的地方。
第二层	学习	培训是否改变了态度，增加了知识，或者提高了受训者的技能？这些通常要求在培训前和培训后进行测试。
第三层	行为	销售人员把他们的知识和技能用到工作上了吗？这可以通过多种方式来衡量：询问销售人员、销售经理观察销售人员和询问客户。
第四层	结果	培训对公司有什么影响？培训的结果包括：销售增加、利润更高、获得了更多的新客户、成本降低。

正如表8-2所示，第一层旨在衡量受训者对于销售培训项目的反应或感受。尽管公司强调要明确培训的效果，但是正如表8-3所示，绝大多数公司依然喜欢用受训者的反应来评价培训项目。然而，研究发现，第一层评价的结果与销售人员的实际表现之间并没有太多的关联。研究甚至发现，一个评价得分较低的培训师的学生在完成培训之后的三个月里的销售业绩超过了其他得分更高的学生。[29]

表8-3　销售培训的评价指标

指标	指标类型	重要性
受训者反馈	反应	1
上级鉴定	行为	2
自我鉴定	行为	3
业绩衡量	结果	4
客户鉴定	行为	5

第二层的培训评价旨在结合培训目标，评定受训者掌握了多少明示知识（知道什么）和程序知识（知道如何）以及态度上的转变。可以采用书面测试与行为测试（例如角色扮演和客户评估）相结合的方法。第三层的培训评价旨在评价行为上的改变，评价销售人员在接受培训之后在多大程度上改变了与工作相关的行为。培训后销售经理对于受训者的鉴定，销售人员的自我鉴定，都可以作为评价的基础。第四层培训评价旨在衡量培训项目在何种程度上达到了预先设定的目标。

业绩（例如销售额和利润）是最基本的评价指标，但其使用的频率只排在第四位。最近的一项调查显示，大约六成的公司并不评价培训对销售业绩的价值或影响。[30]采用销售额作为业绩指标的问题是，销售人员无法控制的因素可能影响销售额的变化。要解决这个问题，一种办法是把受训者的业绩与那些处于同样环境中却尚未经过培训的人的业绩作对比。A. G. Edwards公司就对比了实验组与未参加培训的销售人员的销售表现，公司发现培训后的第二年投资回报率高达205%，5年之后，接受过培训的销售人员总共实现了29 000万美元的销售收入，投资回报率高达667%。[31]

控制影响销售的外部因素并不是一件容易的事情。可以将具有同类经验、业绩及其他特质的销售人员分成两个控制组，一组是接受过培训的，另一组是没有接受过培训的，结果要在培训后立刻考评，几个月之后还要再考评一次，这样可以对比短期和长期的效果。类似地，培训之前就应该预计结果，这样可以确定变化在多大程度上归功于培训。

跟进

无论管理层对本章中讨论的培训问题持什么样的看法，不能及时跟进培训是他们经常犯的最大错误。偶尔安排一次培训注定会失败，等于白白浪费公司的资金。没有任何一家公司称自己能坚持每年都为销售人员提供一次培训。施乐公司的研究成果得到了广泛的引用，该公司发现，如果得不到巩固，82%在培训中学到的技能都会忘掉，相反，如果在全年中有序地安排培训活动，效果则最佳。例如，美国银行家保险集团（American Bankers Insurance Group）每年安排销售队伍两次赴迈阿密参加为期一周的培训课程，而且销售人员每两周要有一整天时间和自己的区域经理会面，以巩固其在培训中所学。连续的培训和巩固活动可以为员工营造一个不断追求进步和提高的氛围，属于企业文化建设不可分割的一部分。这一切显然离不开管理层的支持和参与。美国银行家保险集团堪称这方面的楷模，该集团每季度都安排总裁、副总裁以及全国销售经理与销售人员逐一当面座谈。

其他销售培训问题

培养销售人员 **培养销售人员**（salesperson development）不能仅仅局限于其当前所处的岗位职责，还应放眼岗位之外，帮助他们树立更加远大的目标，学习更高超的技能和养成更好的习惯。许多专家认为，一线和二线销售经理最重要且最艰难的责任是培养人才。这个过程——有时也称作职业规划——要求对销售人员进行再培训来增强其能力。随着公司结构日趋扁平化，为销售人员制定职业规划变得愈加困难，原因之一是晋升的机会变少了。

长期困在一个发展机会渺茫的岗位上会让人心灰意冷，大部分人在遇到新的挑战或者从事一项关乎企业发展大计的工作时会激情倍增。与那些晋升有望的销售人员相比，那些认为自己只能守在当下的销售区域、看不到前景的销售人员，对工作的热情和对公司的忠诚都会衰减，销售业绩也有可能停滞不前甚至下降。

一线和二线销售经理怎么做才能充分发掘销售人员的潜力并防止职业停滞的现象呢？这里有一些建议：

1. 帮助销售人员打消顾虑，让他们切实看到晋升的过程和机会。应该在销售人员加入公司之初就向他们交代清楚，并确保人人都了解这项政策。

2. 鼓励员工在任职的岗位上掌握新的技能。例如，可以让拥有适当技能和有意向的高级销售人员去培训新人或者开拓一个新的销售区域。

3. 即使老员工不在管理岗位上，也要想方设法让他们知道自己很成功，是公司的中坚力量。在这方面，嘉奖尤其有效。例如，在正式的仪式上给达到一定销售水平的员工颁发贵重的礼物，会起到鼓舞人心的作用。

4. 要始终留意那些有能力也有志向进入管理层或者其他高级销售岗位的销售人员。观察在非正式场合中销售人员如何对待某个人尤其重要。定期了解个人的职业志向也是必要的，因为这些会改变，尤其是当个人的家庭状况发生变化时。

5. 设计一个培训项目，专门培养销售人员的领导能力，使他们一旦进入管理层或者高级销售岗位，便能够顺利地履行新的职责。与销售培训项目类似，这个项目着眼于更高的职位和更艰巨的任务，但必须首先在现有岗位上接受模拟训练。例如，可以放权给销售人员，让他设计和主持一部分下一次区域销售会议的内容。

职业发展规划要收到实效，公司必须奖励那些在培养员工方面取得突出成绩的经理人员。一些公司将这项任务纳入考评销售经理日常工作表现的一部分，如果没有这些奖励措施，销售经理倾向于将那些优秀的销售代表锁定在现有岗位上，压制其晋升到更高的岗位。

本章小结

销售培训对于任何领域的销售组织的成功都是至关重要的。销售人员必须了解公司的产品、客户以及营销计划。本章介绍了有关销售队伍培训的一些问题，那么现在你能：

1. 理解销售队伍培训的裨益。销售培训是对销售队伍的投资。如果管理得当，销售培训可以在多个方面为公司带来回报，包括提高生产力、降低人员流动率、增进客户关系、提高士气以及提高时间和区域管理效率。

2. 确定特定销售队伍的培训需求。培训需求分析是确定问题和机会以及培训能否最好地解决问题的过程。完整的培训需求分析包括审视战略目标、调查和观察销售队伍、收集客户信息以及检查公司记录。可以用交叉列表确定培训需求。

3. 讨论培训项目中包括的主题。一个销售培训项目主题的选择取决于销售的产品、培训目标以及人员背景。培训项目中通常包括的主题有产品知识、销售技能、团队协作、客户与市场信息和了解公司等。一些最近的培训主题包括销售队伍自动化与应用互联网。

4. 描述集中培训与分散培训的优点。集中培训的优点之一是培训的高质量和连续性。如果每个人接受同样的培训，就会增进沟通与协调。通过让受训的销售人员与高层管理人员及其他专家接触也能提高销售人员的积极性。分散培训提供了更接近于销售人员工作的学习环境。销售人员参加的培训中包含了与他们所遇到的客户相似的问题。这也会降低差旅费和培训费。

5. 讲述由谁来培训。培训可以由专职培训师、产品线主管或者外部专家来进行。专职培训师通常进行集中培训以及教材的准备。产品线主管更有可能进行一对一的培训。这种方法让销售经理能立刻纠正销售人员的错误做法，提高他们的技能。外部专家为培训项目提供了一定程度的多样性、灵感和刺激。

6. 了解其他培训方法。公司的培训项目通常是灌输必要的知识，可以采用的方法包括讲座、案例研究等。角色扮演和一对一的指导是教授销售技能的好办法。把角色扮演的过程拍下来能进行回顾分析和自我鉴定。

7. 描述评价培训结果的不同方法。销售培训要求投入资源，而且销售经理必须证明这些投入的合理性。应定期衡量培训项目对于销售人员业绩、销售士气、产品知识以及销售收入的影响。了解培训的结果能帮助改进培训项目以获得最大的效率和效果。公司还必须跟进培训。

关键术语

集中培训 centralized training
认知销售印记 cognitive selling scripts
佣金抽成 commission overrides
交叉列表 cross-tabulation
分散培训 decentralized training
明示知识 declarative knowledge
在岗培训 on-the-job training (OJT)
程序知识 procedural knowledge
角色扮演 role-playing
培养销售人员 salesperson development
培训需求分析 training needs analysis
流动率 turnover

自我能力提升

1. 战略行动能力。作为营销经理，你对研发部门开发的一个新产品感到振奋，因为这个新产品会将你的公司引入一个新的战略方向。由于有大量的市场调研数据作为支持，你知道该产品可以销售。同时你也意识到，产品及其优越性对于客户来讲十分复杂，因此必须在强有力的销售队伍的支持下才能取得成功。无论多么不厌其烦地告诉销售部门该产品的重要性，你知道他们的销售本能不会自动地转换成销售该产品的热情。你决定在下一次的销售培训会上给销售人员演示该产品。你很紧张，因为你意识到该产品要想取得成功，销售支持毫无疑问是关键。销售人员必须为之付出大量的时间。你会给负责销售培训的经理下达哪些任务？除了授课之外，还有哪些培训方法可供选择？销售人员会想知道该产品的哪些方面？

2. 团队建设能力。据估计，全美有1/3的大公司都有正规的教导员项目，由上级管理人员向年轻员工提供个人咨询和职业指导。然而该项目对于长期在外的销售人员有一定的困难。佐治亚太平洋公司曾试图将销售人员的直接上级作为教导员来解决这一问题，还制作了一些文字资料，直接寄给地区销售代表作为参考。你对这一项目有什么看法？你看出问题了吗？你是否还希望其他人来担任教导员的角色？有关佐治亚太平洋公司的更多信息，请登录网站 www. gp. com。

3. 技术能力。西维科公司（Westvaco）运用计算机来辅助其销售培训项目。公司给销售经理提供关于成本、利润、销售方面的数据及其他信息，然后要求他们对公司业务提出建议。计算机作出对销售额、利润及库存估计的结果。请列出这种独特项目的优越性。有关西维科公司的更多信息，请登录网站 www. westvaco. com。

4. 教导能力。作为一个中型工业企业的销售经理，你刚刚看完商业杂志上的一篇文章，文章介绍了对有经验的销售人员提供销售培训的种种益处。作者称，一名销售经理在观察有经验的销售人员的客户拜访后，发现并纠正了其不良习惯及不良的销售手段。当你提出类似的建议时，遭到了销售队伍的强烈反对。一位销售人员担心让销售经理陪同自己去拜访客户是一件不光彩的事情，另一位则说，自己干了10年销售，不再需要任何培训。但是，你仍然坚信这种培训方式是有利的。面对这些反对意见，你会不会继续推行该培训项目？如果你要进行下去，你如何说服销售队伍认同该项目的必要性？

5. 自我管理能力。正如本章所讨论的，销售经理在培训过程中起着不可或缺的作用。销售培训也是一个自我提高的过程。一种流行的方法是使用录音带。多年来，培训师一直把录音带视为行之有效的销售培训工具，因为销售人员整日穿梭于客户之间，可以利用路途上的时间进行自学。（将培训材料录制到卡带上，其历史可追溯到1959年，鲍伯·斯通（Bob Stone）和唐·里瑟（Don Reaser）在那一年成立了商人录音俱乐部。）然而，很多公司不能保证定期向一线员工提供录音带，有的间隔长达数月之久，有的公司仅仅分发三四盘基础知识的录音带便草草了事。最大的困难是如何让销售人员认为录音材料有价值，愿意去听。请思考一下，公司应该怎样做才能让你愿意听一盘录音带并从中得到乐趣？你建议为培训销售队伍制作录音资料的人员应该做些什么才能确保一线的销售人员去听并从中学习？

6. 全球视野。计算机合伙公司（Computer Associates）采用每周电话会议的形式培训其遍布全球的销售队伍，一次电话会议能召集3 000多名销售代表参加。例如，一人在法国拨号接入，60人在会议室中接听的情况也并非罕见。电话的好处是，不像将每个人调离现场进行4天的培训那样昂贵。你有没有看出这种国际性培训项目的问题？你有什么不同的做法？有关计算机合伙公司的更多信息，请登录网站 www. cai. com。

希尔德案例练习

培训的悲哀

这是希尔德保险公司得梅因办事处为期三天销售培训课程的第一天。公司的25位销售人员在早餐时兴奋地讨论着接下来的活动：高尔夫，水上漂流和颁奖晚宴，届时会宣布年度激励大赛的冠军，等等。他们甚至对3次5个小时的强化培训课程（每天一次）翘首以待，因为据说课程非常新颖而且发人深省。两位最近新任命的助理经理和道格·布卢姆也出席了会议，他们都在静静地听着代表们的谈话。

上午7：45，销售人员离开餐桌，穿过酒店大堂来到会议室就座。8点整，教员汤姆·贝克步入会议室，开始授课。4个小时后，销售人员陆续集聚到餐厅。那两位助理经理随后也加入进来，他们曾经参加过同一个公司主持的领导力培训课程。

一坐下来，销售人员就开始嚷嚷：“这是我参加过的最糟糕的培训。”“太乏味了。”“我睡觉的时候都比这样学得多。”助理经理非常吃惊，因为他们认为课程讲得有声有色。然而销售人员却烦躁不安，甚至不想继续参加其余的两次课程。“再来10个小时，纯属折磨。”一个销售人员说道。

布卢姆建议销售人员全身心地享受下午的活动——漂流，由自己留下来处理这一困境。他说，当与大家共聚晚餐时会找到一个解决办法。布卢姆不想让这次培训彻底流产，他也不想白白浪费公司在销售会议和培训课程上的投资。他坐在大厅里，静静地等待培训公司的两位讲师，试图想出一个解决方案。

问题

1. 布卢姆应该采取什么方法来解决困境（不能选择取消其余的课程）？

2. 布卢姆在将来应该如何避免这种困境？

第9章 领导力

让其他人心甘情愿地去做你希望他们做的事情，这就是领导力。

——德怀特·艾森豪威尔（Dwight Eisenhower）

本章顾问

卡罗尔·卡普里奥（Carol Caprio），IBM软件业务执行经理

学习目标

- 解释领导力意味着什么；
- 理解领导者如何管理变革；
- 根据具体的情境确定适当的领导风格；
- 知道如何在恰当的时间教导销售人员；
- 讨论计划和组织销售会议应包括哪些内容；
- 了解常见的人事问题。

领导独行主义

必能宝公司，一家专注于邮件及文件解决方案的公司，最近引入了价值数百万美元的客户关系管理系统。所有的销售代表都在使用这个高效的系统，并对其优点赞叹不已。然而，一些表现出色的销售人员并不愿意改变他们以往的销售方式并转换到新的系统中，他们认为这个系统是在浪费他们的时间。例如，桑尼·埃斯佩兰佐（Sonny Esperanzo）从来没有表现出一点兴趣。即使从来没有使用过这个系统，他的销售表现依然是最好的，在他看来，“我不用这个系统，依然带来了可观的销售收入，这有什么问题吗?”他在一个销售区域里一直做得有声有色，他很有人缘，深受其他销售人员的爱戴，但他就是不提供分析他的客户群所需要的信息，你则无法依靠零星的信息来了解市场的走向。例行的方法都试了，但是不管你高兴与否，桑尼依然我行我素。现在是对这种情况采取措施的时候了，但你不想影响他的干劲，你必须让他认识到他是团队的一部分。[1]

你正在考虑一些措施，那么哪一种最合适呢?

1. 安排一个确定的时间和地点与桑尼会面。在这次会谈中，告诉他，在把客户数据输进电脑之前不能离开办公室，同时告诉他，你期望从此以后在系统里看到他的客户数据，如果他不遵守这些规定，就别想拿奖金了。

2. 把事情告诉其他的销售人员，让他们试着说服桑尼按你的政策行事。

3. 把需要桑尼提供的信息作为一个主题，摆到下一次销售会议的日程上重点讨论。不要提及任何人的名字，但是必须让每个人知道不使用软件的后果，心虚的人就会明白其中的暗示。

4. 告诉桑尼为了更好地评价他的销售方法，你需要和他出差一周。让他准备日程，包括准备拜访的客户的细节。

销售人员是所有公司最重要的资产，销售人员在每天下午5点离开公司。相对于其他部门的经理，培养和保护这些流动率较高的销售人员，对于销售经理来说任务更加艰巨。销售人员每天在外奔波，甚至可能上午不到办公室。最优秀的销售人员不断地受到来自其他公司的各种诱惑，竞争对手提供更高的薪水，显然是销售人员离开的一个原因。然而，与报酬同样重要的是确保销售队伍的绩效，仅靠高薪并不能激发忠诚。事实上，最近的调查结果表明，对销售经理的不满（并不是因为报酬的问题）是造成销售人员跳槽的首要原因。[2]这从一个侧面反映了领导和监督的重要性。

你更倾向于用哪种方法说服桑尼·埃斯佩兰佐使用软件呢？我们将在本章中讨论各种方法的利弊得失。如图9-1所示，本章将围绕领导力的4个方面展开讨论，每个方面都将分别论述，高效的经理在特定环境中将会使用多种领导方式。

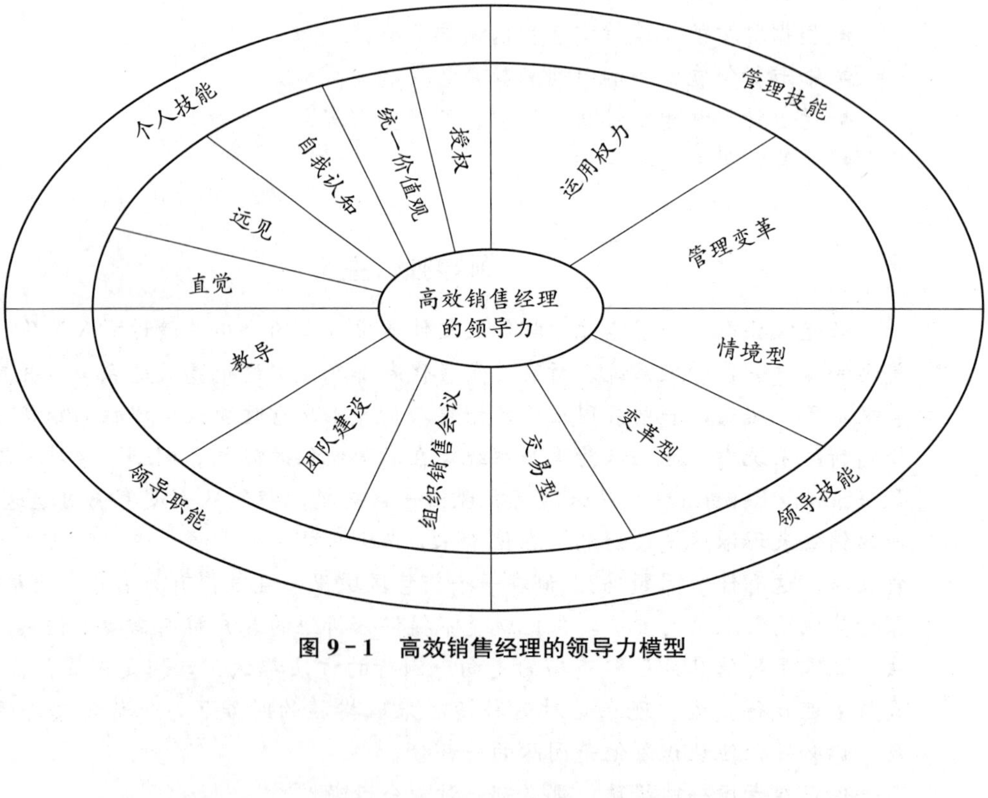

图9-1 高效销售经理的领导力模型

领导力

领导力（leadership）被定义为一种影响和激发人们行为来完成有意义的目标的能力。领导力、管理以及监管常常被混用，然而，应当认识到这三者之间的差别是巨大的。领导者激发信任和忠诚，知道如何领导人们发挥各自的才干去实现重要的目标。销售管理和监管更多地关注效率以及“以正确的方式做事情”。销售领导力要求更多的直觉和预见性，不仅仅是每天监督销售队伍的行为。如表9－1所示，有效的领导者能够确定愿景、建立核心价值及文化，同时激励他人成长和发展。有效的领导者能够动态地应对市场的变化，并且对未来作出判断。[3]

表9－1　领导与管理

领导者	管理者
创新	管理
发展	维持
激励	控制
探究事实与原因	探究何时及如何
关注长期	关注短期
改变现状	接受现状
做正确的事情	以正确的方式做事情

对领导力的研究表明，如果经理们能够明确销售的角色，说明任务的艰巨性，明确规定销售人员多劳多得，销售人员就会有更好的工作态度、更多的投入、更少的工作压力、更强的归属感和更好的业绩。[4]换句话说，伟大的领导者能够明确销售队伍所需，并能够向他们阐明完成个人和团队目标的好处。

领导与管理不是相斥的，相反，两者指向不同的行为方式。当两个人面对同样的情形时，一个人的行为方式更像领导者，另一个人更像管理者。表9－1总结了领导与管理之间的主要行为差异。

有效领导者的技能

必能宝公司的地区副总裁利兹·克鲁特（Liz Crute）在公司任职长达25年，是一位威信很高的销售经理。她将自己持续的成功归功于几项基本的领导原则：“作为经理，我最重要的任务是保证每个人都为公司的目标工作，同时我试图预测环境、技术或其他影响销售人员的变化。我认为，这些年来我一直能认真听取来自销售人员的意见，不管是正面的还是负面的。我也从中更清晰地认识了自己，无论是作为个人和经理，都得到了成长。”利兹也是第一个承认自己在某些方面有待改进的人：“我有一种承担超额工作的倾向，因此不得不时时提醒自己，应该放开一些。”[5]

研究表明，成功的领导者在其职业生涯中具备五种重要的技能（如表9－2所示）。你可能已经注意到，利兹对领导原则的描述印证了表中的许多领导技能。尽管个人的成功和失败的经验对其成长具有重要作用，她同时也承认，公司举办的许多销售管理培训在培养领导技能方面功不可没。遗憾的是，其他公司的经理往往接触不到这种培训。

表9-2　领导技能

1. 授权：在制定目标和计划过程中与其他人分享权力的一种领导力，这要求与销售人员，尤其是高层人员一起来制定目标和计划。
2. 直觉：预见变化和承担风险的能力。虽然经验有助于提高直觉，但是缺乏经验的销售经理也可以积极地从客户、销售人员、销售支持人员、公司档案和另外一些为他们的目标服务的资源中搜寻信息，在这个过程中建立直觉。
3. 自我认知：接受和理解来自他人（包括下属）的反馈意见，无论是肯定的还是否定的。它同时意味着知道如何领导和激励他人，特别是在提高了利润指标之后需要面对巨大压力的时候。
4. 远见：预见未来可能影响业务发展的因素以及谋划应对策略的能力。远见意味着能够看到销售组织需要朝哪个方向发展，将信念传遍整个组织，赢得各级人员的认可，然后执行计划，最终达到目标。
5. 统一价值观：使组织中的每个成员朝着相同的目标奋斗的能力。实现目标需要良好的沟通技巧，以及说服他人相信某项决策值得实施的能力。统一的价值观是领导放权，让他人完成各自业务的基础。

资料来源：William Keenan, "The Nagging Problem of the Plateaued Salesperson," *Sales and Marketing Management* (March 1989), p. 38.

正确运用权力

权力（power）是影响他人行为的能力。所有的销售经理都使用权力，但是优秀的销售经理知道如何利用权力来促使销售人员努力达到管理者的期望。无谓地动用权力可以让销售人员顺从领导者的意志，但不能激发他们的热情，这种顺从的后果是，销售人员在遇到困难时会选择逃避。滥用权力可以助长阳奉阴违的反抗，导致下属敷衍了事，甚至故意消极怠工。权力对于领导者来说至关重要，它揭示了为什么下属要遵从领导。权力的五种来源是法定权力、奖赏权力、强制权力、威望权力和专家权力。[6]有效的领导者或许不得不在不同的时间结合使用这五种权力。

- **法定权力**（legitimate power）是基于领导者在组织中的职位设定的。销售人员格外努力销售那些销售经理重点推广的产品，因为他们认为销售经理有权确定工作重点。在桑尼的案例中，第二个选择，也就是要求其他的销售人员帮助解决这个问题，会破坏你作为区域销售经理的法定权力。从某种程度上说，你正在把经理的角色转移给你的销售人员，这会显得你软弱无能。
- **奖赏权力**（reward power）是领导者基于对下属做出贡献大小的判断而给予奖赏的能力。例如，销售人员可能会格外努力推销某个产品，因为销售经理许诺在三个月之内每售出一件产品就发放一笔奖金。这种权力取决于奖金的多少以及销售人员认为额外补偿的重要性。
- **强制权力**（coercive power）使员工因为害怕惩罚而顺从。那些认为自己可能会被解雇的销售人员会花更多的时间开发新的客户。然而，如果这个人本来就想辞职，这种影响就是微不足道的。运用这种权力会迅速失去下属的支持，而且当今管理者的角色是支持团队而不是控制或命令。与桑尼安排一次会面和要求他制定拜访客户的日程就是行使强制权力的例子。这种措施存在很多的问题。要牢记，有些雇佣合同规定，扣发奖金是非法的。

- **威望权力**（referent power）是指由于与领导者的友谊而由领导者对他人产生的影响。销售人员之所以顺从，是因为感觉是出于朋友间的互助，或者是因为太钦佩这位领导者以至于想模仿他。
- **专家权力**（expertise power）是基于对领导者特殊知识的认知，通常是基于其过去的成就。新的销售人员会格外努力开发客户，因为销售经理告诉他们这是通往未来成功的关键，而且销售经理曾有过辉煌的业绩。

这五种权力中的任何一种都能导致下属产生期望的行为，当销售人员感觉到销售经理的知识特别渊博，而且能作出好的决定和建议时（专家权力），或者当他们非常钦佩销售经理时（威望权力），会更加忠诚于管理者。虽然奖励业绩优异的销售人员也不失为一种有效应用权力的方法，但是过多地依赖这种方法会使销售人员形成唯利是图的态度而不是对整个组织的忠诚。在这方面，大型的数据库软件企业——甲骨文公司，就有一个滥用奖赏权力的例子，我们来看它是如何支付销售佣金的。甲骨文公司推行了一种名为“加速器”的佣金结构：每个季度最后一天的销售额可以得到 12%的销售佣金而一天之后就只有 2%了。这样的政策等于在诱使销售人员弄虚作假，不择手段地滥用折扣，从而损害了公司在市场上的形象。[7]运用强制权力同样具有破坏性。面对强制权力，销售人员会处处谨小慎微，失去大胆开拓的豪情。后果通常是严重的，因为销售工作不仅仅是要员工循规蹈矩，避免错误。

管理变革

当今的领导者所需具备的一个重要特征就是他们管理变革的能力。如今高度变化的竞争环境使得销售组织要获得成功必须及时地调整战略及方式。例如，市场在变化——增长、衰退、整合、成熟或竞争加剧；人在变化——管理层决定下放权力或者加强控制；产品线在变化——收缩、拓宽、新产品问世、老产品淘汰；客户期望在变化——需要不同的产品、新的订购途径、新的服务。研究发现，成功的组织总是依据客户商业模式的变化及时调整自身的战略及销售方式。[8]

在变化面前，有些人能够迅速成长，有些人则整日惶恐不安，难以忍受这种不确定性。那么，销售经理如何动员所有的销售人员响应变革呢？有一点是肯定的：对销售经理高度信任的销售人员更愿意接受变革，特别是从长远来看。[9]因此，当今的销售经理不仅需要认识到变革的必要性，而且要善于通过沟通让销售队伍理解变革的利弊以及推进变革的步骤，由此来建立信任。

领导变革是一个复杂的过程，有多条道路可以通向成功。研究表明，成功的**变革管理过程**（change management process）通常包含五个阶段：评估客户环境、重新设计销售队伍、衡量变革的效果、销售支持计划和执行（如图 9-2 所示）。[10]在变革管理过程的评估阶段，销售经理要认真审视客户环境。从事药品生产和销售的普强公司（Upjohn）（最近已被辉瑞公司收购）注意到，药品采购的决策者正在改变，但是公司传统的销售过程只面向处方医生。此外，该公司一度忽略了医保机构在采购标准方面的变化。依据这一评估，该公司为销售队伍制定了培训计划，注重培养新的技能和策略，以迎合这个巨大且快速增长的市场的需求。

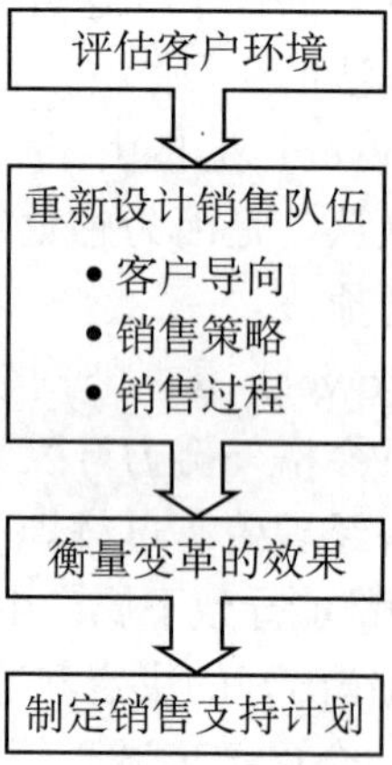

图9-2 销售队伍变革管理过程

在对形势有了正确的评估之后，接下来便进入重新设计阶段。这一阶段意味着在下列一个或多个方面进行重新设计：客户导向、销售策略、销售过程。要重新设计销售队伍，销售经理不仅要谙熟客户的需求，而且必须使销售队伍的销售策略与客户的采购过程保持一致。许多客户，特别是大客户，会对供货商提出特殊而苛刻的要求。这些都需要销售人员具有更广泛的技能，例如财务、沟通和组织内外的协调能力。

在掌握了客户的采购过程之后，下一步就是制定销售策略，也就是决定公司如何配置销售资源。方法之一是细分市场，这意味着要有精心策划的销售方法相配套，以更妥善地配合细分后的目标客户群，甚至精细到满足个别客户的购买过程和需求的程度。经过重新设计的销售队伍更加贴近具有更大潜质的细分市场，有望为公司增加收入和提高效率。

重新设计的最后一步是在销售队伍中推行销售过程的变革。为了落实变革的举措，销售经理可能需要针对新老客户重新设计销售过程。通常来说，销售过程的变革还需要重新定义销售岗位。

重新设计后，销售经理还需要衡量变革的效果。销售队伍变革管理通常在战略层面上衡量企业的发展状况，包括新客户的开发、新产品的投放、销售收入的提高、销售范围的拓展以及客户的维持，等等。

为了配合衡量变革的效果，销售经理应该制定销售支持计划，以确保变革举措能收到长期的成效。销售经理能够提供一系列的支持计划来加强和指引变革的实施，包括相应的高级培训项目、薪酬待遇、奖励和表彰、销售自动化以及监督措施等。以忠诚保健公司（Allegiance Healthcare）为例，公司要求销售人员参加一期专项培训班，培训的主题就是如何实现向团队销售转型。

变革推进的速度取决于销售组织的规模和复杂程度。不过，有一种加速变革的方法被证明是行之有效的，那就是“试验田”。在全面推行变革计划之前，许多公司首先选取某个地理区域、某个特定的行业或某分公司就变革计划的某些方面进行试验。例如，普强公司的变革管理项目就是将明尼苏达州作为一块“试验田”开始推行的。为了保持销售队伍的士气和动力，管理者应该将薪酬激励和变革举措结合起来，并不断地告知销售队伍未来的前景和挑战。请阅读下面的团队练习9-1。

团队练习9-1

避免价格战

你刚刚出任一家中型制造企业的销售经理，很快就明白自己为什么如此轻易地得到了这个职位。你走马上任刚刚三个星期，销售人员已经怨声载道了。他们抱怨说，竞争对手咄咄逼人，连续降价倾销，致使公司现有的客户纷纷要求降价，并威胁说若不降价就会解除合作关系。你如果坐视不理，事态必然会继续恶化。你将如何避免这场价格大战，稳住与客户的业务？

有效的领导风格

当试图影响和改变其他人的行为时，领导风格往往决定了你能否成功。**领导风格**（leadership style）可以定义为当你试图影响他人的行为时，对方如何看待你所运用的行事方式。每一位销售经理在与销售队伍打交道时都会有自己的领导风格。研究表明，一线销售经理的领导风格与销售人员的业绩之间存在极大的相关性。[11]总体而言，这项研究证明，相比其他领导风格，变革型领导风格与销售人员的业绩之间的联系最为紧密。然而，在所有情境下，对待所有类型的销售人员，并不推荐都使用同一种领导风格。在一些特定情形下，对于某些销售人员的特定需求，领导风格的效果会增强或者减弱。在本节我们还会谈到情境型领导。

变革型领导

变革型领导（transformational leadership）通过向销售人员传递更高的理想以及道德价值，激励他们不断提高销售业绩，并通过让销售人员了解并接受企业的目标，改变并优化他们的行为方式。他们可以帮助销售人员从关注个人的利益转向关注团队以及整个组织的利益。要做到这些，变革型领导要善于运用双向沟通技巧倾听每一个销售人员的需求并作出响应。与此同时，他们能够为组织建立令人叹服的愿景，激励销售队伍协同合作，实现共同的目标。具有这类风格的领导者也称为魅力型领导，因为他们可以与他人建立牢固的情感联系与认同。

交易型领导（transactional leadership）与变革型领导的行为方式正好相反。交易型领导通过对销售人员个人利益的响应达到激励的目的。换言之，他们在领导过程中十分重视公平，并依赖奖励与惩罚措施实现控制。例如，如果销售人员的销售业绩超出了其配额，那么就会得到赞赏与奖励，反之，则会遭到相应的批评和处罚。需要注意的是，交易型领导注重短期的、日常的运营管理及销售队伍控制，变革型领导则通过对更高层面需求的响应，管理销售人员的态度与行为。研究发现，变革型领导具备表 9－2 中所列的许多领导技能。[12]

情境型领导

图 9－3 显示了四种**情境型领导**（situational leadership）的类型，这些领导风格是由两个基本特征决定的：指令行为和支持行为。**指令行为**（directive behavior）是领导者单向地对下属传达信息，告知对方在何时、何地做什么和怎么做，同时严密地监督和控制下属的行动，强令销售队伍使用统一的销售陈述模板就是这种领导风格的例证。相反，**支持行为**（supportive behavior）是领导者要与下属进行双向沟通，包括听取他人的意见与提供支持和鼓励两个方面。运用支持行为，销售经理鼓励销售人员参与决策过程，比如参与销售额度的设定。需要指出的是，情境型领导强调领导者的风格必须能够灵活地适应情境的变化和销售人员的成熟水平。例如，比较成熟的销售人员更欣赏支持性的领导风格而不需要或不喜欢指令性的领导风格。的确，研究表明，优秀的管理者具备根据销售人员的期望随时调整自身领导风格的能力。[13]

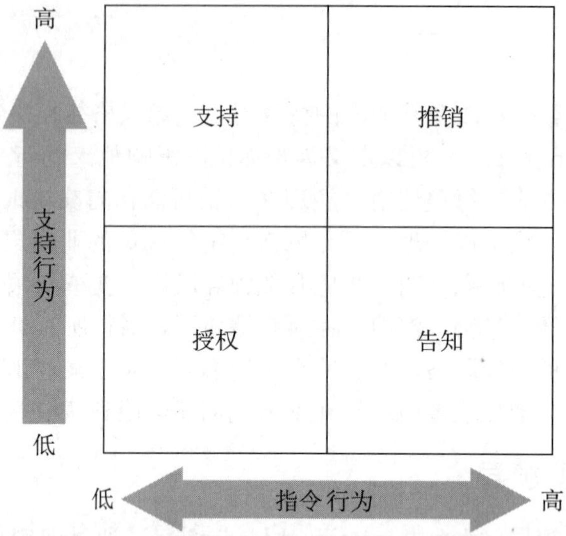

图 9－3　四种领导风格

四种领导风格

如图 9－3 所示，四种领导风格包括告知、推销、支持和授权，每一种风格都是支持行为和指令行为两者在某种程度上相结合的产物。如果管理者的支持行为偏低、指令行为偏高，其领导风格就属于**告知风格**（telling style）。这种领导风格的领导者告诉销售人员做什么、什么时候做、怎么做以及在哪里做各种工作。领导者主动发现问题，然后告诉销售人员如何去实现目标，沟通很大程度上属于单向的信息传递。举例来说，销售经理在某个销售区域内设定了对所有客户进行拜访的频率，任何销售人员均不准违背这项规定。

推销风格（selling style）呈现出一种双高的景象，即领导者的支持行为和指令行为均处于高位。运用这种风格的领导者，倾向于提供大量的包含个人意志的指示，但同时也征求销售人员的意见。在这种情况下，销售经理会征求销售人员对拜访频率的看法，如果销售人员能提出合理的理由，他会考虑在统一的政策之外破例。

支持风格（supportive style）具有支持行为高和指令行为低的特征。本质上，支持风格要求将日常事务的决策从销售经理转至销售人员，允许销售人员参与决策制定，销售经理的角色是表扬、认真倾听，并支持销售人员运用所学的知识来解决问题。例如，在这种领导风格下，管理者需要制定客户拜访制度，但是允许销售人员自行制定具体的拜访计划。销售经理会提供过去的拜访记录，并在必要时对销售人员的计划提出修改建议。

最后，支持行为和指令行为双低的领导者采用的是**授权风格**（delegating style）。销售经理和销售人员共同磋商，重点是就问题的成因形成统一的认识，至于如何处理问题，则是销售人员的事情。这种磋商通常在销售人员所在的销售区域进行，具体的决策留给销售人员，由其决定如何处理问题。假如销售经理和销售人员一致认为销售区域内的小额订单存在问题，销售人员可能会认为最好的解决办法是修改拜访计划。需要注意的是，在决定怎样做、何时做和采取哪些措施来解决问题时，销售人员将会确定相关的细节。因此，授权风格非常适合那些既有能力又有动力解决问题的销售人员。

下面，我们将会讨论影响销售队伍绩效的三个重要的领导职能：教导、团队建设以及组织有效的销售会议。

重要领导职能

教导

一线销售经理的一项重要职能就是通过教导来培育销售队伍的技能。由于一线销售岗位的不确定性，管理者经常需要定义和明确销售人员的角色。缺乏教导会严重影响销售人员的工作满意度，继而使人员流动率加大，并最终影响对客户的服务；相反，有效的教导可以对销售人员的表现产生深刻的影响。[14]然而，销售经理教导其销售人员的效果往往差异很大。最近一项针对高效销售组织高级经理的调查发现，其销售经理在对销售人员的能力打分时，平均分数仅为及格。[15]当然，导致这么低的得分的因素有很多，但是教导的确在其中扮演了相当重要的角色。

教导（coaching）本质上是一系列对话和活动，旨在针对个体销售人员或者销售队伍的成员提供实时的反馈和鼓励，以提高他们的业绩水平。教导可以在办公室进行，但是许多教导是由销售经理在销售现场进行的。它由三个部分构成：（1）积极的反馈；（2）示范；（3）信任。这三个部分是相互关联的，下面我们依次分别讨论。

反馈 反馈可以针对销售人员各个方面的工作，我们在这里仅关注如何运用反馈来提高销售工作。为了提供高效而有用的反馈，了解那些削弱销售效果的销售行为是非常重要的。针对销售人员的计划、态度和知识，以及他们对特定客户或团体客户的销售技能提出问题或指导意见，会收到很好的成效。下面我们来举几个例子。

● 计划。包括设定区域和拜访目标、销售拜访线路和时间的安排。“在我们参与之前，你这次拜访的目的是什么？你具体想实现哪些目标？”

● 态度。包括对产品、具体的客户、公司、销售人员的职业、公司的项目和公司政策等方面的态度。“我感觉你没有重视那个助理采购员，你的态度是相当明显的。”

● 知识。包括与产品、客户业务和具体行业相关的热点问题，以及对竞争、区域、公司和政策等方面的理解。“我喜欢你在描述产品优点时所采用的角度，但是我问你，对于这个产品，你有没有采取过其他的表述方法？”

● 销售技能。包括接触客户、销售步骤、达成目标、采购中心角色、谈判技巧，甚至包括通过帮助客户进行投资回报分析来确定其期望值。“我们来谈一谈如何把握寻求订单的时机。”“你知道这家公司中还有谁是影响采购决策的关键人物吗？”

反馈的最佳时机是在每次销售拜访前后，这样有利于发挥学习规律中的近因原则，即反馈应该在行为之后立刻给出。反馈的形式也很重要。研究表明，积极的反馈能够提供信息和动力，消极的反馈传递的仅仅是信息而已。由此可见，积极的反馈比消极的反馈对绩效和工作满意度有更大的影响力。[16]因此，有效的销售教导，不能是消极的反馈而是善意的讨论，向销售人员解释为什么某种行为不正确，如何作出更妥当的回应，为什么某个回应会导致期望的结果，等等。

当管理者随同销售人员进行销售拜访时，务必牢记应该让销售人员来控制局面。有时，管理者会被问及对某一问题的观点，即使在这种情况下，也应该保持就事论事，将全程的职责留给销售人员，否则，只要有难题出现，销售人员就会把销售拜访的责任上交给管理者。如果管理者和销售人员在一起的目的就是教导后者，销售拜访就不应该变成一次团队销售。管理者之所以在场，只是为了观察销售人员的销售技巧。在拜访客户之前，管理者应该明确是销售人员在负责这次拜访，自己不会介入销售过程。

提供反馈时需要考虑的另外一个重要因素是销售人员的成熟度。针对成熟的、有经验的销售人员，管理者在销售拜访之后进行教导可能最为有效。这样一来，管理者可以帮助销售人员总结和强化优点，并使其在以后的工作中多利用自身的优点。对于那些稚嫩的销售人员来说，将教导工作放在销售拜访之中进行，则更适合其对自我表现进行评估。可以向他们提出的问题包括：“你觉得上次拜访客户的效果如何？”“哪些方面进展顺利？”“回想起来，你当时还有哪些其他更好的做法？”

示范 高效教导的第二个组成部分是**示范**（role-modeling）。当销售人员认为销售经理能够身体力行其所提倡的价值观和组织目标时，示范效应便发挥作用了。示范的方式多种多样，最近的一项研究表明，销售经理可以在如下方面发挥积极的示范作用：亲自为销售人员演示正确的销售技巧；按时参加会议和准时赴约；自身讲究道德诚信；通过恰当的衣着服饰来展现专家的形象；倾听销售人员的意见（就像销售人员对待客户一样）；成为团队中的普通一员；永远不要求销售人员去做那些连领导者也不愿做的事情。[17]下面一段话揭示了示范的重要性及其与建立信任的关系。

> （销售经理）……需要得到尊敬，这种尊敬的一部分来自示范作用。示范行为本身就能促进尊敬和提升管理者的领导地位。如果领导者没有作一个好的榜样，那么永远不能获得团队的尊敬，没有得到尊敬的领导者，是不可能出色地履行职责的。[18]

信任 销售教导最后的一个因素是销售人员对领导者的信任。为了让销售队伍相信销售教导的作用，必须让他们相信领导者不仅有能力，而且是诚实可靠的。事实上，研究表明，没有信任作为基础，示范对销售人员的工作满意度和业绩就没有什么影响力。[19]虽然最近的研究显示，对销售经理的信任并不能直接影响销售人员的业绩，但是研究也指出，善于设定挑战性的目标，对销售人员实现目标的能力表现出信心的领导者，能够加强管理者的信任对销售人员业绩的影响。[20]这表明，设定挑战性的目标，同时通过教导对销售人员灌输信心，将会增强他们对组织的信任，也会影响他们的工作满意度和业绩。[21]虽然这个领域有待更深入研究，但是只有在领导者受到信任的前提下，销售人员才可能听从他的教导。

到现在为止，你或许已经认识到，在桑尼的案例中，最后一项选择就是一个教导的例证。耐心地指导桑尼准备拜访客户的路线和访问报告，这个过程实际上就是向他示范使用销售自动化软件的重要性。这是一种积极的学习方法，有利于加深记忆。因此，教导是一种最为明智有效的选择。

团队建设

由于客户环境和需求不断变化，技术不断更新，客户和竞争对手日趋全球化，关系营销愈加受到重视，销售组织中的团队工作在近些年变得越来越重要了。例如，一家无线通信公司最近创立了一种团队销售方法，旨在满足大客户日益增长的产品和市场知识需求。为了加强针对具体客户的销售力量，他们按照行业和用途将整个企业的员工分成不同的团队，由销售人员担任团队的领导。[22]

无疑，团队工作对于高效的销售愈加重要了，但是公司在维持高效的销售队伍方面仍然困难重重。最近对企业展开了一项调查，结果仅有13%的销售队伍被认定为高效。[23]调查反映了销售队伍缺乏合作的几个普遍原因：一是奖励和薪酬仅仅关注个人的绩效而忽视了团队的成果；二是公司的信息系统时常不能为团队成员持续提供相关的数据；三是组织鼓励内部竞争而忽略了合作。最后一点，一些人固守僵化的心态，不愿意为了共同的利益而抛开自己的地位和权力。

销售经理的工作就是设法打破这些阻碍，减少销售人员间破坏性的竞争。一些团队销售方面的专家建议，应该授权给销售队伍中的成员，实行分担式领导。依据这种模式，授权团队成员和分担领导权将会增强团队的凝聚力，进而提高团队的效率。为了发掘这些团队的特性，专家建议领导者在设计团队时，应该注意将具有相关销售技巧和领导技巧的人合理搭配，而且要确保被选入团队的成员能够和睦相处。显然，为了建设优秀的销售队伍，销售经理需要熟悉每一位成员的个性和领导特征。

影响团队成功的因素 当了解了影响团队成功的因素之后，激励销售队伍的成员协同合作从而实现高效运作与相互支持就容易多了。图 9－4 展示了影响销售队伍效率的 5 个主要因素。[24]

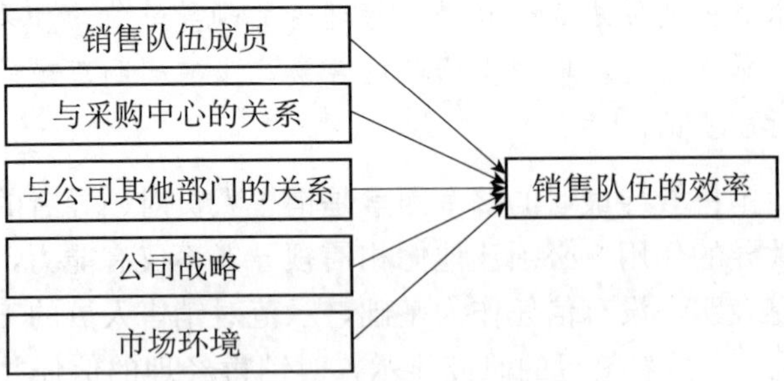

图 9－4 影响销售队伍效率的因素

（1）销售队伍成员。成功的销售队伍会分享信息、资源以及奖励，因此，销售队伍的成员之间需要建立紧密的合作关系。在选择团队成员时，销售经理需要考察潜在成员的背景并挑选那些能够在团队中有效合作的候选人。研究发现，信任是促进团队成功的重要驱动因素。成功的销售队伍往往存在成员间的高度信任，促使团队成员为团队的目标共同努力。

（2）销售队伍与采购中心的关系。单个的销售人员往往没有足够的知识、技能与影响力实现较为复杂的销售交易。销售队伍可以实现与客户销售流程中各个职能部门之间更有效的沟通。更重要的是，有效的销售队伍能够为满足客户的特定需求提供更全面的支持。因此，整个团队的学习能力能够为理解客户的需求并做出响应提供必要的支持。

（3）销售队伍与公司其他部门的关系。定制化的解决方案通常需要销售队伍与公司其他部门通力合作，包括工程、研发以及市场营销部门。在很多情况下，销售部门需要与公司的其他业务部门协同合作，为客户开发全新的、差异化的解决方案。有效的销售队伍有能力获取并运用必要的资源，从而高效推进新的解决方案，从概念变为现实的产品。

（4）销售队伍与公司战略。一个销售队伍的销售方式是由公司的战略驱动的。公司战略决定了销售行为的准则以及对市场信息的响应方式，这些都对销售队伍有重要影响。研究发现，那些采取防御战略（例如，防止其客户资源被侵蚀）的公司与那些采取探索战略（例如，积极开发新客户）的公司，对于特定市场信息的感知大相径庭。[25]

（5）销售队伍与市场环境。一些外部因素，如竞争态势以及技术的革新，都会对销售队伍的设计与绩效产生影响。例如，竞争的市场环境为客户提供了选择供应商的余地。销售队伍要对自己以及竞争对手产品的优劣势有清晰的了解。在竞争激烈的市场环境中，销售队伍需要时刻关注市场的变化并做出积极响应。在这些情形下，善于响应变化的销售队伍成员能够有效地提高团队绩效。

组织销售会议

教导最适用于个体技能训练和激励，但是当销售队伍需要了解新产品的信息时，团体的形式则更为恰当。用来激发销售队伍和实现广泛沟通的一个普遍方法是**销售会议**（sales meeting）。公司举行销售会议，部分原因是销售经理可以确保每一个人都能接收到相同的信息。然而要牢记，会议会消耗销售时间，同时会影响短期的销售收入。那些效率低下的销售会议会对销售人员的心理状态以及职业满意度产生负面的影响。一项研究发现，那些经常参加效率低下的销售会议的销售人员的心情会更加沮丧、对工作的满意度会降低，同时，更有可能会离职。[26]鉴于一些公司发现至少一半的会议被与会者认为是浪费时间，销售经理应该扪心自问："我们真的需要开会吗？这些信息能不能通过备忘录或者电子邮件来传达呢？"如果是这样，这个会议或许就不必开了。

假如你的确需要召开一次销售会议，建议你慎重考虑几个关键的要素：会议目标、预算、时间和地点。对这些要素缺少周密的考虑而匆忙召开销售会议，麻烦可能会接踵而至。下面这位一筹莫展的销售经理的感慨足以证明了这一论断：

> 筹划一次销售会议简直令人恐惧。一连几个星期，无数的电话和传真对你狂轰滥炸，而且预算永远是一个令人头痛的问题。你还得协调那些遍布各个角落的销售代表，有些人对离开一线销售岗位前来赴会还牢骚满腹。当会议开始时，许多潜在的灾难一触即发。我当上经理难道就是为了这些？[27]

让我们来看看如何能避免这些问题吧。

会议目标　每次销售会议都应该有明确的目标，而且主题要紧紧围绕销售人员普遍关心的问题展开，只有这样，会议才有意义。换言之，不要为了开会而开会。最为普通的会议目标无外乎解决沟通、奖励、激励和培训等问题，具体的会议目标可能包括以下一个或多个：

- 展现新款或改进的产品。
- 解释新的营销和广告计划。
- 培训销售人员，让其掌握先进的销售方法。
- 为新的软件系统提供培训
- 表彰竞赛的优胜者和有杰出贡献者。
- 听取销售队伍的反馈意见。

听取销售队伍的反馈意见是举行销售会议的一个惯常目标，但很多读者会对此感到惊奇，因为在他们看来，会议只是传达信息的一种方式，实际上，高效的销售经理也将其视为一个了解一线销售形势的好机会。

对于桑尼的情形，一种选择是召开销售会议，但在会议上应用客户关系管理系统这一主题只与桑尼本人相关。面对整个销售队伍重申应用新系统的重要性是有帮助的，但是在会上宣布有人不按要求去做的可怕后果是不明智的，那些已经应用了系统的人会莫名其妙，不理解为什么经理的态度如此消极，而且暗含威胁的口吻会挫伤销售队伍的积极性。

会议预算　公司举行会议的年度预算通常占年度销售总额的 0.5%～1%。[28]许多公司的销售会议预算高达数百万美元。举例来说明这种会议的花费有多高，一家公司在达拉斯召集来自不同地区的 4 名销售人员举行一次面对面的会议，这次 4 个小时的会议总共花费了 8 000 多美元。[29]为了减少不必要的费用，越来越多的公司开始使用在线或远程通信来召集会议。然而需要牢记的是，销售经理必须在不牺牲会议效果的前提下控制费用。

地点与时间 把销售人员从工作中抽出来开会意味着会丢失一些销售机会，但是如果安排得当，这个问题可以避免。销售会议通常在淡季举行，不会影响到正常的客户联系。对于需要花费几天旅行的销售会议，常识会派上用场。一些专家认为第一季度是开会的最佳时期，第二和第三季度的会议经常会与假期冲突，第四季度又会与节假日重叠。[30]虽然销售会议举办的地点是多样的，但就规模而言，通常可以把会议划分为当地的、区域的和全国的。

当地销售会议（local sales meetings）通常由当地的经理来负责，并且经常举行，频繁到每周、每月或者每个季度都有。这些会议都是非正式的，各分部的销售办公室或附近旅馆的会议室都可以作为会议场所。与区域的和全国的销售会议相比，当地会议的一个优点是便于销售人员讨论本销售地区的具体事务，缺点是主持会议的当地销售经理可能没有经过充分的培训，无法做到言之有物，发人深省。

区域销售会议（regional sales meetings）通常包括来自几个州的销售人员，在每个季度或更长的时间举行一次。这些会议在结构上比较固定，通常由总部的销售主管和培训专家讲解销售政策和经验。对于区域销售会议，总部的人员承担了大部分的旅行成本，这可以节省销售人员的时间及花费。

全国销售会议（national sales meetings）是将遍布全国各地的销售队伍召集到一起，通常每年召开一次。这种会议的差旅费用很高，公司也会精心安排各种专业性的演讲、座谈和娱乐活动。这类会议的主要目的是提高销售队伍的士气，密切销售人员之间的“精神纽带”，营造一个大集体的氛围。

常见问题 （1）兴趣。召开销售会议，最糟糕的结果莫过于让与会者感到无聊和浪费时间。最近的一份调查显示，91%的管理人员承认他们在参加会议时走神，39%的人说他们在开会时打过瞌睡。[31]有这样的统计数据，难怪许多人认为没有意义的会议会造成人心涣散，这样的会议还是不开为好。相反，成功的销售会议能够充分利用时间，节奏明快，内容令人兴奋。例如，围绕精心设计的主题，提供新产品或服务项目的信息，便是建立期望和减少乏味的好办法。

（2）参与。对于销售会议，另外一个令人不悦的因素是，销售人员花太多时间倾听而没有机会参与互动。控制会议的规模有助于调动与会者参与交流，每位经理事实上是在主持一场讨论而不是郑重其事地发表一通演说。雷诺兹公司是位于俄亥俄州代顿市的一家汽车零售商服务企业，为了鼓励参与，公司要求销售人员在会议上围绕会议主题，分别讲述一件新鲜的事情或者一些市场情报，这种方式促使销售人员在开会前一周内认真研究，最终形成一个团队共同参与的信息共享氛围，整个会议中充满乐趣。[32]

（3）跟进。经过几天的会议，销售人员究竟能否消化会议的内容？忽视了这一点，也是一个严重的问题。例如，通过在会议的最后阶段使用问卷方式询问销售人员的收获，可以帮助确定是否有必要跟进。此外，当地的经理还应该发出一份提醒函，以核实销售人员是否在应用所学到的知识。

销售队伍的人事问题

在建立高效销售队伍的过程中，销售经理会遇到棘手的人事问题。我们选取几个常见的问题展开讨论，并就如何处理这些问题给出建议。

停滞

当销售人员的职业发展止步不前时，**停滞**（plateauing）的现象便出现了。到了这样的阶段，销售人员仅维持现状或者消极怠工，对工作本身失去了兴趣。虽然大多数处于停滞期的销售人员都在 40 多岁，但是要注意，停滞现象也有可能提前发生。

停滞的原因　销售人员中出现停滞现象的主要原因在表 9－3 中列出。注意，首要的原因是销售人员没有清晰的职业规划，这进一步说明了对那些无意进入管理层的销售人员进行职业规划的重要性，同时也印证了在第 7 章中提出的建议：要为每一位应聘者提供关于销售岗位和未来发展机会的真实图景。

至于停滞的原因，销售经理认为销售队伍的成员之间存在一些差异。对于女性来说，最重要的原因是身心疲惫（见表 9－3），这同样是纯粹赚取佣金的销售人员停滞的一个重要原因，后者停滞的其他常见原因包括经济需求已经得到了满足，或者缺乏恰当的管理。这些结果表明了薪酬机制的局限性，一旦基本收入的需求得到了满足，员工就希望从工作中获得更多。

表 9－3　　**销售经理对导致销售人员停滞的原因排序**

	总体	女性	仅赚取佣金的销售人员
没有清晰的职业规划	1	2	4
缺乏恰当的管理	2	4	1
感到枯燥	3	3	5
身心疲惫	4	1	2
经济需求已满足	5	7	3
对公司感到失望	6	5	6
被忽略了提升的机会	7	6	8
缺乏能力	8	9	7
规避管理工作的风险	9	10	9
不愿调动	10	8	10

资料来源：*Sales Force Compensation Survey*（Chicago：Dartnell Corporation，1999），p. 171.

停滞早期阶段的信号足以提醒领导者这个过程正在发生。销售经理们称，最重要的早期信号是销售人员不再努力进取，其他的信号包括在客户服务中缺少韧性以及减少工作时间。

停滞的解决方法　对于处于停滞期的销售人员，领导者要尊重他们已有的经验，同时要鼓励他们尝试以新的方式来服务客户。在停滞的端倪出现时，销售经理就需要与销售人员就这一情况进行沟通。在发现停滞现象出现时，销售经理应当开始寻找充实销售人员岗位的方式。例如，可以安排出现停滞苗头的销售人员参加培训，然后去指导新的销售人员，参与新产品推介，或者开发大客户。

另外，也可以赋予这些销售人员收集竞争信息之类的新职责。如果销售人员已经在原岗位上十分成功，可以考虑重新分配给他们一些难以对付的新客户，同时匹配优厚的奖励措施和不同寻常的条件（例如休假和奖金）。丰富工作内容的方法多种多样，有些销售经理无计可施，主要是没有足够的想象力。

终止雇佣关系

终止与销售人员的雇佣关系是一种迫不得已的办法。在管理工作中，经理有时必须解雇某位销售代表。做出这种决定之后，解雇应该以一种人道的方式来实施，要尊重对方的感受和避免法律诉讼。

如今，劳资关系方面的纠纷非常多，有关不正当解雇的诉讼理由包括违约、侵犯隐私、违反公共政策和良知缺失等。有些已经离职的员工仍然坚持诉讼，诉讼金额高达数百万美元。判决的赔偿金额有时高得惊人，公司不得不支付过去和将来的工资以及收益损失，还有精神上和情感上的损害赔偿等。在这种情况下，小公司一步走错，就可能陷入破产的境地。

彻底杜绝法律诉讼是不可能的，但是在解雇一名销售人员之前应该认真遵循几个步骤。第一步是建立书面记录，首先要有明确公司政策和制度的员工手册。业绩考核应该定期进行，而且要保留书面记录，内容包括员工的优点和缺点两个方面。书面考核应该随附管理者和销售人员之间详细的谈话记录。

解雇的法律层面固然重要，但是人道问题往往成为关注的焦点。为了缓和矛盾，公司可以向被解雇的员工提供一定的补偿，比如为其提供一笔可观的再就业补偿金，金额相当于每年 1～4 周的薪水。

解雇过程应该简短快速，因为长期的争执对双方都没有好处。有人建议，解雇决定应该在一周的开始宣布，决不能等到星期五，这样有助于对方立刻开始下一步的行动而不至于整个周末都处于不良的情绪当中。相反，也有人建议应该在星期五宣布解雇决定，这样可以让对方利用周末的时间进行自我恢复。千万不要通过电话告知解雇决定，同时要牢记处处维护对方的尊严。

性骚扰

在所有的销售岗位中，女性约占 24%（见表 9－4），在诸如教育服务等行业，大部分销售人员是女性。因此，销售经理应当明确可能发生的**性骚扰**（sexual harassment）。公平就业机会委员会对性骚扰的定义为：

> 不受欢迎之性方面示好之举，要求性方面之好处，或其他具有性本质之言语或肢体行为。（1）顺从该行为，是作为个人明示或默示之就业条件或情况；（2）个人顺从或拒绝该项行为，是影响该个人就业决定之基础；（3）该项行为之目的或结果，会不合理干涉个人之工作表现，或曾造成胁迫性、敌意性或冒犯性之工作环境。

表9-4　　销售中的女性：分行业的百分比

行业	销售队伍中女性的百分比（%）
银行	24.7
商业服务	30.3
化工	9.1
电信	34.7
教育服务	50.4
电子	19.6
食品	28.5
健康服务	45.1
保险	27.4
制造业	17.6
办公设备	24.1
印刷/出版	38.9
零售	20.0
橡胶/塑料	17.7
运输设备	23.9
批发	19.5
平均	24.3

依据1964年《民权法案》(Civil Rights Act）第七章的规定，工作场所的性骚扰被定义为性别歧视并被严格禁止。尽管性骚扰是违法行为并应承担高额赔偿，但销售人员极有可能会面临这一问题。销售人员是第三方性骚扰的主要受害者，即性骚扰的实施者是公司外的人员，包括客户、经销商或者相关服务提供商。常见的情况是，客户方的代表是男性，要求女性销售人员一定的性利益，以换取交易的达成。在这种情形下，销售人员因为需要该订单以完成销售额，或者因担心这笔交易会被竞争对手夺去而无法拒绝。同时，她也会担心，如果将这样的情况汇报给上级，她的经理会认为她缺乏处理这种问题的能力。另外一个担忧是如果惹怒了这个买方代表会对两家公司的关系造成负面影响。可惜的是，许多经理没有意识到，不仅这种第三方性骚扰是法律禁止的，而且其公司对此负有一定的法律责任。[33]

作为销售经理，你应该如何来帮助销售人员处理性骚扰事件呢？首先，为了帮助员工防范性骚扰，公司可以制定明文政策，列举哪些属于不法行为，在员工上岗培训和介绍公司情况时包含这些内容。另外，公司还应该让员工明白哪些行为构成了性骚扰，受害者应该按照怎样的程序维护自身权利，以及攻击性的行为会造成怎样的后果。[34]你应该认识到销售人员可能因为尴尬而没有将这些事情告诉你，而且可能觉得告诉老板有点冒险。与其告诉你事情的真相，不如放弃某个客户，要求在公司内部调动，或者寻求解决这种问题的一般性建议。对于你来说，最重要的是，不要排斥或压制诸如此类的问题。依据法律，如果管理者知晓这样的事情，就必须调查并解决问题，否则会负有法律责任。如果销售人员发现其客户是骚扰者，那么销售经理就应当采取相应的措施，包括要求客户停止这种不合适的行为，将销售人员重新调配给新的客户或区域，或者结束与该客户的交易关系。

另外，在公司中构建职业精神，也是减少性骚扰事件发生的有效方法。最好的忠告包括：

- 举止端庄。
- 着装得体。
- 宴请时饮酒要谨慎。
- 不要听伤感的故事。
- 尽可能避免单独面对面的情形。
- 使用独立的交通工具。

总而言之，销售经理在防止性骚扰事件方面扮演着重要的角色。销售经理需要理解公司的有关政策，并积极构建对这种行为零容忍的文化。

酗酒和药物滥用

没有证据表明销售人员酗酒和药物滥用比其他职业群体更普遍。然而，酗酒和药物滥用是全美国都在关心的问题，而且这在销售人员中是很普遍的。据估计，美国有近 1 800 万人酗酒和药物滥用，相当于每 13 个成年人中就有 1 人。[35]销售人员有很多时间花在旅途上，这为一些行为提供了条件，包括酗酒和吸毒。对于销售人员因酗酒和药物滥用而导致赔偿或公司责任的法律案件，我们提醒销售经理应该关注两个方面的问题：通宵旅行和使用公司的汽车。[36]在这两个方面，大量的诉讼裁决有利于销售人员，许多还涉及高额的惩罚性赔偿。

多数销售经理认识到，销售人员会因为与客户应酬而饮酒，这是建立个人关系的一部分。虽然这被认为是可以接受的行为，但是领导者应该知道销售人员暴露在酗酒的潜在危险中。销售人员是为社交目的而饮酒还是因为自身的问题而酗酒，要分清这一点往往是很难的，一般要依靠个人的观察或者同事的看法做出判断。公司可以解雇那些药物滥用的员工，但是很少有公司或者部门会针对酗酒问题制定专门的政策。销售经理最普通的反应是同酗酒者进行非正式的谈话，另外就是建议销售人员去参加一项戒酒计划，给予警告，直至解雇。

在许多情况下，禁止酗酒和药物滥用（包括对非法药品的滥用）的职责是由销售经理承担的。在没有公司明文政策的情况下，我们建议销售经理自行制定一项管理制度，并要求所有的销售人员都认真学习这个制度。不应该忽视或容忍销售人员中出现酗酒和药物滥用的迹象。另外，不与酗酒者或者药物滥用者进行非正式的谈话同样不是明智的，因为酗酒和药物滥用是一个复杂的心理和生理问题，需要专业人士介入。最后，销售经理必须发挥表率作用，不管在工作时还是社交时，都应该控制自己的饮酒量以树立榜样。

本章小结

领导力对于维持优秀的销售队伍是非常重要的。销售经理的领导责任是多方面的，并且影响到销售人员工作的各个方面。这一章向你介绍了许多有关销售领导者的主题和观点。你现在应该能够：

1. 描述领导力的要素。领导力被定义为影响其他人行为的能力。研究表明，最好的领导者在他们的职业生涯中要发展五种技能：授权、直觉、自我认知、远见、统一价值观。领导者运用五种权力：法定权力、奖赏权力、强制权力、威望权力和专家权力。高效使用权力能够使销售人员忠诚于领导者目标。虽然在某些时候结合使用这几种权力可能合适，但是如果销售人员觉得销售经理知识非常渊博并能够做出好的决定和建议（专家权力），销售人员认为与他们的销售经理紧密地保持一致时（威望权力），他们倾向于对这种领导更加满意。

2. 描述管理变革的过程。成功的变革管理过程包含五个阶段：评估客户环境、重新设计销售队伍、衡量变革的效果、销售支持计划和执行。评估是对公司所经营区域客户环境的评测。重新设计要从三个方面入手：（1）客户导向；（2）销售策略；（3）销售过程。衡量是指测度变革成功的指标。销售支持计划激励和指引长期的业绩。最后，执行过程是对组织规模和复杂性的综合考虑结果。

3. 解释不同的领导风格。基于两种行为特性（指令和支持）的结合，我们讨论了四种领导风格：告知、推销、支持和授权。在告知风格中（低支持行为/高指令行为），领导者告诉销售人员在什么时候、在哪里做什么、怎么做不同的工作。在推销风格中（高支持行为/高指令行为），领导者倾向于提供大量的包含自己想法的指令，但是他们也征求销售人员的意见。支持风格（高支持行为/低指令行为）要求从销售经理到销售人员都处理每日问题。授权风格（低支持行为/低指令行为）的销售经理在销售区域同销售人员讨论问题。情境型领导理论的一个重要观点是领导风格应该适应变化的环境。

4. 了解教导销售人员的准则。教导包括三个组成部分：（1）积极的反馈；（2）示范；（3）信任。教导最好的时间是在实际销售拜访之前或之后。对于销售人员行为的快速评价能够有效地增加销售和提高销售人员的区域管理技能。领导者必须注意要经常强调销售人员做得好的事情并表扬他们的成绩。

5. 讨论团队建设和组织销售会议。好的业绩依赖销售人员同公司其他人员的协作。销售经理的职责之一就是发展团队相互支持和尊重的能力。为了建立高效的队伍，销售经理必须明白团队是如何运作的。影响销售队伍最常见的方法是开销售会议。有效的销售会议包括几个主要的因素：会议的目标、预算和时间及地点。

6. 了解常见的人事问题。在当今的环境中，销售经理很可能遇到很多降低销售队伍效率的员工问题。这些问题中最主要的是销售人员停滞、终止雇佣关系、性骚扰及酗酒和药物滥用。当这些问题出现或者如果它们出现时，领导者必须制定一些管理制度来处理这些问题。

关键术语

教导 coaching
强制权力 coercive power
变革管理过程 change management process
授权风格 delegating style
指令行为 directive behavior
专家权力 expertise power
领导力 leadership
领导风格 leadership style
法定权力 legitimate power
当地销售会议 local sales meetings
全国销售会议 national sales meetings
停滞 plateauing
权力 power
威望权力 referent power
区域销售会议 regional sales meetings
奖赏权力 reward power
示范 role-modeling
销售会议 sales meeting
推销风格 selling style
性骚扰 sexual harassment

情境型领导 situational leadership
支持行为 supportive behavior
支持风格 supportive style
告知风格 telling style
交易型领导 transactional leadership
变革型领导 transformational leadership

自我能力提升

1. 战略行动能力。高效的领导者要有远见，同时要能在员工当中树立实现公司愿景的信心。许多公司的年度报告包括愿景期望和使命陈述。看一看你毕业后想去的三家公司的年度报告，根据其中的愿景和其他的信息，判断一下各个公司的 CEO 会是什么样的领导风格？你愿意为这样的人工作吗？为什么？

2. 技术能力。两年前，AMF 保龄球产品部的销售代表一提到销售队伍自动化就有理由发抖。只有一半的销售人员坚持升级数据库，而且随着时间的推移，使用率还在不断下降。销售代表不可能带着笔记本电脑进入保龄球馆，像间谍那样偷偷摸摸地输入客户数据，他们要与这些客户建立信任关系，于是，他们只能潦草地在纸上记录。在带着记录逛遍五六个保龄球馆之后，他们晚上回到酒店后最不想做的事就是打开电脑，再用一个小时的时间把销售拜访的情况录入一个数据库，并把每个球馆拥有的设备类型录入另一个数据库。把纸面的信息整理到数据库要耗费他们将近两个小时的时间，大多数销售代表因不堪重负而决定放弃。使用销售队伍自动化系统能在哪些方面为 AMF 保龄球产品部提供帮助？如果你是 AMF 的全国销售经理，感到一个集中的客户数据库对于持续增长是至关重要的，你会怎么做？

3. 教导能力。朱丽叶是一名有才干和经验的销售能手，在销售区内成绩优异。作为在公司里供职 15 年的销售元老，朱丽叶曾经是顶级高手，但如今有些逊色了。她的丈夫是医生，孩子们也都自立了，她在物质方面已没有太大的需求。在一个销售区域的 5 名销售代表当中，朱丽叶的销售业绩位居第三，这并不是说她业绩差，只是业绩在过去的 3 年里没有多少增长，而且你认为她的区域内有巨大的销售机会。你的公司最近在缩编，预算也吃紧，现在应该处理一下朱丽叶的事情了。你如何来处理这种情况而不至于失去一名优秀的销售人员？

4. 团队建设能力。当公司认识到销售需要团队合作时，越来越多的公司开始寻求表现出领导能力的销售人员。选择你感兴趣的一个行业，浏览一下这个行业的招聘广告。是不是公司正在寻求具有领导能力的销售人员呢？是不是领导能力对于一些公司看起来比其他的公司更重要呢？一些网站提供了大量的招聘信息，其中包括报纸上刊登的分类广告，这些可以在 www.monster.com 找到。数百家公司招聘的职位在 www.jobfind.com 可以找到。全美大学与雇主联合会的求职者网站是 www.jobweb.org。

5. 全球视野。全球领导与组织行为效力研究项目（GLOBE）是一项以领导力为核心，在全球范围内展开的研究。该项目致力于研究在全球范围内存在的一些组织内领导力的本质问题。调查要回答的一个关键问题是，一些领导行为能否被全世界的经理都认为是有效的。最初的研究结果显示，一些领导模式被普遍认为是积极的，反之亦然；某些领导行为与文化差异具有很强的关联性。例如，日本的领导者趋向于更有效地运用支持风格。假设你供职的公司近来已开始在日本市场上销售，你被派遣到日本与那里的销售队伍一起工作。到目前为止，你一直运用告知风格同美国的销售人员打交道，而且很成功。那么，为了和日本的销售人员一道提高工作效率，你需要作出怎样的改变呢？

6. 自我管理能力。Aurora-Baxter 是一

家建筑材料的制造商，请思考一下这家公司的一名经理所描述的情况：

几年前，由于一桩高速公路承包合同的丑闻，州立法机构制定了一项非常苛刻的法律，禁止政府采购官员接受任何礼物，哪怕是一顿免费的午餐。这在某些方面有点尴尬。在销售人员进行谈判期间，陪同买主去喝杯酒、吃顿饭，本来是很自然的事情。大家都知道每个人应该自己买单，我们的销售人员也必须清楚这一点。因此，在一定的时刻，他们当中的某位就会说："好了，所有的人请各自买单，你们知道那条规定。"或许在场的有客户的5人和我们的3人，假定账单是300美元，当结账时，他们每人拿出2美元，剩下的由我们支付。[50]

作为销售经理，你在这种情况下会怎么做？

希尔德案例练习

机密文件

道格·布卢姆最近雇用了马克·马丁取代比尔·约翰逊作为销售代表。马丁一直是公司最大的竞争对手全安保险公司（All-Safe）的顶级销售代表，在过去的3年里，他使全安保险公司在中西部地区的营业额每年约增长35%；在同一时期，希尔德保险公司在中西部地区的年增长率只有12%左右。

布卢姆认为雇用马丁是一招妙计。马丁在这个行业非常有名，拥有价值难以估计的客户资源，而且很轻松地使自己在希尔德的团队中受到欢迎。最重要的是，在他上任最初的3个月里，希尔德在中西部地区的销量猛增了25%。

现在，布卢姆开始心生疑虑，他不知道是否真的作出了正确的选择。今天早上，当布卢姆在马丁办公桌上留下一份提案时（此时马丁正外出做销售拜访），布卢姆注意到一些部分被遮盖的文件中带有全安保险公司的标识，出于好奇，布卢姆扫了一眼，这些文件是全安的机密销售信息：定价、营销战略、预测以及更多的资料。布卢姆猜想，为了希尔德的利益，马丁是在用这些信息规划销售策略。

布卢姆很矛盾，一方面，销售正走在上升通道，他宁愿相信自己从来没有看过那些文件；另一方面，利用竞争对手的机密文件，既会受到道德的谴责，也会受到法律的制裁。更严重的是，如果布卢姆直接反对，那么马丁会不会带着希尔德的机密信息去投奔其他的竞争对手呢？布卢姆感到进退两难。

问题

布卢姆该怎么做？他是否应该忘记所看到的？应该反对马丁的做法吗？还有别的解决方法吗？

第10章 销售管理中的伦理问题

要相信，你所做的一切可以改变这个世界。

——威廉·詹姆斯

本章顾问

乔治·米肖（Georges Michaud），北方电信公司环境与健康安全伦理主管

学习目标

- 解释伦理的重要性；
- 解释商业伦理的道德基础；
- 理解如何作出涉及伦理问题的决定；
- 识别销售工作中常见的伦理问题；
- 讨论如何制定销售伦理计划。

伦理的重要性

在后世通公司、后安然公司以及后泰科公司时代，伦理成为商业社会的热门话题。许多公司都制定了严格的伦理政策以及建立了全球伦理部门。商学院也开设了针对这一主题的全套课程。尽管对合规日益重视，关于企业及其高管的伦理丑闻仍然层出不穷。有许多关于企业高管的不伦理行为甚至是违法行为的新闻报道，销售人员或销售经理一些不明智的行为将公司置于伦理困境的情况也经常出现。

销售伦理为指导销售人员与客户的日常工作提供了一个道德框架。伦理困境在销售中很常见，这是因为销售人员为了迎合客户的需求和应对竞争，经常要在一线作出决定。销售人员如何处理这些困境，既反映了一个人的品质，也反映了公司的文化与领导力。事实上，销售经理的决策和行为往往体现了销售队伍的道德品质，也可以塑造一种道德品质。有时，这些管理决策还会引发一系列个人问题。在这些情形下，销售经理很想知道：在工作和生活中，我是否有不同的价值体系？我要作出多少自我牺牲才能够前进？我在工作时是不是变了一个人？这些问题的答案往往是模棱两可的。[1]换句话说，要解决复杂的问题，尤其在面对不可兼得的两种正确

选择时，经理必须作出决断。经理以及商业组织通常依照一套伦理准则，即商业伦理，来指导其行为，然而，在一些伦理困境中，经理的个人价值观常常受到挑战。

举个例子，史密斯是一家医疗器材生产及供应公司的区域销售经理，他发现手下的部门经理史黛西想开除自己去年聘用的一名销售人员凯西，原因是她最近的表现不佳。史黛西是一个年近30的单身女性，由于在销售中的出色表现，刚刚被提拔到经理的位置。她工作的时间比其他多数经理都长，而且办事认真，个性直爽。她想让史密斯同意开除凯西，是因为她觉得凯西并没有竭尽全力做好销售区域的开发工作。凯西是个尽职的母亲，对5岁的女儿负完全的监护责任，她的前夫拒绝提供任何支持或者帮助。史黛西认为凯西是因为受到家务的拖累才未能完全实现部门在销售区域的预期收入。其他大多数销售人员都是20出头的未婚青年，长时间的工作不会引起工作与家庭的矛盾。你认为史密斯应该怎么做？

史密斯可以允许史黛西解雇凯西，因为其他人都在加班加点，而且面对公司当前的竞争压力，凯西没有作出能够应对的表现。然而与此同时，史密斯对于解雇凯西持强烈的保留意见。公司的高管说过，他们愿意创造一个“家庭友好型”的组织，史密斯现在有机会做一些实质的事情来支持这种文化了。总而言之，史密斯认为解雇一个无辜的人是错误的，尤其是解雇一位对工作尽心尽力的单亲家长。

史密斯面临的困境印证了这样一种观点，销售人员的决定有时候并不是在正确与错误之间抉择而是在两个正确答案中选择。对于在这种决定间徘徊的经理而言，风险也是很高的。本案例中，史密斯的决定很大程度上揭示了他的基本价值观，同时也给其他员工发出了非常强烈的信号。从一定的角度来说，史密斯的决定可以被视为其管理生涯中的一个“决定性的时刻”。

同样，当唾手可得的佣金与道德规范发生碰撞时，销售人员也会处于一个“决定性的时刻”。销售队伍由于作出错误的伦理决定而对公司造成巨大损失的例子比比皆是，例如，美国普天寿保险公司（Prudential Insurance Company）曾允许其销售人员使用**欺诈性销售行为**（deceptive sales practices），鼓励客户以旧的人寿保单来换新的保单，后来被判罚26亿美元，用来赔偿投保人的损失。[2]销售人员告诉客户新保单的保费不会高于他们用来交换的旧保单，事实上新保单的保费更加高昂，而且无法获得分红。2007年房贷危机爆发，根本的问题在于房产交易及银行业的销售人员将房产及贷款销售给不合格的顾客。销售人员要不就是没有识别不合格的客户，要不就是在客户的信用历史显示有问题时有意忽视。这些获取了高风险贷款（即次级贷款）的客户，在这些贷款的可变利率上调时出现了大量无法偿还的情况，加之其他市场因素的波动，导师大量的坏账出现以及空置房屋抛售。[3]

除了这些案例，学术研究也发现，销售队伍受到公司的伦理氛围影响颇多。事实上，一个公司的伦理氛围常常影响并导致多种结果。例如，一个公司的伦理氛围会影响到销售人员的客户导向、对品质的要求以及对组织的忠诚度。[4]这些研究发现，伦理氛围不仅通过提高销售人员的沟通技能从而提升客户的满意度，而且能够通过提高对企业的忠诚度降低销售人员的流动率。一些研究发现，正向的伦理氛围及导向可以增强销售人员对销售经理的信任，减少销售岗位的不确定性，同时提高职业满意度，这些对于留住优秀的销售人员至关重要。[5]一项研究甚至发现，愉悦的销售人员会更加遵守伦理准则。[6]

这些研究表明，销售人员和销售管理人员会面临很多伦理困境，销售经理不仅要训练销售代表如何认识这些情况、在情况出现时如何应对，而且要训练他们如何正确地处理两难的决策。本章将围绕销售人员与销售经理面临的伦理问题，为提高其道德决策技能提供一系列的指导意见。我们首先来讨论与销售经理决策有关的一些重要伦理观点。

伦理决策的原则

回顾本章开篇介绍的史密斯面临的两难决策：是否允许史黛西开除凯西。如果史密斯允许史黛西解雇凯西，就表明他本人认同了一套特定的价值体系。这个决策有利于维护公司股东和客户的利益，并将公平定义为每个销售人员付出同样的努力。换句话说，史密斯使他的道德标准与股东的看法保持一致，这样能够为公司的所有者赚取最高的利润。如果他不允许史黛西解雇凯西，冒着减少公司利润的风险来保护员工的福利，他就认同了其他利益相关者的观点。这一决策会向销售人员发出与公司基本价值观有很大不同的信号。

股东的观点乍看上去似乎提供了最实际的决策，然而这种方法不可能帮助史密斯解决手头所有的问题。例如，物色一个业务能力相当而且愿意加班的人来替换凯西很有可能增加利润，但是额外增加的收入能在多大程度上弥补招聘和培训这名新员工的费用以及应该付给凯西的遣散费？其他销售人员对于凯西缺乏工作热情的抱怨有可能停止，因而可以暂时提高士气和效率，但能提高多少呢？公司如果坚持这种高强度的“压榨式”的用人政策，长期来看会导致哪些额外的费用？由于不能容忍像凯西这样的人，很多人会对公司望而却步，这种成本该如何计算？正如我们看到的，立足于利润最大化的原则对于史密斯试图解决的实际问题收效甚微。

一般情况下，并没有什么法律或者法庭裁决来指导人们该如何在特定的情境中行事，人们必须在完全正确和完全错误之间的模糊地带做出决策。很明显，许多伦理问题是由于个别经理和销售人员的错误决定导致的，即使最优秀的销售人员也会因遵循不良的政策而犯错。

角色道德

销售经理的道德理念对保持销售队伍的道德规范具有重要作用，因为他们在公司里处于表率的地位。经理选择一线销售人员、进行伦理培训、强化公司的伦理章程，他们处处在发出伦理信号。在描述个人的道德理念时，学者们归纳出了两种形式的道德标准，即**相对主义**（relativism）和**理想主义**（idealism）。相对主义的经理倾向于反对普遍的道德规范，根据个人的价值观和各种具体的情形做出决定。奉行相对主义的经理看重个人价值观，只有在理解行为背后的情境因素之后才会做出判断。理想主义者接受道德章程，相信道德上正确的行为会带来正面的结果。一般来说，理想主义者比视情况而定的相对主义者要更加恪守伦理决策。

那么，相对主义和理想主义是怎么影响销售经理的决策过程呢？一项研究发现，两者的差异会导致在雇用过程中的不同倾向。相比相对主义的经理，理想主义的经理更不可能雇用一个有伦理问题的销售岗位候选人。[7]同时，理想主义的销售经理比相对主义的经理更容易发现销售过程中的伦理问题。研究也表明，随着年龄的增长，相对主义的倾向会降低，理想主义的倾向则会提高，而且女性的理想主义色彩明显比男性高。然而，销售经理既没有在相对主义方面表现得明显偏高，也没有在理想主义方面表现得明显偏低，这就否定了认为销售人员的伦理标准比其他商业人员低的普遍看法。[8]这些发现意味着，像相对主义和理想主义这样的基本道德理念，可以对经理如何建立和维护销售队伍的道德规范产生影响。另外两种对销售人员产生影响的道德哲学是马基雅维利主义和传统道德。

马基雅维利主义

尼科洛·马基雅维利（Niccolò Machiavelli）是 16 世纪佛罗伦萨共和国的国务秘书，他以对人类行为和权力作用的独特见解而闻名于世。人们大都把他当作一个现实主义者，一个注重是什么而非应该是什么的人。马基雅维利的政治教条否认公共生活中道德的相对性，把相机行事作为指导思想。为了实现自己的目标，他随时准备操控别人，歪曲商业法规。以下摘抄的段落描述了马基雅维利哲学思想中的机会主义：

> 倘若试图在各种情境下都做一个好人，必定会在坏人居多的人群中毁灭。因此，如果一个帝王要抓住权杖，他必须学会怎么有利就怎么做。[9]

把**马基雅维利主义**（Machiavellianism）应用到本章开篇谈到的史密斯的困境中，将会把他带到一个与本章讲述的完全不同的方向。在决定是否解雇凯西的问题上，马基雅维利对史密斯的建议可能是他如何优化自己的职业生涯，或者至少防止史黛西超过他爬到更高的管理岗位上。因此，马基雅维利对面临困境的经理提出的问题是：你是不是想赢？

虽然字典里对马基雅维利主义的定义是诡诈、虚伪和欺骗的学派和方法，但马基雅维利自己可能仅仅用这些策略来追求自我实现。遗憾的是，一些销售管理人员仍然用这些策略来达到个人或者公司的目标。具有马基雅维利主义倾向的人比其他销售人员具有更低的伦理观。这意味着，销售经理如果聘用那些在马基雅维利调查中得分高的人，需要三思，而且应该教育现任销售人员：马基雅维利倾向会如何影响实际的伦理决策。

传统道德

能够指导管理层的另一个伦理标准是**传统道德**（conventional morality）或者**情境伦理**（situation ethics），有一句人们耳熟能详的谚语体现了这一哲学："在罗马，就照罗马人的方式行事。"在这里，重点已从个人转移到社会是如何看待伦理问题的，也就是说，道德标准变成了在某个特定时刻或者地点其他人所能接受的东西。因此，社会认同成为正确与错误的终极判断。在传统道德下，与其他人的关系比最终结果更重要。

在指导管理者的行为方面，传统道德并没有绝对的伦理标准，道德是建立在社会习俗和团体共识之上的。如果史密斯用这一哲学去指导他的决策，解雇凯西的决定就取决于公司其他人意见的一致程度。要注意，在这种方法下，史密斯个人不情愿解雇凯西的想法并没有他的决策重要。由此可见，这种方法的问题是：大多数人可能与你个人的道德标准相左或与公司的政策相悖。例如，销售人员和销售经理有时候会为其在费用收据上的欺诈行为辩护，理由是"人人都这样"，或者"这是一种奖励销售人员而又可以避税的方式"。然而，这些违反公司政策的做法并不一定是你自己能够接受的理由。

传统道德的另一个问题是，管理者很难适应变化的环境或文化。给一个服务生领班10美元叫做小费，给一名海关官员10美元让易腐烂的货物快些过关，就是贿赂。虽然两种交易都代表享受额外服务的费用，但一个能被社会接受，另一个却不能——至少在美国不能。实际上，在一国被认为是道德、伦理或普通的事情，在另一国也许是不可接受的，甚至是违法的。例如，雇用亲戚在美国叫做裙带关系，在南非，它却被视为一项光荣的家族责任。

对伦理问题的决策

你现在可以大致了解，伦理所关心的是一种行为对个人、公司、行业乃至整个社会的影响。图10-1展示了伦理决策的等级顺序。注意，企业的伦理价值和标准源于普遍的社会价值和规范，商业决策是各种社会力量所持有的道德与伦理原则的综合产物。冲突是常见的，这是因为经理们认为的公司价值可能无法与个人持有的价值相一致。管理者在解决问题时遇到的两难抉择在于：究竟是应该坚持自己的道德标准，还是遵守公司的政策，抑或一心追求公司短期利润最大化？

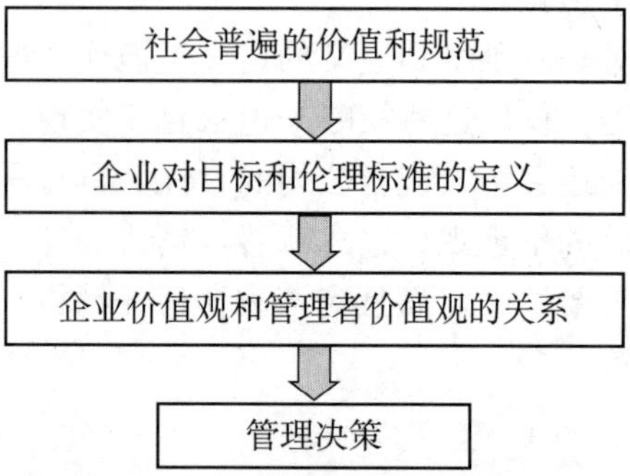

图10-1 对于伦理问题的决策

在面临伦理问题时，经理往往选择权宜的做法而不是坚持正确的道德标准。最近，有316名销售经理参加了一项伦理调查，结果显示，几乎有一半人表示曾经听到过销售人员为了确保一笔交易达成而谎报送货时间。[10]这种因企业利益而牺牲个人道德标准的倾向，意味着公司需要培育一种商业氛围来加强伦理行为，并设立监察员对销售人员进行培训，在伦理困境上给予指导。作为一个好开端，企业应该制定包括道德和伦理指南的岗位描述。

伦理清单

管理者以及销售人员在作出困难的伦理决定时经常需要现实的指导。许多公司建议在遇到伦理困境时，采用一份简单的清单。通用动力公司（General Dynamics）的经理采用了下面这样一份清单：

1. 认识困境。
2. 收集事实。
3. 列出你的选择：
- 决策是否合法？
- 决策是否正确？
- 决策是否有益？
4. 作出决定。

选定一个表现欠佳的销售人员，应用这张清单会有助于加深对这份清单的理解。

销售人员吸毒案例

认识困境　假设销售经理史密斯为公司销售队伍中曾经的明星成员琼斯感到忧虑。琼斯的销售业绩一直在滑坡。开始的时候，史密斯并没有注意到这个问题。直到客户开始打电话抱怨他服务很差，她才意识到自己不能再犹豫不决了。

收集事实　决策过程的下一步是收集所有的相关材料。史密斯可以从询问销售队伍的其他成员以及可以相信会说出真相的客户入手。假设这些问询的结果显示琼斯的家庭生活稳定，有可能是吸毒问题干扰了正常的销售拜访工作，销售经理可以用以下方式来总结问题：

1. 琼斯过去有非常好的销售记录，公司如果辞退了这位销售人员，很难找到好的替代人选。

2. 吸毒行为使琼斯这样一个有潜质的优秀销售人员无法胜任工作。

3. 琼斯明显的吸毒行为损害了公司的销售和利润，这种状况必须改变。

任何解决方案都必须面对这些事实，如果忽视了某个相关的信息，销售经理就不太可能找到解决问题的最佳方案。

作出伦理决定　处理问题的方案如下：

1. 史密斯可以跟琼斯谈一谈，说明她对琼斯管辖的销售区域很担忧。两个人可以在预期销售额上达成共识，由琼斯准备一个方案来实现新的目标。史密斯可以解释说，她不喜欢告诉别人该如何处理个人生活，但是她不允许因个人问题影响工作。

2. 史密斯可以把琼斯叫来，告诉他对他的销售业绩不满意，并听说琼斯有吸毒的问题。史密斯可以给琼斯下一个最后通牒：除非能提供阴性的毒品检查报告，否则将被开除。史密斯会同意设一个合理的销售额度，并对琼斯达到这个销售目标的能力表现出信心。

3. 史密斯可以告诉琼斯，她很担心销售业绩不佳和吸毒这两个问题。琼斯可以获得长达 3 个月的半薪休假，去设法解决自己的问题，并告诉他，在假期结束后公司会决定予以解雇还是继续留用。史密斯可以建议琼斯去看看心理医生，并解释鉴于过去的突出业绩，公司希望留住琼斯，休假期间，公司会雇用临时的销售人员来负责他的区域。

4. 史密斯可以把琼斯叫进来，说明她对琼斯不尽如人意的销售业绩和可能存在的毒品问题表示不满。然后让琼斯选择是在公司支付所有费用的前提下接受毒品测试并去戒毒中心一个月，还是选择离职。他不在的时候，公司可以聘用临时销售人员来接替他的工作。

第一个解决方案在正确的方向上迈出了一步，但是这还不够。史密斯提到了毒品问题，但是没有提供任何帮助。第二个方案对销售与毒品问题给予了相应的关注，然而对琼斯能否正确地对待销售经理"改变或者被开除"的命令并不是很清楚。第三个方案给琼斯减轻了一些压力，对如何解决毒品问题提供了帮助，但是琼斯可能无法或者不愿意停止使用毒品，这个方案只能推迟无法避免的解雇。

最后一个对毒品问题的解决方案很值得重视，因为它对各方都有好处。销售经理能得益，因为琼斯从岗位上离开可以使有经验的销售代表去应对客户，这个区域的销售业绩会逐渐恢复。不仅如此，琼斯被迫在一个专业的环境中解决可能存在的毒品问题，戒掉毒瘾的可能性更大。这种方法的主要风险是琼斯可能会拒绝治疗，他对公司可能作出的贡献将永远无法实现。正如你看到的，没有简单的解决方案。针对下面的团队练习 10－1 中的伦理困境，你会有什么样的解决方案？

团队练习 10－1

客户礼物和公司政策

国际钢铁公司（Steel International）的销售人员乔治·弗赖塔格（George Freitag）是建立关系的高手，客户总能满怀感激地从他那里收到各种票，从赛事的门票到各种娱乐活动的入场券，甚至还会收到乔治自己在旅途中买到的一些小礼品。弗赖塔格每次看到"完美的礼物"——无论是客户最喜欢的一本书，还是对客户而言意义非凡的东西——都会买下来。弗赖塔格的经理杰西·韦伯斯特很喜欢看到弗赖塔格的客户获得礼物时的喜悦，尤其是弗赖塔格总是能够完成他的销售目标，礼物价格通常都低得完全可以算到他的差旅预算中。然而，国际钢铁公司的新任首席执行官最近制定了一项严格的"不得送礼"政策——就在假期之前。韦伯斯特听到传言，弗赖塔格计划向客户赠送假期礼物，并把成本列入其他的支出——例如"早餐会议"——加到他的旅行预算中。

韦伯斯特现在的处境很尴尬。他很想让弗赖塔格和客户高兴，但是他知道必须遵守首席执行官的政策。

1. 韦伯斯特现在应该怎么办？

- 他应该假装对传言毫不知情，允许弗赖塔格送礼吗？
- 他应该与首席执行官讨论这件事情吗？
- 他应该仅仅告诉弗赖塔格"对不起，但现在的政策就是这样的"吗？
- 哪个办法最好，是否有其他更好的选择？

2. 如果你是销售经理，会如何处理以下的情形？

- 处理弗赖塔格无视新的公司政策的传言。

- 虽然有新政策，但还要保护弗赖塔格的积极性。
- 向弗赖塔格传授其他建立客户忠诚度的方法。

3. 由于新的政策，弗赖塔格是否很有可能失去客户？

4. 弗赖塔格的客户最可能的反应是什么？

5. 考虑到过去弗赖塔格持续地向客户送礼物，当弗赖塔格停止送礼而他的竞争者继续这么做时会发生什么事情？

常见的销售伦理问题

销售经理必须在许多有伦理困境的情境中作出决策，包括与上司、销售人员、客户、竞争者、代理商的关系以及像性骚扰这样的问题。正如前面讨论过的，在每个情境中并没有对道德行为泾渭分明的指导方案，因为究竟什么是正确的经常取决于实际的环境。我们的目标是对商业伦理提出一些问题，并指出问题可能的范围。

聘用与辞退

联邦和州的法律都禁止在聘用过程中发生歧视现象，因此限定聘用25～30岁之间的男性白种人不仅违反伦理，而且是触犯法律的。相比之下，伦理问题通常需要更仔细斟酌，比如聘用与公司官员有亲属关系的人员。假设销售经理必须从一名男性和一名女性中选取一个区域代表，两个候选人都经过了很好的培训，但是男性更有经验。进一步假设那名女性是公司一位副总裁的女儿。如果决定是严格按照资格来作出的，那么男性应该获得这个职位。然而公司正处于联邦政府雇用女性的压力之下，因此那名女性即使资历稍浅一些也可能获得这个职位。虽然什么都没有提及，销售经理也知道聘用副总裁的女儿对自己有好处。有人可能争辩说，聘用女性而不是男性是反向的歧视，也是不合乎伦理的。在这个例子中，销售经理必须在什么是对于公司最好的和什么能够提升他在公司中的地位之间作出一个合乎伦理的选择。

另一个棘手的伦理问题与聘用竞争者的销售人员有关。主要的好处是，这些销售人员接受过培训，有可能带来前任雇主的客户。然而，从竞争对手那里挖销售人员可能增加销售成本，并在涉及商业机密时惹上官司。即使有这样一些风险，在保险行业、房地产和股票经纪领域，挖墙脚的现象依然司空见惯。这些公司之所以这样做，原因是聘用成功的销售人员比培训更加容易产生效果。为了防止这样的行为，一些公司间达成了不成文的协议，本地竞争者之间不得聘用对方的销售人员。虽然这种协议有助于控制销售成本，但它也阻止了销售人员在本地通过跳槽获得晋升的机会。

许多公司都关注销售人员的生产力，这来源于对降低销售成本的考虑，一些公司倾向于解雇那些业绩最差的销售人员。然而，销售人员起诉公司的错误解雇行为的官司层出不穷。一种解决方式是在**岗位描述**（job description）中明确销售人员的职责。岗位描述是一套规定员工角色的规则或做法，它类似于一个法定契约，明确了工作时数、上下班时间以及要达到的目标。如果员工没有达到岗位描述所要求的法定标准就构成了解雇的理由。制定出准确完备的岗位描述之后，员工在处理伦理问题时就有章可循。回顾一下本章开篇讲述的情形，如果史密斯曾经告诉凯西只有在极个别的情况下才需要她晚上或周末加班，就不会陷入进退两难的境地，否则便是他自己的问题。史密斯需要与上级管理层进一步讨论，明确上级究竟有多大的决心来面对牺牲收入和利润的风险而坚持贯彻公司的“家庭友好”政策。

有些公司为了降低销售成本，提高利润，决定向薪水较高的老员工开刀，用那些工资更低的年轻员工来顶替他们。这种方式如果属于对老员工的歧视，则显然是非法的，然而，如果辞退的决定仅仅是出于降低成本的需要，法庭就会判定这是合法行为。

大客户

如何对待重要的大客户，这是销售经理面对的一个棘手问题。大客户经常需要获得特别的关注，甚至超过销售人员所能付出的时间和技能。一般而言，这些大客户所在区域的销售人员并不会因此得到额外的佣金。能否将这些客户留给区域经理，或者作为**大客户**（house accounts）转给总部呢？这并不是个简单的决定，因为这些客户经常会带来高额的佣金收入。把一个客户界定为大客户，通常是因为这样能提供更好的服务。然而，开发这个客户的区域销售人员有可能由于与客户的历史关系而认为应该获得优先利益。因此，转换为大客户会让失去这个客户的销售人员觉得不公平。对于大客户，公司需要制定具体的政策并公之于众，以防止误解和怨言。

报销

在销售组织中，大部分不合乎伦理的行为都发生在费用的报销上。销售人员与客户联系必然会产生费用，通常的做法是将这些费用拿回到公司来报销。有些销售人员会滥用公司的报销政策，虚报费用，把剩余的钱留给自己，而且不向税务部门申报。最近的调查发现，有 58%的销售经理曾经遇到过销售代表伪造支出的情况。[11]

销售经理必须决定控制费用的口径。例如，如果将在费用报销上做手脚的销售人员统统开除，销售组织基本上就人去楼空了。如果对费用报销控制得过死，销售人员就会拒绝到偏远的地方联系客户；如果听之任之，则会招致税务部门的调查，结果会进一步增加销售费用。

要解决这类问题，一个好的办法是注意一些诚实的销售人员每个月的实际支出，然后用这些数字来给所有区域销售代表制定报销标准。这种方式可以大大降低处理费用报销的成本，把支出保持在与实际发生一致的水平上。

给客户送礼

美国企业有向客户赠送小礼物的传统，以表达对过去和未来生意合作的感激。这些礼物包括销售人员赠送的小礼物和样品以及季节性的礼品（例如圣诞节赠送一瓶包装精美的葡萄酒等）。问题是，送礼可能从两根曲棍球杆开始而以客户卧室的电视机收场。如何将礼物与贿赂区分开来？

最近一项对销售主管的调查显示，64%的调查对象认为贿赂是对采购者提供超过 100 美元的礼物。[12]然而在同样的调查中，89%的销售主管目睹过下属送给潜在客户超过 100 美元的礼物来拉业务。显然，销售经理非常清楚礼物与贿赂之间的差别，然而大多数情况下这种差别都被模糊了。这里有一种把礼物与贿赂区分开来的方法：前者是对方没有期待的，后者构成了双方同意的交易条件的一部分。

管理层对礼物的指导属于典型的灰色区域，因此，销售人员在变化的商业环境中越来越难以辨别什么是正确的、什么是错误的。一些公司制定政策，禁止采购人员接受任何礼物、宴请或者可能减弱他们诚信程度的恩惠。例如，沃尔玛禁止采购人员接受供应商的任何礼物，哪怕是一听可乐。虽然制度看上去解决了问题，但其实很难执行。另一个指导原则是，美国国内税务署（IRS）规定公司向每个人提供的礼物，每年只能享受 25 美元的税收减免。一些公司通过制定一般性的准则禁止收受任何礼物、宴请或者其他损害公司伦理标准的好处。在没有明确政策指引的情况下，销售经理和销售人员必须判断什么是合理的礼物以及什么被视为贿赂。在这里，我们提供一些建议：（1）严格遵守公司在礼物方面的政策；（2）将礼物的价格控制在可接受的范围内；（3）在没有完成交易之前不要送出礼物；（4）如果客户要求更多的好处，那就直接离开。

贿赂

正如前面所讨论的，用**贿赂**（bribes）换订单的现象十分普遍，因此当你迫于压力时，必须知道应该做什么。赤裸裸的贿赂非常容易辨认，如果一个客户说只要向第三方支付两万美元的佣金就能拿到订单，那么销售人员就可以确认有人在索要贿赂。

联合砂浆公司（United Gunite Corporation）的总裁和营销总监在联邦法院认罪伏法，原因是为获得数百万美元的承包合同在整个新泽西州向多个城市的官员行贿。这家公司的高管称，城市官员期望企业以“礼物”来换取他们的影响，只有这样，才有可能拿到这些大的工程合同。这些礼物包括家具、时装、赴里约热内卢旅行，有时甚至是为某个人的后院池塘特制的瀑布。[13]如此巨额的贿赂不仅是不合乎伦理的，而且是违法的。遗憾的是，很多商业交易中的贿赂和勒索会巧立名目，经过改头换面，商务人员更难辨别对错。你会如何应对下面的团队练习 10－2 中玛丽的请求？

团队练习 10－2

特别支持

假设你接手在公司工作了 30 年后退休的亨利·珀金斯所管辖的销售区域。亨利的人缘很好，去年他在印刷业务的销售中获得了 6 万美元的佣金收入。你正与区域内的最佳客户玛丽·史蒂文斯共进晚餐，她去年从你们公司购买了 10 万美元的印刷机，这笔业务让亨利赚了 6 000 美元的佣金。你向玛丽再三保证将继续提供亨利所提供的高质量服务。玛丽回答说，她最近与其他几家提供优质服务的印刷机厂商谈过，她不知道你是否愿意继续提供亨利给予的特别支持。你不知道亨利给予的特别支持是什么，玛丽提示说，亨利每年冬天都会给她 2 000 美元去牙买加度假，以减轻她的关节炎。在这种情形下，你将作出怎样的反应？

海外的贿赂如此普遍，以至于美国国会于 1977 年通过了《反海外腐败法》(Foreign Corrupt Practices Act)，把向海外政府官员支付款项来获得或维持海外业务定为刑事犯罪。然而，其他工业化国家跟进的速度很慢，法国、意大利、比利时和荷兰尚未通过禁止贿赂以及防止将贿赂作为抵税费用的法律，这导致国际贸易中数十亿美元的损失。

《反海外腐败法》给美国企业在海外工程投标带来了困难，该法案进行了修订，这样美国公司只有在蓄意非法支付的情况下才会触犯法律，而且“交际费”现在被允许用于方便诸如获得签证或许可等常规事务。此外，如果某一海外国家有成文的法律规定，向官员付费便是正当的。虽然这些修订可以提供一点帮助，但是美国公司还是没有办法像当地的竞争对手那样将此类事情视为日常活动。

招待

招待客户是美国商业中司空见惯的行为，但是也可能带来伦理问题。问题经常是：“多少才算过分?”大部分人都会认为招待客户吃午饭是应当的、合理的，而且是在预料之中的。很少有人会反对偶尔邀请客户及其夫人去参加晚宴和去夜总会，但是如果开着公司的车或者在公司的豪华游艇上度过一个周末呢？在签订大订单时，承担全部的费用让客户从其工厂飞到供应商的总部，把工厂参观和公司主管介绍作为销售展示的一部分，这种做法并不罕见，那么随行的夫人产生的费用是否该包括在内呢？让客户免费去公司在加拿大的狩猎点旅游是否合乎伦理？哪些商务招待属于合法和合乎伦理的呢？

对此，我们的建议是将招待作为销售人员关系战略的一个补充部分而不是作为获取某项交易的唯一方式。换言之，招待仅可作为建立长期商业关系的一种工具。在策划一次招待活动时，我们建议应当同时考虑客户的爱好以及这个客户的规模，将招待的规模与客户的规模相匹配十分重要。

政府管制

当商业无法以道德的方式来运作时，通常公众会呼吁更多的**政府管制**（government regulation）。政府的基本作用之一就是设置最低的商业道德标准，然后执行法规。政府的司法部门负责解释法规，国会根据需要颁布新的法规。关于法律的知识超出了本书的范畴，但是在接下来的部分，我们将讨论一些反垄断方面的法律，这些法律会对销售经理产生直接影响。

消费者保护

许多联邦法律旨在针对制造商与消费者之间的交易设置伦理标准。例如，《克莱顿反托拉斯法案》（The Clayton Antitrust Act）禁止价格歧视、排外性的交易安排以及会阻碍竞争、导致垄断的并购。这项法案对于销售经理有着多方面的影响。

例如，如果一位采购中间商与要好的供应商合谋，为政府部门卫生用品的采购制定了严苛的技术标准，这些标准将除这家供应商之外的其他供应商排除在外，因此，这家采购中间商只会收到一份标书（来自这家要好的供应商），其他供应商没有参与竞标的主要原因是这些严苛的技术标准将它们排除在外，唯一的供应商会在满足技术标准的前提下，低价中标大多数的产品。这种对竞标过程的破坏严重影响了正常贸易的开展。

《商品质量担保法》（Magnuson-Moss Warranty）规定，如果销售人员胁迫客户以高于第三方的价格购买配件，包括威胁如果客户从第三方购买配件将不会对产品进行保修，这样的行为构成违法。例如，如果一家电脑生产商的销售代表告诉客户，如果他使用第三方的存储器（更加便宜），那么电脑的保修就会失效。《商品质量担保法》要求完全披露担保条款，并限制使用担保作为促销宣传。

最近，联邦量刑委员会（Federal Sentencing Commission for Organizations）颁布了新的法律，规定雇员及其雇主对于遵守联邦法律负有同样的责任。也就是说，如果公司没有建立、传递并监督员工的行为准则，那么公司也要为其雇员的违法行为承担法律责任，同时，公司有责任允许员工上报违法行为、处罚违反规定的做法，并采取有效的方式防患于未然。这项法律强调了销售经理对销售人员培训的法律责任。

欺诈性包装是《公平包装和标签法》（Fair Packaging and Labeling Act）打击的对象，该法案要求具备标准尺寸的包装以及披露制造商或者分销商的名称。信贷公司和零售商企图在利率上误导消费者，《消费信贷保护法》（Consumer Credit Protection Act）便应运而生。关乎诚信信贷的法律要求在贷款和信贷销售中完全披露年利率和其他费用。

政府管制的必要性

当单个公司面临的商业伦理问题太大而不好解决时，政府经常会介入。例如，汽车尾气是空气污染的主要原因，但是要一家公司单独来解决这个问题是很困难的。如果一家公司认为在汽车上安装空气净化装置是合乎伦理的，成本就会高于竞争对手。对于那些缺乏伦理意识的公司，汽车就会更加便宜而且动力更强大，必然会在市场占上风。在这种情况下，只有依靠政府管制，才能让那些抱有良好意愿的企业成为良好的企业公民。

虽然有很多舆论要求政府放宽对商业的管制，但是管制还涉及其他一些问题。商业人士一般不喜欢政府管制，因为政府剥夺了他们应对环境变化所需要的灵活性。前十年中通过的政府规定，经常在下个十年中被废除。例如，联邦政府曾经介入天然气价格的管制，因为天然气通常是通过跨州的管道输送的，正如我们所能预料的，政府通过降低天然气的价格来达到政治目的，然而，钻探公司更加理性，它们放慢了对于新天然气的探测速度，结果是，天然气的供应逐渐减少，直到政府废除了价格管制。

在极少管制（如允许金融机构承销“收益（风险）极高”的债券）和扼杀商业活力的繁文缛节（如天然气行业发生的事情）之间，我们认为应该求得一个平衡。

制定合乎销售伦理的计划

公司的伦理氛围体现了高管的言行。如果管理层对销售队伍中不合乎伦理的行为视而不见，组织中就不太可能有哪个成员会认真对待这件事情。上司决定了伦理氛围，同时也设定了商业决策的边界。因此，销售经理要制定销售伦理计划，最好是获得董事会和公司总裁的支持（见表 10-1）。如果没有这种支持，不合乎伦理的行为是难以避免的。

表 10-1　保持销售队伍诚实的八种方法

1. 获得高层的支持，他们期望你遵循法律的精神和条例。
2. 制定并发布销售伦理政策。
3. 建立健康的伦理氛围。如果老板遵守规则，那么团队很容易跟随。
4. 制定合理的销售目标。过高的定额会使人们为其不正当的做法寻找借口。
5. 进行必要的控制。关注那些生活水平超过收入的人员。
6. 建议销售人员在遇到不合乎伦理的要求时寻求帮助。
7. 如果贿赂成为行业的普遍问题，应召集同行共同磋商。
8. 在必要时采取揭发行动。

伦理准则

一旦销售经理获得了上级管理层的支持，下一步就是准备一份书面的销售**伦理政策报告**（ethics policy statement），告诉销售队伍公司的理念是与竞争对手公平竞争。研究表明，供职于具有**伦理准则**（codes of ethics）公司的销售人员认为自己的工作环境比其他同行有更加积极的伦理价值观。[14]一项针对销售人员的调查显示，一线销售代表希望有书面的政策来帮助他们按照伦理规则履行岗位职责。[15]此外，政策需要定期审核，以确保紧跟目前的销售形势。拥有书面伦理政策的好处是，公司能够清楚地表明什么行为是允许的，什么行为违背了公司的标准。这在客户、供应商或者老板让你去做一些不合乎伦理的事情时特别有用。如果你的公司有伦理准则，你可以用“对不起，公司政策不允许这么做”为由来拒绝一笔有问题的交易。大部分卷入贿赂丑闻的公司都没有关于商业贿赂的书面政策。

书面伦理准则可以参照通用汽车公司的例子。通用汽车的伦理准则是一份长达12 页的文件，里面全部是虚构人物的剧情。[16]一个剧情是一个采购部员工拜访可能的供应商的总部，他获得了一张去观看足球赛的门票和与高层主管交往的机会，这个机会应该拒绝。在另一个剧情中，一家为通用汽车公司完成一项收购的投资银行邀请几名通用汽车公司的员工去纽约赴宴，并赠送给他们壁炉钟，在这种情况下，晚宴和礼物都应该拒绝。通用汽车公司的政策为美国之外的员工提供了一些活动空间，在某些国家可以接受宴请、礼物或者出行邀请，并遵从本地商业活动习惯，从而避免在竞争中处于劣势，同时，通用汽车公司的员工可以向客户提供礼物和宴请，但是仅在有限的范围之内，城市里最昂贵的餐馆绝不适合。通用汽车公司的政策要求员工避免违反客户送礼的政策。

销售经理也应该协助强化公司防止贿赂方面的政策，这就意味着要关注那些看上去生活水平超过收入水平的销售人员，这也意味着设立合理的销售目标，这样销售人员就不会为了实现不合理的目标而采用欺骗的手段，同时应该鼓励销售人员在面临不合乎伦理的情况时寻求帮助。

如果销售人员发现了不符合伦理的现象，但没有更好的处理办法，那么就应该采取揭发的方式。**揭发**（whistle-blowing）是员工在具有合适的道德动机时打出的最后一张合法的牌。衡量是否需要揭发的标准之一是证据足以向一个普通人证明正在发生一种侵犯，而且所观察到的道德侵犯应该严重到需要立即引起注意的程度。这种公之于众的行为必须有一定的成功把握。从实际的观点来看，除非问题有望得到解决，否则向公众抱怨是没有意义的。

为什么揭发者仅仅因为遵从了高标准的个人道德而遭受如此境遇？问题似乎是他们的行为触犯了要求员工忠诚和缄默的**角色道德**（role morality）。管理层可能因为揭发而处境尴尬，因此通常是开除那些自己无法信任的人。为了鼓励揭发者，联邦法律已经进行了修改，向其支付年薪的 15%～25%作为奖励，另加律师费。这一变化的结果是揭发者在最近的案件中平均获得了 100 万美元的补偿。在一个案例中，揭发者因为向联邦检察官揭发贿赂医生而获得了 7 700 万美元。[17]

揭发展现了个人的高伦理标准和商业世界中通常较低的道德标准之间的典型冲突。只有更多的公司建立了正规的内部机制，保护举报道德问题的员工不会受到忽视或者打击，问题才有望从根本上得到解决。

伦理训练

我们的讨论显示，一线销售人员处于多种竞争性的情境中，可能会在诱惑之下采取不合乎伦理的行为来达到公司或个人的目标。然而，大多数的公司并没有准备好应对这样的伦理问题。研究表明，42%的被访者认为他们的公司要不就是忽略商业环境中的伦理准则，要不就是变相鼓励不符合伦理的行为。[18]这就表明，公司需要对伦理培训投入更多的关注，以帮助销售人员在当今的商业环境中行使职责。

应该记住，草草地公布一项销售伦理准则并不能保证一线销售代表会遵守。公司应该安排授课讲解，保证员工明确在伦理界限模糊的情境中该怎么做。在一次培训期间，某销售人员问道："我在一家汽车旅馆登记时，获得了一张免费饮品的赠券，可以用吗？"正确的答案是，可以使用赠券，但是如果接受 50 美元住在那里就不对了。有效的伦理训练需要使用还原实际伦理困境的角色扮演，通过一步步分析并解决这些困境，经理可以帮助销售人员建立他们自己的伦理分析能力。这类训练加之明晰的销售伦理准则，可以为决策制定提供坚实的伦理基础。

研究进一步证实，年轻的销售经理在伦理决策中不太崇尚理想主义而更加信守相对主义。[19]这些发现表明，调整培训计划内容来满足不同年龄段的群体是非常重要的。例如，应该向新聘任的年轻经理强调公司伦理规范和价值观，向他们发放资料并举例说明要避免的一些特定行为。比如，霍尼韦尔公司最近用一本详细的手册来代替以前含糊的员工政策手册，手册中明确列举了诸如嫖妓和黄色笑话等一些不可能被接受的行为。

除了一般性的销售伦理培训，许多公司也提供防止性骚扰的培训。这种培训模拟伦理困境，然后训练销售人员找到解决方案。通过一系列的情境训练，销售人员会明白如何认识问题、收集资料、思考方案和作出决策。例如，当一位男性客户挑逗一位女性销售人员，把手放到女性销售人员的膝盖上时，她应该怎么做？在这个案例中，她可以坚决地拿开他的手，然后说："让我们假装这件事情从来没有发生过。"男性也学到了与女性采购人员打交道时，如何避免粗鲁的笑话和性骚扰问题。伦理和性骚扰培训的指导思想是建立员工的防范意识，使之在拜访客户的过程中遇到问题时，能够应对自如。

本章小结

销售伦理为指导销售人员与客户的日常联系提供了一个道德框架。伦理困境在销售中很普遍，这是因为销售人员为了响应客户需求和使出价有竞争力，经常要在现场做出决定。这一章试图用以下技巧来武装你：

1. 解释伦理的重要性。销售人员经常求助销售经理关于公司的伦理标准，以指导他们的行为。如果经理的行为表现出较低的伦理标准，销售人员在面对客户时的行为标准也会较低，如销售丑闻，这些行为会给公司带来不可弥补的损失。

2. 解释商业伦理的道德基础。销售伦理形成了指导销售经理和销售人员日常活动的道德行为规则。伦理决定可能基于不同的道德准则，包括利益相关者观点、股东观点、理想主义、相对主义和马基雅维利主义的自利或者传统道德。

3. 理解如何做出涉及伦理问题的决定。理想主义得分高的经理倾向于做出最符合伦理的决定。也许解决伦理问题的最好办法是实用主义的方法，这包括对相关事实进行客观分析从而得到更加理性的结论。

4. 认识常见销售伦理的问题。销售经理可能面临许多困难的伦理情境，包括聘用与辞退、大客户、揭发、报销、贿赂、给客户送礼和招待。

5. 讨论如何制定一个销售伦理计划。制定一个好的公司销售伦理计划包括以下方面：获得高层的支持、制定和发布销售伦理政策、建立健康的伦理氛围、制定合理的销售目标、进行必要的控制、建议销售人员在遇到不合乎伦理的要求时寻求帮助以及在必要时揭发等。

关键术语

贿赂　bribes
伦理准则　code of ethics
传统道德　conventional morality
欺诈性销售行为　deceptive sales practices
伦理政策报告　ethics policy statement
政府管制　government regulation
大客户　house accounts
理想主义　idealism
岗位描述　job description
马基雅维利主义　Machiavellianism
相对主义　relativism
角色道德　role morality
情境伦理　situation ethics
揭发　whistle-blowing

自我能力提升

1. 战略行动能力。来自30个州的保险监管机构提供的一份报告揭示，美国普天寿保险公司的管理人员对销售代表的欺诈行为是知情的，但是并没有进行全面的调查，也没有实施严格的管理。报告列举了实际的例子，证明那些存在严重欺诈行为的销售代表竟然被提拔到销售经理和总经理的位置上，这样的职位对销售代表负有监督和培训的职责。普天寿公司对销售代表责任的忽视尤其体现在销售行为方面，销售代表隐瞒信息或者使用欺骗性的销售伎俩来说服客户以固定价值的旧人寿保单来换取保费更高的新保单。由于普天寿公司对销售队伍的管理失控，公司被迫支付数亿美元的罚金和对客户的赔偿。除此之外，新任总裁不得不清理门户，开除了上百名销售代表和销售经理。保险监管机构的报告表明，普天寿公司默许其销售代表以牺牲客户利益为条件来获利。为什么普天寿公司允许甚至纵容销售代表从事不合乎伦理的销售行为？它应该采取什么措施来防止销售代表再出现此类问题？

2. 自我管理能力。一位股票经纪人由于接受了50万美元的贿赂去促销某种股票而在圣迭戈被判处共谋罪。贿赂为出售给客户股票价值的15%，并且以现金支付。在这种情况下，经纪人将许多股票推荐给客户而不管是否符合客户的投资需要。公司应该怎样构建自我管理计划，使员工能够抵制贿赂的诱惑？员工能否通过培训学会拒绝这些不合乎伦理的贿赂行为？

3. 技术能力。电子邮件为一线销售人员与客户和公司的同事进行沟通提供了极大的便利，这是互联网的一大贡献。客户可以在网站上查询产品的库存情况以及追加订货。虽然互联网是一项技术奇迹，但是一些员工会借助它来实施不合乎伦理的行为。某公司的一名员工建立了一个虚假的网站，在上面刊登虚假的公司信息。网站制作得如此专业，以至于许多外部人员使用其提供的虚假信息买卖公司的股票。显然，建立虚假网站的目的是为了通过虚假的信息哄抬公司的股票价格，那位员工可以在代理业务中获利。在其他的公司里，一个员工通过虚假的电子邮件信息散布有关种族歧视的谣言，以期从公司拿到更多的赔偿。公司应该怎么做才能够保证技术创新用于合乎伦理的目的而不让个人从中得利？

4. 全球视野。联合技术公司的一名员工指证公司的西科斯基部门（Sikorsky）为获得价值60亿美元的黑鹰直升机的订单，向两名沙特王子提供了1.3亿美元、相当于总价3%～5%的“佣金”。通过向海外中间人提供贿赂来获得订单，在《反海外腐败法》中是非法的。这名员工正在向联合技术公司要求1亿美元的赔偿。根据《美国诬告法》（False Claims Act），揭发者将获得欺诈案件中政府从被告方获得赔偿的25%。在这个案例中，这位员工的动机是什么呢？为什么在海外销售协议中这样的“佣金”如此普遍？公司如何处理类似的要求？

5. 团队建设能力。在美林公司设在佛罗里达州珊瑚角的一个办事处，一名股票经纪人向公司投诉其经理抢走了自己的客户。该办理处经理在度假期间让该经纪人临时负责他手头的工作，这位经理没有安排该经纪人在此期间给员工发放薪水，但该经纪人打开了一封这位经理的信件，找到了有关员工薪酬级别的信息，他把这些信息与支票核对之后便将工资发了下去。由于这个原因，经纪人受到了开除的处分。经纪人一离开办公室，该经理就与办公室的其他经纪人把他掌握的客户瓜分了。经理和其他经纪人在办公室里工作到深夜，通知所有客户，称这位经纪人已经离开了公司，并竭力劝说这些客户继续将业务留在美林公司。大客户分给了经理，他现在可以从这些客户的交易中获取佣金。通过这种开除合格股票经纪人的非伦理行为，经理可以增加自己控制的资产，这种方式在行业里非常普遍。经纪公司怎么做才能鼓励分支机构加强团队合作呢？难道成功的经纪人只要犯一点错误就会被开除，使分支机构的经理渔翁得利吗？

希尔德案例练习

无意中听到的商业秘密

希尔德保险公司得梅因区域的销售人员肯·罗兰德正舒服地坐在飞机上，他刚刚参加完一个行业会议回来，由于脑袋里全部都是新的营销战略，所以没有睡意，于是他打开手提电脑，开始整理笔记。一小会儿之后，在飞机的轰鸣声中，他听到一个人在说话，“我觉得是降价的时候了。”前面的人在和同座说话。罗兰德停顿了一下：听听下面还有什么。

结果，坐在罗兰德前面的两个人分别是希尔德公司最大的竞争对手的销售副总裁和总裁，他们开完会正赶往罗兰德所在区域参加一个客户的会议。他们花了一个小时的时间来讨论将来的价格战略，罗兰德则一直马不停蹄地作记录。罗兰德简直不敢相信自己的运气。他不仅在商业展会上获得了一些新厂商的联系方式，现在连竞争对手第二季度的整个定价战略都得到了。这简直难以置信，他这么对自己说。

第二天早上，在得梅因的办公室里，罗兰德写了一个备忘录，把竞争对手定价战略的所有要点都包括在内，然后用电子邮件发给了希尔德公司的销售经理和区域经理、销售副总裁以及公司总裁。罗兰德的上司布卢姆读到邮件的时候目瞪口呆，罗兰德为什么没征询自己的意见就匆匆发出了这封邮件？罗兰德在没有事先征求自己意见的情况下发出这种带有敏感信息的电子邮件可能会引起一系列的问题。

问题

1. 这个案例中的伦理问题是什么？
2. 布卢姆可能采取的行动是什么？
3. 一线客户对于罗兰德的信息可能会有什么样的反应？
4. 考虑到各方面的问题，这件事情中最理想的做法应该是什么？

第11章 激励销售人员

使你犹豫不决的不是你是一个怎样的人，而是你认为自己不是怎样的人。

——佚名

本章顾问

利兹·克鲁特（Liz Crute），必能宝信贷公司副总裁

迈克尔·马哈尔（Michael Mahar），IBM全球服务公司团队领导

学习目标

- 定义激励，并且用激励来解释销售经理所关注的问题；
- 说明个体的需求以及为何存在差异；
- 描述激励模型；
- 讨论不同类型的定额以及与定额有关的管理问题；
- 描述怎样设计激励计划、表彰计划及其局限性。

追求卓越

罗比·阿姆斯特朗从位于伯明翰的亚拉巴马大学毕业之后，加入了一家领先的建筑机械制造企业——Eaton公司。在完成Eaton公司的培训课程之后，罗比被安排在不同的岗位，包括内部及外部销售、行业经理。几年之后，由于在各项工作中表现出色，罗比被提拔为负责伯明翰区域的销售经理。

作为一名区域经理，他的主要职责是确保他的团队完成销售定额。对于罗比来说，最大的激励是其团队的成功是公司取得全面成功的一个重要组成部分。罗比的目标不只是完成这个销售定额，还要超越它。他说："一些人可能会百分之百地完成这个目标，但是我要为超越该目标而努力。我将该目标视为最低目标，任何低于该目标的都不能接受。"

好评和奖励能够给予激励，在公司中的成功经常归结为个人努力与辛勤的工作。根据罗比的说法："你每天必须随时准备征服这个世界，渴望更努力地工作，比竞争对手更精明。世界上有很多公司安于现状，但在Eaton，我们努力做到最好。"

在罗比看来，有哪些因素让他干劲十足？“追求高效的人——那些真正成功的人——具备强大的自律能力。人们总是能够找到放弃一个客户然后早点下班的理由，但是仅仅做到足够与做出额外的努力就是成功与失败的差异。我一直奉行这样的原则：不承诺自己无法达到的绩效，一旦承诺，就一定要做到。”[1]

罗比的例子为我们提供了销售队伍激励的几个重要因素。首先，说明了成功机会的重要性。Eaton 在行业中领先的产品为销售队伍提供了在市场上竞争并获得成功的机会。其次，罗比具有获得成功的基本技能。他将这些技能归功于在亚拉巴马大学以及 Eaton 公司培训课程中的学习收获。最后，罗比具有获取成功的驱动力。如果罗比没有高度的自我激励以及对关键成功因素的关注，他的职业路径可能大不相同。因此，销售经理面临的挑战包括为销售人员提供成功的机会、确保每个销售人员都具备成功的技能，同时，将销售人员的努力与公司整体的销售战略统一起来。

如图 11－1 所示，本章沿着整体脉络，主要围绕激励展开讲述。首先，我们定义激励，讨论为什么销售经理关心销售人员激励。然后，我们讨论个人需求及其差异。接下来将讲解一个描绘销售人员满意因素的激励模型。最后，我们解释怎样制定有效的定额、奖励和表彰计划。尽管这些计划广泛地用于激励销售人员，但其局限性也值得探讨。

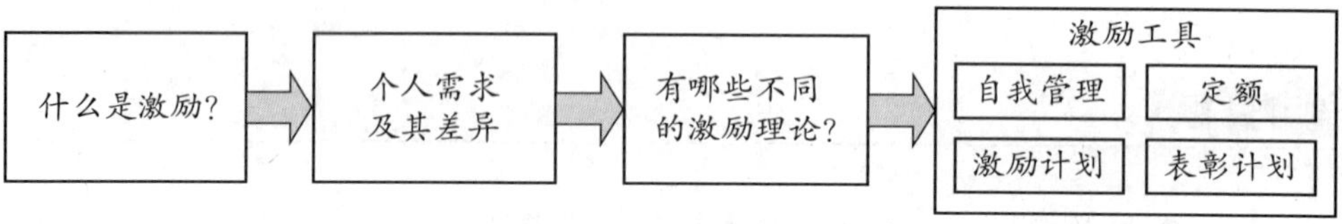

图 11－1　销售队伍激励模型

什么是激励

销售人员激励是销售经理的热门话题。如果产品或服务是良好的，销售人员的选择、组织和培训是恰当的，那么激励就成了成功的决定因素。销售经理关注激励的另一个原因是，销售人员对于工作环境要求很高。一线销售人员经常要在销售成功的兴奋和被拒之门外的沮丧之间不断转换，要经常跟那些并不准备购买产品的陌生人打交道，有些人则不得不远离亲人和朋友，长时间四处奔波。从这些因素出发，就可以理解为什么销售人员需要更多的支持才能有效地工作。

激励之所以如此重要，也是由于很多销售人员都不能受到经理的直接监管。资历深的销售人员与直接上司的会面每年不超过六次。当缺乏直接监管时，自我激励就十分重要了。

另外，激励不仅影响销售人员的表现，而且关系到他们的热情以及工作的质量。当销售人员坚信产品或服务是客户的最佳选择时，他们的信念将对客户的购买决策产生深远的影响。如果客户感到销售人员没有动力去帮助他们，购买兴趣将大大降低。

我们将**激励**（motivation）定义为通过个体努力，在实现组织目标的同时满足个人需求的意愿。这个定义中包含了三个要素：努力、个人需求、组织目标。我们讨论的是与销售队伍相关的典型的组织目标——销售量、市场份额、利润、客户忠诚度等。在稍后讨论定额问题时，我们还会回到这些目标上来。先来看看努力和个人需求。

努力

大约 30 年前，在关于激励的一篇经典文章里，弗雷德里克·赫茨伯格（Frederick Herzberg）提到了“督促”，对此他含糊地解释为“在屁股上踢一脚”，这也许能产生顺从，但永远无法创造激励。[2] 当描述一个人被激励时，销售经理谈到了努力的三个特征：

1. 对于开始一项任务的驱动力。销售经理普遍关心的问题是如何让销售人员积极联系目标客户。通常高效的销售人员，比如罗比，将他们的努力集中于高产出的潜在客户。

2. 努力完成任务的质量。不仅要让员工联系目标客户，而且要让他们有动力做好适当的准备工作，去拜访最有价值的客户。高效的销售人员倾向于在拜访客户之前做好准备工作。

3. 为达到或超越目标在相应的时间内坚持不懈地努力。仅仅某些时候努力是不够的，高效的员工需要无时无刻不在努力。罗比关于成为高效销售人员的看法就是对于不懈努力的完美说明。

你会注意到关于努力的这三个特征都源于个人。没有人能够激励销售人员做任何事，但是一名优秀的销售经理可以帮助销售人员自我激励。任何行为都不是没有缘由的，所有的行为都有根可寻。什么使人们在特定的环境中作出特定的行为？为了回答这个问题，需要记住每个人都有他们的强项、弱项以及职业目标，这些都会影响他们对于激励措施的响应程度。因此，在制定激励计划之前，需要了解销售人员的需求。在接下来的部分，我们会总结一些关注不同个人需求的经典激励理论。随后，我们会跟随典型销售人员的职业发展路径，探讨相应的激励方式。

个人需求

在销售领域，业务的前景——甚至可能是销售经理的工作——取决于销售经理理解其销售人员心理的能力。优秀的销售经理了解销售人员之所需——是这些驱动他们努力工作。如果销售经理感到身份、控制、尊重以及惯例是最重要的，那么有大量的方式可以用来激励销售人员（如表 11－1 所示）。

表 11－1　销售人员需求及其满足方式

销售人员需求	满足需求的方式
身份	将“销售人员”的头衔换为“区域经理”；添置更豪华的车辆。
控制	允许销售人员参与制定销售定额以及安排拜访顺序。
尊重	邀请销售人员参加高层聚会；将业务骨干的照片刊登在公司广告或简报中。
惯例	给每一名销售人员指定一部分要定期拜访的老客户。
成就	为拜访客户和销售定额确定合理的目标。
激励	举办短期的销售竞赛；在环境优美的地方召开销售会议。
诚实	按时发承诺的奖励或奖金。

资料来源：*Sales and Marketing Management*（February 1990），p. 82.

有很多正式理论用来解释个人需求的差异，一些经典的理论包括马斯洛的**需求层次理论**（hierarchy of needs）、奥尔德弗的期望理论、赫茨伯格的**激励—保健理论**（motivation-hygiene theory）以及麦克莱兰的学习需求理论。因为早期课程中大多学习过这些理论，这里假定你对这些理论很熟悉。尽管如此，我们还是简要地将这些理论总结在表11-2中。

表11-2　　经典激励理论综述

理论	作者	简述
需求层次理论	亚伯拉罕·马斯洛	生理需求、安全需求、归属需求、尊重需求以及自我实现需求，按照从低到高的顺序依次排在需求层次之中。个人的需求是依照需求层次的提升而逐步实现的。
期望理论	克雷顿·奥尔德弗	将需求分级别划分为存在、关联性以及增长需要。与马斯洛一样，他认为当低层次需要得到满足后，人们便关注更高层次的需要；与马斯洛不同的是，他认为如果高层次需要无法得到满足，人们将聚焦于低层次的需要。
激励—保健理论	弗雷德里克·赫茨伯格	主张工作的内在因素（如具有挑战性的工作、成就）具有真正的激励作用；反之，外在因素（如酬劳）只能安抚员工。
学习需求理论	大卫·麦克莱兰	提出三个主要的职业需求：成就、归属和权力。对于成就和归属的强烈需求关系到销售队伍的表现，对于权力的强烈需求则关系到销售经理的业绩。
公平理论	斯塔西·亚当斯	提出人们会通过同"相关人员"的比较来评价自己的待遇。当发现自己受到不公平待遇时，激励水平会下降。

资料来源："What Makes Great Sales People," *Sales and Marketing Management* (May 1994), pp. 82-92.

这些经典的激励理论关注的是个体需求。尽管个体间存在差异，但是销售人员的心理需求以及行为方式是可以确定的。通过对大约50万人的访问，盖洛普咨询管理集团的调查显示，成功者至少具有下面四种性格之一，每一种性格都具备不同的动机，这四种性格是：竞争型、自我驱动型、实现型以及服务导向型（见表11-3）。[3]尽管没有哪种人只具有单一类型的性格，但你可以思考一下怎样激励各种性格的人以及分析每种类型性格的潜在缺陷。

表11-3　　销售人员的性格类型及其需求满足方式

竞争型	这种类型的人不仅要赢，而且通过击败具体的竞争对手（其他公司甚至同事）来获得满足感。他们倾向于用语言描述计划，然后付诸行动。
自我驱动型	他们对打击某个具体的竞争对手并不感兴趣，他们只想赢。他们希望被当成专家看待，但也时常感到自卑，频繁更换工作，容易情绪化。
实现型	这种类型的人几乎是完全的自我驱动型。他们经常给自己设定较高的目标，一旦实现，就立即朝着更高的目标努力。他们喜欢成就，不在乎谁获得荣誉。
服务导向型	他们的所有精力都用来建立和培养人际关系。

资料来源：Willian L. Cron, "Industrial Salesperson Development: A Career Stages Perspective," *Journal of Marketing*, 48 (Fall 1984), pp. 41-52.

职业阶段

经验丰富的销售经理深谙根据销售人员的年龄和经验采取不同激励方式的道理。职业阶段为我们理解销售人员的个体差异及其工作方式如何随着时间改变提供了一个指导性的框架。

乔森（Jolson）最早注意到，销售人员的表现类似于S形的产品生命周期，要经历四个典型的阶段。[4]之后的研究表明，销售人员在职业生涯的四个阶段中，其关注的焦点分别为：职业发展、激励需求、个人挑战以及心理需求。[5]这些阶段总结在表11-4中。

表11-4 **职业阶段特征**

	开拓	创业	保持	淡出
职业发展	寻找合适的职业领域	在某个行业有所建树	保持既有的成就，重新确定可能的职业方向	完成个人职业生涯
与工作相关的激励需求	学习工作所需技能，成为对组织有贡献的成员	发挥技能创造业绩，适应自主性更强的工作	拓宽工作和组织视野，保持高绩效水平	在外部或工作中建立更强的自我身份，维持基本的绩效水平
个人挑战	开始建立良好的职业操守	创造更优异的工作成绩，为晋升打下基础	尽管回报可能有所改变，仍然要不断地激励自己，开始感到岁月不饶人	满足于已取得的成就
心理需求	支持 同事的认可 富有挑战的职位	成就 地位 自主权 竞争	竞争力弱化 安全 帮助年轻的同事	淡出组织和组织生活

开拓阶段 在职业初期的**开拓阶段**（exploration stage），所有的努力都集中于找到一个合适的职业——“我今生想从事什么职业？”解决这一难题的压力时常会影响工作业绩，特别是那些长期被此类问题困扰的人。管理的挑战就是帮助人们解决这个难题。招聘人员应该在开始面试时说明具体的工作内容和职业发展机会。经理也应该走到新员工中间去，听听他们的反馈，鼓励他们努力工作，指出为公司工作的长期回报。最后，建议为处在开拓阶段的销售人员提供工资比例超过佣金比例的薪酬体系。研究发现，那些薪酬体系中工资占大部分的销售人员，比那些薪酬体系中激励因素占大部分的销售人员的流动率要低。[6]

创业阶段 大多数人最终将注意力从寻找最佳职业转移到如何在目前的职位上做出最好的成绩。处于**创业阶段**（establishment stage）的人倾向于花更多的时间提高工作业绩。大多数人到了而立之年便逐渐稳定下来。

管理层关注的一点是，在这个阶段，最优秀的人往往易于更换工作。如果其服务的组织不能对高绩效给予相应的回报，这个问题尤其明显。研究发现，如果给予这些销售人员更具激励性的薪酬，留住他们的可能性就更高。[7]在销售领域，最行之有效的激励方式就是晋升到管理层。遗憾的是，很多组织为了降低成本和贴近客户而精简机构或者削减管理层，从而减少了提升的机会。同时，一些销售人员缺乏担任经理职位的技能。这时，销售经理面临的挑战就是拓宽销售人员的视野，使其不仅仅关注职位的提升。

针对这种局面，一些公司为那些不想进入管理层的销售人员设计了职业生涯路径。典型的销售生涯路径是从销售代表做到高级销售代表，再到执行代表，最后到大客户代表。这条职业发展路径保证了经验丰富的员工的基础工资、优厚佣金以及稳健的职业发展道路。重要的是，销售经理需要在高绩效的销售人员的职业生涯中提供持续的激励。

保持阶段 通常人们到了不惑之年便开始反思过去的成就，重新审视自己曾经作出的职业选择。对于很多人来说，这种反思与更全面的重新审视相符，且与中年危机相联系。由于得不到晋升或者意识到未来晋升的机会渺茫，销售人员可能会在工作上产生消极的反应。人们评价自己职业生涯并作出反应，构成了**保持阶段**（maintenance stage）的一个突出特点。

对于职业生涯的思考，人们的态度大相径庭。一些人决定更换职业或组织，另一些人则决定坚守。就像在创业阶段的去留抉择，一些人认为销售是最佳职业，另一些人决定留下并不是因为惧怕变化，更多的是一种责任，特别是对于家庭的责任，还有一些人选择新的方向，更多的是为了追逐年轻时的梦想。

人们不再像创业阶段那样对升职如饥似渴，最有可能成为销售队伍的中坚力量，能够创造最佳的销售业绩。对于很多人来说，这个阶段将会持续相当长的一段时间：一般为15～20年。事实上，最近一项对300名销售经理进行的调查显示，处于保持阶段的销售人员在各个方面——如完成销售目标、对产品的了解、服务客户的责任感以及解决问题的技巧等——都要胜过创业阶段的销售人员。[8]然而，对于那些开始放慢工作节奏的人来说，管理的挑战在于如何通过鼓励人们创新地运用知识来维持较高的激励水平和工作绩效，这也意味着引入奖励机制，使那些面对新的挑战并征服挑战的销售人员得到激励。

淡出阶段 每个人都不可避免地要结束自己的职业生涯。**淡出阶段**（disengagement stage）的核心问题不再是工作和职业，对于即将退休的人们，这个过渡期的重点是调整失落的情绪，接受现实，为企业作出贡献曾是他们职业生涯中如此重要的一部分。

对于有些人来说，淡出可能在退休前的较早阶段就已经渐露端倪。一些50岁左右的人虽然还要在岗位上工作一段时间，但已经表现出剧烈的变化。他们对工作的投入和进取精神锐减，对工作的诸多方面产生不满情绪，业绩表现也不令人满意，明显低于处于保持阶段的人员。

尝试激励这些销售人员是个令人头疼的问题，即使提高工资也不能鼓起他们的干劲，这些人也往往不像早期阶段那样重视管理层的表彰。尽管意识到完成销售定额非常重要，但他们不愿意去开拓新的客户。总之，他们的方法就是达到最低限额，摆脱管理者的干预。

管理层要解决这一问题，最好的方法也许就是帮助那些还未临近退休的员工打消这种消极的念头。如果员工已经临近退休，那么经理能做的就非常有限了。一种方法是帮助这些销售人员想一想他们能够留给公司什么。如果他们意识到他们留给公司的最后印象是效率低下的销售人员，他们就有可能在最后的日子里保持良好的状态。如果这些方式效果不明显，管理者可以采用其他方法，包括解雇。

激励模型

持续高效的付出要求的不仅是最高的物质奖励。调查显示，个人在工作中努力的程度取决于三个因素（见图 11－2）的相互作用：（1）努力与绩效之间的关系（期望）；（2）绩效与报酬之间的关系（手段）；（3）获得奖励的重要性（效价）。这个模型就是**期望理论**（expectancy theory）。[9]

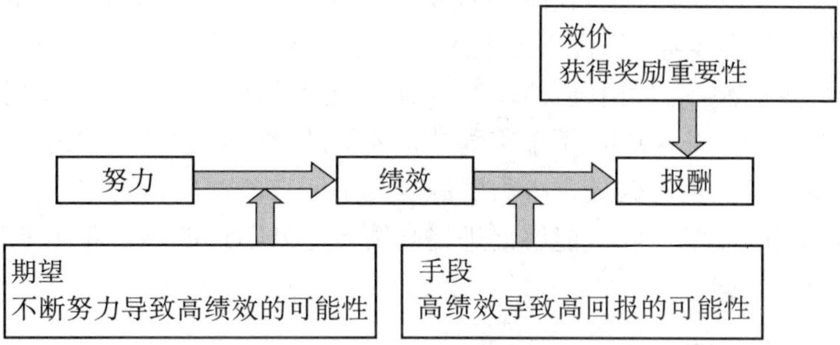

图 11－2　期望模型

努力与绩效的关系

期望是指销售人员对“加倍努力会带来出色绩效”的一种信念。一个人越肯定这种因果关系，就越会付出更大的努力。

期望模型有三方面对销售管理至关重要。首先，这个信念将影响人们勤奋工作的自发性。销售经理需要给销售人员强化这样的信念，即销售绩效与销售努力是直接相关的。比如罗比·阿姆斯特朗就坚信，通向成功的关键在于个人的努力。

其次，管理层应该密切关注销售人员角色定位的准确性。在错误的方向上更加努力并不会取得良好的绩效，反而会使员工得出努力与结果无关的结论，一些人则认为要“精明地工作”。如果销售人员始终采取不正确的销售策略，比如设定不切实际的销售拜访目标，那么他将会越来越沮丧，逐渐相信不可能通过努力取得良好的工作绩效。这反映了有效的销售培训、教导和激励之间的互动关系。如果缺乏一定水平的技能以及对这些技能的足够信心，再大的激励或鼓舞也不可能达到期望的工作水平。[10]

最后，人们总想弄清某些结果发生的原委。**归因理论**（attribution theory）说明，人们总是为事情为何发生制造理由，特别是在结果无法预料时（比如，一个无名小卒击败了赫赫有名的常胜将军），在事情令人揣摩不透时，抑或在失败时（比如未实现销售定额）。根据归因理论，我们对原因的分析将会影响我们应对问题的方式。比如，销售人员可能将失败归咎于曾经使用的销售策略，这种情况下，就会采取其他的销售方法来实现销售目标。这个理论说明，那些将失败的原因归结为自身努力不足的销售人员更有可能调整并努力在未来完成销售定额。相反，假如销售人员认为没有完成定额是由于无法驾驭的环境因素所致，一般不会作出这样的调整，而且会降低努力程度。[11]这说明销售经理应该站在销售人员的立场上来看问题，甚至要和他们一起分析形成这些看法的原因。这也说明，销售经理对销售人员的培训和教导具有重要的意义，目的是要让他们明白，个人的努力和绩效之间存在必然的联系，进而对期望产生积极的影响。

绩效与报酬的关系

激励的第二个因素就是相信高绩效水平将会带来丰厚的个人回报，这个因素就是**手段**（instrumentality）。如果人们确信会根据自己的绩效得到个人回报，他们的激励水平就会提高，这就是佣金回报计划成功的原因。销售人员清楚每一笔销售业务的酬劳，而且确信收入将会随着销售的上升而增长。这也说明了为什么在销售竞赛中限制优胜者的数量并不能激励普通销售人员，因为他们预期以自己的绩效水平不可能胜出。

在过去的几年中，用于奖励销售人员的“绩效薪酬”观念已开始向组织的其他部门渗透。营销、会计、人力资源等几乎所有的部门都可以得到额外的报酬。这种薪酬方式的改变，除了能够促进提高绩效之外，还能够使各个职能部门加强客户导向和销售导向。

奖励的重要性

销售人员对报酬的期望值也会影响其工作的积极性，这就是我们所说的**报酬效价**（reward valence）。在这里，我们可以看到以需求为基础的激励理论和期望理论之间的联系。马斯洛和赫茨伯格的理论都说明，每个人对报酬的期望值都是有限的。尽管很多专家认为销售人员很重视报酬，但追求报酬并不是他们每天的工作重点。一些销售人员宁愿蒙受一定的经济损失也情愿和家人一起共度时光。比如，华尔数据有限公司（Wall Data）奖励绩效优异者的方法是为销售人员选定的慈善事业捐款，或者在其家乡创立奖学金。[12]公司经理发现，那些高绩效的销售人员十分珍惜因销售绩效出色而在团队中获得的荣誉。

人们不只看重自己的报酬，还会与他人的报酬进行比较。根据**公平理论**（equity theory），人们通过对比相关人的投入（如，努力、经验和销售区域）和结果来评判相对的平等。对于不公平的现象（比如，少劳多得），人们通常的反应就是减少投入。这种情况下，激励将会降低。缺乏经验的销售经理尤其难以把握公平的问题。为了帮助某个人，他们可能会破例或者提供额外帮助，其他销售人员可能会感到不公平，除非他们的销售工作也能得到额外的帮助，这将最终导致销售经理干销售人员的工作，继而降低了整体的管理效率。

我们的激励模型为经理理解员工的内心想法提供了一个框架，这种内心想法会激励他们付出更多的努力。显然，激励销售人员不仅需要知道他们想要什么，激励模型三个方面中任何一个方面的缺失都会降低整体的激励水平。因此，当试图激励某个人达到理想的绩效水平时，就要通盘考虑这三个要素。尝试应用这些概念来分析下面的团队练习 11－1 中提出的问题。

团队练习 11－1

期望理论

假定你是一名大四的学生，在毕业之前仅剩最后一次期末考试，满分是 100 分。你在以前的考试中都取得了优异的成绩，但你知道如果学习再努力些，就能够取得最好的成绩。

假设你累积了 360 分，你需要 450 分才能在最终的成绩中拿到“优秀”。

同时，假定你取得了“优秀”，你便有资格参加一个知名公司的面试。

在这个例子中，你如何激励自己努力学习，以争取更高的期末成绩？你如何改动这个故事，以减弱自己的学习动力？你将改动激励模型中的哪个因素（效价、期望还是手段）？

销售经理在工作中怎样运用这些理论？本章的后续部分为销售经理提供了一些帮助销售人员提高努力程度的工具。定额、激励计划和表彰计划是企业广泛用来激励员工的措施。随着公司大范围放权，对员工传统意义上的监控水平大大降低，有一种方法，即自我管理，越来越受到欢迎。我们首先来讨论这一方法。

自我管理

销售人员一般在销售经理的直接监管下独立工作。在改革和重组的浪潮中，很多企业剔除了中间的管理层，销售人员的自主性增强了。然而，销售经理应当意识到销售过程和相关的努力本身就是一种报酬，牢记这一点是非常重要的。人们从对自己的认可和对工作的满意中获得奖赏，这称为**内在激励**（intrinsic motivation），也是一种自发的动力。组织和销售管理层应尽一切可能加强这种内在的激励效应，在和销售人员面对面交流过程中，要充分认识到这种力量的重要性。[13]用于激励自我管理的一个方法是**自我行为管理**（behavioral self-management，BSM），它由自我监督、目标设定、演练、奖励和自我约束等一系列步骤组成，具体的运用方法参见表 11－5。

表 11－5　　自我管理技巧

技巧	方法	工具
自我监督	观察和记录行为	可以运用日记、进度表、检测表或图表的形式
目标设定	建立行为变化的目标	应该具体明确，说明短期效果
刺激控制	更改行为的成因	加入或者去除提示
结果管理	更改行为的成因	包括强化、惩罚以及放弃
演练	对期望的行为进行系统演练	可以实际操作或者依靠想象
自我约束	详细说明行为和结果之间的关系	可以公开自己的决心

资料来源：Developed by Thomas E. DeCarlo，Thomas Powers，and Gouri Gupte，“Sales Manager Training Practices：New Perspectives，” *University of Alabama at Birmingham Paper* 0－101（March 2008）.

为了更好地理解自我管理在销售管理中的运用，以你试图提高每周对新客户的拜访量为例，在这种情况下，自我管理就意味着以每四周为一个周期，记录拜访新客户的次数。设置了新的努力方向，目标就锁定在每周拜访新客户的次数上。刺激提示可以是在汽车的仪表盘上放张小纸条，写上："在新的一天中，你见到新面孔了吗?"还可以准备一个笔记本，记录每周拜访的新客户。结果管理可以是当每周的计划完成后，选个比平常好的地方吃顿午餐，如果某一天没有完成计划，就减去当天的午餐。对新客户的开场白可以在拜访客户的路上在车里演练，而且在每天相同的时间进行练习。最后，应该写一份合约，详细列明奖励成功和惩罚失败的条款并郑重签名。

在销售人员运用自我管理的过程中，销售经理发挥着重要的作用。销售经理可以帮助销售人员设立富有挑战性但切实可行的目标，同时，也要始终关注整体的组织目标。经理可以通过一对一的教导帮助销售人员演练期望的行为，也可以通过表扬和鼓励来巩固这种行为。我们再一次强调，销售经理有必要始终身处一线，了解销售区域的动态，鼓励和支持员工进行自我管理。

自我管理的重要一步是自我目标设定，然而，传统上，销售人员的目标是由管理层以定额的形式设定的，下面我们来讨论这个问题。

定　额

定额（quota）是要求销售人员在特定时间段内完成的量化目标。这是一种在销售管理中广泛运用的手段，将近85%的美国公司都对销售人员运用某种量化系统。[14]例如，10月的销售目标为15万美元，就是在特定时间段内可以量化的目标，同时也成了将10月的实际完成情况与之相对照的标准。尽管量化通常以销售为基础，但是不能将之和销售预测以及销售潜力混为一谈。销售预测是运用特定的营销计划，在某个时间段内，对公司期望的销售目标进行评估预测。确定销售定额，可以使之与销售预测保持一致，也可以高于或者低于销售预测。销售潜力是公司可能争取到的最大市场需求。销售潜力对于战略规划和长期预测非常有用，销售定额与销售预测以及销售潜力有关，但用于完全不同的目的。

如图11-3所示，对销售人员设立定额有五个原因：

1. 帮助管理层激励销售人员。成就导向的人希望目标具体且富有挑战性，能够对他们的工作绩效及时进行反馈。

2. 指引销售人员的努力方向。当公司为所有的产品逐一确定定额时，也是在告诉销售人员各种产品的主次关系。通常公司会根据产品的利润贡献值和战略意图调整销售定额。然而，过多的目标会令人无所适从，分散销售队伍的精力，因此建议将销售范围锁定在3～4个产品类别上。生产工厂自动化产品的GE Fanuc公司最近建立了一套新的网络定额系统，使销售人员能够随时跟踪具体产品的销售定额，并实时公布客户对这些产品的采购信息。[15]按照期望理论，该系统的目的在于提高销售人员的期望值和手段。

3. 聚焦管理层关注。定额本身的性质决定了管理者需要关注各种例外的情形，主要是关注那些严重超出或低于定额的销售人员。可以认真研究那些绩效很差的销售人员，以确定是销售人员的错误还是销售人员无法控制的因素造成的。同时，管理层希望研究高绩效者的成功原因，找出关键的成功因素有助于提升其他销售人员的业绩。

4. 评估销售人员的绩效。销售人员往往将定额视为成功或者失败的标准。高效的销售人员，例如罗比·阿姆斯特朗，将定额视为其绩效的最低标准。

5. 为绩效评估提供标准。定额成为评估成功或者失败的标准，经理们可以通过分析特定销售人员的行为，确定其绩效结果。那些有助于完成定额的行为及活动应当鼓励并维持，在分析导致定额无法完成的原因的基础上探索更有效的销售方式。

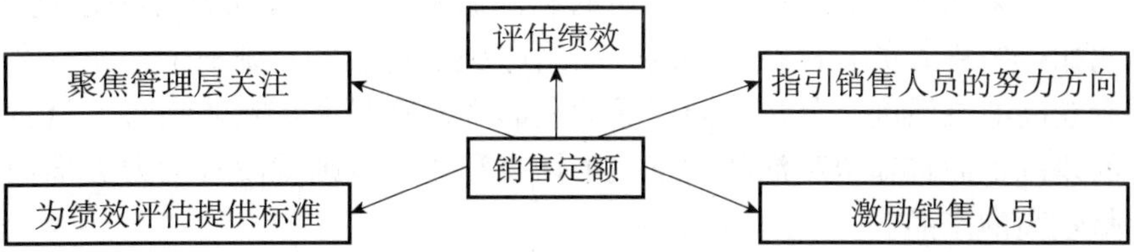

图 11－3　销售队伍定额的影响

定额的类型

广泛应用的三种定额是销售量、利润和活动。图 11－4 按照公司规模的大小说明了每种定额的普及程度。无论公司规模大小，销售量是最广泛使用的定额类型，相比之下，大约 20%的公司使用利润定额，少于 10%的公司使用活动定额。

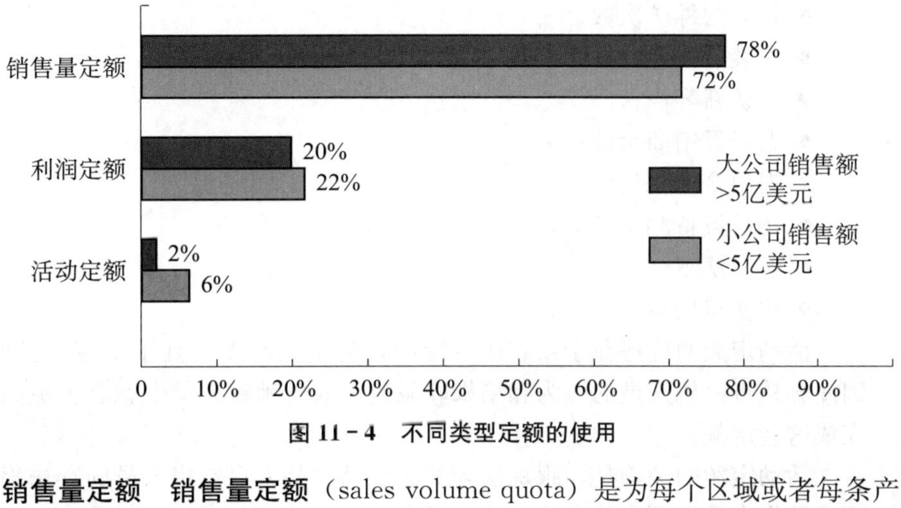

图 11－4　不同类型定额的使用

销售量定额　**销售量定额**（sales volume quota）是为每个区域或者每条产品线在某个特定期间（通常为 1 个月、1 个季度或者 1 年）建立的量化目标。销售量定额可以用多种方式表达，包括货币指标、单位数量或者积分点。对于大量价格类似的商品（比如，给批发商的药品）、价格反映了管理层有意重点推出的商品（比如，高价的产品比廉价的产品更重要）以及价格相对稳定的商品，采用货币指标设立定额更为合适。对于单位数量定额，销售目标以每种产品销售的单位数来表示。对于大件商品（如，汽车）以及价格频繁变动的商品，单位数量定额的使用率较高。以数量单位来确定额度，可以消除通货膨胀对定额的影响。采用积分点的定额是以一定的数字形式表示的，销售人员每售出一件产品就能挣得一定的积分。这种方式在管理上提供了一定的灵活性，每种产品的销售都设定积分，如果管理层希望重点推出某种新产品，只需要加大这种产品的积分点。

利润定额 **利润定额**（profit-based quota）与销售定额相似，但更关注创造利润而不是销售总量。利润定额的参照标准通常是毛利润（销售收入减去产品成本）或净利润（毛利润减去直接销售成本）。管理者试图将销售人员的注意力集中在利润而不是销售量上。正如一位销售经理所说："将产品售出是一回事，在适当的时间、以适当的价格销售给适当的客户，才是更重要的。"

如果销售人员的决定对公司的利润影响巨大，公司往往采用利润定额的方式。比如，销售人员有权在众多的产品当中决定重点推介哪一个，或者在制定价格方面有较高的灵活度。公司不同产品的利润率差别很大，除非销售人员意识到利润方面的差别，而且知道利润的贡献关乎切身利益，否则就没有动力去推销对公司利润贡献较高的产品。

活动定额 过分强调销量或者利润定额可能会误导人们忽视重要的非销售活动，继而降低长期的绩效。这个问题可以通过**活动定额**（activity quota）解决。活动定额为具体的活动设定目标，这些活动会间接地帮助公司实现销售和利润目标。

活动定额体现了对于销售的投资，换言之，销售人员应该举办和参加各种促销活动，目的是从未来的角度开拓销售潜力。采用活动定额的公司，例如普天寿保险公司，认为只要每天或每周完成一定数量的活动，成功就唾手可得。一些典型的活动定额包括：

- 每天的拜访次数；
- 安装展示架；
- 拜访新客户；
- 召开经销商会议；
- 提出合理化建议；
- 物色设备测试场地；
- 产品演示；
- 售卖点展示。

活动定额的优势在于：它所规定的行为很大程度上处于销售人员的掌控之中，因此容易将销售人员的行为和结果联系到一起，销售人员也就有了更高的积极性去完成这些定额。

活动定额的缺陷是，跟踪活动的必要信息都来自销售人员的拜访报告。这不仅要求销售人员做更多的案头工作（通常要占用他们的时间），而且有可能出现误报。于是，活动报告有可能会变成发挥想象力的作文练习。活动定额的另一个缺点是过分强调量化指标，比如每天拜访多少客户，销售人员可以按照管理层的要求完成每天拜访的数量，但是实际的销售业绩可能会受到损害，处于销售区域边缘的大客户，可能因为旅程时间所限而未拜访。

什么时候定额有效

要回答这个问题，最好从目标理论开始。**目标理论**（goal theory）重在考察目标设置和业绩之间的联系。[16]这个理论建议，在可接受的范围内，高难度的目标要比中等目标、低目标或没有目标（例如，竭尽全力）更有利于提高绩效。管理层应该清楚，对于销售人员来说，什么是高难度的目标而非不可企及的目标。强调高难度目标的激励影响是一家电器设备生产商的成功经验，这家公司为数字打印机生产线设定了挑战性的目标。尽管与其他打印机相比，销售一台数字打印机要花两倍的时间，但数字打印机仍被视为公司未来的支柱。然而，一些销售人员反对高目标，于是公司就在六个地区放宽了标准，以观察会产生什么影响。将这六个地区与高定额的地区进行比较，结果显示，高定额地区的销售远远超过了低定额地区的销售。这使公司得出结论，大量销售人员都是“定额成就者”，如果设定的目标能够轻易达到，他们的积极性将大大降低。[17]

由于目标可以有效地激励销售绩效，理解销售人员如何看待这些目标就显得十分重要。最近的研究发现，销售人员对于绩效目标的看法有两个：高效的销售人员需要展现实力从而获得他人的认可；同时，他们需要避免负面的评价（例如，恐惧失败）。研究还发现，展现实力与获得认可可以激励提高销售绩效，避免负面评价则会导致较低的绩效。[18]为了确保目标设定的效果，管理层要发挥更大的作用，不能仅停留在设置具体目标上。为了让销售人员自发地接受目标，管理层应该关注以下几点：

1. 提供反馈。反馈或者知道结果，对于提高绩效至关重要。正如在前几章讨论的，销售经理的反馈对销售人员具有强大的作用。专家建议，管理层应该经常就销售人员与定额相关的销售水平作出反馈。[19]

2. 增强目标责任感。销售人员必须重视目标，这就是**目标责任感**（goal commitment），即一个人达到目标的决心。回忆一下罗比·阿姆斯特朗是怎样描述定额的：“我将该目标视为最低目标，任何低于该目标的都不能接受。”显然，罗比全力以赴地达到这个目标。增强目标责任感有多种方法，一种方法是让销售人员参与设定目标，另一种方法是建立团队精神，将个人目标和集体的利益联系到一起。至于哪种方法更有效，则取决于管理者的领导风格、企业文化以及销售人员的个体倾向等多种因素。

3. 建立自信。人们在做事时，能否取得成功的感觉对于绩效具有关键作用。对自己的销售能力充满自信的销售人员往往设定更高的绩效目标，而且表现往往优于缺乏自信的销售人员。[20]这一发现揭示了反馈和培训的巨大作用，证明不断成功或者效法成功人士有助于增强一个人的自信。[21]

上面的讨论说明，若想发挥最大的激励作用和取得更高的绩效，仅仅依靠设立定额是远远不够的。激励有赖于全面的管理系统，因此围绕定额问题，还有其他因素需要探讨。在下一节里，我们讲述怎样设定公平、公正的定额，以及在涉及多项定额的情形中，怎样评估工作绩效以及定额与报酬之间的关系。

管理定额

定额通常建立在以下一项或多项因素上：过去的销售数据、预测的销售数据、销售潜力以及个人和销售人员的区域调整。确定销售定额，一个粗略办法就是以公司的销售预测为基础，将某一区域过去一年的销售数据（或几年的平均数）作为基准，再加上一个百分比。比如，如果区域B的销售额目前是60万美元，公司希望明年的销售额增长8%，那么新的定额将是64.8万美元。表面上看，这种方法既公平又合理，但是过去的问题可能还会重复。比如，如果一名销售人员曾经在区域B表现欠佳，则严格建立在过去业绩上的定额不能体现该地区真实的销售潜力。另一个问题是，历史销售数据可能无法反映最近行业萧条、大客户流失等具体情况，或者无法表明产品已经进入了生命周期的末端、成长机会大不如前的事实。从实际的角度出发，定额还要考虑地区或当地的具体情况。

一个更为妥善的方法是计算每个区域的销售潜力，以此数据为基础来设置定额（预测销售潜力在附录2A-1中有详细讲述）。假设购买力指数[22]显示区域B的销售潜力占公司在全美销售潜力的5%，如果公司计划第二年达到1 700万美元的销售总额，则区域B的定额应为1 700万美元×0.05，即85万美元。注意，基于销售潜力的定额要求销售人员意识到当年的销售增幅应为25万美元。

严格基于销售潜力的定额并不总是可行的，因为它忽略了过去的销售，而且它假定所有区域内决定实际销售量的各种因素都是相同的，包括环境因素（比如，竞争、客户规模）、组织因素（比如，广告支持、与仓库和生产设施的距离）和销售人员因素（比如，经验、能力）。忽视这些因素会弱化定额作为绩效评估和激励销售人员工具的作用。因此，当目前的区域销售额仅为60万美元时，85万美元的定额并不能激励销售人员。可见，设定定额的最佳方法是考虑全部的三个因素：过去的和预测的销售数据、销售潜力以及具体区域和销售人员的特征。设置定额应从管理角度作出判断。一些销售顾问建议，制定目标一定要切合实际，至少要有70%的人能达到。[23]不难理解，定额是一个富有争议的问题，听取销售人员的建议是有益的。阅读下面的团队练习11-2，你将如何解决销售人员面临的问题？

团队练习 11-2

销售与网络

最近，你的公司开始通过网络出售产品和服务。网站上出售的仅限于那些不需要与销售代表进行交流的产品和服务，所有的沟通和文件都以电子邮件的形式进行。几个月后，100多位客户开始使用该网站进行购物。

尽管客户对网站很满意，但你的销售代表并不满意。只有老客户通过网络订购，销售人员才能赚取佣金，但是新客户的订单没有佣金。销售代表感到公司侵夺了他们的佣金，网站的建立相当于公司和他们展开了竞争。公司总裁认为，网站就像另外一个销售代表，因此网站产生的销售业绩理应归属到这个代表名下。

作为部门销售经理，你夹在中间左右为难。你的销售代表不停地向你（还有其他人）抱怨公司的网站，他们的业绩和士气直线下降。销售代表希望通过网站的销售也能给他们佣金提成，就这么简单。如果这种情况一直持续下去，一些销售代表暗示要离开公司。能够达成妥协吗？你应该如何处理网络订购系统和销售队伍的关系？

销售经理关心的另一个管理问题是，如果销售人员要满足若干类型的定额，应该如何评估他们的绩效。比如，表 11-6 显示了销售量定额和活动定额以及某销售人员在区域 B 的实际销售结果。注意，尽管总体的销售目标已经完成，但这位销售人员在五项定额中有三项低于要求。他只完成了大约 2/3 的展示任务，不过平均完成了 97.2%的定额看来还不错。如果公司其他销售人员只完成定额的 70%～90%，这位销售人员的完成情况还是不错的。那么如何对这位销售人员的整体绩效作出评价呢?

表 11-6　　**区域 B 的定额绩效评估**

定额	3 个月定额	实际完成情况	完成定额的百分比
总销售额	83 000 美元	84 660 美元	102%
75 型号产品的单位销售量	6 个	5 个	82%
售卖点展示	25 次	17 次	68%
平均每日拜访次数	5 次	7 次	140%
商店分销的百分比	75%	70%	93%
			平均值：97.2%

平均值是一个很容易计算的数字，但是它也使各个因素的权重完全相同。比如表 11-6 中，售卖点展示的价值与总销售额的价值是相同的。一些经理对不同定额分配不同的权重来解决这一问题。然而应当注意，计算不要过于复杂。

还有一个重要问题是管理层要设置多高的目标。高难度的目标对提高绩效有益，但不切实际的目标必将挫伤士气。定额应当设定为让所有人都能完成，还是有一半或者仅有几个最优秀的销售人员才能完成？这个问题没有明确的答案，不同的公司情况各异。如果完成定额的奖金是销售人员收入的一部分，就应该设定可完成的定额标准。相反，一些公司试图通过设置比预期水平高的定额以及给予优厚的报酬来激励员工提高绩效，这种情况下，完成定额的奖励被看成是留住高绩效员工的方式。定额设置的水平取决于完成定额在整个组织的财务或非财务报酬体系中的作用。

何时不适用定额

在某些情形下，我们不建议使用定额。比如，当销售取决于不同地区间销售人员的合作时，个人定额可能不切实际或妨碍合作。如果销售人员接到第三方推荐的客户而该客户属于其他的销售区域，这种情况尤其容易出现。加之，如果公司核定定额的完成情况时要核定每一位销售人员的定额完成情况，推荐的客户就可能被首先收到的销售人员扣留而不转给相应区域的销售人员。

另一个不宜使用定额的情况是销售走势没有规律的时候。如果销售周期很长、交易次数少而单位价值很高，那么在某一时期内可能根本没有产生销售，在接下来的一个时期里销售量又骤然激增，这种情况下，定额绩效基本上就失去了意义。

激励计划

激励计划（incentive program）是一个短期的鼓励性活动，意在向销售人员提供奖励，鼓励他们做出更出色的成绩。物质奖励是一个广为接受的激励工具，据估计，2/3 的消费品公司和一多半的工业品公司推行物质奖励计划，预算从 5 000 美元以下到上百万美元不等。美国公司每年在销售激励计划上总共要投入超过 230 亿美元的资金。[24]重新审视激励模型，也许能够解释销售激励计划为什么需要如此庞大的预算以及为什么如此流行。如果销售人员重视报酬，高额的报酬将产生巨大的激励作用。激励模型还解释了为什么激励计划往往和特别的客户促销、超低价格或优惠等活动联系在一起，这是为了让销售人员理解，他们的额外付出将带来更高的绩效。正如以上所述，这些对成功的预期在很大程度上决定了人们是否愿意付出更大的努力。

目标

激励不是施舍，一般可接受的绩效标准是：每投入 1 美元的激励，就能产出 4 美元的绩效。销售激励计划的目标不仅是提升总体的销售量，找到新的客户、促销特定的产品、阻止季节性的销售衰退、向客户介绍新的产品等，有些公司还利用激励计划调控不同产品线的销售比例，或者鼓励经销商在店内进行更多的展示。

除了具体的量化目标，激励计划还可用来加强定性的目标，如团队建设。在这方面，以部门或者团队为单位开展业绩评定，是一种行之有效的方法。

奖金

激励计划的成败取决于给参与者的奖励是否具有吸引力。对于奖励多少没有一定的规则，但是不同的竞赛，奖励金额应该不同，而且要对参赛者具有吸引力。最常见的奖励是现金，因为获奖者可以有更多的处置灵活性。旅行和实物也可以作为奖励，这可以给竞争添加一些乐趣，而且公司能以批发价格购买实物。然而，如果销售人员已经拥有这些物品，实物奖励将失去吸引力。一个解决办法就是采用积分法，当销售人员累积到一定分数后，可以从实物清单中自行挑选物品。

管理问题

尽管激励计划作用巨大，但也需要精心策划和实施。销售激励计划要取得成功，关键在于选择合适的竞赛主题。这个主题要将竞赛的商业目的、奖励以及个人联系起来。理想的主题应该简单、易于执行、能够令参与者振奋。一般的销售竞赛主题包括体育（超级杯橄榄球大赛、世界锦标赛）、旅游名胜、寻宝、探险和神秘主题。这些主题可以用于竞赛的提示标语，也可以用来显示参赛者的身份。

成功的激励计划应该激励普通的销售人员加倍努力，因为优秀的销售人员并不看重竞赛，水平较低的销售人员也不太可能对激励产生兴趣。一些专家建议，设置条件和给予一定水平的回报，能够激励 60%的销售人员。根据这个目标，建议设置多种奖项而不是设置一两项只有优秀者才能得到的大奖。一个较好的原则是，一半有资格参加销售比赛的销售人员都应该赢得某种奖项。

激励计划应该大力推广，以使销售人员了解该计划，并为争取奖励而努力。为了建立初步的兴趣，召开销售大会是一个不错的方法，销售人员在会上能看到奖品，了解竞赛细节。会议结束后，要通过邮件、公司简报、互动广告等方式继续保持销售人员的兴趣。销售竞赛具有短期性，因此要经常发布进度报告，让参赛者了解状况以及怎样赢取奖项。

表彰计划

毫无疑问，表彰和嘉奖比红包更能激发人们的潜力。实际上，一些研究发现非现金的表彰计划能够比现金奖励更好地激励销售人员。[25]这也是为什么几乎所有的销售经理都有一套**表彰计划**（recognition program）。表彰计划与物质激励计划相近，都是销售队伍中的个人或团队因为杰出的表现而获得嘉奖。与物质激励相比，表彰计划在很多方面又有不同之处。表彰计划虽然也涉及货币奖励，但最主要的奖励来自管理层对杰出表现的肯定。还有时间上的不同，物质激励往往基于短期的表现，表彰计划则基于全年或者更长时间的表现。另外，表彰计划往往关注整体表现而不是某种产品的销售。

必能宝公司是一家大型的邮件设备和办公自动化供应商，拥有世界上最专业和最成功的销售队伍，其成功的要素之一就是公司制定了众多的表彰计划。这些计划基于两大原则：（1）全面激发销售人员的热情和动力；（2）从销售人员那里得到有效的反馈，进一步提高绩效水平。该公司的三项表彰计划体现了这些原则：

- 表彰大会。这种长达一周的会议是一项异地全免费旅行，专门提供给过去一年中业绩达到前 10%的优秀销售人员及其配偶或伴侣。除了表彰仪式和其他活动，销售经理还邀请总裁出席优秀销售人员的论坛，向他们深入讲解公司的战略计划，鼓励他们发表想法或提出问题。
- 最高荣誉大会。这类会议专门用于表彰公司的最佳销售新人，向他们颁发度假旅游等奖项。
- 沃尔特·惠勒奖。这个奖项面向公司的所有员工，包括在过去一年中取得优异成绩或者对公司愿景表现出高度责任感的销售人员。例如，必能宝公司规定，每个分公司都可以提名一位员工参选这个奖项，每位提名者，包括其他奖项的优胜者，都将被邀请参加豪华旅游项目。[26]

为了收到实效，表彰计划应该成为公司文化的一部分，也就是应该保持长期稳定，具有可持续的价值。如你所见，表彰计划关注发愤图强的强大驱动力。成功的表彰计划能够满足马斯洛的最高需求层次，即自我实现需求。

为什么表彰能激励销售人员？部分原因在于：大多数人都渴望得到管理层或同

事的肯定，大多数人又无法得到足够的肯定。将高绩效转化成积极的工作态度，然后进一步促进业绩的提高，一个人必须对自己的业绩建立积极的情感反应。[27]一份精心实施的表彰计划有助于促使强烈而积极的反应转化为更高的绩效。

伦理情境

以定额制度、竞赛以及奖励等方式激励员工在企业界得到了广泛的应用，但与此同时，一些伦理问题也随之产生。一些人质疑经理是否应该从企业的角度以奖励的方式促进期望的行为而不关心个人行为的自由。经理在什么情况下运用掌握的权力来操纵员工的行为，使其违背自己的意愿行事？另一个问题是，承诺奖励是否影响正常的工作。对员工喜爱的工作给予奖励是否会导致错误的印象，使其认为奖励只是完成任务的激励，从而削弱对工作的兴趣？

构思拙劣、实施不当的定额和竞赛很容易导致销售人员的不道德行为。比如，当销售人员得知竞赛即将举办时，可能会压下订单，以使竞赛期间的销售量猛增。在竞赛期间，销售人员可能会接受客户全部或部分退货的“软订单”。如果给某项活动设置了指标，比如每天的拜访次数等定额，为了避免经理的询问或达到年底赢得奖金的销售指标，销售人员可能制造虚假的拜访报告。如果超出指标就能得到奖励，他们可能会在报告期内隐瞒远远超出额度的订单，将其留到下一阶段，以使自己的工作更轻松一些。一些人还在达到指标后，利用剩余的时间开设了自己的公司。如果竞赛或者指标设计和管理得不合理，人们很容易产生不道德的行为。有鉴于此，你在设计竞赛规则时，应该认真考虑如何阻止或打击诸如此类的行为。

本章小结

角色感知、技术水平、资质以及激励都会影响销售人员的工作绩效。销售人员需要基本的销售技巧，他们也需要被激励以努力实现目标。考虑到销售人员所处的严峻环境，一个有效的激励者常常是销售人员成败的关键。善于激励的经理领导的销售队伍极少抱怨而且表现卓越。为了有效管理，经理们应该首先明白构成激励的要素：

1. 定义激励并解释销售经理对激励的关注。激励是个人在努力实现组织目标的同时满足自己需要的意愿。销售经理应该懂得人们的需求不同，而且这些需求将改变销售人员的职业生涯。销售人员职业历程的4个基本环节包括：开拓、创业、保持及淡出。在这些阶段，销售人员会表现出不同的职业关注、激励需求、个人挑战以及心理需求。

2. 解释个人需求的差异。销售人员的职业环境决定了销售经理对激励的关注。同时，缺乏直接以及日常的监督需要销售人员自我管理。此外，激励与销售人员的成功也直接相关。

3. 描述激励的期望理论。期望是销售人员对于付出越多绩效越好的一种信念。期待理论基于三个相关因素：(1) 努力和绩效间的关系（期望）；(2) 绩效和报酬之间的关系（手段）；(3) 获得奖励的重要性（效价）。销售人员将考虑自己的行为是否会导致特定目标，目标的实现是否会赢得奖励的可能性，他们会估计达到这些目标所获得奖励的价值。如果目标合理，奖励足以吸引人，则销售人员就被激励了。

4. 解释不同的定额类型以及涉及的管理问题。定额是广泛使用的激励方式，它不仅设定目标，为销售人员指明努力的方向，而且为绩效评估提供评判标准。一般的定额类型是：销售量定额（包括货币指标、单位数量以及积分点)、利润定额及活动定额。管理对于设定定额，保证销售人员接受目标至关重要。定额通常在设定时根据以下一个或多个因素：过去的销售数据、预测的销售数据、销售潜力以及销售人员和具体区域的特征。为了使销售人员将公司目标作为自身目标，管理层应当提供频繁的反馈，使销售人员为目标努力并建立自信。

5. 讲述怎样设计激励计划。激励计划具有短期性，通过提供奖励，诸如实物、现金或者旅行来激励销售人员达到定额。表彰奖励，例如“本月最佳销售员”称号以及证书，也是有效的激励工具。

关键术语

活动定额　activity quota
归因理论　attribution theory
自我行为管理　behavioral self-management (BSM)
淡出阶段　disengagement stage
公平理论　equity theory
创业阶段　establishment stage
期望理论　expectancy theory
开拓阶段　exploration stage
目标责任感　goal commitment
目标理论　goal theory
需求层次理论　hierarchy of needs
激励计划　incentive program
手段　instrumentality
内在激励　intrinsic motivation
保持阶段　maintenance stage
激励　motivation
激励—保健理论　motivation-hygiene theory
利润定额　profit-based quota
定额　quota
表彰计划　recognition program
报酬效价　reward valence
销售量定额　sales volume quota

自我能力提升

1. 战略行动能力。DSC技术公司的定额是在过去两年平均销售量的基础上再加20%的增长幅度。之所以大幅提高销售定额，原因是DSC在通信行业制造和销售电话开关，这个领域的技术不断翻新，在过去的10年中，该行业的平均增长率恰好略高于20%。奖金按下表发放：

奖金百分比（%）	定额百分比（%）
5	100～105
7	106～110
10	111～120

对于超出定额20%的销量，公司不提供额外的奖金。这种方式的优势和劣势是什么？可能发生什么？你打算怎样改变这种激励方式？

2. 团队建设能力。从你的班里选择一名同学，运用期望理论来分析这门课程。课程的设计在多大程度上影响了你的期望、手段和效价？共同讨论课程的各个元素怎样影响你对三个激励要素的看法。

3. 全球视野。IBM的激励计划适用于其全球的销售队伍。最近，公司发起一个主题为“你销售，你远航”的销售竞赛项目，这是该公司有史以来规模最大的销售激励竞赛活动，参与者达7 000人之众。IBM通过电子邮件向分布在140个国家的7 000名参与者公布项目的目标、规则和结果。为了确保7 000名销售人员能够参加一个富有意义的竞赛，你需要考虑哪些因素呢？

4. 教导能力。你是一家工业品制造企业的经理，在过去的半年中，你的一名销售人员詹姆斯·韦伯的业绩开始下滑，只达到定额的75%，你所在的区域平均完成销售定额的90%。韦伯已经为公司工作了6年，拥有企业管理的学士学位。他所负责区域的销售潜力高于平均值，但需要经常出差。在最近公司举行的一次聚会上，韦伯看起来情绪低落，一个人喝闷酒，拒绝与他人交谈。他刚刚离婚，前妻带着3个孩子在另一个城市居住。你决定尽快跟韦伯谈谈。请起草一份与他谈话的大纲，重点突出如何激励他发挥自己的潜能。准备在全班同学面前扮演销售经理或韦伯在交谈中的角色。

5. 自我管理能力。下面一系列的问题用来评估你心目中各种需求的重要性，答案没有正确与错误之分。最佳选择就是你在工作环境中的真实感觉，无论是你已经经历过了，还是预期即将经历。在20个问题中，根据你自己的真实感觉打分，评价这些问题的真实性和准确性。（1＝不真实、不准确；2＝勉强真实准确；3＝部分真实准确；4＝大部分真实准确；5＝完全真实。）

（1）我相信真正的工作回报是优厚的薪水、优越的工作环境等因素。 1 2 3 4 5

（2）我评价一份工作，最重要的因素就是它能否带给我安全感和福利。 1 2 3 4 5

（3）我不喜欢工作中没有可以交谈和分享的同事。 1 2 3 4 5

（4）我理想的工作应该是能根据我的个人业绩得到快速提升。 1 2 3 4 5

（5）我生命中最重要的主题是寻找快乐。 1 2 3 4 5

（6）工作环境（办公室空间、设备以及必备品）对我很重要。 1 2 3 4 5

（7）我不喜欢办公条件差的工作，我也不想从事没有足够失业保障的工作。 1 2 3 4 5

（8）能否和同事和睦相处将影响我的工作状态。 1 2 3 4 5

（9）工作应该为员工提供回报和认可。 1 2 3 4 5

（10）我希望从事一份富有挑战性、刺激和有意义的工作。 1 2 3 4 5

（11）如果工作高度紧张，几乎没有午餐、下午茶之类的时间，我的积极性将降低。 1 2 3 4 5

（12）如果同事冷漠、有敌意，我的积极性将降低。 1 2 3 4 5

（13）作为团队中的重要一员而且享受工作带来的社会尊重对我至关重要。 1 2 3 4 5

（14）如果能够根据业绩提供切实的报酬和认可，我将竭尽全力工作。 1 2 3 4 5

（15）能做多好就做多好，充分发挥我的技巧和能力，开拓新的思路，这些都是驱使我前进的动力。 1 2 3 4 5

（16）我选择工作的一个重要因素是报酬能够满足我和家人的需要。 1 2 3 4 5

（17）医疗保险、退休计划以及牙科医疗等员工福利计划对我很重要。 1 2 3 4 5

（18）如果员工在讨论时和计划工作时能发扬团队精神，我将干劲十足。 1 2 3 4 5

（19）成就带给我自尊。 1 2 3 4 5

（20）如果能够通过工作得到个人利益和职业发展，我将干劲十足。 1 2 3 4 5

计分方法：记下对20个问题你所圈定的分数，然后相加，得出总分数。

	（1）__	（2）__	（3）__	（4）__	（5）__
	（6）__	（7）__	（8）__	（9）__	（10）__
	（11）__	（12）__	（13）__	（14）__	（15）__
	（16）__	（17）__	（18）__	（19）__	（20）__
总分：	__	__	__	__	__
动机：	基本温饱	安全和保障	社交或归属感	自尊	自我实现

说明：在5项动机中，最低为4分，最高为20分。得分为18分或高于18分是很高的分数，说明这些指标反映的动机对你很重要；13～17分的动机对你比较重要；9～12分说明动机对你不是特别重要；9分以下相当低，说明这些动机对你一点都不重要。

希尔德案例练习

激励和角色矛盾

乔纳森·麦克米兰在得梅因的希尔德保险公司担任销售代表已经 3 年了。他第一年完成了销售定额的 110%，创造了 75 万美元的收入，第二年完成了定额的 120%，总收入 125 万美元。为了完成这些任务，他每天工作 14 个小时，积极寻找和拜访客户，而且在周末还要赶报告、写建议。凭着这样的工作节奏，麦克米兰正朝着今年的目标稳步前进，直到两个月前，他第一次当上了爸爸。现在，他每周只工作 50～60 个小时，结果当然是业绩下降。

道格·布卢姆很担心。希尔德正在推出贵宾客户计划，整个公司的发展计划也在如火如荼地展开。布卢姆希望提拔麦克米兰进入管理团队，但当他聊起目标和未来计划时，发现麦克米兰对经理的职位并不感兴趣，因为在希尔德公司，收入高的职位是销售代表。尽管工作时间不长，但麦克米兰已经收入颇丰。

布卢姆有点失落，他想找回那个朝气蓬勃、任劳任怨的麦克米兰，但不确定该怎么做。

问题

1. 布卢姆怎样重新激发麦克米兰的干劲？

2. 经理怎样处理家庭角色的矛盾？布卢姆怎样提高麦克米兰的工作效率？

3. 麦克米兰如今变得颓废了吗？他现在只愿意每周工作 50 个小时，而且对变化不感兴趣。难道他就此消沉了吗？如果每周工作不超过 50 个小时，他还值得销售经理花时间和精力激励吗？应该责备他吗？

4. 麦克米兰对管理缺乏兴趣，为什么布卢姆那么担心？这重要吗？

第12章 销售人员的薪酬

我一直对那些不求任何回报而工作的人感到忧虑，因为有时候，你从他们身上也得不到什么东西。

——萨姆·欧文（Sam Ervin）

本章顾问

兰迪·西莫雷利（Randy Cimorelli），Massey-Fair 工业公司总裁兼首席运营官

罗伯特·C. 康蒂（Robert C. Conti），亚历山大集团公司副总裁

学习目标

- 根据公司的资源来平衡薪酬需求；
- 选择恰当的薪酬方案；
- 设置薪酬等级；
- 整合薪酬方案。

薪酬计划的目标

对于激励和留住销售人员来说，支付薪酬是最重要的手段之一。然而，支付的薪酬属于成本，如果支付方案设计得不合理，那么给销售人员支付的薪酬会上升得很快。因此，为了保证利润，销售经理必须设计一套可以激励销售人员高效工作的薪酬方案，这并不是一件容易的事情。事实上，销售人员的薪酬问题长久以来一直处于不断的试错之中。为了找到正确的规则与方法，许多公司付出了多年的努力。[1]一个成功的薪酬计划的关键是设立简单明确的目标，同时避免通过薪酬体系解决公司所有问题的不切实际的想法，这一想法就是试图通过调整销售人员的薪酬来激励特定的行为以及产品销售。正如整合销售概念公司（Integrative Sales Concepts）（一家位于加利福尼亚的销售咨询机构）的负责人戴维·卢克（David Luke）所说："如果销售薪酬计划规定完成定额便可获得 10 美元，完成定额的同时客户满意度高则可获得 10.5 美元，以上这些在每月的第一个周二就完成并按时完成费用

报告，则可获得 10.75 美元，这样的薪酬计划的目标就太多了。通常你会发现销售经理并没有去做那些他们应该做的管理工作，而是通过薪酬计划将销售任务分配给销售代表。”[2]

要制定出理想的薪酬方案，首先应当从定义公司的目标以及销售队伍如何支持这些目标入手。尽管高层管理者最重要的目标就是增加销售和收入，但他们还是应该掌握许多短期和长期的销售队伍管理策略。例如，你想让销售代表多销售某条产品线上高价值的产品吗？要发展长期的客户关系吗？要提高对销售人员的激励吗？在延续了十年的薪酬计划之后，E-Z-GO，一家位于佐治亚州奥古斯塔的高尔夫球车制造商，对其薪酬计划做出了调整。E-Z-GO 公司一改之前通过销售量来决定销售人员佣金的方式，转而运用利润率的指标。E-Z-GO 公司发现影响客户购买决策的关键因素是成本，公司的产品价格在过去 5 年中要么维持不变，要么反而降低。这样的调整使不愿意或者没有能力卖出高价的销售员接受薪酬降低。可以想象，E-Z-GO 的销售人员对这样的调整大为震惊。然而，他们的担忧并没有出现，在新的薪酬计划下，销售队伍赚的反而增加了，同时公司的利润率止跌反涨。[3]

这个例子表明，薪酬方案必须精心设计，不仅要考虑如何达到公司的目标，而且要在人才市场上有竞争力，同时也说明了在销售人员提高收入的愿望与公司控制成本的目标之间取得平衡的重要性。这就意味着，薪酬方案必须既能激励销售人员完成公司目标，让客户满意，又不至于使公司破产，其设计难度可想而知。在任何时候，总会有 20%～30%的销售人员对薪酬方案不满，因此，你无时无刻不在面对改进薪酬方案的压力。

要把公司的目标与理想的销售职位转变成一个合理的薪酬方案，一个非常有用的工具就是客户—产品矩阵。如图 12－1 所示，客户—产品矩阵按照“全新的”和“现有的”两个标准与客户和产品进行组合。一般来讲，“业务拓展”（右上角的象限）和“扩散销售”（左上角的象限）的销售岗位相对于“客户管理”（左下角的象限）的销售岗位，需要在薪酬方案中设置更高的奖励水平（如，提成和奖金）。“客户管理”的销售岗位由于工作重心在于客户服务，因此薪酬更适合采用工资的形式。“开发销售”的销售岗位应该是工资与奖励双管齐下。奖励的比重应当视岗位所需的创造力和技能而定。正如该框架所显示的，销售队伍的薪酬方案与公司战略保持一致是至关重要的，因为这样可以让销售人员分清主次，抓住重点。你将如何解决下面的团队练习 12－1 中的问题？

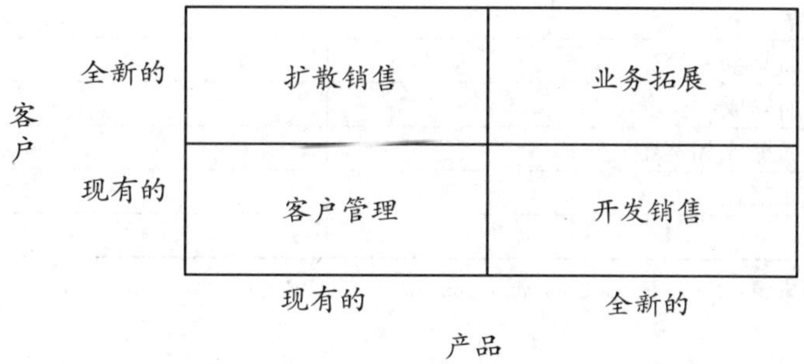

图 12－1　客户—产品矩阵

团队练习 12－1

变化中的销售提成方案

作为 Widget 公司新任的销售副总裁，你用了两周时间来研究公司现有的提成方案。在确定该方案不再适合公司新的目标和方向之后，你修正了方案。销售人员的提成不再只以销售收入为基础。由于公司正试图更加贴近客户，为客户提供更优质的服务，因此你决定提成的 70％依据销售收入，其余的 30％则根据为客户提供服务的质量来核定(通过客户回头率和意见调查来判定)。同时，公司提高了新业务的销售定额，旨在反映来年预期的业务增长。

在新的提成方案付诸实施 3 个月后，你注意到销售额直线下降，员工的士气也十分低落。于是你召集销售人员当面来讨论这个问题，你发现他们感到上当受骗了：他们既要完成硬性的定额，又要提高服务质量才能维持以前的收入水平，这怎么能做到呢？你开始思考：这个新的提成方案公平吗？为什么销售人员认为它不公平？你应该如何重新设计提成方案才能让销售队伍欣然接受呢？

薪酬的设计方案

找到工资与奖金的合理搭配方案是构建有效的销售队伍薪酬计划的关键。如表 12－1 所示，有 3 种基本的薪酬方案，包括直接工资、直接提成以及组合方案。目前，最常见的薪酬方案是基本工资加上奖励的组合方式。这种方式的一个优点是可以利用奖励的比例来影响销售人员的行为，例如使其重点关注某一客户群或某条产品线。对于试图利用奖励来控制销售行为的公司，业内的经验就是保证奖励占全部薪酬的 15％～30％。[4]然而，正如我们看到的，每一种薪酬方案都有其优势及劣势。

表 12－1 **薪酬方案的应用**

薪酬方案	公司应用的比例（％）
直接工资	18
直接提成	19
组合方案	63
工资加奖金	24
工资加提成	20
工资加提成和奖金	18
提成加奖金	1
总计	100

资料来源：*Sales Force Compensation Survey*（Chicago：Darthell Corporation，1999），p. 43.

直接工资

直接工资（straight salary）对于大多数非销售人员来说是一种最熟悉的薪酬方

案，即定期领取固定数额的薪酬。在表12－1中可以看到，大约18%的公司采用直接工资的方案。一份全国性的薪酬调查显示，每年采用直接工资方案支付给中层销售人员的薪酬低于采用工资加奖金方案支付薪酬的30%。[5]这并不一定意味着直接工资方案在本质上属于低收入，但就销售活动的回报而言，大多数的直接工资方案都是偏低的。

优势 工资的主要优点是可以有效地控制薪酬水平，而且便于指挥销售队伍进行非销售或非营利的活动，直接工资的另一个优点是公司可以最大限度地控制销售人员的活动，公司可以任意指派员工去销售特定的产品，拜访特定的客户，从事各种不同的客户服务工作和其他的非销售活动。当销售人员的职责覆盖整个区域而不是某个特定客户群时，直接工资也是比较合适的。在这种情况下，经理就可以要求销售人员拜访所有的客户，不仅仅是指定区域里“最好的”客户。这对于那些需要“地毯式销售”的模式是非常重要的，比如制造业的销售。由于销售人员的收入与具体客户的销售额没有关系，因此销售经理可以随心所欲地划分区域，重新委派销售人员到新的地区。同时，使用这种方案，工资成为公司的固定成本，并且工资费用的比例随着销售额上升而降低。这种薪酬方案更加直接，与新入职销售人员的沟通更加容易。

直接工资方案提供给销售人员的是安全、稳定且直观的月收入。新员工特别青睐这种薪酬方案，因为如果从一开始就是提成模式，他们会面临低收入的风险。[6]客户也更喜欢直接工资方案，因为这种安排可以确保销售人员是真正来帮助他们的而不是向他们倾销存货。然而，研究发现这一方案的一些重要的前提条件。例如，一项研究发现客户往往会对那些收入与销售挂钩的销售人员产生怀疑，然而，这种对销售人员怀疑的负面效应取决于销售沟通中劝导方式使用的多少，当销售人员更加均衡地使用销售方式时（例如，劝导方式较少），两项独立的实验结果发现客户更加喜欢领取提成的销售人员，对领取工资的销售人员则不太喜欢；相反，当销售人员使用较多的劝导销售方式时，客户更加喜欢领取工资的销售人员。[7]

局限性 不绝于耳的批评是，直接工资不能对于额外的工作量提供奖励。即使有奖励出色业绩的工资调整政策，通常也只是每年调整一次，不像其他措施那样能收到立竿见影的效果。结果，有些销售人员就不会为了公司利益而付出额外的努力。一些专家认为，那些推行“大锅饭”的企业会给买主带来最多的帮助，这也就是为什么客户管理需要着重鼓励员工素质的提高，并抵制简单的销售增长。另一个问题是，领取工资的销售人员通常比在提成模式下工作的销售人员需要销售经理更严密的监督，而且直接工资方案经常会导致在一个销售队伍中业绩最差的人薪酬待遇过高的情况，当实习的新人的工资几乎和老员工一样高时，会对士气产生影响。

应用 研究表明，在人才市场竞争激烈、销售队伍的活动和绩效难以评估的情况下，在那些销售人员花大量的时间从事服务和文案工作的公司里，直接工资方案最常见。[8]这说明对于从事客户管理的销售岗位，由于很难将销售人员的个人努力与销售量或销售时机联系起来，所以直接工资方案是最适合的。例如，医药公司的巡查员的主要任务是对医生开展公关活动，而不是针对客户直接销售。多年来，要跟踪记录每一位医生的处方情况是不可能的，然而如今依靠先进的信息系统，企业能够计算出不同产品线在各个医院和药店的利润情况，于是医药行业销售队伍的薪酬方案开始发生变化，奖励模式日渐成为薪酬方案的主流，工资在总薪酬中的份额也就随之降低了。

当必须以团队的形式进行销售时，也会用到直接工资方案，比如把复杂的航空产品卖给航空公司和政府。在有色金属领域，比如铝材行业，直接工资方案十分普遍，因为在这个行业里，销售人员要扮演技术顾问的角色，可能用几年的时间才能说服一家客户购买产品。直接工资方案还适合于那些通过广告预先售出产品，销售人员则主要负责订单处理的情况。比如，大量的酒水是通过杂志和报纸的广告预售出去的，销售人员的主要工作是向专营店铺货和安排产品展示。

直接提成

提成是指销售人员根据销售量或毛利润抽取一定比例的佣金。**直接提成**（straight commission）方案完全根据销售人员完成的业绩而不是他们所付出的时间和努力来实施奖励。直接提成的原则是销售人员贡献的价值要高于其成本，虽然这一原则对于所有的薪酬方案都是适用的，但对于那些有信心提升价值和那些想公平地凭借个人努力赚取提成的人来说，这种薪酬方案是最理想的。拿到更高报酬的期望会吸引到更高素质的人员，也会激励人们提高工作效率。不过，有意思的是，完全采用直接提成方案的公司相对较少。只有19%的公司采用了这种方案，如表12-1所示。

优势 直接提成方案有利于促进工作的独立性，能提供最大可能的激励。这种方案很容易理解，薪酬的计算和执行也相当简单。由于销售成本是完全不固定的，当销售量降低或没有完成增长目标时，公司就不会负担那么高的成本。在得到销售回款之后再支付提成，这样现金流转就比较顺畅。相当普遍的情况是，各公司根据收益率设定提成比例，以激励销售队伍选择那些收益最高的产品或客户，这样，在销售队伍内部就会有不同的提成等级，销售收益高的产品或者销售给出价高的客户将获得更高的提成，而且不同的提成比例也可以用来指引销售队伍服务于新的战略目标，比如推出新的产品线。

在图12-2中，我们可以清楚地看到10%提成比例的优势。请注意，当人均销售额较低时，提成的成本也是较低的，然而直接工资方案的成本却比较高（4万美元）。图12-2显示，当人均销售额每年少于40万美元时，直接工资方案成本高，但当人均销售额每年超过40万美元时，采用直接工资方案就会使公司的总成本降低。因此，小公司经常会在开始时采用直接提成方案，在发展壮大之后转为直接工资方案。但是，财务风险不应该是选择直接工资方案或直接提成方案的唯一或者首要的依据，实际完成的销售任务才应是最重要的评判标准。请注意，对于大多数新成立的小公司而言，其销售工作应该落在客户—产品矩阵的“业务拓展”象限里，那么在薪酬制度中就应该将激励因素放在重要的位置。

局限性 直接提成方案尽管有许多优点，但也难免存在一些缺陷，主要的问题是销售经理难以控制领取提成的销售人员，而且很可能导致销售的辅助工作无人问津。在提成的诱惑之下，销售人员的重心是在推销自己而不是公司。由于销售人员的薪酬直接与特定客户的采购量挂钩，因此会抵制任何销售队伍在区域间的调整。当业务状况变差时，这些拿提成的销售人员中就会出现严重的人员流失，因为他们

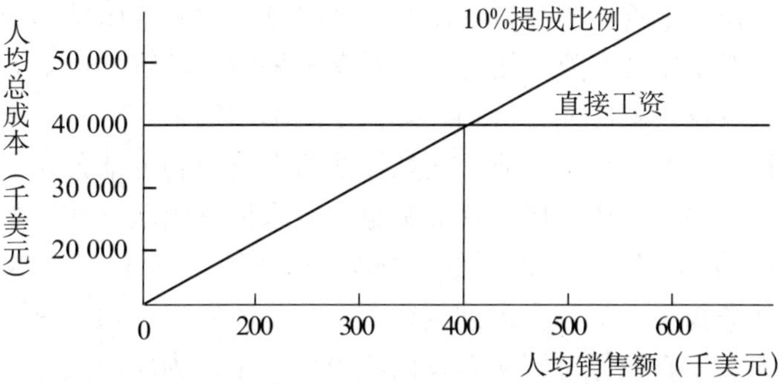

图 12-2 一线销售人员的直接工资与直接提成方案对比

对公司的忠诚度是很低的。在直接提成方案下，员工的收入差异悬殊，较低收入的人会士气低落，高收入的人则不愿意转岗从事监督或管理工作。

应用 当非常需要激励员工而不太需要售后服务与公关工作时，直接提成方案是最佳选择。这最适合那些挨家挨户推销的公司和汽车经销商，虽然土星公司（Saturn）依靠"不讲价"的价格政策取得成功的事例在一定程度上改变了这种模式。还有一些其他的行业也应用直接提成方案，包括保险、房地产、证券、印刷以及许多行业的批发商。提成比例一般是销售额的5%～14%。

工资加奖金

工资加奖金（salary plus bonus）方案，一方面可以使销售人员的收入有一定的保障，另一方面奖金部分也可激励他们努力达到公司的目标。奖金是在达到特定的目标后另外支付的薪酬，一般是每年发放一次。决定奖金支付的最常用的指标应该是销售人员完成销售定额，再有就是他们达到平均利润额，还有一些指标也可以作为发放奖金的基础，比如新客户的增量、单位销售额以及整个公司的效益。在表12-1中可以看到，工资加奖金是最受欢迎的方案，有24%的公司在采用。实际上，因为这种薪酬方案在激励不同销售人员方面有较好的灵活性，许多公司开始采用工资加奖金的方式。例如，明尼阿波尼斯的Carlson Marketing公司最近将其薪酬方案从直接提成调整为工资加奖金。通过将客户满意度以及客户服务成本作为绩效考核指标，新的薪酬方案大大激励了公司的团队合作。[9]

优点 工资加奖金方案有几方面的优点，最主要的是它平衡了控制销售成本与鼓励销售业绩之间的矛盾。当大量的产品——比如许多消费品——已经通过广告预先售出时，再在工资的基础上增加提成来鼓励销售人员争取更多的销量就没有意义了。在这种情况下，工资加上适度的奖金就足以保证他们完成任务了。

工资加奖金方案的另一个优点是，它有助于降低销售人员的流动率。[10]如果购买周期较长，销售人员必须花费大量的时间去掌握客户的经营状况，这一点是特别重要的。工资的保障使销售人员既肯花时间发掘新的客户，又能安心服务现有的客户。

局限性 工资加奖金方案的一个潜在问题是，有些公司在确定奖金额时采取了武断的做法。销售经理在审查销售成果、客户关系和售后服务之后，便决定每个人应得的奖金。如果销售经理没有讲清楚奖金是如何确定的，这一薪酬制度的效果就会大打折扣。工资加奖金方案还有一个缺点，就是难以处理业绩与奖励的关系。由于奖金一般按年度发放，销售人员对激励手段的理解（比如，更高的业绩会产生更大的个人收益）就可能打折扣，降低了激励的效果。

应用 大型的食品企业，比如桂格燕麦公司和宝洁公司，普遍采用工资加奖金的方案。有些公司还利用工资加奖金方案来促进团队合作。例如，在美国信安金融集团（Principal Financial），如果某个分支部门的全体销售人员都能完成或超额完成某项任务指标，就都会得到年终奖金。集团发现，通过这一手段，那些表现优秀的销售人员一直能保持团队合作的积极性，主动为团队发展献计献策，向那些业绩稍差的销售人员传授销售技巧。[11]

工资加提成

对于工业品的销售人员，企业一般会采取**工资加提成**（salary plus commission）方案，以促使他们销售复杂的产品或服务。在表 12-1 中可以看到，有 20%的公司应用了工资加提成的方案。虽然大部分公司在收到销售回款时就会付给销售人员提成，但大约 40%的公司还是会设立**提成底线**（commission thresholds），只有在达到这一指标之后才能得到提成。根据销售额的情况，提成比例往往是不同的。举一个例子说明，销售人员如果在一个月内的销售额达到 2 万美元，就会得到 4%的提成；之后如果再增加 1.5 万美元，又会得到这 1.5 万美元的 5%的提成；如果销售额继续增加，对于超过这 3.5 万美元的部分，提成比例就会上升到 6%。当需要销售工作格外努力时，这种**累进提成比例**（progressive commission rates）会产生明显的效果。

优点 可以通过调整提成比例来促进个别产品的销售或者加大对某个市场的推销力度。许多公司根据产品的收益率设置不同的提成比例。另外，公司普遍对薪酬方案中的提成部分设置最高限额，以防止销售人员因与自身工作无关的因素而获得大笔的收入。

提成通常按月支付，以便及时兑现对销售人员业绩的奖励。为了确保销售人员在完成销售任务之后仍能继续为客户提供服务，有些公司会分步兑现提成，按一定比例在几个月或几年内分期支付。在一段时间内分期支付提成，也有利于防止销售人员在一个大型销售项目完成之后立刻离开公司。

局限性 工资加提成的方案，主要缺陷是成本比较高，实施起来的代价也高。研究表明，工资加提成方案支付的酬劳平均最高，要高于工资加奖金的方案，研究还发现销售人员通过这种薪酬方案的激励能够实现更好的销售业绩，不过也有可能这种薪酬方案提供了远远高于他们应得的激励。有了提成封顶，销售人员如果达到了收入上限，就很容易不思进取。

应用 经理采用工资加提成方案，是希望利用其中的提成部分达到激励销售人员的目的。在某些业务随季节或经济周期波动的行业里（例如建材、机械、电器以及造纸等），这种薪酬方案因其灵活性得到了企业的普遍青睐。那些销售建筑材料的工业企业、机械制造商、电子设备供应商以及纸质产品生产商更青睐工资加提成的薪酬方案。

工资加提成和奖金

最全面的薪酬方案是将工资的稳定、提成的激励与奖金的特别刺激结合起来。如表 12－1 所示，有 18%接受调查的公司采用了**工资加提成和资金**（salary plus commission plus bonus）。位于田纳西州孟菲斯的货运及物流业巨头联邦快递（FedEX）的经理们意识到，他们需要为其销售部门设置新的薪酬方案，其销售队伍一直抱怨现行的工资加提成和奖金的薪酬方案不能及时兑付，同时，提成和奖金的不确定性也十分令人烦恼。此外，联邦快递需要其销售队伍销售两种新的产品和一种老产品。新的薪酬方案要确保足够简单明确，使销售队伍能够明白，他们为获得一定的奖金和提成需要销售 3 种产品。在新的薪酬方案实施后，联邦快递很快就发现其销售队伍有了变化，之前的抱怨与负面情绪很快让位于积极且富有创造性的沟通，实现了 3 种产品利润的增长，联邦快递的销售及市值很快上升。这个例子说明，当工资加提成和奖金的薪酬方案足够简单明了，且与公司的战略目标统一时，效果非常明显。[12]

优势　这种方案的主要优点是，能让销售经理实实在在地对销售人员的每个活动进行奖励。专家指出，工资加提成和奖金方案将会得到更加广泛的应用，因为销售经理愿意以一套更全面的方式奖励销售人员而不是仅仅根据销售额。正如 IBM 的例子所揭示的，一些因素，如团队合作、客户满意度、公司利润和对某一类客户（如分销商）的销售等，都可以作为综合评估销售人员绩效的依据。这种方案可以赋予经理最大的灵活度，使其根据销售人员的不同绩效调整他们的薪酬，而且工资、提成和奖金三部分组合并用，有利于针对销售人员的需要设计出不同的方案。位于北卡罗来纳州夏洛特的薪酬专家咨询公司（CompensationMaster）的合伙人戴维·科克斯（David Cocks）说："当你给予人们多项选择权时，也就让他们找到了职业生涯中适合自己的工作方式和位置。"[13]

局限性　尽管有这些优点，但是工资加提成和奖金的方案仍然存在很大的缺陷，主要的缺点是其复杂性。这种复杂的方案引出了两个挑战：第一，实施起来代价高昂，需要销售人员、销售经理和人力资源部门投入更多的时间来汇报和管理多种薪酬元素；第二，复杂的薪酬方案会让销售人员眼花缭乱，结果他们可能只集中精力从事那些易于完成的工作（考虑到个人的特长）而忽视了薪酬方案中其他重要的因素，于是销售经理要花费宝贵的时间对有些销售人员进行管理。

应用　办公设备、仪器仪表、电子和商业服务等行业倾向于采用这种方案。正如之前提到的，由于它的灵活性，其他行业也有越来越多的企业开始采用这种工资加提成和奖金的方案。

提成加奖金

另外一个组合方案是**提成加奖金**（commission plus bonus），它围绕销售目标，将提成和奖金的激励作用融为一体。不过，在表 12－1 中可以看到，只有 1%的公司采用了这种方案。

优势　与直接提成方案相似，提成加奖金方案容易理解，实施起来也相当简单。这种方案的现金流同样比较顺畅，因为提成是在收到销售回款之后支付的，奖金是在年底发放的。这种方案与直接提成方案的不同之处是，奖金部分对销售人员的行为产生了额外的控制。提成加奖金方案的另一个好处是，奖金能在雇用人员时发挥作用。例如，国际性的专业网络集成企业 Logical，就以优厚的年终奖金招聘到了业内最优秀的销售人才。[14]

局限性 任何薪酬方案都有局限性，有些已经在介绍直接提成方案的局限性时提到，加入了奖金之后，其他问题随之出现。比如，年终奖金在销售人员心目中的公平性就是其中之一。当一贯表现出色的销售人员看到其他销售人员拿到比他多得多的年终奖金时，就会感到沮丧，并且有可能辞职；如果他把年终奖金少归咎于一些超乎其自身控制的因素（如区域不好），就很难留住这个人。如果最优秀的销售人员离职转而投奔你的竞争对手，那么奖金在聘用人才方面的优势就会变成劣势。另外，你的销售人员为了获得年终奖金，可能会变得唯利是图，这也会影响到与客户的关系。

应用 提成加奖金方案特别适合那些雇用代理商或独立销售人员的公司，也广泛用于股票经纪人和债券交易人。例如，美林证券公司对经纪人支付提成加现金奖励，另外还为他们提供一些著名俱乐部的会员资格，这些俱乐部每年会给予会员旅游的机会和价值数万美元的福利。为了保持会员资格，经纪人必须在一年内售出预先约定数量的财务方案。然而，这种将奖励与特定产品的销售定额绑定在一起的方式，并不能激发每一位销售人员的兴趣。

企业开始意识到，薪酬方案不止是向销售人员支付劳动报酬，它还有更广泛的用途，从招聘工具到文化建设，其作用无所不在。公司需要时刻紧跟形势，保持薪酬方案的竞争力，否则就会面临被竞争对手抢走优秀人才的危险。难怪一项近期的调查显示，大约80%的公司每年都对薪酬方案作出调整。[15]说明调整薪酬方案背后的道理，让优秀的、普通的以及较差的销售人员都明确所能得到的薪酬，这对于维持员工的积极性和提高对新方案的接受程度都是十分必要的。

客户满意度与销售队伍的薪酬

全面质量管理就是给客户提供高质量的产品并且使客户满意。然而，将客户服务与销售队伍的薪酬联系起来并不容易，问题有可能出在公司无法测算出客户的满意度，而这对于任何以奖励为基础的薪酬方案的成功实施都是非常关键的。还有一种可能是销售人员操纵数据以获取利益。尽管存在这些问题，将薪酬与客户的满意度联系起来正在成为一种趋势。

将薪酬与客户满意程度联系起来，一种常见的方法是让客户完成一份客户满意度调查表。公司测算满意度的调查表会问一些关于销售队伍的反应速度及诚信度、解决问题的能力、售后服务和交流能力之类的问题，这些信息以后会用作修正销售队伍薪酬的评估因素，或用来计算奖金数额应该相当于基本工资的百分比。公司一般将与客户满意度有关的资金部分设定为薪酬总额的20%左右。

爱德华兹公司是一家在全球范围内提供电子商务解决方案的服务性公司，其销售人员的收入中有20%是由两年的客户满意度调查决定的。客户被问及的问题包括软件产品的质量、人员诚信度以及综合满意度等。销售人员会得到某一等级的分数，等级从1～10意味着能得到奖金的75%～125%。该公司负责美国业务的高级副总裁唐·怀特（Don White）说："一开始，有些销售人员对新制度有抵触情绪，他们感觉有好多考核因素是他们无法控制的，比如软件的质量，这是不公平的，但不久他们就适应了。"越来越多的销售人员开始将工作看作一个项目而不是一笔交易，也就是必须让客户满意。[16]

团队销售方案

由于客户的需求不断变化和日益复杂的环境，团队销售比以往任何时候都重要。在将来，有效的团队销售是公司具有决定性作用的竞争优势。因此，销售队伍的薪酬方案只有适应这种趋势才能保证公司业务的发展。**团队销售**（team selling）最简单的形式是处于不同区域的两名销售人员通过彼此配合来完成销售。例如，Maritz，一家专业服务公司，来自不同区域的销售人员没有有效合作，导致该公司的增长受限，意识到其薪酬方案没有激励团队销售后，公司管理层及时调整了方案，销售经理和销售代表在将产品销售到其他区域或将销售信息转给其他销售队伍时，都会获得相应的佣金。当销售人员完成跨区域销售时，就可获得一定的积分，或者根据该销售人员在完成该交易中的贡献获得现金奖励。Maritz 的管理层发现，其不同区域的销售队伍开始更加有效地合作。[17]你如何处理下面的团队练习 12－2 中的提成问题？

团队练习 12－2

团队销售的激励

团队销售在销售技术含量较高的产品中越来越普遍，经理需要寻找各种方法来激励团队中的所有成员。作为一位区域销售经理，你被委派去为一个销售新软件包的两人团队开发一套激励方案。这个方案可以通过个人电脑交换各种信息，但要求对客户进行一定的入门指导。销售队伍包括一名销售人员和一名系统工程师，后者负责演示产品，解释技术细节，解答客户疑问，探究其他可以应用软件的新领域。你如何确定销售人员和系统工程师的报酬？他们的提成应该相等吗？在开发薪酬方案时，对于报酬方面，假定系统工程师比销售人员更希望得到稳定的薪酬。

更为复杂的团队销售情形是外勤销售人员、技术专家、销售服务人员和电话销售人员共同合作来完成一笔销售。因为许多公司为了提高销售额和利润都强调有组织的团队合作，所以薪酬方案除了奖励外勤销售人员以外，还必须兼顾销售队伍中的其他成员。由于技术人员和服务人员一般都领取工资，通常的办法是让销售队伍中的所有成员都分享奖励，这样一来，虽然技术人员和服务人员的提成相对少一些，但他们有可能获得团队奖金。

基于利润的提成

薪酬方案的主要目的就是指导销售队伍在业务上取得成功，不过，要达到这一目的并不容易。研究证明，销售岗位的压力（来源于岗位的多种需求）将降低销售业绩。[18]因为销售人员很少能看到成本和规模经济的数据，所以通常只会着眼于奖励的比例，只注重那些容易售出而且能带来最高提成的产品。因此，销售经理需要将销售人员的薪酬与其利润最大化的岗位职能挂钩。[19]

一个可行的方法是根据产品的利润总额决定所支付的提成。在这种方案中，提成就是销售人员实现的利润的一定比例（销售收入－产品成本＝利润）。如果实施这种利润总额的提成方案，公司和销售人员就相当于是从同一个钱袋里（所得的毛利润）取钱，这样一来，彼此都会尽最大努力来增加钱的数量。从理论上讲，公司获得的利润越多，销售队伍分得的提成就越高，销售人员从中得到的酬劳也就越多。典型的是医疗设备公司和汽车零售公司的销售人员，他们根据每单销售的利润获得一定比例的收入，因此会尽力与客户讨价还价，为老板和自己赚取最大可能的利润。

利润总额提成方案并不适合所有的情形，其中的一个潜在问题是，它会引导销售人员争取那些金额很高但利润很低的订单，回避那些金额虽小但利润很高的订单。例如，诚信无忧公司（Certain-Teed Corporation）就曾根据利润总额为其销售建筑材料的人员支付提成，但由于销售人员带来了太多的低利润订单，该方案最终不得不改成工资加奖励的形式。问题在于在销售人员的眼中，一笔100万美元的订单所包含的10%的利润与一笔50万美元的订单包含的20%的利润是一样的（见表12－2）。在这两笔订单中，公司获得的利润都是10万美元，销售人员获得的提成也都是1.5万美元，可如果销售时间差不多的话，销售人员更愿意做100万美元的订单以赚得好名声，但是公司则更喜欢50万美元的订单，因为金额较小的订单意味着更低的运货成本以及更少的原材料和生产力的消耗。也许一个更适合的方案是，在支付提成时，综合考虑利润和订单规模。这个方案还可以规定，如果利润总额和订单规模都相对较小，提成比例也要减小。

表12－2　两笔订单基于利润总额的提成对比

订单	订单的利润率（%）	订单规模（美元）	公司的利润（美元）	利润的提成比例（%）	支付给销售人员的提成（美元）
1	10	1 000 000	100 000	15	15 000
2	20	500 000	100 000	15	15 000

资料来源：Joseph Kornik，Maggie Rauch，and Rebecca Arounauer，"What's It All Worth? 2007 Compensation Survey，" *Sales and Marketing Management*（May 2007），pp. 27－39.

费用报销和福利

在讨论销售队伍的薪酬时，如果忽视了费用报销和其他福利，那将是不完整的。几乎所有支付直接工资或混合使用工资、提成与奖金的公司都会为销售人员承担业务费用。公司所负担的费用中比较典型的有汽车里程补贴和其他差旅费、小费、住宿、就餐、样品、电话费、邮资以及体育比赛和电影或戏剧的门票，等等。每个销售人员的年度费用预算可能高到数十万美元，因此，建立有效的销售人员报销体系就显得非常重要。

费用报销的方案

有三种报销的方式：（1）没有限制的报销；（2）定额津贴；（3）有限制的报销。

没有限制的报销　这种报销的方式是让销售人员上交一份清单，详细说明其支出情况，然后公司就会全部报销。这种方式给了销售人员很大的自主权，由其自己决定去哪里以及如何联系客户。采用没有限制的报销方式，管理费用也不是很高，因为不需要配备专人定期检查开支情况。

小型的公司比较喜欢没有限制的报销方式，因为它们不想浪费时间对费用进行审核。那些销售昂贵产品（比如飞机）的公司也会采用这种方式，因为经常会有招待客户的活动。这种方式的主要问题是，有些销售人员将变得非常贪婪，会试图从业务费用中谋取私利，这也迫使管理层偶尔解雇一些违规的销售人员。

定额津贴　定额津贴的方式就是支付给销售人员一笔固定数额的钱，以补贴其每天或每周的花销。这笔钱包括就餐、汽油、住宿和电话等一切开支。这种方式的主要好处是监督简单而且成本不高。然而，销售人员也会试图通过让费用低于补贴的办法（通常是削减差旅费）从中谋利。为了节省开支，销售人员可能会倾向于拜访就近的客户而不愿去拜访较远距离的客户。在招待客户时，定额津贴方式所起的激励作用也比没有限制的方式逊色。销售人员会将开支控制在定额津贴以下，但对于公司而言费用还是那么多。另一个问题是，定额津贴必须定期修正，以反映通货膨胀因素。这种定额津贴的方式普遍适用于日常性的销售工作和标准化的商品。

有限制的报销　采用此种方式的公司会对销售开支的每个项目设置数额上限。例如，公司允许的每英里的差旅费是 48 美分，早餐费是 8 美元，午餐费是 12 美元，晚餐费是 25 美元，住宿费是 90 美元，等等。这些限制必须能符合实际的业务情况，而且应该经常调整以反映通货膨胀因素。采用这种方式的目的是让销售人员清楚公司将支付的费用数额，并鼓励他们节约开支。有限制的报销方式便于编制销售成本的预算，而且有利于遏制报销中弄虚作假的现象。

有限制的报销方式也存在一定的问题。首先，为了达到报销的目的，销售人员会费尽心思在账目上移花接木，把一种费用改成另一种费用，或者把一个时间段的费用谎报成另一个时间段的，这些心思本应该用来为客户提供更优质服务的。其次，这种方式的监管成本较高。一种削减监管费用的办法是，一年中分几次记录一些有经验的销售人员的每周实际支出，然后根据该记录为所有销售人员设定报销标准，还应该尽量减少实施监督的费用；同时，也要减少让销售人员上交的报告，这样才能为销售工作留出更多的时间。还有一个办法是，可以随机选择一些报销报告进行抽查。

福利计划

福利（benefits）可以用来吸引和奖赏销售人员。一项研究发现，与表彰和激励奖金相比，销售人员更愿意得到福利。[20]在表 12－3 中可以看到，福利项目包括各种医疗费用、保险金和退休金。最近医疗费用的大幅上涨使得许多公司很难控制福利的成本，解决的办法是提高报销的医疗费用门槛，让员工负担更多的成本。另外一个很常见的解决办法是，分发给每个销售人员一定数额的福利金，让其以自助的方式选择福利项目，这样销售人员也可以找到适合个人需要的福利项目。

表 12－3　公司提供的福利

福利	公司负担的比例（%）
住院费	90
人寿保险	77
口腔保健	69
长期伤残	56
退休金	55
短期伤病	49
利润分红	44
储蓄	22
员工持股	21

资料来源：*Sales Force Compensation Survey*（Chicago：Dartnell Corporation，1999），p. 121.

你必须确定销售人员需要对福利方案分摊多少费用。如果让销售人员负担一部分成本，公司就要给他们额外的薪酬以补偿其分摊的费用。然而，这笔额外的补偿是需要交税的，甚至会让员工的应税额累进到一个更高的所得税级别。如果公司直接支付福利，销售人员在纳税上会更有利，不过在收入上看起来会比其他公司少一些，但是从长远来看，这对他们是有利的。

另一个近期的趋势是，销售人员可以与公司讨论员工持股方案和股票期权。公司可以提供给销售人员低于市场价格购买股票的机会，或者更优惠的是，为员工提供等额或更高的投资补贴。当然，股票市场有风险，但如果公司不是处于高危状态或者经营不善，这种员工持股的形式是相当有利的。那些野心勃勃、迅速成长的公司或者刚刚或即将上市的公司是最有条件提供股票期权的，因为这类公司正在迅速地消耗资金，更愿意提供现金加购股机会的混合型薪酬方案。

业务费用和福利在保证销售人员工作的费用成本中占有相当大的比重。在某种程度上，薪水、业务费用和福利可以相互补充，因为它们都可以对销售人员起到奖赏和激励的作用。根据马斯洛的需求层次理论，它们能够分别满足不同的需求。

整合方案

销售经理要负责把各种薪酬要素组合起来，形成一份适当的薪酬方案，然后预测其效果。这项任务并不是很难，因为只有三种选择：平均薪酬、高于平均薪酬和低于平均薪酬。高于平均薪酬具有吸引力，它可以吸引到优秀的销售人员，并且能激励他们争取更高的销售额。支付超过平均水平的薪酬有助于招聘到素质更高的人才，这些人日后能晋升到管理岗位。然而，当销售人员的薪酬比高级管理人员还高时，可能会引起公司中其他职员和领导的不满，继而导致士气低落。此外，为销售人员无止境地提供高薪不一定能发挥持续的激励作用。一项研究表明，大部分销售人员的工作目标是获得一个满意的薪酬等级而不是追求薪酬最大化。[21]

销售经理可以查阅由 Dartnell 公司、美国经济咨商局（Conference Board）和工商业相关协会出版的调查资料，从中可以获得一些关于薪酬水平的指导意见。例如，图 12－3 显示的是《销售和营销管理》杂志对采用组合式薪酬方案（工资加奖励）的公司的最新调查结果。[22]请注意，最高的薪酬支付给了业绩最佳的销售人员（161 500 美元），销售经理的薪酬紧随其后（147 800 美元）。在销售人员可以得到奖励的情况下，销售经理在其区域里的薪酬低于销售人员是正常的。负责大客户销售的人员可以获得中等水平的薪酬（94 800 美元），这会激励其他人，比如新员工和电话销售人员，他们会努力提高自己的薪酬等级。虽然新的销售人员一开始基本工资比有经验的销售人员少，但时常有得到提成或奖金的机会，往往还能得到一辆汽车和一定的费用报销额度。

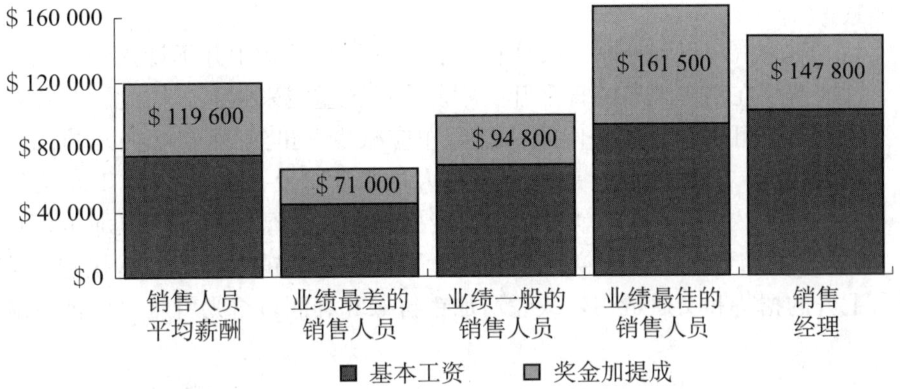

图 12－3　采用工资加奖励方案公司的薪酬水平

适当地确定支付给销售人员的薪酬标准的另一种方法是参照同行业内同等规模的公司所支付的平均薪酬水平，人员高速流动的劳务市场也可以作为另一个参考。假设同等的公司支付给销售人员的平均年薪是 52 000 美元，销售经理需要将这笔钱分解成工资、提成和奖金。根据对销售业绩的分析，分解之后的薪酬结构应该是：工资 38 000 美元，提成 10 000 美元，奖金 4 000 美元。每个月的稳定收入是 3 167 美元的工资，工资总额占薪酬总额的 73%。根据产品线中不同产品的利润率和业务对象，这家公司设置了从 1%到 4%不等的销售额提成比例。从以下的明细表中可以看到薪酬中的提成部分是如何计算的：

提成比例	业务类型和对象	销售额（美元）	提成的金额（美元）
0.01	重复销售零配件	100 000	1 000
0.02	销售新设备	250 000	5 000
0.04	对新客户的销售	100 000	4 000
总计		450 000	10 000

请注意，对于利润很低的零配件的重复销售，这个薪酬方案所支付的提成比例也是相当低的，只有 1%；然而，对于利润更高的新设备销售，提成的比例就达到了 2%；另外，对于面向新客户的销售，该方案则提供了高达 4%的提成比例，目

的是鼓励销售队伍拓展新的市场。

在这个方案中，对于那些每年超额完成销售任务的销售人员，奖金部分的数额设定为工资加提成的8.3%。假设一名销售人员完成了定额任务，那么支付给他的奖金就是48 000美元（38 000美元的工资加10 000美元的提成）的8.3%，即4 000美元，这笔奖金一般会到年底发放。在这个例子中，给销售人员的薪酬总计52 000美元，相当于一个初级销售人员的平均薪酬。下面列出的是包括汽车里程补贴等开支以及福利在内的薪酬方案（单位：美元）：

38 000	工资
10 000	提成（销售额的1%～4%）
4 000	奖金（完成定额后，工资加提成的8.3%）
7 500	福利
12 000	汽车里程补贴（25 000英里，每英里48美分）
20 000	住宿、就餐和招待费

尽管汽车里程补贴以及住宿、就餐和招待的费用并不计入销售人员的薪酬，但这些费用在销售人员的日常开支中所占的比重越来越高。因此，当住宿和招待费用增长时，可用作现金支付的钱就会相应减少。虽然12 000美元的汽车里程补贴看上去很高，但那只不过是一个销售人员每年200天每天旅行125英里的费用。还有，虽然20 000美元的就餐和住宿费用看上去已经足够了，但那也仅仅是一个销售人员每周4天每天100美元的费用。因此，除非销售经理能够找到方法来控制不断上升的招待和交通费用，或者增加销售额和利润，否则就难以保证薪酬的竞争力。

评估方案

在选择了合适的薪酬方案和薪酬标准之后，还必须对这个方案进行评估，看一看它对于销售人员的薪酬和总成本有什么影响。这个评估通常需要参考以往年份的销售数据，并在新方案的框架下为一组销售人员计算出期望的薪酬。如果利用自动化软件，设计过程将大为简化。目标是测算出在新的薪酬方案下那些高于和低于平均水平的销售人员能够达到多高的薪酬水平，尽量避免出现销售人员的收入陡增或者收入过少的不公平现象。如果新的薪酬方案较当前的方案会引起薪酬下降，那么一定要谨慎，因为销售人员将会产生抵制情绪，导致大量的人才流失。不过，在某些情况下，我们仍希望产生某种程度的人员流动。

本章小结

支付薪酬是激励销售人员实现公司的销售和利润目标的关键因素之一。然而，在销售队伍的薪酬成本不断攀升的情况下，设计一个能够更高效地激励销售人员工作的薪酬方案就显得愈加重要了。通过阅读本章，你应该能够：

1. 解释让薪酬与公司的资源保持平衡的必需性。在没有过多顾客或者忽略非销售工作的前提下，薪酬方案可以很容易地让销售人员达到他们的收入目标，但是如果要设计一个薪酬方案，可以让公司在不破产的情况下，还能激励销售人员完成公司的任务并且让客户满意就不是很容易了。要想构思和设计一个适合公司目标的销售薪酬方案，客户—产品矩阵是一个很有用的工具。在薪酬方案中，那些以开发新客户为重点的销售岗位比那些做客户管理的销售岗位需要更大比例的奖励（比如提成和奖金）。客户管理型的销售工作包括更多的客户服务内容，其薪酬中工资的比例应该更大一些。

2. 描述不同的薪酬方案。直接工资方案和直接提成方案是支付薪酬的两种极端情况。直接提成方案对于业绩给予最大限度的刺激，但对于销售队伍的行为很难控制，直接工资方案则恰恰相反。这两种方案的局限性使得组合方案应用得最为普遍。已讨论过的组合方案包括：工资加奖金、工资和提成、工资加奖金和提成以及提成加奖金。销售经理学会如何将工资、提成、奖金和福利组合起来，并让销售人员和公司都有所获益是非常重要的。

3. 设置薪酬等级。除了采用什么方案之外，还有一个问题就是该支付多少钱。要确定给予销售人员什么样的薪酬等级合适，销售经理应该首先分析竞争对手的薪酬方案，在特定的劳务市场挑选有能力的人员也是一个办法。一线销售人员的薪酬有时会很高，这就需要销售经理不断做出努力，使销售队伍的薪酬成本与公司收益保持平衡。

4. 整合薪酬方案。在完成一套薪酬方案的设计和实施之后，应该能够保证它的控制作用和激励作用相互平衡。对于这一平衡，需要考虑的问题还有报销的方式、所提供的福利以及对此方案进行评估以明确它对于销售人员的薪酬和总成本有什么影响。

关键术语

福利　benefits
提成加奖金　commission plus bonus
提成底线　commission threshold
累计提成比例　progressive commission rates
工资加奖金　salary plus bonus
工资加提成　salary plus commission
工资加提成和奖金　salary plus commission plus bonus
直接提成　straight commission
直接工资　straight salary
团队销售　team selling

自我能力提升

1. 战略行动能力。假设你是一家大型互联网连接产品制造公司的销售总经理，销售队伍的薪酬方案是工资加奖金。如果你的销售人员能够完成每年的销售定额，那么每年会得到相当于工资35%的奖金。当前的经济形势非常有利于你公司的销售人员，你预计他们很容易超额完成销售任务并赚得一大笔奖金。据你估计，明年销售人员的薪酬将高于你的竞争对手。由于相信销售人员的收入很可能会达到很高的水平，所以你考虑改变薪酬方案。你的计划是将定额提高20%，并且将每年的奖金比例减少到最多不超过工资的20%。在正式对销售队伍宣布新的薪酬方案前的几个星期，你无意中听到两名销售人员之间的谈话：

乔治：我的希望全在今年了。过去两年，我竭尽全力，但只完成了定额的80%。该轮到我们收入提高了。

利兹：我同意。去年如果不是在最后关头碰到难以置信的运气，我也根本不可能完成定额，真是差一点儿就没完成。

乔治：要是情况没有改观，还是没完成定额的话，我会考虑离开公司的。我的收入很不错，足够花销，但到了第三季度，我发现不可能完成定额了，我就放弃了。还有什么意义啊？

利兹：公司的奖励制度对于我们来说是很有吸引力的，但是销售定额太高了，几乎不可能完成。我同意你的看法。乔治，今年会不一样的。

你应当考虑这些谈话内容吗？在你看来，对于这个新推出的薪酬方案，还有什么需要做的吗？

2. 团队建设能力。当销售周期很长且很复杂时，为团队销售设计薪酬方案是一件很难的事情。顾问建议将销售工作分解成不同的部分，如确定客户线索、争取客户、技术支持、撰写提案和完成交易等。这样的话，如果要支付20%的提成，那么完成这几项工作的团队成员应该每人得到4%。如果某项工作比其他几项更重要，那么应该改变4%的提成分配以反映这种差异。这种制度有什么优点和缺点呢？

3. 全球视野。在以前的章节中曾经讨论过，文化会对个人的价值观产生很大的影响。近期，在《人员推销与销售管理杂志》（*Journal of Personal Selling and Sales Management*）上发表的一篇关于销售人员对奖励效价的研究认为，中国内地的销售人员与香港同行对奖励的评价是不一样的。该项研究表明，内地的销售人员最重视来自管理层的鼓励和支持，接下来是对高绩效者的褒奖和与一些工作相关因素，最后是对个人的奖励。香港的销售人员则认为职业发展机会是最重要的因素，接下来依次是奖励、支持和定额任务。假如你是一家跨国集团新任的国际销售总监，你的销售队伍主要是由中国内地和香港的销售人员组成，利用这个信息，你将怎样为他们设计不同的薪酬方案呢？

4. 自我管理能力。不同类型的薪酬方案适合不同类型的人。西北互助人寿保险公司（Northwestern Mutual Life）是一家提供终身与定期人寿保险、伤残收入保险以及个人、企业、财产和养老金的年金计划的保险公司，其销售代表一般会获得100%的提成。请登录网站：www.northwesternmutual.com。进入主页后，点击“职业”（Careers）下的“财务代表”（Financial Representative），你就会看到公司认为成功的销售代表所应具备的重要特质，如果想看看你是否符合该公司要求的成功标准，你可以在线测试销售能力（点击“第一步”（Take the first step））。你愿意在这种企业中工作吗？为什么？

5. 技术能力。公平理论将公平观念引入销售队伍的激励过程中，在设计和实施销售队伍薪酬方案时，这一理论是不容忽视的。由于各个地区的生活水平存在差异，因此，关于各地薪酬是否公平的担忧也产生了，大多数的薪酬方案会考虑到这些差异，如果利用家庭采购市场网站（Home Buyer's Fair），计算这些差异会容易得多。这个网站有一个备受欢迎的特点：可以计算出北美洲任意两个城市之间的生活水平的差异。

作为总部位于堪萨斯州堪萨斯城的大循环纸业公司（Big Cyclone Paper）的全国销售经理，你要为各地区的销售队伍设计薪酬方案，而且要考虑到各地区生活费用的差异，这些销售队伍分布于美国的10个城市：（1）堪萨斯州的堪萨斯城；（2）伊利诺伊州的皮奥里亚；（3）肯塔基州的路易斯维尔；（4）科罗拉多州的丹佛；（5）得克萨斯州的达拉斯；（6）加利福尼亚州的洛杉矶；（7）纽约州的罗切斯特；（8）佛罗里达州的奥兰多；（9）佐治亚州的亚特兰大；（10）俄亥俄州的辛辛那提。

你所设计的薪酬方案采用的是一种混合

式的系统，即固定工资加提成和奖金的组合方案。生活费用的调整将体现在方案中的固定工资部分，也就是说，将堪萨斯城销售人员的基本工资 30 000 美元作为基准数据，其他地区销售人员的基本工资根据两地生活水平的差异相应地作出增减调整。以这种方式，所有的销售人员都将得到与堪萨斯城 30 000 美元等值的基本工资。

登录家庭采购市场网站 http：//www.homefair.com，点击位于左侧的“工资计算器”（The Salary Calculator），就可以计算出与堪萨斯城 30 000 美元等值的各地的基本工资：

堪萨斯州的堪萨斯城	30 000 美元
加利福尼亚州的洛杉矶	________
伊利诺伊州的皮奥里亚	________
纽约州的罗切斯特	________
肯塔基州的路易斯维尔	________
佛罗里达州的奥兰多	________
科罗拉多州的丹佛	________
佐治亚州的亚特兰大	________
得克萨斯州的达拉斯	________
俄亥俄州的辛辛那提	________

6. 教导能力。作为地区销售经理，你需要为所管辖的 6 个分区的销售经理制定工资提案。他们刚刚完成了年度评估，公司正在考虑给他们增加年薪，而且已经预留了相当于他们全部工资 10%的资金作为加薪储备。他们现在的总年薪是 297 300 美元，这意味着你有 29 730 美元可以用来为他们加薪。公司对于你如何分配这 10%的资金没有提出正式的限制。所有经理的工作级别都是相同的，这个工资提案也是保密的。请根据以下的个人简介，确定每位经理的工资增幅。

销售经理的个人简介

● 约翰·史密斯（John Smith）：30 岁，有 3 个孩子，现在的年薪为 59 000 美元，哈佛大学工商管理硕士。妻子是董事长的女儿。他在公司工作了 5 年，最近两年担任销售经理。他的团队是最容易管理的，他给你留下的印象是他并不是非常聪明，但是很努力。根据最近的业绩，你对他的评价是“中等偏上”（68 分）。对此，你征求过其他人的意见，那些人都是你很敬重的，他们也感觉与你手下的其他经理相比，他发挥的作用确实小了一点，但是他们提醒你，要注意他的潜在影响力。

● 拉里·福斯特（Larry Foster）：27 岁，单身，现在的年薪为 38 300 美元，缅因大学文学学士。他在公司工作了 4 年，最近两年担任销售经理。他的团队很难管理，但他很聪明，经常加班，他领导的团队已经出现良好的转机。根据最近的业绩，你评价他是“出色的经理，很有前途”（89 分）。

● 蒂姆·霍尔（Tim Hall）：44 岁，有 4 个孩子，其中两个在上大学，现在的年薪为 60 000 美元（3 年大专学历，没有获得学位）。他为公司工作了 18 年，最近 8 年一直在现任的职位上。他对于你担任地区销售经理不是很满意，因为他也希望得到这个职位。他很受其他经理和员工的喜爱，看上去他对销售人员很随和。他在周末很少工作，在你管辖的各个团队中，他率领的团队取得的业绩排名第二。根据最近的业绩，你对他的评价是很突出（85 分）。

● 艾伦·潘泽（Ellen Panza）：30 岁，已婚，有两个孩子，现在的年薪为 45 000 美元，纽约城市大学文学学士。她在公司工作了两年，在晋升为经理的前一年是销售分析师。你感觉她之所以能获得这个职位，不客气地说，就是因为她是一名女性，你对此十分反感。此外，你认为与公司里的其他人相比，她的工资太高了。但是，你也必须承认，她的表现很突出，因为今年她的团队业绩排名从最后一名跃居到了第一名。她的评估得分是 90 分。

● 奥拓·莱斯曼（Otto Lechman）：36 岁，已婚（妻子是公司人事部主管的助理），没有子女，现在的年薪为 55 000 美元，密歇根大学工商管理硕士。他为公司工作了 9 年，近 6 年担任经理。他很有闯劲，但脾气急躁。虽然你曾经认为他是最优秀的员工，但最近两年他让你感到失望。根据最近的业绩，你对他的评价是“中等偏下”（59 分）。你相信业绩下滑的原因之一是他已经知道了约翰·史密斯和艾伦·潘泽的工资数额。

● 戴维·格林（David L. Green Ⅲ）：29 岁，单身，现在的年薪为 40 000 美元，韦恩州立大学文学学士。他在公司工作了 6 年，5 年前他成为公司的第一位黑人经理。他有助于雇用其他黑人进入公司，而且经常被总裁任命为公司代表去参加一些城市和社区的活动。你发现戴维的工作总是勉强合格，虽然 5 年前你让他接管了一支最优秀的团队，但现在他的团队业绩大不如前了。鉴于其绩效的下降，你对他的评价是“中下等”（60 分）。有些人希望他下台，但凭借他以前在招聘其他族裔员工工作中取得的成绩，你真不知道如何能替换他。

你公司的薪酬政策是保密的，那么你计划与员工共享什么样的消息呢？你给员工加薪的原则是什么呢？

问题①

1. 最近，你被聘为一家公司的销售副总裁。该公司过去两年的销售业绩平平，是时候做出一些改变了。你确信，如果你可以有效激励你的销售队伍，他们会做出有益的改变。你在考虑如何制定明年的薪酬方案，同时，你不想操之过急。

你正在为销售人员考虑以下三个薪酬方案。哪一个方案最昂贵？哪一个方案最经济？你会为销售人员选择哪一个？为什么？

方案一：给每名销售人员每年 40 000 美元的工资，如果年销售总额超过 400 000 美元，再加上相当于超额部分 8%的奖金。如果年销售总额低于 400 000 美元，则没有任何奖金。

方案二：给每名销售人员每年 30 000 美元的工资，另加相当于年销售总额 8%的提成。

方案三：如果销售人员的年销售总额不超过 420 000 美元，则提成相当于年销售总额的 15%；如果年销售总额超过 420 000 美元，则提成相当于超额部分的 25%。

以下是明年预计的销售额。Excel 表可以帮助你分析（该表可以在 www.wiley.com/college/cron 上找到）。

销售人员	预计明年的销售额（美元）
贾格尔	550 000
科斯特洛	520 000
凯西	500 000
麦卡特尼	475 000
迪伦	450 000
廷伯莱克	420 000
克拉克森	420 000
罗维特	400 000
理查德	400 000
卡什	360 000
总计	4 495 000

2. 你拥有 Mayer Electrical Distribution 公司，你的目标是尽力提高公司的税前利润。你现在支付给销售人员的是基本工资加上相当于销售额 4%的提成。公司销售三种产品。一个名为“当前形势”（Current Situation）的 Excel 表提供了以下的初始信息。

单位成本不包括销售提成。你共有 10 名销售人员，他们的薪酬是每人 30 000 美元的工资和 10 000 美元的福利，这样你的固定销售成本就是 400 000 美元。你全年的固定成本

① Auburn 大学的埃弗里·阿伯内西（Avery Abernethy）供稿，相关 Excel 表可以从网站 www.wiley.com/college/dalrymple 下载，点击“Student Resources”。

是1 400 000美元（包括固定销售成本）。

遗憾的是，你公司最优秀的销售人员一直在流失，你正在想办法来留住他们：（1）将提成比例增加到6%；（2）改变提成结构，由产品的利润率来决定提成。你认为，如果提高销售队伍的薪酬，明年的销售额将增加10%，这是因为那样可以留住最优秀的销售人员，并且能提高他们的积极性。如果不提高销售队伍的薪酬，你估计销售额将只能增加4%。

你想看看这三种情况会对财务状况有什么影响：（1）不做任何改变；（2）将提成比例从4%增加到6%；（3）由产品的利润率来决定提成。

1. 今年你的税前利润是多少？

2. 如果不对销售队伍的薪酬作出改变，你认为明年的税前利润会有多少（销售增长4%）？

3. 如果将提成比例增加到6%，你认为明年的税前利润会有多少？

4. 如果将提成比例增加到6%，明年的销售额就有可能提高10%而不是6%。这个预测合理吗？与4%相比，6%的提成比例会使明年的税前利润提高百分之几？

5. 今年你的A，B，C三种产品的单位产品利润是多少？

6. 既然明年的目标是尽力提高税前利润，那么请明确指出你将如何改变提成制度以留住最优秀的销售人员？请作出解释。

完成这个练习有一个快速的方法，那就是复制第一张表，然后根据新的信息对表格作一些调整。请注意，你需要对名为“单位提成”（Commissions per Unit ）和“销售提成”（Sales Commissions ）的单元格里的公式进行调整，以反映提成比例的增加。比如，提成比例增加到6%，你需要将销售额乘以6%算出销售提成。还要记住把产品的销售公式也改过来，这样，程序就可以自动计算了。

希尔德案例练习

令人费解的提成

道格·布卢姆，希尔德保险公司在得梅因办事处的销售经理，感到大为震惊，区域总监利兹·舒特再一次调整了一位销售代表（即南希·卡尔）的提成，如果南希·卡尔发现了这一点，必然会离开公司。

自从公司推出了“贵宾客户”方案，根据公司总裁发布的新政策，对销售人员的薪酬进行了一番调整。如今，薪酬的70%是基于销售定额，30%是基于每位销售代表在“贵宾客户”活动中的销售额。然而，最近有好几次，在销售代表完成一笔销售之后，舒特擅自决定不再兑现既定的提成，任意按照他认为合理的标准发放。在这个案例中，他将提成削减了8 000美元。

布卢姆像往常一样竭尽全力保证所承诺的提成，但是一旦舒特做了决定，那是不再改变的，因为他认为，丰厚的基本工资和福利足以补偿提成的削减了。

当布卢姆告诉卡尔这一决定时，卡尔的反应不出布卢姆所料：要么还给我8 000美元，要么今天就是在这里工作的最后一天。

布卢姆并不想失去这位优秀员工。

问题

1. 他怎么做才能促成舒特和卡尔相互妥协呢？

2. 很明显，布卢姆应当说服舒特改变“一刀切”的提成方案，你建议他该怎么做呢？

第13章 业绩评估

无法计量的事情就无法管理。

——威廉·惠莱特（William Hewlett）
惠普公司联合创始人

本章顾问

鲍勃·布拉希（Bob Braasch），SABRE 公司销售计划部经理

学习目标

- 对销售队伍的业绩进行评估；
- 描述用于评估销售人员的标准；
- 区分衡量销售业绩的投入和产出方法；
- 讨论控制销售人员行为流程的价值；
- 理解基于结果的评估方法；
- 解释同时使用投入和产出数据的评估模型。

销售业绩评估

从表面来看，评估一个销售人员的业绩似乎很简单：仅仅看销售量就可以了。这种看法背后的逻辑是，销售量越高，业绩就越好。然而，简单地强调销售量会误入歧途。思考一下下面的故事：你是贝尔电脑公司（一家为生产企业提供电脑系统解决方案的初创企业）的一线销售经理，由于每位客户的解决方案都是定制化的，贝尔公司依靠销售队伍实施其市场进入战略。换言之，销售人员的业绩决定了这家初创企业的生存状态。最近贝尔公司的总裁布雷特·威廉姆斯（Brett Williams）问你："你的销售队伍怎么样？"你回答道："我们非常棒。"布雷特接着问："你怎么知道呢？""去年对于大家来说比较困难，但是我们达到了销售目标，而且我们连续三年都完成了销售目标。"你很快地回答。

连续三年完成销售目标就可以证明销售队伍非常棒吗？有的销售人员可能抓住一些利润低的项目来创造很高的销售额；有的可能只锁定几家大客户而很少拓展新

的客户；有的虽然能创造很高的销售量，但每次进行销售拜访都要花费大量的时间与费用。这里要说明的道理是，对于公司而言，高销售额并不代表高利润率。因此，对销售人员作出恰当的评价，需要从多方面来考察其对公司作出的贡献。

我们将评价标准定义为销售队伍的实际销售业绩与销售目标的对比。图 13-1 显示了一个通用的销售队伍评估模型。开始评估时，管理层必须首先确定需要销售队伍完成的任务。最常用的目标有：完成具体的销售收入、利润贡献、市场份额以及费用比率等。接下来的工作是制定一个销售计划来说明如何完成这些目标。下一个环节是为组织中不同级别的单个产品设定业绩标准。这就要求设定总体的销售目标，针对每一个客户的销售区域、产品以及个人的销售目标。

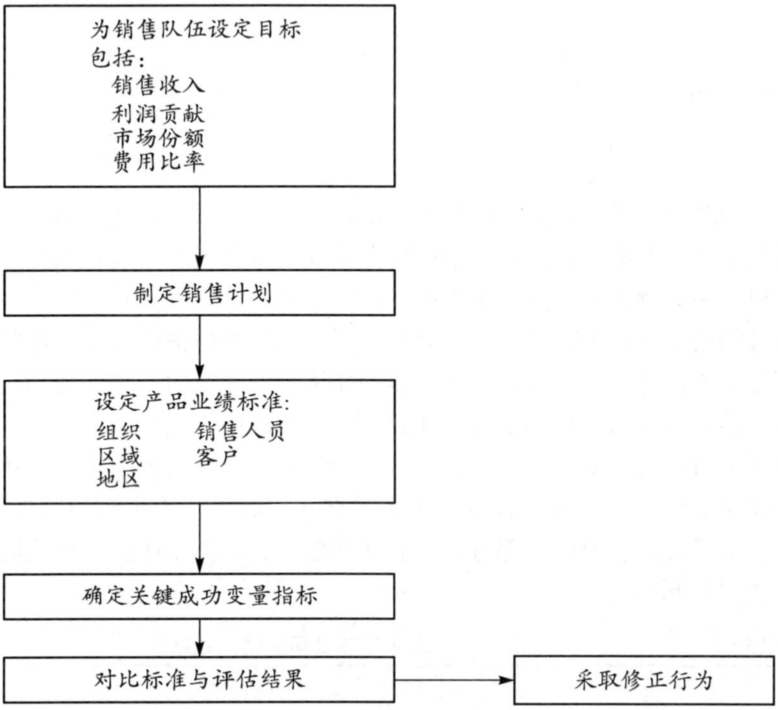

图 13-1　销售队伍评估模型

在确定销售目标之后，需要确定达到销售目标的关键指标，这些指标是用于评价销售业绩的具体指标。需要注意的是，这些关键指标需要与公司的整体目标和战略相匹配。[1]例如，采取探索战略的公司的关键指标与采取防御战略的公司的关键指标就大不相同，前者关注提高市场份额，后者则关注保护现有的市场份额。采取探索战略的公司通过识别并利用新兴的市场机会赢得市场竞争。这类公司的销售人员更加关注成长性的指标，包括销售增长以及新客户数量。采取防御战略的公司则关注运营效率，通过一系列标准化的产品来服务于稳定的细分市场，这类公司的关键指标更倾向于包括贡献率以及费用比率。[2]

在评估的最后阶段，你可以看到业绩标准与结果之间的差距。销售经理要对影响业绩指标的原因进行分析。明确高于或者低于业绩指标的根本原因在评估过程中非常重要。一旦确定了业绩变动的原因，就可以顺利地实施调整措施或对未来计划进行修订。

销售队伍评估模型为公平客观地评价销售人员的业绩提供了框架。本章将逐一对这些评估步骤进行详细讨论。首先，我们会讨论关于业绩评估的全局问题。在这里，我们会看到组织是如何理解销售队伍的业绩的。一个重要的出发点是总销售量，也就是所有销售人员负责的全部产品、全部客户产生的销售量总和。为了更好地理解这种评估方法，我们会重新审视开篇提到的贝尔公司的案例。随后，我们将概述如何运用销售费用分析销售业绩。在这部分，我们会强调销售人员的效率对公司利润的影响。在结束关于销售队伍费用及效率的讨论之后，我们将讨论单个销售人员业绩的评估以及构建关键成功要素的具体方式。在本章的结尾，我们将讨论4种不同的销售评估模型，并针对性地提出最佳解决方案。

全　局

从逻辑上讲，销售分析的第一步是考察公司或部门的总体销售数据。表13－1提供了贝尔电脑公司的一些销售数据样本。该公司看上去很出色：在短短4年的时间里，销售额便从1 700万美元增加到2 600万美元，年增长率达到了18%，但是业务的增长率却下降了。出于某种原因，该公司的销售额并未保持创业早期的增长速度。公司将这一局面归咎于整体的经济形势。然而，就在公司销售业绩下滑的同时，整个行业的销售却呈现飞速发展的态势。第4栏显示了该公司的市场份额，该公司的市场份额从2005年的13.6%下滑到了2008年的8.6%。因此，尽管销售额增长了53%，其市场份额却跌入了灾难性的低谷。销售额的增加就像冰山的一角，仅反映了公司状况的一部分。“冰山理论”激励着经理们认真查阅数据，进一步挖掘深层的原因。

表13－1　　贝尔电脑公司的销售数据

年份	1 公司销售额 （百万美元）	2 相对于上年的 变化率（%）	3 行业总销售额 （百万美元）	4 公司的市场 份额（%）
2008	26	＋8.3	300	8.6
2007	24	＋14.3	219	10.9
2006	21	＋23.5	165	15.7
2005	17	—	125	13.6

有多种因素可以解释贝尔电脑公司市场份额下滑37%的原因。竞争对手可能发起了迅猛的攻势，从贝尔电脑公司那里夺走了新的市场机会；另一种可能是就产品性能与可靠性而言，贝尔电脑公司的产品本身存在缺陷。个人推销是销售商业电脑网络解决方案的首要方法，同时这也是个潜在的问题。贝尔电脑公司也许没有足够的销售人员或销售网点，也可能是其销售队伍没有找到适当的客户。

销售额与销售量

销售也可以分解成单项产品的数量（见表13－2）。当通货膨胀和其他的价格变动影响销售额时，计算销售量很有帮助。举例来说，贝尔电脑公司电脑主机的销售额从 2007 年的 16 800 万美元增加到 2008 年的 18 200 万美元，但是在同一时期，其销售量却从 560 台下降到了 520 台，这意味着每台电脑的均价从 30 000 美元（2007 年）上涨到了 35 000 美元（2008 年）。尽管电脑价格提升的 17％当中有一部分是通货膨胀造成的，但其他一些因素也促使了价格上涨。数据显示，销售队伍总是向客户推荐产品线中更加昂贵的电脑。根据客户安装的数据进一步将销售分解，我们可以知道哪些细节被忽略了。

表 13－2　贝尔电脑公司销售额和销售数量的对比

产品	2007 年			2008 年		
	销售额（千美元）	销售量	单位均价（美元）	销售额（千美元）	销售量	单位均价（美元）
电脑主机	16 800	560	30 000	18 200	520	35 000
配件	4 800	4 000	1 200	5 200	4 727	1 100
软件	2 400	1 200	2 000	2 600	1 280	2 031
总计	24 000	5 760		26 000	6 527	

安装数量的下降对市场扩张构成了严重威胁，因此有必要调整薪酬和定额制度，以促使销售额和销售量实现均衡增长。销售量的增长是非常关键的，因为它能避免生产线与员工的闲置。

表 13－2 显示了贝尔电脑公司的配件产品线存在的一些问题。值得注意的是，其销售额以及销售量在 2007—2008 年之间都有所增长，然而销售量的增长速度远高于销售额，而且单位均价从 2007 年的 1 200 美元下降到了 2008 年的 1 100 美元。这种结果说明，销售队伍有可能实施了降价促销。只要还有利润，这种对市场份额的推动就是值得肯定的。贝尔电脑公司的软件产品线在销售额和销售量两个方面出现了同步增长。在这种情况下，销售队伍有能力以更高的平均价格卖出更多的产品。这些努力是值得称赞的，但软件销售量仍然远远低于行业预期的水平，公司的潜能仍有待进一步开发。

按照客户类型分析销售额

另一种有用的方法是按照客户去分解销售额。这种方法显示的结果往往是公司取得的大部分销售额来源于少数的几家客户。当 80％的销售额来源于 20％的客户时，你可能在服务那些小客户时损失了利润。一些销售经理运用 **80/20 法则**（80/20 principle），通过邮购、电话补货或网络系统来处理小额订单。还有些公司把小客户交给独立的分销商，以便销售队伍能把精力放在大客户身上。通常来说，对大客户提供附加服务将会在整体上给公司带来更好的销售业绩。

费用分析

尽管销售分析对一线销售队伍的经营状况提供了有用的数据，但这并不是全部。销售数据能够显示趋势，却不能反映降价或者产品或区域之间在销售费用、市场潜力、市场饱和度等方面的差异。若更全面地认识销售队伍的效率，可以通过审核销售费用的数据来揭示销售策略的变化对公司收益的影响。

哪些费用是相关的

我们认为工资及差旅费等可控的费用都是一线销售经理关心的数据。全国性的广告费以及生产成本等不由销售经理直接控制的费用，不应用来评价销售队伍的效率。当然，销货成本的数据是必要的，因为它有助于衡量销售人员的降价策略。

产品费用

费用分析的第一步是审视每一条产品线的差别，表 13－3 是对贝尔电脑公司作出的分析。值得注意的是，电脑的销货成本占销售额的百分比（70%）要比配件（60%）和软件（20%）高出很多。这种结果可以有多种解释：一种可能是该公司的产品零部件成本太高，致使制造成本远高于竞争对手；另一种解释是该公司迫于竞争压力而降价销售，以致销货成本相对于销售额的比例偏高。更令人不安的情形是，销售人员可能通过降低电脑产品的价格来完成销售量，以此手段增加薪酬收入。如果确属这种情况，那么销售经理需要对销售人员调整价格的权力加以限制。销售经理还可以将薪酬制度转变为总边际薪酬系统，以削弱降低产品价格的动机。还有一种方法是修改薪酬结构，使销售人员能够通过销售更高利润的配件和软件来挣得更多的薪酬。这说明对由不同产品线创造的边际利润进行综合分析，对销售经理来说非常有意义。

表 13－3　　产品线的费用分析（贝尔电脑公司，2008 年）

产品	2008 年销售额（千美元）	销货成本及佣金（美元）	销货成本占销售额的百分比（%）	贡献利润额（美元）	贡献利润率（%）
电脑	18 200	12 740	70	5 460	30
配件	5 200	3 120	60	2 080	40
软件	2 600	520	20	2 080	80
总计	26 000	16 380	63	9 620	37

销售人员评估

作为一名销售经理，最难的一项工作就是评估销售人员的业绩。评估业绩一方面可以激励销售人员追求更高的标准；另一方面也提供了约束销售人员行为的导向。因此，业绩评估要求销售经理扮演教练和法官的双重角色。一些专家认为，对销售经理来说，评估销售人员的业绩是最难的一项工作，因为很难找到最优的监控程序和标准，而且难以避免在评价过程中出现偏差。[3]举例来说，最近的一些研究表明，销售经理会根据性别与体重的差异实施不平等的纪律规范。[4]

业绩评估的必要性

业绩评估通常每年进行一次，也有许多公司每半年或每季度进行一次评估。虽然实施评估有一定的难度，但这项工作确实能为人员配置决策提供宝贵的信息，同时也可以作为指导销售人员提高业绩的依据。业绩评估的结论可以用来回答许多重要的问题，例如：

- 谁应该增加工资，获得奖金和奖励？
- 谁应该获得晋升机会？
- 在人员招聘中应使用哪些标准？
- 谁需要被挽留？
- 在培训课程中应注重哪些科目？
- 公司的战略销售目标是否完成？
- 销售区域应该怎样调整？
- 谁应被辞退？

各种评估标准之间可能存在细微的差别，每一项决策都需要认真审视所应用的标准。比如，用于决定上调工资、颁发奖金及奖励的业绩评估，会更加注重与销售人员现阶段的工作与状况相联系的行为和结果。如果决定将销售人员提拔到销售经理的位置，则应把注意力集中到评估胜任销售经理的相关标准上而不是仅限于当前的业绩表现。由于需要在各个层面上对销售人员的表现作出评估，可用的评估程序又是多种多样的，这就为评估过程增添了相当大的复杂性。在下面的团队练习 13－1 中，如果你是贝塔公司新任的销售副总裁，会如何重新构建考评制度？

团队练习 13－1

盈利评估

作为贝塔公司新任命的销售副总裁，你在上任后的第一个月，主要是和新的销售队伍一起拜访客户。遗憾的是，你对自己所看到的不满意。你很快就发现，打折是销售人员达成交易的首选方式。你的一项关键任务就是增加公司的盈利，因此需要制止降价销售。围绕这一目标，你应该如何构建一套考评制度呢？

选择业绩评估方法

对公司而言，由于存在诸多独特的因素，选择业绩评估的方法是一项困难的工作。对于销售人员的评估一般有以下方法：**产出控制**（outcome controls）、行为控制以及定性指标。当使用产出控制时，销售经理为每一个销售人员制定业绩标准，并根据这些预设的标准评价其销售结果。如表 13－4 所示，产出控制关注销售量、新客户数量、利润率以及订单数量等。公司往往强调并关注其中几个产出指标，并将销售人员的薪酬与 2～3 个关键指标挂钩。

行为控制体系关注销售过程每一个环节所发生的状况。通过行为控制，销售经理将评估销售人员的实际作为，包括拜访次数和工作天数等。表 13－5 列举了常用的行为控制指标。如表 13－6 所示，定性指标包括态度、沟通技巧以及产品知识等。通常销售经理会对销售人员在这些指标上的表现进行主观评价。定性指标的应用非常广泛，但由于难以度量而经常导致评估出现偏差。此外，当有更多的人参与评估时，大型的销售组织不太依赖这种方法。

表 13－4　用于评估销售队伍的产出控制

销售	**利润**
销售额	净利润
（比上年的）销售量增长	毛利率
销售定额	投资回报率
销售增长率	销售净利润率
单项产品销售量	各类产品的利润率
单位客户销售量	利润总额
新客户销售量	
销售量	
相对于市场潜力的销售量	
订单	**客户**
订单数量	新客户数量
平均订单规模	客户流失数量
	购买产品的客户数量
	购买全套产品的客户数量

表 13－5　用于评估销售队伍的行为控制

费用	**努力**
总费用	拜访数量
销售费用	每天拜访数量
销售费用占销售额的百分比	拜访数量与定额的关系
非销售活动	工作天数
广告展示	报告提交数量
服务拜访数量	新客户电话拜访数量
客户投诉数量	销售时间与非销售时间比

表 13－6　用于评估销售队伍的定性指标

态度与个性因素	**时间管理**
态度	**计划能力**
热忱	**外表与举止**
合作	**知识**
创造力与资源	产品知识
主动性与进取心	定价知识
驱动力	竞争知识
销售技能	**符合伦理的行为**
沟通技巧	**团队合作**

资料来源：Erin Anderson and Vincent Onyemah, "How Right Should the Customer Be?" *Harvard Business Review* (July-August), pp. 59－67.

行为与产出业绩指标

虽然行为控制系统的应用范围比产出控制更广泛，但是究竟哪种方法更好，仍然存在很大的争议。对于那些薪酬大部分采取工资形式的销售人员，评价其业绩通常依靠投入指标，例如药品和酒类的销售人员，对这些销售人员来说，拜访和演示次数、设立展台的数量都是关键成功因素。对于那些以赚取佣金为主的股票经纪人、保险以及房地产代理人，采用产出控制进行业绩评价则更为适当。尽管两者侧重不同，但没有一家公司在业绩评估中仅依靠其中一种方法。由于销售工作是多维度的，一套全面的考评制度必须包含多项标准，因此，两难的困境是如何兼顾投入和产出两方面的因素，以实现组织利益最大化。

安德森（Anderson）与奥尼麦哈（Onyemah）的研究为何时运用行为控制或产出控制提供了有益的建议。[5]一般而言，当销售人员对结果有很大的影响，则产出控制会更有效；相反，行为控制对于那些不具备开展销售工作的技能的销售人员则更为有效，换言之，当销售人员不清楚如何应对销售工作时，就应当运用行为控制。表 13 - 7 列举了适用产出控制或行为控制的不同情况。我们接下来的讨论将从行为控制评估开始。

表 13 - 7　适用产出控制或行为控制的不同情况

适用产出控制的情况	适用行为控制的情况
● 客户需要信息：当客户需要掌握许多信息来制定决策时，包括第一次购买或修订重新购买，产出控制确保销售人员提供相关的信息。 ● 客户信任销售人员：在销售人员需要与客户建立高度信任的市场环境中，例如金融行业，产出控制能够为销售人员构建深入的信任关系提供足够的灵活度。 ● 达成交易的方式很多：当多种销售行为都有效贡献于业绩时，产出控制能够提供必要的独立性。 ● 竞争的销售环境：产出控制为销售人员提供足够的空间，能够更好地发挥其创造力。	● 销售人员缺乏经验：缺乏经验的销售人员往往缺少达成交易的必要技能。行为控制能够帮助其养成良好的销售习惯。 ● 需要保护品牌形象：在公司构建或保护其品牌形象的情形下，销售队伍正确地代表公司的形象、产品及服务十分重要。行为控制能够为此提供必要的管理监控。 ● 非销售行为很重要：当公司需要销售人员关注某些非销售职能时，包括新产品开发，行为控制能够帮助经理激励这些行为。 ● 对达成销售的因素有分歧：当销售队伍对达成销售业绩的成功因素产生分歧时，行为控制能够帮助避免这种纷争。

基于行为的业绩评估

行为考评制度（behavioral systems）需要跟踪记录销售人员每一阶段的业绩表现。也就是说，行为考评制度评估销售人员如何完成销售而不仅仅是销售完成的数量。当销售人员依照建议的方式工作，销售业绩就会得到提升。这意味着管理层必须密切监视销售队伍的活动，进行指导和干预，以增进客户关系。比如，瑞士酒店集团（Swissôtel）评估其10名美国销售人员的活动，采用的方法是看他们如何分配自己的时间以及每周拜访多少客户。[6]他们发现，销售人员花费大量时间在办公室里准备提案、整理报销账目而不是与客户交谈。于是集团设置了新的指标，要求销售人员每天至少拜访6个客户，目的是督促他们用80%的时间直接接触客户。为了提高销售人员的效率，集团为他们配备了移动电话及笔记本电脑，使其可以随时查阅最新的客户清单。有了这些必要的信息，销售人员就可以当场与客户达成交易。

基于行为的考评制度通常要求经理对每一位销售人员有一定的主观判断。表13-6给出的定性指标是实施这种绩效评估最常见的要素。实际上，评估沟通技巧、态度、主动性以及仪表等因素，也只能依靠主观判断或打分来确定等级，这会给评估过程带来偏差、晕轮效应及可信度等问题，尽管存在这些缺陷，人们认为这种方法仍有许多可取之处。

由于基于行为的评估方法关注活动本身及成功销售的过程，该方法能够强化销售人员的知识与承诺。如今，经理对销售队伍的评估不仅要看销售额的增长，而且要考察诸如掌握了多少竞争对手的产品知识、对客户的认知以及实现个人目标的情况。[7]设计这些行为指标，目的就是鼓励销售人员追求全面发展，为客户提供更优质的服务。

目标管理

目标管理（management by objectives，MBO）是一个常用的行为管理体系，也称作发展与绩效管理。运用这种方法，销售经理与销售人员一道为销售人员制定阶段性的个人发展目标，然后由销售人员制定实现每一个目标的行动计划。最后，销售经理在考评会议上向销售人员公布书面的业绩评定结果。销售人员对目标管理反应积极，因为他们可以清楚自己所处的位置，并知道朝目标前进将得到奖励。

虽然目标管理体系在一些公司收到了很好的效果，但并非完美无缺。一个问题是，有些销售队伍的目标无法以量化的指标表达。对于技术人员来说，一个特别严重的问题是，他们的日常工作一般是帮助他人解决问题。此外，以这种方式设立的目标有时过高，致使销售人员丧失了超越的积极性。也许目标管理体系的最大缺陷在于：它需要销售管理人员耗费大量的时间并承担繁重的文案工作。实施一套目标管理的控制体系需要每年占用每个销售人员数天的时间，一位管理12名销售人员的经理每年仅为此项工作就要花费一个多月的时间！

行为观察尺度

在目标管理体系的基础上，一种改进的方法是**行为观察尺度**（behavioral observation scales，BOS），其焦点是认定一系列实现目标的关键事件。[8]这种方法假定，销售人员的某些岗位规范对工作绩效的影响更重要，评估销售人员的关键是集中考察这些因素。销售人员、上级主管和客户都能为认定这些重要的行为提供帮助。一旦关键的工作行为得到了确认，将其汇总起来，便形成了岗位规范。接下来的工作是为每个行为设置一个分为五个等级的尺度。区域或地区经理可以用这些行为尺度来衡量下属从事关键行为的频率。

管理层负责设置行为表现的等级，分别为一般、良好、优秀和杰出等，然后将尺度表上的各项分数进行加总。例如，对于一线的销售人员而言，良好的交际能力往往是决定工作成败的关键。管理者运用行为观察尺度，就可以测定下属的交际能力，并据此发现其他方面的问题。

行为观察尺度的一个优点是，该体系要求全面分析销售人员的岗位规范，从中发现有哪些岗位规范导致了销售工作的成功。认定这些行为至关重要，因为它们被认为是销售成功的驱动力。这种评估制度的另外一个优势在于：一旦这些行为得到认定，销售管理人员用于评估的时间会少于目标管理体系。

行为观察尺度的主要问题是，设计可靠有效的评估尺度需要耗费较高的成本，需要许多人花费大量的时间。另外，该方法所产生的评估尺度具有任务导向的特质，因此只有在评估岗位职责类似的销售人员时才最可靠。考虑到这一局限性，必须针对每一个销售岗位的级别和类型分别制定岗位规范。例如，如果用行为观察尺度来对比一个区域的销售人员和全国性的客户代表，由于两者具有不同的岗位规范，这种方法就会暴露出严重的缺陷。

行为评估制度的应用

行为评估的成功实施要求对销售队伍的活动数据进行定期分析。收集这些信息最普遍的方法是查阅销售人员的日报、周报或月度工作报告，这些报告详细说明了拜访的客户，目标客户正处于销售周期中哪个阶段，以及需要在未来做哪些跟进工作。一些管理者使用 10—3—1 原则，即在 10 家有希望的客户当中，3 家会接受销售提案，最终 1 家会成为客户。通过监控 3 个关键的数据库——线索记录、提案记录和订单记录，经理便能看到销售代表是如何在销售周期中一步步争取客户的。

那些对销售队伍的活动不闻不问的公司将在业绩评估中遇到严重的问题。一家公司竟然把“年度销售明星”的称号授予了一位没有发展一个新客户而且丢失了 40%老客户的销售人员。尽管这名销售人员通过现有的少数客户创造了较高的销售额，但是没有可以发展到提案阶段的新客户线索，第二年，他就离开了公司。为了避免类似的情况，许多公司利用高科技的程序来追踪销售人员的活动。网络信息系统能够帮助存储并组织销售人员的活动信息。例如 Salesforce. com 以及 CRMonDemand. com 公司都提供帮助管理销售人员及客户信息的在线工具。电脑中有现成的拜访报告表格，销售人员可以直接使用。例如，医药公司的销售人员让医生直接在电脑上签名来索取样品。一天结束时，销售人员将这些信息下载到电脑终端进行处理。如此便加快了收集一线销售数据的过程，简化了客户索取样品、说明书和进货的程序。使用笔记本电脑提交拜访报告还有一个附带的好处：电脑都有内置的时间系统，可以帮助管理人员查看销售活动，以确保销售代表如实汇报其客户拜访次数。在处理每一条销售线索和客户的细节方面，互联网也显示了巨大的威力，成了管理者对销售人员实施评估及控制的有力工具。在下面的团队练习 13—2 中，如果你负责修改销售队伍的考评制度，使其包含基于行为的评估因素，打算采取哪些措施？

团队练习 13-2

超越销售定额

维多利亚·克努森（Victoria Knudson）是一家位于纽约的电信公司的销售副总裁，他认为当前的销售人员考评制度存在缺陷。在当前的体系里，对销售人员的业绩评估标准主要看完成销售定额的情况，而销售定额只关心毛收入。在维多利亚看来，“完全依靠销售定额来判定销售人员的业绩不一定是最好的方法。在许多像我们一样从事企业间营销的销售队伍当中，低于平均水平的销售，本身并不一定是问题所在，而更可能是问题本源的表征。我们的责任是对销售队伍进行培训，以使他们达到全方位的发展”。

维多利亚要求你修正销售队伍的考评制度。相比仅仅按照销售定额来核定客户主管、销售经理以及部门经理的业绩和薪酬，你需要将一种基于行为的标准纳入评估过程之中。你会建议进行哪些修正？

基于结果的评估方法

在基于结果的评估方法中，管理者给每一位销售人员制定绩效标准，并根据事先制定的标准对结果进行评估。如果销售人员理解了期望的目标，并且能够修正自己的工作方法来达到所期望的目标，基于结果的评估方法能够改善销售人员的工作态度。[9]表 13-8 显示的是贝尔电脑公司应用的销售结果考评制度。数据是按照区域划分的，以便管理者能够评估每一个销售人员的工作。第 1、2 列显示了 2007—2008 年的同期销售额。可以看到，布朗和韦斯特的销售额位居前列，布朗实现的销售额增幅最大。当把这些变化转换成百分比时，我们可以看到，史密斯实现的销售量增长率最高，其次是琼斯（第 4 列）。这些数据表明，布朗位居销售收入的榜首，史密斯的销售量增速最快。

表 13-8　　贝尔电脑公司销售队伍基于结果的评估

	1	2	3	4	5	6	7	8
区域	2007 年 1—9 月销售额（千美元）	2008 年 1—9 月销售额（千美元）	销售额变化（美元）	销售增长率（%）	市场潜力指数（%）	销售定额（千美元）	完成定额的百分比（%）	销售额差距（千美元）
琼斯	750	825	+75	10.0	26	942	88	−117
史密斯	500	570	+70	14.0	15	543	105	+27
布朗	1 025	1 110	+85	8.3	32	1 159	96	−49
韦斯特	960	1 000	+40	4.2	27	978	102	+22
	3 235	3 505	+270	8.3	100	3 622		

潜力的差别

表13－8的第1列到第4列数据给出了一个基于结果的评估方法的问题，即没有充分地度量销售人员在工作中所面临的条件。我们看到的销售数额仅简单地反映了区域规模的差别。这表明有必要将销售结果与每个区域可达到的潜力进行对比。

若估测贝尔电脑公司4个区域的销售潜力，可以查阅《行业购买力调查》（*Survey of Industrial Purchasing Power*）或《商业普查》（*Census of Business*）等公开出版的行业数据。一旦有了可靠的潜力指标，下一步就是将这些数字转化为销售定额。例如，琼斯在销售区域里应实现26％的潜力（表13－8第5列）。因为贝尔电脑公司希望区域销售以12％的速度增长，达到3 623 200美元（3 235 000美元×1.12）的销售额，所以琼斯的销售定额应为0.26×3 623 200美元，即942 032美元。重复这一方法，可以计算出每个区域的销售定额，然后将这些定额与实际的销售结果进行比较。

销售量与定额

用区域1的实际销售额（825 000美元）除以定额（942 032美元），表明琼斯只完成了公司期望值的88％（表13－8第7列）；同时，尽管布朗的销售潜力最大（32％），却没有完成销售定额；韦斯特的销售额增幅最小，却完成了定额的102％。因此，如果把销售结果与销售潜力联系起来，两个销售额增幅最大的区域，定额的完成情况反而是最差的。史密斯完成销售定额的情况最好，但其所在区域的销售潜力最低，销售额的增长也只排在第三位。这些结果表明，你应该考虑把布朗的一些客户奖励给史密斯。这种变化可能会使区域的总销量增加，因为布朗显然没有充分发掘其销售区域里的巨大市场潜力。

从表13－8的数据中还可以看出，对琼斯需要进一步考评。他实现了10％的销售增长率，虽然高于整个区域的平均值，但销售额仍低于市场潜力（117 000美元）。一种可能的解释是，他对于该区域是个新手，还没有放开手脚开拓市场。也许由于竞争的压力，该区域的销售额一直就很低，或者他得到的培训不够，需要给予额外的指导。这些例子说明，认真地分析区域销售数据有助于找到影响业绩结果的问题所在。

基于贡献的评估方法

利润贡献（profit contribution）是销售人员活动所带来的结果，以此为标准对销售人员进行评估，对于销售管理者来说是一个有效的方法。表13－9显示的是贝尔电脑公司核定利润贡献的一个例子。分析工作首先从每个区域的净销售额入手，然后减去销货成本和销售佣金，由此便得出一个**销售额贡献值**（dollar contribution margin）。请注意，布朗的贡献值最高，当用贡献值来除以销售额得出**利润贡献率**（contribution margin percentage）时，韦斯特的贡献率是34％，布朗的贡献率却只有32％。显然，布朗要么正在推销一些低利润的产品，要么是通过降价来增加销量。

表 13-9　　贝尔电脑公司衡量区域利润贡献的指标　　单位：千美元

指标	区域业绩*			
	琼斯	史密斯	布朗	韦斯特
净销售额	825	570	1 110	1 000
减去销货成本和佣金	495	428	744	660
贡献值	330	142	366	340
贡献值占净销售额的百分比	40%	25%	33%	34%
减去直接销售成本				
销售人员工资	55.0	35.0	55.0	65.0
差旅费	15.5	4.1	3.5	5.0
食宿费	12.5	4.0	3.2	4.5
招待费	11.4	0.3	0.5	1.0
销售管理费	4.5	2.3	2.0	4.5
利润贡献	231.1	96.3	291.8	260.0
利润贡献占净销售额的百分比	28%	17%	27%	26%

* 销售数据来自表 13-8。

让利促销　对比琼斯和史密斯的业绩，可以清楚地看到为了提高销售量牺牲利润的弊端。琼斯之所以能够取得 40%的贡献率，显然是因为他按照公司的价目表出售了高利润的产品；史密斯将产品价格下调了，因此仅有 25%的贡献率。这些结果有助于解释表 13-8 所报告的销售数据。之前的分析显示，史密斯实现了 14%的销售增长率，完成了 105%的定额。表 13-9 的数据表明，这一结果与史密斯的销售策略有关——降低价格以及推销低利润的产品组合。相反，琼斯采用了高价策略，因此销售增长缓慢，仅完成了销售定额的 88%。

对于 4 个销售区域的直接销售成本进行分析，为如何看待个人努力的结果提供了一个新的视角（见表 13-9）。尽管韦斯特的贡献率居于第二位（34%），但他的利润贡献率却仅为 26%，原因是韦斯特的直接销售成本高达 8%。韦斯特的薪酬是全体员工中最高的，他在差旅、食宿以及招待方面的花费也是相对较高的，如果能在不影响销售额的前提下将这些项目的费用降下来，韦斯特的利润会有很大的提高。

客户联系　琼斯的活动引出了另一个有关利润问题的争论。他的贡献值比其他地区都高（见表 13-9），但他的利润贡献率（28%）却仅超过布朗 1%和韦斯特 2%。他未能保持优势，原因在于各种费用。尽管琼斯的工资（55 000 美元）看上去很合理，但他的差旅、食宿和招待费用显然太高了。其他 3 个区域的销售人员平均花费 11 633 美元，琼斯的支出却高达 43 900 美元。对于如此巨额的支出，销售经理的典型反应是向销售人员施压，促使其削减费用，以提高利润贡献率。然而，管理者应在多大程度上控制销售费用，这是一个十分微妙的问题。销售人员需要足够的支出才能实现销售，但不能没有节制，否则利润就会受到影响。有些时候，招待客户是有利可图的做法。譬如，一项研究揭示，最成功的保险代理人，其销售支出往往会超过办公费用预算。[10]琼斯的业绩有可能归功于他善于招待客户。琼斯也有可能把私下给客户提供的回扣记入了费用账目。只要差旅、食宿、招待等费用能控制在合理的范围之内，销售管理者可以考虑鼓励其他销售人员加大在这些项目上的支出。

使用评估模型

如前所述，多数销售经理结合行为和结果两项指标来衡量绩效，这符合区域销售工作的多维性质，有助于提高评估效果。下面介绍几种评估模型，这些模型可以帮助我们对销售的不同侧面作出评估。

四因素模型

最简单的销售队伍评估模型仅包括四个绩效指标。销售人员的投入体现为工作天数和拜访次数，销售人员的产出体现为订单数量和订单大小。这些因素结合起来便得出了以下等式：

$$\text{销售额}=\text{工作天数}\times\frac{\text{拜访次数}}{\text{工作天数}}\times\frac{\text{订单数量}}{\text{拜访次数}}\times\frac{\text{销售额}}{\text{订单数量}}$$

四因素模型（four-factor model）表明，增加工作天数，增加每天拜访客户的次数，与客户达成更多的交易，增加每笔订单的销量，都能够提高总销售额。如果销售人员没有实现销售额指标，则一定是以上一个或几个方面存在缺陷。必须谨慎使用这一模型，因为各个因素是相互关联的。以销售拜访为例，它与销售额有着正相关的关系，但常与每单销售量呈负相关关系，这意味着尽管销售额会随着拜访次数的增加而有所提高，但在某一阶段，每单销售量开始减少，因为在每个客户身上所花的时间缩短了。因此，每位销售人员的拜访都存在一个极限次数，低于或者超过这一极限都不可能使利润最大化。

表 13－10 是一个四因素模型的例子。数据表明，皮特 2008 年的销售额处于平均水平（1 400 000 美元），安的销售额则偏低一些。然而，安工作天数多，拜访次数多，花费少，成交的订单多，结果是，她每天多拜访一个客户，平均有 50%的**成交率**（batting average）（订单数/拜访次数）。尽管皮特的成交率仅有 40%，但他的**平均订单规模**（average order size）较高。因此，尽管工作天数少，每日的拜访次数少，平均成交率也低，但皮特能争取到更大的订单，最终实现了更高的销售额。

表 13－10　　基于行为及结果数据的绩效评估

绩效因素	皮特	安
年度销售额（美元）	1 400 000	1 100 000
工作天数	210	225
拜访次数	1 200	1 500
订单数	480	750
费用（美元）	19 000	14 900
每日拜访次数	5.7	6.7
平均成交率（订单数/拜访次数）	40%	50%
单笔销售额（美元）	2 917	1 467
单次拜访费用（美元）	15.83	9.93
平均每单费用（美元）	39.58	19.87
费用占销售额的百分比	1.36%	1.35%

在这种情况下，销售经理可能会设法鼓励安去增加单笔销售额，而且必然会建议她针对区域内和区域间的不同客户采用不同的销售策略。例如，让她集中精力发展大客户，引导规模小、利润低的客户通过互联网进行日常补货。然而，这必须谨慎行事，要确保小客户能够欣然接受新的订购程序。尽管大订单会增加总销量，需要拜访的客户数目也减少了，不过对安来说，单位客户的拜访时间却延长了，成交率也可能降低。在皮特负责的销售区域里，每天拜访次数的减少加大了单位订单的规模，但这种策略是否同样适用于安尚不清楚。安的单笔销售额可能会低于皮特，因为她的**客户机会**（account opportunity）较少。例如，安所在的区域，大客户的数目较少。另外，皮特2008年的费用比行业平均值高出3 000美元，安的费用则低于行业平均值。如果按照拜访次数或者订单数量来衡量，皮特的费用更远高于安。然而，需要指出的是，就**销售费用率**（expenses as a percentage of sales）而言，两个人几乎是一样的。

绩效排名

第二种运用多项指标评估销售队伍的方法是**绩效排名**（ranking procedures）。将销售人员在各项指标上的表现汇总到一起，便能对其业务绩效进行整体评价。例如，表13-11显示了5名销售人员在10个不同的**投入因素**（input factors）和**产出因素**（output factors）上的排名。用于评估绩效的第一因素是销售额。这一变量虽然是一个很好的指标，但也有一定的欺骗性。例如，福特的销售额最高，却在销售潜力实现率上排名最后，这表明销售额高是由于他所在的销售区域大。戈尔德的销售额很低，但销售潜力实现率最高，说明他卓有成效地发掘了市场潜力。

表13-11　销售人员按10个投入因素和产出因素的排名

指标	福特	贝尔	肖	曼	戈尔德
销售额	1	2	3	4	5
销售潜力实现率	5	3	4	2	1
定额完成率	5	4	2	1	3
单笔销售额	5	1	4	3	2
拜访次数	2	5	1	3	4
拜访成交率	4	2	5	3	1
毛利润率	5	1	3	4	2
直接销售成本	4	3	5	1	2
新客户数量	1	4	2	5	3
提交报告的份数	4	3	1	5	2
总体排名	36	28	30	31	25

资料来源：Douglas Dalrymple and William M. Strahle, "Career Path Charting: Frameworks for Sales Force Evaluation," *Journal of Personal Selling and Sales Management*, Vol. 10, No. 23 (Summer 1990), pp. 59-68.

定额完成率（sales to quota）显示了销售人员的实际业务能力，曼在这方面最为杰出。对一些企业来说，**单笔销售额**（sales per order）是很重要的指标，因为公司发现小额订单并不赚钱。以福特为例，他凭借大量的拜访和招揽大批单位订量较低的客户拉升了销售额。戈尔德的拜访成交率最高，名列第一。销售人员的毛利润率显示了他们控制价格和合理搭配产品的能力。数据表明，福特实现的毛利润率低，是他为了争取客户而竞价促销的结果。此外，他在提交报告的份数以及控制成本等指标上也比较差。

表 13-11 中，5 位销售人员在 10 项指标上的表现有很大的差异，每个人都有两项指标排在首位，并至少有一项指标是排在末位。把这些单项指标的排名情况加总起来，形成一套全面的绩效评估标准，各位销售人员的总体表现便会一目了然。其中，贝尔、肖和曼的总分都贴近期望值，处于 30 分上下。福特的总分为 36 分，戈尔德的总分为 25 分，表明这两位需要特别关注。尽管福特的销售额最高，但在其他 4 项指标上的分数最低，总体排名最差。戈尔德的销售额虽然是最低的，但总体表现十分突出。显然，应该将福特负责的一部分区域转给戈尔德，让戈尔德承担更多的任务，承揽更多的客户，同时，也应当鼓励福特努力争取更大的订单并停止降价。

汇总表 13-11 中各项指标的排名情况，可以对销售人员的业绩水平形成一个大致的认识。福特汽车、通用电气、微软等公司都使用这种绩效排名法，因为它被认为具有高度的客观性。通用电气的管理者每年都使用排名法选出前 20%最优秀的员工和后 10%最差的员工。排名前 20%的员工得到丰厚的奖励，排在后 10%的员工则面临解雇的威胁。[11]然而绩效排名法也存在一定的缺点，最大的缺点是假定 10 项指标同等重要。这种情况在实践中甚为罕见，因为公司可能在商业周期的某一阶段追求销量增长，在另一阶段则追求利润增长。与此同时，排名法也不能排除在评估过程中掺杂某些主观因素和偏见，尤其是在使用行为数据时。

绩效矩阵

鉴于四因素模型及绩效排名法的缺陷，新的**绩效矩阵**（performance matrix）[11]应运而生，如图 13-2 所示。该图根据销售队伍的销售额和利润贡献率划分为高和低两类，然后根据销售人员的平均年龄、拜访次数以及贡献额，放入相应象限。矩阵的四个象限都有一个描述性的名称，以便突出不同组别的对比。右上角的“明星”象限的平均贡献率最高；右下角的象限平均贡献率较高，但销售额偏低；左下角的象限呈现销售额及平均贡献率双低的局面；左上角的象限销售额虽高，但平均贡献率低。

绩效矩阵可以同时在多种投入和产出层面上评价和比较销售队伍的业绩。图 13-2包含了两个投入指标（拜访次数和等同于经验的年龄）以及三个产出指标（销售额、贡献额以及贡献率）。在这种情况下，矩阵显示，最年轻的销售人员要么是“迟钝者”，要么是“明星”，最年长的则属于“落伍者”或“平庸者”。这些数据说明，许多销售人员的职业生涯从销售高利润的产品组合开始起步，最终以牺牲利润换取销售额收场。

图 13-2 显示的绩效矩阵数据可以为管理者提供多方面的启示。11 位落伍者代表了一个平台期的问题，需要安排再培训、调动岗位或辞退。同时，若这些销售人员的拜访次数较多，可能会上移至平庸者一类。对销售经理来说，关键的问题是决定究竟是鼓励销售人员成为明星还是归为平庸者之列。这是一个艰难的抉

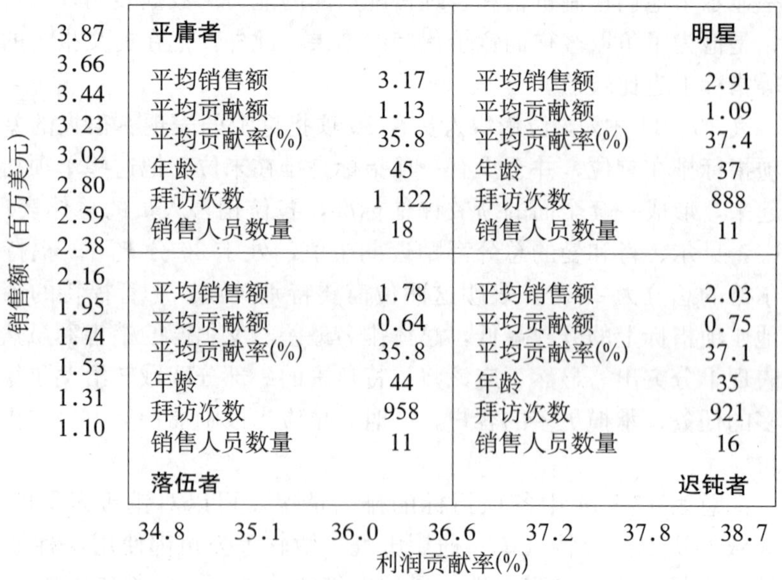

图 13-2　56 名建筑产品销售人员的绩效矩阵

择，因为尽管明星的贡献率最高，但平庸者创造的销售额及贡献额却更大。因此，追求销售额的管理者会奖励平庸者，追求利润率的管理者则更倾向于奖励明星。认真审视图 13-2 的数据之后，公司管理层改变了薪酬计划，从直接提成变为工资加提成和奖金方案，从而将销售工作与不同产品线的利润更加紧密地结合到一起。

这个例子显示，绩效矩阵为评估销售人员的行为和结果提供了一种实用的方法。绩效矩阵很容易构建，能够简明扼要地将各类销售活动汇总起来，令人一目了然。在这一思路的指导下，管理者的主要任务是为评估选择适当的绩效指标。

相对绩效指数

另一种方法叫做**相对绩效指数**（relative performance efficiency index），是用投入和产出两个参数来和一个参照组的绩效进行对比。这种方法采用数据包络分析以及模拟方法，建立一个单一的效率指数。[12] 表 13-12 得出的 85%的相对绩效指数是一名销售人员向企业出售广告版面的对照结果。在该案例中，22 号销售人员与其他 3 个在相似条件下得分为 100%的销售人员进行比较。分析基于 3 个变量的产出比较，这 3 个变量又与 4 个投入变量的规模相关。若 22 号销售人员与其他人员的绩效相等，将超过他的定额 20%，多卖出 5 500 美元的广告，少收入 2 000 美元的工资，少 1 名管理支持人员，并且在一个较小的区域中工作。

销售管理者可以将此分析结果用于资源分配以及再培训决策。支付销售人员直接提成的组织为了使产出最大化，很少关注投入因素，因此相对绩效指数不适合作为考评手段。一些公司正在尝试采用相对绩效指数来减少管理者处理有关定额问题的时间，包括定额的设置、管理以及裁定围绕定额产生的抱怨等。

表 13 - 12　　22 号销售人员的相对绩效指数

<table>
<tr><th>变量类型</th><th>变量名称</th><th>测量值</th><th>100%功效值</th><th>结余量</th></tr>
<tr><td>产出</td><td>完成定额百分比（%）</td><td>100</td><td>120</td><td>20</td></tr>
<tr><td>产出</td><td>上司评估</td><td>5</td><td>5</td><td>0</td></tr>
<tr><td>产出</td><td>销售额（美元）</td><td>45 000</td><td>50 500</td><td>5 500</td></tr>
<tr><td>投入</td><td>销售培训</td><td>5</td><td>5</td><td>0</td></tr>
<tr><td>投入</td><td>工资（美元）</td><td>20 000</td><td>18 000</td><td>2 000</td></tr>
<tr><td>投入</td><td>管理比率</td><td>3</td><td>2</td><td>1</td></tr>
<tr><td>投入</td><td>区域潜力（美元）</td><td>60 500</td><td>50 000</td><td>10 500</td></tr>
<tr><td colspan="2">相对值</td><td colspan="3" rowspan="5">绩效指数＝0.85
迭代指数＝10</td></tr>
<tr><td></td><td>影响</td></tr>
<tr><td>7 号推销员</td><td>0.49</td></tr>
<tr><td>20 号推销员</td><td>0.43</td></tr>
<tr><td>45 号推销员</td><td>0.08</td></tr>
</table>

资料来源：James S. Boles，Naveen Donthu，and Ritu Lohtia，"Salesperson Evaluation Using Relative Performance Efficiency：The Application of Data Envelopment Analysis，" *Journal of Personal Selling and Sales Management*，Vol. 15，No. 3（Summer 1995），p. 44.

完善评估和控制制度的六大建议

综述本章，我们集中讨论了如何制定和管理销售队伍的评估和控制制度。专家建议，销售组织如果能对销售经理自身的绩效也采用类似的评估程序，就会更加重视评估的过程并运用评估的结果。下述内容是根据安德里斯·佐尔特纳斯（Andris Zoltners）及其同事的研究成果总结出的六大建议。[13]

1. 评估制度应对公司上下一视同仁。尽管本章重点讲述的是如何针对销售人员制定评估制度，实际上，这样的制度应当适用于销售组织的各个层级。若对一线销售经理采用和销售人员类似的绩效评估制度，他们就会更加认真地对待这种制度，并积极地采用评估的结果。

2. 完善的评估制度要体现公司的文化。评估制度有必要与销售队伍的文化保持一致。例如，如果公司的文化属于非正式的，销售人员的提成完全依靠开发新客户来扩大客户群，那么在这样的组织里，基于结果的评估制度是行之有效的；相反，如果采用基于行为的绩效评估制度，则很可能会导致混乱和矛盾的局面。

3. 同级影响在绩效管理中具有强大的作用。多数评估制度在形成过程中会有销售人员和上级间的相互讨论与磋商，也就是说，评估制度是纵向的。一些采用团队销售的公司发现，有一种强有力的方法可以影响绩效，即横向评估（如同级之间）。因为团队成员希望取得更高的绩效并赢得他人的鼓励，所以彼此之间自然会相互比较，很快会让那些绩效欠佳的人员浮出水面。

4. 评估制度必须能调动个人的积极性。要知道，积极的反馈、具体明确的目标以及强化这些目标的薪酬系统能对销售人员产生激励作用，这一点十分重要。除了这些因素之外，经理还必须担当起教练的角色，运用成就、权力、自我满足、社会关系以及销售人员的趋利本能来调动他们的积极性。

5. 放权和指导要善于扬长避短。一个人在某一领域的工作可以彻底放权，在另一领域的工作则需要跟踪指导。例如，一名销售人员可能是开发新客户和建立人际关系的高手，但欠缺达成交易的技巧。因此，评估制度最好能给销售经理一定的灵活性，使其针对个人的具体情况有不同的侧重点。

6. 评估制度本身必须因时制宜。正如本书通篇所阐述的，高绩效的销售组织能够随着市场的脉搏而变化，这些变化包含销售人员的成功因素。因此，评估制度必须与时俱进，及时适应和反映这些变化。

本章小结

销售队伍评估是一个将目标和成绩相比较的过程。评价销售人员是一个基础但复杂的工作。你希望鼓励销售人员达到高水平绩效，同时根据他们的业绩对他们做出评估。本章向你介绍了一些关于销售队伍评估程序的主题和问题，现在你应该：

1. 进行销售业绩的回顾。第一步，确定你希望销售队伍应达到的目标。一旦确定了目标，第二步就是准备一份销售计划。第三步，对组织中涉及的每一项产品设立绩效标准。最后，分析达标和未达标的原因，并在将来的计划中予以改进。

2. 描述评估销售人员的标准。最常使用的标准是按区域、产品、销售数量和客户数量来度量。然而，销售数据并不能说明一切，必须评估销售费用与利润。费用分析表明销售人员是否浪费了公司的差旅费或通过降价来增加他们的收入。

3. 区分度量销售业绩的投入与产出要素。投入因素通常认为与销售关系密切，例如电话数量、工作天数、费用等。产出因素直接度量销售人员的业绩。例如，销售量、新客户数量、利润和订单量。对企业来说，选择一套销售业绩评估方法并不容易，其中最重要的原则就是使用的业绩评估方法要与组织的目标相一致。多数销售经理会使用投入/产出标准对销售工作进行多维的分析评价。绩效排名、相对绩效指数、绩效矩阵与管理人员掌握的因素组合起来，以此评估总体绩效和相互关联性。

4. 讨论对销售人员行为控制程序的价值。基于行为的业绩评估有一系列显而易见的好处。第一，基于行为的评估程序可以使具备知识和专业能力的销售人员对组织更加忠诚。第二，销售人员更倾向于自我激励和对获得同事的认可反应良好。使用基于行为的业绩评估，销售人员被期望用更多的时间计划他们的拜访并为客户提供更多的销售支持活动。第三，鼓励销售人员实现公司目标及为客户提供更好的服务。

5. 解释基于结果的评估方法的优点和缺点。该方法是一套评价系统，在该系统中销售人员与经理共同设定其个人发展目标以及行动计划。其主要优点是销售人员能看到他们所处的位置并了解朝目标进步会获得奖励。问题在于某些销售目标不能量化。同时，目标有时会变为销售人员无法超越的上限。也许最大的问题在于需要占用管理层更多的时间去实现和完成。

6. 描述采用投入和产出数据的评估模型。基于四因素模型，个人的投入是由工作天数及拜访次数来规定的。销售人员的产出是由平均订单规模及订单数度量的。绩效排名法将投入与产出因素与销售人员产出相结合，通常排名法会使整体评估更具效率。绩效矩阵是按销售队伍的销售额和利润贡献率来划分高低类别，然后根据年龄、拜访次数和每个象限内销售人员实现的贡献额计算平均值。矩阵的四个象限均予以命名来区分不同小组的表现。最后，相对绩效指数用投入和产出来比较同级员工的业绩。该分析基于与投入变量相关的产出变量的比较。

关键术语

客户机会　account opportunity
平均订单规模　average order size
成交率　batting average
行为观察尺度　behavioral observation scales (BOS)
行为考评制度　behavioral systems
利润贡献率　contribution margin percentage
销售额贡献值　dollar contribution margin
80/20 法则　80-20 principle
销售费用率　expenses as a percentage of sales
四因素模型　four-factor model
投入因素　input factors
产出因素　output factors
目标管理　management by objectives (MBO)
产出控制　outcome controls
绩效矩阵　performance matrix
利润贡献　profit contribution
绩效排名　ranking procedures
相对绩效指数　relative performance efficiency index
单笔销量额　sales per order
定额完成率　sales to quota

自我能力提升

1. 技术能力。为了运用销售人员的业绩信息，销售经理必须能够正确地解释影响销售人员业绩的问题与原因，这需要深入理解销售人员的价值观及动机，因为这些是决定销售人员行为和绩效的主要因素。斯坦福研究所（SRI）推出的一项广为采用的个体评估工具是“价值观·态度·生活方式调查”(VALS2)。

最近一种 VALS2 版本被加入 SRI 的扩展网页，登录 http://www.sric-bi.com/VALS/presurvey.shtml 即可查到。进入网页，完成 VALS2 给定的调查项目，用户会立即得到关于个人价值以及激励的结果。该网站的附加信息页面给用户提供了更多关于价值观、态度以及生活方式的信息和观点，如行为的含义以及如何与他人进行对比等。

你的 VALS 类型是什么？假如一名销售人员和你是同样的类型，你应该如何评估和激励他的业绩和工作满意度？为什么？

2. 全球视野。理查德·史密斯（Richard Smith）是海神制造公司（Triton Manufacturers）的营销副总裁，该公司专门生产各种电子发动机。在过去 7 年中，其业务主要集中在德国和瑞士。公司本财年的前 3 个月刚过，理查德正在为欧洲区本季度的销售评估会做准备。

德国和瑞士的运营总监是赫尔穆特·施密特（Helmut Schmidt）。瑞士的销售情况目前高于预期的销售目标，德国的销售却无法达到行业或竞争对手的平均增长速度。理查德应该考虑用哪些因素对施密特进行业绩评估并向他提出反馈意见？

3. 战略行动能力。在大多数成功的企业，销售人员每提升一个客户的价值，都会得到奖励。客户份额矩阵是一种用来衡量客户价值的方法，计算方式是用客户给本公司的业务量除以客户给予竞争对手的业务量。在此评价过程中，客户份额矩阵的战略意义是什么？如果销售人员虽然与客户建立了密切的关系，但其客户份额依然很低，你如何判断他的工作方式是否正确？

问题①

1. 你最近被聘为一家钢铁产品分销企业的分公司销售经理，领导 4 名销售人员。这个公司创立于 25 年前，并一直保持业务领先。然而，过去 3 年的销售业绩平平。你接受这份工作的原因是你认为这家公司的成功在于其销售队伍的表现，你认为自己有能力改变现状。同时，公司的市场研究部门发现，市场上存在对预制钢材的需求，公司现在没有相应的产品。幸运的是，公司最近在预制钢材生产线上投入了大量的资金，能够提供这样的产品。这对你来说是个好消息，这个产品在市场上相对于其他产品的竞争优势能够为公司创造 30%的利润。成材产品与竞争对手的产品相似，对利润的贡献相对少一些（锻钢的贡献是 10%，不锈钢的贡献是 12%）。去年，每条产品线的销售定额是：锻钢为每月 10 000 美元，不锈钢为每月 16 000 美元，预制钢材为每月 10 000 美元。

你的直接上司是公司的营销总监。下周你要向她提交对 4 名销售人员的年终考评。她要审阅你对销售人员的书面考评，以及你对如何改进销售人员业绩提出的意见和建议。

下面是去年的销售收入。Excel 表可以帮助你测算考评的结果。使用 Excel 表时，请在适当的单元格内插入下面所示的销售额和拜访次数。Excel 表可以预设必要的公式，直接生成需要完成销售任务的定额比率。

单位：美元

	贝利	卡尔	克雷格	肯尼迪
锻钢销售额	135 000	115 000	132 000	121 000
不锈钢销售额	188 000	198 000	205 000	190 000
预制钢材销售额	95 000	101 500	105 500	103 000
总销售额	418 000	414 500	442 500	414 000
拜访次数	79	94	81	97
工资	42 000	50 000	50 000	55 000
差旅	4 560	4 800	5 100	6 750
餐饮及住宿	2 200	2 100	2 350	3 500
招待	850	1 100	1 200	1 500
销售总费用	49 610	58 000	58 650	66 750

2. 现在是 2009 年 1 月，你是 Conglomerate Corporation 东南区域的销售经理。年度考评结束了，你需要将 60 000 美元的奖金和 20 000 美元的加薪分配给你的销售队伍（包括你自己）。

公司的目标是盈利，销售队伍的收入是工资加提成。如果公司的业绩好，在此基础上还有奖金。

2007 年你作为区域经理的工资为94 000 美元（2006 年是 88 000 美元，你还有完成区域销售目标的奖金，这里不予讨论）。去年，你的加薪比例位居第二，如果不是安娜的拜访报告又交晚了，导致你没能及时向上司提交工作总结，你的加薪比例就是第一了。

销售人员的考核指标有销售定额、开发新客户数量、销售费用以及平均每天的拜访

① Auburn 大学的埃弗里・阿伯内西供稿，相关 Excel 表可以从网站 www. wiley. com/college/dalrymple 下载，点击“Student Resources”。

量，同时还必须及时准确地提交书面报告。区域经理负责设置定额、分配奖金和加薪以及雇用和解雇销售人员。作为区域经理，你的上司将根据以下标准对你的工作进行评价：

- 区域销售总额；
- 区域定额完成情况；
- 区域利润（总额减去费用）；
- 遵守公司规定（例如，提交书面报告，不违反公司规定和联邦以及州的法律等）。

下面的表格是 2007 年和 2008 年 5 人的考评表。2008 年的通货膨胀率是 3.2%，个人绩效考评的 Excel 表可以从网站 www.wiley.com/college/dalrymple 下载。

问题

1. 分配工资和奖金。
2. 给出书面的资金分配表。
3. 对每个人给出书面的绩效考评。
4. 在每张考评表上签字并注明日期为 2009 年 2 月 1 日。

注：利润贡献、态度、销售技巧、产品知识和书面报告都以 1～10 分的方法打分，1 分＝不能接受，10 分＝非常满意，5 分是一般。

2008 年 5 月，麦当劳先生的妻子被确诊为癌症，一直经历着痛苦的治疗过程。

2007 年年度考评表　　单位：美元

	波比·史密斯	詹尼斯·戴维斯	山姆·奇克	杰夫·麦当劳	安·怀特
销售额	222 000	191 000	351 000	422 500	895 000
销售额/定额	1.01	1.12	0.95	1.67	2.45
新客户	6	9	19	8	26
新客户/定额	1	1.11	1.8	0.75	3
费用/定额	0.98	0.96	1.04	1.1	1.01
日均拜访次数	4.5	3.7	4	4.9	4.2
利润贡献	8	7	6	5	6
态度	5	5	5	7	3
销售技巧	5	7	4	8	9
产品知识	7	3	5	9	7
书面报告	7	7	7	9	1
加入公司年限	2	1	4	8	6
2007 年年薪	29 500	29 000	37 800	40 500	49 750
2007 年提成	6 660	5 730	10 530	12 675	26 850
加薪（2008 年 1 月 1 日）	1 600	2 500	1 400	2 500	4 250

2008 年年度考评表　　单位：美元

	波比·史密斯	詹尼斯·戴维斯	山姆·奇克	杰夫·麦当劳	安·怀特
销售额	240 000	250 000	350 000	300 500	960 000
销售额/定额	1.03	1.49	0.94	1.13	2.51
新客户	6	15	9	6	20
新客户/定额	1	1.6	0.9	0.65	2.7
费用/定额	0.97	0.99	1.06	0.98	1.01
日均拜访次数	4.5	4.3	3.9	4.1	4.2
利润贡献	7	6	4	5	6

续前表

	波比·史密斯	詹尼斯·戴维斯	山姆·奇克	杰夫·麦当劳	安·怀特
态度	5	7	4	9	4
销售技巧	6	7	4	8	9
产品知识	6	5	4	9	7
书面报告	8	8	5	6	4
加入公司年限	3	2	5	9	7
2008 年年薪	30 140	30 900	38 500	43 200	51 810
2008 年提成	7 200	7 500	10 500	9 015	28 800
加薪（2009 年 1 月 1 日）					

希尔德案例练习

未达到定额

在希尔德保险公司的得梅因地区，麦卡利斯特（MacAllister）一直是业绩最差的销售人员。自进入公司以来，他每个月只能完成销售定额的 60％或 70％，而且没有任何改善的迹象，他自己却一直说，马上就要出现转机了，如果一定要将公司的改革政策强加给他，推出新的“贵宾客户”计划只会让他雪上加霜。

作为一名从事过两年保险销售的专业人士，麦卡利斯特在加入希尔德保险公司时接管了前任销售代表的客户，这些客户一直与公司有着很好的合作。在陪同麦卡利斯特拜访这些客户的过程中，道格·布卢姆观察到他是发展客户关系的天才，但问题是他不愿意改变服务老客户和承揽新客户的方式。为了帮助麦卡利斯特改进绩效，布卢姆试图向他展示如何更有效地安排拜访新客户的日程。然而，麦卡利斯特对布卢姆很不满，他说，他知道自己在公司的业绩不是最高的，但他不是没有能力，完全可以靠自己的能力提升业绩。经过与布卢姆就业绩水平的问题争吵之后，麦卡利斯特甚至一怒之下递交了辞呈。过了一段时间，他重新考虑了自己的决定，又想回到希尔德保险公司。布卢姆不介意让麦卡利斯特回来，但是他必须确信麦卡利斯特的业绩和态度会有所改进。

布卢姆深信麦卡利斯特不会有丝毫的改变，也不会接受任何强加于他的意见。布卢姆希望麦卡利斯特能够做得更好，但是要经历一段艰难的时期才能找到改进的方法。

问题

布卢姆如何处理这种情况？

- 布卢姆应该继续帮助麦卡利斯特改进吗？
- 他应该让麦卡利斯特尝试证明自己吗？
- 还有更好的方法吗？

案例研究

案例分析法

案例分析法的目的是将现实的情境引入商业教育，让学生处理在营利性或者非营利组织中发生的种种现实问题。每一个案例都围绕一个特定的业务情境对事实做出描述，学生需要自己制定问题的解决方案。教师的任务是搭建讨论的平台，只为学生提供背景资料或者一定的启发，甚至可能站在对立面上对学生提出的意见逐一反驳。最后，教师会评价学生的表现，给予评分，并提出改进建议。

优势和局限性

案例分析法是一种行之有效的教学方法，可以鼓励学生分析现有的数据并形成自己的想法。由于各个案例之间存在差异，一个案例的解决方案不能简单地照搬到另一个案例，这就产生了一个问题：学生到底能从案例分析中学到什么？一个显而易见的好处就是在准备和讨论过程中，学生的口头表达能力和写作能力会有所提高。另外，案例分析法提供了一个认识当前业务实践的机会，最大的好处是能帮助学生训练分析不同资料的逻辑思维。分析和判断能力是学生能从商业案例分析中得到的最宝贵、最持久的财富。

大部分的案例，包括本书的案例，都来自真实公司的资料。为了保密起见，相关公司的名称和地址经过了修改。另外，案例通常不会记录问题的最后解决方案，这样学生就不会批评别人采取的措施了。案例与实际的商务情形有所不同，因为在实践中，资料和数据不可能像案例那样整整齐齐地摆放在经理面前，解决一个业务问题通常需要广泛地收集数据，在案例中这项工作已经基本完成。

分析的框架

学生可以采取多种不同的方法对商务案例进行分析，每位教师都会对分析的步骤和特点有自己的思路和见解。我们认为以下六个步骤既符合逻辑又很实用：

1. 界定问题。
2. 制定备选方案。
3. 分析备选方案。
4. 推荐一个解决方案。
5. 制定具体的行动计划。
6. 准备应变方案。

界定问题

一旦熟悉了案例中的事实，接下来的任务就是抓住问题的核心，否则就无法进行有效的分析。有时候，教师会提出一些问题来帮助学生开始分析。学生应该把这些问题当作行动的向导而不是具体需要解决的问题。每一个案例都应纳入整体营销组合管理的背景中，不能仅将其视为微观管理中的细节问题。

我们宽泛地采用“问题”这一词语，有时候是指一些可能需要采取纠正措施的不利情形，有时候只是指一个需要进行机会分析的情形。学生必须学会区分问题的表象和实质。销售量、市场份额或者销售队伍规模的萎缩属于问题的表象，实质的问题可能隐藏在背后。每项业务状况都会提出各种各样的问题，面对无序的问题，关键是识别哪个是首要矛盾。解决了首要矛盾，其他问题就迎刃而解了，或者问题的答案就不言而喻了。我们通常习惯于解决迫在眉睫的问题。例如，我们可能遇到一线销售人员流失的问题，这类问题往往是由于招募或者甄选过程处理不当造成的。我们的第一反应往往是尽快招聘一些销售人员来填补当前的空缺，但要从根本上解决问题，则必须建立科学合理的招聘程序以及评估方法。请注意，核心问题是一种状态，在描述此类问题时宜采用动词。换句话说，动词是用来描述行动计划的。另外，也不应该包含诸如“或者”“以及”这样的连词，因为连词是用来形容备选方案的，容易将问题复杂化，结果反而掩盖了核心问题。

制定备选方案

第二步是制定解决问题的备选方案。一些解决方案就包含在案例所提供的资料和主要问题的陈述当中，有些解决方案则需要根据情境形成自己的见解。要注意将备选方案限定在合理的范围之内，一个典型的案例一般有三四个方案就够了。保持现状始终是一种备选方案，因为有些时候延续以往的做法恰恰是最佳的行动方案。

分析备选方案

案例分析法的核心是分析备选方案。分析就是对问题进行分解和剖析，这样有助于认识问题的性质、重要性、作用以及一系列变量之间的关系。因此，分析是一个由表及里、透过现象揭示本质的过程，只有掌握了各个变量之间的内在联系，才能对行动方案作出评价。案例分析应该从理清事实入手，然后对各类事实进行分析。要做到去伪存真，去粗取精，学会剔除那些次要的或不相关的信息。在阅读案例的过程中，要注意分清哪些属于事实，哪些属于观点。此外，还需要注意事实的连续性和可靠性，因为有的案例可能包含某些错误，教师不一定会提醒纠正。

案例中陈述的事实构成了分析的基础，但这并不意味着不能采用来自其他方面的信息。你可以采用具体行业的信息以及一般性的常识来辅助分析，还可以结合会计学、统计学、经济学、心理学和社会学等其他学科中的相关概念。采用外部资料要掌握一项基本原则，即这些资料必须适合案例中的具体情形。例如，不要采用2000年的人口普查数据来分析1995年的案例中发生的事情。在本书的案例中，为了便于分析，我们尽可能提供足够的数据，然而在有些情况下，你可能还需要通过其他途径收集一些信息。

有时候，那些最重要的事实可能隐藏在字里行间或者一个不起眼的统计表当中。要对数据进行仔细的推敲，以便确定数据与备选方案之间的相互联系。量化的信息可能需要使用比率、图表或者其他的分析工具来处理。并非案例中所有的数据均有助于找到问题的解决方案，教师往往要求学生对数据进行整理。

市场分析通常基于不完整的信息，因此可能需要建立一定的假设。[①] 然而，这些假设只在必要时使用，而且要作出明确的标识并且说明理由。例如，一家连锁店不再销售你的一种产品，但继续经营你的另一种产品，你想知道将连锁店停销的产品改为自营在未来的销售情况。你可能已经注意到，这两种产品在过去几年中的销售增长率基本保持一致。你可以假定今年的销售增长率也会保持不变，运用这一增长率乘以连锁店继续经营的产品的销量，就可以估算出连锁店停销的产品的增量。或者，你可以计算出过去几年增长率的最高值和最低值，由此对销售损失作出保守估计和乐观估计。无论如何，在得出最终结论之前，你必须认真检查一开始建立的假设，看看得出的结论在多大程度上依赖于这些假设（一种极端的情形是你的假设与问题毫无关联!）。你应该准备好一项应变计划，以备假设不能成立时使用。

要知道，完整的分析从来都不能一边倒。换句话说，对业务情形的分析必须考虑正反两个方面。这并不是说一定要事无巨细、面面俱到，而是强调至少不能忽视主要的对立面。你会发现扼要地列出每项备选方案的正反面或者优势和劣势是很有帮助的。

提出建议

在仔细分析数据和备选方案之后，你就可以对这些方案做出评价了。有时候可行的方案不止一个。这种情况并不罕见，因为大多数案例都不会有唯一正确的答案。即使如此，你仍然需要提出一项切实可行的建议。为了做出正确的决定，你需要判断每项方案的机会和风险。一个最佳的方案必须在盈利的机会和失败的风险之间实现最佳的平衡。决定必须清晰明确，不能仅仅停留在定性的层面或夹杂其他含糊不清的内容。教师更关心一项具体决策的依据而不是最终的结论。

---

① 在多数大型的企业，公司的规划部门负责提供一定的预测、假设和计划编制规范，目的是确保公司的每一位员工使用统一的数据，例如通货膨胀率的走势。这类文件十分冗长，因此没有收录在案例集之中。

有时，学员在阅读了案例的事实之后，可能觉得没有足够的信息来支持某项决定，于是建议等待更进一步的调查结果。对于商务案例分析，“需要更多的信息”不能构成迟迟不做决定的理由，因为决策不能等待很长的时间去做足够的调查研究，况且，你根本不可能得到所有的信息。研究调查不仅需要费用，而且需要时间，商业决策大都是在不确定的情况下做出的。

制定行动计划

一旦做出决定，你将如何实施呢？你应该根据案例资料尽可能详细地说明自己要采取什么行动，什么时候行动以及这些行动的成本是多少。你可能要编制利润表以及其他支持性材料。行动计划必须考虑到各种类型的市场反应，尤其是竞争对手的反应，这些反应可能会使行动计划做出修改。

如果认为只有继续收集更多的信息才能解决案例中的问题，那么你必须提供充分的理由。首先，你必须阐明期望的调查结果以及将如何应用收集的信息。另外，要指出研究的方法以及预计的成本。只有在完成这些工作之后，你才能更准确地判断进一步的研究是否有必要。记住，作为一名管理者，你必须预先制定明确的计划并确保其实施，绝不能无限期地拖延。

准备应变计划

你所作出的决定都基于现有的事实和现阶段对将来的预期。因为将来存在不确定的因素，所以我们需要随时准备应对以后可能发生的任何重大变化。你必须问自己：如果市场没有对营销活动作出预期的反应该怎么办？如果竞争者实施非常规的手段怎么办？如果经济状况不像经济学家预测的那样又怎么办？等等。

撰写报告

我们相信撰写书面报告的学生对于商业问题具有更强的分析能力。撰写一份高质量的报告需要一定的技巧，不妨参考下面的建议。

在批阅报告书时，教师要核查学生是否完全理解了整个问题的脉络，以及对事实的阐述是否合理，他们也更希望看到一份客观、中立、前后一致和具有决断力的报告。学生在撰写报告时，最常见的错误就是重复叙述案例提供的事实。与通过分析找出解决方案相比，学生更容易不厌其烦地重复案例材料的事实部分，心中却没有树立明确的目标。最让教师生厌的报告莫过于连篇累牍地叙述案例中现成的事实。

在撰写报告的过程中，另一个常见的问题就是缺乏条理。这种错误往往从落笔的时刻就开始了。学生只是拼凑一些零零碎碎的想法而没有一个系统的思想，最后的结果必然是一篇虎头蛇尾的大杂烩。为了避免此类问题，有些教师仅要求学生提交报告大纲。然而，这种浓缩的形式难以说明问题，因此我们更欢迎叙述体的写作方法。

案例分析报告没有篇幅限制，主要取决于数据的多少、教师的偏好以及课程对报告篇数的要求。报告的篇幅不宜过短，否则就难以说明问题。显然，书面报告必须做到页面整洁，字迹清晰，没有语法和拼写错误。商科的教师不会教学生如何写作文，但是期望报告书能够符合基本的写作规范。他们对书面报告的要求实际上也反映了商界对大学毕业生写作能力的最低期望。

小结

案例分析法是一种行之有效的训练方法，目的在于启迪对商业问题的思维方式，调动逻辑思维来解决现实中的商业问题。当然，倘若不能说服企业的决策者，任何解决方案都将失去意义。案例分析法可以丰富实践经验，做到有理有据，增强你的说服能力。

案例 1 阿托米克公司

罗杰·波斯特（Roger Post），阿托米克公司（Atomic）的一名主管，一边审查泰格男裤（Tiger Pants）的销售业绩，一边哼着小曲儿。泰格男裤已经取得了500万美元的销售业绩，完成了2002年的销售定额，罗杰获得了2万美元奖金。更好的消息是，现在才是2002年3月8日，离第一季度结束还有3周的时间。他很有可能获得全年8万美元的奖金，这也是单个产品销售的最高奖金。贝思·克林顿（Beth Clinton），阿托米克公司的首席执行官，最近刚买了一艘新游艇，他邀请阿托米克所有的优秀经理参加周六的聚会，并向他们炫耀他的新游艇。

背景

建立于1946年的阿托米克公司专注于生产和销售男士休闲服饰。虽然公司的销售业绩维持稳定，但阿托米克的规模一直很小，在2002年仅占整个男士休闲服饰市场的0.3%。尽管市场份额很小，但在20世纪90年代的商务休闲服饰风潮中，阿托米克公司大赚了一笔。尽管阿托米克公司的产品销售到美国和加拿大，但是主要的销售来自美国东南部地区。

阿托米克公司原本在亚拉巴马州、佐治亚州以及南卡罗来纳州拥有多家纺织厂，其第一家纺织厂是在第二次世界大战刚刚结束时购买的。到1976年，阿托米克共拥有9家纺织厂，这些纺织厂都位于农村地区，其员工成本相对低廉。到了20世纪70年代末期，成本的上涨以及来自东南亚低价纺织品的冲击，使得阿托米克公司的利润率急剧下降。于是，阿托米克公司开始调整生产战略，并在中国台湾建立工厂，同时开始关闭在美国的纺织厂。1983年，在美国的最后一家纺织厂被出售。在中国大陆向外资开放并建立自由化的贸易政策之后，阿托米克公司最终将中国台湾的纺织厂转移到了中国大陆。

中国拥有庞大的纺织工业，棉花的产量巨大，棉花是阿托米克男士服饰的主要原材料。阿托米克公司在亚特兰大的总部的员工人数不超过 20 人。多莉·格林（Dolly Green），阿托米克公司的生产及物流副总裁，将其大部分时间与精力花费在中国市场，确保其在中国的分包商能够严守生产质量标准。在其中国台湾的纺织厂出售之后，阿托米克公司就不再拥有自己的生产线。

多莉的语言能力极强，在中国工作多年后，其中文非常流利。她同时掌管着在中国生产的服饰从中国港口到美国圣迭戈的货运。从圣迭戈，这些服饰将通过卡车运送到位于亚特兰大的仓库。

雷蒙·费尔南德斯（Ramon Fernandez），公司的财务副总裁，同时负责美国及中国的相关事务。雷蒙的工作确保资金顺利转账到中国，用于支付原材料的采购、生产以及从中国港口运出服饰的集装箱货运。雷蒙是信用证方面的专家，他也十分熟悉通过货币期权帮助阿托米克公司应对中美货币汇率的波动。由于雷蒙需要与大型银行及国际货币市场打交道，他的大部分时间是在美国，但他每年也会有几次到中国的机会。

贝思·克林顿，阿托米克公司的总裁及首席执行官，今年 52 岁，她拥有耶鲁大学的 MBA 学位。在受雇于阿托米克公司之前，她服务于洛杉矶的一家国际航运公司。1992 年，阿托米克公司雇用贝思成为其生产及物流副总裁。她是出售中国台湾的纺织厂并雇用中国大陆分包商进行生产的推动者之一。由于她在生产及物流战略方面的成功，1992 年前任首席执行官退休后，贝思被推举为继任者。

阿托米克公司的财务状况

在贝思·克林顿的领导下，阿托米克公司的销售逐年增长，在 1992—2000 年间，实现了每年 3%的销售增长。阿托米克公司税前利润从 1992 年的 5%增长到 2000 年的 12%。这样的利润增长，一方面来源于 20 世纪 90 年代强势美元的汇率优势；另一方面得益于将中国台湾的生产线转移到中国大陆所获得的生产及物料成本优势。尽管 1992—2000 年间竞争压力导致零售平均价格下滑了 10%，阿托米克公司依然获得了不错的财务表现。

阿托米克公司在 2000 年实现了 1 400 万美元的总销售额。得益于泰格男裤的销售业绩，阿托米克公司在 2001 年的销售额上涨至 2 200 万美元，同时，盈利状况更加可观。阿托米克公司 2000 年的利润为 168 万美元，到 2001 年这一数字上涨至 440 万美元，这都得益于泰格男裤的贡献。泰格男裤的季度销售额见表 1。

利润的增长源于两个方面：（1）泰格男裤的销售增量；（2）由于泰格男裤风靡市场，阿托米克公司在泰格男裤产品线的零售价格上涨 15%。尽管泰格男裤加量生产的临时通知以及从中国加急运输增加了成本，15%的零售价格上涨不仅抵销了成本的增量，同时也增加了盈利。

表 1　泰格男裤季度销售额　单位：美元

	2000 年	2001 年	2002 年
第一季度	100 000	90 000	5 680 000（第一季度剩余 3 周）
第二季度	120 000	150 000	
第三季度	280 000	2 350 000	
第四季度	100 000	4 100 000	

泰格男裤的销售战略

罗杰·波斯特于 1995 年被提升为阿托米克公司的销售副总裁。罗杰今年 55 岁。在成为全国销售经理之前，他主要负责培训、选择年度服装款式以及协调针对出售阿托米克公司产品的零售商的广告。阿托米克公司的宣传途径包括贸易展会、商业广告、直邮以及独立的销售代表说服零售商出售阿托米克男士服装，公司并没有直接面对消费者的广告预算。

赠送服装及名人效应

面对缺乏针对消费者的营销预算的局面，罗杰试图通过产品的特性进行品牌宣传。在成为销售副总裁之后，他的第一项工作便是举办针对零售商的销售竞赛。如果销售阿托米克服饰产品的零售商店经理在过去的一年获得 10%的销售增长，就可以获得阿托米克服饰 200 美元的代金券（批发价格），相当于购买 425 美元的零售价格的商品。如果销售增长 25%，则可以获得 400 美元的商品奖励（批发价格）。如果前一年销售获得 100%的增长，则可以获得 1 000 美元的商品奖励。

尽管一些店面经理将这些额外的免费服饰销售给消费者，从而增加其店面利润，但大部分的经理都将这些产品留作自用或者奖励给他们最优秀的销售人员。罗杰鼓励销售经理将这些产品奖励给他们最优秀的销售人员，但是他也乐于看到销售经理将它们留作自用。2000 年，“服装奖励”计划的成本为 10 000 美元，2001 年的总成本为 75 000 美元。

除了“服装奖励”计划，罗杰也将阿托米克的服饰产品免费赠送给名人，希望他们能够穿着出行。1999 年，总价（批发价格）8 000 美元的服装被赠送给名人，2000 年，这一数字增加到 9 000 美元，到了 2001 年，更是上升至 35 000 美元。这些服装被赠送给大学教练、电视台记者及新闻广播员以及音乐和影视名人。阿托米克总部的一些员工甚至开玩笑地认为罗杰赠送这些服装是为了与他在电视上看到的名人搭上关系。

在 2001 年的年度中期管理会议上，雷蒙·费尔南迪斯让罗杰向管理层解释这些计划的合理性。对此，罗杰非常气愤，他询问公司是不是要审计雷蒙拜访纽约的银行以及金融机构的旅费报销单据。最终，这场纷争使雷蒙认为需要控制营销费用，同时，管理层需要更严密地监督这些销售计划。为此，罗杰大发脾气，并对雷蒙说道：“你对营销一窍不通。你认为只要动一动手指，公司的销售目标就完成了。

这些产品不会自己就卖出去了，我们需要通过各种方法说服零售商销售我们的产品。”

在雷蒙的强烈要求下，“服装奖励”及“名人效应”计划被审计，以确保每项支出的合理性。多莉支持雷蒙的意见，贝思则不情愿地表示赞同从而使会议能够进行下去。

两天后，贝思和罗杰开了一次午餐会。罗杰告诉贝思，他觉得雷蒙是在指控自己挪用公司的产品及资金。贝思承认雷蒙对于成本控制的言语有时过于直率，但同时，管理层有权审查公司所有的经费支出。她告诉罗杰，在她刚刚完成将公司的生产线从中国台湾转移到中国大陆时，雷蒙就说服管理层对新的生产合同进行审计。

她总结道：“你看，我知道雷蒙有时候是出言不逊，但他确实关心公司的利润，他的财务技能对于管理层很重要。他现在 60 岁，马上就要退休了。他告诉我，公司的利润可以有更好的增长，同时，公司在过去十年的利润增长主要来源于成本控制而不是销售量的增长。你要记住，罗杰，我充分相信你的能力，同时，对这两个计划的审计能够更好地展现你的管理能力。”

泰格男裤的个人销售战略

阿托米克公司的所有产品都是通过独立的销售代表进行销售的，泰格男裤也不例外。一位销售代表负责美国东南部地区的销售，另外一位销售代表负责针对美国新英格兰、中西部地区以及加拿大的销售，第三个代表则负责美国密西西比以西地区的销售。

这些销售代表可以获得所销售产品的 15%作为佣金。佣金按季度支付，而且只在收到零售商支付的款项后，佣金支票才会发出。对于一个地区零售商销售不同的产品线，罗杰通常指派不同的独立销售代表。如果一些销售代表的业绩突出，罗杰也可以将一些更有利润的产品线奖励给他们进行销售。

由于税负的原因，每个独立销售代表都被视为独立的承包商，这样，每个销售代表可以获得无限制的佣金，同时避免公司支付工资及福利。在之前，阿托米克公司并没有足够的财务资源去建立公司自有的销售队伍。

泰格男裤的 2 名销售人员拥有高中学历，另外一个销售人员连高中都没有毕业，这 3 名销售人员都有超过 15 年针对分销渠道销售的经验。这 3 名销售人员都是过去 5 年招聘的，级别最低的销售人员是在 9 个月前招聘的。罗杰对泰格男裤的销售队伍充满信心。虽然泰格男裤仅仅是一个规模较小的产品线，但在 1999—2000 年间，现在负责泰格男裤销售的独立销售代表帮助泰格男裤获得了相比其他产品线更高的销售增长。

与每位销售代表的合同允许阿托米克公司可以提前两周通知其雇佣关系的解除。之前，罗杰多次解雇那些无法达成销售目标的代表。阿托米克公司的独立销售代表的流动率平均为 8%，远远低于行业平均水平。当公司的服饰产品在市场上整体销售强劲时，他更倾向于解雇那些销售业绩平平的代表。在替代销售代表到位之前，他不会解雇现有的销售代表，这有利于维护客户关系，同时避免客户服务方面的空当。罗杰认为，为阿托米克公司找到优于平均水平的销售代表，是其实现公司销售增长的保障。

庞克摇滚学院

2001年4月，罗杰·波斯特17岁的女儿朗尼（Lonnie）向他要4条泰格男裤送给当地一个名为“庞克摇滚学院”的乐队。朗尼说，这个乐队现在很火，而且刚和Epitaph唱片公司签了合约。乐队的一个成员在一次演唱会上见到朗尼穿着一条破旧的泰格男裤。朗尼用红色马克笔给男裤背面的老虎标志的眼睛描红，还在老虎獠牙上画上血滴。

虽然罗杰知道朗尼是一个好女孩儿，学习成绩优异，但是她对音乐的爱好有点奇怪。罗杰和妻子不允许朗尼穿孔或者文身，但是这些规定并没有阻止朗尼穿着奇怪的服饰以及将自己的头发染成奇怪的颜色。当回想起朗尼曾经将头发染成紫中带红的颜色时，罗杰还是感到一丝惊颤。朗尼在提出要男裤时的态度确实很好，同时也给罗杰展示了“庞克摇滚学院”乐队的两张专辑，以证明他们确实是一个正在成长的乐队。虽然罗杰对此依然心存顾虑，但最终还是给了朗尼4条泰格男裤，同时签署了证明这些男裤赠送对象的文件。

然而，罗杰并不能相信接下来发生的事情。6月24日，罗杰回到家，发现朗尼超乎寻常地兴奋。MTV频道正在播放“庞克摇滚学院”乐队的演唱的《Fight Song》，朗尼也出现在视频中，穿着她那条破旧的泰格男裤，随着乐队的演唱在舞池中扭动着身体。

《Fight Song》的视频讲述了4个文身、鼻子穿孔的乐队成员的故事，他们在升入高中的第一天就接到通知，要不服从学校的着装要求（卡其色裤子以及整齐的白衬衫），要不就被开除。然而，这些乐队成员穿上了泰格男裤，并将裤子的膝盖部分剪开，向朗尼一样将老虎标志的眼睛涂红并在老虎獠牙上画上血滴。第二天，他们穿着改制过的泰格男裤出现在学校。当乐队成员在当天的学校舞会上演出时，校长甚至差点晕过去。在演出的最后，乐队成员将鼓槌儿点燃，并把他们的白衬衫丢入火堆中。

在那次颇为不堪的管理层会议之后的第三周，罗杰第一次看到了这个视频。针对“服装奖励”及“名人效应”计划的审计将在接下来的周一举行。罗杰感到一丝恐慌，他知道，雷蒙将对他送给这些乐队成员4条泰格男裤大为光火。然而，罗杰会发现，他完全想错了。

《Fight Song》在MTV的黄金时段循环播放。“庞克摇滚学院”乐队随即开始了他们的《Green Day/Blink 182》夏季巡演，这张专辑很快大卖，泰格男裤的销售也随即暴涨，2001年第三季度的销售猛增至200万条。2001年第四季度的销售额高达400万美元，2002年第一季度的销售额高达5 680 000美元。

零售商的泰格男裤库存告急，特别是在2001年第三季度。那3名泰格男裤的销售代表不得不优先照顾老客户，因为从中国运往美国的泰格男裤完全不能满足突涨的市场需求。一名销售代表告诉罗杰，她只需要接电话记下订单数量就行，不需要费力推广销售。在2001年圣诞节之前，罗杰就获得了泰格男裤40 000美元的销售奖金。为了感谢朗尼的帮助，罗杰出钱送朗尼和她的母亲去纽约，现场观看“庞克摇滚学院”乐队为MTV纽约新年音乐会的演唱。更好的是，那个令人讨厌的雷蒙的审计最终证明罗杰是营销的行家里手，“服装奖励”与“名人效应”计划并没有不专业的地方。

2002年3月9日，阿托米克经理理会议

贝思让罗杰第一个发言，讲一讲泰格男裤第一季度实际与预计的销量。罗杰一边微笑一边汇报5 680 000美元的有效销售额，同时预计在第一季度剩下的3个星期会有400 000美元的新销售实现。罗杰同时汇报了“服装奖励”与“名人效应”计划的全年数量。贝思询问泰格男裤在2001年更详细的数据。罗杰回答道，泰格男裤在“名人效应”计划方面的总成本为25 000美元，“服装奖励”计划的总成本为60 000美元，支付给3名独立销售代表的佣金为1 003 500美元。他接着说道，尽管这些数字看起来有些高，但这是泰格男裤的销售增长所导致的。销售成本在总销售额中所占的比例在2001年保持稳定，即便泰格男裤的销量激增。

雷蒙询问泰格男裤在2002年的销售预期。罗杰承认“很难去预估。销量的激增是转瞬即逝的风潮吗？销量会在1 000万美元的高位稳定下来吗？销量也有可能会增长至剔除费用前的2 500万美元”，“我也从来没有见过如此的销售增长，同时我认为这不会延续很长时间。销量会比2000年的600 000美元高，但是2003年的销量可能会低至300万美元。公司从‘名人效应’计划中获益，但是当这股风潮过去之后，我认为现在的销量水平很难维持。我们都知道，年轻人总是从一个新生事物跳到另外一个。”

多莉指出：“这样的不确定性让我很为难。我不知道我是否应当按照泰格男裤现在的销量制定未来的生产计划并签订外包协议。我可以获得高达20%的折扣，但是我需要给出我们对年度销售额的准确预计才能拿到这样的折扣。我们现在运营的方式，包括短期的加急订单，使我们的生产及物流成本上升了10%。罗杰，你当然可以将3个季度的销售预估为5万～2 000万美元，但是这种不确定性严重损害了成本控制的效果。”

罗杰回答道：“你知道，我们所有人都获得了很多的奖金，我们的股票期权的价格现在非常高。当然，所有的这些可能都无法继续，即便是这样，我们都挣到了很多钱。我非常期待看到贝思将这笔钱如何花在她的新游艇上。”

此时，雷蒙跳出来说：“一条产品线在2001年的销售佣金就高达100万美元，这是不可思议的。”他同时指出，这些销售代表没有一个人拥有大学学历，但是他们都过着“帝王般的生活”，“你知道，第一季度，我就需要为852 000美元的销售额支付佣金，这比我在2001年所有工资及奖金加起来的4倍还要多。”

雷蒙接着问罗杰是不是可以解雇这三个销售代表，然后组建公司自己的销售队伍。罗杰回答道，公司可以雇用3名销售人员负责该区域的销售，工资40 000美元，加上与总部员工相同的15 000美元标准福利待遇以及大约0.5%的销售佣金。但是，罗杰指出，他还没有发现可以替代这些销售代表的合适人选，同时，公司也从来没有因为“超出预期”的销售业绩而开除过任何销售代表。如果这样做，我们

对其他负责销售阿托米克产品的销售代表传递的是什么样的信息呢?

此时，贝思才开始发表意见："罗杰，正是因为你出色的营销努力，才使得阿托米克在泰格男裤产品上取得了如此骄人的业绩。我保证，再也不开你女儿头发颜色的玩笑了。"会议室里的4名经理哄堂大笑。多莉此时插话道："罗杰，正是得益于你的好点子，我们才能取得如此好的结果。"罗杰提醒所有人如果没有这些独立销售代表的努力，阿托米克公司不可能收获这样的业绩。

贝思要求罗杰准备一份成本分析，对比公司维持现有的销售框架方案以及构建自己的销售队伍的成本。她表达了对罗杰的信心，认为40 000美元工资加福利及销售佣金的薪酬待遇，可以让罗杰在2周内找到合格的销售人员。同时，人们喜欢工资带来的安全感，那些聪明的大学毕业生会迫不及待地抓住为阿托米克公司工作的机会。

贝思同时提到雷蒙讲过的话："你知道，这3名销售人员并没有接受过正规的教育，泰格男裤的销售对于他们而言就像是天上掉下来的馅饼，他们并不需要花费多少努力，他们只需要等待订单自己送上门。阿托米克公司在去年付给他们100万美元的佣金远远高于他们应得的。罗杰，我们都清楚，核心管理层关心的是公司的利益。如果我们解雇这些销售代表，取消这个季度的销售订单，我们可以给那些已经付款的零售商开出新的购买订单，这样，我们可以节省2002年第一季度852 000美元销售的佣金，作为管理层的奖金，我们每个人都可以获得至少200 000美元的奖金。"

在会议结束时，贝思对在座的每个人在过去一年中的明智决策表示了感谢。"我希望你们都来参加周六的游艇聚会。下周二，我们再开会讨论关于销售队伍的问题。罗杰，在那之前，你需要准备好会议所需的材料。希望在明天的聚会上看到在座的每一位以及你们的家人!"

案例2 康诺实验室

在芝加哥机场，我正等待飞往洛杉矶的航班。我查看了我的邮箱，发现比尔·肖特（Bill Short）发来了新的信息，比尔是公司的战略规划副总裁，他对丢掉Joysco Technological Surgeries（JTS）这个客户感到担忧。他的邮件如下：

"请在明天早上7点给我打电话，我想讨论一下有关JTS的问题。对于失去这个客户，我非常担忧。我看过了上个季度你对这个客户的销售情况。现有的记录中没有第三季度的情况。"他继续写道，"到时候，请告诉我你是如何管理这个战略客户的，以及为什么我们失去了这个重要的客户。作为康诺实验室（Conner Labs）资深的销售代表，对于你之前并没有主动讨论这些问题，我感到失望。"

每个季度，销售队伍都会将所有客户的信息及销售情况从他们自己的笔记本电脑上传至公司的电脑系统中。这个季度的记录将在下周结束前上传，其中包括比尔·肖特还没有审查的信息。我决定仔细回顾一下过去 8 个月我电脑上关于这个客户的所有信息。如果我能发现失去这个客户的原因，我就能够优化调整我的销售策略。

就在一周前，我搭乘航班去往辛辛那提拜访 JTS，结果却是被这个客户惹恼了。在我到达客户那里之前，我很确信，所有完成这项销售的准备工作都已经做好了，但是我惊奇地发现，JTS 最终购买了贝森实验室（Bayson Laboratories）的白内障手术系统，我认为他们的外科手术系统要远远逊于我们的系统。贝森实验室是医疗器械供应行业的新进入者，JTS 通常只与有多年行业经验和口碑的供应商做生意。在此之前，我并不知道还有其他供应商在他们考虑的范围之内。

在回想当时的情况时，我不清楚失去 JTS 的销售会对我们部门明年的预算产生什么样的影响，我也不知道失去 JTS 会对我自己产生什么样的影响。

白内障手术市场

过去的 20 年间，白内障手术市场实现了飞速增长，主要源于医疗补助计划及医疗保险将这一手术纳入到报销名录。2004 年，美国共实施了 270 万例白内障手术，其中大约 65%都在政府医疗补助计划及医疗保险的报销范围内。做白内障手术的人群大多数是 45 岁以上的患者。当病人患有白内障之后，眼睛的晶状体就会出现浑浊，致使光线无法通过到达视网膜。当晶状体透过光线的能力逐渐降低时，患者甚至面临完全失明的风险。预计全部人口中有 35%的人都会患上白内障。大约 40%参与医疗补助计划及医疗保险的患者都需要进行白内障手术。[①]

白内障手术对于医生的手术技艺要求极高，但耗时并不长，通常白内障手术仅需 20～30 分钟。手术过程中，患者并没有或者很少感到不适，白内障手术通常在医院门诊部实施。在 2004 年，给每只眼睛做白内障手术的平均花费为 1 500 美元。如今，外科医生通常每周做两天的手术，平均每周手术量为 20 次。

患者通常需要提前 1 个小时到达手术中心。在手术之前，患者需要点滴多种眼药水以避免疼痛，减少炎症及感染的风险，同时充分扩张瞳孔。手术中通常采用局部或表面麻醉的方式。在局部麻醉下，整只眼睛以及眼部周围肌肉都会麻木，从而避免不适感。在表面麻醉下，只有眼睛的正面部分是麻木的。医生通常依照自己的偏好选择麻醉的方式。

在手术过程中，大多数患者是保持清醒的，然而，少量的镇静药物也会在医生以及患者的期望下使用。当手术结束后，患者会接受短暂的观察，医生会说明手术后应注意的事项，在大多数情况下，患者会在手术结束后 1 个小时被允许出院。

白内障手术医生通常是眼科医生，他们熟练掌握移除白内障及人工晶体植入的技能。眼科医生通常会医治多种眼科疾病，同时会进行包括白内障在内的多种眼科手术。

源于竞争及需要更优良的医疗器械，许多医院都积极引进最先进的医疗器械，

① 关于白内障外科医生以及手术流程的信息是由位于华盛顿特区的美国医疗统计办公室提供的。

从而维持市场份额。在白内障手术市场发展的早期，所有的手术都是在医院进行的，但是医院外手术中心的出现，开始与传统医院争夺患者。[①] 如今，许多实施大量简单手术的机构，开始聘请兼职外科医生使用其医疗器械进行白内障手术，患者不用专门前往医院手术。

医疗器材

□ 检测仪器

检测仪器用于检测眼睛的相对聚焦能力。尽管医生能够通过一些常规检查确定患者有视力问题，但也需要更加精确量化眼部视力，从而决定是否需要进行白内障手术。

患者将下巴放在一个毛绒支撑带上，一股激光束照射在患者的眼睛上，患者需要读出一组随机的字母和数字。检测仪器能够确定患者在接受手术后的视力恢复到什么程度。当完成白内障手术后，患者可以达到在检测仪器上检测的视力水平。检测程序一般花费 5 分钟。

康诺在 1990 年推出了第一款检测仪器，其最高配的检测仪器在市场上的售价高达20 000美元。竞争者试图继续销售斯内伦视力表（Snellen Chart），或者使用 Centrust 检测仪器，但是都效果平平。[②] 竞争者产品的售价介于2 500～27 000 美元之间。医生认为康诺的检测仪器相对于市场上的其他产品，是他们唯一能够百分之百相信其准确率的。美国政府规定，如果没有替代治疗方案，通过康诺仪器检测确定需要实施的白内障手术才能进入医疗补助计划以及医疗保险。没有竞争者的产品能够达到如此的可信度以及替代这一检测过程。康诺产品销售的成功也源自其强调的产品使用的可持续性，同时，使用过程中不需要辅助使用扩张眼药水。康诺是唯一一家为眼部检测仪器提供终身保修的企业。

□ 手术仪器

用于白内障手术的仪器价格介于100 000～300 000美元之间，其中的价格差异主要源于产品及生产商品牌的知名度，以及手术器材与手术室其他仪器相匹配需要定制化的程度。简单的定制化包括使用特定的电子输出口，复杂的定制化包括与其他手术仪器匹配的特制电脑程序。[③]

手术仪器是一个巨大的操控台，通常有 2 英尺宽、4 英尺高，其组成部分包括一个向手控切割工具输送电流的电脑，向手术区域输送并吸回液体的导液管，以及多个用于将晶状体在切割后吸附走的吸管。在晶状体周围的一些微粒物质，

---

① 医院外手术中心通常位置便利，主要面向那些住院时间少于 1 天的患者进行手术治疗。能够在这类机构进行的手术包括胆囊摘除手术、整容手术、抽脂手术以及白内障手术。

② 在斯内伦视力表上排列着一行行字母或者数字，随着行数下移，字母或数字的大小递减。医生对使用这种方法的一个顾虑是，患者往往会在检测前记下每行的字母或数字。

③ 康诺并没有要求购买者过多地分担定制化的成本，这类成本往往会占到仪器成本的一半。1990 年，康诺仪器的主要定制化成本为仪器成本的 11%，到了 1993 年，这一比例增长至 38%。

需要在不破坏周边组织的前提下被切割掉。手术区域比一张纸上一个句号还要小。大多数生产商的产品都具有类似的功能，因此，医生以及医院在采购时往往考虑价格因素。很少有医生会特别了解不同产品之间的差异。在此之前，医生往往会购买最贵的产品，他们认为质量与价格是相关的。当他们的手术技艺提升后，他们就不愿在医疗器械上花费过多成本，除非他们发现产品质量方面的明显区别。医院的手术管理层将手术仪器视为吸引医生和患者的方式而不仅仅是检测仪器。

□ 一次性器材

白内障手术中使用一次性切割器材的成本通常为 125 美元。每次手术都需要使用全新的一次性掌上手术器材进行切割。一次性掌上器材被连接到有电流通过的手术连杆上，同时辅助足够的导液与吸附。[①] 在完成手术后，一次性切割器材与纱布将被妥善处理。不同生产商的一次性器材产品并没有多少不同，因此，大多数的一次性器材是通过向分销商采购最低价的产品获取的。图 1 展示了检测仪器、手术仪器以及一次性器材。

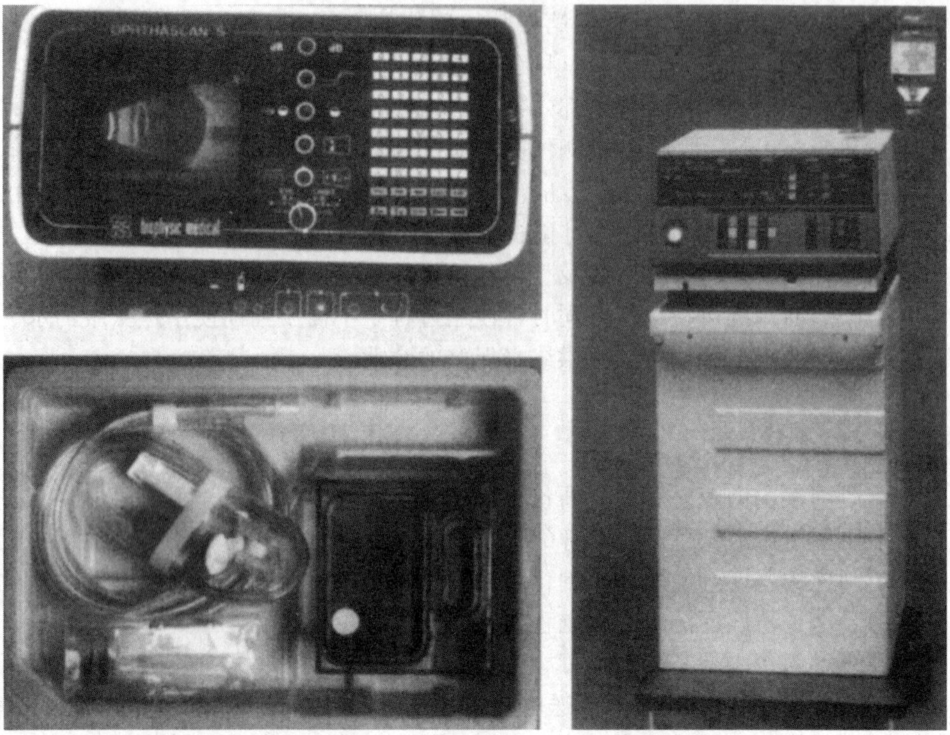

图 1　外科手术检测仪器和一次性医疗器材包

---

① 掌上器材能够在眼睛晶状体上进行非常精细的切割，然后医生会用吸管移除晶状体及其周围的多余物质。切割的精度越高，患者康复的速度越快。

康诺实验室

康诺实验室一直是数字化/激光医疗设备生产的引领者。从毫无经验开始，康诺公司在纽约创办初期，仅拥有几条医疗器械产品线。然而，基于过去几年推出的新型检测产品，康诺成为白内障手术医疗检测及手术器材的领先供应商。表1显示了康诺的财务状况。很少有医疗企业能够获得如同康诺的质量声誉。

表 1　　康诺实验室：截止到 2004 年 12 月 31 日的收入及盈利情况　　单位：百万美元

	2001 年	2002 年	2003 年	2004 年
销售收入	436.6	515.5	558.5	456.1
销售成本	330.6	372.7	385.4	345.8
毛利润	106.0	142.8	173.1	110.3
费用				
折旧	24.0	24.1	24.4	24.6
销售费用	28.1	30.3	32.5	34.1
其他费用	10.9	10.7	10.3	10.2
税金	18.9	35.0	48.7	19.1
总费用	81.9	100.1	115.9	88.0
净收入	24.1	42.7	57.2	22.3
减去：现金股利	7.2	12.8	17.2	6.7
净留存利润	16.9	29.9	40.0	15.6

尽管检测仪器的技术受到专利保护，白内障手术器材及一次性器材并不在专利保护范围内。有高端制造能力的支撑，研发部门能够对手术仪器进行微调，从而满足医院外手术中心或其他医疗机构对手术器材的需求。例如，手术器材中的吸附功能，就被微调用于血管手术中的神经及血管重接。这些衍生产品的成功得益于发现市场中对于衍生产品的需求以及生产商的品牌声望。许多成功的厂商与医院特定的科室建立了稳固的关系，并在此基础上衍生其产品线。因为康诺在白内障领域取得的成功，其销售队伍并没有全力将公司的产品延伸到其他科室。

康诺的营销战略是通过集中推广其高质量产品，从而打造公司在市场上的品牌声望。以往白内障仪器的毛利率一直很高，但随着市场竞争的激烈以及技术的成熟，其毛利率逐渐下降。1992 年之后，市场上出现了很多针对康诺数字化/激光产品的竞争者。这并不奇怪，一般而言，技术突破型产品只能在 3 年或者更短的时间内维持其市场份额。

因为其品牌声望及高利润率，康诺能够吸引到特别出色的销售代表以及销售经理。其销售队伍包括 6 名销售代表和 3 名销售经理以及 1 名全国销售总监。在过去的两年中，这个销售队伍一直保持人员稳定。这些销售代表有着平均 10 年以上的大区域行业经验。

市场购买行为

康诺见证了其市场份额从1990年的70%下降到2004年的22%。虽然大部分的市场份额流失源于成功的市场模仿以及市场的成熟，但是其中一部分的原因归结为产品销售投入及销售效率的下降。这显然是个复杂的销售流程，新客户计划方案（new account planning，NAPP）的建立能够帮助康诺的销售队伍梳理销售流程，同时帮助销售经理掌握销售进度（见表2）。

表2　　新客户计划方案

通过NAPP，康诺试图改变销售队伍现有的销售行为，转向咨询型的销售模式，强调建立客户关系、增值型销售、发觉产品线延伸的机会、客户追踪系统以及管理层协调体系。以下是对这个方案的简单介绍。

1. 关系建立。针对客户采购中心所有重要成员，构建基于信任、和谐以及关注每一个体利益与期望的关系。与采购相关的人员背景信息如下：

营销经理：负责医院的推广计划并经常参与医院的战略规划。

医院管理者：医院的首席执行官。关注医院的财务状况及战略发展方向，通常并不具备医疗领域的技术背景。

采购：建立与维护与供应商的关系，确保在最低价格基础上的持续供应。通常拥有商业或文科教育背景。

财务人员：审查病人及第三方（例如，保险公司及政府）的单据是否符合政府的规定。通常拥有医疗背景。

护士长：医疗器材的主要使用者、手术预算的主要制定者并在决定手术器材采购方面具有重要影响力。

安全官员：关注政府有关安全方面的规定及医院的合规性，以及因此产生的法律纠纷。通常具有深厚的技术背景。

首席手术医生：通常是年长、备受尊重的外科医生，在医院拥有很高的影响力。以往可能是在一家医院工作了很多年，但是现在这种情况较少。

2. 增值型销售。当今医院十分重视低成本，关注点应集中在非价格利益上，包括展示设备在技术方面的突出优势，手术后较少的并发症，提高手术效率并降低手术成本，提高医院对医生的吸引力。

3. 产品延伸机会。为在现有的白内障医疗器材基础上延伸销售机会，销售人员需要提高对将白内障治疗技术运用到其他医疗科室的关注。

4. 机会追踪系统。为了更好地追踪现有销售状况，销售人员需要将所有的销售机会按照以下分类进行整理：

- 不合格的：当销售人员认为存在销售机会，但并未完全识别购买影响因素时。
- 合格的：当购买需求被确认，确实存在购买意愿，并在一定时间内有足够的资金。
- 最佳的：所有影响因素都已识别，其关注点都已妥当处置，销售的可能性在90%以上。

5. 管理层协调。销售人员需要每个季度向管理层汇报所有的销售机会。除此之外，管理层需要参与到那些估值超过50万美元的最佳销售机会中，批准产品的折扣，同时完成LEO-2000表格关注所有产品衍生的机会。

要完成手术系统的销售，销售代表需要获得多方面的批准。销售人员一般需要与多方面沟通，从而了解其需求，并向其展示产品的优势。在这个过程中，如果销售代表越过了某个在决策中具有影响力的客户成员，就会产生不必要的混乱。医疗器材的购买很少是冲动型的，因此，如果销售人员试图在取得购买方完全的销售购买承诺之前就期望达成交易，那么往往收获的是挫败。一个成功的销售人员，在取得购买方所有相关人员的同意及购买承诺方面，往往需要花费几个月的时间。

为了保证销售过程的延续性，有效的销售人员需要找到一名意见领袖，无论是医院内部的还是外部的，帮助产品的销售或者发现阻碍销售达成的潜在障碍，例如，客户方的采购代理商，虽然他们可能并不是销售决策中最有影响力的群体。护士长往往是一次性手术器材的购买决定者及预算的制定者，而不是我们通常认为的外科医生。医院的管理层可能会因为低价因素而偏好某个手术设备，但是很多科室的外科医生可以有效地影响购买决策，特别是在展示定价较高的器材具有更多的功能的情况下。每一个购买决策都是不同的，很多人会参与到决策过程中。

在医疗设备采购及成本方面，医疗界在过去几年遭遇了更加严格的审查。在即将颁布的政府规定中，采购人员被要求按照最低可能的价格进行产品采购。通常情况下，产品及服务的价值并不是一目了然的。销售人员在与购买决策过程中的相关人员建立稳固的关系之前，很难说服采购人员接受其产品除价格之外的其他优势。

关于客户的电脑资料 销售代表需要每天将客户拜访信息录入电脑系统。

JTS 的商业模式

JTS 是一个大型的手术医疗机构，在业内具有很好的声望，其手术服务范围包括三个县总共 700 万居民。为了留住优秀的外科医生，JTS 在业内拥有最高的薪酬，整个医院的流动率很低。JTS 最近印刷的宣传册表明，它在今年开始引进全面质量管理体系（TQM）。我觉得这是与康诺产生联系的一个机会。

时间线

□ 1月6日

我们的战略分析部门将 JTS 确定为具有突出盈利潜力的客户。在与 B. J. 埃弗里（B. J. Avery）（JTS 的采购总监）的一次会面中，我们一起研究了康诺提供的新产品线。我对这个客户第一年购买潜力的估计是：4 台检测仪器，16 台手术仪器，大约 4 000 套一次性手术器材，总价为 10 500 万美元。

我花了一整天的时间在 JTS 开展信息收集工作，列出了几个我认为会对购买决策有影响的人员，他们向我确认，康诺过去一直在配送、服务以及质量方面与 JTS 维持很好的关系。花费 2 个小时四处收集关于 JTS 商业模式的信息，我发现他们有一个商业服务部门，主要负责推广其产品及服务。① 与埃弗里的上司——采购副总裁约在 1 月 22 日早上会面，与首席外科医生约在 1 月 22 日下午会面。

① 就传统而言，尽管医院被视为非营利机构，但是对于那些致力于快速发展的医院也设有营销及推广部门。

□ 1月22日

与桑迪·亚当斯（Sandy Adams）会面，他已经在采购副总裁的位置上干了3年。过去，我不用与桑迪会面，就能完成对JTS的销售。我被告知，所有的竞标必须是市场的最低价格。我必须找到产品的最终使用者，才能把价格提上去。我留下了产品宣传册，以此向桑迪·亚当斯展示我们产品的特性能够满足他们现有手术的要求。我把JTS归类为“合格的”机会。

与斯滕兹（Stenz）博士（JTS的首席外科医生）会面，讨论康诺产品的技术特征。在了解了康诺产品相比竞品的优势之后，他显然更偏好康诺的产品。康诺产品给他留下了很好的印象。

当我问是否有其他竞争者与JTS建立了稳固的关系时，我得到的答复是康诺处在“优先考虑”的位置，我甚至被推荐与斯滕兹博士办公室的其他4位医生会面。来自JTS的10 500万美元订单应该很快就能达成，而且我们可以按照全价出售，斯滕兹认为我们不需要为JTS提供折扣优惠。他同时提出，他会为他的科室采购7台检测仪器，这对于一个已经建立多年的科室来说，是一个出乎意料的大订单。对此，我比较惊讶。

□ 1月24日

顺路去拜访斯滕兹博士的同事。我非常惊讶竟然没有人知道我会去拜访。之前，斯滕兹博士显得非常积极，并承诺会安排我和他的同事会面，并将我给他的宣传册分发下去。尽管我对他们对于我的出现没有任何准备有一丝沮丧，但我抓住了机会与他们的办公室主任会面，我发现他是这个办公室采购流程的决策人之一。

在与办公室主任会面的过程中，我发现一个值得关注的事情，过去一个月中，有另外两个竞争者与这家医院及一些外科医生接触过，斯滕兹博士却向我保证没有其他竞争者。对此我并不担心，因为从新奥尔良的12月经销商展会上可以看出，其他经销商即将发布的新产品对我们构不成威胁。

□ 2月3日

拜访JTS，核实采购部门在这项交易上的进度。与采购副总裁的助理一同午餐，发现了一些新情况。我们的讨论集中在医院的政策上，得知他们认为我们过于激进，需要慢下来。我抓住这次会面的机会介绍了我们公司，试图建立更加和谐的关系而不仅仅是销售产品。午餐过后，我到手术室溜达了一圈，去看看他们有没有使用竞争者的产品。看起来就像是各种产品的大杂烩，没有一个主要的产品品牌。

与手术室护士长约在14日会面，我很期待这次会面。当我向采购助理提起这次会面时，他说：“去吧，但是要记住我们才是最终签署购买订单的人。”

□ 2月14日

因为是情人节，我在路上给手术室护士部门买了些糖果和鲜花，这些礼物通常效果挺好。整个拜访气氛很轻松，每个人都乐于倾听我对产品的介绍。他们好像也接受我所讲的内容。看起来像是“鸭子已排好队”，订单马上就来了！

□ 3月16日

我给斯滕兹打了个电话约会面，他提到我需要跟 JTS 的 H.M. 琼斯（H.M. Jones）沟通。琼斯是 JTS 的安全部门负责人，与他约好 4 月 23 日的会面后，又跟了封邮件并送上我们所有产品的宣传册。我并不了解这个人的背景，但我确信在我们会面时他会解释他的角色。

□ 4月23日

我到达 JTS，与 H.M. 琼斯讨论有关采购事项。我非常惊讶琼斯对产品宣传手册和我们的谈话都表现出了困惑。康诺雇了城里最好的广告公司，准备了这些即使是高中生也能看得懂的产品宣传手册，或许琼斯只是测试我，并不是真看不懂那些材料。我确信我通过了测试。我问的最后一个问题是：“都清楚了吗？您还有其他问题吗？”我得到的回答是：“没有。”——又一个排好队的鸭子！！！我已经把 JTS 的级别列到“最佳的”机会之一。

□ 5月15日

收到斯滕兹的短信说我们的诊断仪器价格太贵，需要我立即降低价格。我打他电话但是打不通。我的确跟一个同事聊过，他告诉我他们实际上想采购的数量可能是我原来预估的两倍多，问题是我们的价格太贵了。我问他们是与其他产品相比较而言，还是我们的价格本身就太高，他们向我确定地说他们的业务不能支撑这样的价格。我约在 5 月 18 日去他们办公室与每个人聊一聊。

□ 5月18日

为了配合康诺的情况，我准备了新的建议书。本来我们的销售副总裁想来参加会议，但被我拒绝了，因为我有信心在 90 天内签这笔订单。我向战略分析部门建议，如果斯滕兹博士和他的同事帮我们拿下这个合同，我们为他们提供一个新的价格。施加一些压力后，我获得授权给予 25%的折扣，前提是他们帮我们获得 JTS 的合同。目前我必须拿下 JTS 这个客户。检测仪器原计划在 7 月 1 日运送到斯滕兹的办公室，然后需要一些调试，以适合他们其他的检测设备。研发部门通常需要 30 天的调试期，斯滕兹想压缩这个时间。我确信他会拿 JTS 的订单来跟我谈判。斯滕兹说他会安排我跟 JTS 的 B.J. 埃弗里在 6 月 16 日见个面。

□ 6月16日

我很惊讶斯滕兹并未出现在我与埃弗里的会面现场。当我去斯滕兹的办公室时，他们说他们很紧张与 JTS 的会议。第一次，我发现他们在某些外科业务上与

JTS存在竞争关系。[①] 埃弗里非常高兴，但是说我们的价格太贵。我解释说这是目前最先进的技术，这个价格实际上是非常划算的。他问我能否提供详细的技术规格以证明我的说法。这并不是标准协议的条款，我同意分享一些我拥有的信息，同时我也表明在我们成交订单后，我们会分享他们需要的其他任何信息。我再次向埃弗里提及上次开会时每个人都认为价格不是问题。他让我在7月7日再来公司见一下他们的采购委员会。我问为什么需要见这个委员会，他说这是很少见的流程，但基于这个采购规模他还是想听听其他人的意见。我问是否有其他事情我们可以做的，他回答："不需要，我很有信心，我也希望完成这个交易。"

□ 7月7日早上

在去JTS之前，想先见一见斯滕兹博士。7台诊断仪已经交货，培训也已经完成。员工们还没有使用系统，对此我有些担心。在下午与JTS的会议时，我会与斯滕兹讨论这事的。拿到这么大的折扣，他们应该非常高兴，通常只有长期客户才能拿到这样的折扣。总而言之，所有事情都在掌控之中。

□ 7月7日下午

与采购委员会的会议仅仅用了3分钟，他们完全不知道我们在讨论什么。鉴于埃弗里那么在意我与他们的这次会议，我对于他们没有准备有些失望。再次，埃弗里向我保证所有事情都顺利，我们将于8月1日开会来最终确认订单。

□ 8月1日

当我如约参加跟桑迪·亚当斯和B.J.埃弗里的会议时，桑迪·亚当斯在前台给我留了个纸条，上面写着：

> 抱歉错过这次见面。我们忙于在研发部门的协助下安装新的诊断和手术设备。再次抱歉失去这次合作机会。祝你下次好运。
>
> 桑迪·亚当斯

我站在亚当斯的办公室外，碰到一个秘书告诉我贝森实验室赢得了这次机会，他们与康诺的价格相似。

接下来，我走进埃弗里的办公室进行了以下对话：

B.J.埃弗里：你好，我不知道你今天过来，我们有过约定吗？

（我并没有泄露已经读了留言，并且表现得好像仍然在进行中。我想看看能否获得一些信息。）

我：没有，我想知道您是否已经有了决定。还有什么我可以做的吗？

B.J.：没有，我已经收到了你发的新产品宣传册，并且把它们分发给了你提到的同事们。我相信这些产品宣传手册给每个人都留下了很深的印象。视频材料也非

① 随着能够在办公室进行白内障手术，白内障业务竞争变得非常激烈。美国食品和药品管理局已经停止了对于这个领域的办公室手术的限制。

常专业。总之，我不得不说你已经非常出色地展示了你们的公司和产品。

我：我非常高兴您这么认为，我希望我们可以很快地进行长期合作。像我在上次会面时跟您说的，如果安装多台设备，我们还可以提供更有力度的折扣。

B. J.：这是个非常难的决定，我们已经决定从贝森实验室购买手术产品了。这是所有人的决定，并没有其他的原因。由此给您带来的麻烦，我们深表抱歉。我希望你能原谅我，我 5 分钟后有一个会议，这是我准备给你的一个便条。

这个便条和桑迪·亚当斯留下的没有任何区别，看来是他们两个人一起写的。

案例 3 Erekson Industrial Supply*

菲尔·哈珀（Phil Harper）最近被任命为 Erekson Industrial Supply 的市场部经理。Bates 是工业净化器和相关化学产品的区域批发商。菲尔直接管理销售队伍，并且对库存负责。最近，公司在平衡订单和库存时有一些问题，客户们因延迟交货和部分货物出现短缺而抱怨。公司总裁要求哈珀查看一下问题并且给出解决方案。

菲尔意识到与化学品的供应厂商直接建立在线连接可以减少缺货的问题，但是这需要几个月的时间来安装必要的设备和调试程序。预计建立这种在线连接的成本是几十万美元。一个比较简单的方法是研究库存产品的销售变化，看看能否提高需求的预期。菲尔决定拿出 4 款最受欢迎的工业净化器的销售数据来看看（见表 1）。电脑上显示了这 4 款产品过去三年的月度销售数据。几个系列显示出季节趋势，其他的被一些不知道的因素影响着趋势。Bates 为每个产品准备未来 12 个月的库存，这样可以拿到折扣，并且最小化运输成本。通常使用简单的预测方法进行销售预估。

表 1　　4 款工业净化器的月度销售数据

时期	SH60	PH25	SX80	TL75	时期	SH60	PN25	SX80	TL75
1	3 848	362	5 666	885	12	3 048	678	5 124	873
2	4 024	346	5 405	870	13	3 163	568	6 149	865
3	3 416	382	5 001	866	14	3 217	741	6 202	860
4	3 671	526	4 688	859	15	3 106	631	5 808	846
5	3 762	675	5 492	862	16	3 196	1 006	5 572	839
6	4 444	440	5 231	855	17	3 118	1 216	7 069	852
7	5 375	547	4 813	857	18	3 305	862	6 839	864
8	3 752	655	4 780	839	19	4 667	1 132	6 104	884
9	2 884	313	4 611	847	20	3 555	1 360	6 812	878
10	3 324	555	5 201	836	21	3 101	1 589	8 367	874
11	3 133	806	5 136	876	22	3 507	1 137	8 130	865

* 本案例是由印第安纳大学的道格拉斯·J. 达尔林普尔（Douglas J. Dalrymple）提供的。在网站 www. wiley. com/college/cron 上的“学生手册”模块有本案例的数据文件。

续前表

时期	SH60	PH25	SX80	TL75	时期	SH60	PN25	SX80	TL75
23	3 131	1 739	7 525	868	30	3 422	1 397	7 647	863
24	3 639	1 380	6 918	855	31	4 507	1 102	6 993	882
25	2 762	1 366	6 737	857	32	4 054	769	8 089	876
26	2 929	915	6 900	865	33	4 426	1 412	9 279	883
27	3 137	1 651	6 112	861	34	4 083	1 161	9 547	875
28	2 975	1 282	6 717	853	35	3 924	1 210	8 064	861
29	3 274	1 128	7 937	860	36	4 274	1 133	8 188	864

使用电脑预测比现在的方法有几个优势：首先，电脑能更容易地按季度调整数据，以提高预测准确性；其次，电脑也更容易使用不同方法计算 MAPE，以检验哪种技术最好用。电脑更快，也允许试用不同的预测方法。

菲尔考虑应该针对这 4 款产品运用 Naive、移动平均数、指数平滑法和简单回归预测方法。因为回归法需要从 5 个时期后的数据开始，所以所有的预测方法都应该从第 6 期到第 36 期。这使所有方法的 *MAPE* 值可以对比，因为都使用了同样的时期数据进行预测。

菲尔决定从 SH60 的销售数据开始，来看看他能否找到合适的预测方法。电脑可以预计第 37 期到第 48 期的数据。有一个问题菲尔并不确定，对于 SH60 合适的模型是否对其他产品也适用。当然，如果针对所有的产品使用同一个模型会节省很多时间。他也拿不准按季度调整是否值得这么麻烦。一旦针对这 4 款产品有一些结果，他就可以据此判断改善预测模型是否可以解决缺货的问题。已经很晚了，菲尔决定先做起来。

案例 4　Hyde-Phillip 器具*

工程师比尔·帕克斯（Bill Parks）和安妮·史密斯（Anne Smith）在 1990 年创建了 Hyde-Phillip 公司。该公司专门生产高端户外厨具。比尔是公司董事长，安妮是研发总监。前 10 年，公司一直稳定增长。Hyde-Phillip 的成功基础是以比平均价格略高的价格提供高性能的产品。2000 年，竞争公司以大幅度降价来侵蚀 Hype-Phillip 的增长。Hyde-Phillip 营业收入在 2002 年达到高峰，为 7 500 万美元。

解决 Hyde-Phillip 的问题

虽然在 20 世纪 90 年代顾客愿意为高质量的户外厨具付更高的价格，但是在具

---

* 本案例是由印第安纳大学的道格拉斯·J. 达尔林普尔提供的。在网站 www. wiley. com/college/cron 上的“学生手册”模块有本案例的数据文件。

有成本控制意识的21世纪初，这个战略不再吸引那么多顾客了。比尔·帕克斯意识到公司要在营销和成本削减方面做得更好。公司最近雇用了一个小的销售队伍，但公司的业务主要依赖于当地的经销商。比尔知道公司需要更加专注于顾客需求，于是他雇了一个拥有营销背景的CEO。于是，公司开始花更多的精力做市场推广活动，并且为每个产品线准备详细的市场推广计划。公司雇用了一个刚毕业的商科研究生简·奥斯汀（Jane Austin），作为市场助理协助完成这些计划。

简的部分职责是做PC220和PC440两个户外烤架下一年的销售预测。过去这些预测是使用判别方法来做的。简知道针对2004年的营销计划，CEO期望有一个更完整透彻的销售趋势分析。她还在学校时就对使用电脑预测未来销售很熟悉，现在是她发挥所长的好时机。

数据录入

简根据表1把PC220和PC440的季度销售数据录入Excel表中。

表1　PC220和PC440的季度销售数据

季度	2001		2002		2003	
	PC220	PC440	PC220	PC440	PC220	PC440
1	1 950	770	3 150	545	2 924	350
2	2 920	620	2 600	450	3 380	420
3	2 560	623	3 002	400	2 554	310
4	3 330	830	4 250	639	2 800	775

作为分析数据的第一步，简认为她应该先拿销售数据来看一下趋势。于是她把销售数据作为Y轴，时间数据作为X轴。她决定计算一下两个产品的季度指数，看是否需要季度调整。

选择预估方法

简针对户外烤架的销售数据使用的第一种方法是朴素贝叶斯法。使用第1季度的数据来预测第2季度的数据，然后使用第2季度的数据来预测第3季度的数据，依此类推，直到预测出所有时期的数据。在预测完11个时期的数据后，她就可以用MAPE来计算贝叶斯模型的平均预测误差。

简使用的第2种方法是移动平均法。这个方法需要根据几个时期的数据来预测后面时期的销售。使用这个方法的过程中，她需要决定预测几个时期的数据。她决定开始从2个时期的移动平均来做，然后将结果与3个时期和4个时期的移动平均结果相对比。她的移动平均线的长度的决定将选自平均预测误差最小的方法。

简知道移动平均法的一个演变方法是指数平滑法，它有时会比移动平均法产生更小的平均预测误差，但是使用这种方法必须选定一个合适的值作为平滑常数。平滑常数可以是从0.01～1.0的任何数据。平滑常数值越小，预测值滞后的期数较少；常数值越大，越接近朴素贝叶斯预测。她决定使用不同的常数值来看看什么情况下MAPE最小。

简使用的第 4 种方法是简单回归。这种方法会有一个趋势的公式，以预测 2004 年 4 个季度的销售数据。如果销售数据存在一个趋势，这种方法比较好用，但是如果销售数据有一些方向性的变化，这种方法的预测误差会很大。计算机程序计算出的 R 值可以帮助检测这个公式与销售数据的匹配程度。

一旦简使用这 4 种方法根据表 1 中的历史销售数据进行预测，她就可以计算出 MAPE 值，这样她就可以选出一个最好的方法来预估 2004 年户外烤架的销售情况。在决定是否对 PC220 或者 PC440 进行季度调整之前，必须选择最合适的方法。

简考虑的一个问题是对每个户外烤架报告一组 2004 的季度预测数据，还是把两种方法的预测结果进行平均。虽然软件允许简使用多种方法进行预测，但是软件并没有告诉她应该将哪种预测结果放在她的报告中。

案例 5 Inject Plastics*

罗杰·泽拉兹尼（Roger Zelazny）是 Inject Plastics 的东南区域销售经理，他去路易斯安那参加 12 月的销售管理会议时受到极大的震惊，相比行业 2%的增长速度，虽然 Inject Plastics 去年增长了 12%，营销副总裁布兰德（Brand）先生还是要求每个区域经理在 1 月 16 日前裁掉 30%的员工，并且必须在 1 月 2 日通知到将被解雇的员工。罗杰必须决定并通知谁将离开。不得不告知 3 位团队成员将被辞退，使得这个假期的确不好过。

Inject Plastics

Inject Plastics 是塑料制模和生产公司，在路易斯安那、得克萨斯和新泽西各有一家工厂。公司的独特优势之一是生产的灵活性，它可以制造所有的形状，从精细的医疗设备到汽车部件，甚至牙刷手柄。Inject Plastics 生产模具并制造合适长度和灵活度的塑料制品和塑料部件。完成的塑料部件运输给客户后，客户会组装并销售。

基于原材料的需求，Inject Plastic 的工厂都建在大的石油精炼厂附近。销售人员需要负责寻找客户，协调生产和运输以及客户服务。由于美国企业中大量应用塑料部件，一个销售员要负责很多不同行业的客户。

Inject Plastic 去年的销售额是 2 亿美元，相比前年增长 12%。塑料制模和生产行业非常成熟。由于应用大量的塑料产品，行业的销售成果依赖于美国经济的整体

---

* 本案例是由 Auburn 大学的营销学教授埃弗里·阿伯内西（Avery Abernethy）提供的。Copyright © by Avery Abernethy。在网站 www.wiley.com/college/cron 上的“学生手册”模块有本案例的数据文件。

趋势。虽然 Inject Plastic 是行业内相对较小的公司，但是公司突出的生产和销售能力使它的销售额增长和利润在过去 10 年都高于行业平均水平。

塑料制模和生产行业竞争非常激烈，需要更低的成本和更灵活的交付。大部分大客户使用即时库存系统，这就意味着 Inject Plastic 不得不使用高度灵活的生产和交付系统。即便很少的成本节省可以降低一点价格，但这也意味着获得或是失去订单。

客户网上项目

9 个月之前，物流经理建议 Inject Plastics 研发一个定制化的网络战略。Inject Plastics 可以为每个客户创建一个单独的由密码保护的页面。一个单独的页面可以保护客户交易的私密性。客户可以登录网站查看订单和物流状态，也可以下订单，调整之前的订单，询问关于生产、物流和销售的问题。每个销售人员负责回复他的区域内客户的销售问题，生产和物流部负责回复其他的问题。

Inject Plastics 接受了这个建议，花费 20 万美元启动这个网络客户定制化战略。Inject Plastics 雇用一位新技术人员来维护这个网站，协调客户问题，确保对每个客户问题及时准确回复。这位新技术人员的薪酬为 6 万美元，包括津贴。

区域销售经理担心销售人员不接受这个网络定制化战略，担心这种变化降低了他们对工作的负责程度。再三考虑后，布兰德决定销售人员职责的 1%为维护他们区域内客户的在线销售和销售过程。

7 月 1 日上线后，销售人员对于网络定制化项目的热情高涨。由于有很多常规订单，相应库存管理和物流问题通常是由 Inject Plastics 的销售人员来沟通协调，现在网络定制化项目节省了他们很多时间，销售人员可以把节省下来的时间用于挖掘新客户，创造更多的销售。新客户产生的订单是销售增长 12%的主要部分。现有客户对服务的提升很满意，也增加了订单。

到 12 月，大概有 25%的订单是客户从网页下的单。很多与客户的日常沟通不再通过销售人员而是直接与物流和生产人员进行。

布兰德的 12 月份会议

在销售管理会议上，布兰德以大加赞扬 4 个销售区域开始，他提到各区域销售平均增长5 000万美元，客户的抱怨减少了，Inject Plastics 的销售增长远高于行业平均水平。

凯恩（Caine）是物流经理，补充了一些好消息，原材料和在产品的存货水平下降了，订单周转率有所提高。由于减少了 Inject Plastics 和客户之间的沟通错误，生产错误也减少了。总之，每一美元销售的生产和物流成本下降了，Inject Plastics 的利润提高了。凯恩回答了一些问题后，离开了会议。

然后布兰德开始了一个新的幻灯片演讲，演讲内容主要是销售人员的效率问题。因为网络定制项目提高了与客户的沟通效率，并且处理越来越多的常规销售问题，所以销售人员的效率有所下降。“我们的新技术提高了各个环节的效率，除了销售人员。销售人员还会继续是销售的主要力量，即使是目前最大比例的成交量来自网上客户的主动下单。我认为到明年这个时候，大概50%的常规订单和客户沟通会通过网站进行。”

“我们需要改变我们的销售奖金政策，”布兰德继续说，“以便使我们的销售队伍更有效率。Inject Plastics在这方面正努力做一些改变。第一，销售人员对现有客户的工作从1%下降到0.1%。第二，在未来12个月内销售人员对于新客户的工作占2%。我们非常想让销售队伍来发掘新业务。因为网上项目节省了时间，销售人员可以集中精力寻找新客户。第三，销售人员的工资从每年25 000美元涨到每年60 000美元，我们这样做的目的是留住优秀的销售人员。行业内销售人员的平均年收入是75 000美元，我们想为我们优秀的销售人员保持有竞争力的薪酬。第四，每个区域解雇3名销售人员，由此我们的销售人员从40人减到28人。”

布兰德继续说所有将被解雇的销售人员需要在1月2日被通知到，并告知1月16日为他们的最后工作日。

“在我们做出最终决定和通知之前，”布兰德说，“每个区域的销售经理需要给我一些信息。第一，哪3位销售人员将被辞掉，以及选择辞退销售人员的标准是什么。第二，预估你们各自区域的下一年销售成本。我并不认为明年的新开发客户或新增销售业绩会下降。解雇员工的两周薪水可以忽略，因为这不是会重复发生的成本。”

“第三，发给我一份你们准备发给员工的辞退邮件，我想在你们最终发给员工之前先看一下。最后，请告诉我你们准备如何与留下来的员工沟通薪酬计划的变化。我们想留住决定公司未来的高斗志的员工。”

关于这一点，杰夫·科温（Jeff Corwin）指出他和公司都许诺销售人员网络定制项目不会影响他们的销售奖金。“我们如何知道公司的这些人员变化不会影响销售的增长。如果没有影响，为什么要调整它？”

布兰德对杰夫的问题有些吃惊。布兰德不客气地回答道，“如果你认为我的战略变化会影响销售，写下来你的异议，并且附上详细的你认为会如何影响销售成本和销售业绩。请记住，我们处在一个竞争非常激烈的行业，如果我们想存活下来，就必须努力降低成本。”

布兰德随后作出了总结。他说：“你们每个人都有一周的时间将所有信息给到我。拿到你们的报告后，我会最终决定Inject Plastics的销售战略。你们不能与团队的任何成员沟通这个战略转变的任何信息。”

罗杰处在震惊中。去年销售业绩很好，他本来期望能告诉团队成员公司高管为他们骄傲，并认可他们每个人的努力工作。表1是罗杰区域的10位销售人员的信息，包括他们去年的销售业绩和薪酬。非但没有赞扬，他现在还必须辞掉3位销售人员，并且告诉剩下的团队成员他们的薪酬结构会有很大的变化。

罗杰在想新的计划是否会减少他剩下的团队成员的收入。如果真是这样，那么他可能会失去最好的销售人员。他不得不重新调整销售区域，以覆盖被辞掉的销售人员的区域，这也会进一步增加团队成员的焦虑。

表 1　　去年销售人员的业绩和薪酬：东南区域

销售人员	性别	年龄	工作年限	去年总销售额（美元）	薪酬（美元）	佣金（美元）	开发的新客户数	新客户的总销售额(美元)
布雷特	男	62	32	6 000 000	25 000	60 000	9	700 000
凯西	女	35	7	6 250 000	25 000	62 500	6	500 000
伊桑	男	42	15	4 900 000	25 000	49 000	5	300 000
格雷彻	女	28	2	4 300 000	25 000	43 000	5	330 000
马克	男	63	41	4 850 000	25 000	48 500	4	220 000
马修	男	50	5	4 900 000	25 000	49 000	4	600 000
萨姆	男	45	10	4 750 000	25 000	47 000	6	270 000
苏珊	女	48	22	5 300 000	25 000	53 000	5	300 000
特雷	男	48	17	5 000 000	25 000	50 000	5	340 000
沃利	男	26	1	3 700 000	25 000	37 000	2	75 000

注：新客户和由此产生的销售额是指全年的。新客户的销售额是去年全年销售额的一部分。例如，布雷特的现有客户销售额是 530 万美元，新客户的销售额是 70 万美元。

罗杰想公司总裁奥伯伦（Oberon）是否知道布兰德要辞掉 1/3 销售人员的计划。奥伯伦有一个“开放式政策”，也许应该拜访奥伯伦并听听他的意见。罗杰的胃里上下翻腾，他想是否跟进一下两周前猎头推荐的一家竞争公司的销售管理职位。

案例 6　Milligan 制药*

2008 年 2 月 1 日，马克·里德（Mark Reid）庆祝他作为全球制药公司 Milligan 的董事会主席和首席执行官 20 年。公司的收入主要来自药品和生物制药产品。Milligan 有 4 个事业部：品牌药、“me-too”药、仿制药和非处方药。公司在医药行业有很高的声誉。

过去 20 年，里德的领导风格被描述为仁慈的独裁者。相比行业内其他公司，Milligan 的结构严密且自上而下的管理风格使得里德能够对公司拥有非比寻常的控制力。他的愿景和发掘未开发的机会的神奇能力，使 Milligan 数年中的盈利都非常好。虽然这样，过去 5 年（2003—2007 年），Milligan 的收入增长并没有达到预期。有些指责是指向里德最近在研发下一代药品上的错误，其他的因素还有近期药品法规，越来越多的仿制药的引入，还有其他公司的重量级药品的上市，共同导致了公司的收入和盈利增长的暗淡。另外，Milligan 的公司文化已经从创新转向维持现状，这也导致创新和研发项目的进展缓慢。

---

* 本案例是由健康专业的博士生古尔·格普特（Gouri Gupte）和亚拉巴马大学的托马斯·E. 德卡罗（Thomas E. DeCarlo）提供的。

新的管理团队

2007年3月的公司年会上，里德表达了他对于公司文化改变和增长停滞不前的担心，并且做了增加新的市场推广人员的决定。董事会同意在市场推广方面实施更激进的方式，并且接受了里德关于改变管理团队的决定。首先新增的是营销执行副总裁克里斯托弗·罗珀（Christopher Roper）。在2007年加入Milligan之前，罗珀曾经在Wellcare制药公司做了8年的副总裁。他曾经在Cure-All公司做过副总裁，也在Cure-All和Wellcare的母公司Georgia制药公司做过副总裁。

罗珀在组织效率和领导能力方面很出名，尤其是销售增长方面的领导能力。罗珀知道他需要采取一些激进的营销策略，以促进销售和市场份额的增长，能够实现这一策略的唯一方法是组建一个拥有突出能力的管理团队。考虑到这点，他委任第一个团队成员卡特里娜·格雷厄姆（Katrina Graham）做营销副总裁。她在Life-Care制药公司作为市场总监拥有超过15年的营销和管理经验，尤其是在内科领域的市场。格雷厄姆随后邀请和她同在LifeCare工作过的坎迪斯·格里芬（Candice Griffin）加入Millian做市场总监。格里芬在营销和销售管理方面有8年的经验。罗珀还提拔了金伯利·莱塞（Kimberly Lathan）做市场副总监，他们会管理区域总监。莱塞从1995年开始一直在Milligan工作，并且从1998年开始监管On-Call服务机构的销售人员招募工作，On-Call服务机构一直是公司最赚钱的业务。

战略回顾

马克·里德对新的团队有非常高的期望，因为业绩平平的销售需要快速的行动。罗珀在组建团队后，要求专门从事制药公司研究的第三方市场调研公司做一个完整的战略回顾。2008年9月，团队成员聚集在北卡罗来纳州的松林球场，远离公司办公室的地方，倾听和分析分析师的报告。这个报告为战略转变的方向提供基础，以达到董事会、里德和股东的期望。管理层知道关键的讨论要围绕新的销售队伍战略，只有药品销售的大幅增长才能确保公司销售收入显著增长。

Milligan的销售队伍

和许多制药公司相似，Milligan主要通过独立的医药代表分销产品。在2007年初，大约2 000个独立医药代表销售Milligan产品。这些医药代表通常代理2～3个制药公司的产品。虽然这些医药代表不直接为Milligan公司工作，但公司还是会为销售Milligan整个产品线产品的医药代表做一些扩展性培训和支持。医药代表不仅确保了对美国广大区域市场的覆盖，他们还管理着他们区域内所有医院的合同。医院喜欢与医药代表合作，因为他们会代理很多制药公司的产品，这使他们在与医生和药店交易时拥有更高的灵活性。医药代表第一年的毛利率为50%～60%。医药代表是由专门经营制药行业的独立销售公司管理的。Milligan的政策要求销售公司为每10个销售Milligan产品的代表配一个销售经理，因此，有大概200位销售经理在监管着2 000名 Milligan 的销售代表。在从事销售任务时，不仅有销售经理领导和激励医药代表，还有 20 位销售区域总监监管这些第三方公司的销售和分销。Milligan 还要求经理们提供专门的培训和行政支持。在培训阶段，经理们会有一小部分的补偿，以后会转变为佣金。销售经理的收入主要来自区域内医药代表销售 Milligan 产品的提成。Milligan 总是能支付一个有竞争力的提成比例，结果销售公司有很多 Milligan 的长期忠诚的医药代表和经理。医药代表职位的缺点是缺乏向上的职业发展潜力，更重要的是，高提成战略对于 Milligan 来说是昂贵的。

咨询顾问的汇报

罗珀召集新的团队成员在松林球场的一个会议室开会。他绝不浪费时间，开始说道："大家好，我很高兴将来自市场调研公司 Austin Notes 的乔斯林・斯图尔特（Jocelyn Stewart）和托尼・皮罗恩（Tony Piron）介绍给你们，他们将在我们的项目上协助我们。"

皮罗恩说："各位先生和女士好，上周我们已经通过邮件发给大家相关的材料和最终的报告，我确认大家在面前的电脑中都已经拥有它们了。今天我们在这里将对于关键点和问题做一个总结，也会回答你们的任何问题。如你们所知，在组织一个全市场的分析和调研之外，我们也访问了几个 Milligan 的高管，这会帮助我们更好地理解需要解决的主要问题。最主要的问题是：与竞争公司相比，过去 5 年的年收入增长不大。Milligan 一直是前几名的制药公司，并且拥有一支出色的销售队伍，但是在某些方面我们需要立即采取一些措施。我们已经在我们的分析中突出了这些。"

竞争分析

"在进行这个分析时，我们对比贵公司和其他 13 家制药公司，我们认为其中 7 家是间接竞争者，6 家为直接竞争者。如名称所示，直接竞争者是那些你们在药品销售和代理方面每天都会与之竞争的公司。换句话说，这些公司在战略性重要产品方面与 Milligan 是直接竞争的。间接竞争者是那些销售药品但在 Milligan 的战略领域中并没有很强的品牌力的制药公司。在我们的所有评价中，Milligan 的医药代表在产品销售能力方面是最强的。在 13 家竞争公司中，只有 5 家公司有相似的评价。公司的财务优势也被一些人认为是公司有竞争力的地方，但也有人认为公司的方法有些保守。"

绩效分析

"这一页（见表 1）是贵公司与其他 13 家制药公司在 2002—2007 年的运营绩效数据对比。我们可以清楚地看到药品销售的年度增长率比其他直接竞争公司和间接竞争公司都要缓慢。相比其他公司，医药代表的销售增长率低看起来是最主要的原因。在我们汇报的后面会讨论可能的原因。虽然这样，也不是只有坏消息。同样年度的比例变化数据，药店合同折扣前的净收入高于间接竞争者，但是低于直接竞争者。进一步分析，发现你们在北卡罗来纳州和南卡罗来纳州以及弗吉尼亚州的销售收入明显高于其他州。”

“为什么你们会认为我们的药品销售低于竞品呢？”卡特里娜·格雷厄姆问道。

“卡特里娜，问得好。”乔斯林·斯图尔特回答道，“我们的分析验证了我们之前的假设，Milligan 过于将资源集中在东南区域，这里的医生数量要比东北区域少。许多竞争公司在东北区域有很好的覆盖。我们也有个感觉，有些销售代理并没有很好地抓住他们区域内的机会，区域的不同仍然是一个非常重要的顾虑。”

表 1 **2003—2007 年 Milligan 的运营总结** 单位：百万美元

	2003	2004	2005	2006	2007
药品销售额	648.1	718.0	716.3	727.2	768.9
净投资收入	250.1	295.3	313.0	326.6	338.7
其他收入	32.0	25.8	24.1	28.0	26.8
总收入	930.2	1 039.1	1 053.4	1 081.8	1 134.4
总费用	802.3	916.8	890.0	896.9	930.6
药店合同折扣前的净收入	127.9	122.3	163.4	184.9	203.8
药店合同折扣	18.8	25.3	24.7	23.8	22.5
折扣后净收入	109.1	97.0	138.7	161.1	181.3

	2003—2007 年的变化额			平均年变化率		
	Milligan	直接竞争者	间接竞争者	Milligan	直接竞争者	间接竞争者
药品销售额	120.8	850.9	3 182.0	4.4%	7.5%	11.7%
净投资收入	88.6	3 717.7	723.4	7.9%	9.1%	6.2%
总收入	204.2	796.5	3 590.10	5.1%	4.7%	8.6%
总费用	128.3	528.9	3 337.8	3.8%	3.5%	8.8%
药店合同折扣前的净收入	75.9	267.6	252.30	12.4%	14.4%	6.3%

产品比较

“卡特里娜，我希望我们回答了你的问题。我们现在来讨论一下 Milligan 产品的销售趋势。”托尼·皮罗恩继续说，“下一页（见表 2）列示了第一年的销售佣金比例的竞争性分析。如表所示，Milligan 的药品销售持续下降，第一年的销售佣金比例从 2005 年的 76%下降到 2007 年的 63%。其他制药公司也表现出了一致的趋势。医药代表销售越来越多的‘me-too’药、非处方药和仿制药。”

“这很有意思，为什么你认为我们的医药代表在销售越来越多的仿制药和非处方药？”罗珀问道。

“我们的顾问观察到销售那些产品比销售品牌产品容易。”托尼·皮罗恩回答道，“因为使用保健机构管理的新的评价系统，医生更容易购买这些产品，并且销售人员发现对于这些产品也更容易解释。结果仿制药在大众市场得到更多的支持，因为仿制药绝不会有专利到期的问题，这样合同的续签也更容易，所以最终就是更容易完成工作。”

表 2　产品组合趋势（第一年的销售佣金比例）　单位：%

	2005	2006	2007
Milligan			
品牌药	76	70	64
仿制药	7	11	12
“me-too”药	13	14	17
非处方药	4	5	7
销售队伍	0	0	0
总计	100	100	100
直接竞争者			
品牌药	77	75	75
仿制药	7	6	6
“me-too”药	4	6	6
非处方药	5	6	8
销售队伍	7	7	5
总计	100	100	100
间接竞争者			
品牌药	77	78	78
仿制药	5	5	5
“me-too”药	8	8	9
非处方药	3	3	4
销售队伍	7	6	4
总计	100	100	100

销售队伍比较

“医药代表觉得我们的产品怎么样？”金伯利·莱塞问道。

乔斯林·斯图尔特解释道：“我们来看下一页（见表 3），我认为它可能帮助回答你的问题。大家可以看到，与其他公司相比较，Milligan 的医药代表的满意度更低，不管是对现有上市的产品，还是正在研发的产品。他们认为公司并不是一个市场驱动的公司。”“乔斯林，鉴于我们正在讨论医药代表感受的话题，相比其他公司，Milligan 招募和留住销售队伍的情况是怎样的？”坎迪斯·格里芬考虑了一下，“我知道我们实际上并没有雇用医药代表，但我们在招聘和培训方面发挥着重要作用。因此，从某种意义上说，他们的表现可以看作我们的表现。”

表 3　Milligan 的产品销售队伍的评价（同意的医药代表占比）

评价	Milligan	其他公司
我对公司的所有产品都很满意	68%	79%
我对公司研发的新产品很满意	34%	67%
我们公司是市场驱动型的，用合适的产品和服务响应目标市场需求	27%	68%

“那好，另外一个重要的问题，坎迪斯，我们的研究显示在你们帮助招聘和培训的新医药代表中只有35%工作超过1年，这个数字要比直接竞争对手平均低15%。同时，只有15%的医药代表工作超过2年。工作超过4年的医药代表仅占5%。”

“下一个表（见表4）很好地总结了现在的情况。第一次发生在2007年，招聘了销售队伍的48%，其他两类竞争公司的招聘比例为29%和38%。与此同时，值得注意的一个重点是，Milligan的流动率比其他两类竞争公司都要高。最后，这一页显示只有35%的医药代表为公司工作超过5年，另外两类竞争公司的这个比例分别为46%和40%。考虑到在大部分行业，那些工作超过5年的员工的生产力最大，我们认为这是个比较严重的问题。”

表4　销售队伍的招聘与保留

招聘占销售队伍的百分比	Milligan		直接竞争者（%）	间接竞争者（%）
	招聘比例（%）	招聘人数		
2007	48	280	29	38
2006	58	378	31	41
2005	34	316	30	40
2004	40	459	30	45
2003	42	501	33	41
销售队伍变动比例	Milligan（%）		直接竞争者（%）	间接竞争者（%）
2007	−6		−1	−1
2006	−11		−2	2
2005	−31		−3	1
2004	−2		1	9
2003	−2		1	6
流动率				
2007	36		24	28
2006	44		24	28
2005	48		23	28
2004	30		23	25
2003	31		24	25
销售代表服务年限				
服务年限				
1	35		50	53
2	15		14	15
3	10		9	9
4	5		7	7
5+	35		46	40

“我们深入地分析了生产力的问题。发现Milligan的医药代表第一年赚得的佣金（不包含续签合同的佣金）较低，平均为44 000美元，直接竞争公司平均为49 000美元，间接竞争公司平均为45 000美元。”

“你能确定为什么我们的生产力这么低吗，托尼?”

“是的，罗珀。虽然有很多因素会影响生产力，但我们认为Milligan的产品多样性要比竞争公司差，这或许导致了那些生产力较高的医药代表销售较少的Milligan产品。看起来医药代表达到了你们的业务指标，但是他们把其余的业务能力放在其他的制药公司身上以达到它们的指标。”

“我们没有证据表明那些监管医药代表的经理们考虑了为医药代表设置的指标太低。事实上，经理们相信他们为代表们设置了足够高但又可实现的指标，但是在仔细地研究了医药代表第一年必须完成的业绩标准时发现，69%的医药代表认为指标中等或偏低。最后，我们注意到与竞争公司相比，经理们很少管理与医生的关系。不奇怪，许多经理，很有能力的经理，都看起来太忙了而没有时间管理这么重要的关系。”

“Milligan的区域总监和经理对于医药代表的需求也持有迥异的意见。超过90%的经理觉得他们在招聘时已经给了医药代表清晰的工作内容，但只有32%的新医药代表同意这一点。另外，当问经理在签合同之前他们对医药代表的行为预期时，从经理那里得到的答案与从医药代表那里得到的答案也完全不同。73%的新医药代表之前并不是全职医药代表，因此他们并不是完全理解一个医药代表的职责。”

“罗珀，我认为我们已经覆盖了所有与您的规划相关的点。当然，在你们做规划的过程中，若有需要回答的问题，欢迎随时询问。”托尼总结道。

“谢谢你们，乔斯林和托尼，非常感谢你们的支持，你们现在可以走了，我们继续讨论。如果需要更多的信息，我们会联系你们的。”

方案

“那好，我们承认所有这些发现都的确发人深省。”罗珀说，“很明显，有很多工作要做。董事会和马克·里德期望我们在几年内实现大幅增长和盈利。这个目标是指每年增长10%的收入和超过平均水平的资本收益率。卡特里娜，你认为我们应该采取什么样的战略?”

“罗珀，在这一点上，我们需要对营销工作做出一些改变。我们之前一直主要通过医药代表销售产品，但看起来需要明确我们对他们的期望是什么。如果销售队伍没有效率，那就意味着更少的业务、更低的增长以及更少的利润。最终，我们只能有很少的资源用于有竞争力的新产品的研发。这是一个恶性循环。我确定。坎迪斯，你也说一说吧。”

“我绝对同意，”坎迪斯加入讨论，“我们已经知道医药代表和经理非常重要。我们核心的客户、医生和药师都是通过他们争取到的。我们也有很多长期的忠诚度很高的经理。大家知道，我的父亲也在这儿工作，帮助监管代理商的经理和医药代表的招聘。恰当的策略有助于提高新招聘代表的水平，提供更好的培训，增强他们的忠诚度和销售我们产品的投入度。如果我们在这些方面做好了，增长会更快，利润也会提高。”

“我同意，坎迪斯，”金伯利说，“但如果面向未来，我认为我们需要做出更大的改变。报告很清晰地说明了独立的医药代表并没有像我们预期的那么有生产力。我有一个新的想法，我们与最好的200位经理签署独家销售合同，也就是说，我们应该考虑雇用最好的经理作为 Milligan 的独家销售代表，这是我们以前没有尝试过的。我们雇用了有经验的人，我们会有一批专注的代表，他们会对我们的利润起到重要的影响。我们还要继续使用独立的医药代表来销售我们的产品，专职代表作为当前工作的补充来覆盖最大的市场，这会确保我们有足够的市场覆盖。取代我们现在做的使用 20 个区域销售总监来监管和招聘团队，我们应该将招聘工作外包给独立的销售机构，让销售总监只是监管销售经理。销售总监最重要的职责是确保他们区域的销售业绩。”

“坎迪斯，我知道你在 LifeCare 使用的是这样的方法，但这不是 Milligan 的根本转变吗?”卡特里娜回应道，“我的经验让我觉得应该给医药代表更大的压力。虽然这样，我也知道医药代表并没有得到充足的激励以忠诚于我们的产品。我也担心当前对于他们销售什么和他们的工作质量的控制力比较差。我们需要做一些改变。”

“罗珀，你问了很多方案。”卡特里娜继续道，“考虑到我们必须要解决的问题，我猜这次讨论要聚焦在两个方案上，维持现状，还是做出像金伯利建议的改变。一个终极增长方案是并购一些小的医药公司，我们的确有财务能力这么做，但我们最终要解决我们如何分销的问题，我们如何向客户销售我们的产品。”

“是的，卡特里娜，分销是首要问题，”罗珀回应道，“我们必须做出大家都同意的决定，我们必须解决一系列问题。我希望你们每个人能独立地分析我们的情况并提出相应的建议。让我们两周后再开个会，届时大家都做一下自己的汇报。我会查一下我的时间表，并发邮件给大家确认具体的会议时间和地点。”

案例 7 国家共同基金：零售服务部门*

哈里·斯莫尔伍德（Harry Smallwood）是国家共同基金（National Mutual Funds，NMF）零售服务部门的总裁，沉思着他的部门的运营未来。NMF 花了差不多整个 20 世纪 90 年代来创建经纪人股票交易业务，来协同它的核心共同基金业务，但是从 2001 年开始市场下滑，交易量明显下滑，利润也明显缩水。

NMF 的高层管理者针对这种变化提出了一系列方针。NMF 已经建立了员工高度承诺的文化，他们相信 2002 年的股票市场会反弹，因此他们没有像竞争公司那样裁员，高层管理者选择了投资未来。一个方针是重组零售服务部门的呼叫中心，努力在严峻的市场环境下增加资产。重组呼叫中心以处理更复杂的交易，通过主动联系现有客户探寻他们购买股票的兴趣来增加销售。如果他们发现客户有兴趣购买，需要将这个客户转给销售代表。为了增加业务量，保持客户对于股票较高的热

* 布莱恩·鲍勃（Brian Bobb）教授、丹尼尔·戈贝尔（Daniel Goebel）教授和威廉·科恩（William Cron）教授提供了这个案例，不是为了用于判断一种情境下的处理方式是有效或无效而是为了作为课堂讨论使用，其中涉及的名字和数字都做了处理。

度非常重要。交易员这种工作职责的变化，要求 NMF 的呼叫中心的交易员和销售代表有更多的沟通与合作。

斯莫尔伍德刚从一个与副总裁的计划会议回来。在这个会议中可以很明显地看出，在实施新的方针时，有很多问题需要解决。培训和再培训是需要的。项目的成功取决于在销售过程中交易员与销售员之间能否顺畅移交。

也可以很清楚地看到，这个重组会是一个充满情绪的状况。交易员担心他们将屈从于销售人员。销售人员担心交易员涉及太多销售过程，很有可能分走他们的成绩，更重要的是奖金。简而言之，斯莫尔伍德知道如果要实施重组，需要培养协调、信任和团队精神。更大的压力是，斯莫尔伍德的管理层需要在 2 个月内设计并成功实施重组计划。他非常清楚整个项目将会比一开始预计的要耗时和复杂。

证券经纪商服务行业

根据证券经纪商服务公司对三类主要行业领域的介入程度，可以把它们区分开：股票和债券的全服务交易商、共同基金、折扣交易商。美林证券（Merrill Lynch）是世界上最大的财务服务公司之一，侧重于股票和债券的全服务交易。美林证券并没有自己的共同基金，NMF 也是，它们的大部分利润来自管理客户的账户和佣金。美林证券的佣金平均从 75 美元到 150 美元不等，差别在于为投资者提供的服务不同。美林证券的经纪人可以使用客户账号自由决定交易，视市场情况而定。一个全服务经纪人的回报是佣金，他们通常掌握着市场信息，拥有理解信息的意义和特别之处的能力以及关心个人投资者的需求。

共同基金允许个人购买，基金经理投资不同类型的股票和债券，这使得个人投资者可以通过投资不同的股票和债券来分散风险，并且不用花时间来了解每一只股票。1924 年 3 月，Massachusetts Investors Trust 引入了第一只现代共同基金。共同基金在 20 世纪 40 年代和 50 年代真正火起来。1940 年，只有不到 80 只基金，总资产为 5 亿美元。20 年后，有 160 只基金，资产为 170 亿美元。今天共同基金的数量比个人股票数量还多，基金资产超过 4 万亿美元。[①] 一笔共同基金交易的认购费可能是投资额的 0～7%，这是基金购买或出售时的一次性费用，取决于承载类型。除了这个一次性的认购费，共同基金还有一个管理费，通常是共同基金整个资产的 0.5%～1.5%，通常以年为单位计算。投资者通常能直接看到认购费，但不能看到管理费，因为管理费合到基金价格中了。股票基金的利润尤其高，其管理费通常为 1%。货币基金的管理费用比较低，投资公司在这上面的利润比较低。除了 NMF，美国其他大型共同基金公司还有 Janus、Putnam、嘉信理财（Schwab）和先锋集团（Vanguard）。

在金融服务行业最新且发展最快的一个分支是折扣经纪人。[②] 这一分支的发展与互联网的发展紧密相连。投资人可以使用各种网上的信息和分析软件来帮助他们

---

① Robert C. Pozen，*The Mutual Fund Business*（Cambridge，MA：MIT Press，2000）.

② 行业内的折扣经纪人是指“定向经纪人”（directed broker），只能按照客户的要求对客户的钱进行操作（如从一个共同基金转到另一个共同基金，从一只股票转到另一只股票，从一个现金账户转到共同基金或股票，等等）。

做出投资决定，不用为全服务经纪人支付高额的佣金。折扣经纪人佣金可以从 5 美元到 75 美元不等。嘉信理财是这一领域最大的公司。

网络在折扣交易业务中催生了一些专门的网络经纪商，如 E-trade 和 Ameritrade。佣金非常低，甚至有些情况低于 10 美元，客户在线上完成交易，只用很少的或不用人工协助。在吸引客户方面获得巨大成功的同时，这些公司也发现留住客户变得越来越难。由于依赖技术处理大部分业务，这些公司提供很少的客户服务。很多客户发现有必要支付多一点的佣金，以便在必要时与专业代表沟通。

国家共同基金——公司背景

NMF 建立了令人羡慕的业绩追踪记录，成为美国最重要的共同基金公司之一。公司创立了超过 220 只共同基金。NMF 成立于 1940 年，通过强调卓越和员工获得成功。管理层相信如何对待员工和员工如何对待客户及其他人对公司的成功非常关键。他们不想在这些方面有任何妥协，公司有很好的声誉。为了支持员工和提供良好的客户服务，NMF 在信息技术方面做了非常大的投资，仅 1999 年一年就在技术上花费了 15 亿美元。

虽然 NMF 主要是以共同基金闻名，NMF 还发展了多样化的战略，以满足客户的所有投资需求。用 NMF 总裁的话说，“NMF 已经从一个共同基金公司转变成一个金融服务产品的超市，在这里可以满足投资者多种金融服务需求。”NMF 的多样化产品覆盖了大部分共同基金的分支，经纪产品包括股票和债券、保险产品以及各种计划工具，以此满足客户需求（见表 1）。最近，NMF 在折扣经纪业务领域也成为非常重要的公司。

表 1　为了客户财务稳定的方案总结

产品/服务	描述	潜在利益
共同基金	一个主动管理的账户，客户可以把他们的资金投入这个账户，这个账户的资金会根据设置的目的进行投资	● 因为分散投资在各种不同的金融产品上而降低了风险 ● 有专业人士统一管理基金
股票	某个公司的持有份额	● 价值增值 ● 股利支付
债券	借债工具，某个公司可以从你这里借款，并许诺在未来偿还本金和特定利息率的利息	● 比股票稳定 ● 稳定的利息收入
保险产品	根据合同，一旦账户持有者死亡，为指定受益人支付特定的金额	● 继承者获益 ● 税收收益归账户持有者
计划工具	计算工具，帮助投资者决定如何省钱以满足生活中大的需要，如上大学或退休	● 易于使用和自我导向 ● 财务规划方面有价值的信息

营销计划

NMF 的营销计划已演化为公司主要的对外展示窗口。通过各种媒体和营销工具来与潜在客户沟通。比如先购买投资者的信息数据，以便发送邮件给可能的客户。基于数据库信息，为更好地满足客户的需求而定制独特的服务项目。广告预算中的一大块分给了电视广告，这部分花费的大部分投给了有线电视，如 MSNBC 和 CNBC 的节目。广告的目的是期望潜在客户打电话给 NMF 来直接做交易或询问更多的信息。

在接触潜在投资者并与他们沟通的过程中，技术扮演了非常重要的角色。有促销信息的电子邮件和横幅广告推送给最近在网上搜索过金融服务商的人。基于网络的推荐通过 Palm 或其他手持设备发送给那些拥有这些设备的人。与传呼机生产商合作，比如 Skytel，自动地每天定时将信息发送给客户。

NMF 新的营销战略的一个奠基石是增加客户在金融服务上的花费（也就是钱包份额）。一个典型的美国家庭会与 3～4 家金融机构有联系，他们会把钱平均放在 10 个账户，从投资共同基金到信用卡。这样一个客户一生的价值会很高——远比过去很多经纪公司估计的要高得多。根据你与客户有更多的联系，你们之间的关系就越安全的逻辑，各家公司都为它们的产品增加更多的服务。比如 NMF 为了留住那些高价值的客户增加了房产计划与私人银行服务，它还启动设计了一个项目，希望人们一想到金融和投资需要就会想到 NMF。比如 Fund Universe 使投资者可以投资数百家公司的4 400多只共同基金。共同基金投资者平均拥有 5 只基金，这个项目使他们可以把这些基金统一到一个账户。这个项目自开创以来资产已增长了三倍。

为了指导团队为客户提供最优的产品和服务组合，NMF 根据投资行为和价值，把客户分为几类。客户可以看看自己属于以下四类中的哪一类：

● 基础类。这类大概占到 NMF 客户的 52%，包括那些不是很富裕，交易也不频繁的客户，他们通常一年交易 2～3 次。这些客户带来的利润比较差，通常不会为他们提供专门的服务。

● 频繁交易类。这类客户频繁进行证券交易，在交易佣金上有一些折扣。他们大约占 NMF 客户的 9%。

● 高净资产类。这类客户比较富有，占 NMF 客户的 17%。NMF 会为他们提供个性化的服务，如房产计划、税务计划，并且配有一个专门的销售人员。

● 高价值类。这类客户占 22%，包括非常活跃的交易者——无论资产水平怎样。这类客户通常付很少的佣金，会得到定制化的市场信息，如可以追踪个别公司业绩的月度简讯。

NMF 零售业务

NMF 的零售服务部门负责向个人投资者销售共同基金和提供客户服务。如图 1 所示，NMF 零售服务部门分为 4 个呼叫中心，每个呼叫中心有大概 200 名交易员，他们分别向 10 名交易经理汇报。客户如果有金融相关问题或想做交易，都可以拨打 800 电话。比如客户想做一笔交易，就可以打电话给交易员。大约有 42%的交易是从客户打电话到呼叫中心开始的，其余交易是通过网络完成的。一个新客户如果想开一个账户或了解共同基金，会安排他与销售代表沟通。人们问的典型问题

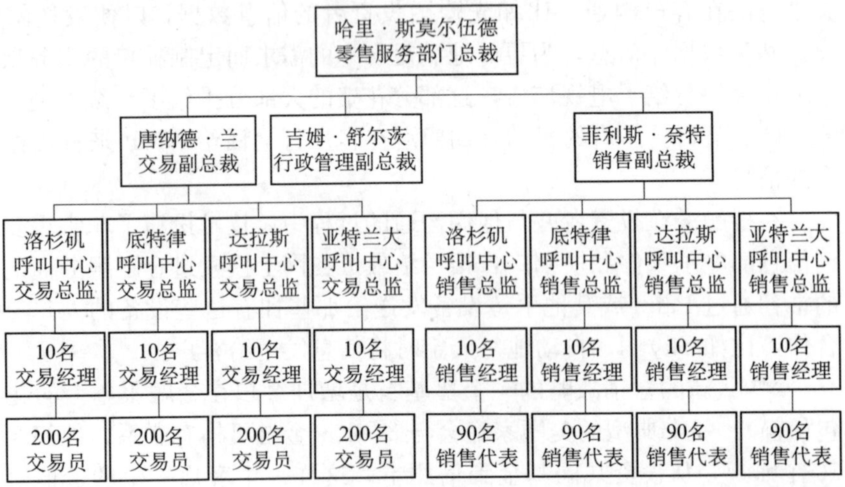

图1　NMF零售服务部门

包括：你们的货币市场基金的收益率是多少？你们大部分比较受欢迎的股票成长基金的平均年收益率是多少？对于我的个人退休账户（IRA）最好的投资产品是什么？你们的GNMA基金中的债券的平均期限是多长？

销售部门概述

销售部门负责发展和维持资产。销售部门的一个重要职责是帮助现有和潜在客户，根据客户的独特需求选择最好的投资产品组合。不像全服务交易员，NMF的销售代表不用给潜在客户打电话，他们只需要给现有客户打电话。附录A描述了典型的销售代表和客户之间的对话。

可以在本地报纸、互联网和推荐项目中招聘销售人员。典型的申请者是那些想进入金融行业的毕业生，当然NMF也招聘一些想转换职业的人士。通常合格的候选者不难找，能够很快填补空缺。

初试通常是通过电话，主要是评价候选者是否适合NMF公司。通常问候选人一些问题，考察他们的专业能力、综合客户服务能力和金融知识。表2列示了初试中的典型问题。

表2　初试：问题举例

1. 请描述一次你为自己设置业绩目标的过程。目标是什么？为了达到这个目标你都做了什么？
2. 举例说明你过去曾经帮助一个客户的情况。为什么你要去帮助这个客户？你学到了什么？
3. 最近发生在金融领域的大事件是什么？为什么你认为这是一个大事件呢？

候选人通过了初试，也就是判断他有适合销售岗位的素质和沟通技能，会进入二试。二试会在酒店或会议中心由销售部门的经理来面对面进行。二试中的问题聚焦于关系建立能力（参考表3中的问题举例）。

过了二试的候选人需要参加一个智力测试来测试销售代表和交易员都需要通过的证券从业资格证考试的可能性。在决定雇用前，会进行背景调查，包括信用和犯罪记录、工作经历、教育背景、薪酬记录和其他参考信息。

表 3　　销售代表候选人的二试：问题举例

1. 请描述一下你的客户关系非常重要而公司却处于困境时，你如何处理这个问题？你从中学到了什么？
2. 假如你是某方面的专家，现在需要向别人展示你的专业性，你认为什么是容易犯的错误？如果你成功地传达了专业知识，你认为成功的原因是什么？
3. 你是否有过不得不去说服别人去做可能对他们没有什么好处的事情的经历？具体是什么样的情况？你成功了吗？

新员工需要经过一系列紧凑的新员工培训项目，包括 2 个月的 NMF 内部系统培训、产品培训和服务培训。然后新员工会有 6 周的培训来准备他们的资质考试。每个新员工都要经过这个标准的培训。通过资质考试之后，销售代表在工作的第一年会有一些补充的培训。先是处理客户目标的培训，然后是有效的询问战略。在入职后的第一年年末会有一个进阶培训。NMF 一个新销售代表入职第一年的招聘和培训费用大概是42 000～52 000美元。

销售代表的薪酬分为基础工资和季度奖金，季度奖金的核算基础是每个呼叫中心的所有销售代表的销售业绩排序。最好的销售代表每个季度可以拿到8 000美元的奖金，销售最差的代表是拿不到奖金的（参考表 4）。销售代表第一年的平均工资为75 000美元，每年的涨幅是 5%。

表 4　　季度奖金表

业绩排序	比例	季度奖金（美元）
最好	5%	8 000
其次	5%	6 500
其次	5%	4 500
其次	10%	3 500
其次	10%	2 500
其次	15%	1 500
其次	15%	1 000
其次	15%	750
最差	20%	0

交易部门概述

NMF 的交易员负责使用不同的投资工具为客户执行交易。15～25 名交易员组成一个组，向 1 个销售经理汇报，销售经理汇报给销售总监。交易部门侧重于购买和销售证券。一般来说，交易员负责具体操作，他们会深入理解一些任务，然后很好地执行这些工作。他们在一个高速变化的环境中生存。一个交易员平均每天完成 50～70 笔交易。

交易员的候选人与销售员相似，需要经历两轮面试和一个智力测试来看他们通过证券从业资格考试的可能性。一试通常是通过电话进行，由交易经理进行二试。二试侧重于看候选人的执行能力，以及处理多个任务的能力、倾听的能力。表 5 列示了一些面试问题举例。

表 5　　交易员二试：问题举例

1. 告诉我一个你需要收集并合并分析大量数据的情况，你为什么需要收集这些信息？你是如何合并处理这些信息的？
2. 能否告诉我一个你曾经需要努力倾听并且理解某个人的例子？为什么这个人在沟通信息时有困难？你是如何弄清楚他的担心的？
3. 请向我描述一个你曾经在学校或工作中遇到的需要解决的困难。什么使这件事情这么困难？你是如何完成这个任务的？

在标准的入职培训和资格证书考试通过之后，所有新入职的交易员会参与共同基金培训和资产交易培训。在入职后第一年快结束时，他们会有一个关于期权和固定收入交易的培训。第二年，交易员会参加一些帮助客户做金融决定的培训。例如，学习如何帮助一个想在投资之前了解公司背景的客户。

NMF 交易员的典型工作是处理现有客户关于共同基金、股票、债券和期权以及投资问题的电话（参考附录 B）。交易员的薪酬包括基本工资和季度奖金，季度奖金的评价标准是他们在呼叫中心在客户服务技巧和交易处理效率方面的排名。根据每个交易员的这两种排名得出一个综合业绩排名。交易经理通过观察交易员接听客户电话来监管他们的客户服务技能。排名是基于他们回答客户问题的能力、是否维持专业的态度、帮助客户解决问题的能力以及他们是否一直礼貌。交易效率是用他们处理交易的速度以及出错的频率来考察的，比如买错证券和买多份额的频率。根据他们的综合业绩表现由高到低进行排序。如果有关联的话，那些交易量最大的交易员排名最靠前。季度奖金会根据在团队中的排名来发放。排名最靠前的可以拿到2 200美元的季度奖金，排名最靠后的拿不到季度奖金。参考表 6 交易员的奖金表。

表 6　　交易员的奖金表

业绩排名	比例	季度奖金（美元）
最好	5%	2 200
其次	5%	1 800
其次	5%	1 400
其次	10%	1 000
其次	10%	1 600
其次	15%	1 200
其次	15%	800
其次	15%	400
最差	20%	0

市场下滑

在 20 世纪 90 年代，股票市场出现了惊人的增长，但在 2000 年下半年开始出现下滑的信号，在 2001 年上半年大幅下滑（参考表 7）。随着新经济股票泡沫破灭和传统经济的缓慢增长，2000 年下半年股票市场就损失了1.6万亿美元（也就是价格乘以股票数量）。2001 年的下滑更严重，股票交易量暴跌 50%。纳斯达克综合指数的价值缩水 27%，标准普尔 500 指数也下降 14%。收益报告都显示利润持续下滑，没有信号表明市场在近期会出现反弹。

表 7　　股票市场的增长与衰退

市场指数	1998 年	1999 年	2000 年	2001 年
道琼斯工业平均指数变化百分比	16%	25%	−6%	−7%
纳斯达克变化百分比	40%	86%	−39%	−42%
纽约证券交易所平均日交易量	667	800	1 061	1 166
纳斯达克平均日交易量	786	1 046	1 665	1 811

许多在线经纪公司和共同基金公司都因为交易减少而大幅裁员。嘉信理财在 2001 年裁员 25%。Putnam Investment 在波士顿仅 4 月就裁员 4%，美林证券裁员 15 000名。其他大幅裁员的金融大鳄有摩根士丹利（Morgan Stanley）、高盛集团（Goldman Sachs Group）和花旗所罗门美邦（Citigroup's Salomon Smith Barney）。

市场下滑对 NMF 公司的利润和运营同样产生了巨大的影响。NMF 的客户将 52 亿美元从股票基金转移到了波动相对较小的货币市场基金。另外，2001 年，交易量和电话呼入数量比预期也有明显下降。公司之前的预期是 2001 年每天平均交易量为 130 000 笔，2 月，每天的平均交易量仅为 68 000 笔，与预期平均每天 130 000笔的交易量相比，实际只有64 000笔。交易员通常需要全天连续不断地接听电话，但现在需要等待 30 分钟才有一个客户电话。必须要做些什么了。

NMF 的反应

在 2001 年 3 月的一个紧急会议上，NMF 的最高管理层讨论公司在市场下滑以及可能会延续到 2002 年的市场低迷与交易量缩减的情况下，公司的应对措施有哪些。公司的运营费用明显超过了公司对短期收入的估算。由于公司一直秉持勇于担当、持续的运营改进以及注重人才发展的原则，公司高层认为不可能像其他证券公司那样通过解雇大量员工来度过这一艰难时期。

在经过一系列耗时且颇具挑战的会议之后，管理层做出了应对当前困难局面的三个决策。首先，对于那些在 2001 年已经获得90 000美元以上薪酬的员工停止发放绩效奖金；其次，公司内部不能创造收入的部门停止招聘新员工；再次，特别是对 NMF 的零售服务部门，管理层决定将更多的人力资源转移到能够为公司创造收入的部门。大家达成的共识是，在这样困难的市场环境下，所有人都应当关注创造更多的收入。无论如何，NMF 在销售与客户服务方面享有市场声誉，管理层认为，现在是将这些特长进一步发挥的良好时机。他们认为，通过这样的调整也可以帮助公司在市场环境趋好时赢得更多的收益。那些在困难时期裁员的证券投资公司最终将面临重新招聘的压力，也将失去许多重要的盈利机会。

管理层关于人力资源调整的关键步骤是对 NMF 零售服务部门 4 个零售服务呼叫中心的调整。在不改变呼叫中心汇报流程的基础上，调整方案要求交易员承担更多的销售职能，同时与销售队伍进行更紧密的协同合作。在此之前，销售人员主要负责帮助现有的客户确定能够满足其独特需求的投资产品组合，交易员则是打电话给客户开展更为复杂的交易。通过调整方案，交易员需要在应答客户电话的同时更加积极主动地给现有客户打电话。销售代表则负责完成销售。NMF零售服务管理团队需要设计一套调整方案的执行计划，同时需要在2001年第三季度开始执行调整。

计划会议

2001年3月底，哈里·斯莫尔伍德与销售副总裁菲利斯·奈特（Phyllis Knight）、交易副总裁唐纳德·兰（Donald Lang）以及行政管理副总裁吉姆·舒尔茨（Jim Schultz）进行了一次会谈，商讨制定零售服务部门调整的计划事宜。

哈里·斯莫尔伍德：我们被赋予在NMF真正实现改变的机会。最重要的是，管理层并没有选择让我们部门裁员这个最为简单的方式。这个决策强调了我们每个人都是这个解决方案的重要组成部分而不是问题的一部分。我们需要通过行动证明这份信任是值得的。我们需要做些什么来确保这次调整的成功？你们认为哪些因素是计划成功的关键？

唐纳德·兰：我们所面临的问题以及计划成功的关键是显而易见的——我们的交易员并没有获得足够的培训以及支持来完成我们赋予他们的职责。我们从来没有将为公司创造收入列为关键目标之一，他们并不习惯这样的工作方式。不用说，当经济形势转好时，我们的交易量增加时，我会减少他们打电话给客户的时间，从而使他们将注意力转到他们的首要工作，即执行交易上来。

哈里·斯莫尔伍德：未来的情况留待以后再去操心吧。我们需要正视现在的问题。唐纳德，告诉我你觉得交易员需要什么样的培训才能成功？

唐纳德·兰：他们至少需要1周的培训。他们需要接受如何通过问问题来识别潜在客户的培训。同时，他们需要接受如何专业地展示我们不同产品的培训，从而帮助他们更加从容地回应客户的问题以及意见。我们对销售代表的培训计划已经非常好了，我们可以在此基础上将其压缩成可以为交易员所用的培训计划。

菲利斯·奈特：我同意唐纳德所说的，培训计划可以缩短到1周的时间，但是要注意不要让这个培训计划及其给交易员传递的信息过多。比如，我并不认为他们需要接受关于展示和意见处理技巧的培训。我们需要让专业的人做他们最擅长的事情。当交易员给客户打电话时，他们可以将这些客户转给销售代表，他们更擅长解答问题并赢得客户的信赖。我们需要在交易及销售部门之间构建协同合作。我们需要共同努力实现收入目标而不是相互竞争。

吉姆·舒尔茨：我同意菲利斯的意见。我们已经花费3周的时间培训销售代表如何为公司带来更多的收入，我们不需要交易员做同样的事情。

唐纳德·兰：我不希望看到我们的谈话正转变方向。你们希望我们的交易员在这个过程中到底扮演什么样的角色？是不是需要他们打很多的电话，一旦发现有客户愿意接受更多的沟通就告诉他们："我会将你的电话转给那些真正知道自己在说什么的人，再见。"这不是合作的关系。如果是这样的话，谁会在周一早上精神百倍地开始工作呢？如果你们认为现在第一年工作的交易员25%的流动率已经很高了，那让我们看看流动率会是怎么样的，如果我们真的那么做。

哈里·斯莫尔伍德：唐纳德，没有人希望将你的下属排除在外。然而，你确实提到了一些重要的问题。首先，在销售环节，什么时候是交易员和销售代表交换资源的最好时机？我认为这是决定调整计划成功与否的关键问题，同时也是关系到我们调整计划方方面面的基础问题。唐纳德，我希望你与菲利斯在这个问题上能够达成一致，这应当成为你们的首要关注点。

其次，你提到的流动率也是一个重要的问题。我们当然会因为人员流失而招聘新的交易员。这是否意味着我们需要调整招聘及甄选过程？吉姆，你怎么看？

吉姆·舒尔茨：我们需要在筛选交易员时开始审查他们是否可以同时做好销售及交易的工作。我并不认为需要调整我们的甄选标准，因为我们在招聘合格的销售代表方面已经很成功了。然而，在招聘既能做销售又能做交易的员工方面并不容易。我已经与我们的一些员工交流过，我们可以在交易员招聘的第二轮面试中加一些新的甄别问题。

哈里·斯莫尔伍德：吉姆，你能够与唐纳德一起列出这次调整可能会对我们的招聘过程产生的变化和影响吗？

让我们来看看这样的变化会面临怎样的阻碍。我不会幼稚到认为所有的人都会仅仅因为这是正确的事情而欢迎这次调整计划。你认为我们会面临怎样的阻碍？

唐纳德·兰：我觉得不一定。每个人都希望能够提高效率并获得成功。在交易电话量锐减的情况下，我们的一些交易员已经觉得无聊了，他们也希望能够找到办法充实他们的工作。如果这次调整被视为一次挑战、增长的机会，同时他们具备应对的技能，那么我认为我们的员工会积极响应。如果他们总是在电话销售上受挫并发现自己成为销售人员的助手，那么我们会失去一些非常得力的人才。更糟的是，留在公司的人也会失去动力与忠诚。我们都知道现在非常艰难，但是这都取决于我们的调整方案是否合理。

菲利斯·奈特：我认为现在急需解决的问题是如何让公司的所有人都将注意力集中到销售上，包括营销、交易、人力资源部门，所有人。竞争是不会消失的，而且我相信这不是最后一次市场低迷。除非我们能够制定更加全面的计划应对这样的突发状况，我们会在每次市场发生波动时寻求解决方法，我们需要评估整个计划。

吉姆·舒尔茨：我的部门能够在我们的能力范围内做出贡献。我认为培训和招聘会成为这个计划成功的关键因素。同时，哈里，我们需要制定一个能够让销售和交易部门协同合作的计划。换句话说，我们怎么才能让他们在情感上成为一个团队？这样的计划必须是从上至下的，也就是说必须由你制定。

哈里·斯莫尔伍德：看来我们需要做的事情已经非常清晰了。你们都各自提了一些很好的建议。唐纳德，你能够和吉姆一起制定一个招聘及培训新的交易员的计划吗？你也需要设计一套针对现有交易员的培训及职业发展计划。

菲利斯，你需要和唐纳德一起制定一套关于交易员和销售代表之间交换资源的计划。在本周末，我需要看到关于交易员和销售代表之间交换资源的草拟计划。这个计划需要非常详细，其中要有足够的执行细节，从而帮助我决定是否采用这个计划。你们的计划必须适合所有的相关者，最重要的是帮助我们实现 4 亿美元的收入目标。这非常重要，这是这个计划的关键点。

吉姆，你和我需要制定一个将对这个计划的阻碍降到最低的方案，同时推动呼叫中心内部团队合作。我们需要每个人都百分之百地支持这个计划。

留给我们的时间并不多，我们需要在这个季度就执行调整计划。我们只有不到 2 个月的时间。我们需要这个计划能够顺利实施，这将决定我们能否保住自己的工作。

附录 A

销售代表与客户的对话

销售代表：感谢致电 NMF，我是帕特，有什么可以帮你的？

客户：你好，我在新闻上看到你们的广告，我想了解更多有关你们的共同基金产品的信息。

销售代表：当然，我可以帮你。首先，你在我们公司有账户吗？

客户：没有，现在还没有，但是我妻子曾经在她的工作中投资过你们公司。

销售代表：好的，没问题。你能给我更多的信心，让我更好地帮助你吗？首先，你能告诉我你的姓名吗？

客户：我叫伦纳德·克罗斯，我在奥兰多。

销售代表：很好，听起来是现在这个季节不错的一个选择。你能告诉我，你是从什么广告上看到我们的吗？

客户：是一个关于即将进入大学学习的孩子的广告。

销售代表：好的，那个广告是关于去年开始实行的新的大学储蓄计划，也就是 529 储蓄计划。

客户：是的，我有一个 8 岁的女儿，我需要开始为她的大学储蓄了，我希望了解更多关于你们基金的信息。

销售代表：没问题。让我们先来看看什么样的计划最能满足你的需求，然后我会告诉你一些你能够使用的投资工具。首先，你是仅关注为你女儿上大学进行一些投资，还是同时你有一些其他的投资目标？

客户：目前我更多关注我女儿的需求，因为我觉得再不开始就有点晚了。我还有一些其他的投资，主要是退休金账户，是在其他公司投资的。

销售代表：好的，我们首先来看看关于你女儿的投资，再来看看你的其他投资是不是有什么需要帮助的。我知道你今天也许没有太多时间讨论，我们在晚上 10 点之前都会在这儿，或者我可以明天或者未来几天给你回电话。首先，你可以通过多个方式为她的教育进行储蓄。不久前，大多数的家长都会将钱存入银行获得极为有限的利息，但是现在的教育支出飞涨，其他的一些选择更受欢迎，包括 UTMA 以及新的 529 储蓄计划。UTMA 账户可以让你在你女儿的税率基础上进行储蓄，这样你就不用担心需要支付太多的税费。通过新的 529 储蓄计划，所储蓄的钱不需要缴纳税金，这样你就能够在 10 年之中储蓄更多的钱。

客户：我在广告里也听说了这个。你能够邮寄给我更多关于这个的信息吗？

销售代表：当然，我可以邮寄给你一些信息，同时，你可以通过我们的网站查看更多关于 529 储蓄计划的信息，包括展示该计划与普通储蓄账户之间收益差额的图表。你能上网吗，还是你更希望我们邮寄资料给你？

客户：我现在就在浏览你们的网页。你能告诉我在哪里可以找到这些信息吗？

在接下来关于网站的对话中，销售代表帮助客户下载了新账户的申请表。

销售代表：我们已经为你的女儿选择了一个很好的储蓄计划，现在，你需要对如何就她的储蓄进行投资做出决定。如你所知，我们能够提供多种投资方案，包括股票、债券以及货币市场工具，也有很多不同的投资方式，在此之前，能告诉我你之前的投资经验吗？

客户：我知道的不多。我的退休金账户现在是通过股票型共同基金进行投资的，它在过去几年中的增长率不怎么样。

销售代表：过去几年的市场环境不好，但好消息是我们能够帮助你在波动的市场环境中实现收益最大化。当然，最重要的是你对投资组合的安排感到满意。你是倾向于由专业人士负责资产管理的共同基金，还是倾向于对股票进行投资，比如IBM或者AT&T的股票？

客户与销售代表继续基于客户投资经验及风险偏好讨论不同的投资工具。

销售代表：我很高兴你倾向于共同基金这种方式。这种投资方式相对简单，投资过程中也不会有过多的担忧。让我们来看看哪些基金适合针对你女儿的投资。请告诉我，你每年预计投资的金额是多少以及你认为她每年大学教育的费用会是多少？

客户介绍了每年预计的投资金额以及他认为他的女儿每年的教育费用会是多少。他们还讨论了能够满足现在高涨的教育费用需求的不同共同基金类型。

销售代表：这样看来，增值型共同基金匹配一些指数基金更适合你女儿的529储蓄计划投资。我知道我们讨论了很多内容，让我们看看你有什么问题，或者我能怎样帮助你更清晰地了解这些内容。

销售代表接下来更详细地介绍共同基金的投资流程以及开户所需要的时间。

销售代表：看来你已经有了一个很好的开始，你的女儿会有足够的资金开始她的学习。我认为你的决策很明智，这样能够很好地在教育方面资助你的女儿。既然我们讨论了你女儿的投资问题，能否告诉我你对你的退休金账户投资是否满意？

客户提到他并没有特别关注他的退休金账户，因为至今他还没有真正地开始为退休生活进行储蓄投资。然而，在换了一个收入更高的新工作之后，他开始考虑为将来的生活进行更多的投资。销售代表与客户讨论了NMF退休金账户的优势，包括所有的数据都会通过一个简单明了的账单显示。

客户：谢谢你提供的信息，但我觉得还是暂时不用转移我的退休金账户。我并不喜欢将所有的鸡蛋都放到同一个篮子里。

销售代表：我理解，我听到很多客户都这么说。不过，你能告诉我你为什么不愿意将鸡蛋都放在同一个篮子里吗？

客户：如果NMF破产了，我不希望失去我所有的资产。实际上，我的会计师告诉我，永远不要将资产放到同一个地方。

销售代表：不错的建议。然而，你知道吗，并不是NMF的规模和实力最终保证你的资产是安全的。你投入基金的资产会被放在不同的信托产品中，实际上，政府会为你的账户投保高达500 000美元，同时我们会有额外的保险债券对共同基金进行保护。当然，这并不能保证基金的投资业绩，只是保护你的资产安全。

客户：所以，你是在告诉我，NMF的投资是绝对安全的？

销售代表：如果是那样的话当然最好，但是你可以联系任何一个投资公司，没有人能够确保他们的投资是绝对安全的，因为选择的基金不同，你在投资获利的同时也要承受投资贬值。然而，你的投资不会受到欺诈的影响。

客户：我想我并不知道这些，我希望能够得到更多书面的信息。我能从你们的网站上找到这些信息吗？

销售代表：当然，实际上你能在下载 529 申请表的地方找到这些信息。我知道我们今天讨论了很多问题，让我确认一下我们达成的共识：你为你女儿下载了 529 储蓄计划申请表以及你个人退休金账户的转移表。你会在文件包中找到关于你的账户保护的相关信息。在你填妥这些表格之后，请将这些表格连同你的支票邮寄到表格上注明的地址。我会在一两天内给你打电话，以防你在填表过程中遇到任何问题。这样可以吗？

客户：当然，很感谢你。

销售代表：没问题，克罗斯先生，我很高兴能帮上忙。如果你在下载申请表的过程中遇到任何问题，请随时给我们打电话。感谢你的来电，祝你度过美好的一天。

附录 B

交易员与客户的对话

交易员：感谢致电 NMF，我叫克里斯，有什么可以帮助你的？

客户：你好，你能告诉我现在市场情况怎么样吗？

交易员：没问题。道琼斯指数截止到现在下降了 56 点。

客户：这样看来形势不妙，是吗？

交易员：我认为这取决于你怎么看待这个问题。你对调整一下你的投资组合感兴趣吗？

客户：我在考虑卖出一些我持有的 XYZ 股票。我在几年前购入了一些，但是这只股票的表现一直不好，但是我不想在市场整体下跌时卖出这只股票。

交易员：这个我理解。让我们看看你的股票今天的表现吧。能告诉我你的交易账号吗？

客户：当然，123-456-789。

交易员：很好，我还需要了解其他一些信息——你能确认一下你的邮寄地址吗？

客户：当然，宾夕法尼亚州匹兹堡 123 大街

交易员：很好，你的姓名是？

客户：罗伯特·蒙哥马利

交易员：谢谢，蒙哥马利先生。XYZ 股票现在的价格是每股 25.06 美元，比昨天收盘时下跌了 0.24 美元。

客户：这正是我担心的。你能告诉我在买入时的价格吗？

交易员：当然，看起来你只购买过一次 XYZ 股票，你在 23.96 美元的价格购买了 25 股，实际上你挣了一些钱。你原本打算用这笔钱做些什么呢？

客户：没有，我当时只是试试，有可能用它在 5 年后支付我们新房的一部分预付金。

交易员：是这样。如果你愿意，你可以确定一个你愿意卖出这只股票的价格，

如果你愿意再等一段时间，你可以在获得一定的收益之后再卖出。唯一的问题是，如果市场以及你的股票持续走低，你需要考虑是否在现在比较低的收益情况下就卖出。你觉得 XYZ 股票的价格会降到你的买入价之下吗？

客户：我希望我能够知道答案。我看到最近一些报告说经济还没有真正触底。我想应该今天就卖出，之后再考虑怎么使用这笔钱。

交易员：没问题，我可以为你做一个委托，这意味着你能够在下一个可能的价格上卖出。这并不保证这个价格就是我刚才报给你的 25.06 美元，但应该很接近。实际上，现在看来，XYZ 股票已经跌到每股 25.03 美元了。

客户：你为什么不赶紧下单把它卖了呢？只要能在这只股票上挣到钱，我就满足了。

交易员：没问题，让我再和你确认一下。我今天会卖出你持有 25 股 XYZ 股票。这次交易的佣金是 27.5 美元，会在交易结束后直接扣除。确认吗？

客户：是的，交易吧。

交易员：好的，我会开始做委托交易。你会在 4～6 天之内收到交易确认，其中会包括所有的交易细节，或者你可以在今天闭市时来电了解详情。实际上，如果你愿意，你也可以通过网站查询细节。

客户：好的，我之前操作过。今天晚些时候我会检查我的账户信息。

交易员：好的，蒙哥马利先生。你知道你也可以通过网站进行股票交易吗？

客户：是的，我知道那样操作很简单，而且佣金会更低，我只是更愿意与交易人员交谈。

交易员：我理解。还有其他的交易操作能够帮助你吗？

客户：没有了，另外，帮我看一下另外一只股票的价格。帮我查一下 ABC 公司的股票现在价格怎么样？

交易员：现在看来 ABC 股票现在价格为 56.36 美元，相比昨天闭市时下降了 1.29 美元。

客户：好的，我想我没有其他的需要了。

交易员：好的，感谢来电，非常荣幸能与你做生意，蒙哥马利先生。祝你度过美好的一天。

案例 8 Quado 系统集团*

2000 年 8 月，Quado 系统集团的总裁安德鲁·索比（Andrew Thorby）正在考察针对一家专注于北美及加拿大市场的零售连锁企业泰勒公司的销售机会。一周

* 本案例由 Quado 系统集团的麦克·查芬（Mike Chaffin），佐治亚州大学的詹姆斯·博尔斯（James Boles）和得克萨斯基督教大学的威廉·科恩提供。Copyright © by Michael Chaffin, James Boles, and William Cron.

后，他将与泰勒公司的财务总监会面，同时展示 Quado 的项目建议书。两周后，Quado 将与泰勒公司的整个项目团队会面，对 Quado 的项目建议进行概述并回答项目团队的任何问题。现在的问题是，索比并没有确定这对 Quado 而言是不是一次机会。Quado 在去年完成了2 000万美元的销售，2000 年的销售目标为2 500万美元。Synectics，Quado 的竞争者，将这个项目的销售额估算为 900 万美元。索比对于 Quado 能否成功地实施这个项目非常担忧，他同时又担心这个项目会过多牵涉公司的精力而导致其他项目的收入受损。另外，这个项目所面对的领域——互联网，是 Quado 确定的未来发展方向，并致力于构建良好的市场声誉。

针对泰勒公司的销售机会引起了 Quado 的一名销售代表麦克·查芬的注意，这是在 Synectics 与泰勒公司建立联系之后几个月，Synectics 是一家年收入高达 10 亿美元的大型信息系统咨询公司。泰勒公司希望设计并建立一套互联网系统，从而将其分布各处的商店及潜在客户联系起来，为其提供商品目录、库存以及员工证明等网上信息。这个项目的目标是帮助泰勒公司实现战略转型，同时降低成本并提升客户服务质量。

尽管这个项目十分诱人，同时与 Quado 的多个优势相匹配，索比始终在回味 Quado 的一名项目经理艾伦·波伊尔（Alan Boyer）的一席话：

> 我们现在的客户希望从我们的销售人员获得更多的服务，我们需要更专注于满足他们的需求，但同时，现在的市场环境并没有给我们的销售人员提供很好的工作环境。

行业概况

系统集成商是一个范围较广的概念，包括提供信息技术及相关咨询服务的公司。系统集成商可以是集中服务某个行业的，例如为石油天然气勘探行业提供信息技术的公司，也可以是专注于某项信息技术的，例如互联网应用开发、数据仓库的公司，或者是两者的结合。

根据公司规模的不同，系统集成行业的竞争公司往往分为两大部分。一部分是数量少但是规模很大的公司，包括 IBM、埃森哲、德勤以及 Synectics。这些公司在全球各地开展业务，拥有几千名专业咨询师。

另一部分是大量规模较小的系统集成商。得克萨斯州休斯敦市就有超过2 200家信息技术咨询公司。这些小规模系统集成公司出现的主要原因有两个：首先，进入这个行业的壁垒很低，即初始资金投入量很少；其次，大多数规模较大的系统集成商不会在意 700 万～800 万美元规模的项目，这些规模较小的系统集成商正好填补这一空白。

不同规模的系统集成商在运营模式上也存在差异。大型公司往往采用杠杆运营模式，项目组由一名高级咨询师以及多名初级咨询师组成。这样的管理方式能够确保服务质量及一致性，同时达到规模经济效应。这样的方式对于那些刚刚进入职场或刚刚取得 MBA 学位的职员非常有吸引力，他们往往对风险的敏感度较高并处在学习的阶段。即便拥有这样的优势，客户对这种运营方式的体验反馈却是喜忧参半的。

> 我们的一些客户告诉我们，当一些大型系统集成商的项目组抵达公司时，需要为他们乘坐的汽车提供特别停车位。虽然这使我们的许多客户感到烦恼，但是许多项目需要大型项目组的支持。大型系统集成商能够在较短的时间内提供这样的服务，但是规模较小的公司无法做到。——查芬

规模较小的系统集成商往往倾向于雇用那些经验丰富的顶级咨询师，因为他们有丰富的行业经验，他们对自身能力有充分的信心，同时，如果公司顺利上市，他们也有机会大赚一笔。这使得规模较小的系统集成商也具有很高的客户吸引力，因为它们能够为项目提供高质量的人才支持。

对于大型系统集成商而言，其全体员工的15%～25%往往都不在项目上，对于规模较小的公司，这个数字要低至5%。大型系统集成商的服务价格更高，但客户所面对的风险相应更少。如果雇用大型系统集成商，即使项目失败了，管理层受到牵连的情况也较少出现。

> 似乎客户与我们合作更加愉快。他们在项目中的参与度更高，同时可以与中高层人员一同工作。大型系统集成商往往令客户反感的情况是它们会派遣20名咨询师为项目服务，但是并不让客户参与。——波伊尔

规模较小的系统集成商需要在营销推广方面更具创新。在与大型系统集成商的竞争中，规模较小的公司往往使用独立承包商或联合经营方式争取客户的项目并组织服务资源。

与大多数咨询和服务行业类似，系统集成行业最关键的资源是公司员工的专业性以及项目经验。具有相似经验的员工的工资要求往往差异很大。对于咨询师的大量需求也刺激了他们对于工资、福利以及股权的要求。

> 1990年，技术咨询师的薪酬范围为35 000～50 000美元，2000年，上升至60 000～100 000美元不等。我们的一个客户拥有一支超过700人的信息系统服务队伍，其中300人是多个系统集成商派遣的驻厂咨询师。——查芬

一个典型的项目

系统集成行业的典型项目往往有三个阶段（如图1所示）。在第一阶段，需要确定该项目所包含的技术及组织变革要求。第一阶段也是各个项目的设计阶段，需要5种类型的通才支持：商业分析、技术构架、应用构架、数据构架以及变革管理（如表1所示）。在第一阶段结束时，如果组织间匹配度不足，更换系统集成商的成本需要降到最低。第一阶段在整个项目过程中所占的精力约为10%。

第二阶段和第三阶段为系统开发及应用阶段（如图1所示）。通常在这两个阶段大部分咨询师都是前面提到的各个方面的专家。第一阶段需要使用的资源较少（平均3～5名咨询师），大型项目对后续阶段的资源需求往往是超过20名咨询师。

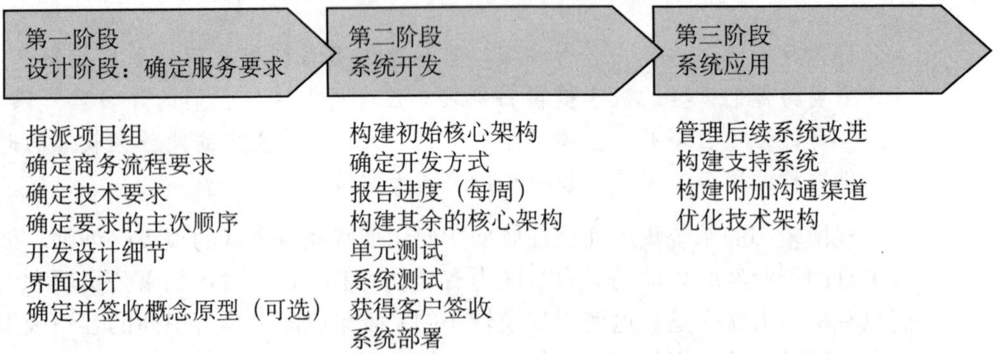

图1　项目阶段

表1　设计阶段项目组

商业分析师——确定项目的商业要求
技术架构师——确定满足商业要求的计算机硬件平台。该咨询岗位由通晓各种计算机平台的通才型人员任职
应用架构师——确定开发架构以及工具库。该咨询岗位由通晓各种开发工具（例如，PowerBuilder，Visual Basic 等）的通才型人员任职
数据架构师——为数据要求建模并建议项目采用的数据库类型（例如，Oracle，DB2 等）
变革管理——确定影响项目成功实施的人员因素，并确定优化方案

在收到项目确认函之前，系统设计公司往往会与潜在客户沟通并确定向客户管理层汇报的项目投资回报率。系统集成商往往会在一周或更长的时间内（因项目规模而不同），通过高阶分析（通常为零成本）确定项目的整体规模（包括三个阶段）。在帮助客户理解项目整体规模的基础上，系统集成商能够在项目执行之前就与客户构建互信的沟通平台并以此推销自己的产品。

互联网

互联网的出现对系统集成行业产生了深远的影响。以往信息系统部门会为商业部门开发包括订单录入及应付账款在内的应用工具，这些应用的最终用户及需求往往显而易见。然而，互联网的使用者并不容易确认，同时，人们并没有必须使用的义务。这为那些聚焦于用户的公司带来了巨大的压力。谁会使用这个系统？他们的个人偏好有哪些？图 2 显示这些与人有关的因素以及这些因素如何将互联网与组织的现有系统联系起来。

> 互联网催生了大量新的小型互联网开发公司，它们在网站开发方面具有很多技术优势。大多数这样的公司拥有创新型的人才以及开发人员，但是缺乏将互联网与客户的系统连接起来的经验，或者缺乏对于影响项目实施的人员因素的理解。随着互联网从被动式媒介转换到交互式媒介，小型公司需要与像我们一样的大型公司合作才能赢得市场竞争。——波伊尔

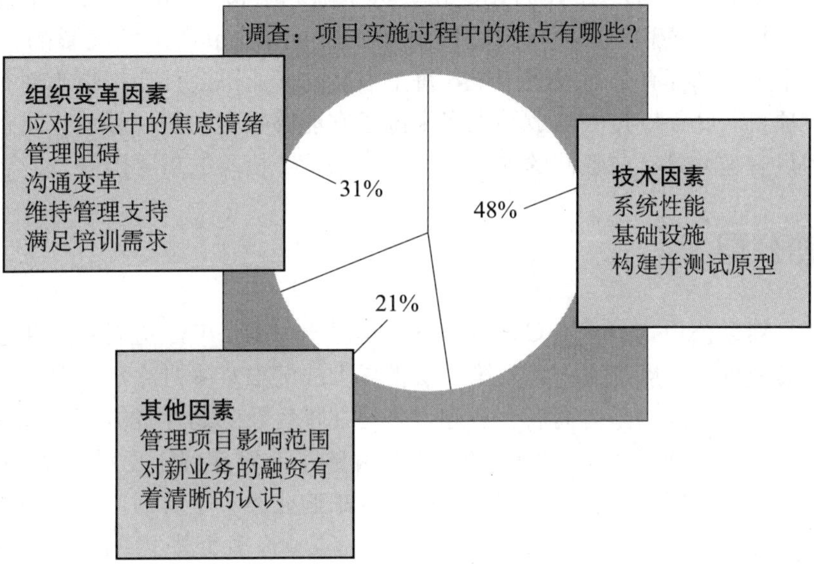

图 2　系统集成项目的问题

Quado 系统集团

1992 年 11 月末，考希克·沙哈（Kaushik Shah）与安德鲁·索比，两名独立咨询师，共进晚餐并探讨系统集成行业的商业模式。

> 我们的客户经常抱怨大型系统集成商的工作方式。他们认为，在花了大价钱之后，却由一群毫无经验的咨询师构建他们关键的大型信息系统。我们发现组建一个拥有经验丰富的咨询师的公司的机会。然而，我们却没有意识到，我们的客户在蔑视大型系统集成公司工作方式的同时，他们也将其视为自己职位的有效保障。——索比

在这番讨论后，Quado 诞生了。Quado 的商业拓展十分迅速，到了 2000 年，其员工总数达到 125 名，年销售额达到2 000万美元。在越来越多的企业寻求具有行业背景的专业机构的趋势下，Quado 将自身的业务集中到三个方面：能源、电信以及金融服务。同时，Quado 将自己的产品线缩小至管理咨询及定制化应用开发。针对管理咨询，Quado 聚焦于商业流程重构以及变革管理。针对定制化应用开发，Quado 希望将业务重心转移到迅猛发展的互联网领域。

> 互联网是市场中最具增长性的领域，然而，Quado 在这个方面的经验有限。我们需要尽快积累经验以便赶上甚至超过竞争者。
>
> 对于大型系统集成商，我们的管理咨询业务有充分的竞争力。我们聚焦的项目往往被那些大型系统集成商视为规模太小。我们与其竞争的过程中，它们往往会派出“替补队伍”，我们总是派出“明星队伍”。它们往往采取十分直接的方式与我们竞争，往往通过向客户展示它们曾经做过多少项目来取得客户的青睐。在任何项目的第一阶段，我们能够与任何公司进行竞争。——波伊尔

Quado计划在18个月内上市。为了顺利上市，Quado需要维持收入增长势头以及较高的盈利率。项目失败的新闻往往会对上市产生负面影响。由于Quado的每个员工都拥有公司股票期权，每个潜在的商业机会都会被慎重对待，以避免高风险项目。Quado过去的成功大多来源于它能够吸引并留住经验丰富的咨询师。能够提供有趣并具有前瞻性的项目工作是未来员工招聘的重要因素。

泰勒公司

泰勒公司（Taylor Corporation）创立于1919年，初创时主要经营羊毛产品的批发业务。在度过大萧条及第二次世界大战的艰难岁月之后，公司开设了两家专门销售羊毛产品的零售商店。从此，公司在零售及邮购业务方面顺风顺水，最终实现年销售额600万美元。1963年，泰勒并购了一家实际上已破产的小型电器零售商。这家电器零售商拥有9家零售商店以及邮购业务，主要面向无线电及电器爱好者销售产品。1963年至今，泰勒在全美建了7 000多个零售网点，实现年收入56亿美元。

在过去的5年中，泰勒公司经历了许多变革，剥离了一些并不成功的业务，同时整合并翻新其零售网点。去年，泰勒公司的信息系统项目遭遇了失败，业务部门对内部信息系统部门极为不满。

> 我们公司没有准备好实施那样规模的项目。人们习惯于支持我们之前的系统，他们没有准备好迎接改变。不幸的是，管理层并没有及时认识到这点。项目时间及预算远远超过了计划，在这之前没有人想到应当分析这些问题。最终大家都将失败归咎于技术，我认为人的因素要占大部分。——前信息系统员工

高层管理团队整体引入了新的信息系统团队。新任首席信息官泰里·苏利文（Teri Sullivan）试图打破新部门与业务部门之间的隔阂。新的项目必须取得成功，如此才能重新获得业务部门的信心。

> 作为一个零售企业，公司对于价格的敏感度很高，愿意为多省一分钱而承担更多的风险。这就是为什么我们的失败率这么高。——前信息系统员工

这是泰勒公司首次尝试构建交互式互联网网站，因而项目的技术方面被视为十分复杂。泰勒公司认为这个项目的系统集成商应当具有大型内网项目构建的经验。泰勒公司现有的公司内网构建成本较低，而且只能由特定的员工使用。这样的经验使得泰勒公司的管理层认为其互联网项目的成本也应当较低。

> 泰勒公司的管理层认为硬件成本将成为这个项目的主要成本。我们硬件供应商的初步估算为750 000美元。——波伊尔
>
> 泰里之前的职位为人力资源副总裁，因此，她对于项目执行过程中人的影响因素认识充分。泰勒项目组由信息系统技术人员及项目管理人员构成。泰里为项目组提供了充分的决策权力。项目组的决策标准包括：供应商能否实现交付？我们能否在与其合作过程中实现自身能力提升？项目组在确保项目顺利实施的同时也认识到，如果与Synectics合作，自身参与项目的程度将大大降低，

这会影响其互联网专业能力方面的建设。——查芬

这样规模的项目对于泰勒公司而言是一个极大的挑战。使用的技术是新的，这也是其信息系统部门第一次构建面向客户的系统。虽然构建用户使用界面的技术具有一定的挑战性，但索比认为这个挑战并不是最关键的。他认为了解最终用户（客户及员工）将如何与系统进行交互，以及构建并支持新系统所需的组织内部因素是决定这个项目成败的关键，这正是 Quado 的优势所在，特别是它在变革管理方面具有丰富经验。

泰勒的机会

在花 1 个星期的时间拜访了泰勒公司高层管理团队之后，作为一家大型系统集成商，Synectics 确定了项目的大致规模。项目的整体实施规模预计为 900 万美元。泰勒公司明显对于 Synectics 的初步成本估计感到吃惊。在 Quado 的现有客户向泰勒公司的首席信息官推荐了 Quado 之后，泰勒公司的管理层开始审查这个项目建议。

Quado 没有实施大型互联网项目的经验，这个项目可以为 Quado 取得互联网领域的业务经验提供许多帮助，这也是泰勒公司降低成本的一个机会。相对于大型系统集成商，Quado 的日常管理费用非常低，低价也被 Quado 视为进入这个市场领域的必要成本。

Quado 的项目组审阅了原始拜访的记录，但是依然没有足够信息作出整个项目成本的预估，同时，对于 Synectics 是否掌握了所有的项目要求以及是否对项目成本做出了客观估计也存在疑虑。为了更好地了解项目要求，Quado 与泰勒公司安排了 2 次会议。下周的第一次会议是与泰勒公司的首席信息官沟通 30 分钟。在这次会议上，Quado 会展示其项目整体策略以及成本估算。泰勒公司首席信息官对 Quado 执行能力的信心及其向泰勒项目团队的推荐将决定 Quado 能否获得这个机会。第二次会议将面向泰勒公司的整个项目团队（12 名成员），讨论 Quado 的策略以及解答项目团队对 Quado 的任何问题。第二次会议将在 2 周后举行。

这样的安排留给 Quado 的准备时间不多，并且与典型的项目开发流程不同。在评价这次机会时，麦克·查芬说道：

当我们进入销售流程后，似乎我们获胜的机会太渺小，我们甚至没有意识到如果我们获胜将意味着什么。由于这个项目的规模及战略属性，Quado 大多数员工都认为我们是在浪费时间，因为我们不具备互联网业务经验。我的公司认为泰勒公司是在利用我们而从 Synectics 取得更低的报价。我认为现在 Quado 开始担心如果我们真的赢得了这个机会会发生什么。我们依然不被看好，因而我们需要向泰勒公司的管理层以及项目团队充分展示我们的优势。

如果 Quado 要获得这个机会，就需要精心策划其销售策略，这不能是简单的优势—利益直接对比的展示。麦克和他的老板鲁迪·乔治（Rudy George）——Quado 的销售总监，都不认为他们能够与 Synectics 针锋相对地竞争。在总结现在的情形时，乔治评价道：

Synectics 在泰勒公司面前树立了互联网专家的形象。它们之间联系的时间

要比我们更长，它们在互联网方面比我们拥有更丰富的经验，同时它们现在就能配置资源开展项目。Synectics会直接攻击我们在互联网业务经验及公司规模方面的弱势。我们的竞争者将这个项目定义为泰勒公司的互联网项目，那么客户就顺理成章地认为Synectics是相对于Quado风险更低的选择。我们需要找到办法重新定义这个机会，从而扭转我们的竞争态势。

麦克与鲁迪不仅需要制定针对泰勒公司的销售策略，他们还认识到需要让Quado内部接受这个项目所能带来的益处。

对于Quado而言，这是一个大项目，对于Synectics而言，可能只是个中小型项目。不巧的是，我们现有的项目中有一个大项目以及多个中小型项目，我们所有的咨询师都将全部精力投入到现有的项目中。泰勒项目的第二和第三个阶段需要我们在未来两年内投入大量的人力，如果全部使用新员工会影响项目的执行效果。然而，我的薪酬是建立在新客户利润之上的而不是规避风险。有了这样规模的项目，我明年的销售定额也完成了。——麦克·查芬

Quado应该做什么

索比意识到他必须尽快作出决定，否则事态的发展将超出他的能力范围。针对这个项目的规模及互联网属性，索比认识到这项销售应当被视为具有战略重要性：

我们今年的销售额是2 000万美元，同时有机会在一个客户上就实现明年目标2 500万美元中的900万美元。我们能否在不牵涉太多公司资源和损害战略性客户利益的基础上成功实施这样规模的项目？这个项目并不是我们通常关注的领域。尽管这个项目所涉及的技术领域是我们希望进入的，但我们现在并没有泰勒公司所需的项目经验。

他们明确指出互联网相关经验是必需的。我们是否需要花费精力去追求我们不一定能够赢取或成功执行的项目机会？即便不考虑我们现有客户的需求，为了顺利实施这个项目，我们也需要扩大公司的规模。

显而易见，Quado加入竞争的时机有点晚，索比的担心是不是太迟了，同时，Quado也不确定是否掌握了足够的信息从而准确估算整个项目的成本。索比担心无论给予泰勒公司什么样的成本估算都会是不准确的，同时让泰勒公司的期望过高。

在与销售队伍沟通中，索比意识到赢得这个机会对于公司而言非常重要。这个项目所涉及的技术服务是Quado现有经验所没有涉及的，但同时，Quado的多名员工在之前的工作中获得了项目所需的经验。如果Quado赢得了这个项目，泰勒在市场中的品牌效应将帮助Quado赢得更多的客户。

索比认识到他必须考虑大局。这个机会适合Quado吗？公司如何控制项目的风险？“我们设定了销售收入目标，”他想，“人力资源的低流动率以及咨询团队的项目交付目标。这个项目是否与这些目标匹配呢？”

案例 9 Skata 公司*

在 2004 年 1 月一个下雪的周六，玛丽·里德（Mary Reid）正在审阅她的销售队伍的业绩。玛丽是 Skata 公司的全国销售经理。Skata 为建筑行业生产乙烯基墙板以及塑料管道，其产品运送至遍布全美的 120 个经销商，并由它们销售给贮木场、五金器具商店以及承包商。公司雇用 56 名销售人员与其经销商一起合作，共同拜访承包商、零售商以及建筑设计师。Skata 将其销售队伍分配至 5 大销售区域，每个销售区域由 1 名销售经理管理领导，这 5 名销售经理直接向玛丽·里德汇报（如图 1 所示）。卡车将墙板及管道固件从公司仓库运送到经销商处或直接运送至大客户处。

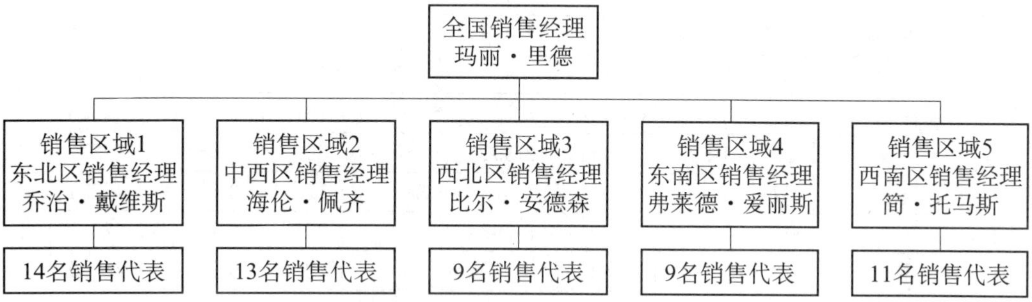

图 1 Skata 公司销售组织结构

销售代表被指派负责固定的区域，并负责增加该区域的产品销售。根据区域销售潜力及公司在该区域以往的销售数据，销售定额被指派给该区域的销售代表。区域销售业绩通过渗透率进行衡量，对比公司销售业绩与公开行业数据所显示的每个区域实现的建筑合同总量。如果销售代表超额完成其定额，就可以获得奖励、更大的销售区域以及职位晋升。

销售代表获取其销售额 1%～3%的固定佣金。根据销售代表经验的不同，佣金比例有所区别，同时，销售代表每年获得平均8 500美元的费用补助。5 个销售区域经理的薪酬包括固定工资以及由其负责区域的销售业绩所决定的奖金。

2003 年，Skata 实现了包括海外部分共355 670 000美元的销售收入。尽管 2003 年的销售有所增长，但是净利润降低了，这源于竞争的加剧以及产品降价。里德面临新的一年增加利润的压力，她需要更多地了解销售队伍的表现。

里德决定首先分析一下销售队伍业绩的一些基本数据。这些数据如表 1 所示。尽管部分销售代表的工作时间还不足一年，区域销售定额、渗透率以及利润贡献都以 12 个月计算。通过调整销售拜访及佣金数据，里德可以将不同销售代表之间的业绩进行对比分析。

* 本案例由印第安纳大学的道格拉斯·J. 达尔林普尔提供。

表1　　Skata公司销售队伍业绩数据

姓名	年龄	2003年销售额（千美元）	2002年销售额（千美元）	2003年销售定额（千美元）	2003年渗透情况	2003年拜访次数	2003年每月佣金（美元）	2003年利润贡献（千美元）	销售区域	2003年工作月数
菲尔德	54	3 710	2 943	3 548	702	917	6 928	1 318.0	1	12
怀特	29	2 971	2 070	2 300	419	467	4 990	1 149.7	2	8
埃文斯	35	2 927	2 364	2 749	1 948	1 219	4 075	1 041.8	1	12
隆	37	2 428	1 773	2 107	315	880	4 125	903.8	2	12
亨特	30	2 298	1 753	1 899	710	1 213	4 905	854.9	3	12
雷德	32	2 741	2 421	2 879	2 820	935	4 967	977.0	1	12
奈特	33	2 577	1 948	2 228	527	1 096	4 198	920.4	5	12
奎恩	36	2 565	2 432	2 847	297	807	4 752	961.9	2	12
赖利	34	2 278	1 684	1 899	957	939	4 305	833.8	3	12
亚当斯	33	1 872	1 308	3 016	338	889	3 851	699.4	2	12
齐默	37	2 982	2 399	2 649	644	1 165	5 618	1 105.4	3	12
史密斯	27	1 669	1 751	2 098	225	780	3 250	635.9	4	12
米勒	37	3 589	3 272	3 698	368	1 091	6 030	1 329.2	2	12
霍尔	51	3 755	3 322	3 739	306	1 181	7 107	1 366.6	4	12
万斯	29	1 928	2 054	2 391	580	866	3 684	698.3	3	12
马丁	27	1 292	914	1 777	343	1 178	3 659	465.1	5	10
夏普	48	3 884	3 301	3 798	1 490	1 354	6 726	1 375.9	1	12
琼斯	43	3 500	2 836	3 150	1 960	1 180	6 565	1 219.1	3	12
贝克	26	2 944	2 256	2 738	571	402	4 251	1 120.9	2	12
奎因	37	1 945	1 886	2 248	506	492	3 402	704.6	2	8
凯利	35	2 068	1 932	2 141	342	825	4 883	759.0	2	12
路易斯	60	1 501	1 295	1 339	448	1 199	4 466	535.1	5	12
杨	57	2 693	2 067	2 421	1 123	806	6 070	979.0	1	12
艾瑟姆	27	1 551	1 612	1 878	246	832	3 137	584.7	2	12
乌尔班	38	1 099	716	962	231	353	3 706	387.4	2	12
格林	40	1 262	1 071	1 309	453	1 313	3 876	468.4	5	12
斯科特	67	2 243	2 042	2 767	550	968	5 535	793.6	2	12
诺雷斯	33	2 448	2 225	2 558	453	1 060	4 129	905.5	4	12
韦德	34	2 713	1 567	1 998	267	958	4 960	996.7	4	12
伍德	45	2 541	2 670	2 811	873	1 260	4 918	899.3	1	12
厄普丘奇	49	2 759	2 583	3 086	365	969	6 056	1 008.8	4	12
约克	65	2 606	2 400	2 697	497	1 147	5 352	986.7	4	12
格朗特	33	2 786	2 400	2 197	441	1 461	4 279	1 009.6	5	4
泰勒	38	2 965	2 174	2 448	1 151	1 373	5 473	1 075.8	5	12
卡特	63	3 716	2 704	3 128	1 332	1 047	6 920	1 347.0	1	12
沃尔夫	64	2 384	1 990	2 281	3 000	614	6 202	835.8	1	12
奥尔森	43	2 126	2 050	2 200	455	1 173	4 240	785.2	5	12
爱德华兹	47	2 203	1 930	2 600	141	882	5 870	818.8	5	8

续前表

姓名	年龄	2003 年销售额（千美元）	2002 年销售额（千美元）	2003 年销售定额（千美元）	2003 年渗透情况	2003 年拜访次数	2003 年每月佣金（美元）	2003 年利润贡献（千美元）	销售区域	2003 年工作月数
萨默斯	32	4 078	2 762	3 183	602	767	6 725	1 472.1	1	12
布兰克	53	2 742	2 434	2 682	931	945	5 976	998.6	3	12
艾伦	38	2 617	2 475	2 898	300	938	3 353	968.1	4	8
欧文斯	32	3 595	3 323	3 848	1 861	1 135	5 339	1 346.2	1	12
戴	63	3 358	2 801	3 282	1 133	1 604	8 265	1 205.7	1	12
帕森斯	38	1 790	1 842	2 105	203	941	4 029	655.9	4	12
邓恩	49	2 596	2 372	2 796	310	1 162	5 089	929.9	5	12
托马斯	39	1 678	1 571	1 812	907	1 281	3 136	608.5	3	12
沃斯	30	2 192	1 875	2 469	166	673	5 824	829.3	4	7
斯托内	48	1 879	1 711	2 032	990	1 182	5 124	679.4	5	12
左恩	30	2 011	1 739	2 281	243	568	3 657	742.2	2	11
杰克逊	33	1 903	1 894	2 161	450	840	3 790	701.3	3	4
尼克尔斯	36	1 609	1 690	1 898	381	1 307	2 527	583.3	5	12
埃尔文	30	2 631	2 170	2 560	199	697	3 803	987.9	2	10
佩琪	47	3 047	2 939	3 298	806	1 200	5 846	1 099.6	1	12
库克	37	2 328	2 054	2 398	664	933	4 665	859.6	1	12
瓦尔克	39	2 055	2 043	2 399	519	1 099	3 594	735.9	3	12
福克斯	28	3 411	2 689	3 248	3 322	706	5 335	1 187.5	1	12

随后，里德将这些数据导入一个新的表格数据分析软件中，这个软件可以帮助创建新的变量并对销售代表的业绩进行多种评估。里德决定计算一些控制变量的简单相关系数（如表 2 所示）。年龄与销售额相关，同时其他一些变量之间也呈现有趣的关联。里德决定将注意力放在最为显著的关联上，从而分析它们在销售队伍管理上的作用。通过分析表 2 中的数据，她决定将部分变量数据编成业绩评估矩阵。

表 2　　2003 年销售队伍业绩影响因素关联分析

	年龄	销售额	销售增长 2003/2002	销售定额	渗透	拜访	每月佣金	利润贡献比例	平均每次拜访产生的销售额	平均每次拜访的贡献值
年龄	1.00	0.21	−0.09	0.04	0.16	0.30	0.59	−0.39	−0.15	−0.17
销售额	0.21	1.00	0.22	0.45	0.39	0.17	0.76	−0.15	0.52	0.51
销售增长	−0.09	0.22	1.00	0.64	0.08	−0.19	0.22	−0.05	0.35	0.35
销售定额	0.04	0.45	0.64	1.00	0.19	0.03	0.34	−0.09	0.36	0.35
渗透	0.16	0.39	0.08	0.19	1.00	0.08	0.34	−0.53	0.19	0.17
拜访	0.30	0.17	−0.19	0.03	0.08	1.00	0.22	−0.28	−0.68	−0.67
每月佣金	0.59	0.76	0.22	0.34	0.34	0.22	1.00	−0.27	0.29	0.25
利润贡献比例	−0.39	−0.15	−0.05	−0.09	−0.53	−0.28	−0.27	1.00	0.18	0.23

续前表

	年龄	销售额	销售增长2003/2002	销售定额	渗透	拜访	每月佣金	利润贡献比例	平均每次拜访产生的销售额	平均每次拜访的贡献值
平均每次拜访产生的销售额	0.15	0.52	0.35	0.36	0.19	−0.68	0.29	0.18	1.00	0.99
平均每次拜访的贡献值	−0.17	0.51	0.35	0.35	0.17	−0.67	0.23	0.23	0.99	1.00

Skata 的营销经理希望在 2 月举办的全国销售会议上表彰优秀的销售经理及销售代表，因此需要获得提名的建议。虽然按照销售业绩进行排名非常简单，但里德希望能够构建复合指数从而按照多个变量评估销售队伍的表现。

里德最近在一本营销期刊上读到一篇文章，其中提到销售代表的职业发展路径类似产品的生命周期。根据这篇文章，销售代表在一开始会探索其销售区域，随后进入发展阶段并成熟起来，随后会经历业绩下降，直至退休。文章提到的发展阶段如图 2 所示。应当注意，探索阶段的销售业绩最低，在发展阶段开始迅速上升，在成熟阶段达到高点，随后进入下降趋势。里德不确定在图 2 中所显示的职业发展路径是否适合分析 Skata 的销售代表。Skata 的销售代表年龄在 26～67 岁之间，年龄中值为 37 岁。里德认为计算销售队伍的年龄分布可能会有意外的收获。

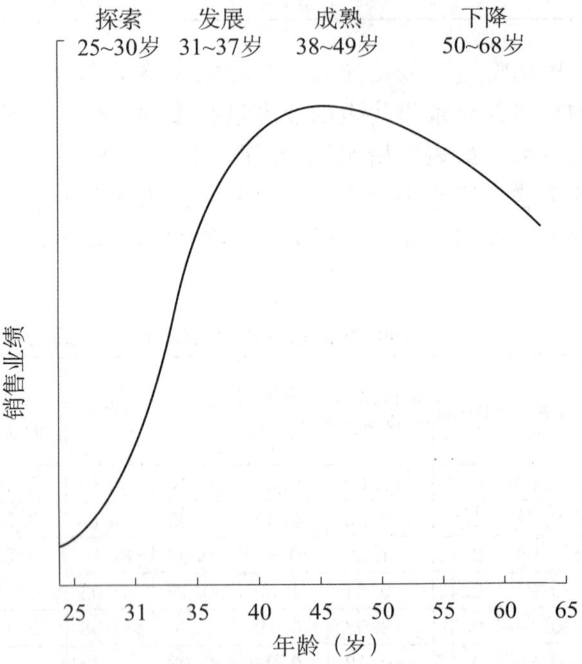

图 2　销售队伍职业发展路径

为帮助确定职业发展路径是否适用于 Skata，玛丽认为将销售队伍按照图 2 分为不同组别，并分别计算各组的不同销售业绩均值将会带来启示。玛丽认为，如果她继续在电脑上计算下去，一定会对销售队伍的业绩数据有更加深入的理解。表 1

中的数据也给出了2003年销售队伍的流动情况，里德开始思考是否需要对薪酬计划进行相应的调整。里德认为她的业绩矩阵及职业发展路径分析会对招聘、解聘、培训以及激励产生相应的影响。

案例10 Tekspan公司*

玛丽·斯特拉姆（Mary Stramm）舒服地坐在头等舱的座位上。与首席执行官坐同一航班真不错，但她知道天下没有免费的午餐。她很快就会接到一项“特别任务”。玛丽是Tekspan系统公司的人力资源副总裁，Tekspan是一家专门为终端市场开发软件的公司，同时，她也时常担当首席执行官约翰·沃特（John Vaught）的“救火员”，他经常会让她参与解决与客户相关的敏感问题，这次也不例外。他们刚与一位重要的客户，Barnett工程公司的首席信息官戴夫·考利（Dave Cowley）开完一场气氛紧张的会议，戴夫正在考虑一个竞争对手的报价。

当飞机升空几分钟后，约翰开始重温这次会议。“戴夫的抱怨是可以理解的。我们的销售代表试图通过各种方式说服他购买额外的产品，这让他很头疼。我们执着于让这家公司接受他们无法承担的改变，这给我们带来很多麻烦。我们对Barnett管理层花的时间太多了。我需要你来处理这件事情。”

“没问题。”玛丽回答道。

“在这次会议之前我给汤姆·莱（Tom Lay）打过一次电话，他的回答让我非常吃惊。你先和汤姆通一次电话，了解一下现在的状况。说实话，我不确定我们的销售代表薪酬体系是不是有问题。”

“有可能。”玛丽回答得比较慎重。

“随着我们产品销售速度的降低，我们需要将注意力转移到服务项目上，这是未来增长的源泉，但是这一转变过程中我们不能损害客户的利益。”

玛丽向窗外望去，思考着下一步该做什么。

背景

10个月前，Tekspan收购了一家系统集成及咨询服务公司Applied Knowledge Systems（AKS），AKS一直以来都是Tekspan的联盟伙伴之一，这次收购似乎提供了协同合作的良好机遇。Tekspan希望由此能够销售更多的软件，这也是AKS咨询服务自然而然的副产品之一。同时，AKS也可以从Tekspan庞大的伙伴公司网络以及积极的客户联系中获益。

---

* 本案例由得克萨斯基督教大学的威廉·科恩和艾奥瓦大学的托马斯·E.德卡罗（Thomas E. DeCarlo）提供。

在收购完成后，公司花费了大量的精力开发所谓的解决方案，即将产品与服务捆绑的市场方案。根据 Tekspan 的经验，产品或服务本身并不能解决客户所面临的问题，只有将产品和服务有机地结合在一起才能满足客户的需求。将产品和服务捆绑销售还能带来成本效益方面的好处，同时，能够比单独销售产品或服务取得更高的销售单价。

虽然收购能够带来上述诸多好处，但这两家企业在很多方面作为合作伙伴的协同效果要比作为同一家公司的不同部门更具优势。玛丽知道约翰·沃特对于 Barnett 的顾虑是考虑到上述摩擦，她在不同场合也听到人们抱怨 AKS 的咨询师缺乏积极性以及效率低下。

咨询师的观点

汤姆·莱曾是 AKS 的总裁，现在是 Tekspan 公司解决方案部门的执行副总裁。汤姆坐在办公室里听着玛丽的诉说，他显然因约翰对 Barnett 的担忧而感到吃惊。“你看，这并不是因为我们的咨询师拜访 Barnett 所造成的。”他辩护道，“戴夫·考利感到不高兴，是因为他的老板接受了我关于改进他的组织运营的建议，他只是对于我对他的老板更有影响力而嫉妒，这是因为我周末都和他的老板一起跑步。通常首席信息官都会因为咨询师比他们更有影响力而感到不高兴。”玛丽注意到汤姆办公室里摆放的多个马拉松奖牌。“约翰需要意识到，真是这种与 Barnett 的特殊联系，他们才在上个月购买了我们的人力资源解决方案。销售代表没有做出什么特别的贡献——他的佣金就是一个奖品。”

“原来是这样，那么我们就不需要销售代表了？”玛丽知道汤姆能够应对这样的调侃。

“我承认，销售代表能够很好地帮助我们打开渠道，”汤姆继续说道，“特别是在我们与客户没有联系的情况下。同时，他们善于销售初级财务软件系统，这通常也是潜在客户首先购买的。但是，销售代表并不能帮助进一步开发客户资源，因为他们缺少销售增值服务的必要技术知识。”

“以 Barnett 为例，如果不是迪克·卡尔森（Dick Carlson）在基础财务系统展示的最后一个月所作出的额外努力，我们很有可能就失去了这笔生意。”汤姆在指出咨询师在客户沟通中的作用时说道，“我本人也参与了许多。只有这样我们才能更好地了解客户以及他们的商业模式。关起门来说，销售代表只知道不停地推销产品，我们需要从咨询师的视角去考虑如何通过销售解决方案来满足客户的需求。”

“那好，”玛丽叹了一口气，“但这对我们并没有任何帮助。如果客户沟通方式是如此的不能融合，那么我们两家公司的合并又有什么意义呢？”深吸一口气后，她继续说道，“汤姆，你刚刚谈到了佣金的问题，你觉得我们的激励方案是不是有什么问题？”

“说到这个，”汤姆的语气更加严厉，“我们现在的薪酬体系是奖励销售代表对于争取客户所作出的销售努力，但并不在意他们的行为是否对销售业绩作出了贡献。我们的解决方案咨询师是按照销售业绩计算薪酬的，销售代表只要获取了客户就能获得佣金，尽管他们可能是在许多年前就赢得了这个客户，并且与现在的销售业绩并不相关。对你来说这样的安排合理吗?”

“但是销售代表的贡献对我们的成功也很重要，不是吗?”玛丽反驳道。

“当然，至少有时候是，但这样的安排还是有很大的漏洞。”汤姆抬起头来看到萝拉·克莱默（Lola Krammer）从他的门口经过，于是叫住她进到自己的办公室。萝拉管理咨询部门，其部门负责 Barnett 购买的解决方案的设备部分。设备管理软件及服务仅占到公司收入的很小部分，同时在当今的经济环境下，很少有客户会购买这些服务。玛丽见过萝拉，认为她非常专业并且头脑清晰，她是公认的非常务实的员工。

萝拉进入办公室后，汤姆问道：“萝拉，Barnett 的戴夫·考利抱怨说他接待了太多我们的咨询师。如果我们让销售代表为我们去完成销售任务，你认为如何?”

“如果我要等那发生，还不如开始找下一份工作呢。”萝拉回答道，“设备安装项目的价格只是其他系统价格的 1/4。我们的项目都很小，特别是在如今的经济环境中。我理解销售代表在销售我们的产品/服务与销售其他方案所花费的时间相当，同时，他们需要与客户的设备部门的人员建立联系，这些人一般不与他人产生联系。销售代表更有可能去销售定价更高的财务系统、人力资源系统或者销售系统，这样获得的佣金更高。”

“所以，你必须自己去销售这些产品/服务?”

“是的。但是，我并不埋怨销售代表对这些项目不感兴趣，我只是不能坐以待毙。如果我不能让我的团队有事情做，那么我过去几年搭建起来的团队就会不复存在了，因此，我会去做销售的工作。”

“我感觉您并不情愿这么做。”玛丽回应道。

“实际上我并不在意。”萝拉耸了耸肩，“其实，相对于销售代表，我有天然的优势。我熟悉这些设备部门的人员，并且参与他们的协会。那些销售代表并不十分理解我们的工作。对此，我们并不是特例。AKS 中有很多小的业务单元——对不起，我是说 Tekspan——都面临这样的问题。我曾经询问过公司是否对我们所负责的领域感兴趣，我得到的答复是正面的，同时他们告诉我们，公司需要我们的存在，以此为客户提供一站式的产品及服务方案。”

“你如何看待我们的薪酬方案?”汤姆插话道。

在停顿了很久后，萝拉说道：“我并不是特别理解我们的薪酬方案，但是我知道高层一定有他们的理由。”

“萝拉，谢谢你。”汤姆说道，“希望你能再接再厉。”

就在她要离开时，转过身来说道：“有趣的是，在收购之前，我外出销售我们的产品和服务在 AKS 被视为英勇的行为，现在，这样的事情却让某些人不高兴。希望你的调查能够有所收获，玛丽。”

在萝拉离开办公室后，汤姆说道：“在这样的行业中，设备软件并不是对所有的客户都有吸引力，但是如果经济形势好转，同时公司业务开始拓展，这样的市场需求就会多起来。萝拉需要为那样的变化做好准备。当市场环境发生变化时，我相信销售代表会重视我们的。”

销售代表的观点

玛丽知道她必须了解销售部门的观点，于是与 Tekspan 的销售及营销副总裁香农·蒙克利夫（Shannon Moncrief）预约会面。当她出现在会议室时，她惊奇地发现香农脚上打着石膏。

“我知道你会说我应当更加注意。”他打趣地说道，“我参加了一个客户公司的野餐会，他们邀请我参加他们的垒球比赛，谁会在客户公司的垒球比赛正在进行时偷偷溜回家呢？我甚至不知道比赛最后的分数。”他不禁笑出声来并问道，“言归正传，你说到的关于我们销售代表薪酬体系调整是怎么回事？”

玛丽知道香农随和的态度仅仅是表面上。Tekspan 的成功很大程度上归功于他近似无情的要求以及出色的管理、领导能力。她讲了从汤姆·莱以及其他咨询师那里听到的言论。

“我认识汤姆已经有 10 年了，我一直是他坚定的支持者，”香农说道，“他是我认识的最聪明的人之一。你知道，我极力推崇收购他的公司，但是他并不理解销售是怎么回事。”

“但是，就汤姆的业绩而言，我必须承认他是一名优秀的销售人员。”玛丽回答道。

“当然，当然，他当然是的，最优秀的销售人员之一。就是因为汤姆以及其他一两个人，我们才收购了 AKS。我是说，他并不理解管理一支销售队伍意味着什么。就汤姆的贡献而言，销售解决方案仅仅占到公司业务的 22%。我们的销售代表都是干劲十足的，他们获得的奖励与他们的销售贡献是成比例的。事实上，解决方案部门并不能产生足够的效益。除了汤姆以及少数几个人之外，他们大多数人认为销售都不成其为职业，他们不希望弄脏他们的双手。”

“你提到的 Barnett 客户就是一个很好的例子。菲利普·戴维斯（Philip Davies）为了使我们进入 Barnett 的采购名录辛苦工作了两年。当然，他们购买的基础财务系统在销售规模上是有些令人失望，同时他也无法确切地证明他所付出的努力，但是现在，Barnett 这个客户正在为 Tekspan 带来越来越多的收入及利润。如果不是菲利普以及他之前所做的工作，那些咨询师甚至不知道 Barnett 是谁。我并不是怀疑汤姆·莱以及迪克·卡尔森在其中的贡献，但也不能将菲利普排除在上个月人力资源系统销售佣金分配之外。如果他仅仅得到初期系统销售的佣金，我们很可能会失去这名优秀的销售代表。”

玛丽想到在另外两个场合听到关于失去“菲利普王子”的威胁的情景。“是的，”她说道，“但是如果他并没有真正对人力资源系统的销售作出贡献……”

“玛丽，你必须理解实际销售是如何发生的。有些时候你需要连轴转，把每件事情都做好，做到事必躬亲，但是你依然有可能失败。有些时候，胜利又来得太快，就像是擦网出界一样。菲利普知道如何最优地安排他的时间和使用他的才能。他知道 Barnett 这个客户已经没有什么需要担忧的，他可以将时间更有效地花在其他项目上。你知道吗，他开发了 Westenhover Electric 这个客户，他们在这周就会购买我们的人力资源以及规划实施系统。你真的要因为他做了正确的事情而处罚他吗？另外，迪克·卡尔森也是那个项目的负责人之一。你认为他为此努力了吗？

不，他在 Barnett 客户上花费了太多的时间而忽视了 Westenhover 这个潜在客户。菲利普知道他必须与客户紧密沟通，从而实现最终的销售。”

“汤姆说迪克基本上是住在 Barnett 一个月，从而帮助实现那次成功的展示。”

“我知道。但是，咨询师因为客户使用了系统而获得了充足的回报。越多的客户使用系统，他们的回报就越大。他们会有持续的收入。他们并没有因为获得 Westenhover 而获得回报，但是他们依然会因为这个项目而获得收益。他们什么都想要。”

“针对 Barnett 的初期销售中产品和服务各占多大比例?”玛丽问道。

“我知道你和汤姆谈过。他一直指责我们的销售代表总是在‘推销产品’而不是‘构建解决方案’，我这样说不会显得轻蔑吧?他可能说得有道理。也许，销售代表需要更多关于销售解决方案的培训，但是如果你要做点什么的话，还是培训汤姆的咨询师去卖出哪怕任何一种东西吧。至少，我们的销售代表能够销售产品，大多数咨询师在那些奉行裸体主义的地方连一瓶防晒霜都卖不出去。”

玛丽忍不住笑出声来。一想到在那样的情形下，那些内向的技术咨询师的表现，她不得不承认还是非常有趣的。

希望

那天晚上，玛丽不断地回忆着之前谈话的点点滴滴，她甚至怀疑自己面对的是个大问题。是合并不成功吗?她很快就抛弃了这样的想法，因为她知道有一些销售代表和项目咨询师团队合作得非常愉快。她决定就此进行深入研究，以发现为什么有些团队可以有效协作，其他团队却不能。

周五的下午，她会见了解决方案部门的项目咨询师韦琪·摩根（Vickie Morgan）以及争取到韦瑟福德国民银行（Weatherford National Bank，WNB）这个客户的销售代表德克·泰森（Dirk Tyson)。玛丽阐述了与两个人会面的目的并询问道，“你们俩在 WNB 项目上都取得了成功，对此公司的薪酬方案是有利的还是有弊的?”

“我努力不往那个方面想，”韦琪开玩笑地说道：“否则，我们的团队就会分崩瓦解的。”

玛丽边笑边问道：“德克，你同意吗?”

“我从来没有见过哪个销售薪酬方案是完美的，公司的方案算是可以吧，我觉得。”

“那么，我们怎么才能取得更多像 WNB 那样的成功呢?”

“招聘更多像德克一样的销售代表。”韦琪说道。

“你能更详细地说说吗?”

“我想我也希望听到更详细的。”德克也说道。

“我可以信任他，”韦琪说道，“我不能说我能相信曾经合作的其他任何人。我记得在收购完成之后不久，我带一个销售代表去见我的一位老客户的总裁，我不会提到这名销售代表的姓名。我们会面的主要目的是解释两家公司合并的原因，并向其确认这会加强我们之间的良好关系。那个客户表现得非常亲切，这次会面非常顺利，直到那位总裁提到了他们的一个需求，那位销售代表随即进入了销售模式。我的客户给了我一个奇怪的眼神，仿佛在说‘到底发生了什么?’他并没有期待这次会面是一次销售推广，在随后的2分钟后我们就被赶了出来。我随后给他打电话致歉。”

“德克从来不会犯那样的错误。他知道如何倾听，什么时候需要向我或其他咨询师寻求支持，同时，他也会去做一些基础工作，我却没有时间去做这些。最终，我们在WNB这个客户上实现了更多的销售业绩。我相信我们能够在其他客户身上实现同样的成功。”

“德克，你也是这样认为的吗?”

“实际上，我对韦琪有类似的评价。如果我花六个月的时间说服一个客户同意一次会面，我能够相信她不会因为另一个客户在同一时间的会面安排而临时取消这个客户的会面。当我向客户介绍她时，她知道如何更好地展示她自己以及公司的技术。她不会一直讲述公司的技术优势而使客户失去兴趣。她会倾听他们的问题，她不会掉链子。”

玛丽为他俩的成功合作感到欣慰，但是如何才能推广这种合作呢?

该怎么做

“那么，你发现了什么?”约翰问道。

“约翰，这不仅仅是薪酬的问题。销售代表能够实现更广的市场覆盖，我们的项目咨询师则能够为更深入的客户合作提供支持，我需要两者通力协作，我们只是还没有找到让两者协同合作的方法。”

“薪酬能够让不同员工之间的工作重点更加清晰。”约翰评价道。

“是的，但是我认为Tekspan和AKS各自的员工更适应合并之前的公司运营方式而不是现在新的解决方案销售方式。我们需要招聘一些具有新技能的员工。”

“玛丽，我理解，但是如果我们在明年解雇大量现在的员工，肯定会出问题的。我需要在那种情况出现前找到解决方法。”

案例11 苏利文集团（A）*

鲍勃·米切尔（Bob Mitchell），麦迪逊能源（Madison Energy，一家专门为石油及天然气生产服务的上市企业）的风险管理总监，拿起桌上的电话听到他的秘书说道：“苏利文集团（Sullivan Group）的马修·金凯德（Matthew Kincaid）先生希望见您。”

“让他进来。”米切尔说道。

---

* 本案例由马克·斯托尔兹（Mark Stoltz）和威廉·科恩提供。Copyright © by William Cron。

背景信息

麦迪逊能源是一家发展十分迅速的公司，这使其对风险管理的需求的复杂性日益增大。麦迪逊能源需要保护的主要资产包括其名下的石油及天然气资源、现场的员工以及矿区的重型装备。实际上，公司现在的规模急需一系列保险产品及服务，其中包括一些应对特殊情况的服务，例如关于绑架问题，从而帮助公司应对可能面临的风险。为应对日益增大的风险，公司去年雇用了鲍勃·米切尔担任风险管理总监。

通常销售保险产品及服务的第一步是保险经纪公司直接致电麦迪逊能源，预约与风险管理总监鲍勃·米切尔的会面。如果鲍勃·米切尔认为现实情况需要更进一步的调查，他会让保险经纪公司代表与公司的会计部门进行会面，从而获取更多的信息。在现场的调研也可以帮助保险经纪公司更好地理解麦迪逊能源的需求。在收集信息之后，保险经纪公司会制定一份提案提交给米切尔。如果他认为这个提案是可行的并具有吸引力，他会将提案提交给公司的财务总监。如果获得通过，财务总监会向董事会提交提案，以获得最终的确认。

马修·金凯德，苏利文集团的客户专员，正希望向鲍勃·米切尔展示他的公司的保险服务及其在石油和天然气行业方面的经验。在此之前，鲍勃·米切尔与马修·金凯德在一次两周前的慈善活动上认识。米切尔邀请金凯德到他的办公室讨论一下苏利文集团能够为麦迪逊能源提供什么样的服务。

会面

马修·金凯德走进鲍勃·米切尔的办公室，递给他一张名片。

金凯德：鲍勃，很高兴再次见到你。非常感谢能有这次机会向你介绍苏利文集团。我们是风险管理及保险解决方案的领导者，同时，我们对于石油及天然气企业构建了有效的解决方案。我们的方案建立在特别客户服务基础上，能够优化你们的索赔流程并节约贵公司的时间。我相信通过这些解决方案，你们的运营效率能够得到极大的提升。

米切尔：很好，请坐。

金凯德：谢谢。在苏利文集团，我们努力理解客户的商业问题。你看……

金凯德花几分钟时间详细阐述了苏利文集团能够为麦迪逊能源公司提供具有竞争力的报价、注重客户服务以及索赔流程管理等

金凯德：如我之前提到的，我们与其他公司的主要区别在于我们对于客户服务的绝对重视。我们有自己的 24 小时索赔热线服务，这在行业中是少有的。

米切尔：马修，这些听起来都非常好，然而，我们接触的其他几家公司都能够提供与苏利文集团类似的服务。

金凯德：区别在于我们公司在石油及天然气行业的独特经验。我们的经纪人在能源行业保险相关主体方面撰写并发表了许多文章。实际上（一边在文件包中翻找），我这儿有一些宣传册，里面详细讲述了我们的服务以及行业经验。

金凯德将2份宣传册放到米切尔的办公桌上，然后继续说下去……

金凯德：这些宣传册详细阐述了我们公司的经营哲学，我们在能源行业的经验，以及我们最近取得的奖项及排名。

米切尔：好的，那么这些保险方案包括的服务在成本方面怎么样呢？

金凯德：这是与我们合作的公司的名录（金凯德站起来并将一张纸放在米切尔的办公桌上）。

金凯德：我们能够在几周内与这些公司沟通好方案报价。

随后15分钟的讨论帮助金凯德获取了报价所需的所有信息。在谈话结束时，米切尔站起身来与金凯德握手。

金凯德：鲍勃，在此感谢有机会与你会面。我会在几天内给你打电话。如果你需要更多的信息，你可以通过电子邮件或者电话联系我，我们的公司网站能够为你提供更加详细的信息，希望你有时间去看看。

问题

假设让苏利文集团成为你公司的保险经纪公司，你公司需要支付250 000美元基本费用。

1. 你现在需要决定是否将苏利文集团的金凯德介绍给公司的财务部门。你会安排此次会面吗？

是__________否__________

2. 你对第一个问题的答案有多自信？

非常自信__________一般__________不自信__________

3. 考虑所需服务（风险管理及保险方案设计）以及对麦迪逊能源的影响，你对金凯德的演示评价如何？

好__________一般__________差__________

4. 你如何评价金凯德对麦迪逊能源所面临的问题及运营模式的理解程度？

好__________一般__________差__________

5. 假设你不需要将金凯德的提案送交给财务总监，你个人就有权决定是否让苏利文集团成为你公司的保险经纪商。你是否会与其合作？

是__________否__________

6. 你对第5个问题的答案有多自信？

非常自信__________一般__________不自信__________

7. 你是否喜欢与金凯德合作？

非常喜欢__________一般__________不喜欢__________

8. 你如何评价金凯德对其销售的服务的了解程度？

非常了解__________一般__________不了解__________

9. 你如何评价金凯德的整体工作能力？

非常有能力__________一般__________没有能力__________

10. 你如何评价金凯德的可信任程度？

非常可信任__________一般可信任__________不可信任__________

案例 12 苏利文集团（B）*

鲍勃·米切尔，麦迪逊能源（一家专门为石油及天然气生产服务的上市企业）的风险管理总监，拿起桌上的电话听到他的秘书说道“苏利文集团的马修·金凯德先生希望见您。”

“让他进来。”米切尔说道。

背景信息

麦迪逊能源是一家发展十分迅速的公司，这使其对风险管理的需求的复杂性日益增大。麦迪逊能源需要保护的主要资产包括其名下的石油及天然气资源、现场的员工以及矿区的重型装备。实际上，公司现在的规模急需一系列保险产品及服务，其中包括一些应对特殊情况的服务，例如关于绑架问题，从而帮助公司应对可能面临的风险。为应对日益增大的风险，公司去年雇用了鲍勃·米切尔担任风险管理总监。

通常销售保险产品及服务的第一步是保险经纪公司直接致电麦迪逊能源，预约与风险管理总监鲍勃·米切尔的会面。如果鲍勃·米切尔认为现实情况需要更进一步的调查，他会让保险经纪公司代表与公司的会计部门进行会面，从而获取更多的信息。在现场的调研也可以帮助保险经纪公司更好地理解麦迪逊能源的需求。在收集信息之后，保险经纪公司会制定一份提案提交给米切尔。如果他认为这个提案是可行的并具有吸引力，他会将提案提交给公司的财务总监。如果获得通过，财务总监会向董事会提交提案，以获得最终的确认。

马修·金凯德，苏利文集团的客户专员，正希望向鲍勃·米切尔展示他的公司的保险服务及其在石油和天然气行业方面的经验。在此之前，鲍勃·米切尔与马修·金凯德在一次两周前的慈善活动上认识。米切尔邀请金凯德到他的办公室讨论一下苏利文集团能够为麦迪逊能源提供什么样的服务。

会面

金凯德：鲍勃，很高心再见到你。一切都好吗？

米切尔：都很好，马修。请坐。

金凯德：谢谢……鲍勃，我们之前与很多和你们一样的石油及天然气公司合作，它们对于保险的索赔成本及时间花费都有很多抱怨。在我们开始之前，我想问你一些关于麦迪逊能源的问题，以便我能够更好地了解贵公司，可以吗？

米切尔：当然可以。

---

* 本案例由马克·斯托尔兹和威廉·科恩提供。Copyright © by William Cron。

金凯德：好的。首先，鲍勃，我知道麦迪逊能源在过去的一段时间经历了快速的增长，那么这样的发展态势对贵公司在保险及风险管理方面意味着什么？

米切尔：简单来说，马修，我们的商业模式非常复杂，不仅因为我们公司的规模在一年内增长了2倍，而且因为我们的一些极其重要的资产需要受到严格保护，其中最重要的要数我们现场的员工。你知道这个行业的危险程度是怎样的，你知道员工的赔偿金会是怎样的数量级。我们需要有一个非常好的风险管理方案从而使我们能够在市场上保持财务竞争力。

金凯德：当然。现在，让我们看一下麦迪逊所面临的这些新的复杂性。在这次会面之前，我做了一些功课，我与你们公司安全与环境部门的一些员工交流过，询问过他们是否察觉到保险索赔事件的数量有所上升。他们提到，因为麦迪逊能源最近实施了一项为期五年的全面增长计划，保险索赔的数量以及复杂性都大幅上升——考虑到贵公司的规模，这很正常。在我们进一步的分析下，我们发现他们每周需要花费70个小时的时间与保险公司处理保险索赔的事项。因此，鲍勃，我所疑惑的是，考虑到麦迪逊能源安全及环保部门所需处理的其他事项，我们是不是需要重新审视这花在保险索赔上的每周70个小时工作时间？

鲍勃：当然，他们说的是对的。他们需要花费太多的时间与保险公司理算员沟通以完成保险索赔事项。我们非常需要他们到现场工作。是的，我认为需要认真考虑这个问题。

金凯德：鲍勃，我的建议是你推荐几名你最信任的员工给我——我称他们为你的智囊，这些人代表那些受这种状况影响最大的职能部门。通常我会与安全、财务以及运营部门的负责人沟通。我与他们沟通之后，获取更加详细的信息，从而了解这样的状况对贵公司而言意味着怎样的成本，以及怎样的合作可以帮助公司分担如此大的压力，从而节约贵公司的时间和财力。在此之后，我会与你共同探讨这些成本分析。这样会有帮助吗？

米切尔：是的，听起来是个非常好的建议。

金凯德：很好。如果可以，在与你的核心团队成员沟通之前，我还有几个问题需要向你了解。

米切尔：当然，请说。

金凯德：鲍勃，在你审视与保险经纪公司建立新的合作关系的整个流程时——从建立新的风险管理框架开始，哪一个阶段你认为最重要？

米切尔：正如你所知，我们公司的增长计划要求快速扩张，因此，我关心的是，我们能否很好地关注麦迪逊能源所面临风险的各个方面，同时是否可以对于新出现的风险实现快速反应。

金凯德：能否帮我更好地理解你对于“快速反应”的定义？

米切尔：马修，理论上，我们希望能与一个新的保险经纪公司合作建立一套具有价格竞争力的保险方案，从下个季度开始——也就是从下个月开始——对我们公司的主要资产进行保护，同时，我们也希望由此我们的安全官员可以安心应对安全工作而不是与保险公司沟通。

金凯德：确保这样的转变既平稳又快速的影响因素有哪些？

米切尔：我认为是与麦迪逊能源公司中与保险及风险管理方案相关部门的有效

沟通。我们保险经纪公司与不同部门之间的协调一致非常重要。如果我们能够确保转变得平稳，特别是在有限的时间内完成，这对于我们的增长计划有效实施是个很好的开端。

在此基础上，金凯德又询问了米切尔几个关于麦迪逊能源新的增长计划的问题。最后，金凯德起身并与米切尔握手。

金凯德：鲍勃，非常感谢此次会面。我知道时间对你来说非常宝贵，我会在10天之后向你汇报进展，不知道这样安排是否合适。同时，（金凯德递给米切尔一张名片）如果你需要了解更多的信息，或者你希望我为你获取什么信息，请随时告诉我。

问题

假设让苏利文集团成为你公司的保险经纪公司，你公司需要支付250 000美元基本费用。

1. 你现在需要决定是否将苏利文集团的金凯德介绍给公司的财务部门。你会安排此次会面吗？

是__________否__________

2. 你对第一个问题的答案有多自信？

非常自信__________一般__________不自信__________

3. 考虑所需服务（风险管理及保险方案设计）以及对麦迪逊能源的影响，你对金凯德的演示评价如何？

好__________一般__________差__________

4. 你如何评价金凯德对麦迪逊能源所面临的问题及运营模式的理解程度？

好__________一般__________差__________

5. 假设你不需要将金凯德的提案送交给财务总监，你个人就有权决定是否让苏利文集团成为你公司的保险经纪商。你是否会与其合作？

是__________否__________

6. 你对第5个问题的答案有多自信？

非常自信__________一般__________不自信__________

7. 你是否喜欢与金凯德合作？

非常喜欢__________一般__________不喜欢__________

8. 你如何评价金凯德对其销售的服务的了解程度？

非常了解__________一般__________不了解__________

9. 你如何评价金凯德的整体工作能力？

非常有能力__________一般__________没有能力__________

10. 你如何评价金凯德的可信任程度？

非常可信任__________一般可信任__________不可信任__________

案例 13 Venture 保险公司*

约翰尼·拉莫内（Johnny Ramone）一边重读安德鲁·法里斯（Andrew Farriss）的律师莫里·法恩（Murry Fine）的来信，一边叹息。这封信威胁会对错误的解聘进行起诉，同时会上告至公平雇佣机会委员会（Equal Opportunity Employment Commission）。安德鲁·法里斯是在2004年末被得克萨斯销售区域的经理乔尼·米切尔（Joni Mitchell）解雇的。

Venture保险公司法务部门的建议是让约翰尼收集关于安德鲁·法里斯的信息、乔尼·米切尔作为销售经理的记录以及18号销售区域其他销售代表的业绩信息。公司的法务代表同时建议所有这些信息应该在两周内收集完成，这能够确保约翰尼有足够的时间审阅这些信息并确认其中是否真的存在问题。当约翰尼审阅完这些信息之后，他会与法务代表进行会谈以确定如何应对。

Venture 保险公司

第二次世界大战结束后的1946年，Venture保险公司在俄亥俄州的哥伦比亚建立。Venture保险公司向企业主及公司销售有关健康、火灾、盗窃、个人伤害以及其他类型的商业保险，同时，也向企业销售保险合同，对主要经理死亡之后公司的运营所遭受的损失进行承保。直到1976年，Venture仅在俄亥俄州、伊利诺伊州、密歇根州以及印第安纳州销售保险合同。

从1976年开始，Venture开始在美国以及加拿大拓展业务范围。2000年，当公司获得在得克萨斯州销售保险合同的许可后，Venture保险公司得以实施其扩张计划。2001年，覆盖得克萨斯州的18号销售区域正式建立并由乔尼·米切尔担任销售经理。

Venture保险公司的销售运营划分为18个销售区域，每个区域有8～15名销售代表，每个区域由一名销售经理进行管理。约翰尼是两名地区经理之一，他负责管理9个销售区域，他向全国销售及营销经理汇报。

Venture的目标市场是中小型企业的业主。一个典型的保险合同会对年销售额3 500万美元并且有30名员工的企业进行承保。如今，Venture保险公司并没有对《财富》1 000强的公司进行保险销售。

原先，整个销售队伍都是由白人男性组成。20世纪四五十年代大多数企业主都是男性，因而Venture保险公司认为与这些客户建立良好联系的销售代表能够取得更好的业绩。1958年，公司招聘了首位女性销售代表。Venture保险公司历来重视公司内部的晋升。公司内部表现最好的员工会被推荐升职。只有在特殊情况下，公司才会考虑从外部招聘。

20世纪六七十年代联邦法律的变化以及更多的女性和少数族裔开始成为企业主，使得Venture保险公司在招聘政策上发生了极大的改变。1975—1985年间，

Venture 保险公司的市场份额下降，其中部分原因是过时的招聘政策。尽管有越来越多的企业主是女性以及少数族裔，Venture 保险公司在 1985 年的销售代表中仍有 90%是男性。Venture 保险公司的高层管理者决定要对其销售队伍进行更多的多元化改造。在接下来的 10 年里，80%的新雇员是女性或少数族裔。到 2000 年，销售队伍中 60%是男性，18 个销售经理中 8 位是女性。这样的员工比例变化配合其他的战略转变，最终帮助 Venture 保险公司赢回了市场份额并促使销售增长。1986—2003 年，Venture 保险公司的收入增长比行业平均高出 9 个百分点。

这些员工政策的变化并不是一帆风顺的。直到 1985 年，Venture 总是将最成功的销售代表提拔为销售经理。然而，基于 Venture 保险公司过时的招聘政策，1985 年时 16 位销售经理中只有 1 位是女性。为了提高管理层的多元化水平，Venture 保险公司从外部招聘了多名女性销售经理。Venture 保险公司也从内部提升了多名女性销售代表，虽然这些女性销售代表的业绩要比最优秀的男性销售代表差一些。所有的这些女性经理都是合格的销售经理。鉴于晋升政策的调整，Venture 失去了大约 10%的最优秀的男性销售代表，同时 1985—2004 年失去了一些销售机会。

针对离职的男性销售代表的访谈发现他们对于 Venture 保险公司的政策有许多抱怨。一位销售业绩连续 7 年位于最优秀的 5%的男性销售代表在离职时说："我在找新工作的一个月内就收到了 3 个管理职位的工作机会。在过去的 3 年中，我连续 3 次因为外部招聘或者内部女性员工的升职而失去了晋升的机会。销售业绩前 15%和前 5%的名单在公司的内部通讯中公布，因此我知道我比某些获得晋升的销售代表的业绩更好。即便我的业绩很好，但是在 Venture 我永远不会得到晋升。你们应当为没有因为逆向歧视遭到起诉而感到幸运。留在 Venture 这么长时间，我真是蠢透了。"

Venture 的愿景描述体现了对盈利能力、客户服务以及多元化的重视。多元化是其中的重要因素，它可以帮助 Venture 实现对不同背景的客户的更好关注。多元化帮助 Venture 可以更好地理解客户，从而更好地满足客户需求。

销售培训及销售政策

Venture 的销售代表的薪酬包括固定工资以及所销售保险合同价值 7%的佣金。每个销售代表都负责一个特定区域的销售工作。销售代表的职责包括销售新的保险合同、维护现有的保险合同、处理客户的问题以及进行保险理赔的初期调查。

每个销售代表在入职时都会接受在哥伦比亚开展的为期 2 个月的培训项目。在顺利结业之后，每个销售代表都被分配一个销售区域。已入职的老员工也会在每月举行的区域销售会议中接受为期 1～2 天的培训，内容包括新的保险合同、保险范围及合同的变化以及销售技巧。

因为销售工作需要对现有的保险合同进行大量的维护及支持，所以这在薪酬中也有所体现。为了激励销售代表在维护现有合同的同时尽可能多地开发新客户，销售代表可以为其区域内所实现的客户购买溢价获得 7%的佣金。与其他保险公司不同，Venture 不会在保险合同卖出时就支付奖金。Venture 一直努力实现对现有客户的优质服务与积极开发新客户之间的良性平衡。Venture 的管理层认为为新合同提供奖金会降低为现有客户提供优质服务的重视。

通常销售经理会对销售代表每年评价 3 次。这类评价有多个目的：首先，提供了一对一的销售指导及培训；其次，对销售业绩不佳的代表提出警示；再次，成为收集管理 Venture 的客户、竞争者以及营销策略信息的机会。在这些评价会谈中，销售人员会收到一份书面的评价简述（通常是一页纸或更少）以及更加详细的口头反馈。

Venture 保险公司的销售经理政策

所有被选为销售经理的人都有保险销售经验。新的销售经理会接受一系列的培训。首先，如果他们不是资深的 Venture 销售人员，他们会接受与新入职员工同样的培训。随后，他们会用 2 周的时间熟悉 Venture 的政策以及管理流程。这之后会有为期 3 天的培训，Venture 的法务代表会重点讲述公司内部政策以及流程。随后，新的销售经理会与首席理赔师以及理算员用一周的时间学习保险理赔过程中的报备、审查以及调查流程。之后的两周他们会观察资深的销售经理的工作。在这一过程中，新的销售经理会参与每月的业务培训以及每年 3 次的评价过程。在随后的 18 个月里，资深的销售经理会成为新销售经理的导师。在跟随资深销售经理进行学习之后，新的销售经理会与其区域经理共同工作一周，学习销售区域的分配、员工业绩的评估、激励技巧以及其他主题内容。

对于 Venture 保险公司原有销售代表，新销售经理的培训耗时 6 周，对于那些对 Venture 的销售流程不熟悉的新入职员工，这一培训长达 14 周。2003 年，商业保险行业协会将 Venture 的销售经理培训项目评选为业内的最佳实践。

销售经理的职责包括培训现有的销售代表、处理客户的问题、在其负责的区域开展保险理赔的初期调查、开展销售代表每年 3 次的评价、设计并分配销售区域、安排薪酬涨幅以及销售定额。销售经理还负责招聘新的销售代表，招聘要求应当符合 Venture 的政策。更为重要的是，销售经理需要完成 Venture 保险公司的财务业绩任务。如果某个区域的业绩一直低于财务目标，那么该区域的销售经理就会被撤换。销售经理的薪酬包括工资加所负责区域业绩所决定的奖金。

因为维护现有客户非常重要，同时销售代表薪酬的一个重要部分是工资，所以销售经理需要每年对每个销售代表进行 3 次业绩评价。这类业绩评价包括一份书面的评价概要（通常为一页纸）。这份书面评价会由销售经理及销售代表共同签字确认，一份由公司保留，一份由销售代表保留。同时，每个销售代表都会接受更加详细的口头评价。平均而言，这样的口头评价会花费 15 分钟到 2 个小时的时间。

尽管准备评价以及开展每年 3 次评价会花费很多时间和精力，Venture 保险公司认为这能够确保销售经理与其销售队伍保持协调统一。这样的会谈也是销售代表为公司提供关于客户、竞争者以及销售策略方面信息的机会，帮助公司优化其营销策略。销售经理会竭尽全力使每年 3 次的销售代表评价达到预期效果。生病、客户需求以及日常安排方面的困难有时会导致这些评价无法按时举行。

Venture 相信在维护高效的销售队伍方面需要做到 3 件对的事情，包括雇用对的人、给予对的培训以及提供对的反馈。销售经理在招聘以及反馈方面的作用十分重要，销售经理在现有销售代表培训方面的影响也十分深远。在招聘、培训以及反馈方面的持续投入帮助 Venture 实现盈利并将销售队伍的流动率维持在每年 5%左右。

Venture 认为销售经理严格执行公司的政策十分重要。没有达到该要求的销售经理要么受到书面警告，要么会被解聘。

□ 员工满意度调查

Venture 保险会定期开展匿名的员工满意度调查。这些调查用于了解员工的满意度，发现公司内部潜在的问题。尽管调查仅包括 7 个问题，但调查所获得的信息可以帮助确定销售经理在激励销售代表方面的最优实践。公司最近两次调查分别于 2002 年和 2005 年开展。整体的调查结果以及拥有 6 名以上销售代表的区域调查结果都送至核心管理团队以及相应的销售经理。

□ 销售代表奖励

销售经理可以运用多种工具对优秀的销售代表进行奖励。首先，当某一销售区域的销售代表离职或被解雇时，表现优秀的销售代表则可以接替其负责该区域的销售工作。在 Venture 有一个不成文的规定，即当一个新的销售区域出现时，那些业绩最优的销售代表可以优先进行选择。这样的安排可以使那些最好的销售代表逐步迁移至销售潜力最大的区域。这一方面可以保证最优秀的销售代表获得的佣金不断增加；另一方面确保最重要的销售区域获得最好的销售服务。

其次，销售经理全权负责工资涨幅的分配。Venture 保险公司的政策规定只有做出相应的贡献，才能获得工资的上涨。Venture 保险公司认为薪酬必须与业绩相匹配，而不是根据生活成本的上升提高工资待遇。那些业绩表现优异的销售代表会拥有不断上涨的工资待遇。

对于那些表现优秀的销售代表的第三种奖励是提拔他们为销售经理。尽管公司的政策规定销售经理的提拔人选是那些公司内部最优秀的销售代表，Venture 保险公司也重视其管理团队的多元化。这两个目标有时候会相互矛盾，因为销售经理的职位毕竟有限，不是所有优秀的销售代表都有机会被提拔为经理。

Venture 保险公司有一套专门的销售代表认可计划。业绩表现在前 5%的销售代表可以进入最优 5% 俱乐部。业绩表现在前 15%的销售代表可以进入最优 15% 俱乐部。获得这些认可的销售代表可以获得奖状，他们的姓名及照片会通过电子邮件发送给所有 Venture 保险公司的员工，同时在全国销售会议上获得点名表扬。在这些最优 15%俱乐部的成员获得的殊荣的基础上，最优 5%俱乐部的成员还可以和营销副总裁、首席执行官以及董事会主席合影，同时，他们在年度销售会议上会得到超豪华的待遇。

销售代表管理

销售经理可以通过三种主要的流程对销售代表进行管理。第一种管理流程是销售经理可以设置销售定额。在 Venture 保险公司，每个销售代表都必须完成他们的销售定额。不能完成销售定额被视为严重的工作失误。然而，Venture 保险公司的政策规定销售定额需要能够激励销售代表获得优异的销售业绩，同时，销售定额不能设置得过高而使那些具有丰富经验的销售代表也无法完成。新入职员工需要在他们入职后的第二年底完成分配的销售定额，如果不能顺利完成定额则可能面临公司对其解聘。总的来说，Venture 保险公司希望销售经理能够通过合理地设置定额激励销售代表，这些定额是那些有经验的销售代表通过合规的销售活动可以完成的，同时，这些定额也可以帮助区分出那些业绩不良的销售代表。

第二种管理流程是 Venture 保险公司的政策以及运营流程。商业保险是一个复杂的产品。Venture 希望销售代表能够掌握公司产品的完备知识。公司希望销售代表能够遵守当地以及州相关法律，并在销售过程中严格遵守伦理准则。为了尽快完成销售业绩，有意针对现有或潜在的客户更改保险合同内容是严重的工作失职，会直接被解雇。同时，公司希望销售代表能够在相关方面遵守公司的政策，包括准确并及时地报告、跟踪所有的费用账户的流程、安全使用公司的车辆。即便是业绩优秀的销售代表如果有意违反公司的重要政策，也会被其销售经理立刻解聘。

第三种管理流程是每年 3 次的评价。销售经理需要在书面评价中明确每个销售代表的主要弱点。这对于那些业绩特别差而需要立刻解聘的销售代表而言特别重要。销售经理需要对取得优秀业绩的销售代表提出表扬，同时提出改进的建议。大部分指导以及改进建议都通过销售经理与销售代表之间面对面的沟通传达。

销售代表的处罚

销售经理可以通过多种方式对销售业绩较差的销售代表进行处罚。他们可以在业绩评价过程中给出口头警告，也可以给出书面警告。销售经理可以扣留给业绩较差的销售代表涨工资的机会。销售经理可以解聘那些业绩差或者违反公司政策或法律的销售代表。

安德鲁·法里斯

安德鲁·法里斯于 2000 年进入公司，他是 2001 年 1 月得克萨斯州 18 号销售区域建立时该区域先期安排的销售代表之一。在 Venture 保险公司任职期间，安德鲁负责圣安东尼奥区域的销售。2001 年、2002 年及 2003 年，安德鲁都被认可为最优 15%俱乐部的成员。

2004 年底，安德鲁因为没有完成其销售定额而被乔尼·米切尔解雇，他的职位被迈克尔·安东尼替代。

莫里·法恩律师的来信指出，乔尼·米切尔解雇安德鲁的行为违反了 Venture 公司的政策。安德鲁认为乔尼：(1) 没有在每年 3 次的评价中指出可能会导致解雇的业绩表现；(2) 没有进行针对安德鲁的年度评价；(3) 分配给安德鲁的区域潜力不足，同时没有给予提高佣金增长的机会；(4) 相比该区域其他销售代表，分配给安德鲁的销售定额过高；(5) 阻止安德鲁成为销售经理。

来信进一步指出乔尼有意将销售潜力差的区域分配给男性销售代表，让他们失去了获得更高佣金的机会。同时，乔尼被控给予男性员工充满敌意的工作环境，包括没有开展业绩评价并且时有对男性员工轻蔑的言谈。来信同时指出 Venture 公司有意地阻碍男性员工成为销售经理的机会，将这些机会给予那些销售业绩较差的女性员工。

来信同时包括了给予安德鲁·法里斯最近四次业绩评价。书面评价非常简短。记录显示这些评价都是针对法里斯的，并且没有遗漏评价的内容。

2002 年 12 月 31 日，安德鲁，我很高兴你能够保持这么优秀的销售记录。你的业绩超出了定额的9%。我相信在明年1月份，你会被认可进入最优15%俱乐部，这是你连续第二年获得该殊荣。你会同时获得3 000美元的工资涨幅，你的工资会达到26 000美元，从2003年1月31日开始执行。希望你能再接再厉！

2003年4月28日，安德鲁，你第一季度的销售业绩非常出色，但同时，你需要更加努力地开发几个高质量的新客户。你的费用足够你去开发潜在的客户，我相信你能够完成这个目标。

2004年4月30日，非常抱歉我们没有能够按期进行上个季度的评价。我相信你已经注意到在1月底开始给你的4 000美元的工资涨幅。你在2003年再次完成了销售定额。

你需要花更多的时间在圣安东尼奥区域之外获得更多的新客户。你的费用足够你到更多的地方去拜访客户。

2005年1月2日，法里斯先生，你因没有完成销售定额而被Venture保险公司正式解雇了。我多次警告你需要达到公司的财务目标。针对你的解聘即时生效，你将获得1个月工资的解聘补贴。

□ 2006年1月22日约翰尼·拉莫内与乔尼·米切尔的电话沟通

约翰尼：给我说说安德鲁·法里斯的事情。

乔尼：安德鲁一开始业绩很不错，但他的业绩随后一直在下降。

约翰尼：安德鲁做得好的地方有哪些？

乔尼：他一开始的业绩在整个区域是最好的，可惜的是，从第二年他的业绩就开始下滑。2001年，他的业绩超过定额20%，2002年超过定额9%，2003年仅仅超过定额2%。他曾经几次进入最优15%俱乐部，但是从来没有进入过最优5%俱乐部。安德鲁并不听从我给他的建议。

约翰尼：什么意思？

乔尼：正如公司政策规定的，我在每次评价时都提醒他需要完成销售定额，但是他在仅仅工作一年之后就开始关心成为销售经理——第一年的业绩也不是那么好。他从来没有进入最优5%俱乐部，但还是期待在一年后就升为经理。

约翰尼：你给了哪些建议？

乔尼：他需要每年完成销售定额。他没有开发足够的客户，同时，他也没有花完他的销售费用。我一直在提醒他，如果他能够在圣安东尼奥区域之外拜访客户，他就能够开发更多的客户。他有那样做的费用，他现有的区域已经饱和了，但他就是不愿意更多地去拜访客户。他的业绩一直在下滑，直到没法完成定额。

约翰尼：看起来，你有几次没有按时对他进行业绩评价。

乔尼：你知道有时候安排评价是多么困难，如果你的员工再不配合的话，那就难上加难了。我每年能够完成80%～90%的员工评价。我的区域每年都能够完成公司的财务目标！就像你在我们的会谈中提到的，我的工作是遵循公司政策并给公司带来更多的收入。我的区域每年都是全公司财务表现最优的30%之一。

约翰尼：安德鲁说他负责的区域销售潜力很差。

乔尼：瞎说！

约翰尼：瞎说？

乔尼：是的，瞎说。他比这个区域其他的销售代表获得的佣金都要多。

约翰尼：安德鲁同时指出你没有公平对待男性员工。

乔尼：安德鲁就是喜欢抱怨。我区域里面的男性员工的收入都比女性员工要高，他们的佣金收入也要更高。他就是喜欢抱怨。

约翰尼：谢谢你提供的信息，我会后续跟进与你的谈话。

□ 与公司法务代表罗伊·墨菲特的电话沟通

约翰尼：你好，罗伊。你收到包含所有信息的传真了吗？

罗伊：我收到了你和乔尼·米切尔沟通的记录以及安德鲁·法里斯最近4次的业绩评价。我还收到了得克萨斯销售区域2001—2005年的数据，包括销售额及销售额/销售定额，乔尼的年度业绩评价记录、销售代表费用情况、销售代表工资情况以及近两次员工满意度调查的结果（如表1至表5所示）。

约翰尼：你的看法是怎样的？

罗伊：我不太确信。安德鲁确实没有完成定额，乔尼因此解雇了他。安德鲁直到最后一次之前的业绩评价都很好。问题的关键在于乔尼是否严格遵守了公司的政策。你收集了很多有用的信息，但只有你才能确定乔尼是否遵守了公司的销售政策。

约翰尼：你把责任推给我了？

罗伊：我必须这样做。你负责公司一半的销售经理的管理工作。你负责处理每天的政策执行。如果法里斯先生起诉我们，你会被问询，同时所有你给我的信息都会被告知安德鲁。我并不知道乔尼的行为是不是有违规定。

约翰尼：为什么你不知道乔尼的行为是不是对的？

罗伊：关键问题是乔尼是否遵守了公司的销售及管理政策，并合理地平等对待每一个人。如果她做到了，我们就没有问题。你可以因为某个人没有完成定额而解雇他，但如果这种决定是对人不对事的，他就有可能打赢这场官司。没有人会觉得经理是完美的，但如果乔尼在对待安德鲁的事情上是对人不对事，而且如果她在对待男性员工方面一向如此，公司就有大麻烦了。

你对公司也负有责任。如果乔尼没有遵守公司的政策，你需要警告她或者解雇她并找到继任者。如果针对安德鲁的解雇是正当的，那么你就要支持乔尼。

仅仅从这些信息而言，我无法判断乔尼是否做得对。你需要对此作出判断。你需要作出决定，我们不能对这样的申诉置之不理。

约翰尼：你无法想象我听到这些是多么的“欣慰”。

罗伊：抱歉，我是在履行我的职责。无论你的决定是什么，我需要在2周内知道你的结论，这能够让我们有足够的时间进行准备。如果你有其他的问题，请随时与我联系。

约翰尼有些头疼。他需要重新审视乔尼的表现，以便决定是支持她、警告她还是开除她。也许安德鲁只是一个爱制造麻烦的人？但是根据员工满意度调查的结果，乔尼在女性员工中明显更受欢迎。乔尼的区域确实完成了所有的财务目标，这一点很重要。显然，他不能把问题踢给公司的法务部门，他需要自己做出判断。

表 1　　2001—2005 年度销售额及销售额/销售定额表

	2001 年销售额（美元）	销售额/销售定额	2002 年销售额（美元）	销售额/销售定额	2003 年销售额（美元）	销售额/销售定额	2004 年销售额（美元）	销售额/销售定额	2005 年销售额（美元）	销售额/销售定额
安德鲁·法里斯	420 000	1.2	435 000	1.087 5	450 000	1.022 727	465 000	0.978 947	T	
嘉里·盖瑞	275 000	0.785 714	T							
多妮塔·斯帕克斯	320 000	0.914 286	370 000	1.013 699	400 000	1	430 000	1.023 81	460 000	1.045 455
迈克尔·哈金斯	370 000	1.057 143	380 000	1.013 333	398 000	0.995	419 000	0.997 619	450 000	1.022 727
杰西·巴伦苏埃拉	280 000	0.8	350 000	0.921 053	T					
苏西·加德娜	360 000	1.028 571	385 000	1.026 667	415 000	1.037 5	440 000	1.047 619	475 000	1.055 556
菲利普·罗德斯	390 000	1.114 286	430 000	1.075	490 000	1.139 535	T			
比尔·里恩	377 000	1.077 143	390 000	1.026 316	420 000	1.024 39	430 000	1.023 81	460 000	1.045 455
道格·霍普金斯	410 000	1.171 429	420 000	1.05	440 000	1.047 619	460 000	1.045 455	485 000	1.021 053
罗伯特·贝克尔	400 000	1.142 857	425 000	1.089 744	460 000	1.069 767	490 000	1.042 553	540 000	1.058 824
珍妮弗·芬奇			340 000	0.918 919	385 000	0.962 5	T			
盖尔·格林伍德					392 000	1.005 128	425 000	1.011 905	440 000	1
珍妮丝·田中							390 000	0.975	410 000	0.931 818
迪伊·帕拉凯斯							440 000	1.1	490 000	1.088 889
迈克尔·安东尼									440 000	1.1

说明：T 代表解雇或离开公司。

表 2　　年度业绩评价

	性别	2001 年			2002 年			2003 年			2004 年			2005 年		
		第一次	第二次	第三次	第一次	第二次	第三次	第一次	第二次	第三次	第一次	第二次	第三次	第一次	第二次	第三次
安德鲁·法里斯	男	C	C	M	C	C	C	C	M	M	C	M	T			
嘉里·盖瑞	男	C	C	T												
多妮塔·斯帕克斯	女	C	C	C	M	C	C	C	C	C	C	C	C	C	C	C
迈克尔·哈金斯	男	C	M	C	C	M	C	C	M	C	C	C	M	C	M	C
杰西·巴伦苏埃拉	男	M	C	M	C	C	T									
苏西·加德娜	女	C	C	C	C	C	C	C	C	C	C	C	C	C	C	C
菲利普·罗德斯	男	C	M	M	C	C	C	C	C	T						
比尔·里恩	男	C	C	C	M	M	C	C	C	C	C	C	C	C	C	M
道格·霍普金斯	男	C	C	C	C	C	M	M	C	M	C	C	C	M	C	C
罗伯特·贝克尔	男	C	C	C	C	C	M	C	C	C	C	C	C	C	M	C
珍妮弗·芬奇	女				C	C	C	C	C	T						
盖尔·格林伍德	女							C	C	C	C	C	C	M	C	C
珍妮丝·田中	女										M	C	C	C	C	C
迪伊·帕拉凯斯	女										C	M	C	C	C	C
迈克尔·安东尼	男													C	C	C

说明：C代表完成业绩评价。
M代表没有完成业绩评价。
T代表解聘或离开公司。

表 3　　2001—2005 年度费用账户情况　　单位：美元

	2001 年	2002 年	2003 年	2004 年	2005 年
安德鲁·法里斯	9 800	9 950	10 500	10 750	T
嘉里·盖瑞	11 900	T			
多妮塔·斯帕克斯	10 900	11 000	11 300	12 700	13 000
迈克尔·哈金斯	12 000	12 500	13 000	13 400	14 000
杰西·巴伦苏埃拉	12 000	12 500	T		
苏西·加德娜	11 490	12 100	12 800	13 100	13 900
菲利普·罗德斯	11 700	12 100	12 600	T	
比尔·里恩	11 250	12 200	12 900	13 400	13 900
道格·霍普金斯	11 700	12 100	13 000	13 100	13 900
罗伯特·贝克尔	11 850	12 500	12 750	13 490	14 000
珍妮弗·芬奇		9 900	11 100	T	
盖尔·格林伍德			13 000	13 100	13 900
珍妮丝·田中				13 500	14 000
迪伊·帕拉凯斯				13 400	13 900
迈克尔·安东尼					13 500
费用上限	12 000	12 500	13 000	13 500	14 000

表 4 **销售代表的工资待遇** 单位：美元

	2001 年工资	2002 年工资	2003 年工资	2004 年工资	2005 年工资
安德鲁・法里斯	49 400	53 450	57 500	62 550	T
嘉里・盖瑞	39 250	T			
多妮塔・斯帕克斯	42 400	50 900	57 000	63 100	70 200
迈克尔・哈金斯	45 900	50 100	54 860	58 330	63 500
杰西・巴伦苏埃拉	39 600	45 500	T		
苏西・加德娜	45 200	52 950	59 050	65 800	73 250
菲利普・罗德斯	47 300	55 100	63 300	T	
比尔・里恩	46 390	50 300	55 400	60 100	66 200
道格・霍普金斯	48 700	52 900	56 800	62 200	68 950
罗伯特・贝克尔	48 000	54 750	61 200	67 300	75 800
珍妮弗・芬奇		48 800	55 950	T	
盖尔・格林伍德			55 440	63 750	68 800
珍妮丝・田中				59 300	64 700
迪伊・帕拉凯斯				62 800	72 300
迈克尔・安东尼					64 800

说明：T 代表解聘或离开公司。

表 5 **员工满意度调查**

	2002 年 销售队伍	2002 年 18 号销售区域 整体情况	2002 年 18 号销售区域 男性销售代表	2002 年 18 号销售区域 女性销售代表
整体满意度	5.2	4.65	4.5	5
对上级的满意度	4.5	4.6	4	6
对培训的满意度	6	5.7	6	5
对工资的满意度	3.78	3.6	3	5
对公司政策的满意度	4.4	5.3	5	6
对同事关系的满意度	5.9	6	6	6
对客户关系的满意度	3.9	4.15	4	4.5
	2005 年 销售队伍	2005 年 18 号销售区域 整体情况	2005 年 18 号销售区域 男性销售代表	2005 年 18 号销售区域 女性销售代表
整体满意度	5.3	4.75	4	5.5
对上级的满意度	4.4	4.75	3	6.5
对培训的满意度	6.1	5.25	5	5.5
对工资的满意度	3.9	4	2.5	5.5
对公司政策的满意度	4.2	4.75	4	5.5
对同事关系的满意度	5.9	6.25	6.5	6
对客户关系的满意度	3.85	4	4	4

说明：7 分为非常满意，1 分为非常不满意。

案例 14 怀特电子*

怀特电子（White Electronics）是一家中型的电子生产企业，专注于电路板、定制化电脑芯片以及检测仪器的制造。电子元件会通过公司的销售代表直接卖给原始设备制造商（OEM），检测仪器是通过另外一组独立的销售代表进行销售。比尔·希克斯（Bill Hicks）最近被任命为怀特电子公司的全国销售经理，他的职责包括管理公司的销售代表以及独立的销售代表。

2003 年，公司在电子元件以及检测仪器方面的销售额达到13 500万美元。检测仪器的销售单价较高，占到了销售收入的较大份额。独立销售代表会获得其销售区域内完成的怀特电子设备销售额 6%的佣金。去年，检测仪器的交货量上涨了 15%，比尔对于独立销售代表的业绩感到满意。同时，独立销售代表的薪酬方式使得怀特电子的经理们很难对其进行日常管理。比尔唯一能做的就是在独立销售代表不能高效推销怀特电子产品的情况下替换掉这个人。怀特电子的检测仪器是这些独立销售代表所代理的全部产品中的一部分。

比尔·希克斯确信对于电子元件部门销售队伍的评价会起到积极作用。怀特电子公司通过雇用 18 名销售代表覆盖全美电子元件市场。对于每个销售代表的职能分配及区域概述请见表 1。电子元件销售代表通过为 OEM 厂商提供咨询服务，帮助它们通过采用怀特电路板以及定制化电脑芯片解决它们的产品设计问题。销售代表的薪酬包括基本工资、佣金以及年度奖金。因为电子元件销售代表担当了大部分市场开拓的功能，所以其基本工资占到总体薪酬的 60%。根据所销售产品的不同，佣金的比例从 0.3%～1%不等。产品的毛利率越高，佣金的比例越高。在过去，奖金的多少是建立在销售增长的幅度基础上，同时会考虑盈利能力。公司为每个销售代表配备一辆工作用车，他们的销售费用包括差旅及招待的花销。

表 1 销售区域概述

区域编号	销售代表	区域划分
1	玛丽·赫尔姆斯	佛蒙特、新罕布什尔、罗德岛、马萨诸塞、缅因
2	詹姆斯·波特	康涅狄格、纽约北部（罗切斯特及以东，包括威彻斯特县）
3	哈维·斯图加特	长岛（纳苏县及萨福克县）、西宾夕法尼亚（阿尔图纳及以西）
4	简·托马斯	纽约市（纽约、金斯区、皇后区、里士满及布朗克斯县）、泽西城北部、纽约西部从水牛城至罗切斯特
5	查德·亨特	从宾夕法尼亚东部到阿尔图纳、泽西城南部、马里兰、特拉华
6	哈维·菲利普斯	俄亥俄、西弗吉尼亚、肯塔基
7	格雷格·里维斯	印第安纳、密歇根

* 本案例由印第安纳大学的道格拉斯·J. 达尔林普尔提供。

续前表

区域编号	销售代表	区域划分
8	安妮·福布斯	密苏里、内布拉斯加、堪萨斯、爱荷华
9	比尔·弗雷德里克斯	伊利诺伊、威斯康星、明尼苏达、南达科他、北达科他
10	萨里·史密斯	加利福尼亚北部（圣巴巴拉）、俄勒冈、华盛顿、爱达荷
11	弗雷德·雷利	洛杉矶至圣巴巴拉（包括圣巴巴拉、文图拉以及洛杉矶县西部地区）
12	玛丽琳·里德	洛杉矶以南加州地区（包括奥兰治县、河滨县、圣迭戈县以及因皮里尔县）
13	乔治·帕尔多	洛杉矶（洛杉矶县大部分地区，以及圣贝纳迪诺县部分地区）
14	亨利·道兹	科罗拉多、亚利桑那、新墨西哥、犹他、怀俄明、蒙大拿
15	托德·杨	得克萨斯、俄克拉何马、阿肯色、路易斯安那
16	大卫·伍德	密西西比、亚拉巴马、田纳西
17	塔米·库克	弗吉尼亚、北卡罗来纳、南卡罗来纳
18	布拉德·华尔夫	佐治亚、佛罗里达

怀特公司电子元件的销售在 2003 年有所增长，但利润一直维持不变。市场上的价格竞争非常激烈，公司希望希克斯可以提升销售队伍的业绩以及公司的盈利能力。比尔在一开始收集了电子元件销售队伍的业绩数据（如表 2 所示）。在查看了这些数据之后，他认为需要计算更多控制变量，包括每次拜访实现的销售额、单位销售额产生的费用、销售增长率、毛利以及销售潜力。怀特公司通过计算每个销售区域中使用电子元件的设备制造商数量与成品价值之乘积来获得销售潜力。这些数据可以通过 SIC 编码及区域边界从美国商务部数据库中获取。比尔打算用区域销售额除以该区域电子元件发货量的总价值得到该区域的渗透率。

为了帮助分析，希克斯打开了他最近才在电脑上安装的数据表分析软件。随后，他加载了怀特电子的数据文件。下一步，希克斯计算了他选中的控制变量之间的简单相关系数。电脑屏幕上显示的相关系数在－1.0～1.0 之间，同时也显示了在不同业绩变量之间的关联紧密度以及变动方向。例如，销售额与毛利之间呈现明显的正相关关系（＋0.806），因为毛利就是销售额减去生产成本（如表 3 所示）。

在完成销售分析之后，希克斯需要作出几个决定。年度销售会议会在两周后举行，他需要选出每个区域以及全国最优秀的销售代表，向他们颁发“年度销售明星”的奖状。他不太确定这样的决定是应该建立在销售额的基础上，还是应当统筹考虑业绩的其他变量。他要确定需要重新培训以及解雇的销售代表。如果数据显示那些中年销售代表的业绩开始趋于稳定而不再增长，那就需要做出必要的改变以应对这样的问题。希克斯需要确定重新培训所涵盖的主题。除此之外，比尔拥有 55 000 美元的年度奖金额度，他需要在电子元件销售代表之间进行分配。他还考虑是否需要调整基本工资以及佣金比例水平。另一个战略性问题是怀特公司是否拥有足够数量的销售代表。如果需要招聘新的销售代表，比尔需要决定候选人的年龄以及经验要求。另外，他需要对是否调整现有的销售区域做出判断。在考虑重新调整

表 2 销售队伍业绩数据

区域编号	2002 年销售额（百万美元）	2003 年销售额（百万美元）	毛利率（%）	2003 年拜访次数	服务年限	年龄	潜力			2003 年工资（美元）	2003 年佣金（美元）	2003 年费用（美元）	地区
							区域大小（1 000 平方英里*）	公司总数	发货量总价值（百万美元）				
1	1.839	2.214	40	770	2	32	58.4	1 965	9 959	34 100	16 500	4 269	1
2	2.398	2.411	38	660	6	40	44.2	1 461	10 190	40 150	17 710	7 096	1
3	2.497	2.640	33	1 250	25	50	16.7	1 023	4 719	35 860	21 450	9 510	1
4	1.509	1.739	36	900	7	34	8.7	2601	10 360	37 950	11 440	15 628	1
5	2.167	2.686	31	678	20	49	46.7	2 264	16 287	33 330	22 330	13 027	1
6	1.183	1.190	44	610	3	40	104.8	2 286	21 195	33 000	10 450	9 785	2
7	2.232	2.431	37	870	12	38	92.9	2 465	23 010	33 000	16 610	11 797	2
8	1.561	1.632	45	580	16	46	283.3	1 601	14 240	33 000	11 660	22 425	2
9	2.147	2.032	42	630	14	48	334.9	3 306	25 600	31 900	18 370	12 014	2
10	2.012	2.621	40	492	3	32	356.3	3 329	17 980	39 600	17 380	12 523	3
11	0.831	0.885	52	600	2	26	4.6	136	540	27 500	8 470	4 741	3
12	1.658	2.251	28	1 030	6	39	16.4	994	4 047	33 000	12 100	4 938	3
13	1.377	1.146	39	540	5	38	4.0	2 127	10 590	46 200	6 600	3 477	3
14	1.058	1.081	49	480	2	26	662.9	1 407	6 407	33 000	10 560	14 165	3
15	1.898	3.083	37	460	2	29	427.3	3 130	26 280	33 000	12 100	19 431	4
16	1.856	2.578	25	820	5	36	139.1	1 603	12 303	33 000	14 520	18 747	4
17	2.090	2.317	23	820	20	50	118.7	2 167	18 840	38 500	16 280	9 602	4
18	1.224	1.565	39	830	5	28	112.2	2 479	13 232	28 050	10 340	25 394	4

* 1 平方英里＝2.589 988 11 平方公里。

表 3 **销售队伍控制变量间的相关系数**

	2002 年销售额	2003 年拜访次数	销售额/拜访次数	费用	费用/销售额	费用/拜访次数	服务年限	年龄	毛利率	毛利润	区域大小	公司总数	发货量总价值	渗透率	销售增长率	佣金
销售额	1.000	0.285	0.718	0.140	−0.435	0.115	0.346	0.332	−0.666	0.806	0.000	0.353	0.389	0.279	0.637	0.738
拜访次数	0.285[a]	1.000	−0.430	−0.112	−0.221	−0.492	−0.499	0.371	−0.562	−0.047	−0.583	−0.318	−0.343	0.725	0.071	0.358
销售额/拜访次数	0.718	−0.430	1.000	0.254	−0.204	0.517	−0.079	−0.035	−0.174	0.810	0.447	0.576	0.587	−0.203	0.611	0.355
费用	0.140	−0.112	0.254	1.000	0.807	0.875	0.061	−0.124	−0.021	0.174	0.428	0.369	0.359	−0.337	0.436	−0.060
费用/销售额	−0.435	−0.221	−0.204	0.807	1.000	0.714	−0.121	−0.302	0.379	−0.282	0.445	0.082	0.048	−0.386	0.026	−0.412
费用/拜访次数	0.115	−0.492	0.517	0.875	0.714	1.000	−0.120	−0.241	0.207	0.301	0.718	0.425	0.450	−0.452	0.440	−0.147
服务年限	0.396	0.499	−0.079	0.061	−0.121	−0.120	1.000	0.874	−0.429	0.120	−0.216	−0.030	0.117	0.249	−0.211	0.640
年龄	0.332	0.371	−0.035	−0.124	−0.302	−0.241	0.874	1.000	−0.478	0.098	−0.284	0.057	0.244	0.180	−0.297	0.599
毛利率	−0.666	−0.562	−0.174	−0.021	0.379	0.207	−0.429	−0.478	1.000	−0.117	0.356	−0.111	−0.125	−0.354	−0.420	−0.430
毛利润	0.806	−0.047	0.810	0.174	−0.282	0.301	0.120	0.098	−0.117	1.000	0.248	0.486	0.472	0.064	0.478	0.631
区域大小	0.000	−0.583	0.447	0.428	0.445	0.718	−0.216	−0.284	0.356	0.248	1.000	0.333	0.331	−0.326	0.174	−0.075
公司总数	0.353	−0.318	0.576	0.369	0.082	0.425	−0.030	0.057	−0.111	0.486	0.333	1.000	0.846	−0.570	0.238	0.192
发货量总价值	0.389	−0.343	0.587	0.359	0.048	0.450	0.117	0.244	−0.125	0.472	0.331	0.846	1.000	−0.630	0.203	0.236
渗透率	0.279	0.725	−0.203	−0.337	−0.386	−0.452	0.249	0.180	−0.354	0.064	−0.326	−0.570	−0.630	1.000	0.116	0.271
销售增长率	0.637	0.071	0.611	0.436	0.026	0.440	−0.211	−0.297	−0.420	0.478	0.174	0.238	0.230	0.116	1.000	0.131
佣金	0.738	0.358	0.355	−0.060	−0.412	−0.147	0.640	0.599	−0.430	0.631	−0.075	0.192	0.236	0.271	0.131	1.000

a. 相关系数≥0.320 说明两个变量之间的相关关系显著，误差概率小于 0.10。

销售区域的同时，也需要考虑如何分配新的销售代表。比尔思考得越深入，越感觉需要使用新型的区域设计软件来帮助做出决策。如果没有电脑软件的帮助，他要自己画出销售区域的地图，并确定如何安排新的销售代表。

除了这些决定之外，希克斯还要决定如何激励电子元件销售代表完成公司的销售目标。比尔知道，如果他要求销售代表在 10 个不同的业绩指标上同时努力，结果往往并不乐观。另外，一些目标的达成往往会阻碍其他目标的达成。他需要为即将召开的销售会议准备一个简单明了的目标清单。

注　释

第1章　销售管理概论

1. "Round Table Talk," *Sales & Marketing Management* (January/February 2007), pp. 33–35.
2. Rebecca Aronauer, "What's It All Worth?" *Sales & Marketing Management Magazine* (May 2007), p. 29.
3. This section is based on some excellent discussions of current market and sales force changes, including the following: Gerald Bauer, Mark Baunchalk, Thomas Ingram, and Raymond LaForge, *Emerging Trends in Sales Thought and Practice* (Westport, CT: Quorum Books, 1998); and Neil Rackham, *Rethinking the Sales Force* (New York: McGraw-Hill, 1999).
4. Howard Stevens, "Eight Sales Myth-Breakers," *Repertoire* (October 2002), p. 70.
5. Allen Webb, *Profiting from Proliferation* (New York, NY: McKinsey & Company, 2006), p. 22.
6. Jim Carbone, "Motorola Simplifies to Lower Costs," *Velocity*, 1 (2002), p. 45.
7. Thomas Ingram, Raymond LaForge, and Thomas Leigh, "Selling in the New Millennium: A Joint Agenda," *Industrial Marketing Management*, 31 (2002), pp. 1–9.
8. Joseph Kornik, "Risky Business," *Sales & Sales Management Magazine* (June 2007), p. 32.
9. Kenneth R. Evans, David Good, and Theodore Hellman, "Relationship Selling: New Challenges for Today's Sales Manager," in Bauer, Baunchanet, Ingram, and La Forge (eds.) *Emerging Trends in Sales Thought and Practice*, (Wesport, CONN: Quorum Books), p. 36.
10. Greg Marshall, Danel Goebel, and William Moncrief, "Hiring for Success at the Buyer-Seller Interface," *Journal of Business Research*, 56 (2003), pp. 247–55.
11. Tuba Ustuner and David Godes, "Better Sales Networks," *Harvard Business Review* (July–August 2006), pp. 1–10.
12. See Ken Le Meunier-FitzHugh and Nigel Piercy, "Does Collaboration Between Sales and Marketing Affect Business Performance," *Journal of Personal Selling & Sales Management* 27 (Summer 2007), pp. 207–220; Andrea Dixon, "Successful and Unsuccessful Sales Calls: Measuring Salesperson Attributions and Behavioral Intention," *Journal of Marketing*, 65 (July 2001), pp. 64–79; and Greg Marshall, William Moncrief, and Felicia Lassk, "The Current State of Sales Force Activities," *Industrial Marketing Management*, 28 (1999), pp. 87–98.
13. See Jennifer McFarland, "Behind Every Successful Manager Is a Great Inside Sales Job," *Harvard Management Update* (December 2001); Christopher Plouffe, "Salesperson Navigational Competency: A Conceptualization and Empirical Examination," unpublished doctoral dissertation, 2003, The University of Western Ontario: London, Ontario, Canada; Sanjit Sengupta, Robert Krapfel, and Michael Pusateri, "An Empirical Investigation of Key Account Salesperson Effectiveness," *Journal of Personal Selling & Sales Management*, 20 (Fall 2000), pp. 253–261; and Christian Homburg, John Workman, and Ove Jensen, "Fundamental Changes in Marketing Organization: The Movement Toward a Customer-Focused Organizational Structure," *Journal of of the Academy of Marketing Science*, 28 (2000), pp. 459–478.
14. Linda Hill, *Becoming a Manager* (Boston: Harvard Business School, 1992), p. 88.
15. Our definition of sales management competencies is adapted from the definition for managerial competencies provided in Don Hellriegel, Susan Jackson, and John Slocum, *Management*, 10th ed. (Cincinnati, OH: Southwestern College Publishing, 2006), p. 4.
16. David Cravens, "The Changing Role of the Sales Force," *Marketing Management*, 4 (Fall 1995), pp. 49–57.
17. The discussion in this section and the dimensions of coaching are based on Gregory Rich, "The Constructs of Sales Coaching: Supervisory Feedback, Role Modeling and Trust," *Journal of Personal Selling & Sales Management*, 18 (Winter 1998), pp. 53–63.

18. "Quota Busters," *Sales & Marketing Management* (July 2001), p. 67.
19. Anna Britnor Guest, "Use the GROW Model for Better Coaching," *Sales & Marketing Management Magazine* (June 2007), p. 4.
20. R. Venkatesh, Goutam Challagalla, and Ajay Kohli, "Heterogeneity in Sales Districts: Beyond Individual-Level Predictors of Satisfaction and Performance," *Journal of the Academy of Marketing Science*, 29 (2001), pp. 238–254.
21. Terry Loe, "The Effect of Perceived Ethical Climate on the Search for Sales Excellence," *Journal of Personal Selling & Sales Management* (Summer 2004).
22. Hill, *Becoming a Manager*, p. 171.
23. Mica Douglas, "Selling Peak Performance," *Industrial and Commercial Training*, 34, 5(2002), pp. 188–191.
24. Bonnie Guy and W.E. Patton, "Managing the Effects of Culture Shock and Sojourner Adjustment on the Expatriate Industrial Sales Force," *Industrial Marketing Management*, 25 (1996), pp. 385–393.
25. Paul Greenberg, *CRM: At the Speed of Light* (Berkeley, CA: Osborne/McGraw-Hill, 2001), pp. 69–70.
26. Cheri Speier and Viswanath Venkatesh, "The Hidden Minefields in the Adoption of Sales Force Automation Technology," *Journal of Marketing* (July 2002), p. 98.
27. Devon Johnson and Sundar Bharadwaj, "Digitization of Selling Activity and Sales Force Performance," *Journal of the Academy of Marketing Science* (Winter 2004), pp. 3–18.
28. Alan Dubinsky, "Salesperson Failure: Sales Management Is the Key," *Industrial Marketing Management*, 28 (2000), pp. 7–17.
29. Oranauer, "What's It All Worth," p. 29.
30. Christine Galea, "The 2004 Compensation Survey," *Sales & Marketing Management* (May 2004), p. 29.

第2章 战略和销售规划

1. Joe Sperry, "2002 SAMA Performance Award," *Velocity* (3rd Quarter 2002), pp. 43–44.
2. Stanley Slater and Eric Olson, "Marketing's Contribution to the Implementation of Business Strategy: An Empirical Analysis," *Strategic Management Journal*, 22 (2001), pp. 1055–1067.
3. "Data Watch," *Velocity* (1st Quarter 2002), p. 5.
4. Michael Porter, *Competitive Strategy* (New York: Free Press, 1980).
5. Stanley Slater and Eric Olson, "Strategy Type and Performance: The Influence of Sales Force Management," *Strategic Management Journal*, 21 (2000), pp. 813–829.
6. For more information on marketing strategy in general and these decisions in particular, see David Cravens, *Marketing Strategy* (Boston: Irwin McGraw-Hill, 1999): Shelby Hunt and Robert Morgan, "The Comparative Advantage Theory of Competition," *Journal of Marketing*, 59 (1995), pp. 1–15: and Charles Lamb, Joseph Hair, and Carl McDaniel, *Marketing*, 6th ed. (Cincinnati, OH: Southwestern Publishing, 2002).
7. Theodore Kinmi, "How Strategic Is Your Sales Strategy?" *Harvard Management Update* (February 2004), p. 5.
8. Kevin Lane Keller, "Building Customer-Based Brand Equity," *Marketing Management* (July/August 2001), p. 15.
9. Tom Mitchell, "Cisco Resellers Add Value," *Industrial Marketing Management*, 30 (2001), pp. 115–118.
10. This section is based on Rajendra Srivastava, Tasdduq Shervani, and Liam Fahey, "Marketing, Business Processes, and Shareholder Value: An Organizationally Embedded View of Marketing Activities and the Discipline of Marketing," *Journal of Marketing*, 63 (1999), pp. 168–179.
11. The discussion in this section draws primarily from Andris Zolners, Prabhakant Sinha, and Greggor Zoltners, *Accelerating Sales Force Performance* (New York: AMACOM, 2001).
12. Per Vagan Freytag and Ann Hojbjerg Clarke, "Business to Business Market Segmentation," *Industrial Marketing Management*, 30 (2001), pp. 473–486.
13. This and other customer contact estimates in this section are based on the Penton Media, PRO Reports No. 303A, 1997.
14. Erin Strout, "Fast Forward," *Sales & Marketing Management* (December 2001), p. 39.
15. Zoltners et al., *Accelerating Sales Force Performance*, p. 22.
16. "IBM to Shift Business to Resellers," *Sales & Marketing Management* (March 1995), p. 36.
17. Rajiv Mehta, Alan Dubinsky, and Rolph Anerson, "Marketing Channel Management and the Sales Manager," *Industrial Marketing Management*, 31 (2002), pp. 429–439.
18. Bob Kearney, "Joining Forces: 3M Puts Stock in Bonding," *3M Today* (January 1995), pp. 2–5.

19. Greg Stevens and James Burley, "3, 000 Raw Ideas = 1 Commercial Success!" *Research-Technology Management* (May–June 1997), pp. 16–27.

20. James Cross, Steven Hartley, William Rudelius, and Michael Vassey, "Sales Force Activities and Marketing Strategies in Industrial Firms: Relationships and Implications," *Journal of Personal Selling & Sales Management*, 21 (Summer 2001), pp. 199–206.

21. Cravens, *Marketing Strategy*, p. 256.

22. Roger Kerin, Steven Hartley, Eric Berkowitz, and William Rudelius, *Marketing*, 8th ed. (New York: Irwin McGraw-Hill, 2006), p. 144.

23. Jim Carbone, "Lucent's Supply Chain Focus Fattens Margins," *Velocity*, 4 (2002), p. 56.

24. Paul Greenberg, *Customer Relationship Management at the Speed of Light* (New York: McGraw-Hill, 2001).

25. Lesley Abery, Colleen Chirsten, and Erin Kriessmann, "Customers Talk, BT Listens," *Velocity* (1st and 2nd Quarter 2002), p. 14.

26. Jeff Golterman, "Strategic Account Management in the Age of the Never Satisfied Customer," *Velocity*, 2 (2000), pp. 13–16.

27. It is certainly beyond the scope of this text to fully describe CRM. Good sources of additional information on CRM include Jay Curry and Adam Curry, *The Customer Marketing Method* (New York: Free Press, 2000); Philip Evans and Thomas Wurster, *Blown to Bits* (Boston: Harvard Business School Press, 2000); Greenberg, *Customer Relationship Management at the Speed of Light*; Don Peppers and Martha Rogers, *One to One B2B* (New York: Currency Doubleday, 2001); and Ronald Swift, *Accelerating Customer Relationships* (Upper Saddle River, NJ: Prentice Hall PTR, 2001).

28. Robert Peterson and George Lucas, "What Buyers Want Most from Salespeople: A View from the Senior Level," *Business Horizons*, 30 (October 2001), pp. 576–586.

29. Much of the discussion in this section is adapted from Neil Rackham and John DeVincentis, *Rethinking the Sales Force* (New York: McGraw-Hill, 1999).

30. For more information on customer-supplier relationships, see Esko Penttinen and Jonathan Palmer, "Improving Firm Positioning through Enhanced Offerings and Buyer-Seller Relationships," *Industrial Marketing Management*, 36, 5 (July 2007) pp. 552–564.

31. Kapil Tuli, Ajay Kohli, and Sundar Bharadwaj, "Rethinking Customer Solutions: From Product Bundles to Relational Processes," *Journal of Marketing*, 71 (July 2007), p. 13.

32. For more on partnering relationships, see Jean Johnson, Raviprett Sohi, and Rajdeep Grewal, "The Role of Relational Knowledge Stores in Interfirm Pertnering," *Journal of Marketing*, 68, 3 (July 2004), pp. 21–36.

33. Nicole Coviello, Roderick Brodie, Peter Danaher, and Wesley Johnston, "How Firms Relate to Their Markets: An Empirical Examination of Contemporary Marketing Practices," *Journal of Marketing*, 66 (July 2002), pp. 33–46.

34. Rackam and DeVincentis, *Rethinking the Sales Force*, p. 146.

35. David Wilson, "Deep Relationships: The Case of the Vanishing Salesperson," *Journal of Personal Selling & Sales Management*, 20 (Winter 2000), p. 53.

36. Gary Frankwick, Stephen Porter, and Lawrence Crosby, "Dynamics of Relationship Selling: A Longitudinal Examination of Changes in Salesperson-Customer Relationship Status," *Journal of Personal Selling & Sales Management*, 21, 2 (Spring 2001), pp. 135–146.

37. Michael Beverland, "Contextual Influences and the Adoption and Practice of Relationship Selling in a Business-to-Business Setting: An Exploratory Study," *Journal of Personal Selling & Sales Management*, 21, 3 (Summer 2001), pp. 207–216.

38. See Barton Weitz and Kevin Bradford, "Personal Selling and Sales Management: A Relationship Marketing Perspective," *Journal of the Academy of Marketing Science*, 27 (Spring 1999), pp. 241–254, for more on conflict management.

39. Joseph Cannon and Christian Homburg, "Buyer-Supplier Relationships and Customer Firm Costs," *Journal of Marketing*, 65 (January 2001), pp. 29–43.

附录2A　市场潜力估计与销售预测

1. Rolph Anderson, Rajiv Mehta, and James Strong, "An Empirical Investigation of Sales Management and Training Programs for Sales Managers," *Journal of Personal Selling & Sales Management*, 17, 3 (Summer 1997), p. 61.

2. "2004 Survey of Buying Power," *Sales & Marketing Management* (September 2004), p. 77.

3. William Keenan, "Numbers Racket," *Sales & Marketing Management* (May 1995), p. 66.

4. The seasonal indexes derived in Table F-4 are easy to explain, but most computer programs use a more sophisticated procedure known as the ratio to moving average method.

附录2B 销售队伍投资与预算

1. Andris Zoltners, Prabhakant Sinha, and Greggor Zoltners, *The Complete Guide to Accelerating Sales Force Performance* (New York: AMACOM), 2001.
2. Ibid., p. 77.
3. A word of caution here: most costs are neither purely variable nor fixed, but are actually a combination of the two. Similarly, most operating costs are relatively fixed in the short term, but fixed costs will increase over time as the sales volume increases beyond current capacity limits.
4. Andy Cohen, "Budget Backlash," *Sales & Marketing Management* (September 2002), p. 38.
5. Kathleen Cholewka, "Looking for a Travel Alternative," *Sales & Marketing Management* (December 2001), p. 23.
6. Kathleen Cholewka, "Easy ROI," *Sales & Marketing Management* (May 2002), p. 21.
7. Cohen, "Budget Backlash," p. 38.

第3章 销售机会管理

1. Ernest Waaser, Marshall Dahneke, Michael Pekkarinen, and Michael Weissel, "Smarter Segmentation for Your Sales Force," *Harvard Business Review* (March 2004), pp, 14–18.
2. Robert Blattberg, Gary Getz, and Jacquelyn Thomas, *Customer Equity* (Cambridge, MA: Harvard Business School Press, 2001), p. 11.
3. Michael Johnson and Fred Selnes, "Customer Portfolio Management: Toward a Dynamic Theory of Exchange Relationships," *Journal of Marketing* (April 2004), pp. 1–17.
4. Michele Marchetti, "Is Cold Calling Worth It?" *Sales & Marketing Management* (August 1997), p. 103.
5. For more information on trade shows, call or write to Trade Show Bureau, 1660 Lincoln Street, Suite 2080. Denver, Colorado 80264–2001 or call 303-860-7626.
6. Sam Whitmore, "Forecasting The Future of Webcasting," *Forbes.com* (December 2003).
7. John Boe, "Sales Training: Six Powerful Prospecting Tips," *Sales & Marketing Management* (October 2007), p. 21.
8. Catherine Arnold, "Reference Programs Keep b-to-b Customers Satisfied," *Marketing News* (August 18, 2003), p. 4.
9. Christine Galea, "2002 Salary Survey," *Sales & Marketing Management* (May 2002), p. 33.
10. Michele Marchetti, "1999 Sales Manager's Budget Planner," *Sales & Marketing Management* (September 1999), pp. 56–57.
11. Raymond LaForge, David Cravens, and Clifford Young, "Improving Salesforce Productivity," *Business Horizons* (September–October 1982), pp. 50–59.
12. Andris Zoltners and Sally Lrimer, "Sales Territory Alignment: An Overlooked Productivity Tool," *Journal of Personal Selling & Sales Management* (Summer 2000), pp. 139–150.
13. This discussion is based on Stephen Heiman, Diane Sanchez, Tad Tuleja, and Robert Miller, *The New Strategic Selling* (New York: Morrow, 1998), pp. 234–269.
14. "Data Watch," *Velocity* (3rd Quarter 2007), p. 8.
15. For more on the development of CLV for valuing customers see Robert Blattberg, Gary Getz, and Jacquelyn Thomas, *Customer Equity: Building and Managing Relationships as Valuable Assets* (Boston: Harvard Business School Press, 2001); Sunil Gupta, Donald Lehmann, and Jennifer Stuart, "Valuing Customers," *Journal of Marketing Research*, 16 (February 2004), pp. 7–18; Roland Rust, Valarie Zeithaml, and Katherine Lemon, *Driving Customer Equity: How Customer Lifetime Value Is Reshaping Corporate Strategy* (New York: The Free Press, 2001).
16. For examples of calculating CLV see Rajkumar Venkatesan and V. Kumar, "A Customer Lifetime Value Framework for Customer Selection and Resource Allocation Strategy," *Journal of Marketing*, 68 (October 2004), pp. 106–125; and Roland Rust, Katherine Lemon, and Valarie Zeithaml, "Return on Marketing: Using Customer Equity to Focus Marketing Strategy," *Journal of Marketing*, 68 (January 2004), pp. 109–127.
17. Martin Elling, Holly Fogle, Charles McKhann, and Chris Simon, "Making More of Pharma's Sales Force," *McKinsey Quarterly*, 3 (2002), p. 5.
18. Jeff Marr and Mark Walker, "Value Mapping for Strategic Accounts," *Velocity* (2nd Quarter 2007), p. 35.
19. For more on time management, see Julie Morgenstern, *Time Management from the Inside Out* (New York: Henry Holt and Company, 2004).
20. Stephen Covey, *The Eighth Habit* (New York: Free Press, 2004).

第4章 客户关系管理

1. Joseph Sperry, "Turning Innovative Account Management into Dollars: The Satyam-Caterpillar Story," *Velocity* (4th Quarter 2003), pp. 31–34.
2. Marvin Jolson, "Broadening the Scope of Relationship Selling," *Journal of Personal Selling & Sales Management* (Fall 1997), pp. 75–88.
3. "Looking at the Numbers," *Sales & Marketing Management* (January/February, 2007), p. 39.
4. William Weeks and Lynn Kahle, "Salespeople's Time Use and Performance," *Journal of Personal Selling & Sales Management* (Winter 1990), pp. 29–37.
5. For further development of the purchasing process, see William Moncrief and Greg Marshall, "The Evolution of the Seven Steps of Selling," *Industrial Marketing Management*, 34 (January 2005), pp. 13–22.
6. Weijun Xia and Shiming Wu, "Supplier Selection with Multiple Criteria in Volume Discount Environments," *Omega*, 35 (2007), pp. 494–504.
7. Kapil Tuli, Ajay Kohli, and Sundar Bharadwaj, "Rethinking Customer Solutions: From Product Bundles to Relational Processes," *Journal of Marketing*, 71 (July 2007), 1–17.
8. Tim Minahan, "Chrysler Elects Procurement Team Leader as Its New President," *Purchasing Magazine* (January 1998), pp. 22–25.
9. For more on writing proposals, see Bud Porter-Roth, *Writing Killer Sales Proposals*, (Toroato, Canada: E. P. Entrepreneur, 2004).
10. Mary Shoemaker, "A Framework for Examining IT-enabled Market Relationships," *Journal of Personal Selling & Sales Management*, 21 (Spring 2001), p. 178.
11. James Anderson and James Narus, *Business Market Management* (Upper Saddle River, NJ: Prentice Hall, 2003), pp. 172–173.
12. Tuli et al., "Rethinking Customer Solutions: From Product Bundles to Relational Processes," p. 5.
13. Barton Weitz and Kevin Bradford, "Personal Selling and Sales Management: A Relationship Marketing Perspective," *Journal of the Academy of Marketing Science*, 27, 2 (1999), pp. 241–254.
14. Tuli et al., "Rethinking Customer Solutions: From Product Bundles to Relational Processes," p. 8.
15. Jim Morgan, "Top Execs Pinpoint Six Game-Changing Strategies," *Velocity* (2nd Quarter 2001), p. 48.
16. For more on understanding buyer-seller relationships and interactions, see Gabriel Gonzalez, Douglas Hoffman, and Thomas Ingram, "Improving Relationship Selling Through Failure Analysis and Recovery Efforts: A Framework and Call to Action," *Journal of Personal Selling & Sales Management*, 25 (Winter 2005), pp. 57–65.
17. This discussion is based on concepts presented in Stephen Heiman, Diane Sanchez, Tad Tuleja, and Robert Miller, *The New Strategic Selling* (New York: Morrow, 1998), pp. 81–115.
18. Mark Shonka and Dan Kosch, *Beyond Selling Value* (Chicago: Dearborn Trade Publications, 2002), p. 58.
19. Shonka and Kosch, *Beyond Selling Value*.
20. Tuli et al., "Rethinking Customer Solutions: From Product Bundles to Relational Processes," p. 12.
21. Ben Liu, Nicholas Petruzzi, and D. Sudharshan, "A Service Effort Allocation Model for Assessing Customer Lifetime Value in Service Marketing," *Journal of Services Marketing*, 21 (2007), pp. 24–35.
22. For more on relationship development, see Paul Schurr, "Buyer-Seller Relationship Development Episodes: Theories and Methods," *Journal of Business & Industrial Marketing*, 22 (2007), 161–170.
23. John Abele, Brian Elliott, Ann O'Hara, and Eric Roegner, "Fighting for Your Price," *McKinsey Quarterly*, 4 (2002), p. 21.
24. For more on relationship binders, see Kristof De Wulf, Gaby Oderkerken-Schroeder, and Dawn lacobucci, "Investments in Consumer Relationships: A Cross-Country and Cross-Industry Exploration," *Journal of Marketing*, 65 (October 2001), pp. 33–50.
25. Susan DelVecchio, James Zemanek, Roger McIntyre, and Reid Claxton, "Buyers' Perceptions of Salesperson Tactical Approaches," *Journal of Personal Selling & Sales Management*, 23 (Winter 2003), pp. 39–49.
26. Sandy Jap, "The Strategic Role of the Salesforce in Developing Customer Satisfaction Across the Relationship Lifecycle," *Journal of Personal Selling & Sales Management*, 21 (Spring 2001), pp. 95–108.
27. Douglas Bowman and Das Narayandas, "Linking Customer Management Effort to Customer Profitability in Business Markets," *Journal of Marketing Research*, 41 (November 2004), pp. 433–447.
28. For more on building trust, see Louise Young, "Trust: Looking Forward and Back," *Journal of Business & Industrial Marketing*, 21 (2006), pp. 439–445; Carolyn Nicholson, Larry Compeau, and Rajesh Sethi, "The Role of Interpersonal Liking in Building Trust in Long-Term Channel Relationships," *Journal of the Academy of Marketing Science*, 29 (2001), pp. 3–15.

29. Lan Xia, Kent Monroe, and Jennifer Cox, "The Price is Unfair! A Conceptual Framework of Price Fairness Perceptions," *Journal of Marketing*, 68 (October 2004), pp. 1–15l; and Roy Lweicki and Barbara Bunker, "Trust in Relationships: A Model of Development and Decline," in *Conflict, Cooperation, and Justice: Essays Inspired by the Work of Morton Deutsch*, The Jossey-Bass Management Series and The Jossey-Bass Conflict Series, vol. 33.
30. See the work of Erik Rautalinko and Hans-Olof Lisper, "Effects of Training Reflective Listening in a Corporate Setting," *Journal of Business and Psychology* 18 (Spring 2004), pp. 281–299, and Lucette Comer and Tanya Drollinger, "Active Empathetic Listening and Selling Success: A Conceptual Framework," *Journal of Personal Selling & Sales Management*, 19 (Winter 1999), pp. 15–29.

第5章　客户互动管理

1. Rick Page, *Hope Is Not a Strategy* (New York: Nautilus Press, 2002), p. 45.
2. Robert Peterson, Michael Cannito, and Steven Brown, "An Exploratory Investigation of Voice Characteristics and Selling Effectiveness," *Journal of Personal Selling & Sales Management* (Winter 1995), pp. 1–15.
3. Jeff Thull, *Exceptional Selling*, p. 59.
4. Betsy Cummings, "Wake Up, Salespeople," *Sales & Marketing Management* (June 2002), p. 11.
5. Martin Elling, Holly Fogle, Charles McKhann, and Chris Simon, "Making More of Pharma's Sales Force," *McKinsey Quarterly* (August 2002), pp. 12–13.
6. Kathleen Cholewka, "E-Market Stats," *Sales & Marketing Management* (June 2002), p. 19.
7. Alston Gardner, Stephen Bistritz, and Jay Klompmaker, "Selling to Senior Executives: Part 1," *Marketing Management* (Summer 1998), p. 14.
8. For more on call reluctance, see Willem Verbeke and Richard Bagozzi, "Sales Call Anxiety: Exploring What It Means When Fear Rules a Sales Encounter," *Journal of Marketing*, 64 (July 2000), pp. 88–101.
9. Thomas Stafford, "Conscious and Unconscious Processing of Priming Cues in Selling Encounters," *Journal of Personal Selling & Sales Management* (Spring 1996), pp. 37–44.
10. For more on the impact of first impressions, see Kenneth Evans, Robert Kleine, Timothy Landry, and Lawrence Crosby, "How First Impressions of a Customer Impact Effectiveness in an Initial Sales Encounter," *Journal of the Academy of Marketing Science* (2000), pp. 512–526.
11. John Andy Wood, "NLP Revisited: Nonverbal Communications and Signals of Trustworthiness," *Journal of Personal Selling & Sales Management*, 26 (Spring 2006), pp. 198–204.
12. David Lichtenthal and Thomas Tellefsen, "Toward a Theory of Business Buyer-Seller Similarity," *Journal of Personal Selling & Sales Management*, 21 (Winter 2001), pp. 1–14.
13. There is also research suggesting that buyer and seller nonbusiness disclosures do not affect the quality of the relationship, but that business disclosures have an impact on the quality of the relationship. See Richard Jacobs, Kenneth Evans, Robert Kleine, and Timothy Landry, "Disclosure and Its Reciprocity as Predictors of Key Outcomes of an Initial Sales Encounter," *Journal of Personal Selling & Sales Management*, 21 (Winter 2001), pp. 51–61.
14. Ralph Giacobbe, Donald Jackson, Lawrence Crosby, and Claudia Bridges, "A Contingency Approach to Adaptive Selling Behavior and Sales Performance: Selling Situations and Salesperson Characteristics," *Journal of Personal Selling & Sales Management*, 26 (Spring 2006), pp. 115–142.
15. Lawrence Chonko and Eli Jones, "The Need for Speed. Agility Selling," *Journal of Personal Selling & Sales Management*, 25 (Fall 2006), pp. 372–382.
16. Theodore Kinni, "How Strategic is Your Sales Strategy?" *Harvard Management Update* (February 2004), p. 5.
17. Richard Jacobs, Ken Evans, Robert Kleine, and Timothy Landry, "Disclosure and Its Reciprocity as Predictors of Key Outcomes of an Initial Sales Encounter," *Journal of Personal Selling & Sales Management*, 21 (Winter 2001), pp. 51–61.
18. Roberta Schultz and Kenneth Evans, "Strategic Communication by Key Account Representatives," *Journal of Personal Selling & Sales Management*, 22 (Winter 2002), pp. 23–31.
19. This is not the only way that personal motives have been classified. For alternatives see Lou Quast and Jane Helsing, "Motivating Others as They Would Have You Motivate Them," *Velocity* (1st Quarter 2001), pp. 31–34; LaVon Koerner, "Value Door Relationship Management," *Velocity* (2nd Quarter 2001), pp. 29–34.
20. David Reid, Ellen Pullins, and Richard Plank, "The Impact of Purchase Situation on Salesperson Communication Behaviors in Business Markets," *Industrial Marketing Management*, 31 (2002), pp. 205–213.
21. Annie Liu and Mark Leach, "Developing Loyal Customers with a Value-adding Sales Force: Examining Customer Satisfaction and the Perceived Credibility of Consultative Salespeople," *Journal of Selling & Sales Management*, 21 (Spring 2001), pp. 147–156.

22. For more on the format of successful sales proposals, see Tom Sant, Mark Shonka, and Dan Kosch, "Gaining Competitive Advantage by Integrating Sales Process and Proposal Creation," *Velocity* (3rd Quarter 2000), pp. 25–30.

23. Kim Sydow Campbell, Lenita Davis, and Lauren Skinner, "Rapport Management During the Exploratory Phase of Salesperson-Customer Relationship," *Journal of Personal Selling & Sales Management*, 26 (Fall 2006), pp. 359–370.

24. For more on buyer reactions to selling tactics, see Susan DelVecchio, James Zemanek, Roger McIntyre, and Reid Claxton, "Buyers' Perceptions of Salesperson Tactical Approaches," *Journal of Personal Selling & Sales Management*, 23 (Winter 2003), pp. 39–49.

25. *Exchange*, 17 (Stamford, CT: Xerox Learning Systems, 1990), p. 3.

26. See, for example, Stephen Schiffman, *The 250 Sales Questions to Close the Deal* (Avon, MA: Adams Media, 2005); Brian Tracy, *Be a Sales Superstar* (San Francisco: Berrett-Koehler Publishers, 2002); or Wendy Weiss, *Cold Calling for Women: Opening Doors and Closing Sales* (Philadelphia: D.F.D. Publications, 2000).

27. Richard McFarland, "Crisis of Conscience: The Use of Coercive Sales Tactics and Resultant Felt Stress in the Salesperson," *Journal of Personal Selling & Sales Management*, 23 (Fall 2003), pp. 311–325.

28. Andrea Dixon, Rosann Spiro, and Maqbul Jamil, "Successful and Unsuccessful Sales Calls: Measuring Salesperson Attributions and Behavioral Intentions," *Journal of Marketing*, 65 (July 2001), pp. 64–78.

29. Jennifer Gilbert, "No Strings Attached," *Sales & Sales Management* (July 2004), pp. 22–27.

30. Stacy Dehnel, "Sharing Success Factors," *Velocity* (1st Quarter 2001), p. 21.

第6章 销售队伍组织模式

1. Andris Zoltners, Prabhakant Sinha, and Sally Lorimer, *Sales Force Design for Strategic Advantage* (New York: Palgrave Macmillan, 2004), pp. 27–32; and "The Best Managers," *BusinessWeek* (January 10, 2005), p. 62.

2. Andris Zoltners, Prabhakant Sinha, and Greggor Zoltners, *The Complete Guide to Accelerating Sales Force Performance* (New York: AMACOM, 2001), p. 117.

3. George Day, "Managing Market Relationships," *Journal of the Academy of Marketing Science*, 28 (Winter 2000), pp. 24–30.

4. Christian Homburg, John Workman, and Ove Jensen, "Fundamental Changes in Marketing Organization: The Movement Toward a Customer-Focused Organizational Structure," *Journal of the Academy of Marketing Science*, 28 (2000), p. 467.

5. Erin Strout, "Blue Skies Ahead?" *Sales & Marketing Management* (March 2003), pp. 25–29; Spenser Ante, "The New Blue," *Business Week* (March 17, 2003), pp. 80–88; and Daniel Eisenberg, "There's a New Way to Think @ Big Blue," *Time* (January 20, 2003), pp. 49–52.

6. Jerome Colletti and Mary Fiss, *Compensating New Sales Roles*, 2nd ed. (New York: AMACOM, 2001), p. 8.

7. Erika Rasmussen, "3M's Big Strategy for Big Accounts," *Sales & Marketing Management* (September 2002), p. 92.

8. Ravipeet Sohi, Daniel Smith, and Neil Ford, "How Does Sharing a Sales Force Between Multiple Divisions Affect Salespeople?" *Journal of the Academy of Marketing Science* (Summer 1996), pp. 195–207.

9. Zoltners et al., *Accelerating Sales Force Performance*, p. 125.

10. Homburg et al., "Fundamental Changes," p. 463.

11. Jeremy Allen, Sherina Ebrahim, and Gregory Kelly, "Building a Top Consumer Goods Sales Force," *The McKinsey Quarterly* (February 2006), p. 1.

12. Allen et al., "Building a Top Consumer Goods Sales Force," p. 1.

13. Tom Johnson, Larry Killingsworth, and Amy Miller, "Success Is a Marathon, Not a Sprint," *Velocity* (4th Quarter 2001), p. 30.

14. "Data Watch," *Velocity* (3rd Quarter 2003), p. 6.

15. See for example Julian Birkinshaw, Omar Toulan, and David Arnold, "Global Account Management in Multi national Corporations: Theory and Evidence," *Journal of International Business Studies*, 32 (2nd Quarter 2001), pp. 231–248; Sanjit Sengupta, Robert Krapfel, and Michael Pusateri, "An Empirical Investigation of Key Account Salesperson Effectiveness," *Journal of Personal Selling & Sales Management*, 20 (Fall 2000), pp. 253–261; and John Workman, Christian Homburg, and Ove Jensen, "Intraorganizational Determinants of Key Account Management Effectiveness," *Journal of the Academy of Marketing Science*, 31, 1 (2003), pp. 3–21.

16. Based on presentation by Nigel Percy at the M. J. Neeley School of Business, Texas Christian University, February 20, 2008.

17. Christian Homburg, John Workman, and Ove Jensen, "A Configurational Perspective on Key Account Management," *Journal of Marketing*, 66 (April 2002), p. 53.

18. John Workman, Christian Homburg, and Ove Jensen, "Intraorganizational Determinants of Key Account Management Effectiveness," *Journal of the Academy of Marketing Science*, 31 (Winter 2003), p. 15.
19. Connie Bateman and JoAnn Schmidt, "Do Not Call Lists: A Cause for Telemarketing Extinction or Evolution," *Academy of Marketing Studies Journal*, 11 (January 2007), p. 84.
20. Reed Research Group, *Evaluating the Cost of Sales Calls in Business-to-Business Markets* (January 2002). available at www.cahnerscarr.com.
21. Robert Palmatier, Lisa Scheer, and Jan-Bendict Steenkamp, "Customer Loyalty to Whom? Managing the Benefits and Risks of Salesperson-Owned Loyalty," *Journal of Marketing*, 44 (May 2007), pp. 185–199.
22. For more on nonfinancial means of motivating sales agents, see Erin Anderson and Bob Trinkle, *Outsourcing the Sales Function* (Mason, OH: Thomson/Southwestern, 2005).
23. Julia Change, "The Sweet Taste of Sales," *Sales & Marketing Management* (July/August 2007), pp. 20–24.
24. Barry Trailer and Jim Dickie, "Understanding What Your Sales Manager Is Up Against," *Harvard Business Review* (July–August 2006), pp. 48–55.
25. Philip Kotler, Neil Rackham, and Suj Krishnaswamy, "Ending the War Between Sales and Marketing," *Harvard Business Review* (July–August 2006), pp. 68–78.
26. Michael Ahearne, Narasimhan Srinivasan, and Luke Weinstein, "Effect of Technology on Sales Performance: Progressing from Technology Acceptance to Technology Usage and Consequences," *Journal of Personal Selling & Sales Management*, 24 (Fall 2004), pp. 297–310.
27. Economist Intelligence Unit and Andersen Consulting, "A Survey of More than 200 Leading Executives in North America, Europe and Asia," *Velocity* (Summer 1999), p. 3.
28. George Yip and Audrey Bank, "Managing Global Accounts," *Harvard Business Review* (September 2007), p. 103.
29. Julie LaNasa, "Building Customer Teams to Deliver on Your Company's Value Proposition," *Velocity* (1st Quarter 2002), pp. 31–34.
30. Yip and Bank, "Managing Global Accounts," pp. 103–111.
31. Michele Marchetti, "IBM's Marketing Visionary," *Sales & Marketing Management* (September 2000), pp. 52–61.

附录6A 销售区域规划

1. Andris Zoltners and Sally Lorimer, "Sales Territory Alignment: An Overlooked Productivity Tool," *Journal of Personal Selling & Sales Management*, 20 (Summer, 2000), p. 140.
2. This section is based on the discussion in Andris Zoltners, Prabhakant Sinha, and Greggor Zoltners, *Accelerating Sales Force Performance* (New York: AMACOM, 2001), pp. 136–140.
3. Sheree Curry, "Coping with Ever-Enlarging Sales Territory," *Sales & Sales Management* (March 2002), p. 11.
4. Zoltners et al., *Accelerating Sales Force Performance*, p. 154.
5. Ibid.
6. Kirk Smith, Eli Jones, and Edward Blair, "Managing Salesperson Motivation in a Territory Realignment," *Journal of Sales & Sales Management*, 20 (Fall 2000), pp. 215–226.
7. Zoltners et al., *Accelerating Sales Force Performance*, p. 157.
8. Neeli Bendapudi and Rober Leone, "Managing Business-to-Business Customer Relationships Following Key Contact Employee Turnover in a Vendor Firm," *Journal of Marketing*, 66 (April 2002), p. 94.
9. TERRALIGN, Metron, Inc., 11911 Freedom Drive, Suite 800, Reston, VA 20190.

第7章 销售人员的招聘和甄选

1. Based on discussions with Jonathan Scarborough, District Manager, Federated Insurance (2007).
2. Thomas N. Ingram, Raymond W. LaForge, and Thomas W. Leigh, "Selling in the New Millennium—A Joint Agenda," *Industrial Marketing Management*, 31 (October 2002), pp. 559–567; Thomas W. Leigh and Greg W. Marshall, "Research Priorities in Sales Strategy and Performance," *Journal of Personal Selling and Sales Management*, 21 (Spring 2001), pp. 283–293.
3. Andris Zoltners, Prabhakant Sinha, and Greggor Zoltners, *The Complete Guide to Accelerating Sales Force Performance* (New York: AMACOM, 2001), p. 167.
4. For more information on the causes of turnover and how to manage turnover, see Eli Jones, Donna Massey Kantak, Charles Futrell, and Mark Johnston, "Leader Behavior, Work-Attitudes, and Turnover of Salespeople: An Integrative Study," *Journal of Personal Selling & Sales Management*, 16 (Spring 1996), pp. 13–23; Pradeep Tyagi and Thomas Wotruba, "An Exploratory Study of Reverse Causality Relationships Among Sales Force Turnover Variables," *Journal of the Academy of Marketing Science*, 21 (Spring 1993), pp. 143–153; and Jeff Sager, "A Longitudinal Assessment of Change in Sales Force Turnover," *Journal of the Academy of Marketing Science*, 19 (Winter 1991), pp. 25–36.

5. Harris and Brannick, *Finding and Keeping Great Employees*, pp. 18–19; and Rick E. Ridnour, Felicia G. Lassk, and C. David Shepard, "An Exploratory Assessment of Sales Culture Variables: Strategic Implications Within the Banking Industry," *Journal of Personal Selling & Sales Management* (Summer 2001), pp. 247–254.
6. Based on discussions with Alan Frakes, Zone Vice President, Klein Tools, Inc. (2008).
7. Earl Naumann, Scott M. Widmier, and Donald W. Jackson, Jr. "Examining the Relationship Between Work Attitudes and Propensity to Leave Among Expatriate Salespeople," *Journal of Personal Selling & Sales Management* (Fall 2000), pp. 227–241.
8. William L. Cron, Greg W. Marshall, Jagdip Singh, Rosann L. Spiro, and Harish Sujan, "Salesperson Selection, Training and Development: Trends, Implications, and Research Opportunities," *Journal of Personal Selling and Sales Management*, 25 (Spring 2005), pp. 123–136; Andrew J. Vinchur, Jeffery S. Schippmann, Fred S. Switzer III, and Philip L. Roth, "A Meta-Analytic Review of Predictors of Job Performance for Salespeople," *Journal of Applied Psychology* (August 1998), pp. 586–597.
9. Murray R. Barrick, Greg L. Stewart, and Mike Piotrowski, "Personality and Job Performance: Test of the Mediating Effects of Motivation Among Sales Representatives," *Journal of Applied Psychology* (February 2002), pp. 43–51.
10. Lyndon E. Dawson, Jr., Barlow Soper, and Charles E. Pettijohn, "The Effects of Empathy on Salesperson Effectiveness," *Psychology & Marketing* (July/August 1992), pp. 297–311.
11. Rosann Sprio and Barton Weitz, "Adaptive Selling: Conceptualization, Measurement, and Nomological Validity," *Journal of Marketing Research*, 27 (February 1990), pp. 61–69.
12. Arun Sharma, Michael Levy, and Heiner Evanschitzky, "The Variance in Sales Performance Explained by the Knowledge Structures of Salespeople," *Journal of Personal Selling and Sales Management*, 2 (Spring 2007), pp. 169–181; Thomas W. Leigh and Patrick F. McGraw, "Mapping the Procedural Knowledge of Industrial Sales Personnel: A Script-Theoretic Analysis," *Journal of Marketing*, 53(1) (1989), pp. 16–34; Leong, Siew Meng, Paul S. Busch and Deborah Roedder John, "Knowledge Bases and Salesperson Effectiveness: A Script-Theoretic Analysis," *Journal of Marketing Research*, 26 (May 1989), pp. 164–178.
13. For more on the biases involved in hiring salespeople, see Greg W. Marshall, Thomas H. Stone, and I. M. Jawahar, "Selection Decision Making by Sales Managers and Human Resource Managers: Decision Impact, Decision Frame and Time of Valuation," *Journal of Personal Selling & Sales Management* (Winter 2001), pp. 19–28; and Greg W. Marshall, Miriam B. Stamps, and Jesse N. Moore, "Preinterview Biases: The Impact of Race, Physical Attractiveness, and Sales Job Type on Preinteriew Impressions of Sales Job Applicants," *Journal of Personal Selling & Sales Management* (Fall 1998), pp. 21–38.
14. Michael A. Wiles and Rosann Spiro, "Attracting Graduates to Sales Positions and the Role of Recruiter Knowledge: A Reexamination," *Journal of Personal Selling and Sales Management*, 24 (Winter 2004), pp. 39–48.
15. Tricia Campbell, "Finding Hidden Sales Talent," *Sales & Marketing Management* (March 1999), p. 84.
16. Campbell, "Finding Hidden Sales Talent," p. 85.
17. Andy Cohen, "Hire Power," *Sales & Marketing Management Magazine* (December 2001), p. 13; Zoltners et al., *The Complete Guide to Accelerating Sales Force Performance*, p. 187.
18. Per discussion with Bill Jones, CEO, O'Neal Steel, Inc. (2008).
19. Julia Chang and Andy Cohen, "Should You Raid Your Rival's Sales Force?" *Sales & Marketing Management Magazine* (August 2002), pp. 43–47.
20. Timothy S. Bland and Sue S. Stalcup, "Build a Legal Employment Application," *HR Magazine*, 44 (March 1999), p. 129.
21. Michael A. Wiles and Rosann Spiro, "Attracting Graduates to Sales Positions and the Role of Recruiter knowledge: A Reexamination," *Journal of Personal Selling and Sales Management*, 24 (Winter 2004), pp. 39–48.
22. William L. Cron, Greg W. Marshall, Jagdip Singh, Rosann L. Spiro, and Harish Sujan, "Salesperson Selection, Training and Development: Trends, Implications, and Research Opportunities," *Journal of Personal Selling and Sales Management*, 25 (Spring 2005), pp. 123–136.
23. Harris and Brannick, *Finding and Keeping Great Employees*, p. 74.
24. See Zoltners et al., *The Complete Guide to Accelerating Sales Force Performance* for more information about this study.

第8章 销售培训

1. Kelly Shermach, "Shifting the IT Sales Game: Increased Competition Has Changed Sales Processes," www.salesandmarketing.com (September 6, 2006), accessed August 17, 2008.
2. William L. Cron, Greg W. Marshall, Jagdip Singh, Rosann L. Spiro, and Harish Sujan, "Salesperson Selection, Training and Development: Trends, Implications, and Research Opportunities," *Journal of Personal Selling and Sales Management*, 25 (Spring 2005), pp. 126–136.

3. Cron et al., "Salesperson Selection, Training and Development: Trends, Implications, and Research Opportunities," p. 124.
4. Mark P. Leach and Annie H. Liu, "Investigating Relationships Among Sales Training Evaluation Methods," *Journal of Personal Selling and Sales Management* (Fall 2003), pp. 327–339; Seonaid Farrell and A. Ralph Hakstain, "Improving Salesperson Performance, A Meta-Analytic Investigation of the Effectiveness and Utility of Personnel Selection Procedures, and Training Interventions," *Psychology & Marketing* (March 2001), pp. 281–316.
5. Mark P. Leach and Annie H. Liu, "Investigating Relationships Among Sales Training Evaluation Methods," p. 327.
6. Tammy Galvin, "The 2004 Top 100," *Training* (October 2004), pp. 40–48.
7. Andris Zoltners, Prabhakant Sinha, and Greggor Zoltners, *The Complete Guide to Accelerating Sales Force Performance* (New York: AMACOM, 2001), p. 167.
8. For more information about the difficulties in evaluating sales training, see Ashraf M. Attia, Earl D. Honeycutt, and Magdy Mohamed Attia, "The Difficulties of Evaluating Sales Training," *Industrial Marketing Management*, 31 (2002), pp. 253–259.
9. Earl D. Honeycutt, Jr., Kiran Karande, Ashraf Attia, and Steven D. Maurer, "A Utility Based Framework for Evaluating the Financial Impact of Sales Force Training Programs," *Journal of Personal Selling & Sales Management* (Summer 2001), pp. 229–238.
10. Mark P. Leach, Annie H. Liu, and Wesley J. Johnston, "The Role of Self-Regulation Training in Developing the Motivation Management Capabilities of Salespeople, *Journal of Personal Selling and Sales Management*, 25 (Summer 2006), pp. 270–281.
11. Based on conversations with William J. Bartholomew, former Director of Sales, Tellabs, Inc.
12. Andris Zoltners, Prabhakant Sinha, and Sally E. Lorimer, *Sales Force Design for Strategic Advantage* (New York: Palgrave Macmillan, 2004), p. 336.
13. Erin Strout, "Prisoners of Paperwork," *Sales & Marketing Management* (December 2002), pp. 41–45.
14. Based on conversations with John Campo, Vice President of Sales, O'Neal Steel, Inc. (February 2008).
15. Mark McMaster, "Is Your Training a Waste of Money?" *Sales & Marketing Management* (January 2001), pp. 40–48.
16. Tammy Galvin, "The 2004 Top 100," *Training* (October 2004), pp. 40–48.
17. Carl Wiens, "2002 Sales Training Survey," *Sales & Marketing Management* (July 2002), pp. 34–37.
18. Zoltners et al., *Sales Force Design for Strategic Advantage*, p. 333.
19. For more information on salespeople's knowledge structures, see Thomas W. Leigh, Thomas E. DeCarlo, David Allbright, James Lollar, and Kay Keck, "Persuasion Knowledge Distinctions Among Higher and Lower Performing Sales Agents" (Working Paper, 2008); Thomas W. Leigh and Patrick McGraw, "Mapping the Procedural Knowledge of Industrial Sales Personnel: A Script-Theoretic Investigation," *Journal of Marketing*, 53 (January 1989), pp. 16–34; and Thomas Ainscough, Thomas E. DeCarlo, and Thomas W. Leigh, "Building Expert Systems for Novice Salespeople from the Selling Scripts of Multiple Experts," *Journal of Services Marketing*, 10 (1996), pp. 23–40.
20. Malcolm Wheatley, "ERP Training Stinks," *CIO Magazine* (June 1, 2000).
21. Thomas W. Leigh and John O. Summers, "An Initial Evaluation of Industrial Buyers' Impressions of Salespersons' Nonverbal Cues," *Journal of Personal Selling and Sales Management*, 25 (Winter 2002), pp. 41–53.
22. Zoltners et al., *Sales Force Design for Strategic Advantage*, p. 335.
23. The H. R. Chally Group, *The Customer Selected World Class Sales Excellence Research Report*, p. 52.
24. For more on mentoring, see Ellen Pullins, Leslie Fine, and Wendy Warren, "Identifying Peer Mentors in the Sales Force: An Exploratory Investigation of Willingness and Ability," *Journal of the Academy of Marketing Science*, 24 (Spring 1996), pp. 125–136.
25. Julia Chang, "Born to Sell?" *Sales & Marketing Management* (July 2003), 34–37.
26. Chris Lee, "IBM Takes the Top Spot," Sales & Marketing Management.com (March 1, 2005).
27. Mark McMaster, "Express Train," *Sales & Marketing Management* (May 2002), pp. 46–54.
28. For an interesting application of Kirkpatrick's framework in assessing sales training effectiveness, see Mark P. Leach and Annie H. Liu, "Investigating Interrelationships Among Sales Training Evaluation Methods," *Journal of Personal Selling & Sales Management*, 23 (Fall 2003), pp. 327–329; Donald L. Kirkpatrick, "Techniques for Evaluating Training Programs," *Journal of the American Society for Training and Development*, 13 (1959), pp. 3–9.
29. Sarah Boehle, "Are You Too Nice to Train?" *Sales & Marketing Management* (August 1, 2006). Retrieved March 1, 2008, www.smm.com.

30. Christine Galea and Carl Wiens, "2002 Sales Training Survey," *Sales & Marketing Management* (July 2002), pp. 34–37.
31. Tammy Galvin, "The 2004 Top 100," *Training* (October 2004), pp. 40–48.

第9章 领导力

1. Per conversation with Liz Crute, Divisional Vice President of Pitney Bowes, Inc. (August 2007). The name of the sales rep was changed for confidentiality purposes.
2. Society for Human Resource Management's *2006 U.S. Job Retention Poll* (http://www.shrm.org/press_published/CMS_019635.asp). Accessed April 20, 2008.
3. See Thomas N. Ingram, Raymond W. LaForge, William B. Locander, Scott B. MacKenzie, and Philip M. Podsakoff, "New Directions in Sales Leadership Research," *Journal of Personal Selling & Sales Management* (Spring 2005), pp. 137–54; and Scott B. MacKenzie, Phillip M. Podsakoff, and Gregory A. Rich, "Transformational and Transactional Leadership and Salesperson Performance," *Journal of the Academy of Marketing Science* (Spring 2001), pp. 115–34.
4. For a review of sales leadership studies, see Artur Baldauf, David W. Cravens, and Nigel F. Piercy, "Sales Management Control Research-Synthesis and an Agenda for Future Research," *Journal of Personal Selling and Sales Management* (Winter 2005), pp. 7–26; and Thomas N. Ingram, Raymond W. LaForge, William B. Locander, Scott B. MacKenzie, and Philip M. Podsakoff, "New Directions in Sales Leadership Research," *Journal of Personal Selling & Sales Management* (Spring 2005), pp. 137–54.
5. Per conversation with Liz Crute, Divisional Vice President, Pitney Bowes, Inc. (August 2007).
6. Based on John French, Jr. and Bertram Raven, "The Bases of Social Power," in *Studies in Social Power*, D. Cartwright, ed. (Ann Arbor: University of Michigan Press, 1959).
7. Michael Weinreb, "A Fine Line," *Sales & Marketing Management* (October 2002), pp. 49–54.
8. For more on organizational change see: Lawrence B. Chonko, Eli Jones, and Alan J. Dubinsky, "The Role of Environmental Turbulence, Readiness for Change, and Salesperson Learning in the Success of Sales Force Change," *Journal of Personal Selling & Sales Management* (Fall 2004), p. 227–245.
9. See William A. Weeks, James Roberts, Lawrence B. Chonko, and Eli Jones, "Organizational Readiness for Change, Individual Fear of Change, and Sales Manager Performance. An Empirical Investigation," *Journal of Personal Selling & Sales Management* (Winter 2002), pp. 7–17; and Karen E. Flaherty and James M. Pappas, "The Role of Trust in Salesperson-Sales Manager Relationships," *Journal of Personal Selling & Sales Management*, 20 (Fall 2000), pp. 271–278.
10. This section is based on Jerome A. Colletti and Lawrence B. Chonko, "Change Management Initiatives: Moving Sales Organizations from Obsolescence to High Performance," *Journal of Personal Selling & Sales Management*, 17, No. 2 (Spring 1997), pp. 1–30; and Gerald Bauer, Mark Baunchalk, Thomas Ingram, and Raymond LaForge, eds. *Emerging Trends in Sales Thought and Practice* (Westport, CT: Quorum Books, 1998).
11. Thomas N. Ingram, Raymond W. LaForge, William B. Locander, Scott B. MacKenzie, and Philip M. Podsakoff, "New Directions in Sales Leadership Research," *Journal of Personal Selling & Sales Management* (Spring 2005), pp. 137–154.
12. This section is largely based on Gary A. Yukl, *Leadership in Organizations*, 6th ed. (Englewood Cliffs, NJ: Prentice Hall, 2006); and Scott B. MacKenzie, Phillip M. Podsakoff, and Gregory A. Rich, "Transformational and Transactional Leadership and Salesperson Performance," *Journal of the Academy of Marketing Science* (Spring 2001), pp. 115–134.
13. For an international perspective on matching desired sales styles, see Thomas E. DeCarlo, Raymond C. Rody, and James E. DeCarlo, "A Cross National Example of Supervisory Management Practices in the Sales Force," *Journal of Personal Selling & Sales Management*, 19, No. 1 (Winter 1999), pp. 1–14.
14. Bernard Jaworski and Ajay Kohli, "Supervisory Feedback: Alternative Types and Their Impact on Salespeople's Performance and Satisfaction," *Journal of Marketing Research*, 28 (May 1991), pp. 190–201.
15. Tom Atkinson and Ron Koprowski, "Finding the Weak Links," *Harvard Business Review* (July-August 2006), pp. 22.
16. Atkinson, "Finding the Weak Links," p. 22. Jaworski and Kohli, "Supervisory Feedback: Alternative Types and Their Impact on Salespeople's Performance and Satisfaction," pp. 190–201.
17. Gregory A. Rich, "The Constructs of Sales Coaching: Supervisory Feedback, Role Modeling and Trust," *Journal of Personal Selling & Sales Management*, 18, No. 1 (Winter 1998), pp. 53–63.
18. Ibid.
19. Gregory A. Rich, "The Sales Manager as a Role Model: Effects on Trust Job Satisfaction, and Performance of Salespeople," *Journal of the Academy of Marketing Science*, 25 (October 1997), pp. 319–328.

20. Kwaku Atuahene-Gima and Haiyang Li, "When Does Trust Matter? Antecedents and Contingent Effects of Supervise Trust on Performance in Selling New Products in China and the United States," *Journal of Marketing* (July 2002), pp. 61–81.
21. Karen E. Flaherty and James M. Pappas, "The Role of Trust in Salesperson-Sales Manager Relationships," *Journal of Personal Selling & Sales Management* (Fall 2000), pp. 271–278.
22. Andris Zoltners, Prabhakant Sinha, and Sally E. Lorimer, *Sales Force Design for Strategic Advantage* (New York: Palgrave Macmillan, 2004), p. 38.
23. Michele Marchetti "Why Teams Fail," *Sales & Marketing Management* (June 1997), pp. 91–92.
24. This section is based on: Eli Jones, Andrea L. Dixon, Lawrence B. Chonko, and Joseph P. Cannon, "Key Accounts and Team Selling: A Review, Framework and Agenda," *Journal of Personal Selling & Sales Management* (Spring 2005), pp. 181–198.
25. Michael J. Barone and Thomas E. DeCarlo, "Trend Effects in Managerial Decision Making," Working Paper (July, 2007).
26. Steven G. Rogelberg, Cliff Scott and John Kello, "The Science and Fiction of Meetings," *MIT Sloan Management Review* (Winter 2007), pp. 17–21.
27. John Ueland, "Meetings," *Sales & Marketing Management* (August 1998), p. 49.
28. Erin Strout, "Masterful Meetings," *Sales & Marketing Management* (May 2000), pp. 68–76.
29. Brian Moskal, "Easy ROI: Three Areas Where It Pays to Get Technical," *Sales & Marketing Management* (May 2002), p. 21.
30. Harry J. Abramson, "The Perfect Sales Meeting in the Eye of the Rep," *Agency Sales* (February 2002), pp. 55–60.
31. Jennifer Gilbert, "Become a Meeting Master," *Sales & Marketing Management* (December 2002), pp. 46–51.
32. Julia Chang, "A Bore No More," *Sales & Marketing Management* (August 2002), p. 55.
33. Leslie M. Fine, C. David Shepherd, and Susan L. Josephs, "Insights into Sexual Harassments of Salespeople by Customers: The Role of Gender and Customer Power," *Journal of Personal Selling & Sales Management*, 19 (Spring 1999), pp. 19–34.
34. See Wendy L. Kosanovich, Jill L. Rosenberg, and Lisa Swanson, "Preventing and Correcting Sexual Harassment: A Guide to the Ellerth/Faragher Affirmative Defense," *Employee Relations Law Journal* (Summer 2002), pp. 79–99 for more information about developing sexual harassment policies.
35. As reported on the National Institute on Alcohol Abuse and Alcoholism's Web page (http://www.niaaa.nih.gov), August 2007.
36. Judith Spain and Rosemary Ramsey, "Workers' Compensation and Superior Liability Legal Cases Involving Salespersons' Misuse of Alcohol," *Journal of Personal Selling & Sales Management* (Fall 2000), pp. 263–269.

第10章 销售管理中的伦理问题

1. This section is based on Joseph L. Badaracco, Jr., *Defining Moments: When Managers Must Choose Between Right and Right* (Boston: Harvard Business School Press), 1997.
2. Bridget O'Brian, "Prudential Fined $20 Million by NASD over Its Sales of Variable Life Insurance," *The Wall Street Journal* (July 9, 1999), pp. C1, C11.
3. Mara Der Hovanesian, "Markets in Turmoil: Bonfire of the Builders," *Business Week* (August 13, 2007), pp. 26–30.
4. Charles H. Schwepker, Jr. and David J. Good, "Marketing Control and Sales Force Customer Orientation," *Journal of Personal Selling & Sales Management*, 24 (Summer 2004), pp. 167–179. See also William A. Weeks, Terry W. Loe, Lawrence B. Chonko, and Kirk Wakefield, "The Effect of Perceived Ethical Climate on the Search for Sales Force Excellence," *Journal of Personal Selling & Sales Management*, 24 (Summer 2004), pp. 199–214.
5. Jay Prakash Mulki, Fernando Jaramillo, William B. Locander, "Effects of Ethical Climate and Supervisory Trust on Salesperson's Job Attitudes and Intentions to Quit," *Journal of Personal Selling & Sales Management*, 26 (Winter 2006), pp. 19–26. See also, Fernando Jaramillo, Jay Prakash Mulki, Paul Solomon, "The Role of Ethical Climate on Salesperson's Role Stress, Job Attitudes, Turnover Intention, and Job Performance," *Journal of Personal Selling & Sales Management*, 26 (Summer 2006), pp. 272–282.
6. Susan Powell Mantel, "Choice or Perception: How Affect Influences Ethical Choices Among Salespeople," *Journal of Personal Selling & Sales Management*, 25 (Winter 2005), pp. 43–55.
7. Eugene Sivadas, Susan Bardi Kleiser, James Kellaris, and Robert Dahlstrom, "Moral Philosophy, Ethical Evaluations, and Sales Manager Hiring Intentions," *Journal of Personal Selling & Sales Management*, 23 (Winter 2003), pp. 7–21.
8. Ken Bass, Tim Barnett, and Gene Brown, "The Moral Philosophy of Sales Managers and Its Influence on Ethical Decision Making," *Journal of Personal Selling & Sales Management*, 18 (Spring 1998), pp. 1–17.

9. Niccolò Machiavelli, *The Prince* (New York: Mentor Classics, 1952).
10. Eric Strout, "To Tell the Truth," *Sales & Marketing Management* (July 2002), pp. 40–47.
11. Erin Strout, "Are Your Salespeople Ripping You Off?" *Sales & Marketing Management* (March 2001), p. 59.
12. Melinda Ligos, "Are Your Reps Bribing Customers?" *Sales & Marketing Management* (March 2002), pp. 33–40.
13. Ibid.
14. Sean Valentine and Tim Barnett, "Ethics Codes and Sales Professionals' Perceptions of Their Organizations' Ethical Values." *Journal of Business Ethics* (October 2002), pp. 191–200.
15. Alan J. Dubinsky, Marvin A. Jolson, Ronald E. Michaels, Masaaki Kotabe, and Chae Un Lim, "Ethical Perceptions of Field Sales Personnel: An Empirical Assessment," *Journal of Sales & Marketing Management* (Fall 1992), p. 18.
16. Gabriella Stern and Joann S. Lublin, "New GM Rules Curb Wining and Dining," *The Wall Street Journal* (May 5, 1996), p. B1.
17. Charles Haddad and Amy Barrett, "A Whistle-Blower Rocks an Industry," *Business Week* (June 24, 2002), pp. 126–130.
18. Charles H. Schwepker Jr., "Ethical Climate's Relationship to Job Satisfaction, Organizational Commitment, and Turnover Intention in the Sales Force," *Journal of Business Research* (October 2001), p. 39.
19. Ken Bass, Tim Barnett, and Gene Brown, "The Moral Philosophy of Sales Managers and Its Influence on Ethical Decision Making," *Journal of Personal Selling & Sales Management*, 18 (Spring 1998), pp. 1–17.

第11章 激励销售人员

1. Based on discussions with Robby Armstrong, Area Manager, Eaton Corporation (October 2007).
2. Frederick Herzberg, "One More Time: How Do You Motivate Employees?" *Harvard Business Review*, 46 (January–February 1968), pp. 53–62.
3. Geoffrey Brewer, "What Makes Great Salespeople?" *Sales & Marketing Management* (May 1994), pp. 82–92.
4. Marvin Jolson, "The Salesman's Career Cycle," *Journal of Marketing*, 38 (July 1974), pp. 39–46.
5. The discussion in this section is based on the following studies: Karen E. Flaherty and James M. Pappas, "The Influence of Career Stage on Job Attitudes: Toward a Contingency Perspective," *Journal of Personal Selling & Sales Management*, 22 (Summer 2002), pp. 135–143; William L. Cron and John W. Slocum, "The Influence of Career Stages on Salespeople's Job Attitudes, Work Perceptions and Performance," *Journal of Marketing Research* (May 1986), pp. 119–129.
6. Karen E. Flaherty and James M. Pappas, "The Influence of Career Stage on Job Attitudes: Toward a Contingency Perspective," *Journal of Personal Selling & Sales Management*, 22 (Summer 2002), pp. 135–143.
7. Ibid.
8. Katharine Kaplan, "Better With Age," *Sales & Marketing Management* (July 2001), pp. 58–62.
9. For further discussion of expectancy theory, see Gordon T. Gray and Stacia Wert-Gray, "Research Note: Decision-Making Processes and Formation of Salespeople's Expectancies, Instrumentalities, and Valences," *Journal of Personal Selling & Sales Management* (Summer 1999), pp. 53–59; Thomas E. DeCarlo, R. Kenneth Teas, and James C. McElroy, "Salesperson Performance Attribution Processes and the Formation of Expectancy Estimates," *Journal of Personal Selling & Sales Management*, 27 (Summer 1997), pp. 1–17; and Wesley J. Johnston and Keysuk Kim, "Performance Attribution and Expectancy Linkages in Personal Selling," *Journal of Marketing*, 58 (October 1994), pp. 68–81.
10. For a detailed discussion of role perceptions, see Jeffrey Sager, "A Structural Model Depicting Salespeople's Job Stress," *Journal of the Academy of Marketing Science*, 22 (January 1994), pp. 74–84.
11. See Andrea L. Dixon, Rosann L. Spiro, and Maqbul Jamil, "Successful and Unsuccessful Sales Calls: Measuring Salesperson Attributions and Behavioral Intentions," *Journal of Marketing* (July 2001), pp. 64–78; and Thomas E. DeCarlo, R. Kenneth Teas, and James C. McElroy, "Salesperson Performance Attribution Processes and the Formation of Expectancy Estimates," *Journal of Personal Selling & Sales Management*, 27 (Summer 1997).
12. Andris Zoltners, Prabhakant Sinha, and Greggor Zoltners, *The Complete Guide to Accelerating Sales Force Performance* (New York: AMACOM, 2001), p. 277.
13. For more on this subject, see C. Fred Miao and Kenneth R. Evans, "The Impact of Salesperson Motivation on Role Perceptions and Job Performance: A Cognitive and Affective Perspective." *Journal of Personal Selling & Sales Management*, 27 (Winter 2006), 89–101: Steven Brown and Robert Peterson, "The Effect of Effort on Sales Performance and Job Satisfaction," *Journal of Marketing*, 58 (April 1994), pp. 70–80.
14. Zoltners et al., *The Complete Guide to Accelerating Sales Force Performance*, p. 329.
15. Michele Marchetti, "The Art of Setting Sales Quotas," *Sales & Marketing Management* (April 2000), p. 4.

16. For more information on goal theory and its application to sales management, see Lawrence S. Silver, Sean Dwyer, and Bruce Alford, "Learning and Performance Goal Orientation of Salespeople Revisited: The Role of Performance-Approach and Performance-Avoidance Orientations," *Journal of Personal Selling & Sales Management* (Winter 2006); pp. 27–39; Thomas Wotruba, "The Effect of Goal-Setting on the Performance of Independent Sales Agents in Direct Selling," *Journal of Personal Selling & Sales Management*, 9 (Fall 1989), pp. 22–29.
17. See William Ross, "Performance Against Quota and the Call Selection Decision," *Journal of Marketing Research*, 28 (August 1991), pp. 296–306, for more information on how quota difficulty may influence salespeople's strategies for achieving the quota.
18. Silver, Dwyer, and Alford, "Learning and Performance Goal Orientation of Salespeople Revisited: The Role of Performance-Approach and Performance-Avoidance Orientations," pp. 27–39.
19. Zoltners et al., *The Complete Guide to Accelerating Sales Force Performance*, p. 359; see also Bernard Jaworski and Ajay Kohli, "Supervisory Feedback: Alternative Types and Their Impact on Salespeople's Performance and Satisfaction," *Journal of Marketing Research*, 28 (May 1991), pp. 190–201; and Ajay Kohli and Bernard Jaworski, "The Influence of Coworker Feedback on Salespeople," *Journal of Marketing*, 58 (October 1994), pp. 82–94.
20. Steven P. Brown, William L. Cron, and John W. Slocum Jr., "Effects of Trait Competitiveness and Perceived Intraorganizational Competition on Salesperson Goal Setting and Performance," *Journal of Marketing*, 62 (October 1998), pp. 88–98.
21. AnJanette A. Nease, Brad O. Mudgett, and Miguel A. Quinones, "Relationships Among Feedback Sign, Self-Efficacy, and Acceptance of Performance Feedback," *Journal of Applied Psychology* (October 1999), pp. 806–814.
22. The Buying Power Index is reported by cities, countries, and states each July by *Sales & Marketing Management* magazine.
23. Zoltners et al., *The Complete Guide to Accelerating Sales Force Performance*, p. 265.
24. Kathleen Cholewka, "Tech Tools: Online Incentives," *Sales & Marketing Management* (July 2001), p. 24.
25. Julia Chang, "Trophy Value," *Sales & Marketing Management* (October 2004), pp. 24–29.
26. Based on discussions with Liz Crute, Vice President, Pitney Bowes' Credit Corporation (October 2007).
27. Steven Brown, William Cron, and Thomas Leigh, "Do Feelings of Success Mediate Sales Performance-Work Attitude Relationships?" *Journal of the Academy of Marketing Science*, 21 (Spring 1993), pp. 91–100.

第12章　销售人员的薪酬

1. Joseph Kornik, Maggie Rauch, Rebecca Aronauer, "What's It All Worth? 2007 Compensation Survey," *Sales & Marketing Management* (May 2007), pp. 27–39.
2. Ellen Neuborne, "A Compensation Plan Checkup," *Sales & Marketing Management* (May 2003), pp. 38–41.
3. Michele Marchetti, "Rethinking Compensation Plans," *Sales & Marketing Management* (September 2007), p. 14.
4. Andris Zoltners, Prabhakant Sinha, and Greggor Zoltners, *The Complete Guide to Accelerating Sales Force Performance* (New York: AMACOM, 2001), p. 301.
5. Ibid., p. 50.
6. For more information on how salesperson career stages attect compensation perceptions, see Karen E. Flaherty and James M. Pappas, "The Influence of Career Stage on Job Attitudes: Toward a Contingency Perspective," *Journal of Personal Selling and Sales Management*, 22 (Summer 2002), pp. 135–143.
7. Thomas E. DeCarlo, "The Effects of Suspicion of Ulterior Motives and Sales Message on Salesperson Evaluation," *Journal of Consumer Psychology*, 15 (2005), pp. 238–249.
8. George John and Barton Weitz, "Salesforce Compensation: An Empirical Investigation of Factors Related to Use of Salary Versus Incentive Compensation," *Journal of Marketing Research*, 26 (February 1989), p. 9.
9. Leo Jakobson, "The Leader of The Band," *Incentive* (January 2007), pp. 12–17.
10. Kissan Joseph and Manohar U. Kalwani, "The Role of Bonus Pay in Salesforce Compensation Plans," *Industrial Marketing Management*, 27 (March 1998), pp. 147–159.
11. Based on conversations with John Burns, Branch Sales Manager, Des Moines, IA (2005).
12. Andy Cohen, Jennifer Gilbert, Melinda Ligos, "Extreme Makeovers," *Sales & Marketing Management* (May 2004), pp. 36–43.
13. Christine Galea, "Third Annual Compensation Survey," *Sales & Marketing Management* (May 2003), p. 39.
14. Based on conversations with Mike Cox, President and CEO of Logical (Spring 2003).
15. Christine Galea, "Third Annual Compensation Survey," *Sales & Marketing Management* (May 2003), pp. 32–36.

16. Eilene Zimmerman, "Quota Busters," *Sales & Marketing Management* (January 2001), pp. 59–63.

17. Betsy Cummings, "Breaking Down Boundaries," *Sales & Marketing Management* (October, 2004). Retrieved November 1, 2007, from www.salesandmarketingmanagement.com.

18. For more on salesperson stress and performance, see George J. Avlonitis and Nikolaos G. Panagopoulos, "Role Stress, Attitudes, and Job Outcomes in Business-to-Business Selling: Does the Type of Selling Situation Matter?" *Journal of Personal Selling & Sales Management*, 26 (Winter 2006), pp. 67–77; Fernando Jaramillo, Jay Prakash Mulki, and Paul Solomon, "The Role of Ethical Climate on Salesperson's Role Stress, Job Attitudes, Turnover Intention, and Job Performance," *Journal of Personal Selling & Sales Management*, 26 (Summer 2006), pp. 272–282.

19. Suni Erevelles, Indranil Dutta, and Carolyn Galantine, "Sales Force Compensation Plans Incorporating Multidimensional Sales Effort and Salesperson Efficiency," *Journal of Personal Selling & Sales Management*, 24 (Spring 2004), pp. 101–112.

20. Lawrence B. Chonko, John F. Tanner, and William A. Weeks, "Selling and Sales Management in Action: Reward Preferences of Salespeople," *Journal of Personal Selling & Sales Management* (Summer 1992), p. 69.

21. Rene Y. Darmon, "Salesmen's Responses to Financial Incentives," *Journal of Marketing Research* (July 1974), pp. 39–46.

22. Joseph Kornik, Maggie Rauch, and Rebecca Aronauer, "What's It All Worth? 2007 Compensation Survey," *Sales & Marketing Management* (May 2007), pp. 27–39.

第13章 业绩评估

1. Erin Anderson and Vincent Onyemah, "How Right Should the Customer Be?" *Harvard Business Review* (July-August 2006), pp. 59–67.

2. For more information on business strategy and sales force management, see Stanley Slater and Eric Olson, "Strategy Type and Performance: The Influence of Sales Force Management," *Strategic Management Journal*, 21 (August 2000), pp. 813–829.

3. Donald W. Jackson, John L. Schlacter, and William G. Wolfe, "Examining the Bases Utilized for Evaluating Salespeoples' Performance," *Journal of Personal Selling & Sales Management*, 15, No. 4. (Fall 1995), p. 65.

4. Joseph A. Bellizzi and Ronald W. Hasty, "The Effects of a Stated Organizational Policy on Inconsistent Action Based on Salesperson Gender and Weight," *Journal of Personal Selling & Sales Management*, 21 (Summer 2001), pp. 189–198; for related findings, see Nigel F. Piercy, David W. Cravens, and Nikala Lane, "Sales Manager Behavior Control Strategy and Consequences: The Impact of Gender Differences," *Journal of Personal Selling & Sales Management*, 21 (Winter 2001), pp. 39–49.

5. Anderson and Onyemah, "How Right Should the Customer Be?" pp. 59–67.

6. Andy Cohen, "Movin' Out," *Sales & Marketing Management* (January 1996), pp. 24–25.

7. William L. Cron, Greg W. Marshall, Jadip Singh, Rosann L. Spiro, and Harish Sujan, "Salesperson Selection, Training, and Development; Trends, Implications, and Research Opportunities," *Journal of Personal Selling & Sales Management*, 25 (Spring 2005), pp. 123–136.

8. Sanjeev Agarwal, "Impact of Job Formalization and Administrative Controls on Attitude of Industrial Sales-persons," *Industrial Marketing Management*, 28 (1999), pp. 359–368.

9. Kay L. Keck, Thomas W. Leigh, and James G. Lollar, "Critical Success Factors in Captive, Multi-Line Insurance Agency Sales," *Journal of Personal Selling & Sales Management*, 14, No. 1 (Winter 1995), pp. 17–33.

10. Mark McMaster, "Should You Rank Your Salespeople?" *Sales & Marketing Management* (August 2001), p. 13.

11. Douglas J. Datrymple and William M. Strable, "Career Path Charting: Frameworks for Sales Force Evaluation," *Journal of Personal Selling & Sales Management*, 10, No. 203 (Summer 1990), pp. 59–68.

12. James S. Boles, Naveen Donthu, and Ritu Lohtia, "Salesperson Evaluation Using Relative Performance Efficiency: The Application of Data Envelopment Analysis," *Journal of Personal Selling & Sales Management*, 15, No. 3 (Summer 1995), pp. 31–49; to compute relative efficiency by adjusting for territory considerations, see Bruce K. Pilling, Naveen Donthu, and Steve Henson, "Accounting for the Impact of Territory Characteristics on Sales Performance: Relative Efficiency as a Measure of Salesperson Performance," *Journal of Personal Selling & Sales Management* (Spring 1999), pp. 35–45.

13. Andris Zoltners, Prabhakant Sinha, and Greggor Zoltners, *The Complete Guide to Accelerating Sales Force Performance* (New York: AMACOM, 2001), pp. 430–431.

Sales Management：Concepts and Cases，10e，by Cron
ISBN：0470418893

图书在版编目（CIP）数据

销售管理：第10版/威廉·科恩，托马斯·德卡罗著；刘宝成，李霄松译．—北京：中国人民大学出版社，2017.5
（工商管理经典译丛．市场营销系列）
ISBN 978-7-300-23887-6

Ⅰ.①销… Ⅱ.①威… ②托… ③刘… ④李… Ⅲ.①销售管理 Ⅳ.①F713.3

中国版本图书馆CIP数据核字（2017）第009197号

工商管理经典译丛·市场营销系列
销售管理（第10版）
威廉·科恩
托马斯·德卡罗 著
刘宝成 李霄松 译
Xiaoshou Guanli

出版发行	中国人民大学出版社		
社　　址	北京中关村大街31号	**邮政编码**	100080
电　　话	010－62511242（总编室）		010－62511770（质管部）
	010－82501766（邮购部）		010－62514148（门市部）
	010－62515195（发行公司）		010－62515275（盗版举报）
网　　址	http://www.crup.com.cn		
经　　销	新华书店		
印　　刷	北京七色印务有限公司		
开　　本	787 mm×1092 mm　1/16	**版　　次**	2017年5月第1版
印　　张	27.25 插页1	**印　　次**	2024年4月第6次印刷
字　　数	624 000	**定　　价**	89.00元

WILEY

John Wiley 教学支持信息反馈表

www. wiley. com

老师您好，若您需要与 John Wiley 教材配套的教辅（免费），烦请填写本表并传真给我们。也可联络 John Wiley 北京代表处索取本表的电子文件，填好后 e-mail 给我们。

原书信息

原版 ISBN：

英文书名（Title）：

版次（Edition）：

作者（Author）：

配套教辅可能包含下列一项或多项

教师用书（或指导手册）/ 习题解答/ 习题库 /PPT 讲义/ 其他

教师信息（中英文信息均需填写）

- 学校名称（中文）：
- 学校名称（英文）：
- 学校地址（中文）：
- 学校地址（英文）：
- 学校邮编：
- 院 / 系名称（中文）：
- 院 / 系名称（英文）：

课程名称（Course Name）：

年级/程度（Year/Level）：□大专 □本科 Grade：1 2 3 4 □硕士 □博士 □MBA □EMBA

课程性质（多选项）：□必修课 □选修课 □国外合作办学项目 □指定的双语课程

学年（学期）：□春季 □秋季 □整学年使用 □其他（起止月份__________）

使用的教材版本：□中文版 □英文影印（改编）版 □进口英文原版（购买价格为____元）

学生：______个班共______人

授课教师姓名：

电话：

传真：

E-mail：

WILEY-约翰威立商务服务（北京）有限公司

John Wiley & Sons Commercial Service (Beijing) Co Ltd

北京市朝阳区太阳宫中路 12A 号，太阳宫大厦 8 层 805-808 室，邮政编码 100028

Direct +86 10 8418 7869　Fax +86 10 8418 7810

E-mail：Iris Wang iwang@wiley. com；Li Li lli@wiley. com；

中国人民大学出版社　管理分社

教师教学服务说明

中国人民大学出版社管理分社以出版工商管理和公共管理类精品图书为宗旨。为更好地服务一线教师，我们着力建设了一批数字化、立体化的网络教学资源。教师可以通过以下方式获得免费下载教学资源的权限：

★ 在中国人民大学出版社网站 www.crup.com.cn 进行注册，注册后进入“会员中心”，在左侧点击“我的教师认证”，填写相关信息，提交后等待审核。我们将在一个工作日内为您开通相关资源的下载权限。

★ 如您急需教学资源或需要其他帮助，请加入教师 QQ 群或在工作时间与我们联络。

中国人民大学出版社　管理分社

教师 QQ 群：648333426（工商管理）　114970332（财会）　648117133（公共管理）
教师群仅限教师加入，入群请备注（学校＋姓名）

联系电话：010-62515735，62515987，62515782，82501048，62514760

电子邮箱：glcbfs@crup.com.cn

通讯地址：北京市海淀区中关村大街甲 59 号文化大厦 1501 室（100872）

管理书社　　人大社财会　　公共管理与政治学悦读坊